普通高等教育“十一五”国家级规划教材

21世纪
高等院校法学系列精品教材

合同法

（第七版）

李永军 著

中国人民大学出版社
·北京·

作者简介

李永军，法学博士，中国政法大学民商经济法学院教授、博士研究生导师，中国法学会民法学研究会副会长，中国法学会民法典编纂项目领导小组成员，北京市破产法学会副会长，中国企业破产法起草小组成员。代表作品有《合同法》《民法总论》《民法总则》《自然之债论纲》《海域使用权研究》《破产法律制度》《破产重整制度研究》《合同法原理》《票据法原理与实务》《我国民法上真的不存在物权行为吗?》《契约效力的根源及其正当化说明理论》《我国合同法是否需要独立的预期违约制度》《重申破产法的私法精神》《私法中的人文主义及其衰落》《论商法的传统与理性基础》《从契约自由原则的基础看其在现代合同法上的地位》《民法上的人及其理性基础》《物权与债权的二元划分对民法内在与外在体系的影响》《民法上的住所制度考》《民法上的公共利益考》《自然之债源流考评》《论债的科学性与统一性》《论债法中的本土化概念对统一的债法救济体系之影响》《集体经济组织法人的历史变迁与法律结构》《论债因在合同法中的作用》《民法典编纂中的权利体系及其梳理》《"契约＋非要式＋任意撤销权"：赠与的理论模式与规范分析》《论我国民法典中无因管理的规范空间》《物权的本质属性究竟是什么?》《论民法典之"合同编"与"总则编"和"物权编"的体系关联》《民事合伙的组织性质疑——兼评〈民法总则〉及〈民法典各分编（草案）〉》《论我国民法典上用益物权的内涵与外延》《论民法典合同编中"合同"的功能定位》《〈民法典〉涉他合同中第三人利益的实现途径》《合同法上赔偿损失的请求权基础规范分析》等。作为首席专家承担国家社科基金重大项目"民法典编纂的内部与外部体系研究"、重点项目"民法典分则立法的内在与外在体系研究"等。

第七版修订说明

自2020年《民法典》颁行以来，民法学界似乎都沉浸在对民法典的歌颂与欢呼之中，对民法典的体系、制度进行反思和批评的成果并不多见，因此，关于《民法典》合同编的重大理论问题很少见到，倒是从1999年《合同法》颁布之前的几年到2020年《民法典》颁布之前的合同法理论得到了很大的发展。因此，本书的很多参考文献恰好是《民法典》颁布之前的学界研究成果。与学界的反应相反，最高人民法院在《民法典》颁布后，非常积极，修改和制定了很多与《民法典》配套的司法解释，其中，与合同相关的司法解释主要有：(1)《最高人民法院关于适用〈中华人民共和国民法典〉时间效力的若干规定》(法释〔2020〕15号)；(2)《最高人民法院关于适用〈中华人民共和国民法典〉有关担保制度的解释》(法释〔2020〕28号)；(3)《最高人民法院关于审理建设工程施工合同纠纷案件适用法律问题的解释（一）》(法释〔2020〕25号)；(4)《最高人民法院关于审理买卖合同纠纷案件适用法律问题的解释》(法释〔2020〕17号)；(5)《最高人民法院关于审理融资租赁合同纠纷案件适用法律问题的解释》(法释〔2020〕17号)；(6)《最高人民法院关于审理民事案件适用诉讼时效制度若干问题的规定》(法释〔2020〕17号)；(7)《最高人民法院关于审理物业服务纠纷案件适用法律若干问题的解释》(法释〔2020〕17号)；(8)《最高人民法院关于审理商品房买卖合同纠纷案件适用法律若干问题的解释》(法释〔2020〕17号)；(9)《最高人民法院关于审理城镇房屋租赁合同纠纷案件具体应用法律若干问题的解释》(法释〔2020〕17号)；(10)《最高人民法院关于审理民间借贷案件适用法律若干问题的规定》(法释〔2020〕17号)；(11)《最高人民法院关于适用〈中华人民共和国企业破产法〉若干问题的规定（二）》(法释〔2020〕18号)；(12)《最高人民法院关于适用〈中华人民共和国企业破产法〉若干问题的规定（三）》(法释〔2020〕18号)；(13)《最高人民法院关于审理独立保函纠纷案件若干问题的规定》(法释〔2020〕18号)；(14)《最高人民法院关于适用〈中华人民共和国民事诉讼法〉的解释》(法释〔2020〕20号)。对于这些司法解释，本书第六版（2021年）都进行了必要的吸收。

此次修改主要是基于最高人民法院颁布的《最高人民法院关于适用〈中华人民共和国民法典〉合同编通则若干问题的解释》(法释〔2023〕13号)。其中，有一些问题是学界争议很大，而且在司法实践中法律适用不统一的问题，例如：

(1) 如何认定“交易习惯”的问题。该司法解释第2条规定：“下列情形，不违反法律、行政法规的强制性规定且不违背公序良俗的，人民法院可以认定为民法典所称的‘交易习惯’：(一) 当事人之间在交易活动中的惯常做法；(二) 在交易行为当地或者某一领域、某一行业通常采用并为交易对方订立合同时所知道或者应当知道的做法。对于交易习惯，由提出主张的当事人一方承担举证责任。”

（2）预约问题，特别是违反预约的违约责任具体是什么的问题。关于这一问题争议很大，正如最高人民法院民二庭、研究室负责人就该司法解释答记者问中关于预约的回答一样："关于违反预约合同的违约责任，历来存在'应当磋商说'和'必须缔约说'两种不同的观点。前者旨在落实意思自治，认为预约合同仅产生继续磋商义务，不能强制当事人订立本约；后者则旨在防止不诚信行为，认为预约合同可产生意定强制缔约的效力，可由法院的判决代替当事人的意思表示，并赋予强制执行的效力。解释仅规定当事人一方违反预约合同须承担损失赔偿的责任，没有规定当事人违反预约合同是否可以采取强制履行的救济方式，主要是考虑到民事强制执行法仍在起草过程中，现行法并无对意思表示进行强制执行的规定，且既然当事人在签订预约合同后仍然保留了对是否订立本约的决策权，从合同自由的原则出发，也不应以法院判决的方式来代替当事人的意思表示。"该司法解释第 8 条规定："预约合同生效后，当事人一方不履行订立本约合同的义务，对方请求其赔偿因此造成的损失的，人民法院依法予以支持。前款规定的损失赔偿，当事人有约定的，按照约定；没有约定的，人民法院应当综合考虑预约合同在内容上的完备程度以及订立本约合同的条件的成就程度等因素酌定。"尽管这种规定并不一定是符合逻辑的，但毕竟有了统一的裁判依据。

（3）关于报批后合同才能生效的问题——报批义务在整体合同生效之前能否独立生效？对此实践中争议很大。该司法解释第 12 条规定："合同依法成立后，负有报批义务的当事人不履行报批义务或者履行报批义务不符合合同的约定或者法律、行政法规的规定，对方请求其继续履行报批义务的，人民法院应予支持；对方主张解除合同并请求其承担违反报批义务的赔偿责任的，人民法院应予支持。人民法院判决当事人一方履行报批义务后，其仍不履行，对方主张解除合同并参照违反合同的违约责任请求其承担赔偿责任的，人民法院应予支持。合同获得批准前，当事人一方起诉请求对方履行合同约定的主要义务，经释明后拒绝变更诉讼请求的，人民法院应当判决驳回其诉讼请求，但是不影响其另行提起诉讼。负有报批义务的当事人已经办理申请批准等手续或者已经履行生效判决确定的报批义务，批准机关决定不予批准，对方请求其承担赔偿责任的，人民法院不予支持。但是，因迟延履行报批义务等可归责于当事人的原因导致合同未获批准，对方请求赔偿因此受到的损失的，人民法院应当依据民法典第一百五十七条的规定处理。"

（4）关于违反什么样的"强制性规定"不导致合同无效的问题，该司法解释第 16 条规定："合同违反法律、行政法规的强制性规定，有下列情形之一，由行为人承担行政责任或者刑事责任能够实现强制性规定的立法目的的，人民法院可以依据民法典第一百五十三条第一款关于'该强制性规定不导致该民事法律行为无效的除外'的规定认定该合同不因违反强制性规定无效：（一）强制性规定虽然旨在维护社会公共秩序，但是合同的实际履行对社会公共秩序造成的影响显著轻微，认定合同无效将导致案件处理结果有失公平公正；（二）强制性规定旨在维护政府的税收、土地出让金等国家利益或者其他民事主体的合法利益而非合同当事人的民事权益，认定合同有效不会影响该规范目的的实现；（三）强制性规定旨在要求当事人一方加强风险控制、内部管理等，对方无能力或者无义务审查合同是否违反强制性规定，认定合同无效将使其承担不利后果；（四）当事人一方虽然在订立合同时违反强制性规定，但是在合同订立后其已经具备补正违反强制性规定的条件却违背诚信原则不予补正；（五）法律、司法解释规定的其他情形。法律、行政法规的强制性规定旨在规制合同订立后的履行行为，当事人以合同违反强制性规定为由请求认定合同无效的，人民法院不予支持。但是，合同履行必然导致违反强制性规定或者法律、司法解释另有规定的除外。依据前两款认定合同有效，但是当事人的违法行为未经处理的，人民法院应当向有关行政管理部门提出司法建议。当事人的行为涉嫌犯罪的，应当将案件线索移送刑事侦查机关；属于刑事自诉案件的，应当告知当事人可以向有管辖权的人民法院另行提起诉讼。”

（5）关于“公序良俗”如何界定的问题，该司法解释第 17 条规定：“合同虽然不违反法律、行政法规的强制性规定，但是有下列情形之一，人民法院应当依据民法典第一百五十三条第二款的规定认定合同无效：（一）合同影响政治安全、经济安全、军事安全等国家安全的；（二）合同影响社会稳定、公平竞争秩序或者损害社会公共利益等违背社会公共秩序的；（三）合同背离社会公德、家庭伦理或者有损人格尊严等违背善良风俗的。人民法院在认定合同是否违背公序良俗时，应当以社会主义核心价值观为导向，综合考虑当事人的主观动机和交易目的、政府部门的监管强度、一定期限内当事人从事类似交易的频次、行为的社会后果等因素，并在裁判文书中充分说理。当事人确因生活需要进行交易，未给社会公共秩序造成重大影响，且不影响国家安全，也不违背善良风俗的，人民法院不应当认定合同无效。”

（6）关于什么是《民法典》第 524 条规定的“利益第三人”的问题，该司法解释第 30 条第 1 款规定：“下列民事主体，人民法院可以认定为民法典第五百二十四条第一款规定的对履行债务具有合法利益的第三人：（一）保证人或者提供物的担保的第三人；（二）担保财产的受让人、用益物权人、合法占有人；（三）担保财产上的后顺位担保权人；（四）对债务人的财产享有合法权益且该权益将因财产被强制执行而丧失的第三人；（五）债务人为法人或者非法人组织的，其出资人或者设立人；（六）债务人为自然人的，其近亲属；（七）其他对履行债务具有合法利益的第三人。”

对于以上问题，笔者所采用的态度是：（1）本书首先要阐明司法解释的本意。（2）对于司法解释没有说明背后的争议或者原理的，本书一定要进行说明和详细阐述。（3）对于司法解释中不符合民法学一般原理之处，本书予以说明。例如，关于违反预约的责任之规定，显然不符合逻辑和常理——如果仅仅赔偿损失，订立预约的意义将大打折扣。当然，对该司法解释的条文在本书的相关部分都全部引用和说明。例如，关于“情势变更”的规定，该司法解释比以前的司法解释有巨大的进步——将其看成是“合同基础发生了变化”，这就与“法律行为基础丧失”有很多同工之处。此规定与《民法典》总则编的“法律行为”概念进行了有机的连接，是符合体系化思想的。

当然，本书也有其他一些修改，对于有意义的学术成果也进行了参考和吸收。尽管由于水平有限，错误在所难免，但笔者的承诺一直是不变的：尽最大努力，不辜负读者的厚爱！借此次修改，再次感谢读者一直以来对本书的厚爱！

李永军

2024 年 1 月 1 日

序

我一直认为，契约自由是合同法的灵魂和生命，契约自由中的平等观，用英国著名法学家梅因的话来说，贯彻了自然法思想，但契约自由所体现的人文主义色彩往往被人们所忽视，在我国尤其如此。契约自由的核心是：任何人只能被他所同意的义务所约束。这就体现出契约法对人的终极关怀，体现了对人之尊严的尊重和保护，故梅因之“从身份到契约”的著名论断已经远远超出了契约法本身。

契约自由的这种价值理念也正是商品经济和自由竞争所需要的，因为自由竞争的商品经济是建立在这样一种思想之上的：市场上的每一个人均在追求利益的最大化，所以，让他按照自己的意志去行为，必然能够得到财富的最大增长。而社会的财富就是个人财富的总和，所以，个人财富的增长就是社会财富的增长。契约自由巧妙地配合了自由放任的经济政策，为资本主义的发展立下了汗马功劳，它被认为是私法的原则也就极其自然了。今天，我们也处在商品经济的浪潮之中，契约自由是我国合同法的灵魂和生命，当属无疑。

既然合同法贯彻契约自由原则，那么必然的结论就是：如果一种义务不是来源于当事人之自由的意思，它就不能对当事人产生法律上的约束力，法律应对意思瑕疵进行救济。所以，各国合同法（或民法典）均规定了对于因错误、胁迫、诈欺等产生的对当事人意思的扭曲进行救济的制度。

契约自由原则因反映了自然法的思想，故其中也应包括正义与公平。在古典契约理论家看来，契约即公正。因为平等、自由的人在为自己的利益订立契约时，不可能同意被对其不利的契约条款所约束，故契约即为公正。但随着法人制度的不断发展，自然人成了这种曾是自己创造物的真正奴隶，经济地位上严重失衡，使定式合同大量出现，其中的不公平条款处处可见，并存在于社会的方方面面。这样，“契约即公正”的公式在大部分场合就不能认为是正确的了，故对于违背公平的条款进行规制，也就成为契约法的当务之急。所以，各国法均对不公平条款进行规制，诚实信用原则在合同法中的地位越来越显著。

然而，应当特别指出的是：契约自由原则总是与民主制度、过错责任及结果自负相伴而生，并如影随形。如果没有民主制度作为其政治基础，真正的契约自由也就难以贯彻。因为民主制度与契约自由具有共同的出发点：尊重个人的选择。而过错责任与结果自负是保障契约自由不被滥用的手段。私法之所以自治，是因为无论自治的结果是利益还是不利益，均由自治人承担，所以，私法上的自治就有了坚实的基础。而公法之所以不能自治，就是因为决策人对于决策的结果之利益或者不利益不承担后果性责任。一个私法上的个人建筑房屋，无论花费多少资金，均由他个人负责，因此，他可以自由决定。而市政建设大为不同：为此掏腰包的是纳税人而非决策人。因此，市政建设必须要讲清楚为什么建设以及需要多少费用，然后由纳税人或者其代表根据法定程序决定。至于过错责任，是自治的界限：任何人在决定自己的行为并追求自身利益时，必须对他人的利益给予必要的注意，否则，他就具有过错，就要承担侵权责任。因此，合同与侵权具有内在的统一性。

契约虽然是当事人双方意思表示一致的产物，但这种“一致”一旦形成，便成为独立于双方当事人意思的异化物，任何一方均无权改变这个曾经是自己意志的产物，而应当遵守它，故《法国民法典》规定：依法成立的契约，在当事人之间具有相当于法律的效力。一方当事人如果违反它，就会受到法律的制裁。这便是违约与救济的问题了。

与英美法系不同，大陆法系在合同法的一般规定之外，还对日常经济生活中出现的许多典型合同，如买卖合同、租赁合同、借款合同等进行规定。针对这些类型化的合同规定了一些合同法一般规则之外的特别规则，为交易当事人及法律适用提供了方便。

作为作者，我是以一名多年从事法学教学的一线教师而不是学者的身份写成这本教材的。我认为，教材反映最高的教学成果，但不一定反映最高的研究成果。因此，这本教材的写作也许在客观上已经超出了我本人的能力，但我愿意接受同行与前辈的批评和指点，共同携手为中国的法学教育尽一点微薄之力。

李永军

2008 年 3 月 28 日

目　录

第一章 民法典体系中的合同与合同法

｜提　要｜

在我国民法典体系下，合同是法律行为的一种，也是最重要的双方法律行为。合同虽然是一种协议，但并不是所有的协议都是合同。只有那些目的在于设立平等主体之间的民事权利、义务的协议，才是民法典上的合同。因此，需要对协议进行具体的分析，方可认定其是否为合同。预约本身不是要约或者要约邀请，而是一种真正的合同，违反预约也要承担违约责任。合同不仅是私法上权利、义务的重要来源，同时，也为保护私人交易及最有效地利用资源提供了有效的保障。为了对合同有更进一步的理解与掌握，应当对合同以不同的标准、从不同的视角进行分类，并指出分类的法律意义。

｜重点问题｜

1. 我国民法典中合同与债的关系。
2. 合同在私法中的意义。
3. 合同的分类及其法律意义。
4. 预约与本约之区别。

第一节 我国民法典下合同法的基本构造

一、我国民法典下合同法的构造

（一）合同法的构造

应该说，在有民法典的国家，基本上是不可能有独立的合同法的。因此，我们很少看到大陆法系国家，例如，德国或者法国的学者关于合同法的专著。合同法规范都是民法典中“债”的组成部分，合同属于债的发生原因。

在我国《民法典》诞生之前，关于合同法的著作可谓汗牛充栋。造成这种局面的原因主要是：我国自1999年开始就有独立的合同法。因此，在1999年至2020年这二十几年的时间内，以此为基础，学者出版了大量的著作和教材。这种局面的优点是：对合同法的研究比较充分，使合同法的体系比较完美。缺点是：由于合同法自身体系完美，因而如何处理它与民法典的体系协调就出现了重大问题。如果你仔细阅读中国的民法典就会发现，合同法实际上是游离于民法典之外的——如果今天使合同编从民法典中脱离出来，它仍然是完整的。从这一点就可以看出，这种局部的完整和民法典的体系完整有些不协调，需要后续改进。

（二）合同与法律行为的关系

在民法典的编纂模式中，以《德国民法典》为代表的法典模式中，多带有“总则编”，而总则编通过提取“公因式”的方式，从合同、遗嘱和婚姻中提取了“法律行为”这一概念，并规定了“法律行为”的一般规则，共同适用于“合同、遗嘱和婚姻”。因此，可以说，合同是一种重要的法律行为。而法律行为又分为单方法律行为与双方法律行为，合同就是典型的双方法律行为。而合同不仅仅在债法中存在，在物权法及其他特别法中也都存在。因此，从逻辑上说，合同的“通则”应该被规定在民法典的总则编。但遗憾的是，我国的民法典并没有处理好二者之间的关系。

（三）合同法与债法的关系

在我国民法典的体系中，从结构上说，有下列问题应当引起我们的高度注意，否则很难理解债法和合同法的关系。

（1）我国的合同编并不是传统民法典中的纯粹的合同法律规范。在我国民法典中，没有规定传统民法的“债法总则”，而是把债法总则的内容规定进了合同编，当然，也有极少部分内容规定在了民法典的总则编。因此，我们会不时地发现，在合同编中经常会出现“债权债务关系”的字样，例如，《民法典》第517条规定：“债权人为二人以上，标的可分，按照份额各自享有债权的，为按份债权；债务人为二人以上，标的可分，按照份额各自负担债务的，为按份债务。按份债权人或者按份债务人的份额难以确定的，视为份额相同。”甚至合同编的第五章内容“合同的保全”实际上就是“债的保全”。

我们必须从一种“先验的知识”来总结我国《民法典》关于债的规定：合同编＋侵权责任编＋总则编的部分内容＝传统民法债的内容的整体。

（2）我国《民法典》合同编中所谓的“合同”似乎应该解释为“债合同”，即仅仅产生债的合同，而且《民法典》第118条第2款规定：“债权是因合同、侵权行为、无因管理、不当得利以及法律的其他规定，权利人请求特定义务人为或者不为一定行为的权利。”从合同编的基本内容和立法目的来看，“合同”也应该解释为“债合同”。但是，《民法典》合同编的基本规则不能理解为仅仅适用于产生债的合同，其规则也可以适用于物权、婚姻、继承以及特别法上的合意。对此，《民法典》第464条第2款规定：“婚姻、收养、监护等有关身份关系的协议，适用有关该身份关系的法律规定；没有规定的，可以根据其性质参照适用本编规定。”第467条第1款规定：“本法或者其他法律没有明文规定的合同，适用本编通则的规定，并可以参照适用本编或者其他法律最相类似合同的规定。”第468条规定：“非因合同产生的债权债务关系，适用有关该债权债务关系的法律规定；没有规定的，适用本编通则的有关规定，但是根据其性质不能适用的除外。”

（四）合同与准合同

合同是意思自治的产物，而准合同与意思自治毫无关系，因此，可以准确地说，准合同根本就不是合同。按照传统民法的一般理解，准合同包括无因管理和不当得利。由于我国民法典体系上的结构安排，没有办法处理无因管理和不当得利在民法典中的位置，因而，将其以“准合同”的概念安排进了合同编。这可以说是不伦不类——无论从体系上还是从内容上，准合同根本与合同无任何相同的规则和制度。

二、合同法的概念

在作了上述澄清之后，再来看看我国合同法的概念如何界定。我国《民法典》第463条规定："本编调整因合同产生的民事关系。"如果按照这一规定，我国的合同法当然应该界定为："合同法是调整因合同产生的民事关系的法律规范的总称。"但事实上，我国《民法典》第463条的这一界定是不准确的，因为在合同编中，还有准合同的规范，而准合同规范的对象不是因合同产生的民事关系。

另外，我国《民法典》的合同编中有很多传统民法的债的内容，这些也不能说是因合同产生的民事关系。

因此，我国《民法典》中关于合同法（合同法律规范）的概念应该界定为：我国合同法律规范是规定债的一般规则及调整除侵权行为之外的债的关系的法律规范。

第二节　合同的概念

一、我国民法典上合同的概念

《民法典》第464条第1款规定："合同是民事主体之间设立、变更、终止民事法律关系的协议。"依据这一规定，我们可以从以下几个方面理解我国民法典上合同的基本内涵。

（一）合同是一种"协议"

这一含义使合同与单方法律行为相区别：合同必须是一种"合意"，而不仅仅是单方法律行为。根据我国《民法典》合同编，任何单方法律行为都不能构成合同：它要么是要约或者承诺，要么是其他单方允诺。

（二）合同的目的在于设立、变更、终止民事法律关系

合同必须有民法上具体法律效果的目的，也就是说，合同必须旨在设立、变更或者终止民事法律关系。这里要注意以下几点。

（1）没有这样目的的纯粹的"合意"，就不是民法典上的合同。关于这一点，在整个自罗马法开始的大陆法系的民法传统中，一直没有发生过变化。甚至在罗马法上，契约与纯粹的"合意"是完全不同的：契约＝合意＋债。

在罗马法上，"债"的这种效果要想加到"合意"上，从而成为契约，必须采取特定的形式或者具备特定的原因，否则便不能成为契约。因而，从历史源头来看，"合意"、"契约"和"债"并非同一概念：合意并不当然产生债，从而成为契约。①

（2）这种目的必须能够产生民法上的权利义务。如果合意的目的是产生民事权利义务之外的关系，也不能作为民法典上的合同对待，例如，行政合同就是如此。

（3）广义的合同与狭义的合同。这种区分主要在于如何理解合同目的之"设立、变更、终止民事法律关系"。如果将这种"民事法律关系"理解为"债的关系"，那么，就是狭义的合同概念；如果理解为还包括债的关系之外的民事权利义务关系，就是广义的合同概念。法国民法典上的合同基本上是作狭义理解的。② 但《德国民法典》不能这样理解，因为《德国民法典》把合同作为法律行为中的双方法律行为对待，而双方法律行为有可能是债权行为，也可能是物权行为，还有可能是收养行为等基于身份关系的行为。因此，其合同当然不可能仅仅指产生债

---

① 参见［英］梅因：《古代法》，沈景一译，184页，北京，商务印书馆，1995；［意］彼德罗·彭梵得：《罗马法教科书》，黄风译，307页，北京，中国政法大学出版社，1992。

② 参见［法］弗朗索瓦·泰雷等：《法国债法：契约篇》，罗结珍译，42页，北京，中国法制出版社，2018。

权债务关系的合同。

对于我国民法典上的合同，学者之间存在争议。有学者认为，民法典上的合同是指广义上的合同。① 从我国《民法典》第464条第1款的规定看，确实是将合同明文规定为“设立、变更、终止民事法律关系的协议”，这看似是广义的合同。但是，从其后面第464条第2款及第468条的规定看，《民法典》专门指出其他关系的参照适用，实际上我国民法典上的合同就是指狭义的债合同。仅仅是说，债合同的一般规则在其他民事合同中可以适用而已。这也许就是我国《民法典》中合同与法律行为脱节的后遗症之一。

因此，可以这样说，尽管合同是一种协议，但并非任何协议都是合同。

（三）合同权利要受到诸多因素制约

合同尽管是民事主体之间的协议，但要发生预期的法律效果，还要受到各种因素的制约，例如，法律的效力性强制性规定②、善良风俗和公共秩序等。当任何一方的意思表示受到影响从而使其意思表示不真实时，还可以撤销合同等。这其实是非常正常的现象，因为任何合同当事人都处在国家和社会之中，故他们之间的合意就不可能离开国家的政治体系和经济体系、社会道德和风俗的影响和制约。这些制约实际上也为合同当事人的自由约定划定了界限。

（四）合同具有相对性

由于合同是当事人意思自治的产物，因此，合同仅仅在参与合同的当事人之间才有效力，是为合同的相对性。既然合同遵循当事人的约定，那么只有自由参与约定的人才受到合同的约束，这才符合契约自由和意思自治的宗旨。对此，我国《民法典》第465条第2款规定：“依法成立的合同，仅对当事人具有法律约束力，但是法律另有规定的除外。”因此，合同以相对性为原则，而以涉他性为例外。

二、合同与相关概念的区别

（一）合同与决议的区别

合同是所有当事人之间的“合意”，任何一方的意思表示必须得到尊重。合同当事人不可能被一种他没有同意的合同义务所约束（根据法律规定的义务除外，例如，根据诚实信用原则发生的附随义务等）。但决议就完全不同：决议一般是按照“多数决”作出的，例如，股东会决议就是按照“少数服从多数”的原则作出的。在决议中，决议的参与者很可能被自己不同意甚至反对的义务所约束。这是合同与决议的根本区别。就如法国学者所言，合同仅创设由其当事人负担的义务，而集体性质的法律行为，可以强加于某些对该法律行为并未同意的人，这种法律行为对这些人同样具有强制效力。③

（二）合同与法律行为的区别

从我国《民法典》关于合同与法律行为的定义看，其区别甚微，我们不妨来比较一下。《民法典》第133条规定：“民事法律行为是民事主体通过意思表示设立、变更、终止民事法律关系的行为。”第464条关于“合同”的定义是：“合同是民事主体之间设立、变更、终止民事法律关系的协议。”从这两条规定来看，两者仅仅是“行为”与“协议”的区别，其他在实质

---

① 参见王利明：《合同法研究》，第1卷，3版，12～13页，北京，中国人民大学出版社，2018。

② 本书中“强制性规定”同“强行性规定”，二者交替使用。

③ 参见［法］弗朗索瓦·泰雷等：《法国债法：契约篇》，罗结珍译，99页，北京，中国法制出版社，2018。

上都是一样的。也许其差别就在这里——协议与行为的区别。第 134 条就明确了这种差别：民事法律行为可以基于双方或者多方的意思表示一致成立，也可以基于单方的意思表示成立。单方行为可能是法律行为，却不可能成为合同。

（三）合同与契约的区别

在日常生活中，人们对“契约”和“合同”这两个概念并不陌生，而且经常交互使用。但二者的内涵是否一致？有的学者对二者的区别作过阐释，认为：为谋不同利益而合意者应为契约，例如买卖，买者为物而卖者为钱；为谋共同利益而合意者，则应为合同，例如合伙合同，合伙人的利益是一致的。[①] 还有的学者列举了合同与契约的三个不同点，认为合同与契约有本质不同。[②] 但如果考察术语的来源并与汉语作相应的比较，或许能显示出问题的一二。现代合同的理念来源于欧陆，拉丁文为“contractus”，英文为“contract”，法文为“contrat”，它们的前缀均为“contra”，即为“相反”之义，其突出的是双方权利义务以相反的内容对接的说明价值，似与汉语中的“契约”相近；而德文以“Vertrag”来表示这一含义，其前缀“ver”却是“合在一起”的意思，突出的是双方的权利义务对接而合的说明价值，似与汉语中“合同”一词的含义相同。故欧陆国家中契约和合同并无实质意义上的区别。若深入文化传统究之，以“contra”说明契约，体现了罗马法以个人本位对契约的定位，而以“ver”说明契约，体现了日耳曼法以团体本位对合同的定位。它们之间的差异，表现了不同文化圈中理念上的差异。[③] 也正因为如此，我国学理和立法对契约和合同不为区别而为同义的使用。本书也不为区别而以同义使用，也可能交互使用，因为有时用契约可能更合习俗，如“契约自由”要比“合同自由”在语感上更顺畅；有时用合同比用契约能达到更好的效果。

（四）合同与准合同的区别

准合同在我国民法典上，包括无因管理和不当得利。我国《民法典》将其放在合同编中规定，是出于目前我国《民法典》体系结构设置的无奈。关于准合同的具体内容，笔者将在本书的最后一章论述。

三、合同概念的边缘界定

我们必须明白，如果仅仅从概念去理解合同，对于实践而言，往往是不够的。因为概念绝不等于实际的存在，而且，对于任何一个概念来说，其中心地带是非常清楚明了的，但往往在与其他事物的连接地带就变得模糊不清。对于合同来说，合同与非合同的区分边缘就经常在实践中引起困惑。具体说来，在实践中我们常常当作合同来对待的东西，往往不是《民法典》合同编上的合同，不应当受到《民法典》合同编的调整。所以，有必要对合同边缘作出适当的界定。让我们来看以下几个典型的例子。

例一：甲盛情邀请乙共进晚餐，乙愉快地答应。二人之间是否成立合同？如果乙没有依约赴宴，甲是否有权要求乙承担违约责任？

例二：甲是一位小孩的母亲，与邻居约定由邻居来无偿暂时照看其小孩。甲与邻居之间是否成立合同？

---

① 参见张俊浩主编：《民法学原理》，576 页，北京，中国政法大学出版社，1991。

② 参见王利明：《合同法研究》，第 1 卷，3 版，16 页，北京，中国人民大学出版社，2018。

③ 参见张俊浩主编：《民法学原理》，575 页，北京，中国政法大学出版社，1991。

例三：A、B、C、D、E五人组成一个摸彩小组。他们约定，每人每周付给E 10元钱，然后E用50元钱总金额购买彩票，并填写事先商定好顺序的数字。有一次，E没有如约填写彩票，而是填写了自己确定的彩票。但是，事先商定好应填写的数字中了一个1万元的奖。A、B、C、D要求E赔偿其应得的份额。那么，A、B、C、D、E之间是否成立合同？E的行为是否为违约而应当赔偿？

例四：甲乙二人为非婚同居的男女，双方约定在同居期间，女方应当服用避孕药。但是，女方在没有向男方发出警告的情况下停止了服药，导致女方怀孕并生下一个孩子。法院判决男方负担这个孩子的抚养费。男方则要求女方承担违约赔偿责任。法院是否应当支持？①

合同与非合同的主要区别是双方当事人是否以共同的意思（合意）追求某种具有民法意义的后果（权利义务），也就是笔者前面已经详细论述过的“合意＋权利义务”公式。在判断一行为是否为合同时，应当同时采用两个标准。但是，在不容易判断时，应当以“合意”为主，还是以实际存在权利义务为主？在具体的规范性标准上，德国的学理与判例有两种不同的观点：主观标准与客观标准。

主观标准认为：区分一种行为是法律行为（合同）抑或非法律行为（非合同）应当以当事人的意思为标准。一种行为，只有在给付者具有受法律约束的意思时，才具有法律行为（合同）的性质。这种意思表现为：给付者有意使他的行为获得法律行为（合同）上的效力，而且受领者也是在这个意义上受领这种给付的。如果不存在这种意思，则不得从法律行为（合同）的角度来评价这种行为。而客观标准认为：在通常情况下，当事人一般不会对法律约束作出实际的思考，只有出现了麻烦，特别是一方当事人不自愿履行义务或者一方当事人受到了损害时，法律约束问题才具有重要意义。但是，当事人一般是不会想到今后会出现麻烦的。如果想到，就不会有这种行为了（例如，替他人暂时无偿照看小孩）。因此，通常情况下无法认定当事人是否具有一项明示的或者默示的受法律约束的意思。认定当事人具有受法律约束的意思，是一种欠缺实际基础的拟制。所以，应当采取客观标准来认定，即应当“考虑到双方当事人的利益状态，依据诚实信用原则及交易习惯”来判断是否存在法律义务。② 德国学理在主观标准与客观标准上多有争议，但学理与判例在具体问题上呈现出灵活性。

对于上面例一，学者认为，如果有人邀请另一人共进晚餐，显然并不想给对方一项可以诉请的履行请求权，而被邀请者显然也没有当成一项请求权来接受。即使被邀请者享有这样一项请求权，也没有什么意义。因为邀请他人用餐旨在社交和娱乐，而社交和娱乐是无法通过法律来请求的。邀请者与被邀请者均没有要受法律约束的意思。③ 这里显然是主观标准。

在例二与例三中，则采取客观标准。在例三的判决中，法院认为E没有赔偿义务，理由是：由一个人来承担某种可能危及其生存的责任，与摸彩共同体的性质不符。如果事先对这一问题进行考虑，并作过明确的讨论，大概就不会有人愿意承担这样一种风险。学者解释说：在不能认定当事人具有真正的意思的情况下，应当根据客观标准来判断是否存在受法律约束的义

---

① 参见［德］迪特尔·梅迪库斯：《德国民法总论》，邵建东译，150、152、154、156页，北京，法律出版社，2000。

② 参见［德］迪特尔·梅迪库斯：《德国民法总论》，邵建东译，150、152、153～154页，北京，法律出版社，2000。

③ 参见［德］迪特尔·梅迪库斯：《德国民法总论》，邵建东译，150、152页，北京，法律出版社，2000。

务。客观标准主要涉及两个方面：一个方面是风险，另一个方面是能否苛求有关当事人对这种风险承担责任。在摸彩案件中，一起参加摸彩的人不能期望此次会中奖，而受托人E可能承担一项危及其生存的义务，而且他没有因此而获得任何回报。从这个角度来看问题，同样会使人得出无偿行为不产生法律约束力的结论。这一理由同样适用于例二中无偿替他人照看小孩的情形。①

对于例四，德国联邦最高法院认为，男方没有合同上的请求权。因为非婚姻关系的伙伴，一般不愿意将其自由的伙伴关系置于法律规则的管辖之下。即使当事人例外地有受法律约束的意思，他们之间也不成立有效的合同（法律行为）。因为，此项意思涉及最为隐秘的个人自由领域，而这个领域是不容通过合同予以约束的。② 笔者觉得，后一个理由是重要的，即人的基本权利和自由不得通过合同约定。

以上行为都不是合同，但是均有财产上的支出或者损失，例如：请人赴宴要支出费用，赴宴也要支出出租车费；替人暂时无偿照顾小孩可能会造成孩子的伤害而支出医疗费用；等等。这些纠纷如何处理？德国学者认为，应当以侵权行为来对待，但在通常情况下对侵权人应当减轻责任，对于轻微过失造成的损害应当免除赔偿责任。③ 笔者赞同这种观点。

第三节　比较法上的合同概念

一、罗马法上的契约概念

在大陆法系，民法的许多原则均源于罗马法，契约也不例外。根据罗马法，契约是指“得到法律承认的债的协议”④。在罗马法上，不仅私法上有契约的概念，公法和国际法上也有这个概念。《优帝学说汇纂》就把协议（convention）分为国际协议、公法协议和私法协议三种。在私法上，除了债法，物权、亲属和继承法中也有契约的概念。例如，物权的设定和移转、婚姻关系的成立、分析遗产的协议等，凡能发生私法效力的一切当事人的协议，都是契约。公元前2世纪以后，债的协议受市民法保护的，称为契约；不受市民法保护的，称为“简约”(pactum)⑤。

二、法国法上的合同概念

《法国民法典》规定的契约的定义，即从罗马法承袭而来，依照该法典第1101条的规定：契约，为一人或数人对另一人或另数人承担给付某物、作为或不作为义务的合意。由于《法国民法典》在世界民法史上的特殊地位，这一定义遂成为大陆法系民事立法关于契约的最传统的经典性定义，对许多国家的民事立法和民法理论产生了深刻的影响。这一定义中包括了两个要素：其一为双方的合意，其二为发生债权债务关系的依据或原因。德国学者汉斯·哈腾保尔指

---

① 参见［德］迪特尔·梅迪库斯：《德国民法总论》，邵建东译，150、152、154～155页，北京，法律出版社，2000。

② 参见［德］迪特尔·梅迪库斯：《德国民法总论》，邵建东译，150、152、157页，北京，法律出版社，2000。

③ 参见［德］迪特尔·梅迪库斯：《德国民法总论》，邵建东译，150、152、157～158页，北京，法律出版社，2000。

④ ［意］彼德罗·彭梵得：《罗马法教科书》，黄风译，307页，北京，中国政法大学出版社，1992。

⑤ 周枏：《罗马法原论》，654页，北京，商务印书馆，1994。

出：人们很早就已经知道，一个合同的成立至少需要两个协商一致的意思和法律目的必须同一的行为，这种观念从“合同”一词的意义就可以看出来。“合同”一词如果作为动词，其意思就是相互之间在某种事情上协商一致，合同的内容就是两个以上当事人的“意思表示一致”，即“合意”。“合意”一词在古代日耳曼法、古罗马法和教会法中都曾经有广泛的使用。“全体人所要做的事情，必须有全体人的同意”，是一条著名的教会规则。只有全体当事人的意思一致，即形成合意，才能缔结合同，之后才能产生新的法律关系。这一规则是教会法和中世纪时代各国法律普遍承认的。①

三、德国法上的合同概念

《法国民法典》在对契约下定义时，使用了“合意”这一术语，而《德国民法典》将契约归入法律行为的范畴之中，视为法律行为的一种，放在总则编第三章第三节中。德国法学家茨威格特指出，《德国民法典》的立法者一再认为，把合同法规定为一个独立的部分是不必要的，在民法典的总则编中，合同只是表现为“法律行为”的一种类型；而在民法典的第二编中，合同仅仅被当作“债的关系”的个别形式。② 分析造成这种差别的原因，不难看出：由于《德国民法典》设立了“总则”，为了使“总则”与各部分有机地联系起来，立法者创造性地抽象出“法律行为”这一概念，故《德国民法典》的这种安排也属当然。而《法国民法典》没有设立“总则”，也没有“法律行为”这一概念。但这并不说明二者有着实质性的差别，法国学理认为，历史上法律行为的理论是德国学者在合同理论的基础上所创立的。对于与德国人具有同样严格的逻辑思维习惯以及崇尚理性的传统的法国学者来说，法律行为的理论对其产生极大的诱惑力，是极其自然的事情。因此，长期以来，有关法律行为的许多概念，如意思表示及其瑕疵、行为能力、代理、期限与条件、无效等被许多法国学者所使用。这些概念不仅被运用于合同，而且被运用于遗嘱等。③ 法国著名学者卡尔波尼埃（Carbocier）在解释《法国民法典》为何没有将合同定为法律行为之一种时指出：“事实上对于法律行为的一般理论的建立，法国民法典已提供了足够的基本材料。准确地说，由于合同以外的法律行为其相互间的差异是如此之大，以至于人们根本无法就这些行为自身的规则概括出一般的共同原理，因而建立法律行为理论的有关材料，几乎都是来源于合同法，同时，合同是最重要的法律行为，合同的有关法律准则，就是法律行为的共同准则……法律行为的特殊性及其与其他法律事实的区别，均在于法律行为是一种特殊的‘机制’，其目的在于引起法律效果的发生。这一机制既有差异性，又有统一性。其差异性在于不同类型的法律行为的构成及其效果是不同的，其统一性在于任何法律行为要素或原动力是不变的，亦即任何法律行为均体现了当事人的自由意志，表示了意思自治的基本原则。”④ 由于意思表示是法律行为的基本要素，故法律行为的基本分类就是单方法律行为与双方法律行为，而契约为双方法律行为。

---

① 参见［德］汉斯·哈腾保尔：《法律行为的概念——产生以及发展》，孙宪忠译，载杨立新主编：《民商法前沿》，第1、2辑，长春，吉林人民出版社，2002。

② 参见［德］康伯拉·茨威格特、海因·克茨：《合同法中的自由与强制》，孙宪忠译，载梁慧星主编：《民商法论丛》，第9卷，349页，北京，法律出版社，1998。

③ 参见尹田：《法国现代合同法》，1页，北京，法律出版社，1995。

④ 尹田：《法国现代合同法》，1～2页，北京，法律出版社，1995。

法国学者的以上解释，恰好说明了《德国民法典》关于契约定义的准确性。因此，将契约定义为“民事主体之间以设立、变更或消灭债权债务为目的的双方法律行为”[①] 更为合适。因为“法律行为”是一个上位阶概念，包括单方法律行为与双方法律行为，而“合意”突出了契约之双方法律行为的旨意而作为法律行为的下位阶概念，故将契约归于“法律行为”的范畴中，则更合逻辑。

四、英美法系中关于契约的一般概念

就英美法系国家来说，流行较早的是威廉·布莱克斯通（William Blackstone）在其1756年出版的《英国法律释义》中对合同所作的定义：合同是“按照充分的对价去做或者不去做某一特殊事情的协议”。该定义中包括了两个最基本的要素：对价与协议。[②] 但是，英国学者阿狄亚（P. S. Atiyah，有译为阿蒂亚，本书正文中统一译为阿狄亚，注释保持原译文不变——编者注）则认为，《美国合同法重述》中关于合同的定义是最确切的：“所谓契约，是这样一个或者一系列许诺，法律对于契约的不履行给予救济或者在一定意义上承认契约的履行为义务。”[③] 阿狄亚也同时指出了这一概念中的不足：“《美国合同法重述》中的缺点是，它忽略了合同中达成协议的因素。在这一定义中没有指明，典型的合同是双方的事情，一方所作的许诺或表示要做的事是对另一方的许诺或要做的事的报答。因此，如这个定义中所述的那样，说一个合同只是一个许诺，这就忽视了在许诺变成合同之前，一般要有某种行为或许诺作为对另一方许诺的报答这样一个事实。即使说一个合同可能包括一系列的许诺，也并没有说明，这些许诺通常是对他方许诺的报答。”[④] 安森（Anson）给合同下的定义是：一种法律上能够强制执行的协议，依据它，一方之一人或数人有权要求他方之一人或数人为行为或不行为。[⑤] 科宾（Corbin）认为，对通行用法的研究可以表明，“合同”一语一向被用于指代有着多种组合方式的三种不同事物：（1）当事人各方表示同意的一系列有效行为，或者这些行为的某一部分；（2）当事人制作的有形文件，其本身构成一种发生效力的事实，并且构成他们实施了其他表意行为的最后证据；（3）由当事人的有效行为所产生的法律关系，它们总是包含着一方的权利与他方的义务的关系。每个人可以随意从中选择，只有在满足我们的需要和方便的范围内，一种用法才优于另一种用法而被采用。[⑥] 概念虽然不可能是唯一的，但应当是被普遍认同的，否则，人们便没有对话的基础。美国法院在贾斯蒂斯诉兰格案中对合同所下的定义普遍被人们所接受。在该案中，法院认为：“合同是两个或两个以上有缔结合同能力的人以有效的对价自愿达成的交易或协议去执行或者不执行某个合法的行为。”[⑦] 这一概念可以说是在英美法系国家较有权威并被

---

① 张俊浩主编：《民法学原理》，577页，北京，中国政法大学出版社，1991。

② 参见岳彩申：《合同法比较研究》，16页，成都，西南财经大学出版社，1995。

③ ［英］阿蒂亚：《合同法概论》，程正康等译，27页，北京，法律出版社，1982。但笔者没有采用译者的中文翻译，原译文为：“一个合同是这样一种或一系列许诺，违背它，法律将给予救济；履行它，法律将通过某些方式确认是一种义务。”笔者所用的中文翻译文字为季卫东先生为《新社会契约论》中译本所作的代译序中的中文，笔者认为它更忠实于原文和法理——见麦克尼尔：《新社会契约论》，雷喜宁等译，代译序第2页，北京，中国政法大学出版社，1994。

④ ［英］阿蒂亚：《合同法概论》，程正康等译，28页，北京，法律出版社，1982。

⑤ 转引自［美］A. L. 科宾：《科宾论合同》，王卫国等译，8页，北京，中国大百科全书出版社，1998。

⑥ 参见［美］A. L. 科宾：《科宾论合同》，王卫国等译，8页，北京，中国大百科全书出版社，1998。

⑦ 转引自岳彩申：《合同法比较研究》，17页，成都，西南财经大学出版社，1995。

人们所普遍接受的。

在介绍英美法系国家关于合同的定义时，有必要对即时的现金买卖是否属于合同问题作一简单的讨论。关于商店或商场上即时的现金买卖，在我国民法理论中，习惯地将之称为“即时清结的合同”，但在英美法系国家，其是否属于合同的范畴，是一个问题，且在英国法和美国法上也有极大的不同。按照美国法，即时现金买卖不属于契约的范畴，其理由是：（1）合同由允诺（promise）构成，而即时现金买卖无须任何允诺；（2）合同产生对人权，而即时买卖属于对物权。① 美国学者科宾也认为，就一次清结的不动产或动产交易来说，其中并不存在当事人作出的在法律上能够强制执行和能够被违反的允诺。这种一次清结的交易，尽管并不包含各方当事人的任何能够强制执行的允诺，仍产生出许多法律关系。但是，这些关系是财产所有关系而不是合同关系。② 但在英国，将其视为合同的一种，例如，阿狄亚认为：在合同法中的允诺并不需要以立约人未来的行为为出发点这一点就足够了。换句话说，允诺——某种事实的客观存在，既是为将来要做某事的允诺，同样也是为这一事实的客观存在的允诺。因此，甚至一种立即和完全达成了的交易，也就是说，双方均已履行了的交易，如商店中的现金销售，也是一种合同。要说这种交易包括一种或一系列允诺，好像有点儿牵强附会，但当我们想到，一种允诺，即某种事态的客观存在，如所卖货物的质量是好的，就是一种合同性的允诺时，就好理解了。③ 美国学者麦克尼尔的关系契约理论即将契约说成是当事人对将来关系的安排而将即时买卖排除在契约的大门之外。④ 但在大陆法系各国，将即时交易包括在契约的范畴之中，在立法、司法及学说上均不成问题。

第四节　合同制度在私法体系中的地位

一、比较法上的合同制度的私法地位

契约制度在私法体系中的地位，在大陆法系与英美法系有较大的差别。在大陆法系，因其有法典化的传统，故有关调整契约关系的法律规则多规定于民法典的“债编”中，作为债发生的原因之一，学理上多称之为“契约之债”，而没有单独的契约法。法国学者莱尼·达维指出：“在现代国际贸易中至为重要的部门法为契约法，但不论在法国或其他民法法系国家都找不到特别论述这一主题的书籍。原因是在民法法系国家契约法被看成是范围更大的分类，即称为债法的一部分……契约被认为是权利义务（债）可能的来源之一，范围涉及这种法律义务的所有方面：不仅涉及它是如何产生的，而且涉及它是如何履行的。一个人怎样才能免于履行义务，违背义务的后果如何。在民法法系国家中最基本的概念就是这种债的概念。”⑤ 的确，在大陆法系国家，契约与债始终是联系在一起的，不产生民事权利义务的合意或协议是不能被称为契约的。对此，梅因在考察罗马法契约的早期史时就已经指出了这一点：“一个‘合约’是个人间相互同意的极端产物，它显然还不能成为一个‘契约’。它最后是否能成为一个‘契约’，要

---

① 参见梁慧星：《民法学说判例与立法研究》，238 页，北京，中国政法大学出版社，1993。
② 参见［美］A. L. 科宾：《科宾论合同》，王卫国等译，11 页，北京，中国大百科全书出版社，1998。
③ 参见［英］阿蒂亚：《合同法概论》，程正康等译，28 页，北京，法律出版社，1982。
④ 参见［美］麦克尼尔：《新社会契约论》，雷喜宁等译，4 页，北京，中国政法大学出版社，1994。
⑤ ［法］莱尼·达维：《法国法和英国法》，中国政法大学法制史教研室译，97 页，1984（校内用书）。

看法律是否把一个‘债’附加上去。一个‘契约’是一个‘合约’（或协议）加上一个‘债’。在这个‘合约’还没有附带着‘债’的时候，它成为‘空虚’的合约。”① 契约与债的这种关系自罗马法学家至今天大陆法系的民法学者均是认同的，这一点也可从大陆法系的民法典及大学教育的教科书上得到确实的认证。

由于大陆法系的多数国家，例如德国与法国、瑞士等，其民法典中都有关于“债”的一般概念，因此，合同法律制度仅仅是这种“债”的制度下的一种规范制度。甚至在《德国民法典》中，合同制度虽然比较典型地反映了意思自治的基本原则，但也不是意思自治的全貌。

英美法系国家的合同制度与大陆法系国家的就有很大的差别：其没有如大陆法系的法典化体系，也没有关于“债”的一般概念和制度，因此，合同与侵权甚至可以说是两个不同的法律部门。故其具有自己独立的合同法就极其自然。所以，英美法系国家关于合同法的书籍处处可见。

二、合同制度在我国私法体系中的地位

（一）合同制度在我国民法典中的地位和作用

以下两个主要的原因导致了我国合同制度在民法典中的定位比较困难：（1）在民法典中没有“债法总则”；（2）在民法典中合同制度独立成编。

我们先来分析第一个原因导致的问题。由于没有“债法总则”，传统民法中的债的一般规则和制度分别规定在了合同编和总则编中，因此，合同制度在我国民法典中的地位就与大陆法系国家及英美法系国家不同，具有双重地位和作用：一是民法债法总则的地位和作用，二是作为债的发生根据的作用。但是，它不能取代债法，毕竟侵权责任还独立成编。

我们再来看第二个原因导致的问题。合同制度独立成编，而且把无因管理与不当得利纳入其中。这样一来，我国《民法典》中债的制度被分割为三大块：一是总则编中关于债与法律行为的规定；二是合同编中关于债的规定；三是侵权责任编中关于债的规定。

因此，可以说，尽管我国民法典上的合同制度仍然不失意定之债的本质，但其作用和地位，从民法典的结构看，就不同于《德国民法典》。

从法律适用上来说，合同（合意）规则不仅仅是债法上才有的，而是在物权法、婚姻法、继承法等领域都能够适用，因此，关于“合意”的一般规则应该规定在总则编，在适用上才能符合逻辑。但我国《民法典》把这些规则规定在了合同编。这样一来，合同编就不得不规定“其他编的适用甚至是准用”。这其实就已经有悖民法典体系本身。

（二）合同制度在我国整个私法体系中的地位

民法典中的合同制度不仅在民法典中可作为基础规则的法源地，而且能够为特别法上的合意甚至债提供一般规则，成为这些特别法的法源基础。尤其是在我国民商合一的立法体例下，商法作为民法的特别法，毫无疑问适用《民法典》合同编的基础制度。当然，商法规范本身有自己特别规定的，应优先适用特别规定。

第五节 合同在人民生活和经济发展中的作用

法国学者指出，即使不是法学家也可以看到，合同是社会生活中的一个根本环节，除了完

---

① ［英］梅因：《古代法》，沈景一译，182页，北京，商务印书馆，1995。

全实行自给自足的社会状态，每一个人的日常生活均是由各种合同编制而成：一个人要想吃饭、穿衣、有住房、获得收入、获得资讯，要想休闲、出行或者治病，总需订立这样那样的合同。仅以常见的为例，就有买卖合同、租赁合同、劳动合同、承包合同、运输合同、医疗合同等。如果我们考察一下企业的运作，也会看到类似情况：企业本身往往就产生于一个合同——公司发起契约。对于公司来说，无论是日常运作还是购置设备、获得原材料或者经营产品，都需要订立合同；委托、借贷、代理、销售或者特许经营等，也都需要订立合同。① 也就是说，合同对于人民生活和社会的经济发展来说，都是十分必要和重要的。其具体作用可以概括为以下几点。

一、契约是产生私法上权利义务的最重要的依据

私法如果从实质上进行划分，可分为静态的主体、静态的权利（义务）以及使权利（义务）与主体相结合的法律事实。法律事实可分为法律行为和非法律行为，而法律行为是主体主动的、积极的对权利（义务）的承担，非法律行为是主体对权利（义务）消极的、被动的承受。而法律行为中最主要的是双方法律行为，也即契约。在专制制度下，契约被允许使用的范围是极其有限的，故梅因在论述其所处的时代与专制时代的不同时，指出："我们决不会毫不经心地不理会到：在无数的事例中，旧的法律是在人出生时就不可改变地确定了一个人的社会地位，现代法律则允许他用协议的方法来为自己创设社会地位。"② 的确，梅因所处的时代，正是资产阶级发展和上升时期，整个资本主义社会正处在一个从"身份到契约"的发展过程中，年轻的资本主义在封建制度下萌芽时，就深感专制的窒息和压迫对其经济发展带来的影响，故极力主张将社会分为政治国家和市民社会，将法律领域分为公法和私法，以限制国家权力对私人生活的干预。在私法领域中，允许当事人根据契约自由的原则设定自己的权利义务，因此，契约就成了私法上权利义务的最重要依据（虽然不是唯一的依据）。

在英美法系国家，虽然不存在大陆法系上的明确的债的概念，但合同是私法上权利义务赖以产生的根据这一点，是不容置疑的。也就是说，大陆法系与英美法系的契约在与权利义务的关系上，结果是相同的，只是在过程上有较大的区别。但在英美法系固有的约因理论已失去其昔日在古典契约法上的地位的情况下，二者的差异已变得越来越小。《美国统一商法典》第 1-102 条的总定义中第 11 项给合同下了一个这样的定义："合同是指由双方依本法和其他有约束力的法律达成的合意而引起的全部法律上的债务。"这从而明确了合同为双方合意而引起的债权债务关系。并且，在第 2-609 条之后的评释中，起草人进一步指出合同的本质特征在于确定相对人的相互依赖关系。这样，简单地说，合同就是因合意而产生的债的关系。③

二、保护交易进而促进实现私法上的目标

英国历史法学家梅因在比较进步社会与以前历代社会的不同时，认为契约法领域的扩大和强行法领域的缩小是一个重要的标志。他说："关于我们所处的时代，能一见而立即同意接受的一般命题是这样一种说法，即我们近日社会和以前历代社会之间所存在的主要不同之点，乃

---

① 参见［法］弗朗索瓦·泰雷等：《法国债法：契约篇》，罗结珍译，41 页，北京，中国法制出版社，2018。

② ［英］梅因：《古代法》，沈景一译，172 页，北京，商务印书馆，1995。

③ 参见傅静坤：《论美国契约理论的历史发展》，载《外国法译评》，1995（1），80 页。

在于契约在社会中所占的范围的大小。”① 阿狄亚认为，在市民社会中，起码是由于下述两个原因，对合同法的需要变得越来越迫切了：首先是劳动的分工，这是现代社会非常重要的基本特征。它产生了一种不断的和日益增多的要求，要求将财产从社会的一部分人手中转移到另一部分人手中，以及社会的一部分成员为另一部分成员服务。这些财产的流转和服务的提供赖以实施的法律手段，就是广义上的契约法。社会之所以非常需要一种适当的合同法的第二个原因，是信贷制度的发达。复杂的信贷经济的出现，意味着在财产流转和提供服务的过程中，人们比以前在更大的范围内依赖于许诺与协议……所有这一切，就它们的价值而言，都取决于这个事实：说到底，合同法将使他们能够行使他们的权利。② 罗斯科·庞德有一句名言：“在商业时代里，财富多半是由许诺组成的。”我国合同法（《民法典》合同编）的目的也是保护合同当事人的合理预期，促进私主体（民商事主体）目的的实现。

在大陆法系国家，物权和债权有着严格的区分。所有权是目的和基础，而债权（契约）是所有权人之间沟通的桥梁。“所有权绝对”固然必要，但社会的分工及各所有权人为满足自己的需要而相互让渡财产的需要也不可或缺，而契约是满足这一需要的最合适的手段。关于这一点，黑格尔指出：“契约关系起着中介作用，使在绝对区分中的独立所有人达到意志的同一。它的含义是：一方根据其本身和他方的共同意志，终止为所有人……它作为中介，使意志一方面放弃一个单一的所有权，他方面接受另一个所有权。”③ 也正因为如此，所有权绝对和契约自由同为西方民法的两大基本原则。当然，这种交换应有两个最基本的前提：其一是国家对私人财产所有权的承认和保护；其二是完备的市场。所有权是交换的起点和基础，而交换中最活跃的是私人财产所有权。如果不承认私人财产所有权，那么，交换的范围和频率就会大大地缩小和降低，契约在社会中的作用也就微不足道；如果没有完备的市场，而是靠计划去调节个人的需求，则契约就无存在的必要。

在英美法系国家，没有物权和债权的概念和区分，合同法是独立的法律部门，故与大陆法系国家不同的是，在英美国家中关于合同法的著作比比皆是，并且有许多我们所熟悉的合同法专家。契约法是调整交易的最重要的法律，所以，英美法系的合同法理论在某种程度上与交易理论是作为同义语而使用的。罗伯特·考特指出：“在合同法里，典型的事件为交易，而其基本的要素是报价、接受和对价。将这些要素提高到法律原则的水平上，交易原则便断言这些要素是一个承诺得强制履行的充分条件。”④ 迈克尔·D. 贝勒斯（Michael D. Bayles）将交易关系区分为“正值的”、“零值的”和“负值的”三种。⑤ 在这种划分的基础上，他给契约法下了一个这样的定义：“契约法可被视为关涉相互期待的正值交易关系的法律。而契约法的主要功能

---

① ［英］梅因：《古代法》，沈景一译，172 页，北京，商务印书馆，1995。

② 参见［英］阿蒂亚：《合同法概论》，程正康等译，3 页，北京，法律出版社，1982。

③ ［德］黑格尔：《法哲学原理》，范扬、张企泰译，81 页，北京，商务印书馆，1995。

④ ［美］罗伯特·考特、托马斯·尤伦：《法和经济学》，张军等译，312 页，上海，上海三联书店、上海人民出版社，1994。

⑤ 在正值的交易关系中，交易完成后存在的价值较前增多，即价值增加。一个正值的交易关系的一般概念包括如下三种具体情形：一方当事人或许受到损失，但对方之所得大于该方之所失；一方维持原状而另一方获有利益；双方当事人均获益。在零值的交易关系中，交易过后，存在的价值数量同先前相同。在负值的交易关系中，交易过后存在的价值少于先前，其情形为：一方价值不变，另一方减少；双方的价值均减少。当然，人们对价值本身或许有不同的看待。参见迈克尔·D. 贝勒斯：《法律的原则——一个规范的分析》，张文显等译，169 页，北京，中国大百科全书出版社，1996。

则在于调整这些在私人之间转让财产或劳务的交易关系，并于事有不济的场合下给予救济。”① 也就是说，契约法的基本目标在于保护合理的正当的交易，进而达到私人的目的。对此，罗伯特·考特指出：“合同的本质目标是使人们能实现其私人目的。为了实现我们的目的，我们的行动必然有结果。合同法赋予我们的行动以合法的后果。承诺的强制履行由于使人们相互信赖并由此协调他们的行动，从而有助于人们达到其私人的目标。社会的一个内容就是公民拥有达成自愿协议以实现其私人目标的权利。合同法为单个公民提供了一个达成彼此自愿关系条款的制度。”②

正是因为人们为实现自己的私人的目的而订立契约，立约人便有了自己的期待，而期待是因信赖而产生的，故由正常的信赖而产生的合理的期待应当受到法律的保护。

三、最大限度地增加经济价值和资源的有效利用

法国学者托尼·威尔（Tony Weir）指出：“侵权之债的规则主要起保护财富的作用，合同之债的规则的作用则应具有创造财富的功能。”③ 只有通过交易的方式，才能实现资源的优化配置，实现资源的最有效的利用。英国学者阿狄亚指出：自由交易在很大程度上决定了如何根据不同可能的用途来分配社会资源。在一个自由的社会中，并不是国家或者政府来决定应当生产多少汽车、应向娱乐业投入多少资金、是否应在一个新的地点创办超市或者街角店等，而是通过市场来决定，通过自由交易为媒介来运作，也就是合同。④ 按照美国经济分析法学派的观点，有效率地使用资源必须借助于交易的方式。只有通过自愿交换的方式，各种资源的流向才必然趋于最有价值的利用。波斯纳认为，法律，尤其是私法是为尽可能地增加经济价值而设计的，法律强制的主旨或标准在于为促进将来价值最大化的行为创造动因。⑤ 依照经济分析法学派的观点，契约的自由是附随于增加财富的目的的，当事人的自由就自由本身的目的而言并不重要，它之所以重要，乃是因为其价值以及确立契约条款方面的自由选择权是很重要的，因为它可以确保当事人期待从契约中获得利益，并因而使其价值提高。⑥ 经济分析法学派的这种观点在契约履行问题上的必然结论是：当契约不能增加财富，即为零值交易或负值交易时，当事人有违约的自由。如果一方当事人发现在支付了违约金后，他仍可在另一笔交易中有利可图，即会取得更大的利益，则当事人有违约的自由。同样，如果一个人在订立合同时对期待利益有错误，并且履行契约给其带来的损失会超过其应支付的违约费用，他可在支付违约费用后违约。从这种分析来看，这是微观经济学的必然结论。的确，从微观的角度出发，即仅仅从交易双方的利益来看，这种违约的理由有足够的说服力。但若从社会的宏观角度来看，则未必是令

① ［美］迈克尔·D. 贝勒斯：《法律的原则——一个规范的分析》，张文显等译，172页，北京，中国大百科全书出版社，1996。

② ［美］罗伯特·考特、托马斯·尤伦：《法和经济学》，张军等译，313页，上海，上海三联书店、上海人民出版社，1994。

③ 转引自王利明：《合同法的目标与鼓励交易》，载《法学研究》，1996（3），94页。

④ 参见［英］阿狄亚：《合同法导论》，赵旭东等译，4页，北京，法律出版社，2002。

⑤ 转引自［美］迈克尔·D. 贝勒斯：《法律的原则——一个规范的分析》，张文显等译，174页，北京，中国大百科全书出版社，1996。

⑥ 参见［美］迈克尔·D. 贝勒斯：《法律的原则——一个规范的分析》，张文显等译，174页，北京，中国大百科全书出版社，1996。

人信服的。也正因为如此，无论是英美法系国家，还是大陆法系国家，在对违约问题的救济上，并不仅仅以经济利益作为唯一的考虑因素，实际履行作为非常的救济手段在两大法系都是被承认的。但经济分析法学派对违约自由的理由的分析，对理解当事人的违约动机方面，有极大的帮助。

四、契约可以使私法主体依照自己的意志对私人事务作出合理的安排

我们常常讨论计划经济与市场经济的区别，实际上，市场经济也是“计划经济”，市场经济中的任何一个参与者都不会盲目生产而是按计划生产，只不过其计划就是私人订立的合同（订单）。所以，在某种意义上说，合同本身就是计划，它使私法主体能够主动与积极地对自己的事务作出合理的安排和计划。在这一点上，关系契约论者关于“合同是对未来事务的安排”的观点，具有较强的说服力。而这种通过合同对个人事务的未来安排，就是对他人履行义务的合理期待，故合同双方当事人的相互合理的期待是合同法保护的根本所在。美国学者迈克尔·D. 贝勒斯指出：契约法的根本目的在于保护并促进合理创设的期待。这一观点强调：一方当事人应对合理信赖其言行的对方当事人负责，如果一方当事人知道或者可得知其行为将使他方产生合理的期待，则其就须负责实现这些期待而不是使其落空。[①] 所以，“契约必须履行”是实现私人“计划经济”的重要途径，是对私人对未来事务安排的保护，进而是使市场经济有序运行的保障。同时，当一方违约时，法律保护对方对合理的“期待利益”的请求也就有了合理的根据，因为这种利益本身就是在其期待之中的。

第六节　合同的分类

无论是大陆法系国家还是英美法系国家均存在按不同标准对契约所进行的分类，但是，大陆法系国家的契约分类既有学理上的分类，也有法典上的分类。如要式合同与非要式合同、即时清结的合同与非即时清结的合同、有名合同与无名合同、单务合同与双务合同、有偿合同与无偿合同等均为学理上的分类；诸如买卖合同、租赁合同、融资租赁合同、赠与合同、借款合同、委托合同等则属于法典上的分类。而英美国家对合同的分类多为学理上的分类，这种分类对掌握各种合同的不同性质和特征，从而更好地适用法律，大有裨益。我们在此仅仅就大陆法系学理对合同的分类作简要的阐述。

一、双务合同与单务合同

（一）分类的标准与概念

这是以当事人双方是否互负义务为标准而作的分类。单务合同是指一方当事人负担义务而他方当事人不负担义务的合同，如《法国民法典》第 1103 条规定：“如果一人或数人对于另一人或数人承担义务而后者不承担义务时，此种合同为单务合同。”

双务合同是当事人双方互负义务的合同，如《法国民法典》第 1102 条规定：“如缔约人双方相互负担义务时，此种合同为双务合同。”在现代社会中，双务合同是最常见、最重要、最

---

① 参见［美］迈克尔·D. 贝勒斯：《法律的原则——一个规范的分析》，张文显等译，176 页，北京，中国大百科全书出版社，1996。

活跃的合同，而单务合同逊色得多。德国学者海因·克茨指出：在对方既没有给予也没有允诺给予任何东西作为回报的情况下，为什么某人就必须允诺付款、转让土地、提供咨询或者提供代理呢？所有法律制度，特别是普通法，是很怀疑只约束一方的协议的。① 的确，在市民社会中，提供无偿的付出毕竟是例外和非经常的，而典型的合同关系应为有偿和互利的，所以，英国学者阿狄亚说：在过去单务合同的地位是很低的，它一般被限制去处理一些特别的案例，比如为了获得信息或者失物的找回而提供报酬，根本不适合传统合同法理论。②

但我们必须强调，单务合同与单方法律行为不同，它仍然是合同，具有双方的合意，仅仅在义务的负担方面为一方负有义务，例如，赠与合同即是如此。

（二）分类的意义

将合同分为双务合同和单务合同的意义主要体现在以下几个方面。

1. 在合同的生效方面

双务合同要求缔约当事人应当具有相应的行为能力；而单务合同仅仅要求承担义务的一方具有相应的行为能力，而不要求对方具有相应的行为能力，例如，赠与合同就是如此。

2. 在合同的履行方面

（1）除当事人有特别约定或法律有特别规定，双务合同以同时履行为原则，即双务合同的当事人享有同时履行抗辩权，在一方未履行或未提供履行的担保时，对方有权拒绝自己的给付；单务合同则不存在这一问题。

（2）在发生不可抗力而使双方不能同时履行时，任何一方均不得要求对方履行，债务人即免除义务；一方已经履行的，对方应当予以返还，否则，就构成不当得利。

（3）由于可归责于债务人的原因而致使不能同时履行时，债务人无权要求对方履行，对方有权要求解除合同并请求赔偿损失。

（4）由于可归责于债权人的原因而使合同不能履行时，债务人有权要求对方履行并赔偿因此遭受的损失。

3. 在合同变更或者撤销方面

在双务合同中，一方当事人可以“显失公平”为由而主张撤销或者变更合同；而单务合同中不发生这种问题。

二、物权合同和债权合同

（一）分类的标准及概念

这是以合意的内容以及效果为标准所作的分类：如果合同当事人合意的内容是关于物权变动，并且其效果意思也是直接旨在发生物权变动，该合同即为物权合同；如果双方的合意内容仅仅是关于对相对人的请求权，并且效果意思也是直接产生请求性权利义务，便是债权合同。

曾经有学者认为，这种“物权合意”是虚拟的，物权变动根本不需要意思表示和合意，进而反对物权合同的存在。但这种观点实际上是对德国民法立法和理论的误解，物权变动的合意是实际存在的。例如，A 与 B 签订房屋买卖合同。合同签订后，房屋所有权没有发生变动。这

---

① 参见［德］海因·克茨：《欧洲合同法》（上），周忠海等译，4 页，北京，法律出版社，2001。

② 参见［英］阿狄亚：《合同法导论》，赵旭东等译，43 页，北京，法律出版社，2002。

时候这个房屋买卖合同对于A与B发生的直接效果是什么？产生了A对B的房屋请求权、B对A的价款支付请求权。因此，这个合同就是债权合同。如果双方要达到交易的目的，还需要两个处分行为——B与A就房屋所有权移转达成合意并且同意登记，房屋所有权才发生变化。这就如婚姻登记一样：双方在登记结婚前先有一个关于婚姻的合同（订婚，尽管我们不承认其约束力，但可以作为例子说明），但去婚姻登记机关登记的时候，登记员还要当面问你：是否愿意结婚？双方就此达成一个合意并登记。即使是在承认婚姻合同效力的国家，在真正成立婚姻的时候，无论你是采取教会方式还是世俗方式，合意是必要的。

动产所有权的移转也是一样：合意＋转移占有。因此，萨维尼才说：交付是一个真正的契约。

当然，对此，我们国家民法理论争议很大，立法含混不清。即使在民法典本身，也有很多解释的余地。

（二）分类的意义

赞成和反对这种分类的学者都有自己的理由，而这些理由也已经为学者们所熟知。在此，笔者赞成这种分类。其分类意义在于以下几点。

1. 有利于保护非违约方

尽管反对者认为，保护非违约方有很多方法，这种分类能够被替代。但笔者认为，在大多数情况下确实可以被其他方案替代，但在“无权处分”的情形下，该分类对非违约方的保护是无法替代的。

例如，A与B订立了一个电脑买卖合同，约定A将租赁来的电脑出卖给B。这时，买卖合同的效力是什么呢？如果按照反对这种分类的观点，这个买卖合同效力待定——除非出租人追认或者A事后取得处分权。但肯定的观点不同：买卖合同有效。这两种观点对当事人的影响或者说法律后果是什么呢？

根据赞同说的观点，合同有效，B可以根据有效的合同追究A的违约责任。根据否定说的观点，A仅仅承担合同无效后的过错责任——缔约过失责任。

这两个责任的差别有多大呢？(1) 责任构成不同：违约责任，至少按照我国学界的通行观点是无过错责任，而缔约过失责任是过错归责。在现实生活中，两者的差别就很大。(2) 在合同有效的情况下，B可以请求“可得利益损失”的赔偿，而在合同无效的情况下，一般是消极利益的赔偿，只有在极少数情况下，缔约过失的赔偿有可能等于可得利益——很多国家法律规定合同无效的情况下赔偿的数额不得超过合同有效时对方可以获得的利益。

2. 有利于民法典的构建

如果一个民法典有物权与债权的区分，特别是有“物权编”与“债编”的规定，再有“总则编”的法律行为的规定，那么，区分债权合同与物权合同似乎应该是一个必然的结果。因为合同是双方法律行为，而这种合同（合意）有可能规定在债编，也有可能规定在物权编。

我国《民法典》既然有物权编，也有合同编，还有规定有“法律行为”的总则编，承认债权合同与物权合同的区分也应该是一个必然的结果。

三、诺成合同和要物合同

（一）分类的标准及概念

这是以契约的成立于当事人的意思表示外是否尚需要交付标的物为标准所作的划分。诺成契约是指当事人意思表示一致契约即告成立的契约，无须为实物的交付；要物契约是指除当事人意思表示一致外，尚需交付标的物的契约。诺成契约与要物契约的分类是一种古老的分类，从梅因对早期契约史的考察中可知，诺成契约是在罗马后期作为最后一种契约成立的方式而产生的，但却是一种主要的形式，并且是对后世影响较大的契约，罗马人将其归于“万民法”中。[①] 实际上它是对罗马法契约严格形式的一种补充。在传统民法中，买卖契约、租赁契约、雇佣契约、承揽契约、委托契约等属于诺成契约；借用契约、借贷契约、保管契约等属于要物契约。[②]

在我国民法典上，有三种合同属于要物合同：定金合同（第 586 条）、个人借款合同（第 679 条）[③] 与保管合同（第 890 条）。

为什么会有要物合同这种类型呢？梅因在论述罗马法的要物契约时认为，这是伦理道德因素被纳入契约法的产物。因为，在要物契约产生前，即使借贷双方当事人有了合意，而且交付了金钱，但如果缔约人忽视了法定手续，该行为将不被法律所承认，即借钱的人是不能诉请返还的。但在发明要物契约后，仅仅一方实际交付金钱的履行，就能使他方负担债务。这是基于伦理的根据，第一次把道德上的考虑认为是契约中的一个要素。[④] 在今天，要物法律行为的数量比罗马法时代有所减少，其原因何在呢？按照梅因的说法，它仅仅是诺成契约发明前的产物，但在诺成契约产生后，它为什么没有消失呢？笔者认为，要物法律行为之所以被保留下来，主要是基于以下两个原因。

1. 道德

在现有的要物法律行为中，有些法律行为人们以交付标的物为成立要件，是基于道德上的考虑，如民间借贷、借用等，这些法律行为都是无偿的（例外的情况下借贷可以是附加利息的），而且多基于互助而为之。而对方没有对应的义务，若达成协议就给借用人以法律诉求力，便与这些行为的基础不符。因此，将之定为要物法律行为，即只有交付才成立，不交付标的物则不成立法律行为，从而免除了出借人的仅仅因许诺而产生的义务，符合无偿且互助的道德基础。

2. 这些特殊法律行为本身的性质

有些要物合同，对方承担法律义务的根据就是交付标的物，因而，“合意＋标的物交付”更明确了义务人的义务，如借用合同与保管合同，借用人与保管人的主要义务就是对标的物的到期返还，而这种返还的义务是以标的物的交付为根据和前提的。对此，意大利学者在谈到消费借贷时指出：物的交付，即对物之所有权的转移，是债务人承担义务的根据，债务人恰恰是按照其所接受的数量来承担义务的。如果未发生所有权的转移，则不产生消费借贷。[⑤]

---

① 参见［英］梅因：《古代法》，沈景一译，188 页，北京，商务印书馆，1995。

② 参见王家福主编：《中国民法学·民法债权》，274 页，北京，法律出版社，1991。

③ 我国《民法典》第 586 条第 1 款规定：“当事人可以约定一方向对方给付定金作为债权的担保。定金合同自实际交付定金时成立。”第 679 条规定：“自然人之间的借款合同，自贷款人提供借款时成立。”第 890 条规定：“保管合同自保管物交付时成立，但是当事人另有约定的除外。”我国《民法典》编纂过程中，对于这一类合同究竟是交付成立还是交付生效，经过多次讨论，最后在提交第十三届全国人大第三次会议讨论的过程中，才改为“成立”，这是正确的。

④ 参见［英］梅因：《古代法》，沈景一译，187 页，北京，商务印书馆，1995。

⑤ 参见［意］彼德罗·彭梵得：《罗马法教科书》，黄风译，363 页，北京，中国政法大学出版社，1992。

这些要物合同都有一个共同的特征，即针对相对方的交付承担义务，如：借款合同的借款人的义务是到期返还借款，保管合同的保管人的义务是到期返还保管物，借用合同的借用人的义务是到期返还借用物，定金合同的接受人之义务是返还定金（合同履行后）或者返还双倍定金（合同不履行）。若一方不实际移交这些标的物，对方则无法返还之。因此，对方的义务或者权利直接以标的物的交付为条件或者基础。这与买卖合同显然不同，出卖人与买受人形成对价关系，即使出卖人不交付标的物，买受人仍然可以履行自己的义务，而请求对方履行对待给付。但在要物法律行为中，如果对方不交付，本方将无法履行义务。因此，这些合同本身的属性就决定了其必然是要物性的，即以标的物的实际交付为成立要件。所以，这些合同属于特殊法律行为，而不是如有的学者所说的“合同成立的特殊要件”。

（二）分类的意义

区分要物契约和诺成契约的意义在于以下两点。

（1）二者成立的要件不同：诺成契约当事人合意一经达成，契约即告成立；要物契约除此之外，尚要交付标的物。

（2）二者成立的时间不同：诺成契约成立的时间即是合意达成的时间，要物契约成立的时间为物的交付时间。

四、有名合同与无名合同

（一）分类的标准和概念

这是以契约类型是否在民法典或者特别法中被赋予一定的名称并且有独立的法律规范规定为标准而作的分类。有名契约又称典型契约，是指法律对这类契约赋予一定的名称并且对这一类型契约设有专门的规范规定的合同，如买卖合同。买卖合同不仅在我国《民法典》合同编中有其类型名称，而且有详细的规则。

无名契约又称非典型契约，是指法律未对其类型特别加以规范也未赋予其特定名称，而是由当事人自由创设的契约，如在我国普遍存在的饮食合同、服务合同等。无名契约并非没有自己的名称，而是法律对这类契约未明确规定，故其无自己独立的规则，只能适用合同法的一般规则。法国学者指出，所谓有名契约，是指法律、法规或者习惯已经赋予其名称，并且有关条文已经赋予其法律制度的合同。这类合同对应的是已经有准确定义的特定活动，如买卖、租赁、委托等。所谓无名合同，是指法律未使用特定名称对其作出规范，因此主要是受普通规则调整的合同。具体来说，无名合同所包含的各种合同并不具有同一性质，但它覆盖了具有各自特性的各种合同。无名合同也是人们在实践中创设的各种合同。合同在“有名”与“无名”之间的归属站队并非永恒不变，有许多原先属于无名合同的合同，一旦经过立法机关规范，便成为有名合同。① 例如，在我国《民法典》之前，保理合同、合伙合同等都属于无名合同，但我国《民法典》将其变为了有名合同。

那么，以什么为标准来决定什么合同属于有名合同或者无名合同呢？笔者觉得有以下几个标准。

---

① 参见［法］弗朗索瓦·泰雷等：《法国债法：契约篇》，罗结珍译，120～121页，北京，中国法制出版社，2018。

1. 重要性及普遍适用性

如果一种合同在现实生活中被人们普遍使用，而且具有重要性，则可以考虑将其纳入有名合同中，对其规则专门规定。例如，我国《民法典》此次专门将“物业服务合同”规定为有名合同，就是因为这种合同在实践中非常普遍，而且与广大人民的生活息息相关。

2. 特殊性

即使一种合同与广大人民的生活具有息息相关的重要性和普遍性，但如果其规则没有特殊性，利用合同的一般规则或者其他有名合同的一般规则就可以很好地解决，也没有必要规定为有名合同。例如，尽管我国《民法典》规定了“供用电、水、气、热力合同”为有名合同，但笔者始终认为，这种合同的唯一特殊性就在于其供用主体具有强制缔约义务，但这种强制缔约义务完全可以在合同编的通则部分解决，其他的问题利用买卖合同规则完全可以解决。因此，其根本不应该被规定为有名合同。保理合同也是如此，其根本算不上特殊。

但物业服务合同确实具有特殊性：签订物业服务合同的人恰恰不是合同当事人，而业主不是合同签订人，却是义务的实际履行人。

（二）分类的意义

有名契约与无名契约的分类起源于罗马法。在罗马法上，有名契约的成立要件、内容、效力、当事人的权利义务，法律均有具体的规定。在历史上，有名合同与无名合同的区分曾经起到了非常重要的作用。在罗马法上，只有按照有名合同的模子铸就时，合同才具有强制力，才可能产生诉权。如果不具备有名合同形式，合同均不能产生效力。这就是所谓的“无形式的简约不能产生任何诉权”。后来，这些合同，在一方当事人已经履行的情况下，通过对待给付之诉，对相对人产生强制力。①

在今天，有名合同与无名合同的区分，当然不再具有罗马法上的那种意义。其区分主要是在法律适用方面：有名合同首先适用法律为其专门制定的规则。只有在专门的规则没有规定时，才适用合同编的一般规则及民法典的其他规则。例如，我国民法典上的保理合同，在发生纠纷时，先适用《民法典》第761～769条对其作出的特别规定。当没有规定时适用《民法典》合同编及其他各编的规则。例如，保理合同的无效、可撤销、合同债权转让等，适用《民法典》总则编和合同编的一般规定。

无名合同因为法律并没有赋予其自己的特别规则，只能适用《民法典》合同编及《民法典》其他各编的一般规则。

五、有偿契约与无偿契约

（一）分类的标准及概念

这是以当事人之间有无对价的给付为标准而作的分类。有偿契约是指当事人双方为取得利益而须支付对价的契约，如《法国民法典》第1106条规定：“当事人双方相互承担给付某物或做某事的义务时，此种契约为有偿契约。”无偿契约则是当事人从对方取得利益而无须支付对价的契约，《法国民法典》将之称为“恩惠契约”，如该法典第1105条规定：“当事人一方无代价给付他方利益时，此种契约为恩惠契约。”在实践中，多为有偿契约，而无偿契约极少，康

---

① 参见［法］弗朗索瓦·泰雷等：《法国债法：契约篇》，罗结珍译，121页，北京，中国法制出版社，2018。

德认为，无偿契约主要有三种：（无偿）保管、借用和捐赠。[①]

（二）分类的意义

区分有偿契约与无偿契约的意义在于以下几点。

（1）对有偿契约的调整如法律无特别规定时，适用买卖契约的规定；无偿契约则不然，其债务人不负标的物的权利瑕疵担保和品质瑕疵担保责任（特殊情况例外）。

（2）当事人所负的过失责任的程度不同：在无偿契约中，给付只对一方有利，对债务人自身无利益，所以债务人只负故意和重大过失责任；在有偿契约中，给付对债务人和债权人均有利益，债务人对此应负抽象的轻过失责任。

（3）限制行为能力人未经其法定代理人的同意一般不能订立有偿契约，但可订立无负担的无偿契约，接受他人给付的利益。[②]

六、要式契约与不要式契约

（一）分类的标准及概念

这是以契约的成立是否要求履行一定的形式和手续所作的分类：法律要求必须具备一定的形式和手续的契约为要式契约，法律不要求必须具备一定的形式和手续的契约为不要式契约。美国著名合同法学者科宾指出，要式合同是指这样一种合同：其法律效果依赖于它的作成形式或者表示方式，而不依赖于交换中给付的充分对价，也不依赖于信赖它的受要约人的任何地位变化。而不要式合同的法律效果不依赖于其作成形式或者表示方式，大多数这类合同的法律效力都依赖于为换取允诺而给付的充分对价。[③] 科宾显然是从英美合同法理论来分析的，但其“法律效果是否依赖于其作成形式或者表示方式”的标准，与大陆法系是一致的。在契约法的发展初期，对契约成立的形式有较严格的要求，以要式契约为原则。[④] 在现代各国，以契约自由为基本原则，故以不要式契约为原则而以要式契约为例外，但为保护交易的安全，对特殊财产契约，如不动产契约仍规定为要式契约。我国《民法典》合同编规定的要式契约有不动产买卖合同、非自然人之间的借款合同、租赁合同、建设工程合同等。

（二）分类的意义

对契约进行这种分类的意义在于区别形式对不同类型契约的效力。在这个问题上，各国的规定各有不同，有的国家的民法典规定契约不具备法律规定的形式不生效力，有的则规定不具备法定形式契约不成立。

违反法定合同形式的合同是否一律无效，就要遵循《民法典》第153条的规定，判断形式是不是指向合同效力的强制性规定。另外，《民法典》第490条第2款规定：法律、行政法规规定或者当事人约定合同应当采用书面形式订立，当事人未采用书面形式，但是一方已经履行主要义务，对方接受时，该合同成立。由此可见，我国民法典并不采取不具备法定形式的合同不成立或不生效的原则，而是采取较为灵活的原则。

---

① 参见［德］康德：《法的形而上学原理——权利的科学》，沈叔平译，106页，北京，商务印书馆，1997。

② 参见周枏：《罗马法原论》，661页，北京，商务印书馆，1994。

③ 参见［美］A.L.科宾：《科宾论合同》，王卫国等译，13页，北京，中国大百科全书出版社，1998。

④ 参见［英］梅因：《古代法》，沈景一译，184～185页，北京，商务印书馆，1995。

七、即时清结的合同和不即时清结的合同

（一）分类标准及概念

这是以给付是否具有连续性为标准所作的分类。即时清结的合同又称一次性给付的合同，如果合同规定的当事人的给付能够一次性完成的（尽管有时候分期完成，但其完成不具备连续不断的特点），即为即时清结的合同，例如，特定物的买卖。如果合同规定的当事人一方应为的给付在一定期间内连续完成的（不可能一次性完成），则为不即时清结（连续给付）的合同，如租赁合同、雇佣合同等。

（二）分类的意义

这种分类的意义在于：合同因无效或被撤销而引起的法律后果不同，就一次性给付的合同而言，其无效或被撤销具有溯及力，即当事人已为的给付应当返还；但在连续性给付的合同中，其无效或被撤销不具有溯及力，例如，雇佣合同无效或被撤销后，雇主不可能要求已提供劳务的雇员返还已领的工资，同样，雇员也不可能要求雇主返还其已付出的劳动。也就是说，非即时清结的合同在无效或被撤销后只能向将来发生效力。①

八、民事契约、商事契约和行政契约

（一）分类的标准及概念

由于大陆法系的许多国家历来有民商分离的传统，于民法典之外又制定了商法典，故将契约分为民事契约和商事契约是极其自然的事。但这种分类的标准比较复杂。简单地说，适用于民事主体之间的契约，为民事契约；适用于商人之间的契约，即以商事交易为目的的契约，为商事契约。除此之外，法国还有其独特的行政契约。这种分类被英美法系学者称为大陆法系契约的“三大基本分类”②。由于法国行政契约的独特性，在此略作介绍。

1. 行政契约的概念

行政契约是行政主体以其特殊身份与行政主体或私法主体所订立的契约。行政主体具有双重性：它既可是私法主体，又可为行政主体。当其以私法主体订立契约时，与一般的私法主体的法律地位并无不同，其应受私法的调整；当其以行政主体与私法主体或行政主体订立契约时，其契约为行政契约，不受私法的调整，而受公法的调整。在法国，由于现代公务的扩张，行政主体除了行使公共权力，还担负了社会保障、经济管理、科学、教育、文化等多方面的任务，行政主体仅靠单方面的意思表示而决定相对人法律地位的行为方式已不能适应现代公务多样化的需求，另外，公共行政民主意识的加强，行政主体也不得不重视相对人的权利。法国行政契约的出现，即反映了这两方面的需求。

2. 对行政契约的识别标准

行政契约与私法契约不同，当事人在这两种契约中的法律地位也不一样。但如何判断一个契约是行政契约呢？

从契约的主体看，立约人中必须有一方为行政主体，因为行政契约从本质上说是一种行政

① 参见尹田：《法国现代和合同法》，11页，北京，法律出版社，1995。

② 沈达明编著：《英美合同法引论》，16页，北京，对外贸易教育出版社，1993。

行为，私人一般不具有行政行为能力，故私人间签订的契约不是行政契约。因而，两个行政主体之间订立的契约为行政契约，当属无疑。但是，行政契约的大部分是与私人签订的，仅仅根据主体标准很难辨别这些契约的性质。于是，法国行政法院指出：这些合同要成为行政合同，必须具备以下两个条件之一：签订契约的目的是执行公务，签订契约所采用的规则超越私法。

对于第一个条件较易理解，但第二个条件就比较模糊。的确，何谓超越私法的规则，很难有统一的定义。英美法系等国家中公法与私法的界限是不明确的，其契约法实行一元裁决制，故在契约法中区分公法与私法的规则也没有必要。但由于大陆法系对公法和私法的划分有其传统，区分公法与私法规则也就有了不同的意义。在法国，对有关契约中私法以外的规则的理解一般是根据最高行政法院 1955 年 2 月 15 日判决中提出的观点：合同中规定的当事人的某些权利或义务在性质上与当事人根据民商法自由约定的权利和义务不同。这种不同也反映在其履行上，在行政契约的履行上，行政主体有自己的特别权利，主要是要求对方当事人本人履行义务的权利、对契约履行的监督权和指挥权、单方变更契约的权利、对相对方不履行契约的制裁权（不通过法院而径行制裁）。

对方当事人在接受行政主体特权的同时，也享有一定的私法上没有的权利：对统治者行为要求补偿的权利（行政主体应赔偿对方当事人因统治者行为而遭受的全部实际损失）、不可预见情况的补偿权。

总之，法国法律将行政契约作为一种独立的制度从一般私法契约中区分出来，这不仅是法国二元制法律背景的缘故，更重要的是当代公务的需要。行政契约是行政主体为了执行公务，即满足公共利益的需要而签订的。行政主体并不依赖采取契约的手段而放弃履行公务所必需的特殊权利。行政契约将行政主体执行公务的使命与相对人对个人利益的追求平衡而为和谐的统一，既避免行政主体单方面行为的简单僵硬，又防止私法契约的那种完全自由。①

在我国民事立法过程中，关于要不要行政合同的问题有过激烈的争论。行政法学教授应松年先生在 1997 年 6 月 9 日的《法制日报》第一版发表了题为《行政合同不容忽视》的文章，建议在合同法中对行政合同作出规定，并提出了判断行政合同的三个标准：(1) 合同当事人中居于主导地位的当事人，必须是代表公共利益的行政机关；(2) 合同的目的在于实现行政管理和公共利益的目标；(3) 在合同权利义务的配置上，行政机关保留了某些特别权利，如监督甚至指挥合同的实际履行，单方面变更合同的内容，认定对方违法并予以制裁。作者根据这三项标准，认为中国现实中的粮食、棉花、烟草定购合同，国有土地使用权出让合同，国有企业承包经营合同，国有企业租赁合同，国家订货合同，公共工程承包合同，按照指令性计划签订的合同，以及某些科研合同等，均属于行政合同。梁慧星研究员认为：如果说有行政合同的话，只能存在于行政权力作用的领域，属于行政法律关系。行政合同的当事人都必须是行政机关或者被授予行政权力的团体，合同行为必须属于行政权力的行使行为。如果本质上属于市场交易的行为，即使一方当事人是行政机关（如政府采购合同），即使法律规定实行强制签约，也仍属于民事合同，而与所谓的行政合同有本质的区别。至于上述文章提到的第三项标准，显而易见是混淆了市场交易行为与国家对市场交易的管理行为。国家通过行政机关对某些市场交易行

---

① 参见舒适：《法国行政合同制度》，载《外国法学研究》，1993 (1)，37～41 页。

为进行适度的干预，并不改变这些市场交易行为的性质，当然也不能使这些市场交易关系变成所谓的行政合同关系。[①] 梁慧星研究员的意见得到了多数民商法学者的赞同，也正是基于这一原因，我国现行民事法没有规定行政合同。

（二）分类的意义

这种分类的意义主要在于以下两个方面。

（1）案件的管辖方面。如果是行政合同，发生纠纷自然要归各级法院的行政庭审理；而民事合同和商事合同要归民庭审理。

（2）法律适用方面。如果是行政合同，当然要适用行政法。如果是民事合同或者商事合同，当然要适用民法典及民事特别法。

另外，尽管我国实行民商合一的立法体例，但在我国的《民法典》中，有时也区分民事合同与商事合同，例如，在合同编的“借款合同”中（第 668 条、第 679 条），就是通过区分民事主体和商事主体来区别其借款合同是民事合同还是商事合同的。

九、本约与预约

（一）分类的标准及概念

分类的标准是合同的目的，即是否具有为将来签订合同而缔约的目的。预约是为将来订立合同而签订的合同，即当事人约定将来签订合同。被约定签订的合同为本约。

我国《民法典》第 495 条规定：“当事人约定在将来一定期限内订立合同的认购书、订购书、预订书等，构成预约合同。当事人一方不履行预约合同约定的订立合同义务的，对方可以请求其承担预约合同的违约责任。”这是我国第一次用立法的形式规定了预约合同。也是对我国长期司法实践经验的总结和肯定。

在预约与本约的分类中，需要研究和澄清的问题是：（1）预约是独立的合同还是本约的一部分？预约与本约的区别是什么？（2）预约与意向书的区别是什么？（3）预约合同内容是否应当包含本约中的主要合同条款？（4）违反预约是否应当承担违约责任？该违约责任中是否包括强制履行（强制签订本约）？

由于违反预约的问题，我们还要在“违约责任”部分详细讨论，在此，不详细展开。

我们先来看第一个问题。预约是不是独立的合同？在这一问题上，学者之间存在争议，有“同一合同说”和“两个合同说”的争议。但笔者认为，预约当然应该是一个独立的合同，因为：（1）合同目的与本约的目的不同。预约合同的缔约目的是保证将来与相对人以某种内容或者形式签订本约。而本约是直接实现合同标的承载的目的。（2）预约合同在内容上与本约不一定一致，只是主要条款必须一致。（3）违约的后果也不一致（后面详细讨论）。

从我国最高人民法院 2023 年颁布的关于适用民法典合同编通则部分的司法解释[②]第 6～8 条来看，显然是将预约作为独立合同对待的。那么，预约与本约的区别是什么？对此，《合同

---

① 参见梁慧星：《中国统一合同法的起草》，载梁慧星主编：《民商法论丛》，第 9 卷，30 页，北京，法律出版社，1998。

② 该解释是指《最高人民法院关于适用〈中华人民共和国民法典〉合同编通则若干问题的解释》（法释〔2023〕13 号，2023 年 5 月 23 日由最高人民法院审判委员会第 1889 次会议通过，自 2023 年 12 月 5 日起施行）。以下简称《合同编通则部分司法解释》。

编通则部分司法解释》第6条第1款规定得非常明确："当事人以认购书、订购书、预订书等形式约定在将来一定期限内订立合同，或者为担保在将来一定期限内订立合同交付了定金，能够确定将来所要订立合同的主体、标的等内容的，人民法院应当认定预约合同成立。"也就是说，其与本约的区别非常明确：是否具有将来订立合同的意思表示。虽然预约也包括一般合同成立需要的标的、主体等内容，但只有表明是将来以该内容订立合同，才能认为是预约，否则，就是本约。

再来看看第二个问题。预约与意向书是有区别的：(1) 预约是一种合同，而意向书根本不是合同，仅仅是订立合同的意向；(2) 违反预约合同要承担违约责任，而违反意向书至多承担缔约过失责任；(3) 预约合同应当包括本约的主要内容，而意向书一般不要求有合同的主要条款，仅仅表明一种继续磋商的意愿，合同的主要条款还要进行协商。因此，我国《民法典》第495条没有继承最高人民法院在《民法典》出台之前的司法解释，继续将意向书作为预约对待。当然，如果名为"意向书"，但实际上其中包含了未来合同的主要条款，也可以作为预约。当事人签订认购书、订购书、预订书、意向书、备忘录等是否构成预约合同，还要看其是否包括本约合同的主要条款，否则不是预约合同。对此，《合同编通则部分司法解释》第6条第2款正确地规定："当事人通过签订意向书或者备忘录等方式，仅表达交易的意向，未约定在将来一定期限内订立合同，或者虽然有约定但是难以确定将来所要订立合同的主体、标的等内容，一方主张预约合同成立的，人民法院不予支持。"

我们再来看看第三个问题。预约内容是否应当包含本约中的主要合同条款？答案当然是肯定的。如果不包括未来签订的本合同的主要条款，预约就仅仅是一个意向书。因为，如果当事人签订了一个没有未来主合同条款的预约，那么，当事人在未来还要就本合同的主要条款进行协商；如果任何一方不想履行预约，就以协商不成为由不签订本合同，那么，预约也就没有了任何意义，实际上也就沦落为意向书了。因此，要构成预约，就必须包括未来签订的本合同的主要条款。对此，最高人民法院在《合同编通则部分司法解释》第6条作出了肯定性回答。

最后再来看第四个问题。违反预约是否应当承担违约责任？该违约责任中是否包括强制履行？我国《民法典》第495条对此并没有作出限制性或者禁止性规定，应该解释为，违反预约如同违反一般合同一样承担违约责任。① 最高人民法院在《合同编通则部分司法解释》第8条作出了肯定性规定——违反预约合同也是违约，也要承担违约责任，仅仅是承担责任的方式不同——不能要求实际履行。

（二）分类的意义

这种分类的意义主要在于：当事人违约后的具体违约责任和救济手段不同。预约的目的是未来签订本合同（预约的主要条款），因此，其主要的法律救济是签订本合同。如果不签订本合同，在有的国家是直接按照预约"复制"出本合同，但在我国最高人民法院的《合同编通则部分司法解释》中是承担赔偿责任。而违反本合同的目的，是直接实现合同规定的标的负担，例如，买卖合同的双方之主要义务是一方交付货物标的，而对方支付价款标的，违反买卖合同后的责任是直接实现这种交付义务。

---

① 参见王利明：《合同法研究》，第1卷，3版，46～50页，北京，中国人民大学出版社，2018。

十、涉他合同与非涉他合同

（一）分类标准和概念

这种分类的标准是合同是否涉及第三人。如果合同的效力涉及第三人，则为涉他合同；如果合同的效力仅仅及于当事人而不涉及第三人，为非涉他合同。

因相对性为合同的基本原则，故涉他合同为例外，非涉他合同为常态。

（二）分类的意义

这种分类主要涉及第三人的权利义务如何确定的问题。也就是说，当双方当事人的合同涉他时，一般不可以给他人增加义务而只能增加权利，因此，只能是“利他合同”。但这种利他中的“他”能否对合同双方当事人具有请求权，就要区分不同情况来确定。另外，合同一旦生效，合同签订人能否自由解除合同，也是这种分类中的重要问题。这一点，对于司法实践具有重大意义。

十一、射幸合同与实定合同

（一）分类的标准及概念

这是以合同的效果在缔约时是否确定为标准而进行的分类。实定合同是指合同的法律效果在缔约时就已经确定的合同。射幸合同是指合同的法律效果在缔约时不能确定的合同，如保险合同、彩票合同等。法国学者指出：实定合同与射幸合同的分类属于有偿合同的次级分类。所谓实定合同，是指每一方当事人可以受领的对价都是肯定的而且都是确定的有偿合同。而且，各方当事人在订立合同时就肯定地知道自己应当进行的给付的范围与数额，知道自己可以从中得到多少利益。所谓射幸合同，是指双方当事人可能受到的利益或者遭受的损失完全取决于某种不确定事件的合同。①《法国民法典》对于实定合同与射幸合同作了规定，该法典第 1104 条规定：“每一当事人承担的给付或者作为义务大体等于他方对其承担的给付或者作为义务，此种契约为实定契约。当相等的对价是指每一当事人依据某种不确定的事件，均有获得利益或者损失的机会时，此种契约为射幸契约。”例如，买卖合同就是实定契约，因为买卖合同签订的时候，双方对于合同对自己规定的权利义务都是清楚的，也是确定的。但是，保险合同就是射幸合同，因为各自的获益或者损失取决于未来保险事故如何发生，也许是保险公司赚取了保险费，也许是保险公司赔了而投保人赚了（如果保险事故很大而使赔偿超过保险费）。

随即提出的问题是：如果一方的获益或者损失是确定的，而只有一方的利益或者损失取决于某种事件，这种合同是否属于射幸合同？对此，《法国民法典》第 1964 条规定：“射幸契约是指当事人相互之间的一种约定：所有的当事人或者其中一当事人或者数当事人是获利或者损失，均依赖于某种不确定的事件。”从该条看出，法律并没有要求所有当事人都具有射幸的性质，也可以是一个当事人或者数个当事人射幸。例如，有人提出保险合同，保险人已经收入了固定的利益，只有投保人是否获益具有射幸性。② 但是，这不一定，就看将来保险事故大小。

---

① 参见［法］弗朗索瓦·泰雷等：《法国债法：契约篇》，罗结珍译，137～138 页，北京，中国法制出版社，2018。

② 参见［法］弗朗索瓦·泰雷等：《法国债法：契约篇》，罗结珍译，140～145 页，北京，中国法制出版社，2018。

也许保险人要付出比其收取的保险费更多的费用，而投保人获得比保险费更大的利益。

射幸合同不同于附条件合同，其合同已经生效，但是否发生当事人预定的结果，要看是否发生约定的事由（不确定事件是否发生），如保险合同必须发生约定的保险事故才发生保险人的责任。彩票更是如此，是否中奖，要看号码是否对得上。

（二）分类的意义

法国学者认为，实定合同与射幸合同的区分意义恰恰就在于能否以“显失公平而受到损害”为由请求撤销合同。通常情况下，在实定合同中，一方当事人因显失公平而受到损害的时候，可以请求法院撤销合同。但是，如果合同具有射幸性，受到损失的当事人不能以显失公平为由而主张撤销合同。因为射幸合同的每一方当事人在订立合同时均自愿同意并且接受“赌上一把”或者“碰碰运气”。因此，不论发生什么后果，均不得事后反悔，并主张显失公平、受到损害。①

十二、主合同与从合同

（一）分类的标准和概念

分类的标准是合同是否能够独立存在。能够独立存在的或者说独立存在具有价值的合同，为主合同；从属于主合同并为主合同服务的合同，为从合同。如担保合同为从合同。

（二）分类的意义

这种分类的意义在于：确定合同之间的相互效力。主合同的变动会影响从合同，主合同的消灭一般会导致从合同失去目的而消灭。但是，法律另有规定的除外。

法律适用

1. 合同与意向书的区别

在司法实践中，由于理解上的偏误，许多人将合同与意向书相等同。实际上，合同与意向书对当事人的权利、义务与责任产生不同的影响，因此，弄清二者之间的区别至关重要。首先，概念（含义）不同：意向书是具有缔约意图的当事人就合同订立的相关事宜而进行的约定，一般不涉及合同的具体内容等细节问题；而合同是指作为平等主体的自然人、法人、非法人组织之间，设立、变更、终止民事权利、义务关系的协议。其次，效力不同：意向书不会对当事人的实体权利、义务产生直接的影响，其签订并不必然导致合同的签订；而合同规定当事人的实体权利与义务，当事人必须按照合同的约定行使权利、履行义务。最后，违反二者承担的责任不同：违反意向书的约定导致合同未能订立的，要承担缔约过失责任；而违反合同的约定导致合同没有或不完全履行的，要承担违约责任。缔约过失责任与违约责任的赔偿范围有很大区别，在实践中要注意把握。

2. 合同法上的合同与亲属法上的协议的区别

顾名思义，合同法上的合同是依据合同法成立的合同，亲属法上的协议是依据亲属法订立的协议。二者在成立基础上的差别决定了其分别适用不同的法律规则，因此，正确区分二者的不同点对于司法实践起着至关重要的作用。我国《民法典》合同编中的合同采狭义的合同概

① 参见［法］弗朗索瓦·泰雷等：《法国债法：契约篇》，罗结珍译，141页，北京，中国法制出版社，2018。

念，仅指债权合同，它以债权、债务关系为内容，是具有财产性质的法律关系。而亲属法上的协议有广义和狭义两种解释。广义的亲属法上的协议包括有关身份关系的协议，除婚约与婚姻等以外，还包括基于亲属关系而订立的有关析产、财产继承的协议；而狭义的亲属法上的协议仅指依据一定的姻亲或血亲关系而进行的有关身份关系的约定。本部分的讨论以狭义亲属法上的协议为限，亲属法领域的以财产关系为内容的协议应该属于合同法的调整范围。合同法上合同的财产关系性质决定了其可以被强制执行，当事人承担违约责任的方式可以是财产损害赔偿、实际履行或违约金；而狭义亲属法上的协议的人身关系性质决定了其不可被强制执行，当事人承担违约责任一般不通过财产手段。

课后复习

1. 论述合同与协议的区别及联系。
2. 论述合同区分为有偿合同与无偿合同的意义。
3. 论述预约与本合同的区别。

第二章 契约自由及其在现代合同法上的地位

|提 要|

契约自由是合同法的生命与灵魂，只有把握契约自由原则，才能更好地理解合同法。契约自由有其存在的理论基础、经济基础、政治基础与制度基础。但现代合同法上，这些基础在不同程度上被改变了，特别是法律及国家对合同自由的积极干预，使合同自由原则受到了极大的动摇，因此，有人说这是契约自由原则的衰落。如何看待契约自由原则的衰落及其在现代合同法上的地位，是一个重大的命题。

|重点问题|

1. 契约自由原则的含义与基础。
2. 契约自由原则所面临的问题与挑战。

第一节 契约自由的含义

一、契约自由的一般含义

所有权绝对、过错责任和契约自由为近代私法的三大原则，而契约自由又是私法自治（意思自治）的核心部分，就如德国学者海因·克茨等所指出的："私法最重要的特点莫过于个人自治或其自我发展的权利。契约自由为一般行为自由的组成部分……是一种灵活的工具，它不断进行自我调节，以适应新的目标。它也是自由经济不可或缺的一个特征。它使私人企业成为可能，并鼓励人们负责任地建立经济关系。因此，契约自由在整个私法领域具有重要的核心作用。"① 按照意思自治的理论，人的意志可以依其自身的法则去创设自己的权利义务，当事人的意志不仅是权利义务的渊源，而且是其发生的根据。② 这一原则在整个私法领域，如婚姻、遗嘱、契约等以意思为核心的法律行为支配的私法领域内，均普遍适用，体现在契约法上就是契约自由原则。契约自由原则的实质是契约的成立以当事人的意思表示一致为必要，契约权利义务仅依当事人的意志而成立时，才具有合理性和法律上的效力。根据英国著名的契约法学者阿狄亚的理论，契约自由的思想应当包括两方面的含义：首先，契约是当事人相互同意的结果；其次，契约是自由选择的结果。③ 法国学者认为，契约自由包括两个范畴：实质范畴与形

---

① ［德］罗伯特·霍恩等：《德国民商法导论》，楚建译，90页，北京，中国大百科全书出版社，1996。

② 参见尹田：《法国现代合同法》，13页，北京，法律出版社，1995。

③ 参见［英］阿蒂亚：《合同法概论》，程正康等译，5页，北京，法律出版社，1982。

式范畴。就实质范畴而言，契约自由是通过三个方面的任意性选择权利来体现的：缔结契约与不缔结契约的权利、自由选择缔约相对人的权利以及自由决定契约内容的权利。就形式范畴而言，契约自由的公认规则是诺成主义规则：只要当事人交换同意意思，便足以缔结合同。至于他们之间的合同采取什么样的形式为见证、确认，在所不问。如果当事人的意思表示必须采取特定的形式才能有效，那么，意思表示不再有完全的自主性。① 笔者认为，除此之外，契约自由还应当包括另外两个含义：契约神圣与契约相对性。

（一）契约是当事人相互同意的结果

这是契约自由的第一方面的含义，意即契约双方的共同意志是契约成立的基础。在这一点上，过去和现在没有多少差别。这一结论从合同订立的程式——要约和承诺的延续性和承继性上就可得到印证。如果说契约是双方当事人相互同意的结果，必然会得出以下三种推论。

1. 契约以不要式为原则，而以要式为例外

既然双方的意思表示一致是契约成立的核心，则契约自双方当事人意思表示一致时即可成立，不受当事人未表示接受或自己约定的任何形式的制约。因为强求当事人完成某种特定的"仪式"本身就是对当事人意志的限制。任何神圣的形式都有可能阻碍当事人完全自由地表达其真实的意志，而社会通过某种神圣的形式，就等于说已经把某种超越当事人意志并先于当事人的意志强加于当事人。② 故契约应以不要式为原则，而以特定形式的要求为例外或反常。这就必然引起契约自由和交易安全的冲突和矛盾。

2. 对意思表示的瑕疵给予法律救济

既然契约以当事人的相互一致的意思为基础而成立，于当事人的意思表示有瑕疵，如胁迫、误解、欺诈等情况下，契约就不应具有效力，法律应当给予救济。但是，法律对意思瑕疵的救济，特别是对错误的救济，在很大意义上也是出于对公平的保护。

3. 探究当事人的真实意思为契约解释的唯一原则

既然当事人的意思是支配契约双方权利义务的原动力和唯一的根据，则在发生争议而需要对契约进行解释时，就应努力探究当事人的真实意思。19 世纪的法官们对当事人的协议和意思表示加以极大的强调，他们企图证明：合同法中极其大量的现实的规则是以双方当事人的意思表示为根据的，在当事人之间为合同而发生争议时，法官们在处理这类案件时，常常将它作为双方当事人的意思表示发生了争议来解决。法院认为他们不是在把法律规定强加于双方当事人，而是在找出当事人自己选择的解决争议的办法。③ 作为巩固资产阶级革命胜利成果的《法国民法典》第 1156 条规定："解释契约时，应探究缔约当事人的意思，而不拘束于文字的字面意思。"当契约条款因规定不明确而需要解释时，法官不能根据自己的判断而作任意的解释，而应以最符合当事人意思的方式进行解释。经济分析法学派认为，合同法为单个公民提供了一个达成彼此间自愿关系条款的制度。④ 波斯纳认为，人是对自己的生活目标、自己的满足，即

① 参见［法］弗朗索瓦·泰雷等：《法国债法：契约篇》，罗结珍译，47～48 页，北京，中国法制出版社，2018。

② 参见尹田：《法国现代合同法》，14 页，北京，法律出版社，1995。

③ 参见［英］阿蒂亚：《合同法概论》，程正康等译，6 页，北京，法律出版社，1982。

④ 参见［美］罗伯特·考特、托马斯·尤伦：《法和经济学》，张军等译，314 页，上海，上海三联书店、上海人民出版社，1994。

我们通常所讲的"自我利益"的理性的、最大限度的追求者。① 故当契约发生纠纷时，法院应按照这些原则去重构契约条款。虽然说在今天，法解释学在学理和司法上已发生了变化，并有了许多规则，甚至在合同解释中，主流观点已经采用"客观解释兼主观解释的原则"，但探究当事人的真实意思仍为人们所尊重，没有人明确表示在解释合同的内容时抛弃当事人的真实意思。

（二）契约是当事人自由选择的结果

这是契约自由的第二方面的含义，意指当事人有权按照自己的选择而决定订立或不订立契约、以何人为缔约当事人以及以何为内容而订立契约。这里的"自由选择"十分重要，它是指其在意志不受非法限制的情况下所作的选择。只有如此，才能真正体现出契约自由的本来意义。德国民法学者海尔穆特·库勒尔认为，《德国民法典》与那个时代相适应，规定了契约自由原则（见《德国民法典》第 305 条），要不要订立契约、与谁订立契约、契约的内容如何，这些问题对每一个公民来说原则上是自由的，对契约内容的控制是相当有限的。人们坚守"交易能力自由支配"的信条，并认为竞争会使利益关系充分协调。② 契约自由的这一方面的含义，应包括以下具体内容。

1. 是否缔约的自由

这是最大的自由选择权，即一个人有权根据自己的意志决定缔结或者不缔结契约，他没有法定的缔约义务。这一点在倡导契约自由的自然法学者看来，是天经地义的。

2. 与谁缔结契约的自由

当事人有权决定与谁缔结契约，这在一个具有完备市场竞争机制的社会中，是完全可以实现的。也就是说，在社会中客观存在可供选择的缔约相对人。如果这种客观条件不具备，这种自由权也就徒具形式了。

3. 决定契约内容的自由

当事人有自主决定契约内容的自由，即使当事人所订立的契约有严重的不公正和不平等，如果确系当事人自愿接受而不是出于胁迫等因素，他人也不能改变。英美法系国家契约法理论上"约因不必充分"的原则即出自这一思想。

除此之外，当事人还可用协议的方式改变法律的规定，如协议管辖原则、对某些法定义务的排除（如对瑕疵担保责任的排除等）。

4. 当事人选择契约形式的自由

当事人对所订立的契约采取何种形式，应由当事人自由协商决定，法律不应强行规定当事人采用何种形式。

（三）契约神圣

契约神圣应当是契约自由的一个侧面，即如果契约是根据双方当事人的自由意志而订立的，由此产生的权利义务应当是神圣的，应当由法院保证其履行，当事人不得违反。这种神圣性来源于契约自由的反面推导。英国学者盖斯特（A. G. Guest）指出："与合同自由观念密切相关的还有另一个原则，那就是合同的神圣性。尤其使实业家关心的，是保证当事人双方遵守

---

① 转引自沈宗灵：《现代西方法理学》，397 页，北京，北京大学出版社，1992。

② 参见［德］海尔穆特·库勒尔：《〈德国民法典〉的过去和现在》，孙宪忠译，载梁慧星主编：《民商法论丛》，第 2 卷，223 页，北京，法律出版社，1994。

契约并保证尽量少使用逃避合同义务的手段。"① 契约的神圣性要求合同当事人必须严格遵守并履行合同，法院不得直接地或者间接地改变当事人订立的契约，契约一经成立，当事人就有排除和拒绝公共权力干预的权利，即使由于情事变更②而使双方当事人的权利义务出现严重的不平等，法院也不得变更契约的内容。依据同样的规则，立法上的变化，也不能对契约权利义务产生任何影响。作为对意思自治原则的贯彻，契约可以违背"新颁布的法律即刻生效"的原则，继续按照契约成立时所依据的法律发生效力。因为，如果将契约置于新的法律的支配之下，亦即让合同按照新的法律发生效力，无异于对合同进行间接修改。③

法国学者认为，契约的这种神圣效力既包括对当事人的约束力，也包括对法官的约束力。对于当事人来说，任何契约当事人不得按照自己的单方面意思摆脱其承担的义务。契约当事人都应当忠实履行契约的全部义务。对于法官来说，法官应当尊重当事人之间订立的合同，并且让他人尊重当事人之间订立的合同。法官作为当事人意愿的协助人，应当是一个尊重已经订立的合同的服务者或者仆人：如果法官受到请求需要对合同进行解释，他就应当寻找双方当事人的共同意愿或者共同意图；在受到请求要求修改或者变更合同时，他应当拒绝；在一方当事人不履行合同的情况下，法官应强制其履行。④

我国《民法典》第 465 条第 1 款规定："依法成立的合同，受法律保护。"当然，民法典合同编及其他编的规范都表明了当事人订立的合同受保护的宗旨。

（四）契约的相对性

契约的相对性也是契约自由的一个副产品，它是指契约效力的相对性。既然契约的权利义务只能根据当事人的自由意志而产生，故只有表示愿意接受契约约束的当事人才受契约的约束，而其效力不能及于未加入契约关系的第三人。当然，仅仅对第三人设定权利则是一个例外，因为权利意味着选择，权利人可以放弃。契约仅仅具有相对效力，最佳的解释仍然根植于契约自由这一基础：这些人的意愿不能妨碍另一些人的自由。虽然说每一个人是自己利益的最佳评判人，但却绝不是他人利益的最佳法官。⑤

对于契约神圣和契约相对性原则，《法国民法典》第 1134 条规定得最为明确："依法订立的契约在当事人之间具有相当于法律的效力。"虽然说，有许多学者对该条的规定是否确认了契约自由原则，尚有质疑⑥，但包括法国学者在内的大多数学者普遍认为，该条确定了契约自由原则。

我国《民法典》明确规定了合同的相对性原则，即第 465 条第 2 款规定："依法成立的合同，仅对当事人具有法律约束力，但是法律另有规定的除外。"

二、契约自由原则的理论依据

契约自由原则的理论依据主要是个人主义哲学和经济自由主义。

---

① ［英］A. G. 盖斯特：《英国合同法与案例》，张文镇等译，6 页，北京，中国大百科全书出版社，1998。

② 本书中"情事变更"同"情势变更"，二者交替使用。

③ 参见尹田：《法国现代合同法》，17 页，北京，法律出版社，1995。

④ 参见［法］弗朗索瓦·泰雷等：《法国债法：契约篇》，罗结珍译，48 页，北京，中国法制出版社，2018。

⑤ 参见［法］弗朗索瓦·泰雷等：《法国债法：契约篇》，罗结珍译，49 页，北京，中国法制出版社，2018。

⑥ 参见傅静坤：《法国民法典改变了什么》，载《外国法译评》，1996（1），47 页；［美］詹姆斯·高得利：《法国民法典的奥秘》，张晓军译，载梁慧星主编：《民商法论丛》，第 5 卷，553 页，北京，法律出版社，1996。

（一）个人主义哲学

启蒙时代的哲学竭力主张每一个人从根本上是自由的。合同之所以产生权利和义务，是因为个人的意思。人之所以负担义务，唯一的原因是出于其愿意：在个人自己的意愿内负担义务，同样也是尊重个人的自由。由此也就产生了以下两个命题：其一，每一个人均不得负担未经其同意的义务；其二，每一个人应承担经其同意的所有义务。人的意思可以赋予其自身特有的法则，合同从当事人的意思合致中获得强制力。①

（二）经济自由主义

从尊重个人自由的角度看，契约是产生权利的最佳根据。契约，就其可以在个人之间建立起最为公正、对社会最为有用的关系而言，同样也是权利的最佳渊源。

首先，让个人的意志自由地发挥作用，必定会实现公正：每一个缔结合同的当事人，都被看成是受到可靠理智的单纯意志的指导，都被看成是自己利益的最佳评判人，是自己利益的最佳法官，因此，也是自己利益的最佳立法者。由此，我们可以断定，每一个合同当事人的利益都会得到其自由缔结的义务的完全尊重。如果说强加于人的义务可能是不公正的，那么，同意接受的义务则不会如此。合同，不言而喻，也包含着相对方的利益。而这种对立的利益，归根到底是因合同产生的各种义务能够遵守某种平衡的最佳保证。合同产生的这些义务满足了各方的需要。如果是相反的话，人们不会同意缔结义务。用傅立叶的话来说，就是“合同就意味着公道”。

其次，个人意思自由发挥作用，可以确保社会经济平衡与总体繁荣。每一个人追求自己的利益，将会使总体利益得到满足——总体利益就是所有个体利益的总和。同时，市场法则可以根据需要来调整生产，让那只“看不见的手”发挥作用，以此保证经济的平衡。②

三、契约自由与契约正义

“正义”是一个永恒的话题，一提到它，似乎人人都明白，但却很难给出一个完整的概括。在历史上和现代，有许多学者不惜笔墨，去探讨正义为何。时至今日，学者对此进行探讨的努力并未停止，但仍未得出一个令人满意的答案，每每都是从一个侧面对正义进行解释。依笔者看来，如果从法律的角度去理解正义，罗尔斯的正义观较为合适：“正义的主要问题是社会的基本结构，或更准确地说，是社会主要制度分配权利和义务，决定由社会合作产生的利益之划分的方式。”③ 徐国栋先生由此引出正义的基本的法律含义：“正义首先是一种分配方式，无论是利益或不利益，如果其分配方式是正当的，能使分配的参与者各得其所，它就是正义的。”④ 人们对法律的最大期待，就是其内含的正义所在，也就是说它能通过正当的程序将利益或损失在当事人之间进行合理的分配。这种法律的正义观，体现在契约法中，就是契约正义。

在古典契约理论的形成和发展时期，契约与正义有着天然的联系。在古典契约理论看来，契约即为正义，在二者之间是可以画等号的。人们按照自己的意愿交换相互的财产或服务，以

---

① 参见［法］弗朗索瓦·泰雷等：《法国债法：契约篇》，罗结珍译，44 页，北京，中国法制出版社，2018。
② 参见［法］弗朗索瓦·泰雷等：《法国债法：契约篇》，罗结珍译，46 页，北京，中国法制出版社，2018。
③ ［美］罗尔斯：《正义论》，何怀宏译，19 页，北京，中国社会科学出版社，1984。
④ 徐国栋：《民法基本原则解释——成文法局限性之克服》，326 页，北京，中国政法大学出版社，1992。

这种观念建立起来的人们之间的相互关系最为公正，于社会也最为有利。因为任何有理智的人都不会订立损害自己的契约，强制施加于人的义务可能是不公正的，但在自愿接受义务的情况下，不公正则是不存在的。康德在《法律理论》一书中指出："当某人就他人的事情作出决定时，可能存在某种不公正。但当他就自己的事务作出决定时，则决不会存在任何不公正。"[①]在此理论框架内，说合同会对一方当事人造成损害，是不可思议的。上述分析被一句格言所概括："契约即公正。"[②] 可以说，正是自由缔结的契约即为公正的这一理念使人们将契约自由奉为神圣，也正是对契约自由权利的滥用和对契约正义的违反，导致了契约自由神圣这一辉煌历史的结束和对契约自由规制的开始。由此可见，契约正义是契约自由的核心，一部契约自由的发展史，就是契约正义的发展史。人们崇尚契约自由是为了契约正义，人们限制契约自由，也是为了实现真正的契约正义。

第二节 契约自由原则的衰落以及其在现代合同法上的地位

一、契约自由原则衰落的显著表现

在20世纪中期，庞德已经断言，尽管在50年前，当事人的自由意志形成了他们之间的法律，但这种观念早已在全世界消失了。[③] 德国著名法学家茨威格特指出，在当代合同法的理论界普遍地、激烈地争论的问题是：在今天的社会现实中，契约自由究竟还能不能仍然被认可为法律制度的支柱和中心思想？如果现实中合同当事人之间缺乏谈判能力的均衡性从而使合同平等遭到破坏，因此，当保护合同当事人的弱者一方成为必要时，契约自由原则是否必须彻底地受到强制性规则的限制？现在我们是不是已经进入契约自由原则应当被"契约公正性"原则所替代或者进行补充的这样一个时代？[④]

梁慧星研究员将近代民法向现代民法转变的理念归结为形式正义向实质正义的转变。[⑤] 这种转变在契约法上反映得尤为典型。在古代契约理论赖以存在的基础已发生根本性动摇的情况下，契约自由的公正性也就越来越具有形式的意义。随着资本主义的高度发展，劳动者和雇主、大企业和消费者、出租者和租借者之间的矛盾开始激化，"契约正义"受到了挑战，在雇佣契约、标准契约、不动产租赁契约中，经济弱者的利益在契约自由原则下受到了损害。对此，美国学者施瓦茨指出：随着时间的推移，法官们继续以"契约自由"和"个人意思自主"的术语讨论法律问题。但是，作为其基础的契约平等观念已经被现代工业社会的现实，降低到抽象理论的范围。对那些为了换取不足维持生计的报酬而出卖血汗的人谈论契约自由，完全是一种尖刻的讽刺。这对大多数与大公司和行政实体缔结契约关系并必须与之愈来愈多地打交道的人来说，不管是作为消费者、公共事业或其他类似服务机构的交易对象，像佃户、投保人或可能的投保人，还是其他什么关系，都同样如此。大量标准化契约，或附合契约，开始取代那

① 转引自尹田：《法国现代合同法》，20页，北京，法律出版社，1995。

② 尹田：《法国现代合同法》，20页，北京，法律出版社，1995。

③ 参见［美］伯纳德·施瓦茨：《美国法律史》，王军等译，211页，北京，中国政法大学出版社，1997。

④ 参见［德］康德拉·茨威格特、海因·克茨：《合同法中的自由与强制》，孙宪忠译，载梁慧星主编：《民商法论丛》，第9卷，349～350页，北京，法律出版社，1998。

⑤ 参见梁慧星：《从近代民法到现代民法》，载《中外法学》，1997（2），24页。

些具体条款是自由协商的契约。越来越多的标准契约是以要么接受、要么拒绝的方式提交给当事人的。① 为避免出现上述情况，限制契约自由就显得十分迫切。② 现代契约法的问题已不再是契约自由而是契约正义的问题了。③ 故这种已发生了深刻变化的社会经济生活条件，迫使 20 世纪的法官、学者和立法者正视当事人之间经济地位不平等的现实，抛弃形式正义观念而追求实质正义。④ 对实质正义的追求，必然要求对契约自由从立法和司法上进行必要的干预，而所谓的契约自由原则的衰落，也主要体现在这两个方面。

（一）立法上的限制与干预

英国学者阿狄亚指出：正像我们已经看到的，甚至在 19 世纪的后半期，当事人的意向之重要性已经开始减弱，并存在一定的法律技术原因。这些原因之一是法律正在向复杂化发展的简单事实。⑤ 立法上对契约自由的干预，主要是通过制定特别法的方式来进行的。这主要体现在两个领域。

1. *劳动法领域*

劳动法领域对契约自由的规制主要是在承认雇主和劳动者之间的地位差别的前提下，为保护劳动者的利益而对劳动契约的缔结、条件、解除等作出的规制。英国学者指出：今天的法规在很多方面妨害了当事人随意订立合同的自由，例如，法规已经规定了雇主与受雇人之间的关系，目的在于保护受雇人不致被视为剩余劳动力和遭到不正当的解雇，使他了解劳动条件。⑥ 雇主与劳动者订立契约时，所给予的条件不得低于法律中所规定的工资、工时、工作条件、劳动保护等。为了使劳动契约体现契约正义，使劳动者获得的条件尽可能地代表其意愿，以济劳动契约之不足，劳动契约采取团体契约的方式缔结，称为劳动契约的社会化。在缔约时，由代表劳工一方的工会与企业主商谈各项条款。由于工会具有法人资格，又有众多的工人为后盾，在必要时还可组织工人行使罢工权，所以在谈判时，在地位上能与企业主抗衡。故团体劳动契约比个别磋商的劳动契约，更能体现劳动者的利益。⑦

我国劳动合同法，也以保护劳动者为宗旨而对缔约自由进行了限制。

2. *保护消费者立法*

保护消费者立法，可以说是现代各国民法发展的一个大的趋势。在契约法上，现代消费者在缔约地位上的劣势已越来越明显，正如阿狄亚所言："正是消费者作为缔约一方出现，才引起了各种重大变化。"⑧ 为保护消费者的缔约自由，各国纷纷制定了保护消费者的法律。这些法律对契约的传统的订立过程进行干预，以消除消费者与商品经营者之间关系上的种种不平衡。这些新的法律在其适用的范围内，以其强制性规范不容置疑地改变了合同的传统概念，促进了合同制度的某些基本组成部分的发展变化，并在不同程度上否定了意思自治的基本观念，

---

① 参见［美］伯纳德·施瓦茨：《美国法律史》，王军等译，210 页，北京，中国政法大学出版社，1997。
② 参见［日］王晨：《日本契约法的现状与课题》，载《外国法译评》，1995（2），47 页。
③ 参见［日］王晨：《日本契约法的现状与课题》，载《外国法译评》，1995（2），52 页。
④ 参见梁慧星：《从近代民法到现代民法》，载《中外法学》，1997（2），24 页。
⑤ 参见［英］阿狄亚：《合同法导论》，赵旭东等译，17～18 页，北京，法律出版社，2002。
⑥ 参见［英］A. G. 盖斯特：《英国合同法与案例》，张文镇等译，6 页，北京，中国大百科全书出版社，1998。
⑦ 参见姚新华：《契约自由论》，载《比较法研究》，1997（1），31 页。
⑧ ［英］阿蒂亚：《合同法概论》，程正康等译，13 页，北京，法律出版社，1982。

限制了契约自由的适用范围。[①] 保护消费者立法对契约自由的约束，主要表现在以下几个方面。

（1）对消费者与经营者缔约能力的矫正。

包括我国在内的许多国家的保护消费者的立法已经注意到了古典契约法忽视当事人之间缔约能力不平等的事实，如果说这种不平等在古典契约理论形成时不足为虑的话，那么在今天却是一个严重影响交易公平而不能坐视不管的问题。因此，许多国家之保护消费者的立法对当事人之间缔约能力的矫正，就是极其自然的。而对缔约能力不平等的矫正，主要是通过加重经营者的责任和义务来进行的，例如，规定了经营者的告知义务和加重的赔偿责任等。

（2）对格式合同的立法干预。

格式合同的出现以及在交易中的规模化使用使传统的缔约方式发生了重大改变，引起了人们的普遍关注。但问题是：格式合同究竟是契约自由的产物或者体现，还是妨碍或者损害了契约自由原则？对此问题，开始是有争议的，但随着法人制度和垄断的出现，这种方式的公平性引起了普遍的怀疑：它极有可能是契约自由的敌人。无论消费者到银行、保险公司还是电信公司，只要在这些公司事先拟定好了的格式合同上签上自己的姓名，合同即告成立，消费者与这些公司没有接触的机会和协商的余地。标准契约中关于权利义务的规定，特别是免责条款的规定，对消费者十分不利。故各国不得不在立法上对之进行规制。

《消费者权益保护法》第26条和《民法典》第496～498条都规定了对格式合同进行规制的特别规范。

（3）关于强制缔约义务的立法。

为保护消费者权益，许多国家还规定了与人民生活息息相关的企业的强制缔约义务。因为，在通常情况下，缔约自由和选择相对人的自由并不会给当事人带来不利的后果，但在特殊的场合，如果任由当事人行使这些权利，就会发生与契约自由的内在价值背道而驰的后果。例如，供电、供水、供气、邮电、铁路等企业以选择相对人为由而拒绝为某些人服务，后者就不可能有另外的选择。因此，基于民生的考虑，要以法律的直接规定或政府的行为来取代当事人的意思，使其负有强制缔约义务。[②]

强制缔约义务的立法规定，取消了当事人不订立契约的自由，但保留了当事人选择相对人的自由，或者相反，保留了当事人不订立契约的自由，但不允许当事人对缔约相对人进行任意的选择。首先，在某些情况下，根据法律规定，当事人必须承担订立契约的义务，即取消了当事人不订立契约的自由，但允许当事人自由选择契约相对人，例如，法律规定的对机动车的强制保险义务，当事人必须缔结保险契约，但可选择与之缔结契约的保险人。其次，在另一种情况下，当事人仍然有订立或不订立契约的自由，但只要当事人决定订立契约，则其选择对方当事人的权利即被取消或限制。[③]

特种服务行业在我国，还不能像在发达国家那样进行公开要约，它仍然有缔结或不缔结契约的自由，但没有选择契约相对人的自由。我国《民法典》对强制缔约义务进行了明确规定。《民法典》第494条第2、3款规定："依照法律、行政法规的规定负有发出要约义务的当事人，

---

① 参见尹田：《法国现代合同法》，29页，北京，法律出版社，1995。

② 参见姚新华：《契约自由论》，载《比较法研究》，1997（1），31页。

③ 参见尹田：《法国现代合同法》，36页，北京，法律出版社，1995。

应当及时发出合理的要约。依照法律、行政法规的规定负有作出承诺义务的当事人，不得拒绝对方合理的订立合同要求。”第 648 条第 2 款规定：“向社会公众供电的供电人，不得拒绝用电人合理的订立合同要求。”供水、供气、供热等主体也有同样的强制缔约义务（《民法典》第 656 条）。

强制缔约义务的法律规定，虽然对意思自治进行了程度不同的限定，但仍然没有完全以法律替代当事人之间的意思表示，当事人之间的意志仍然在一定范围内起作用，故契约自由仍有适用的余地。

（4）形式主义的出现与蔓延。

如果按照严格意义上的契约自由原则，只要当事人意思相互一致，契约即告成立，任何形式的强求，都是对当事人契约自由的侵犯。所以，在相当长的时期内，各国民事立法重内容而轻形式是一种普遍的现象。但为了保护交易的安全，各国法律对契约订立的形式有了越来越多的要求。在某种意义上说，这是对契约自由的限制，表现出意思主义与表示主义、个人与社会、交易自由与交易安全的矛盾。

（5）契约义务的扩张。

“没有合同就没有义务”，即使有义务也不是合同法上的义务。但是，现代许多国家的民法以诚实信用原则为依据，对合同义务进行了扩张，从而有所谓的“前合同义务”与“后合同义务”。例如，缔约过失责任被认为是合同义务扩张的直接结果。例如，我国《民法典》第 500 条规定：“当事人在订立合同过程中有下列情形之一，造成对方损失的，应当承担赔偿责任：（一）假借订立合同，恶意进行磋商；（二）故意隐瞒与订立合同有关的重要事实或者提供虚假情况；（三）有其他违背诚信原则的行为。”第 501 条规定：“当事人在订立合同过程中知悉的商业秘密或者其他应当保密的信息，无论合同是否成立，不得泄露或者不正当地使用；泄露、不正当地使用该商业秘密或者信息，造成对方损失的，应当承担赔偿责任。”第 558 条规定：“债权债务终止后，当事人应当遵循诚信等原则，根据交易习惯履行通知、协助、保密、旧物回收等义务。”

（二）司法上的限制与干预

在司法上，法官基于对实质正义的追求，利用立法上的弹性条款，创设了种种判例规则，如诚实信用原则、情事变更原则、契约解释规则等，从司法审判上对契约自由进行规制。就如施瓦茨所言，法院自己也开始架空契约自由的概念，采取的方式是对那些同意某项具体交易、具有某些特殊关系或处于某种特殊地位的人强加一些条款，或拒绝对当事人自由加入的契约给予强制执行。法院开始在契约义务中解释一项合理的要求，使当事人确立的契约条款公平化。①

1. 诚实信用原则

诚实信用原则，被称为“帝王条款”或“一般条款”，关于其具体的内容，学者从不同的角度进行了概述，但它是“在很大程度上不确定、意义有待充实的概念”②。学者普遍认为，其功能有以下几种：第一，对法律加以具体化的功能；第二，正义衡平的功能，即依据制定法

① 参见［美］伯纳德·施瓦茨：《美国法律史》，王军等译，211 页，北京，中国政法大学出版社，1997。

② ［德］海尔穆特·库勒尔：《德国民法典的过去与现在》，载梁慧星主编：《民商法论丛》，第 1 卷，233 页，北京，法律出版社，1994。

以外的根据，对权利行使要求符合伦理的行为准则，以实现实质正义和衡平的功能；第三，对法律进行修正的功能；第四，造法的功能，即为适当解决因时代变化而产生的新问题，一反指定法而创造新法的功能。①

诚实信用原则的确立及在司法审判上的适用，标志着个人本位向社会本位的转化，契约法从形式正义向实质正义的转化，意味着法院之“超然公断人”的消极角色的结束和积极干预的开始。诚实信用原则作为实现契约正义的手段，有其存在的价值。但是，它赋予法官以自由裁量权，如果使用不当，就会导致司法专横、剥夺契约自由的权利，并且为公法对私法的任意侵犯制造合理的借口。正如海尔穆特·库勒尔在评价诚实信用原则时所指出的：“这些技术的长处是法律的灵活性：它能够与价值观念的变化结合起来。但它的长处也是它的短处：如果法官也在为某种意识形态效劳的话，如纳粹时代所表现的那样，那么一般性条款也能为不公正的意识形态打开一扇方便之门。”② 故诚实信用原则对契约自由的干涉应严格以实现契约正义为限。

2. 情事变更原则

契约自由要求当事人必须严格按照契约的规定实现权利义务，契约成立后无论发生何种客观情况的异常变动，均不影响契约的效力，此即契约必须严守的原则。正是基于对这一原则的遵循，近代各国民法均未在法典中直接规定情事变更原则。但是，在现代急剧变化的社会中，人们不可能在缔结契约时预见到将来所要发生的所有问题。情事变更，即当事人订立合同时所依据的客观条件已发生了变更，而当事人在缔约时没有预见而且变更的发生系因不可归责于当事人的事由，如果法律再强迫当事人按照契约的规定去履行将导致极不公正的效果，就产生了契约自由与契约正义的矛盾：契约正义本是基于当事人的合意而生，现在出现了一定的情事变更，使原先的合意违反了“正义”，如果法律要求继续维持这种合意，就使契约自由背离了其核心——契约正义。为了避免这种非正义的结局，判例创造出情事变更原则，赋予当事人以解除契约的权利，或者裁判官在审判中对契约的内容进行修正和补充。当然，情事变更原则不能修正当事人应当承担的合理的风险，国家权力不应过多地在正义的名义下介入市民社会，从而破坏市民社会的自律性。③

我国《民法典》在总结司法实践的经验和学理的基础上，于第 533 条第 1 款规定了这一原则：“合同成立后，合同的基础条件发生了当事人在订立合同时无法预见的、不属于商业风险的重大变化，继续履行合同对于当事人一方明显不公平的，受不利影响的当事人可以与对方重新协商；在合理期限内协商不成的，当事人可以请求人民法院或者仲裁机构变更或者解除合同。”

3. 对契约内容进行客观解释的原则

按照古典契约法理论，契约自由的本质要求当事人的意思对权利义务的建立具有支配性的作用，故要求法官在对契约进行解释时，就要探究当事人的主观意思而以之为解释的唯一原则。这与古典契约法强调人的意志是权利义务产生的唯一根据的理论是一致的。但是，自 19

---

① 参见［日］宫野耕毅：《诚实信用原则与禁止权利滥用法理的功能》，载《外国法译评》，1995（2），42～43 页。

② ［德］海尔穆特·库勒尔：《德国民法典的过去与现在》，载梁慧星主编：《民商法论丛》，第 2 卷，225 页，北京，法律出版社，1994。

③ 参见［日］王晨：《日本契约法的现状与课题》，载《外国法译评》，1995（2），48 页。

世纪以来随着个人本位向社会本位的转变，国家基于维护交易安全和社会正义的需要，逐渐采用对契约内容进行客观解释的原则。

在大陆法系，法国最具有代表性。在法国现代司法审判实践中，法官在解释合同时，常常并不刻意寻求当事人通过合同所要表达的真实意图，而是倾向于使合同产生法官所希望产生的那些法律效果。事实上，合同当事人在合同中表达不清楚或不完整时，法官完全是根据“当事人的意愿是要订立公正和符合社会利益的合同”这一推定而对合同作出解释。除此之外，法官在处理合同纠纷时，不仅将某些道德规范及经济规则直接运用到审判过程，而且完全根据公平和最大限度地保护交易安全的需要对纠纷作出判决……这就表明，意思自治原则在司法实践中不再具有支配一切的神圣地位。①

在英美法系国家，对合同的解释采取客观解释的原则，即用一个通情达理的人作为标准来解决模棱两可的问题。② 也就是说，对协议的审查应当是客观的而不是主观的。换句话说，问题不在于双方当事人是否真正从内心达成协议，而是他们的行为和语言是否能使有理性的人认为他们已经达成了协议。在古典合同时代的末期，尽管在一些法官之间对于合同法中的协议、同意、意思表示等几乎所有的问题还公开存在严重的争论，但是法律对这些问题的客观的态度可以说是无可争辩地确立了。③ 阿狄亚在通过对比古典契约法与现代契约法中法官如何对待合同双方当事人的合意时总结说：在古典合同法中，合同应基于双方合意或者双方同意的观点博得了普遍的支持，确实被很多律师认为是一般公理。大多数合同是双方当事人合意的结果，无论如何，合同的主要内容是双方合意的产物。法官否认他们有权力去“为当事人制定合同”，他们试图基于当事人的意向表述合同法的大量实际规则。依靠这种方法，法院感觉到他们不是强加规则于当事人，而只是明示当事人自己已选择做某事的暗示。④ 而在现代合同法中，合同无论如何，不如先前认为的那样，是自由选择的结果，很多法律干涉或者完全不顾合同自由。因此，一些法官开始承认合同纠纷的解决方法有时是强加于当事人的。在很多情况下，以前提到的依靠当事人意向的问题现在好像仅仅依靠法律的规定来处理。阿狄亚在对 *Davis Contractors v. Fareham UDC* 案的判决进行评价时进一步指出：重要的不是当事人真正的合意或者意向，而是他们作为有理智的人被认为已经同意或者意图的东西。因此，我们需要知道的是，在这些情况下，一个有理智的人将同意或者意图什么。但是，事实上，法院代表有理智的人，因此可以说，法院认为当事人应当理智地同意或者意图什么。现在很清楚，法院最终强加的解决方法实质上不是当事人的意向，而是基于一个像任何其他规则一样的法律规则。⑤

从两大法系法官对合同内容进行解释的原则的变化上，可以看出，客观解释的原则已经无疑地占据了统治地位。在许多情况下，根据这一原则所确立的合同内容，可能是当事人未曾表达的，甚至是与其意思完全相反的。但是，即使如此，当事人也应接受其约束。这样，就与古典契约理论所提倡的“一个人不应被他未同意的义务所约束的”契约自由原则背道而驰了。

从我国《民法典》第 466 条及第 142 条之规定看，在合同解释上，也是实行“客观兼主

① 参见尹田：《法国现代合同法》，30 页，北京，法律出版社，1995。
② 参见沈达明编著：《英美合同法引论》，52 页，北京，对外贸易教育出版社，1993。
③ 参见［英］阿蒂亚：《合同法概论》，5 页，程正康等译，北京，法律出版社，1982。
④ 参见［英］阿狄亚：《合同法导论》，9～10 页，赵旭东等译，北京，法律出版社，2002。
⑤ 参见［英］阿狄亚：《合同法导论》，赵旭东等译，19～21 页，北京，法律出版社，2002。

观”的解释原则。

二、契约自由原则衰落的根本原因

笔者认为，契约自由原则衰落的主要原因是：主体抽象平等的非现实性、契约自由理论所假定的契约自由原则赖以生存的客观条件的丧失、政治价值观念的变化以及法律对交易结果的积极干预。

（一）主体抽象平等的非现实性

梁慧星研究员在评价和总结近代民法的理念时，将其归结为“形式正义”，并指出：“例如，按照契约自由的原则，自由订立的契约就等于法律，当事人必须严格按照契约的约定履行义务，即所谓契约必须严守，正是体现了这种形式正义。法官裁判契约案例也必须按照契约约定的条款进行，至于当事人之间的利害关系，订立契约时是否一方利用自己的优势地位或对方的急需或缺乏经验，或者履行契约时的社会经济条件已经发生了根本性的变更等，均不应考虑在内。”① 这是因为契约自由所体现的契约正义是建立在一些假定的抽象的基础之上的，就如格兰特·吉尔默所说的，这种模式是抽象的而非具体的，就如自由经济的模式一样。日本大阪市立大学法学部教授王晨在论述日本契约法的现状与课题时指出：“被继受的近代契约法的特征是什么呢？用抽象的语言来概括的话，即法的形式合理性。也就是说，和契约有关的各种社会关系，只要不能还原成近代法的权利义务的话，它就从契约法中被放逐，契约法只是用抽象的规则来调整契约关系。具体地说，在近代契约型的世界中，人是一种抽象的存在，舍弃了其固有的经济上的、政治上的、知识结构上的区别。”② 忽略人的个体差异性而将其视为“抽象的一般之人”，是古典契约理论建立的第一个假定的前提。正是这种抽象的人格理论，将民事主体规定为“人”，它对一切人，不分国籍、年龄、性别、职业而作统一的规定。当时，在资本主义体制下作为商业交换主体的劳动者、消费者、大企业、中小企业等具体类型，在民法典上，被抽象为人这一法律人格。人包括自然人和法人。自然人当然是指有理智和感情的人类，但它在法律上是一个抽象的概念，把各人的具体情况，如男女老幼、政治地位、经济实力等差别统统抽象掉，只剩下一个抽象的符号“自然人”，然后来规定自然人的权利能力完全平等；对于社会中的各种组织团体，也是如此，无视其大小强弱而抽象为“法人”。这样就把复杂社会中千差万别的具体的民事主体简单化了。③

从这一抽象的假设的前提就可以看出来，古典契约理论所赖以建立的基础本身就带有某种神话色彩，实际上，即使在古典契约理论建立之初主体间的不平等就是存在的，就如阿狄亚所指出的那样：“古典的‘契约自由’概念甚至从一开始便存在着某些严重的缺陷。”④ 因为古典契约法很少注意到缔约人之间的不平等关系。契约自由意味着可以自由地选择与之订立合同的人，可以通过相互之间的协议按其所希望的条款订立合同，这种含义即使在 19 世纪，也仅仅在某种狭义上来说是正确的。它只是在假定所有签订合同的当事人在讨价还价的力量上是平等

---

① 梁慧星：《从近代民法到现代民法》，载《中外法学》，1997（2），21 页。

② 王晨：《日本契约法的现状和课题》，载《外国法译评》，1995（2），46 页。

③ 参见梁慧星：《从近代民法到现代民法》，载《中外法学》，1997（2），22 页。

④ ［英］阿蒂亚：《合同法概论》，程正康等译，8 页，北京，法律出版社，1982。

的时候才是正确的，而这种平等正是古典合同法所大量采用的一种假定。① 阿狄亚认为，法律传统上不关心交易能力不平等的一个原因是这些不平等被认为涉及分配正义而非矫正正义，而社会中产生的财富和资源的分配的不平等被认为是政治问题。② 另外，不可否认的是，在古典契约理论创立之初，正是自由的竞争时代，经济活动主体主要为个人，其相互之间的差距并不像今天这样巨大。所以，这种带有偏差的假设能为人们所接受。契约自由作为一般的原则在道德上受到尊敬，在法律上必须被严格执行。但是，随着工业的突飞猛进和商业的日益发达，各主要工业国均告别了自由竞争时代而进入垄断阶段，经济活动的主体已由以个体为主转向以大公司、大企业，甚至是垄断组织为主。显然，古典契约自由理论所假定的前提也就发生了根本性的动摇。试想，一个普通的消费者与一个强大的商业组织能平等、自由地协商吗？一个普通的乘客能与一个庞大的国营垄断铁路组织就服务条件和价格进行平等的协商吗？在这里，弱者一方只有“作”或“不作”的选择权，而就“如何作”已经失去了交涉的权利和自由。在这种情况下，契约自由还真的存在吗？古典契约理论所认为的“契约即公正”的公式还成立吗？

对此，只要简单地看一下各国的消费者保护法就清楚了。

（二）契约自由理论所假定的契约自由原则赖以生存的客观条件的丧失

古典契约理论的“契约自由”是建立在假设有一个“完全自由市场”（或称完备的竞争市场）的基础上的。这个市场模式包括三个与签订契约有关的假定条件。

1. 契约不得涉及除当事人之外的任何第三人

这一假定条件的基本点就是不对契约当事人以外的任何第三人构成损害，换言之，没有不利的第三人效应。只有这样，第三人才不至于遭受不测的损害，契约当事人才不会被诉讼，也才不受法律的干预。

2. 充分的信息

每个决策者拥有关于其选择的性质和结果的全部信息，如果信息不完全，就会影响决策的理性。在完全竞争的模式中，全部信息意味着买主和卖主了解所有商品的价格及质量。就契约而言，全部信息意味着一方当事人不会因合同条款及其结果而使另一方当事人感到意外。

3. 有足够的可供选择的伙伴

在市场上，存在足够多的买主和卖主，他们既可以是现实的，也可以是潜在的，使交易双方有充分选择的权利。这是交易的重要的和熟悉的条件，即没有人拥有价格和数量上的垄断优势。③ 因为垄断权的存在削弱了契约的自愿性。

以上的假定条件，在自由竞争的时代，被人们所接受是很自然的，这些假设与“契约即正义”这样一个命题是相辅相成的。如果没有这些假定的前提，“契约即正义”这样一个命题是不会被人们心悦诚服地信奉的，契约自由原则也就无从建立。然而，这些假定的条件，随着社会和经济的发展，社会分工和交换的进一步加强，其存在的基础已经被动摇了。

我们先来看一下契约仅在当事人之间产生效力这样一个假定的条件。我们今天仍然将契约

---

① 参见［英］阿蒂亚：《合同法概论》，程正康等译，10页，北京，法律出版社，1982。

② 参见［英］阿狄亚：《合同法导论》，赵旭东等译，13～14页，北京，法律出版社，2002。

③ 参见［美］罗伯特·考特、托马斯·尤伦：《法和经济学》，张军等译，324～325页，上海，上海三联书店、上海人民出版社，1994。

的效力限定于当事人之间，称其为合同或契约的相对性。但与古典契约理论的假设不同，古典契约理论的假设，是为契约自由创设条件的，只因为契约不涉及第三人，故法律不主动干涉当事人之间的自由也就有了充分的根据。但是，在今天，我们不得不去深入地研究"契约对第三人的效力"这样一个常见的命题。

我们再来讨论一下第二个假设的条件——充分的信息。在简单生产和交换的时代，这种假设可能是成立的，因为那时的商品之技术含量不高，市场也不像今天这样复杂，所以，在那时，当事人充分掌握信息是较为容易的，也是可能的。但在今天，这种可能性已经越来越小了。人们因错误的信息而作出的非理性的选择已经不再稀奇，各国契约法对于意思瑕疵的法律救济就是最好的证明。

我们再来看一下古典契约理论赖以建立的第三个假定条件——存在自由选择的交易伙伴。现实的和潜在的交易伙伴在一个完全自由的竞争市场上是存在的，但是，随着经济组织的不断壮大，它们相互之间的竞争无论在规模上还是在激烈程度上均空前的增加，相互间的威胁也越来越大。为避免在竞争中两败俱伤，它们往往达成垄断协议或成立垄断组织。垄断可以说是对古典契约理论这一假定条件的最主要的否定。例如，虽然说，存在许多银行和保险机构，似乎有选择的自由，但当你真的选择缔约当事人时，就会发现，这些组织所规定的缔约条件惊人地相似，无论你如何选择，结果几乎是一样的。

当假定交易中的当事人是平等的，并具有实现平等的外部环境——完全自由的市场时，当事人所订立的契约应当是完备的，也就是说，为实现自由的私人的目的，当事人就实现这一目标的所有情况均作了理性的设计：每一种偶然性都想到了，而且偶然性的风险也在当事人之间分配好了。在这种情况下，法院应当充任超然而独立的裁判者或公断人，其主要工作是监督游戏规则的遵循而不是直接介入其中，至于正义之类的价值是否得到实现，它并不关心。法院既不为当事人订立契约，也不为当事人审查契约，当事人必须自己仔细斟酌契约的各个细节，以免出现法律漏洞。① 但是，在完备契约订立的客观基础发生动摇的情况下，法院还能以"契约即正义"的理念为由而做一个超然的公断者吗？

（三）政治价值观念的变化

自19世纪后半叶开始，个人主义的极度膨胀导致了国家以社会利益为借口而对个人利益与自由权利的干预，出现了所谓"从个人本位到团体本位"的转变，而这种转变必然引起契约自由的衰落。

与此变化相适应，出现了狄骥的社会连带主义理论与功利主义哲学观。狄骥认为：个人具有"主观权利"这种想法本身就是自然法和形而上学思想的一种过时的遗迹，自由不再意味着有权从事并不损害他人的事情，而是意味着义务的结果，这种义务为的是使人人尽可能全面地发展他的个性，以便能够尽量地配合起来推进社会的连带关系，法律行为已经从仅仅涉及当事人的事情变为涉及整个社会的事情。② 狄骥理论的核心是：不承认个人享有任何天赋的或者不

---

① 参见［美］格兰特·吉尔默：《契约的死亡》，载梁慧星主编：《民商法论丛》，第3卷，207页，北京，法律出版社，1995。

② 参见［英］朱利叶斯·斯通：《法学的范围与作用》，转引自上海社会科学院法学研究所编译：《法学流派与法学家》，101～102页，北京，知识出版社，1981。

可分割的权利，主张用一个仅仅承认法律义务的制度来替代传统的法律权利制度。① 显然，狄骥的理论是颠倒了自然法的一贯主张，将权利与义务的世界完全颠倒，根据其理论，个人没有任何权利，其唯一的权利就是履行义务。在他那里，显然不会有契约自由存在的余地。

功利主义者从另外一个侧面为限制个人的契约自由提供了理论基础。例如，英国学者威廉·詹姆斯提出了一个典型的功利主义哲学原则：在一个贫乏的世界里，因为所有的愿望不可能都得到满足，所以，我们的目标是尽量少地牺牲其他要求来满足尽可能多的愿望。他试图用功利主义的标准，尽量牺牲少的利益来获得更多的利益，以此来证明对契约自由的限制是公正的。② 德国法学家耶林（Rudolph von Jhering）则从个人利益与社会利益的平衡来说明法律对个人权利的限制的正当性，他认为：法律的目的是在个人原则与社会原则之间形成一种平衡，个人的存在既为自身也为社会，而且法律应当被视为"个人与社会之间业已确立的合伙关系，而这种合伙关系的主要目标则在于实现一种共同的文化目的"③。英国法学家阿狄亚针对英国之社会利益与个人利益冲突解决的原则性变化分析说：自由选择观念衰落的主要原因只是政治价值观念中的一个变化。1870～1980 年是集体主义甚至是社会主义价值观念在英国广泛传播的时代，自由与自愿交易是经济繁荣的秘诀的观念在那时急剧衰落。即使一个交易对双方当事人都有利，如果存在超过私人所得的外部经济效果，它将是不合社会公共利益的，社会完全有权禁止这些合同。④

所有这些理论与阐述，均在于证明无限制的契约自由对社会带来的危害而对其进行限制的合理性，当然，其自然的表现就是契约自由原则的衰落，即契约自由原则的绝对的王者地位发生了动摇。但这究竟是古典契约理论将契约自由原则抬高到了一个近似神话的不应有的地位而现代契约法理论将其从神话世界放逐到现实之中，从而给了它恰当的地位，还是现代契约法故意贬低或者轻视了契约自由原则呢？笔者认为，这一问题是值得每一个有思想的人思考的。下面笔者还要谈到这个问题。

（四）法律对交易结果的积极干预

在古典契约法时代，契约法不涉及结果的公平和正义，家长制的思想被认为是过时的。⑤ 而现代，如下的事实已经被人们所认识：弱者和贫困者、受害者与被剥削者需要法律的保护。人们逐渐意识到，如果让他们自己订立合同，他们将不可避免地被富有和强有力的对方所击败。因此，法律规定了很多方式来干预合同。⑥ 也就是说，古典契约法仅仅关注过程，只要合同是双方当事人自愿订立的，任何不公平法律将不予干预。而现代，契约法不仅关注过程（如因错误或者欺诈订立的合同是受法律救济的），而且关注结果（例如，显失公平的合同等）。法律对交易结果的积极干预当然直接的表现也是契约自由原则的衰落。

三、对契约自由进行限制的问题与思考

在古典契约理论赖以建立的社会基础发生动摇的情况下，契约自由正在脱离其内核或正在

---

① 参见［美］E. 博登海默：《法理学法哲学与法律方法》，邓正来译，183 页，北京，中国政法大学出版社，1999。

② 参见［美］罗斯科·庞德：《普通法的精神》，唐前宏等译，41 页，北京，法律出版社，2001。

③ ［美］E. 博登海默：《法理学法哲学与法律方法》，邓正来译，109 页，北京，中国政法大学出版社，1999。

④⑥ 参见［英］阿狄亚：《合同法导论》，赵旭东等译，19 页，北京，法律出版社，2002。

⑤ 参见［英］阿狄亚：《合同法导论》，赵旭东等译，8 页，北京，法律出版社，2002。

走向其反面。对契约自由进行规制以实现实质正义，已成为人们的共识。如在消费合同中，消费者常常缺乏必要的知识和经验，缺乏与对方平等的交涉能力，其选择的结果难以令其满意，这就与契约的目标——满足个人的私的目的相背离。这种自由和平等就仅限于形式，法律就应对这种交易主体间的事实上的不平等给予适当的平衡，以达实质正义。另外在交易的市场环境中，也有许多理由支持对形式的契约自由进行矫正。体现契约正义的契约自由是以假定的“完备的竞争市场”为前提的，但是，当各企业集团为了垄断利益而扼杀了这样的自由市场时，反垄断立法和反不正当竞争立法就是必要的了。

但是，也应当看到，对契约自由的规制，也使契约自由发生了另外一些令人思考的问题。例如，法律规定了某些特种行业的强制缔约义务，那么消费者与其说是缔约，不如说是去行使自己的法定权利。这样，当事人之间关系的契约性就已发生了实质性的变化。

劳动立法对契约自由的规制，可能引起与此有关的许多人的失业，如强制规定女工的工作时间和禁止雇用童工的劳动立法，就可能使那些没有经济来源的女工和童工失去就业机会，从而失去生计。在 1929 年到 1931 年的世界性的经济危机时期，经济学家的确很普遍地认为，大量的失业主要是由工会对契约自由进行干预而造成的。①

特别是对契约自由进行规制的许多手段和措施随时都有可能引起公法介入私法的危险，在量或度上的不当，很可能会引狼入室。德国纳粹时代就是在国家社会主义意识的指导下，以一般性条款为手段而实质上修改和解释《德国民法典》，从而限制私法自治的空间的。

所有这些，不能不引起我们的思考。在现代社会中，对契约自由的绝对放任，就会使契约自由背离其内核——契约正义，甚至对契约正义造成侵害；而对契约自由的过分干预，就有可能缩小私法自治的空间，侵害私人权利，私法公正就会被另一种意义上的公正所替代。如何解决契约自由和契约正义之间的关系问题，是各国目前所面临的共同课题。一方面，应承认私法自治和契约自由；另一方面，又要防止权利的滥用造成事实上的不公正而承认公法干预的合理性。对这种制度的价值选择，直接关系到私人利益和社会秩序。对契约自由规制的限度取决于变化中的社会和人们对正义的认识。也许，在将来的某一天，这种规制会成为实现契约正义的障碍，从而成为多余。

同时，也应当看到，对契约自由的合法干预，并不总是用来调整强者与弱者之间的平衡的。为各种经济目的，如控制通货膨胀而制定的立法现在并不罕见，这些立法对限制契约自由也起了很好的作用。②

四、契约自由原则在现代契约法上的地位

在社会经济急剧变化的今天，契约自由已受到了极大的限制，其在失去了对当事人的权利义务的绝对性的支配后，在现代契约法上的地位如何？

我们必须承认，在这个时代，与英国历史法学家梅因得出“从身份到契约”的结论的时代已迥然有别。梅因所处的时代，正是古典契约理论的形成和发展时期。的确，那时的社会处于从身份到契约的发展过程的上升时代。但是，也许他只看到了历史长河中辉煌的瞬间，到

---

① 参见［英］阿蒂亚：《合同法概论》，程正康等译，23 页，北京，法律出版社，1982。

② 参见［英］阿蒂亚：《合同法概论》，程正康等译，4 页，北京，法律出版社，1982。

1931年克莱顿·垦扑·亚伦（Carleton Kemp Allen）在评论梅因的这一历史论断时，就已经发现了与当时社会事实的不合："梅因在说这个运动到此处为止是进步社会的特征时，是很慎重的。现在有许多人在问，有的是带着怀疑，有的可以看出来是带着礼貌，究竟有没有从契约到身份的相反的运动发生过。我们可以完全地肯定，这个由19世纪放任主义安放在'契约自由'这种神圣语句的神龛内的个人绝对自决，到了今天已经有了很大的改变；现在，个人在社会中的地位远较著作《古代法》的时候更广泛地受到特别团体，尤其是职业团体的支配，而他进入这个团体并非都是出于他自己的自由选择。很可能，过去一度由家庭这个发源地担任的任务，在将来要由工团这个发源地来担任了。也可能梅因这个著名的原则，将会有一天被简单地认为是社会历史中的一个插曲。"① 亚伦的疑问在今天的确有了深入思考的价值：亚伦看到了缔约当事人之间的不平等，也看到了契约自由的虚假性。如果我们今天反过来思考一下：对契约自由的限制，是否也意味着从契约到身份的相反运动？科宾对此解释说，很明显，这种"从身份到契约"的演进，这种日益增长的自由，并不是统一的和恒久不变的。它的前进是靠猛力推动的，好像井底之蛙试图跳出的故事一样，每向上跳三尺就要后滑二尺。确实，这并不表明不可能有长期相反的演进，为了每次向"契约的自由"上跳三尺，就要向"身份"后滑二尺。关于限制商业贸易的合同方面的法律，可能表明了这种颠倒的演进，第一次世界大战结束后的立法和司法判决已经宣示了这一点。显然，通过这两种演进，社会正在禁止缔结以前并不禁止的交易，同时也正在拒绝强制执行以前得到强制执行的交易。这些演进都是由主导性的政治经济主张的变化或者有影响的利益集团的压力所决定的。② 从科宾的这种解释看，他承认有"从契约到身份的后滑"，但他认为这是猛力推动下前进中的必然"后滑"。但问题是，这种"后滑"到何处为止？是否还有前进趋势？因为人们已经看到了梅因之后社会由契约自由到对这种自由的限制，但迄今为止并未看到前进，相反，这种"后滑"仍在继续。有的学者的解释也许比科宾的解释更直接和令人心中踏实：从身份到契约只是历史进步的第一台阶，从契约到制度才是第二台阶，目前到了从契约到制度的阶段。③ 制度为何？是否就是变相的身份？在这一阶段契约自由究竟在多大程度上还支配着当事人的权利义务？

笔者认为，人们对契约自由原则在现代合同法上的地位的怀疑，主要是因为各种立法与司法对契约自由的日益增多的限制，但是，对契约自由的合理限制并不是契约自由原则的衰落，而是对契约自由原则真实意义的恢复和匡正。在契约自由原则所赖以产生的基础发生动摇的情况下，契约自由已越来越偏离其自身的价值而徒具形式。在此情况下，对契约自由进行必要的限制，不是契约自由本身的衰落，而是强制其归位，以恢复其本来的价值和地位。所以，在今天强调契约的实质正义，并为实现这一正义而对已偏离自身轨迹的契约自由进行规制，就如古典契约理论创立契约自由原则的意义同样重要——古典契约理论强调契约自由是因信奉"契约即正义"，而今天对滥用的契约自由进行规制也是为了实现正义。二者的方向和手段不同，但目的是一致的，这是深层的经济生活发生变化的结果。

在对契约自由的衰落作了这样的澄清之后，就可以看出，契约自由原则在私法领域内对主

---

① Carleton Kemp Allen为《古代法》出版所作的导言。参见［英］梅因《古代法》，沈景一译，导言，18页，北京，商务印书馆，1995。

② 参见［美］A.L. 科宾：《科宾论合同》，王卫国等译，728页，北京，中国政法大学出版社，1998。

③ 参见张俊浩主编：《民法学原理》，25页，北京，中国政法大学出版社，1991。

体的权利义务的支配地位并未发生根本性的变化，它作为契约法的一般原则依然如故，那些受到法律规制的所谓“契约自由”本身已不是真正意义上的契约自由了。这一点，无论在大陆法系国家还是在英美法系国家，都是一样的。在大陆法系最具典型意义的法国，著名学者弗鲁尔和沃倍尔指出：“在私人之间的关系中，意思自治虽已遭受极大的损害，契约自由受到某些限制，合同强制力受到某些变更，然而，这些限制或变更却只是表现为一般原则的例外。作为一般原则的意思自治原则仍然存在，并在一切依然遵循这一原则的范围内发挥作用。”①

在英美法系的英国，从古典合同法极盛时期就已开始而直到现在所发生的大量变化，还不足以改变合同法的原则。这些变化仅对某些合同、某些情况起到了零敲碎打的作用。总的说来，它们还没有影响到合同法的基本原则。这些原则还像19世纪法官们所实施的那样。例如，尽管我们曾经说过，相互之间的协议和意思表示之重要性已大大减弱了，但法官们总是说，他们所面临的大量问题是依据当事人的意思来处理的，这还是确实的。19世纪合同法的基本原则只有很小的变动这个事实说明合同法没有特别重大的修改，契约神圣仍然占统治地位。② 英国的另一位学者盖斯特也指出：虽然人们认为合同法的一般原则（契约自由原则）不能确切地反映现代经济生活的状况，但事实仍然是法律依然以自由选择为基础。毫无疑问，这种现象将会继续下去，直到合同完全为行政管理所代替。③ 更有戏剧色彩的是，在现代的英国，契约自由原则由衰落转为复兴。他指出：在过去15年间（1980—1995年），政治与经济思潮在英国已经发生了戏剧性的变化，而且自由市场规则的功效再次受到重视——合同自由再次受到欢迎。人们更加信仰个人主义选择的权利，对集体主义与官僚主义有了更清楚的认识，人们不再信赖英国政府（White Hall）知道的最好，而更多地信赖个人应有权利安排自己的事务。所有这些变化反映了契约自由理念的复兴。④

在我国尽管缺少私法的传统和历史，但是，我国的经济建设和私法建设与当今的世界同步。其他国家存在的，我们也存在。当然，在我国强调“契约自由”有更重要的意义。契约自由作为合同法的基本原则是毫无异议的，但对其偏离自身的情形予以规制是必要的。因此，我国《民法典》（第5条）在确认这一原则的同时，也设置了很多规制的条款。

法律适用

垄断企业与契约自由的滥用

在司法实践中，很多垄断企业利用其自身经济上的优势，限制与其进行交易的对方当事人讨价还价的能力，使契约自由成为一句空话，该原则反倒成了垄断企业滥用权利的“保护伞”。因此，在实践中应当注意下列两个方面：（1）必须界定何谓垄断企业。我国已制定《反垄断法》，国际通行的判断垄断的标准有两个：一是结构主义，二是行为主义。笔者认为，我国应采折中标准，既要考虑企业的结构，更要结合企业是否从事垄断行为来认定一企业是否为垄断企业。（2）要限制垄断企业滥用契约自由。由于古代契约理论赖以存在的基础已发生根本性动摇，经济弱者的利益在契约自由原则下受到损害，因而必须追求实质正义以保护弱者的利益。

① 转引自尹田：《法国现代合同法》，31页，北京，法律出版社，1995。
② 参见［英］阿蒂亚：《合同法概论》，程正康等译，25页，北京，法律出版社，1982。
③ 参见［英］A.G.盖斯特：《英国合同法与案例》，张文镇等译，6页，北京，中国大百科全书出版社，1998。
④ 参见［英］阿狄亚：《合同法导论》，赵旭东等译，27页，北京，法律出版社，2002。

可以采用下列几个措施：第一，增加规定垄断企业的告知义务；第二，加重垄断企业的赔偿责任；第三，规定垄断企业的强制缔约义务，当然，这类企业应该仅限于与人民生活息息相关的企业。总之，虽然应该对契约自由加以限制以达到实质正义，但契约自由原则为合同法基本原则的地位并不因此而改变。实践中，在限制垄断企业滥用契约自由的同时要注意防止以该名义限制企业自由的倾向。

课后复习

1. 论述契约自由的含义。
2. 简述契约自由原则的影响因素。

第三章　合同的成立及其程式

提　要

合同的订立实际上是一个讨价还价的过程，用法律术语来说，就是一个要约、反要约、承诺的过程。那么，要约与承诺具备什么条件才能生效、何时生效以及要约瑕疵对合同有什么影响，就是必须研究的问题。另外，在合同的缔结过程中，可能因为许多原因而导致合同不成立、无效或者被撤销，这时当事人显然没有合同责任，却应当承担缔约过失责任。缔约过失责任是合同法上的另外一种责任，也是一种经常适用而又被忽视的责任。

重点问题

1. 要约成立的实质条件。
2. 承诺生效的条件。
3. 要约与要约邀请的关系。
4. 缔约过失责任的构成要件及表现形式。

第一节　合同的成立及其程式概述

契约是当事人之间关于权利义务关系的合意，这一概念已为大陆法系国家所普遍接受。如果将契约关系的成立看作一个行为的话，那么，成立则是瞬间完成的，即于当事人就权利义务关系形成合意的那一刻起，契约即告成立。如果将契约的订立看作一个过程的话，则包括契约订立的各个步骤，即一个从协商到一致的过程。这个过程就是一个讨价还价、相互协商、相互妥协的过程，用合同成立的专门术语讲，就是一个要约、承诺，甚至包括反要约在内的较为复杂的过程。就如德国学者罗伯特·霍恩等所言，要约和承诺之间的差别只是一种时间上的不同，要约是一种在先的意思表示，而承诺是一种在后的意思表示。从原则上讲，要约的表达应该能够使对方只以一句简单的“同意”而加以接受，但这种情况在实践中非常少见。正如经常发生的那样，契约成立是一个漫长过程中的最后一步。①

正是这个讨价还价、相互协商和妥协让步的过程，包含了古典契约理论的全部要素。在这个过程中的每一个环节的主体意志的自由性及主体地位的平等性，使契约自由和契约正义相互协调。也正因如此，西方许多学者将古典契约理论称为“交易理论”，也实属恰当。阿狄亚也正是从这里入手对《美国第二次合同法重述》中提出的关于契约的定义进行批评的：那种以许

① 参见［德］罗伯特·霍恩等：《德国民商法导论》，楚建译，81页，北京，中国大百科全书出版社，1996。

诺为根据而对合同下的定义的缺点是忽略了一般合同中的交易成分。当我们研究合同的形成时，这个缺点就会充分地暴露出来。合同不能简单地依据一个纯粹的许诺，即使是一系列的许诺而成立。典型的合同基本上是一种相互之间的交易。①

以一个典型的交易为模式，可以分析出合意形成的一般过程，即契约成立的一般程式和特殊程式。

从交易双方的利益和目的出发，交易的潜在的双方均有两种最基本的目标和追求：其一是得到自己需要的商品或服务，这是交易的首要的和直接的目的，是交易的直接动机；其二是以最小的代价而获得最佳的商品或服务。这也是经济分析法学派将契约看成效率的最基本的出发点。但是，当怀有这两种目标的主体在市场上相遇而欲作交易时，其目标和追求就会发生直接的冲突。这就迫使双方进行讨价还价、相互妥协，除非其选择不交易。这种讨价还价还可能反复进行，最后才能形成合意。这个过程就会呈现出这样一种状态：要约—反要约—再要约—承诺（合意）。故贝勒斯说："要约和承诺的概念在双务或相互讨价还价的契约中最为人们所熟知。"②

我国《民法典》第471条规定，当事人订立合同，可以采取要约、承诺方式或者其他方式。这也说明，在我国订立合同的一般程式就是要约—承诺的方式，还有其他特别的方式，如招标投标、拍卖等。

第二节　合同成立的第一步——要约

合同订立的一般程式是以典型的交易为理论模式的，这个模式就包括讨价还价，即要约与承诺的一般过程。在这个过程的终点，必须是权利与义务相衔接，意思表示在时间与空间上相吻合，否则，就不存在契约关系。

一、要约的一般含义

大陆法系和英美法系国家在关于何谓要约的问题上，文字表述可能会有所不同，但如果我们剥去其外表而揭露其本质，则实质是一致的。这主要是因为两大法系的要约、承诺理论均起源于交易。例如，大陆法系普遍接受的要约的定义是：要约是一方当事人以缔结契约为目的而向相对人所作出的意思表示。依据我国《民法典》第472条的规定，要约的概念应该是：要约是希望和他人订立合同的意思表示，该意思表示的内容必须具体确定并含有表意人在该意思表示被接受时就受其约束的意旨。

《美国第二次合同法重述》第24条称要约为：对于立即进行交易的意愿的表达。这一表达能使一个通情达理的人处于受要约人的地位时相信，其只要对要约表示同意，即接受该要约，就可进行这一交易。

从以上两大法系关于要约的定义中就可看出，二者均以典型的交易为基础而设计，均将其视为实质性交易的开始。要约含有以下意义。

---

① 参见［英］阿蒂亚：《合同法概论》，程正康等译，40页，北京，法律出版社，1982。

② ［美］迈克尔·D. 贝勒斯：《法律的原则——一个规范的分析》，张文显等译，194页，北京，中国大百科全书出版社，1996。

首先，要约是一种进行交易的动议或称建议，是契约订立的起点。因为任何人要进行交易或称缔结契约，总要有一方首先提出动议，另一方表示接受或拒绝或再协商。动议方称为要约人，相对人称为受要约人或承诺人。但仅仅这一点不足以反映要约的本质特征。

其次，仅仅是动议或者建议不能构成要约，要约还必须含有合同成立所需要的必要条款且要约人表示接受自己要约的约束，即只要受要约人同意要约条款，契约即告成立。这才是要约的本质特点。

二、有效要约的法律构成

一项要约要发生法律上的效力，应具备哪些要件呢？对此，我国《民法典》第 472 条规定："要约是希望与他人订立合同的意思表示，该意思表示应当符合下列条件：（一）内容具体确定；（二）表明经受要约人承诺，要约人即受该意思表示约束。"据该条规定以及其他国家的契约理论和立法，要约应当具备下列要件。

（一）要约必须具有订立契约的意图

要约的目的是要与受要约人进行及时的或将来的交易，所以，要约中必须含有进行交易即订立契约的意图。要约的这一要件强调，要约并不是"开始与对方协商"的意思表示，其所表示的意图是，要约一经被接受，契约即告成立。正是这一点，要约有别于要约邀请。科宾说："什么行为产生承诺的权力因而构成要约呢？它必须表明意旨或目的。它必须是这样一种行为，以致受要约人合理地相信产生合同的权力已经赋予了他……正是根据这一理由，要约不包括要约邀请或仅是初步磋商的行为，或很显然是开玩笑的行为，或并无产生法律关系的目的的行为。"①

（二）要约中含有契约成立的基本要素——要约内容具体确定

如何来确定"内容具体确定"呢？"具体确定"实际上就是指要约应当含有契约成立所需要的基本要素。何谓契约的基本要素呢？所谓基本要素或者必要条款，是指合同成立的最基本的条款，缺少其中任何一个条款，合同将不成立。根据《联合国国际货物销售合同公约》第 14 条的规定，买卖合同应具备三个基本条款，即货物的名称、货物的数量或如何确定的方法、货物的价格或确定价格的方法。

笔者认为，只要要约具备了以下三个基本条款，即可认定其具备了合同成立的基本要素：当事人条款、标的条款以及数量条款。因为，除此之外的其他条款均可通过合同法的补充性规定予以确定。我国《民法典》于第 510 条、第 511 条、第 513 条规定：合同生效后，当事人就质量、价款或者报酬、履行地点等内容没有约定或者约定不明确的，可以协议补充；不能达成补充协议的，按照合同有关条款或者交易习惯确定。当事人就有关合同内容约定不明确，依据第 510 条规定仍不能确定的，适用下列规定：（1）质量要求不明确的，按照强制性国家标准履行；没有强制性国家标准的，按照推荐性国家标准履行；没有推荐性国家标准的，按照行业标准履行；没有国家标准、行业标准的，按照通常标准或者符合合同目的的特定标准履行。（2）价款或者报酬不明确的，按照订立合同时履行地的市场价格履行；依法应当执行政府定价或者政府指导价的，依照规定履行。（3）履行地点不明确，给付货币的，在接受货币一方所在

① 转引自徐炳：《买卖法》，80 页，北京，经济日报出版社，1991。

地履行；交付不动产的，在不动产所在地履行；其他标的，在履行义务一方所在地履行。(4) 履行期限不明确的，债务人可以随时履行，债权人也可以随时请求履行，但是应当给对方必要的准备时间。(5) 履行方式不明确的，按照有利于实现合同目的的方式履行。(6) 履行费用的负担不明确的，由履行义务一方负担；因债权人原因增加的履行费用，由债权人负担。执行政府定价或者政府指导价的，在合同约定的交付期限内政府价格调整时，按照交付时的价格计价。逾期交付标的物的，遇价格上涨时，按照原价格执行；价格下降时，按照新价格执行。逾期提取标的物或者逾期付款的，遇价格上涨时，按照新价格执行；价格下降时，按照原价格执行。

这样就在更广阔的范围内承认了当事人对契约内容自由约定的权利。在现实生活中，也的确有时很难明确某一条款，而成交的机会又会给双方带来利益，所以应当允许当事人就某些条款留待日后确定，或暂时无法确定但可确定一个日后确定的方法。这种情形多见于买卖合同的价格，例如，当事人可以约定以交货时的市场价格计算价格。当要约中含有这样的条款时，法律自无否认的理由。

当要约中规定了基本条款而于受要约人接受时，契约即告成立，自无问题。但是，当要约中没有规定法律要求的基本条款，而受要约人对这种要约进行承诺时，契约是否有效成立？要约不具备这些主要条款的，当然也不能被认为是要约，仅仅是一种要约邀请。德国学者指出：如果一项意思表示显然尚不完整，即如果没有包括合同成立所需要的一切必要内容，则该意思表示仅仅是一项预备行为（要约邀请）。① 对这样的"要约"进行承诺当然也不能成立契约。

必须明确我国《民法典》第 470 条的性质。根据该条的规定，合同内容由当事人约定，一般包括以下条款：当事人的姓名或者名称和住所，标的，数量，质量，价款或者报酬，履行期限、履行地点和方式，违约责任，解决争议的方式。这些条款并不是合同的必要条款，而是立法者提示合同订立者的通常性条款，并非缺乏其中某些条件会导致合同不成立。

要求要约具备基本条款的目的，在于强调应当让相对人明白主要的内容，能够预测自己的权利义务，甚至风险。贝勒斯认为："要约应当足够确定以便双方当事人能够大体了解交易的内容。当人们尚不知自己承诺了什么或将换回什么时，他是不能合理地接受被要约所约束的。离开了这些大致的了解，人们无法确定契约究竟是不是可获益的。承诺义务不确定时就可能出现问题。"②

（三）要约中必须表明要约人放弃最后决定权的旨意——要约必须表明经受要约人承诺，要约人即受该意思表示约束

要约人一经向受要约人表示了订立契约的建议，他就应当将是否成立契约的最后决定权留给对方而不是自己，即应表明要约一经受要约人承诺即受约束的旨意。我国《民法典》第 472 条即作了如此的规定。但当要约中规定了保留条件时，是否还能成为要约呢？

保留条件是指提出订立契约建议的人对其建议所采取的一种限制。依不同的情况，这种限制可表现为对订立合同的最后决定权的保留，也可表现为对合同在特定条件下成立的决定权的保留。前一种情况发生于某些特定合同，在这些合同中，提出建议的人保留了拒绝与自己认为

① 参见［德］迪特尔·梅迪库斯：《德国民法总论》，邵建东译，269 页，北京，法律出版社，2000。

② ［美］迈克尔·D. 贝勒斯：《法律的原则——一个规范的分析》，张文显等译，194 页，北京，中国大百科全书出版社，1996。

不合适的人订立合同的权利。[1] 后一种情况则发生于特定的买卖合同，在这些合同中，当事人保留了单方在特定条件下不受约束的权利。

以上两种保留条件，在现实生活中经常发生，如现代社会中形形色色的招聘广告，即是第一种意义上的保留条件。无论招聘广告中所规定的条款如何详细具体，招聘人总是有权拒绝与任何前来应聘的人订立雇佣合同，即使第一个前来应聘者也可被拒之门外。另一种是各种商品广告，其中总是含有“以库存为限”这样的默示的保留条件。[2]

当要约中包含了这样的保留条件时，是否构成要约？学者一般认为：在第一种情形下，不成立要约；在第二种情况下，应当视为要约，因为在一定范围内要约人受到承诺的约束。但是，从要约的本意和使命看，这两种情形均不能视为要约，因为，它们使受要约人处于不确定的状态之中，即受要约人即使承诺，也可能不成立契约，这就与严格意义上的要约的概念相反。故从这种意义上讲，附有保留条件的建议不应视为要约。但如果是这样的话，许多公共事业，如交通、邮政、煤气、供水等行业就会被排除在要约之外，可能会对消费者造成不利，故为了保护消费者的利益，许多国家将这种附有保留条件的建议，也视为要约。

（四）要约必须由要约人向其希望与之订立契约的人发出

首先，要约应由要约人发出。这里强调的是要约必须是要约人自主产生的订立契约的意思表示。根据契约自由原则，只有当事人自己的自愿的意思表示才能对其产生约束力，即当事人不应被其未同意的义务所约束。当然，这里所说的由要约人发出还应包括另一层含义，即由要约人授权的代理人发出也无不可，因为代理人是被代理人法律行为的延伸，代理的结果由被代理人承担。当事人未授权的任何第三人发出的要约或代理人超越权限发出的要约均不当然地对当事人发生法律效力。

其次，要约应当向要约人希望与之订立契约的人发出，但是，相对人是否必须特定？在这一问题上，无论是大陆法系国家还是英美法系国家均没有绝对的肯定或否定。

我国《民法典》对此无明确规定，但从第 472 条及第 473 条的规定看，并未排除非特定人。

笔者认为，不应一般地将向公众发出的订立合同的建议排斥在要约的大门之外。

从法理上说，要约在订立合同中的作用在于给予受要约人一种承诺的权利。[3] 这就意味着，提出建议的人已经选择好了缔结契约的伙伴，需要解决的问题仅仅是契约的内容问题，即对方一经承诺，问题即可得到圆满解决。故从这一意义上说，应将“相对人特定”视为要约成立的要件。向公众发出的订立合同的意思表示在能否成为要约方面存在两个问题：其一是，向公众发出的订立合同的建议，只不过是唤起人们缔结契约的意识，即由他人提出要约；其二是，向公众发出的要约均暗含一种保留的条件，即发出人对相对人进行选择的权利。在事实上也是如此，如果将向公众发出的订立契约的意思表示视为要约，假定公众均进行承诺，就会发生要约人无法兑现的情形，就像在卡利尔诉卡布利克烟幕弹案中被告所辩称的“是一个与世界订立的契约”一样。这同时也暗含这样一种对公众的危险：要约的发出人随时可以以超出能力为由拒绝前来承诺的受要约人，给公众造成不测的损害。这两个问题足以引起人们对于向公众

---

①② 参见尹田：《法国现代合同法》，45 页，北京，法律出版社，1995。

③ See Edward J. Murphy & Kichard E. Speidel, *Studies in Contract Law*, the Foundation Press, 1984, p. 108.

发出的要约进行讨论的兴趣，也为人们坚持对之进行限制提供了有力的托词。

但是，由于现代社会商品生产和商品经营的规模化为使向公众发出的订立契约的意思表示成为要约提供了客观基础，即在一定范围内的公众承诺能够实现，就像阿狄亚所言，没有理由认为要约不能向公众发出。同时，在一定条件下将向公众发出的订立契约的意思表示视为要约，对保护消费者也是有利的，故英美判例法的规则有较高的参考价值。

三、要约与要约邀请

要约显然是订立契约的第一步，其赋予相对人以承诺的权利，即对方一旦完全接受要约，契约即告成立。但是，在现实生活中的纠纷往往来自契约是否已经有效成立，即相对人对所谓的“要约”进行了承诺，但“要约”人主张契约没有成立而不存在契约关系。问题的关键就在于“要约人”发出的是不是要约？如果是要约，当事人之间就存在契约关系；如果不是要约，当事人之间便不存在契约关系，法院就要对这种意思表示是否为要约的问题作出判断。这同时也表明，并非任何一个与缔结契约有关的意思表示均为要约，有时意思表示人只是唤起相对人的缔约意识，即由相对人向自己发出要约，并有意识地将承诺权，即是否最终成立契约的决定权留给自己。这就是所谓的要约邀请。按照我国《民法典》第 473 条的规定，我国法上的要约邀请是指希望他人向自己发出要约的表示。例如，拍卖公告、招标公告、招股说明书、债券募集办法、基金招募说明书、商业广告和宣传、寄送的价目表等都是要约邀请。

我们经常试图对要约与要约邀请之间的区别加以说明，但很难提出一般的规则。故我们必须对现实生活中的各种易于同要约相模糊的现象进行具体分析。

（一）广告

广告是现代人们非常熟悉的东西，已成为经济生活和日常生活中不可或缺的部分。我国《广告法》第 2 条对广告作了这样的定义：广告是指商品经营者或者服务提供者通过一定媒介和形式直接或间接地介绍自己所推销的商品或者服务的商业广告活动。广告是否为要约？

在对待广告是否为要约的问题上，大陆法系与英美法系的态度是十分相似的：原则上将广告视为要约邀请。美国法院在作出商业广告不是要约的判决时通常依据以下一条或数条理由：第一，涉及交易的商品的数量或其他条件，广告的内容通常是不确定的；第二，卖方对于交易的对象有权进行选择；第三，广告在典型的情况下是对公众发出的，因此，如果将广告的一方作为要约人，接受要约的人就会多得令要约人无法招架。① 但商业性广告并非在任何情况下均不为要约，两大法系在一般原则下均承认某些例外。美国法院在审判实践中归纳出的例外情况主要有两种：一是广告的条件具有确定性，并且明确地使用了“要约”（offer）这样的措辞，法院可以将其解释为要约；二是广告的条件确定，且被邀请的对象不用经过进一步接洽就采取某一特定的行动。② 我国学理一般也认为，如果广告中含有合同得以成立的确定内容，又含有广告人希望订立合同的愿望以及愿意承受约束的意旨，就应当视为要约。③ 我国学者也认为，在实务中，如广告中含有“保证现货供应”“先来先买”，或者含有确切的期限保证供货等词语，即表明广告中含有一经承诺即受约束的意旨，这种广告应视为要约。④ 我国《民法典》第

---

①② 参见王军：《美国合同法》，41 页，北京，中国政法大学出版社，1996。

③④ 参见王家福主编：《民法债权》，285 页，北京，法律出版社，1991。

473条规定商业广告为要约邀请，但其内容符合要约条件的，视为要约。

（二）悬赏广告

1. 悬赏广告的概念

在广告中还有一种与一般商业性广告不同的广告，即悬赏广告。悬赏广告是指以广告的形式声明对完成一定行为的人给予广告中所声明的报酬的意思表示。

2. 悬赏广告的性质

对于悬赏广告的性质，自罗马法以来在学理上一直存在争议，分为要约说（又称契约说）与单方法律行为说两个阵营。

要约说认为，悬赏广告是广告人向不特定的多数人即向公众发出的要约，其主要理由是：在大陆法系许多国家民法典的规范体系中，将悬赏广告规定在有关契约的章节中，所以，遵循法律解释的一般原则，即体系解释的方法，应当将之解释为要约。

而单方法律行为说认为，悬赏广告系附停止条件的单方法律行为。其主要理由是：

（1）从民法典规定的内容看，悬赏广告应当解释为单方法律行为。例如，《德国民法典》第657条规定："通过公开的通告，对完成某行为，特别是对产生效果悬赏的人，有向完成此行为的人给付报酬的义务，即使该行为人完成行为时，未考虑到此悬赏广告者，亦同。"依该条规定之内容，既然不知有广告，则无从承诺，自不能解释为契约。但行为人仍然可以享有报酬请求权，悬赏广告当系单方法律行为。况且，《德国民法典》之立法理由书宣称："本草案系采单方法律行为说，认为悬赏广告是对广告人具有拘束力的单方约束，无须有承诺行为。广告人基于其负担债务的意思，对于完成悬赏广告所指定行为的人负有履行给付的义务。"

（2）从交易安全方面看，也应当将悬赏广告解释为单方法律行为。在采取契约说的理论下，在何种情形认为是承诺，分歧较大：有人认为在着手一定行为前有意思表示者为承诺；有人认为着手一定行为即为承诺；有人认为一定行为的完成为承诺；有人认为在一定行为完成后另外有意思表示为承诺；有人认为须将完成一定行为的结果交给广告人始为承诺。但采单方行为说，广告人所负担的债务在一定行为完成时即为发生，其关系明确，利于交易安全。

（3）从保护行为完成人的利益方面，解释为单方法律行为说更为合理。如果完成悬赏广告中指定行为的人为无行为能力人，依照契约说，则根本无法成立契约，因为无行为能力人无法有效承诺。而采单方法律行为说，纵使完成悬赏广告中指定行为的人为无行为能力人，他仍然可以取得报酬请求权。①

3. 悬赏广告之性质争议在法律上的意义

笔者认为，对于悬赏广告性质的争议在法律上的意义主要有两点。

（1）无行为能力人的利益保护问题。

如果采取单方法律行为说，无行为能力人的利益就可以通过法律行为制度加以保护；若采取要约说，则只能根据无因管理加以保护。但是，显然法律行为制度的保护要远远优于无因管理制度的保护。

（2）悬赏广告的撤销问题。

通说认为：如果认为悬赏广告为要约，则可以撤销；如果认为是单方法律行为，则不可以

---

① 参见王泽鉴：《民法学说与判例研究》，第1册，61～63页，北京，中国政法大学出版社，1998。

撤销。[①]

4. 我国立法与司法对悬赏广告的态度

我国在起草 1999 年《合同法》的过程中，对是否规定悬赏广告有不同的观点。在最初的专家建议稿第 13 条规定了悬赏广告，但在后来几稿及通过后的 1999 年《合同法》中，没有规定之。立法者认为，只要规定了要约的成立要件，即可对悬赏广告的性质作出判断。但悬赏广告毕竟有其特殊之处，故大陆法系大多数国家的民法典对此均有规定。而在我国的司法审判中，对悬赏广告的法律性质认定模糊，所以，应当明确悬赏广告的法律性质及效力。

《民法典》第 499 条规定了悬赏广告："悬赏人以公开方式声明对完成特定行为的人支付报酬的，完成该行为的人可以请求其支付。"从立法机关对该条的解释看，并没有明确悬赏广告究竟是要约还是单方法律行为。[②] 就笔者看来，若从客观上看，我国民法典并没有把悬赏广告规定为要约，解释为单方法律行为更合适。因为将悬赏广告解释为单方法律行为，无论从逻辑判断还是从价值判断方面，均具有合理性。而且，即使为单方法律行为也是可以撤销的。德国关于此问题的立法理由书称：本草案虽然建立在单方行为说之上，但仍承认悬赏广告之撤销。有人认为悬赏广告系对单方有拘束力的约束，故不得撤销。此项观点，实无依据。悬赏广告人之所以有拘束力之约束而负义务，乃是因为其负有义务的意思，从而悬赏广告得否撤销，应视广告人的意思而定。在悬赏广告未为明定者，依自然情理，应当认为广告人在指定行为完成前有撤销的权利。[③]

（三）拍卖公告

我国于 1996 年 7 月 5 日通过了《拍卖法》（2004 年、2015 年修正），该法第 3 条对拍卖作了这样的定义：拍卖是指以公开竞价的形式，将特定物品或者财产权利转让给最高应价者的买卖方式。拍卖的程序与一般的买卖的程序不同，《美国统一商法典》第 2－328 条对拍卖的程序及各个环节中的意思表示是否为要约作了具体而明确的规定。

（1）第一个环节：拍卖通知。有关拍卖的公告或者广告不是要约。在大多数情况下，它是让公众在指定的时间和地点进行要约的邀请。

（2）第二个环节：请求应价。拍卖人将拍卖的物品向在场的公众展示并报出起拍价，请求应价，也不是要约，而是要约邀请。

（3）第三个环节：买方的应价。在拍卖过程中，买方的应价为要约。如果在一人应价后又有人出更高的价格，前一应价（要约）自动作废，即使后来的出价人在拍卖人击锤前撤回其出价，拍卖人也不得再接受先前的已作废的出价（要约）。

（4）第四个环节：击锤承诺。在拍卖过程中，拍卖人的击锤为承诺。

我国《拍卖法》第四章规定的程序与之大致相同。将契约成立的最后决定权保留于拍卖人，或者说是将竞买人的出价视为要约，是有充分理由的，因为，如果将竞买人的首次出价就看成承诺，就与拍卖的竞争性不合，拍卖程序也就无法继续进行，故只能将出价视为要约。

（四）公司出售股票的招股书、债券募集办法、基金招募说明书

股票发行的招股书、债券募集办法、基金招募说明书应视为要约邀请，因为如果将其视为

---

① 参见王泽鉴：《民法学说与判例研究》，第 1 册，60 页，北京，中国政法大学出版社，1998。

② 参见黄薇主编：《中华人民共和国民法典合同编解读》（上），133 页，北京，中国法制出版社，2020。

③ 转引自王泽鉴：《民法学说与判例研究》，第 1 册，70 页，北京，中国政法大学出版社，1998。

要约，则每个响应者的购买要求均为承诺，也即每个欲购者均得购到股票、债券或者基金，否则，出售人即为违约。然而，股票、债券、基金的发行总是有限的，故应为要约邀请。根据英国1948年《公司法》第455条的规定，公司发行股票和债券的通告属于要约邀请，而认购人的购买申请为要约。但是，公司向其现有的股东发行权利股，其通知书为要约。英国于1867年的赫步案中，适用了这一规则。① 我国《民法典》第473条明确规定了它们为要约邀请。

（五）超级市场货架上的商品

随着商品生产经营的发展，超级市场日益增多，已成为人们日常生活中不可缺少的部分。但在超级市场中，标有明确价格的琳琅满目的可供人们自由选择的商品，本身是要约还是要约邀请的问题，是一个与广大消费者密切相关的问题。

在英美法系国家，超级市场货架上的商品一般被视为要约邀请，其理由是：如果将其视为要约，则顾客挑选后即构成承诺，即使他发现更便宜的商品，也不能把原来挑选的商品放回原处。这显然不合情理。② 但也有的个别英美法案例规则认为，窗口展示的商品，如果一开始就加上价格标记，并允许顾客自取，应视为商品要约，但展示的商品为药品的除外。例如，按照1953年英国高等法院的一个判决，超级市场展出的药品，因有些必须在有执照的药剂师的监督下才能出售，顾客虽能自取，但必须在柜台上付款时接受监督。判决说，合同不是在顾客自取时成立的，药品的展示为要约邀请。③

大陆法系国家一般将超级市场货架上的商品视为要约，顾客的购买行为视为承诺。笔者也认为，应将超级市场货架上的商品视为要约。但是，不能如英美法系国家所认为的那样，顾客挑选的行为视为承诺，而是应将挑选后付款的行为视为承诺，而在顾客挑选后付款前，没有承诺，也即合同并未成立，在顾客与超级市场之间无契约关系的存在。故于付款前顾客可以自由地放回已经选好的商品而另为选择。

（六）带有标价的商品陈列

这种带有标价的商品陈列是指除超级市场的自选货架上的商品以外的标有价格的商品陈列。对于带有标价的商品陈列，各国学理和司法上有不同规定。

在大陆法系的德国，商品标价陈列被视为要约邀请。德国学者认为，如果认为陈列商品就构成要约，那么，至少那些雇用多名营业员的商店，就会面临将同一样商品买卖数次的危险。因此，将商品陈列于橱窗的行为，通常也只是一种要约邀请。④

在英美法系国家，商店陈列的标价商品不存在合同问题，英美法一般认为商店不出售商品给顾客，是服务质量问题而非合同问题。⑤ 阿狄亚认为，这个问题的前后关系可能是：店主拒绝为顾客服务，而问题的实质在于其是否有权拒绝为顾客服务。法院可能只问店主是否已发出或接受了要约，而不问店主是否有权拒绝为顾客服务。其后果是，对于一个重要的社会问题，即是否应该允许店主拒绝为顾客服务的问题，法院从来不去公开讨论。⑥ 即使认为商店里陈列的标价商品为合同问题的学者也认为只是要约邀请而非要约，理由是：如果视为要约，当顾客

---

① 参见岳彩申：《合同法比较研究》，52页，成都，西南财经大学出版社，1995。

② 参见张文博等：《英美商法指南》，2页，上海，复旦大学出版社，1995。

③ 参见沈达明编著：《英美合同法引论》，27页，北京，对外贸易教育出版社，1993。

④ 参见［德］迪特尔·梅迪库斯：《德国民法总论》，邵建东译，270页，北京，法律出版社，2000。

⑤⑥ 参见张文博等：《英美商法指南》，3页，上海，复旦大学出版社，1995。

要购买商品时就构成承诺，那么，商店将不得不卖酒给酒鬼，虽然商店觉得不合适——这显然不合情理。①

在我国学理上对此问题也有不同看法，但无立法上的根据。笔者认为，从保护消费者利益出发，避免商品生产者或者经营者选择消费者的情形，带有标价的商品陈列应视为要约，但商品售空为免除违约责任的事由。

（七）自动售货机的设置

自动售货机的设置已越来越普遍，无论是英美法系国家还是大陆法系国家均认为其为要约。因为，在自动售货机中装有待售的货物，这时，它就已向任何人发出了出卖这种货物的要约，如果有人在售货机放入所需的货币，它就向其提供所卖的货物。这种要约与许多以言辞说明的要约是一致的。② 在德国，学理通说认为，设置自动售货机的行为被视为要约，顾客将硬币投入机器并进行选择的行为为承诺。也有的学者认为，设置自动售货机的行为仅仅是一种要约邀请，因为如果自动售货机不能正常工作或者里面货物空空如也，自然不能成立合同。所以，要约只能由顾客发出。③

在我国也有学者认为，自动售货机的要约，在解释上应认为以正常运转或存在货物为条件，而当自动售货机出现故障或无货物时，要约失效。④ 笔者认为，这种观点实值得商榷，它为自动售货机的设置人摆脱合同责任制造了口实，任何一个设置自动售货机的人必须保证其正常工作并存有货物。如果自动售货机出现故障使顾客投入的货币无法取出而货物也不能得到，自动售货机的设置人应负合同责任，而不以其正常运转作为前提条件。

（八）招标、投标行为

招标，在现代社会中已成为人们选择最佳缔约人的一种重要手段，在我国市场经济不断发展的今天，也已逐渐为人们所接受。以招标的方式订立合同一般有三个主要阶段：招标、投标和定标。

1. 招标

所谓招标，是指某人为订立让他人为自己履行特定义务的合同而将订立该合同的期望及基本要求公之于众或者通知有能力履行该义务的数个当事人，以便使他们向自己提出订立合同的愿望、履行该合同的方案及可接受的合同条件。

对于招标的法律性质，各国合同法均认为其为要约邀请而非要约，因其目的在于诱使更多的人提出要约，以便在其中选择最佳的缔约当事人。况且，在招标中，标的是不公开的，因此，标书中不具备合同成立所要求的内容确定和完整这一特征。故我国《民法典》第 473 条规定其为要约邀请。

2. 投标

投标是指按照招标人提出的要求，在规定期间内向招标人发出的以订立合同为目的的包括合同成立所需要的全部条款的意思表示。⑤

---

① 参见［英］阿蒂亚：《合同法概论》，程正康等译，45 页，北京，法律出版社，1982。
② 参见［英］阿蒂亚：《合同法概论》，程正康等译，42 页，北京，法律出版社，1982。
③ 参见［德］迪特尔·梅迪库斯：《德国民法总论》，邵建东译，271 页，北京，法律出版社，2000。
④ 参见王利明等：《合同法新论·总则》，151 页，北京，中国政法大学出版社，1996。
⑤ 参见张俊浩主编：《民法学原理》，688 页，北京，中国政法大学出版社，1991。

关于投标的性质，各国一般将其视为要约，因其直接向招标人发出、以订立合同为目的，并且含有合同成立所要求的内容特征。

3. 定标

定标亦称决标，是指招标人对所有投标者进行公开评定，对于被评为最优的投标人与之订立合同的意思表示。①

关于定标的性质，各国一般将其视为承诺，即与被评定为最优的投标者订立合同的行为。

与招标相似的一种制度为优等悬赏广告。所谓优等悬赏广告，是指以广告的形式声明对于完成广告中所定行为的数人中，仅对被评为优等之人给付报酬的行为。② 例如，以广告的方式征集商标、徽标等。

优等悬赏广告应视为要约邀请。因为它与一般的悬赏广告不同，它不是对完成广告中所指定的行为的任何人给予报酬，即订立合同，而是将最终与何人订立合同的决定权留给自己，颇似招标行为。一般的优等悬赏广告均规定有应募期限，而且，何谓“优等”是由广告中规定的人进行评定或由广告人自行评定，并且，应募人对评定的结果不得提出异议。③ 这样，显然不能将优等悬赏广告视为要约。

（九）商品价目表的寄送

商品价目表一般是商品的生产者或经营者为推销其商品而向公众发出的欲交易的信息。这种发放商品价目表的行为虽然含有与之订立契约的意思，但并不含有行为人表明一经承诺即受约束的意旨，而是希望对方提出要约经自己承诺后才成立合同。④ 对于这种商品价目表的性质，大陆法系和英美法系理论几乎是一致的，即将其作为广告对待，一般为要约邀请。正如科宾所言，货物销售商都习惯于散发目录表、价目表和通函，以宣传他们的商品、提供报价和招徕顾客光临。一般说来，他们都愿意收到由此引来的订单，并且一般都会予以接受并供货。……但通常达到的结果是，它不是一个有效的要约因而并无合同的存在。⑤ 我国《民法典》第 473 条也将商品价目表的寄送看作要约邀请。

但是，也应当承认某些例外。在美国司法判例中，商品价目表的寄送有时被视为要约。检验其是否为要约的一项标准是：一个通情达理的人站在收件人的立场会认为这是发给他个人的还是发给若干人的。如果是发给其个人的，就是要约；否则，就是一种具有广告性的印刷品。⑥ 我国学理也承认在一般原则下有某些例外。⑦

（十）现物要约

现物要约，又称为“无要约寄送”，是指向未订购商品的人直接寄送商品的行为。这种行为视为要约无疑，即只要受寄送者同意，合同即告成立。但是，受寄送的人无当然承诺的义务，即使寄送人在寄送通知中声明“如果在一定期限内不退还商品即视为同意购买”，这种声明对相对人也不生效力。对于这类要约的处理，关键在于对现物的处分。按照英国 1971 年制

---

① 参见王利明等：《合同法新论・总则》，155 页，北京，中国政法大学出版社，1996。
② 参见张俊浩主编：《民法学原理》，675 页，北京，中国政法大学出版社，1991。
③ 参见《日本民法典》第 532 条。
④ 参见王家福主编：《民法债权》，285 页，北京，法律出版社，1991。
⑤ 参见［美］A. L. 科宾：《科宾论合同》，王卫国等译，60 页，北京，中国大百科全书出版社，1998。
⑥ 参见王军：《美国合同法》，42 页，北京，中国政法大学出版社，1996。
⑦ 参见王利明等：《合同法新论・总则》，156 页，北京，中国政法大学出版社，1996。

定的《无要约寄送商品或服务法》(Unsolicited Good and Service Act)的规定，如果相对人不愿购买，寄送人应在6个月内取回其商品；若超过6个月仍未取回，该寄送商品被视为无条件赠与，可以由收受该商品的消费者取得所有权。[①] 我国《民法典》合同编以及相关立法对此并未作出明确规定，故不能作如同英国法的解释，而以适用关于无因管理的有关规则处理为宜。

（十一）公共服务行业

公共服务行业是指那些与公众生活息息相关的部门或行业，如邮电、煤气、电力、供水、公共交通、医疗单位、公共饮食、公共娱乐场所等。现行《俄罗斯联邦民法典》将这类行业或部门与顾客订立的合同称为公开合同，即这些合同是与商业组织订立并确定其出卖商品、完成工作或提供服务义务的合同，而这些义务是依商业组织的特性应向每一个要求者所履行的。[②] 对这些部门的服务应视为要约抑或要约邀请？由于许多国家对这些部门均规定了强制缔约义务，故从这种意义上说，将其规定为要约更加合适。但各国对其性质的规定并不相同。

在法国，从事城市电力、煤气、自来水供应等公共事业，处于长期承诺状态，所以这些企业不得拒绝为公众服务，因为公共服务设施和事业本身就是向公众发出的要约，它不能拒绝社会公众的承诺，社会公众有获得服务的权利。[③]

在德国，传统理论认为，基于社会给付义务而产生的公共福利事业，如电力、煤气、自来水及公共交通工具等，在企业方面为要约，而在公众方面为承诺。[④]

在美国，铁路指南上公布的火车时间表为要约，但铁路公司可以在指南上注明保留改变时间的权利。[⑤] 而在英国，有一个时期，人们认为，仅仅根据铁路局印发了一张火车时刻表就可推定它已发出了要约。但是，按照现在的观点，这只不过是铁路局按照时刻表使它的火车运行的一种通告。现在一般认为，旅客买车票，才是要约。[⑥]

在俄罗斯，这些公共事业的设定是向社会发出的公开要约。根据《俄罗斯联邦民法典》第437条的规定，如果建议中包含了合同的全部实质性条款，并且从中可以看出，要约人具有与任何响应其要约的人订立合同的意愿，即为公开要约。公共服务行业的设定即有此特点。

但是，应当看到，即使是在将这些公共事业的设置视为要约的国家中，这些贴有标签的法律概念与实际执行也有较大的差异。阿狄亚认为，法院的裁决经常是依据错误的推理而作出的。这些关于法定权利的裁决否认了普通旅馆或饭店的店主有拒绝对顾客服务的权利。如果某店主所收到的承诺多于他所能提供的货物或服务，这就会使他遇到很多困难。但是，有关旅店老板的法律所表明的那种困难是一种不真实的困难，因为，如果他没有空余房间而有人向其请求租用的话，法院会毫不困难地采纳普通的看法：旅店老板没有义务为该旅客提供房间……尽管法院一般地认为，店主已经"默示地"向所有的公众发出了进行交易的要约。[⑦] 的确，这种公共服务行业虽然可解释为公开要约，但该要约保留了一个条件：在其所能的范围之内。这也是我们在前面已经讨论过的问题：向公众发出的订立合同的建议是否为要约的问题。也正是这

① 参见王利明等：《合同法新论·总则》，156页，北京，中国政法大学出版社，1996。
② 参见《俄罗斯联邦民法典》第46条。
③ 参见王家福主编：《民法债权》，285页，北京，法律出版社，1991。
④ 参见王泽鉴：《民法学说与判例研究》，第1册，94页，北京，中国政法大学出版社，1998。
⑤ 参见沈达明编著：《英美合同法引论》，27页，北京，对外贸易教育出版社，1993。
⑥ 参见［英］阿蒂亚：《合同法概论》，程正康等译，46页，北京，法律出版社，1982。
⑦ 参见［英］阿蒂亚：《合同法概论》，程正康等译，45页，北京，法律出版社，1982。

个保留条件促使我们不得不考虑这样一个问题——是否对不同的公共事业部门作出性质不同的划分？例如，医院的设立即应视为要约，不得拒绝病人的承诺。虽然说，医院也存在接受承诺方面的能力问题，但为保护病人接受治疗的权利，应将之视为要约。而其他，如邮电、通信等部门如何？

笔者认为，凡是使用格式合同的公共事业部门均有强制缔约的义务，其本身应视为要约，顾客的服务要求即应视为承诺。也就是说，顾客一经要求服务或购买，合同即告成立。但是，应将公共事业一方无实际履行能力的情况作为免除违约责任的事由。

四、要约的形式

应该说，要约的形式与合同的形式有密切的关系。在契约自由原则下，合同的形式应由当事人自由决定，可为书面，也可为口头。相应地，要约的形式既可为书面，也可为口头。但法律对某些合同的形式有特别要求的，要约一般应采用书面形式。

何谓书面形式呢？根据我国《民法典》第 469 条的规定，书面形式是合同书、信件、电报、电传、传真等可以有形地表现所载内容的形式。以电子数据交换、电子邮件等方式能够有形地表现所载内容，并可以随时调取查用的数据电文，视为书面形式。

五、要约的生效及效力

（一）要约的生效时间

要约具备了法律规定的要件后，就会发生法律效力。但问题是：要约何时生效？在大陆法系的德国，民法典制定时，大致有四种学说。

（1）表达说。根据此说，表意人的意思决定一旦具备外在形态（如信件已经写完），要约（意思表示）就应当生效。此说的不足在于：这样一来，要约人无法再对其意思进行控制。但是，表意人可能根本不想使其意思表示产生效力。另外，相对人充其量也只有一种偶然知悉表意人意思表示的可能性。

（2）发出说。根据此说，意思表示不仅已经作成，而且必须发出（例如将信件寄出）。此说的不足之处在于：意思表示在运输途中的风险（例如信件丢失）由相对人承担。例如，即使终止租赁合同的信件没有到达，终止表示仍然有效。

（3）到达说（受领说）。此说以要约到达相对人为意思表示生效的时间。根据此说，意思表示运输途中的风险由表意人承担，相对人仅仅承担意思表示到达后的风险。

（4）了解说。根据此说，相对人必须通过感官交接意思表示，意思表示才能生效。此说要求相对人承担最轻的风险，他只需要承担将意思表示作了错误的理解之风险。①

大陆法系许多国家的民法典以及国际公约采取到达说，我国《民法典》第 474 条及第 137 条规定了这一原则，但考虑到科学技术的发展要求和需要，又特别规定：采用数据电文形式订立合同，收件人指定特定系统接收数据电文的，该数据电文进入该特定系统的时间，视为到达时间；未指定特定系统的，相对人知道或者应当知道该数据电文进入其系统的时间，视为到达时间。

---

① 参见［德］迪特尔·梅迪库斯：《德国民法总论》，邵建东译，209 页，北京，法律出版社，2000。

许多国家民法将要约到达受要约人作为其生效的时间，这主要是与要约所欲达到的法律目的相关：要约使受要约人产生承诺的权利，即确定契约关系的权利，但在要约到达受要约人之前，这种权利并不产生；从要约人方面讲，在要约到达受要约人之前，受要约人并不知道有此要约的存在。在这段时间内让要约人受到要约效力的拘束，也殊欠公允，故绝大多数国家的法律均允许要约人在要约到达受要约人之前撤回要约。

虽然许多国家法律或者国际公约规定要约以到达受要约人（相对人）为生效时间，但何谓到达没有具体的规定。根据德国学理，有以下几种争议的观点。

第一，到达必须以相对人对要约这一意思占有为条件。这一学说主要表现在早期的民法学理中，现在已不占重要的地位，但仍然对学理和司法产生影响。如有的学者认为，书面文件的送达是指该项文件已经到达“收件人的某种空间关系中，以使依据生活的观点以及在通常的情况下，知悉文件的内容与否取决于收件人”。

第二，认为送达应以受领人对意思表示具有事实上的处分权为准。事实上的处分权，是指受领人随时可能对包含意思表示的文件进行处分。例如，在表意人向受领人发出“留局待领”的信件，而邮局通知受领人领取的情形，受领人对信件有事实上的处分权。

第三，认为只要表意人向受领人发出意思表示，以致受领人可以在通常的情况下知悉意思表示的内容，并且依据受领人自己采取的措施或根据交易上的习惯，表意人也可以期待受领人知悉意思表示的内容，要约即视为到达。根据此说，要约的到达，不以意思表示到达受领人空间上的支配范围为要件。意思表示到达受领人空间上的支配范围，虽然可视为意思表示到达的间接证据，但这一因素本身既不构成到达，也不是到达的必要条件。

第四，通说认为，意思表示的到达是指意思表示已经到达受领人的支配范围，受领人具有知悉的可能性，并且在通常情况下可以期待其知悉。依据此说，要约到达应包括以下要件：首先，意思表示必须到达受要约人的支配范围。支配范围通常是指受领人空间上的效力范围，如住宅、营业所、家用信箱、邮政专用箱等。不过，支配范围不应限于空间上的支配范围，而应包括受领人有可能知悉要约内容的任何范围。其次，受领人应有知悉意思表示的能力，而且在通常情况下，表意人可以期待受要约人知悉意思表示的内容。① 早在1902年，德意志帝国最高法院就适用了这一原则。当时，一家彩票公司写信给一位过去经常购买其彩票的工人，提出要卖给他一张编号彩票。某天早上，在这位工人离家上班之后，这封信随同编号彩票一同寄到其寓所。中午时分，这家彩票公司获悉他们寄给这位工人的编号彩票中了奖，于是，在这位工人下班回家之前，彩票公司的人用花言巧语劝说房东将那封信退还给他们。法院认为，彩票公司的要约进入那位工人的控制区而被“送达”，尽管该工人对此一无所知，彩票公司应受其要约的约束。②

当然，到达对需要受领与不需要受领的意思表示应有所不同。不需要受领人的意思表示主要是指向公众发出的要约，例如具备要约要件的广告等，广告一经刊登，即视为到达。需要受领的意思表示主要是指向特定人发出的要约，在此情况下，要约的发出与收到之间有一个时间上的差异。显然，我们研究的到达是指这种需要受领的到达。

---

① 参见邵建东：《论意思表示的生效时间——德国民法的启示》，载《外国法译评》，1995（3），48页。

② 参见［德］罗伯特·霍恩等：《德国民商法导论》，楚建译，82页，北京，中国大百科全书出版社，1996。

（二）要约的效力

要约的效力即对当事人的约束力，它主要表现在两个方面：一是对要约人的约束力，二是对受要约人的约束力。

所谓对要约人的约束力，是指要约人在发出要约之后而在对方承诺之前能否反悔，能否对要约的内容予以变更、撤销的问题。在这个问题上，大陆法系国家和英美法系国家有较大的不同，即使是大陆法系自身在历史的不同发展阶段也有其不同。

昔日罗马法，并不承认要约的拘束力，及至《法国民法典》也回避这一问题，但法国的判例和学说认为，要约是否有拘束力，应由要约人决定，要约人未表示要约有拘束力的，在相对人承诺前可撤回或变更要约。《德国民法典》明文规定了要约的拘束力，但要约人事先声明不受约束的不在此限。瑞士民法也采取德国式的立法体例。① 在大陆法系国家，现代各国学理及司法实践在要约的效力问题上虽然存在分歧，但基本的观点仍然是承认要约的拘束力的。所以，在大陆法系国家一般认为，要约一经生效，要约人即应受到其拘束，不得撤回、撤销或更改，以维护受要约人的利益及交易安全，只有在特定条件下要约人方可撤回或撤销要约。

显然，我国《民法典》在这一问题上采取的是大陆法系关于要约拘束力的传统的原则。但我们必须明白的是：要约仅仅是要约人发出的自己要订立合同的意思表示，在受要约人知道之前，其实在法律上是没有意义的，也就不可能对他发生任何有法律意义的效力。对于对方当然更是没有任何效力。只有要约到达对方后，才讨论其效力问题。

要约对于受要约人原则上说无任何拘束力，因为拘束力仅是指义务而言，而对权利不能称为拘束力。根据私法的一般原则，任何人不得任意为他人设定私法上的义务，故要约人不得以要约的形式为受要约人设定受约束的义务。从要约对受要约人的法律效果上看，要约仅使受要约人获得承诺的权利。

（三）要约效力的存续期间

要约效力的存续期间即是要约人受要约拘束的期间，或称受要约人承诺的期间。这一期间对要约人和受要约人均有法律意义：对于要约人来说，超过此期间的，不再受要约的约束；受要约人非在此期间内的承诺不生契约成立的效力，即失去承诺的权利。关于要约存续期间的问题，学说及立法上一般采取两种方式予以确定。

第一，当事人约定了要约效力的存续期间的，应从其约定，至于以口头约定抑或以书面约定，在所不问。

第二，如果当事人未约定要约效力的存续期间，应在合理期间内有效。对合理期间如何确定，许多国家法律对此均有规定，如我国《民法典》第 481 条、《德国民法典》第 146 条、国际统一私法协会《国际商事合同通则》第 2.7 条都作了规定，即应按要约发出为书面抑或口头而有不同：（1）对于以对话方式发出的要约，应立即承诺，否则要约失去效力。就如科宾所言，在双方当事人面对面地协商，一方向他方提出要约而没有指出任何承诺时间的情况下，该他方当事人通常会得出的推论是，对方期待他立即答复。②（2）对于以非对话方式发出的要约，应当在按通常情形可期待承诺到达的合理期间内承诺。该时间应根据习惯、交易的性质以

① 参见张俊浩主编：《民法学原理》，670 页，北京，中国政法大学出版社，1991。

② 参见［美］A. L. 科宾：《科宾论合同》，王卫国等译，76 页，北京，中国大百科全书出版社，1998。

及要约所使用的通信方式的迅速程度予以确定。

关于要约效力的存续期间的计算方式，我国《民法典》第 482 条作了明确的规定：要约以信件或者电报作出的，承诺期限自信件载明的日期或者电报交发之日开始计算。信件未载明日期的，自投寄该信件的邮戳日期开始计算。要约以电话、传真、电子邮件等快速通讯方式作出的，承诺期限自要约到达受要约人时开始计算。

六、要约的撤回

无论是大陆法系还是英美法系国家的法律，均承认要约是可以撤回的。正如科宾所言，当一方当事人向他方作出订立合同的要约时，他便设立了他方的承诺权。然而，他也保留了收回的权利。即使要约人在提出自己的要约时，已经明确地给受要约人指定了承诺期间，或者说要约将在一定期间内保持有效，这个要约仍然可以依照要约人的意思予以撤回。① 要约的撤回，是指在要约发生效力之前要约人欲制止其发生效力的意思表示。在要约生效以前，要约人可以自由地改变想法，可以根本取消或以一个新的要约代替原来的要约，而不论原来的要约是不是不可撤销的，唯一的前提是撤回的通知必须先于或与要约同时到达受要约人。例如，国际统一私法协会《国际商事合同通则》第 2.3 条规定："一项要约即使是不可撤销的，也可撤回，如果撤回的通知在要约送达受要约人之前或与要约同时到达受要约人。"《联合国国际货物销售合同公约》第 15 条作了与之完全相同的规定。我国《民法典》第 475 条及第 141 条规定：要约可以被撤回，但撤回的通知应当在要约到达受要约人之前或者与要约同时到达受要约人。

允许要约人撤回其要约，是尊重要约人的意志自由和利益的体现。由于撤回是在要约到达受要约人之前作出的，因此，在撤回时要约并未生效，撤回要约并不影响受要约人的利益。②正是因为撤回是在要约生效之前而撤销是在要约生效之后，所以各国立法及许多国际公约均分别予以规定，以示二者之不同。我国《民法典》也遵循这一体例，将要约的撤回与撤销分开规定。两大法系国家虽然在关于要约是否得以自由撤回的问题上有区别，但在撤回的规则方面是一致的。

大陆法系学理之所以对要约生效的时间问题作如此深入的规定，其中，要约的撤回问题就是理由之一。因为何时生效是要约的撤回和撤销的分界点，具有十分重要的意义。

七、要约的撤销

所谓要约的撤销，是指在要约发生效力后而受要约人作出承诺之前，要约人取消要约的行为。要约于到达受要约人时生效，在到达前要约人自可撤回。但在到达后即在生效后能否撤销？按照契约法的一般概念，要约经受要约人同意后即发生当事人的合意，契约即告成立。要约与承诺的内容构成了契约，双方当事人自然均无权单独更改，如果撤销或更改，那就是对契约本身的解除或更改的问题。但在当事人的合意产生前，即要约在到达受要约人之后受要约人发出承诺前这段时间内能否撤销呢？在这一问题上，大陆法系学理与立法同英美法系学理与立法有较大的区别：英美法将要约的可撤销性作为一般的原则，而将不可撤销性作为例外；而大

---

① 参见［美］A. L. 科宾：《科宾论合同》，王卫国等译，82 页，北京，中国大百科全书出版社，1998。

② 参见王利明等：《合同法新论·总则》，162 页，北京，中国政法大学出版社，1996。

陆法系国家将不可撤销性作为一般原则，而将可撤销性作为例外。

我国《民法典》于第476条、第477条规定：要约可以撤销，但是有下列情形之一的除外：（1）要约人以确定承诺期限或者其他形式明示要约不可撤销；（2）受要约人有理由认为要约是不可撤销的，并已经为履行合同做了合理准备工作。撤销要约的意思表示以对话方式作出的，该意思表示的内容应当在受要约人作出承诺之前为受要约人所知道；撤销要约的意思表示以非对话方式作出的，应当在受要约人作出承诺之前到达受要约人。

应当说，这一规则起源于英美衡平法，具有较大的伸缩性，特别是“有理由信赖”极具弹性，无疑对我国法官提出了更高的要求，同时也赋予法官以极大的自由裁量权。

八、要约人死亡或者丧失行为能力对要约效力的影响

对于自然人来说，要约人在发出要约后死亡或者丧失民事行为能力的，对已经发出的要约具有什么样的影响？

按照英国合同法规则，如果关于某项要约，在收到承诺前，要约人或被要约人的任何一方死亡，要约效力即告终止，但如果当事人死亡发生在收到承诺之后，则不影响合同成立的效力。①

按照美国的判例规则，当要约人死亡或者丧失行为能力时，受要约人的承诺权即告终止，而不管受要约人是否知道这一情况。但是，如果受要约人已经获得了作出承诺的选择权，要约人的死亡或丧失行为能力不会使该选择权终止。如果要约人的亲自履行是订立合同的实质性条件时例外。②

在大陆法系的法国，如果要约人在发出要约后死亡，依司法实践中的做法，应根据是否规定有期限而作不同的处理：如果要约未规定期限，则要约人的死亡可导致要约的失效；与此相反，如果要约人已发出要约并在要约中规定了有效期间，则要约人死亡后，其要约继续有效，要约产生的义务由其继承人承担。③ 由此可见，法国合同法确定的规则与美国判例规则是一致的，即如果要约的内容需要约人亲自履行而继承人无法承担，应当视为无效，如画家在作画的要约发出后死亡。

《德国民法典》第153条规定：“契约的成立，不因要约人在承诺前死亡或者丧失行为能力而受影响，但可推知要约人另有其他意思者，不在此限。”德国学者解释说：这即是说，即使要约人在发出要约后死亡或者丧失行为能力，要约仍然可以被承诺，当然，承诺表示必须向已经死亡的要约人的继承人发出，或者使承诺表示到达已经丧失行为能力的要约人的法定代理人处。但是，如果能够认定要约人具有其他意思，契约例外地不应成立。④

我国《民法典》对此无明确的规定，但可以作出与德国学理相同的解释。

对于法人来说，如果在发出要约之后因法律规定的合法原因而解散，自然不能再对其承诺，但尚未清算或者未清算完毕的，相对人因此而受到的损失，可以要求作为债权参加清算。在法人发出要约后被宣告破产的，相对人仍然可以向清算人（破产管理人）承诺，但是，即使

---

① 参见董安生等编译：《英国商法》，34页，北京，法律出版社，1991。

② 参见王军：《美国合同法》，46页，北京，中国政法大学出版社，1996。

③ 参见尹田：《法国现代合同法》，52页，北京，法律出版社，1995。

④ 参见［德］迪特尔·梅迪库斯：《德国民法总论》，邵建东译，277页，北京，法律出版社，2000。

合同成立，按照破产法的一般规定，清算人（破产管理人）仍然可以单方决定解除或者继续履行合同。

九、向不具有完全行为能力的人发出的要约之效力

对于向不具有完全行为能力的人发出的要约之效力，《德国民法典》第131条规定：向无行为能力人作出意思表示时，在通知到达其法定代理人之前，不发生效力。向限制行为能力人发出意思表示的，亦同。但是，如果意思表示使限制行为能力人纯获法律上的利益或者其法定代理人已经表示同意，意思表示在到达限制行为能力人时生效。德国学者解释说，向不具有完全行为能力的人发出要约的意思表示通常必须到达其法定代理人，这一规定的原因是显而易见的：表意人向不具有完全行为能力的人发出意思表示，旨在期待对方作出法律行为方面的反应，而这种反应至少也必须由法定代理人作出，或者表意人作出的意思表示本身应具有某种法律后果（如承诺），这时法定代理人也必须知道这种法律后果。① 当然，上面针对限制行为能力人所说的意思表示，以限制行为能力人依法不能独立为意思表示者为限。

十、要约效力的终止

我国《民法典》第478条对要约的失效作了明确的规定，有下列情形之一的，要约失效：（1）要约被拒绝；（2）要约被依法撤销；（3）承诺期限届满，受要约人未作出承诺；（4）受要约人对要约的内容作出实质性变更。

根据各国的法律规定及判例规则，要约的法律效力因下列原因而终止。

1. 要约的有效期间届满

这一失效原因是两大法系均承认的失效事由。如果要约中规定了具体的期限，而受要约人没有在该期限内承诺，要约就失去效力。如果一项要约中没有规定具体的承诺期间，那么该要约将在合理的期间经过后失去效力。该合理期间的长短，取决于案情的具体情况，就如科宾所指出的，何谓“合理期间”归根到底是一个事实问题，要通过对该要约作出时存在着的所有情况加以考虑才能确定。这里并不存在任何可以用来推导出判决结果的法律规则或原则。② 我国《民法典》第478条即规定要约因在有效期限内未被承诺而失效。

2. 受要约人拒绝要约

受要约人对要约的拒绝方式有多种：一是可以用明示的方式表示拒绝；二是以不作为的方式在规定期间或合理期间内不予承诺。我国《民法典》第478条也规定了这一原因。

3. 受要约人提出反要约

受要约人虽然对要约人的要约作出了答复，但却对要约的内容作了实质性的改变，按照各国法的规定，等于对要约人要约的拒绝，而构成了一项新的要约，或称反要约。其作用是使原要约人免除原要约的约束，而使受要约人失去了承诺权。我国《民法典》第478条也作了这样的规定。

4. 要约人撤销要约

要约撤销相当于没有要约，要约效力当然自然而然地终止。当然，要约的撤销是有条件的。

---

① 参见［德］迪特尔·梅迪库斯：《德国民法总论》，邵建东译，217页，北京，法律出版社，2000。

② 参见［美］A. L. 科宾：《科宾论合同》，王卫国等译，75页，北京，中国大百科全书出版社，1998。

第三节 契约成立的决定性阶段——承诺

一、承诺的概念

承诺是对要约的完全接受，是指受要约人向要约人发出的无条件同意要约的内容，并决定以要约的内容与要约人订立契约的意思表示。依据我国《民法典》第479条的规定，承诺是受要约人同意要约的意思表示。

从契约成立的过程看，受要约人作出的承诺是契约成立的决定性阶段。对于一个要约作出的承诺是使契约最终成立的行为，在承诺之前，只有一个空洞的对受要约人无任何约束力的要约，在发出了承诺之后，就构成了一个对双方均有约束力的契约。科宾指出："承诺是受要约人的自愿行为，是他行使要约人给予他的权利并因此而产生被称为契约的法律关系。"① 这是以简单的"要约—承诺"为模式而讨论问题，但在实践中，情况要复杂得多，故我们不得不深入地讨论有关承诺的具体问题。

二、一个具有法律效力的承诺应具备的条件

（一）作出承诺的人必须是受要约人

根据要约拘束力规则，要约使受要约人产生承诺的权利，而这种权利对要约人来说即是这样一种义务：他必须接受受要约人行使这种权利的结果，因承诺而生的契约对其有约束力。这种权利只有受要约人才能行使。

要约分为向特定人发出的要约和向非特定人发出的要约，在后一种情况下，任何非特定人均可行使这种权利。当然，根据民法的一般原理，这种权利并非必须由受要约人本人亲自行使，其代理人亦得为之。

（二）承诺应当在要约规定的期限内作出

这一点与要约对于要约人的约束力是一致的，要约使受要约人获得了承诺的权利，但要约人给予受要约人的这一权利是有期限的，只有在要约规定的期限内作出，才能产生权利行使的预定结果。当要约没有规定承诺期限时，受要约人应当在合理的期间内作出。如《德国民法典》第148条规定："要约人对于要约定有承诺期限的，承诺仅得于其期限内为之。"而根据该法典第147条的规定，在未规定期限时，应在合理的期限内承诺。美国的司法判例规则及有关立法也确定了同样的原则（见要约的效力之章节）。国际统一私法协会制定的《国际商事合同通则》第2.7条规定："要约必须在要约人规定的期限内承诺，或者如果未规定期限的，应在考虑了交易的具体情况，包括要约人所使用的通讯方法的快捷程度的一段合理的时间内作出承诺。对于口头要约必须立即承诺，除非情况另有表明。"我国《民法典》第481条规定：要约规定有期限的，应当在规定的期限内承诺并到达要约人。要约没有确定承诺期限的，承诺应当依照下列规定到达：（1）要约以对话方式作出的，应当即时作出承诺。（2）要约以非对话方式作出的，承诺应当在合理期限内到达。但何谓"合理期限"呢？该时间应根据习惯、交易的性质以及要约所使用的通信方法的迅速程度予以确定。这一标准可以作为确定合理期限的参照。

---

① 转引自徐炳：《买卖法》，97页，北京，经济日报出版社，1991。

这与国际通行的做法是一致的。

（三）承诺的内容应与要约的内容相吻合

如果从严格意义上说，契约应是双方就权利义务意思表示一致的产物，这就要求承诺必须完全、绝对地与要约的内容相一致，否则，意思表示就不可能完全一致，就会出现一方当事人被未经其同意的义务所约束的情形。这就是所谓的“镜像规则”。这一规则在早期的大陆法系国家和英美法系国家均得到一致的承认。

在我国学理上，近年来对“承诺与要约完全一致”的绝对性也持怀疑态度，主张对要约进行变动但非实质性改变了要约的内容的，也构成承诺。根据我国《民法典》第 488 条及第 489 条的规定，承诺的内容应当和要约的内容相一致，否则视为拒绝要约并构成新要约。对要约表示同意但对要约的内容进行了非实质性变更的，除要约人及时表示反对，或者要约明确规定承诺不得对要约的内容进行任何变更的外，承诺仍然有效。合同的内容以承诺的内容为准。对我国《民法典》的这一规定应作如下的理解：(1) 强调“承诺与要约完全一致”的基本原则，这表明传统的一致性原则在合同法中仍然具有极其重要的地位。(2) 如果受要约人的答复中对要约的内容进行了添加、限制或更改，但这些变动若非为实质性变动，该答复仍不失为承诺，除非：第一，要约人及时表示反对变动；第二，要约中明确规定了不得对其内容进行任何的变动，当然也包括实质性变动和非实质性变动；第三，如果受要约人对要约进行承诺的同时对要约内容进行了非实质性的修改，而要约人未表示反对，要约中也未明确排除任何的变动，则成立后的契约以承诺的内容为准。

我国法的这一规定，减少了交易的成本，避免“要约—反要约—再要约”这样的拉锯战，动辄任何变动就构成反要约，将承诺的内容在有限度的范围内放宽；同时，为保护要约人的利益，也给予其反对和排除任何变动的权利。

在运用这一规则时，遇到的一个较大的问题就是何谓实质性地改变要约的内容？

何谓实质性变更的问题，常常引起人们的争议，即使是最先采用这一规则的美国司法判例也没有创造出普遍性的规则，而是认为，它需要由多种因素确定，很难确切地作出定义。总之，一种对要约的修改或补充是不是实质性地改变了要约，是一种由法院依案件的具体情况加以自由裁量的问题。[①] 美国判例和学者多数认为，对货物的价格、数量、质量、交付条件等问题提出与要约不同的条款应视为实质性地变更要约，而对违约救济、争议处理方式等问题提出不同条件不构成实质性的变更。[②]《联合国国际货物销售合同公约》为减少对何谓实质性变更问题的争议，对构成实质性变更的范围作了较为明确的说明。其第 19 条 (3) 规定，对有关货物的价格、付款、货物数量和质量、交货地点和时间、赔偿责任范围或解决条件的添加或不同条件，均视为实质性的变更要约的条件。这一规定与美国司法判例及大多数学者的看法几乎一致，只是如解决争议的问题在国际货物买卖中为重要的问题，我国民法典也将其作为实质问题。

我国《民法典》第 488 条对何谓实质性变更作了规定：对有关合同标的、数量、质量、价款或者报酬、履行期限、履行地点和方式、违约责任和解决争议方法等的变更，是对要约内容

① 参见王军：《美国合同法》，63 页，北京，中国政法大学出版社，1996。

② 参见徐炳：《买卖法》，115 页，北京，经济日报出版社，1991。

的实质性变更。对这些条款的变更，无论幅度大小均构成实质性变更。笔者认为，下列变更不应构成实质性的变更。

第一，对于要约中没有规定的但为合同的履行所必需的补充性条件，而该条件按一般的公平的理念能被认为是合理的。例如，要约中没有规定运输工具，受要约人在承诺的同时补充“以最合理和方便的运输工具运输”的条件，就不构成对要约内容的实质性变更。

第二，对要约中没有规定的法定义务进行重述。例如，甲向乙发出出卖家具的要约，乙对之进行承诺的同时，补充道：甲应保证其交付的家具与说明书上的具有同等的质量并对于家具的瑕疵负担保责任。这种附加也同样不构成对要约内容的实质性变更。

第三，承诺中含有对要约中规定的条件的抱怨。美国学者科宾指出，承诺的表示不因为有“抱怨”的事实而失去其明确性和无条件性。下面的措辞应该是有效的：“我接受你的开价，不过，我觉得你的开价太狠了点。”这叫作“嘟嘟囔囔的同意”①。

总之，应像贝勒斯所言，检验对要约是否构成实质性修改的标准是：所作的更改是否为合理的要约人所接受，即如果处于要约人的地位的正常的人不能接受这些更改，则承诺不应具有约束力，否则，作为要约人将挣扎在由他人强加的不合理的诺承义务之中。②

（四）承诺应向要约人作出

这一点是显而易见的，因为：首先，受要约人的这种承诺的权利是由要约人给予的，所以只有向所谓的义务人——要约人才能行使这种权利；其次，从意思表示一致的角度看，只有承诺针对要约人作出，才能形成意思表示的一致性，才能成立合同。如果向非要约人作出，只能视为要约。

三、逾期承诺与迟到承诺的法律效力

对于未在要约规定的期限内作出的承诺，即逾期承诺，各国法均视为新的要约，即视为受要约人向原要约人发出的新的要约。我国《民法典》第 486 条规定：“受要约人超过承诺期限发出承诺，或者在承诺期限内发出承诺，按照通常情形不能及时到达要约人的，为新要约；但是，要约人及时通知受要约人该承诺有效的除外。”

至于迟到的承诺，我国《民法典》第 487 条规定：受要约人在承诺期限内发出承诺，按照通常情形能够及时到达要约人，但是因其他原因承诺到达要约人时超过承诺期限的，除要约人及时通知受要约人因承诺超过期限不接受该承诺外，该承诺有效。德国学者在解释这种规定的合理性时指出：如果要约人对迟延到达的承诺沉默不语，则可以认定为要约人对受要约人的新要约（迟到的承诺为新要约）进行了承诺。③ 这种规定的目的在于保护承诺人的利益，即按照正常的情形，他发出的承诺能及时到达并应发生承诺的效力，但由于其意志以外的原因未能到达。对于要约人来说，法律无疑对其规定了一种通知的义务，如果其怠于通知，就要受到已失效要约的重新拘束。

---

① ［美］A. L. 科宾：《科宾论合同》，王卫国等译，172 页，北京，中国大百科全书出版社，1998。

② 参见［美］麦克尔·D. 贝勒斯：《法律的原则——一个规范的分析》，张文显等译，197 页，北京，中国大百科全书出版社，1996。

③ 参见［德］迪特尔·梅迪库斯：《德国民法总论》，邵建东译，285 页，北京，法律出版社，2000。

四、沉默在何种情况下构成承诺

由于要约使受要约人产生承诺的权利，而不能给其增加任何义务，故受要约人没有必须作出承诺或拒绝要约的义务。故受要约人的沉默就可作两种推定：一是表示同意接受，二是以消极的态度拒绝接受。正是因为这种不确定性，故各国法均认为沉默不构成承诺。正如科宾所言，沉默即表示同意是一个古老的格言，但它并不是真正的法律规则。显而易见，如果仅有的事实是甲向乙发出要约而乙保持沉默，则无合同可言。无论其要约是采取口头的还是书面的形式，结果都是如此。沉默可能表示受要约人未听见、不接受或不理解这个要约，或者表明他对此不屑一顾。在此情况下，要约人没有理由将受要约人的单纯沉默解释为他的承诺。欧洲人的意见同英美法的这个规则是一致的。① 德国学者指出：仅沉默本身并不构成对要约的承诺，即使要约人大胆地在要约中说明，沉默本身也不等于承诺。从各方面讲，这些都是已经被接受的一般原则。②《联合国国际货物销售合同公约》第 18 条规定：沉默或不作为本身不构成承诺。但是，是否在任何情况下沉默均不构成承诺呢？各国法或判例在一般原则之下承认某些例外。

从学理上说，在下列情况下，沉默也构成承诺：

（1）受要约人事先声明沉默构成承诺的。

（2）根据交易惯例或当事人一贯的交易习惯，承诺不需要通知时，沉默构成承诺。

（3）适用格式合同的当事人没有拒绝要约的，视为承诺。我们虽然主张将适用格式合同的公共事业视为要约，但在我国无法律规定的情况下，此问题尚不明确，而且学理一致的主张是将之视为要约邀请，而顾客的请求视为要约。在此情况下，如果消费者提出要约，而对方没有在合理期间内给予答复，即保持沉默，应视为其已承诺，以保护弱小的消费者。

五、受要约人死亡的，其继承人能否有效承诺

前面已经论及，要约人在发出要约后死亡的，不影响合同的成立，即受要约人可以向其继承人承诺，合同仍然可以有效成立。但是，反之，是否亦然？即受要约人死亡的，其继承人是否可以对要约进行有效承诺？

《德国民法典》对此未作规定，但是，起初立法者打算对这一问题作出与要约人死亡相同的规定，即受要约人的继承人一般可以承诺要约。但是，后来立法者放弃了这一打算。学者认为，这一做法是正确的，因为在受要约人死亡后，应当对要约作出解释，以便确定该要约仅仅是针对受要约人本人发出的，还是也可以针对受要约人的继承人发生效力。我们不能认为，要约人通常也愿意相对于受要约人的继承人维持要约的效力。因此，在产生疑问时，应当认为，受要约人死亡时，要约消灭。③

《葡萄牙民法典》第 231（2）条规定：“受要约人死亡或者丧失行为能力后，要约失效。”

在我国应当认为，受要约人死亡或者丧失行为能力后，要约失效。

---

① 参见［美］A. L. 科宾：《科宾论合同》，王卫国等译，154 页，北京，中国大百科全书出版社，1998。

② 参见［德］海因·克茨：《欧洲合同法》（上），周忠海等译，40 页，北京，法律出版社，2001。

③ 参见［德］迪特尔·梅迪库斯：《德国民法总论》，邵建东译，278 页，北京，法律出版社，2000。

六、承诺生效的时间

在承诺的生效时间问题上，我国《民法典》第484条采用与《联合国国际货物销售合同公约》一致的原则——受信主义原则，即承诺于承诺通知到达要约人时起生效。但这一原则的例外是，当承诺非以通知为必要时，行为发生之时即承诺生效的时间。

七、合同成立的时间与地点

（一）合同成立的时间

在合同的成立之时间问题上，我国采用与其他国家一致的原则，即合同自承诺生效时起成立（《民法典》第483条）。但有四种例外：（1）当事人另有约定或者法律规定其他成立条件的，在该条件具备时成立。（2）当事人采用合同书形式订立合同的，自当事人均签名、盖章或者按指印时合同成立。在签名、盖章或者按指印之前，当事人一方已经履行主要义务，对方接受时，该合同成立。法律、行政法规规定或者当事人约定合同应当采用书面形式订立，当事人未采用书面形式但是一方已经履行主要义务，对方接受时，该合同成立（第490条）。（3）当事人采用信件、数据电文等形式订立合同要求签订确认书的，签订确认书时合同成立（第491条第1款）。（4）当事人一方通过互联网等信息网络发布的商品或者服务信息符合要约条件的，对方选择该商品或者服务并提交订单成功时合同成立，但是当事人另有约定的除外（第491条第2款）。

以上是采取“要约—承诺”的一般合同成立的实践，但是，在我国司法实践中，因为有合同成立的特殊方式，例如，拍卖、招标等方式成立的合同中，有两个问题始终存在司法实践中判例观点不一的现象：一是合同是否成立以及以什么内容成立？二是什么时候成立？对此问题，《合同编通则部分司法解释》第4条明确规定：（1）采取招标方式订立合同，当事人请求确认合同自中标通知书到达中标人时成立的，人民法院应予支持。合同成立后，当事人拒绝签订书面合同的，人民法院应当依据招标文件、投标文件和中标通知书等确定合同内容。（2）采取现场拍卖、网络拍卖等公开竞价方式订立合同，当事人请求确认合同自拍卖师落槌、电子交易系统确认成交时成立的，人民法院应予支持。合同成立后，当事人拒绝签订成交确认书的，人民法院应当依据拍卖公告、竞买人的报价等确定合同内容。（3）产权交易所等机构主持拍卖、挂牌交易，其公布的拍卖公告、交易规则等文件公开确定了合同成立需要具备的条件，当事人请求确认合同自该条件具备时成立的，人民法院应予支持。

这一规定就明确了以这种特殊方式订立合同的成立时间，同时也避免了在实践中有些当事人，甚至法院的错误认识：虽然中标或者竞拍成功，但只要不签订书面合同就不存在合同。

最高人民法院在发布《合同编通则部分司法解释》的同时，也发布了《关于适用〈中华人民共和国民法典〉合同编通则若干问题的解释》相关典型案例（以下简称“配套典型案例”）。

最高法院之配套典型案例一：中标纠纷案例——某物业管理有限公司与某研究所房屋租赁合同纠纷案

【简要案情】

2021年7月8日，某研究所委托招标公司就案涉宿舍项目公开发出投标邀请。2021年7月28日，某物业管理有限公司向招标公司发出“投标文件”，表示对招标文件无任何异议，愿意提供招标文件要求的服务。2021 年 8 月 1 日，招标公司向物业管理公司送达中标通知书，确定物业管理公司为中标人。2021 年 8 月 11 日，研究所向物业管理公司致函，要求解除与物业管理公司之间的中标关系，后续合同不再签订。物业管理公司主张中标通知书送达后双方租赁合同法律关系成立，研究所应承担因违约给其造成的损失。研究所辩称双方并未签订正式书面租赁合同，仅成立预约合同关系。

【判决理由】

法院生效裁判认为，从合同法律关系成立角度，招投标程序中的招标行为应为要约邀请，投标行为应为要约，经评标后招标人向特定投标人发送中标通知书的行为应为承诺，中标通知书送达投标人后承诺生效，合同成立。预约合同是指约定将来订立本约合同的合同，其主要目的在于将来成立本约合同。《中华人民共和国招标投标法》第 46 条第 1 款规定："招标人和中标人应当自中标通知书发出之日起三十日内，按照招标文件和中标人的投标文件订立书面合同。招标人和中标人不得再行订立背离合同实质性内容的其他协议。"从该条可以看出，中标通知书发出后签订的书面合同必须按照招投标文件订立。本案中招投标文件对租赁合同内容已有明确记载，故应认为中标通知书到达投标人时双方当事人已就租赁合同内容达成合意。该合意与主要目的为签订本约合同的预约合意存在区别，应认为租赁合同在中标通知书送达时成立。中标通知书送达后签订的书面合同，按照上述法律规定其实质性内容应与招投标文件一致，因此应为租赁合同成立后法律要求的书面确认形式，而非新的合同。由于中标通知书送达后租赁合同法律关系已成立，故研究所不履行合同义务，应承担违约责任。

【裁判要点】

招投标程序中，中标通知书送达后，一方当事人不履行订立书面合同的义务，相对方请求确认合同自中标通知书到达中标人时成立的，人民法院应予支持。

（二）合同成立的地点

在契约法上，因承诺具有使当事人确定契约法律关系的效力，所以，合同在何地成立，具有重要意义，这主要表现在法院的管辖权的确定以及准据法的适用问题上。这一点在国际贸易中尤为重要。

一般来说，承诺生效的地点就是合同成立的地点。采取发信主义原则时，承诺的发出地即是合同的成立地；在采取受信主义原则时，承诺的收到地即是合同的成立地。但法国契约法理论承诺效力问题的"二元论"认为，由于对合同成立地点的确定具有纯粹人为的特点，故应根据实际需要赋予基层法院的法官对这一问题的决定权。不过，当同一要约人向数人发出要约时，应参照国际私法中有关合同成立的规定，将要约的发出地视为合同成立地。①

在这一问题上，我国《民法典》规定得比较详细（第 492 条、第 493 条）：(1) 承诺生效的地点为合同成立的地点。(2) 采用数据电文形式订立合同的，收件人的主营业地为合同成立的地点；没有主营业地的，其住所地为合同成立的地点。当事人另有约定的，按照其约定。(3) 当事人采用合同书形式订立合同的，最后签名、盖章或者按指印的地点为合同成立的地点，但是当事人另有约定的除外。

---

① 参见尹田：《法国现代合同法》，65 页，北京，法律出版社，1995。

八、合同订立中第三人的责任

合同订立过程中，双方当事人之间因为合同不成立、无效或者被撤销可能要承担缔约过失责任。但是，第三人在合同订立中如果存在欺诈、胁迫等行为，应该承担什么责任？对此，《民法典》第149条与第150条虽然规定了第三人的欺诈和胁迫，但却没有规定其责任。对此，《合同编通则部分司法解释》第5条规定："第三人实施欺诈、胁迫行为，使当事人在违背真实意思的情况下订立合同，受到损失的当事人请求第三人承担赔偿责任的，人民法院依法予以支持；当事人亦有违背诚信原则的行为的，人民法院应当根据各自的过错确定相应的责任。但是，法律、司法解释对当事人与第三人的民事责任另有规定的，依照其规定。"

该条规定有两个问题需要澄清：(1) 第三人的这种责任是在合同被撤销后才承担的责任，还是无论合同是否有效或者被撤销，都要承担的责任？(2) 这种责任的请求权基础是什么？

对于问题(1)，笔者认为，第三人的这种责任是在合同被撤销后才承担的责任，理由是：(A) 应该与《民法典》第157条保持一致，即只有在合同被撤销后第三人才承担这种赔偿责任。按照《民法典》第157条之规定，如果欺诈或者胁迫发生在当事人之间，也只有在合同被撤销的情况下，当事人才承担过错赔偿责任。第三人欺诈或者胁迫也应当与此保持一致。(B) 按照制度规范目的，法律规定法律行为或者合同可撤销的宗旨就是把合同是否有效的决定权交给被胁迫人或者被欺诈人，他如果认为自己受到损失或者对自己有其他不利，就可以请求法院或者仲裁机构撤销该法律行为或者合同。如果被欺诈者或者被胁迫者不请求撤销之，则表明对其有利或者没有损失。因此，法院不应当一方面允许合同当事人保持合同效力而不行使撤销权，另一方面要求第三人承担赔偿责任。(C) 我国《民法典》之所以没有规定第三人责任，是因为通常情况下，第三人帮助合同当事人一方欺诈或者胁迫另一方，因此，其责任应该与合同一方当事人相同，即适用第157条即可。也可以将其纳入"履行辅助人"的范畴中，履行辅助人的过错等同于其帮助方的过错，履行辅助人从而承担责任。如果构成侵权责任，则直接适用侵权责任编相关规范。

对于问题(2)，这种赔偿请求权的基础是什么？如果仅仅从文义解释之，则可能有两种不同的基础：(A) 缔约过失责任。一般是在受到欺诈或者胁迫的一方当事人请求撤销合同后，才可以要求对方承担缔约过失责任。当然，如果符合侵权责任法的构成要件，也不妨要求对方承担侵权责任。(B) 侵权责任。如果允许被胁迫或被欺诈的当事人一方不撤销合同也能够请求第三人赔偿的话，那就只能是侵权责任了。例如，有学者认为，第三人的胁迫行为构成侵权行为，通过第三人承担侵权损害赔偿，弥补当事人一方所遭受的损失。① 我国立法机关的学者也认为：在第三人欺诈的情况下，仅赋予受欺诈人在相对方知道或者应当知道存在欺诈行为时的撤销权，同样体现了对善意相对人的保护，两种情况下的立法理念是一致的。此时，受欺诈人尽管不能通过行使撤销权的方式保护其自身权益，但如果其权益因此受损，并不妨碍其向实施欺诈的第三人主张赔偿。② 德国学者也认为，撤销权与撤销权人基于第823条第2款和第826

---

① 参见冉克平：《论因司担任欺诈或胁迫而订立合同的效力》，载《法学论坛》，2012(4)，113页。

② 参见黄薇主编：《中华人民共和国民法典总则编释义》，396页，北京，法律出版社，2020。笔者对此存在的异议是：为什么"受欺诈人不能通过行使撤销权的方式保护其自身权益"？撤销权行使后的缔约过失责任能够涵盖哪些权益损失？

条的规定所享有的侵权损害赔偿请求权之间存在着竞合关系。① 但问题是：在我国民法典上或者民法原理上，第三人欺诈或者胁迫构成侵权是否存在障碍？

从第三人的侵权对象看，他侵犯的是什么？是表意人的信赖利益还是期待利益（可得利益)？在正常情况下，这种两种利益可以通过行使撤销权而获得满足，一般不需要追究第三人的责任。因为，根据我国《民法典》第157条的规定，民事法律行为无效、被撤销或者确定不发生效力后，行为人因该行为取得的财产，应当予以返还；不能返还或者没有必要返还的，应当折价补偿。有过错的一方应当赔偿对方由此所受到的损失；各方都有过错的，应当各自承担相应的责任。这就是所谓的“返还义务＋缔约过失责任”。特别是，当我们的司法解释将缔约过失责任扩展到如同《德国民法典》第122条规定的“不超过相对人或者第三人就该意思表示有效所获得的利益的数额”的时候，其实，对于表意人来说，似乎不需要第三人责任的追究。只有在相对人的财产或者资力不足的时候，才有必要追究第三人的责任。

即使在需要追究第三人责任的时候，第三人侵犯的利益是否能够成立侵权法上的客体也是学理和立法上颇有争议的问题。因为，第三人侵犯的是表意人的信赖利益或者期待利益，而这两种利益都属于纯粹经济利益，而纯粹经济利益能否成为侵权行为客体争议很大，但在此笔者不想展开，因为已经有太多的学者研究过这一个问题。但是，在我国民法典的框架下，纯粹经济利益是可以成为侵权法客体的，因为《民法典》第1165条及第1166条规定了因过错或者在法律规定下的无过错侵害他人“民事权益”，应当承担侵权责任。但是，需要讨论的问题恰恰就是：这里的“权益”是否能够包括“期待利益”？笔者认为，通过侵权行为来赔偿“未来的可得利益”在民法理论上存在重大障碍。例如，德国学者尽管认为，在第三人欺诈或者胁迫的情况下，可能发生撤销权与侵权行为的竞合问题，但是，在赔偿范围上仍然存在差别。例如，弗卢梅就认为：具有法律上相关性的事实构成不仅是作为一种侵权行为的恶意欺诈，而且该事实构成的本质是，欺诈人恶意地对其所作出承诺的效力进行了欺诈。即使法律行为规则不生效力，它也足以使恶意欺诈人承担实际履行的责任或承担履行利益的损害赔偿责任。据此，在上述情形中，相对于恶意欺诈人所享有的请求权并不构成基于侵权行为而产生的请求权，而是具有法律行为的性质，它建立在法律行为表示的基础之上，表意人就该表示内容的效力进行了恶意欺诈。有鉴于此，与通说的观点有所不同的是，针对侵权行为适用的法律规定，即应当将状态恢复到假设引起损害赔偿责任的情形没有出现时的状态，不能适用于此处所认定的恶意欺诈人应当承担的责任。② 这一段论述，非常清楚地指出了侵权行为赔偿请求权与给予法律行为的请求权的区别。因此，笔者认为，合同撤销后，对于第三人侵权责任法的赔偿请求权难以包括期待利益的赔偿。

正因为如此，我国《民法典》应该在第157条中专门规定一条不同于侵权法的赔偿请求权基础——进行欺诈或者胁迫的第三人与相对人对于表意人的损失承担连带责任。对此，也可以通过最高人民法院的司法解释予以补充，但我国的司法解释对于这一问题没有予以特别的重视。③

在目前的《民法典》及司法解释的框架下，笔者认为，应该是第一种责任——缔约过失责任。

---

① 参见［德］维尔纳．弗卢梅：《法律行为论》，迟颖译，633页，北京，法律出版社，2013。

② 参见［德］维尔纳．弗卢梅：《法律行为论》，迟颖译，635页，北京，法律出版社，2013。

③ 参见李永军：《论我国民法上的合同第三人效力》，载《法学评论》，2023（6），73～74页。

九、承诺的撤回

承诺的撤回是承诺人阻止承诺发生效力的意思表示。根据承诺效力的一般理论，承诺必须在其生效前撤回，因为，承诺一旦生效，契约即告成立，承诺自无撤回的余地。承诺可以撤回，但是撤回的通知应于承诺生效前或与承诺同时到达要约人（《民法典》第485条）。

十、合同确认书及其法律效力

（一）合同确认书的概念与功能

合同确认书是指对合同内容或者合同是否成立进行明确的书面文件。

按照德国学者的解释，合同确认书之所以需要，是因为在以口头形式（包括以电话形式）进行谈判以后，对于合同是否成立以及合同具有什么内容，很容易产生争议。因此，长久以来，在商人之间就流行一种习惯，即由一方当事人以书面形式，简短地向对方当事人证实合同的订立以及合同内容。这样做旨在避免将来出现的纠纷。长期以来的商事习惯规则确认：受领信件的人（受领确认书的人）如果没有及时对该信件提出异议，合同就以该信件以诚实方式所包含的内容成立。这样，信件发出人的信赖就得到了保护，该发出人有理由认为其发出的信件正确地复述了合同的内容，而且对方没有提出异议。① 但实际上，确认书的适用远不限于以口头形式订立的合同，即使是以书面形式签订的合同，只要当事人需要对要约或者承诺的内容加以确认的，都需要合同确认书，例如，以传真、电子邮件等书面形式订立的合同。

（二）合同确认书的适用范围

1. 主体范围

应该说，合同确认书起源于商法，所以，合同确认书也被称为“商人确认书”。但是，随着“商人”概念的不确定性及在今天的变化，人们对合同确认书的适用范围也存在争议，例如，德国最高法院的判例认为：确认书可以适用于任何类似于商人的参与商业生活的人。而德国学者弗卢梅认为，任何人均可以是确认书的发出人。②

从理论上说，由于我国《民法典》合同编不一般地区分商人与非商人，所以，合同确认书不应当只适用于商人。另外，从民法典规范看，我国《民法典》第491条也没有强调合同确认书只适用于商人。

2. 作用范围

合同确认书在于确定合同的成立，还是确定合同的内容？对此，我国《民法典》第491条第1款规定：“当事人采用信件、数据电文等形式订立合同要求签订确认书的，签订确认书时合同成立。”在国际商业实践中，当事人通过信件、电报、电传等方式达成协议而要求签订确认书的情形非常普遍。一般的规则是：要约方要求签订确认书的，应当于其要约同时提出，或者在其有权撤回要约的期限内送达受要约人。受要约方提出签订确认书的，也应当在答复原要约的同时，或者在其有权撤回答复的期限内送达原要约人。除要求签订确认书的一方明确表示以其一方确认和签字为准的以外，确认书应当由双方签字。双方隔地签订确认书的，经签字的

---

① 参见［德］迪特尔·梅迪库斯：《德国民法总论》，邵建东译，335页，北京，法律出版社，2000。
② 参见［德］迪特尔·梅迪库斯：《德国民法总论》，邵建东译，335～336页，北京，法律出版社，2000。

确认书相互送达后合同方为成立。[1]

但实际存在的问题不仅仅是成立方面的，也有对合同内容进行确认方面的，也就是说，合同在有效成立后，一方当事人发出的旨在确定已经成立的合同内容的确认书当如何对待？对这种确认书表示沉默的，效力如何？

德国学者梅迪库斯认为：确认书的主要意义不在于消除合同是否成立的疑问，而主要在于消除合同具有什么内容的疑问。[2] 德国判例也认为：使用确认书，对原始合同进行变更或者补充的行为，也是合法的。[3] 而且，按照德国及大陆法系国家的一般规则，对合同确认书的沉默将构成对它的同意，合同的内容以确认书的内容为准，我们可以将之称为"沉默规则"。但问题是：如果确认书的内容实质性地改变了当事人谈判时双方合意的内容，"沉默规则"是否也适用？瑞典联邦法院认为：只有当表意人（确认书的发出人）能够令人诚恳地相信其确认书所作的表述与其口头表达完全一致时，其确认书才具有上述效果。[4] 因为，前述"沉默规则"可能会导致这样一种不诚实的行为：一方当事人故意在确认书中写进偏离对方当事人已经同意的条款并扩充对自己有利的条款，并希望对方当事人保持沉默，以期合同依确认书的内容生效。因此，司法判例认为：如果确认书与已同意的条款差距太大，以至于发出人在理智的情况下也不能合理地考虑接受人的同意，而且这些条款在该商业领域内不是一般的实践，那么，对方就不受这些条款的约束。[5] 也就是说，在此情况下，"沉默规则"不能适用。

《国际商事合同通则》第 2.12 条采用同样的处理规则："在合同订立后的一段合理时间内发生的意在确认合同的书面文件，如果载有添加或不同的条款，除非这些添加或不同条款实质性地改变了合同，或者要约人毫不迟疑地拒绝了这些不符，则这些条款应构成合同的一个组成部分。"

那么，如果合同确认书的内容严重偏离了当事人谈判的内容并进行了实质性的改变，应当如何对待？笔者认为，应当视其为对已经成立的合同内容进行变更的要约，而对这种要约，对方的沉默不构成承诺。

第四节　契约成立的性质和要件

一、契约成立的性质

从契约订立的目的和过程看，契约是当事人为满足私人的目标而欲达到一定的法律效果的合意。欲缔结契约的当事人各自怀有不同的目标和需要，经过讨价还价和充分的协商，即经过要约、反要约、再要约、承诺的复杂过程达成一致时，契约即告成立。由此可见，契约的成立完全是个人之间的事情，是每个缔结契约的当事人对自己利益和义务的衡量和肯定。这就使其与生效严格地区分开来，因为生效是国家或法律以一个管理者和统治者的身份，以国家和社会的利益为尺度，对缔结契约的当事人之间已经成立的契约进行评价，决定是否让其产生缔结契

---

① 参见关安平主编：《国际商法务操作》，233 页，北京，海洋出版社，1993。

② 参见［德］迪特尔·梅迪库斯：《德国民法总论》，邵建东译，285 页，北京，法律出版社，2000。

③ 参见［德］迪特尔·梅迪库斯：《德国民法总论》，邵建东译，337 页，北京，法律出版社，2000。

④ 参见［德］海因·克茨：《欧洲合同法》（上），周忠海等译，42 页，北京，法律出版社，2001。

⑤ 参见［德］海因·克茨：《欧洲合同法》（上），周忠海等译，44 页，北京，法律出版社，2001。

约的当事人希望发生的效果。如果当事人间已经成立的契约有悖国家或社会利益，应否定其效力。可见，生效已不再是私人之间的事情了。

二、契约成立的要件

契约的成立既然是当事人之间的事情，就应当坚决地贯彻契约自由原则，允许当事人对契约生效的要件进行约定。但唯一的成立条件应当是当事人的意思表示一致时，契约即应成立。我国有学者主张，合同的成立要件因契约的要式或不要式而有区别。笔者认为，这是一种对合同成立的误解。如果当事人就合同条款达成合意，就应当认为契约已经成立，至于是否完成法律规定的特别方式，是契约生效的问题而非成立的问题。如果当事人约定以完成某种特别形式为成立要件，则是另外的事情。

在认定合同成立的要件"当事人意思表示一致"的时候，必须界定清楚的是：当事人就什么意思表示一致？当然，最理想的是：当事人就所有与合同有关的条款达成一致。但是，实际生活中，由于当事人本身认识的因素或者客观因素，往往当事人无法就所有问题达成一致。因此，也就形成了所谓的不完备合同。那么，法院对于这种不完备合同是什么态度呢？统统让其不成立吗？当然不是！因为，合同的意义在于履行而非欣赏，所以，只要合同能够履行即可。接下来的问题就是：合同达到什么样的程度就可以履行呢？一般认为，合同只要具备标的、主体、数量条款就可以履行。其他的，如履行地点、价格确定等都可以有法律的任意性条款来补充，除非当事人对此有排除性约定。对此，《合同编通则部分司法解释》第 3 条规定：(1) 当事人对合同是否成立存在争议，人民法院能够确定当事人姓名或者名称、标的和数量的，一般应当认定合同成立。但是，法律另有规定或者当事人另有约定的除外。(2) 根据前述规定能够认定合同已经成立的，对合同欠缺的内容，人民法院应当依据《民法典》第 510 条、第 511 条等规定予以确定。(3) 当事人主张合同无效或者请求撤销、解除合同等，人民法院认为合同不成立的，应当依据《最高人民法院关于民事诉讼证据的若干规定》第 53 条的规定将合同是否成立作为焦点问题进行审理，并可以根据案件的具体情况重新指定举证期限。

从最高人民法院司法解释的上述内容看，它与民法典、之前的司法解释及学理大致一致，即确定：(1) 合同具备了三个条款且当事人就此达成一致的，合同成立；(2) 不能达成一致的，依据《民法典》第 510 条及第 511 条补充确定。

第五节　缔约过失责任

一、缔约过失责任的概念

缔约当事人可能经过讨价还价与磋商之后，达成合意而使合同成立，也可能因为不能达成合意而导致合同不能成立。在合同不能成立而使缔约一方当事人遭受损失时，其是否有权要求对方赔偿？如果有权要求对方赔偿损失，那么责任基础是什么？从逻辑上说，因合同未能成立，显然不能以合同责任为基础。是否可以以侵权责任为基础而请求这种赔偿？我们必须承认，有时侵权行为法上的注意义务不能完全涵盖缔约当事人之间的注意义务，因为，缔约过程中的当事人之间的注意义务比一般人之间的注意义务要求更高，所以，侵权行为法不能完全解决缔约过失责任问题。这就要求必须在合同责任与侵权责任之间寻找另外的责任基础，而这种责任基础就是缔约过失责任。具体来说，缔约过失责任是指在缔结契约过程中（在契约缔结或者磋商之际），一方当事人过失地违反因诚实信用原则而生的相互保护、通知、协力等义务，致使他方当事人遭受损害时，过失者应负的赔偿责任。① 也就是说，缔约过程中一方当事人违反诚实信用原则所生的附随义务而非合同义务，因而应当向对方所负的赔偿责任。

缔约过失责任的系统理论为德国伟大的法学家耶林所创，1861 年耶林在其主编的《耶林民法学理论年刊》第 4 卷发表了题为《缔约上的过失——契约无效与不成立时的损害赔偿》的论文，阐述了一个极为重要的观念，在侵权行为法与契约法之间找到了另一种责任根据，即缔约过失责任。缔约过失责任制度所保护与救济的不是一般侵权行为法保护的对象，也不是契约责任所涵盖的内容，但关于举证责任、时效期间及责任基础等问题适用契约法的原则加以处理。耶林的这一理论被称为“法学上的发现”，是对民法理论宝库的重大贡献。德国学者汉斯·杜勒（Hans Dolle）教授赞誉说：此文所涉及的问题是一个法学家秉其分析天才，受其正义感的驱使与强烈社会认知能力的指引，对特定生活事实的法律判断获致的一个崭新的理论，因而使我们能够对那看来正被根深蒂固的观念及实定法的规定所排除的给予公平合理的结果。耶林关于“缔约上的过失”的发现，为如何合理规律社会生活，开拓了一条途径。②

二、缔约过失责任的制度基础与理论基础

在大陆法系法典化的民法体系中，任何一种判例规则或者理论创新，必须能够有机地契合于整个体系之中，且能够与其他制度区别开来而具有独立存在的意义。对于缔约过失责任的制度价值及正当基础，笔者拟从以下几个方面加以说明。

（一）缔约过失责任正当基础的说明理论

关于缔约过失责任的法理依据，判例与学说主张不一，大致有以下几种说明理论。

1. 侵权行为理论

有学者认为，应当用侵权行为来规范与解释缔约过失责任。因为，有关损害赔偿请求权要么是合同上的请求权，要么是侵权行为上的请求权，如果不属于合同上的请求权，就应当认为属于侵权行为上的请求权。因此，缔约上的过失致他人损害既然不属于当事人合同上的约定，那么就应当认为是一种侵权行为，并按照侵权行为的归责要件来追究侵权行为人的责任。在《德国民法典》制定后的十年间，这种理论占有优势。③

2. 法律行为理论

这种理论认为，缔约过失责任源于当事人的约定。但这种约定源于何时？有的主张源于目的契约，即缔约过失源于其后缔结的契约。此说提出之后，备受批评，因为其在理论与实务上皆存在重大缺点：如果契约根本没有成立，如何适用缔约过失责任？为弥补目的契约理论学说的不足，其后判例又提出“默示责任契约说”，即缔约过失责任源于当事人在缔约之际，以默

---

① 参见王泽鉴：《民法学说与判例研究》，第 1 册，97 页，北京，中国政法大学出版社，1998。

② Hans Dolle：“Juristische Entdeckungen”。转引自王泽鉴：《民法学说与判例研究》，第 4 册，9～11 页，北京，中国政法大学出版社，1998。

③ 参见王泽鉴：《民法学说与判例研究》，第 1 册，90 页，北京，中国政法大学出版社，1998；林庄辉：《缔约过失制度研究》，12 页，厦门大学硕士学位论文，2001。

示的方式缔结的责任契约。① 这种学说的关键问题是以法律行为为依托，来拟制当事人的意思。

3. 法律规定理论

此种理论认为，《德国民法典》的有关条文中（第 122 条、第 179 条、第 307 条、第 309 条、第 523 条、第 527 条第 1 款、第 600 条、第 694 条等）包含了一项基本的原则：因缔约上的过失致他人损害者，应负赔偿责任。而这项原则在其他法律没有规定时，也可适用。但德国学者拉伦茨反对说：上述《德国民法典》各项规定过于分散，其适用范围又严受限制，借总体类推的方法，试图发现一条基本原则，实难妥当。②

4. 诚实信用理论

这一理论认为，缔约过失责任的基础在于民法典规定的诚实信用原则。

根据这一原则，从事缔约磋商之人，应善尽交易上必要的注意，维护相对人的利益。违反此义务者，应就所生的损害负赔偿责任。③ 此种理论为大陆法系国家判例与学理目前之通说。

（二）缔约过失责任与合同责任、侵权责任的区别

1. 缔约过失责任与合同责任的区别

按照一般的合同理论，合同责任应当是建立在有效合同的基础之上，而缔约过失责任发生在合同未成立、合同无效或者被撤销之后的阶段，显然不能简单地归结为合同责任。也正是基于这种情形，耶林才将这种非合同责任问题作了特别的研究，将这种非合同责任的赔偿责任适用合同法规则。在作了这样的澄清之后，我们可以将缔约过失责任与合同责任的分野表述为：

（1）责任性质不同。合同责任是一种违约责任，即违反了当事人约定的义务而应当承担的责任；而缔约过失责任不是对合同义务的违反，而是因违反了法定的因诚实信用所发生的附随义务而发生的责任。

（2）责任方式不同。在合同责任中，当事人违约，非违约方可以要求其继续履行或者赔偿损失，而在缔约过失责任中只能要求违约方赔偿损失。即使在赔偿的情形下，违约责任中的赔偿损失可能包括期待利益（可得利益或者履行利益），而在缔约过失责任中只能要求赔偿信赖利益。一般情况下，信赖利益要比履行利益小。

（3）责任基础不同。合同责任建立在有效合同的基础之上，而缔约过失责任是以合同不成立、合同无效或者被撤销为前提。

2. 缔约过失责任与侵权责任的区别

历史上，曾有许多人将缔约过失责任归入侵权行为法的体系中去，认其为侵权行为的一种。然而，侵权行为法难以完全包容缔约过失。因为，侵权行为法是通过规定人们之间相互不侵犯的消极义务来起到保护彼此权利的目的的，但是，它不可能规定人们的积极义务。而缔约过失责任是责任人违反了积极协力、通知、照顾等义务而发生的责任，所以，必须寻找出发生这些积极义务的根据。人们通过努力，发现了这些积极的义务恰恰就来自诚实信用原则。这些积极义务类似于合同义务，但又不是合同义务，人们将它们称为“先契约义务”，其特点是：不能单独诉请，只是在违反它们时才构成赔偿责任。就如德国学者所指出的一样：这些初始义

---

① 参见王泽鉴：《民法学说与判例研究》，第 1 册，91 页，北京，中国政法大学出版社，1998。

②③ 参见王泽鉴：《民法学说与判例研究》，第 1 册，92 页，北京，中国政法大学出版社，1998。

务通常是不能诉求的，只有在有过错地违反了这些义务时，才能诉请损害赔偿，但这些义务在总体上如同一本指导人们在缔约过程中正确从事行为的法典。① 缔约过失责任与侵权责任的区别在于：

(1) 关系人不同。侵权行为法规范的是一般人之间的权利义务关系，而缔约过失责任所规范的是进入缔约阶段，进行磋商或者接触的人们之间的权利义务关系，正是因为如此，才使当事人彼此之间由消极的义务进入到积极的义务领域。

(2) 责任基础不同。侵权责任产生于责任人对消极法定注意义务的违反，而缔约过失责任的基础是责任人对基于诚实信用原则而发生的积极注意义务——附随义务的违反。

(3) 构成要件不尽相同。侵权责任可能建立在过错基础之上，也可能建立在无过错基础之上，而缔约过失责任只能以过错的存在为前提。

基于以上的分析，说明缔约过失责任具有不同于合同责任与侵权责任的特征而具有独立存在的意义与价值。

(三) 对缔约过失理论的评价

传统的民法理论，试图通过规定人之权利义务来规范人们之间的关系。按照这一传统，人们之间的权利义务要么是根据约定——合意产生的，要么是根据法律规定而产生的。前者以契约为基础，而后者以侵权为基础。历史上，曾经有过这样的阶段：人们不能找到不当得利与无因管理的法理基础时，就把其称为“准合同”。缔约过失责任的产生历史同样遇到了这样的尴尬，所以，有人用“法律行为”来解释之，有人用“侵权行为”理论来解释之。总之，要将其有机地契合于现行体系中去。但是，传统契约法的不足是仅仅关心“目标契约”中的意志关系，而忽略了缔约阶段中的意志信赖关系，而这种意志信赖关系又难以归入无任何意志信赖关系的侵权行为法中去，所以，就在侵权责任与合同责任之间出现了一个中间空白地带，就如有的学者所言：在意志之间要么完全合意而成为合意，要么互不相属、彼此隔离的关系之外，出现了一种尚未被法律理论所理解的关系——意志的依赖关系，缔约过失责任是大陆法系对表现于缔约过程中的意志依赖这一事实关系所作的法理概括。②

缔约过失责任制度是学理与司法实践为使法律同现实社会生活相适应所作的一种努力与创造，是对民法漏洞的补充与填补，是对法律理论的重大贡献。

三、缔约过失责任制度的核心问题

(一) 缔约过失的衡量标准

在判定当事人是否具有缔约过失时，首先必须判定：他是否存在注意义务。然后再判定他是否违反了这种注意义务，就如德国学者所言：缔约过程中的任何一种“过错”，都以存在义务为前提，而违反了这些义务，才会提出行为人是否具有过错的问题。③ 也就是说，什么是先契约义务以及在什么情况下才存在先契约义务？根据许多国家的法理与判例，在现有的合同法体系框架内，大致有以下几种类型。

---

① 参见［德］迪特尔·梅迪库斯：《德国民法总论》，邵建东译，342 页，北京，法律出版社，2000。
② 参见冯文生等：《缔约过失责任制度论要》，81 页，载《河北法学》，2002 (2)。
③ 参见［德］迪特尔·梅迪库斯：《德国民法总论》，邵建东译，342 页，北京，法律出版社，2000。

1. 缔约之际未尽保护义务而致他人身体健康遭受损害

德国学者指出：在缔约过程中，在合同一方当事人的领域里（如在其商店里），合同另一方当事人的身体或者所有权遭受损害，例如，顾客由于踩着了地上的菜叶子而导致一条腿摔断，或者顾客在不干净的柜台边弄脏了大衣，在这些情形下，要想使店主承担责任，就必须认定他负有一项义务，即确保谈判对方在其业务活动领域内不会发生危险。① 也就是说，由于交易双方的接触，当事人一方因过失而未尽基于诚实信用发生的照顾、保护等义务造成了缔约对方损失。

2. 因契约无效或被撤销而致对方遭受损害

根据我国《民法典》第 157 条的规定，合同无效或者被撤销后，有过错的一方应当赔偿对方因此所遭受的损失，双方都有过错的，应当各自承担相应的责任。这种赔偿的请求权基础也是缔约过失责任。

3. 契约不成立而使对方遭受损失

契约表面上已经成立，但实际上因当事人意思表示不一致而未成立时，有过失的一方，就相对人因信赖契约成立而受的损失，应当负赔偿责任。②

4. 无权代理而致对方遭受损害

无权代理人以本人（被代理人）的名义所为的法律行为，对善意的相对人造成损害的，应负损害赔偿责任。③

5. 未尽说明义务而致对方遭受损害

德国学者指出：在大多数情况下，（缔约过失所涉及的）这些义务大多旨在使谈判当事人的信赖不致受到辜负，及一方必须及时和完整地提供有关信息。所以，典型的事例是没有向对方当事人作出说明的情形。该当事人之所以不能诉请，是因为他根本不知道他需要的有关信息。④但问题是，在何种情况下，才能认定存在提供信息的义务？

德国学者梅迪库斯指出，（德国有影响的）判例规则认为："要求信赖并得到信赖之处，应负提供信息的义务。"但人们对之提出了异议，认为信息义务不应取决于具体情况下的可信赖性。事实上，认定适用缔约过错的事例，往往是一些与其说充满了信任还不如说是充满了不信任的领域。因此正确的做法应当是通过规范方式来设定信息义务：法律必须对一方当事人在什么时候以及在何种程度上必须向对方当事人提供信息作出规定。⑤ 我国有的学者也指出：哪些信息是应当提供的，应由社会一般标准来衡量，可以将这种标准称为"团体理性的约束"。换言之，任何当事人提供信息的决策或者行动要受到体现团体理性的诚实信用原则与公序良俗的制约。如果根据这种团体理性，他应当提供而没有提供，则有过错，否则，便没有过错。⑥ 德国学者指出，在大多数情况下，这些义务必须通过利益权衡予以确定，并指出了在进行利益权衡时的三个标准：首先，看哪一方当事人享有必要的信息或者更容易获得信息；其次，要考察

①④ 参见［德］迪特尔·梅迪库斯：《德国民法总论》，邵建东译，342 页，北京，法律出版社，2000。

② 参见王泽鉴：《民法学说与判例研究》，第 1 册，99 页，北京，中国政法大学出版社，1998。

③ 参见王泽鉴：《民法学说与判例研究》，第 1 册，98 页，北京，中国政法大学出版社，1998。

⑤ 参见［德］迪特尔·梅迪库斯：《德国民法总论》，邵建东译，344 页，北京，法律出版社，2000。

⑥ 参见冯文生等：《缔约过失责任制度论要》，载《河北法学》，2002（2），83 页。

有关信息对另一方当事人的重要性；最后，合理期待性也具有很大的意义。① 也就是说，根据诚实信用原则，一方当事人提供信息的义务是不是对方的合理期待，例如，我们不能认为，一个出卖商品的人对其周围出售同样商品的价格信息之说明义务，是买方的合理期待。这种合理期待与上述“团体理性的约束”之理念是一致的。

6. 以意向书的方式使对方产生合理信赖而导致损害

意向书在缔约过程中是经常使用的方式，它是指在缔约谈判过程中向对方发出的旨在订立某项合同的意思表示。在不可能对意向书作法律行为解释的情况下，可能适用因缔约过失而产生的信赖责任。②

（二）缔约过失责任的赔偿范围

学说与判例均认同的关于缔约过失责任的赔偿范围的观点是：以信赖利益为限度，也就是说，使对方当事人的利益恢复到没有缔约前的状态。有学者指出：信息经济学的“激励相容约束”原理要求，使说实话者应得到不少于说假话时所得的利益，换言之，应使因合理信赖而受到的损害得到足够的补偿，因此，有过错的信息提供者应当承担的责任范围，是赔偿其过错使相对方因对其过错的合理信赖所遭受的一切损失，并使受害方的利益恢复到未发生合理信赖之前的法律位置，这样才能达到激励双方当事人都讲实话的目的。③ 这与诚实信用原则是一致的，但是，缔约过失责任的赔偿范围不应大于合同有效时的履行利益，因为，任何缔约方对合同履行利益的期待是其利益的最高期待，即使合同有效其最多得到此一利益，在合同无效或者根本未成立的情况下，自然不能大于该履行利益。如果在此之外的损失，就不再是缔约过失责任能够解决的问题，而是侵权责任问题了。

四、我国民法典上的缔约过失责任

（一）缔约过失责任的法律根据

既然缔约过失责任是责任人对依据诚实信用原则所产生的先契约义务的违反，首先就要确认先契约义务的法律根据。我国《民法典》第 7 条规定了诚实信用原则作为当事人从事民事活动的基本原则，可以看作缔约过失责任的基础性依据。另外，第 157 条、第 171 条、第 500 条、第 501 条、第 558 条等，都可以看成是缔约过失责任的规范依据。

（二）缔约过失责任在我国《民法典》上的具体类型

1. 恶意磋商而致对方损害

假借订立合同恶意磋商而致对方损失的，应当承担损害赔偿责任（第 500 条）。这种责任应该是缔约过失责任。

2. 未尽说明义务而致对方发生损害

故意隐瞒与订立合同有关的重要事实或者提供虚假情况而致对方损失的，应当承担损害赔偿责任（第 500 条）。但在此需要注意的是，当事人对什么样的事实具有说明的义务而不得隐瞒，是一个根据多种因素进行判断的问题。

---

① 参见［德］迪特尔·梅迪库斯：《德国民法总论》，邵建东译，345 页，北京，法律出版社，2000。
② 参见［德］迪特尔·梅迪库斯：《德国民法总论》，邵建东译，348 页，北京，法律出版社，2000。
③ 参见冯文生等：《缔约过失责任制度论要》，载《河北法学》，2002（2），84 页。

3. 泄露或者不正当使用商业秘密而致对方发生损害

当事人在订立合同过程中知悉的商业秘密，无论合同是否成立，不得泄露或者不正当使用。泄露或者不正当使用该商业秘密给对方造成损失的，应当承担损害赔偿的责任（第 501 条）。需要注意的是，该种情形也可能根据侵权行为法获得法律救济。

4. 无权代理而致相对人发生损害

行为人没有代理权、超越代理权或者代理权终止后以被代理人的名义订立的合同，未经被代理人追认，对被代理人不发生效力，由行为人承担责任（第 171 条）。这种责任可能是赔偿责任，也可能是履行责任。在赔偿责任中，包括缔约过失责任。

5. 因合同无效或者被撤销而致对方发生损害

合同无效或者被撤销后，因该合同取得的财产应当返还，不能返还的或者没有必要返还的，应当折价补偿。有过错的一方应当赔偿对方因此所受到的损失，双方都有过错的，应当各自承担相应的责任（第 157 条）。这种赔偿的请求权基础即是缔约过失责任。

6. 因其他违背诚实信用原则的行为而致对方发生损害

根据我国《民法典》第 500 条的规定，因其他违背诚实信用原则的行为造成对方损失的，应当承担赔偿责任。但何谓“其他违背诚实信用原则的行为”，是一个法律解释问题，例如：一方当事人违反双方在意向书、备忘录等初步协议中规定的义务；悬赏广告不成立或者广告人撤销悬赏广告而使相对人受到损失；因一方当事人的过错而使合同不具备法定形式，导致合同未成立或者被确认无效，给相对人造成损失；按照法律规定合同应当进行登记方生效力而过错方没有登记，给对方造成损失等。

法律适用

1. 合同的成立与生效的区别

合同经过要约、承诺的完成而成立，承诺生效，合同即成立。而合同是否生效不完全由当事人的意志决定，合同是否生效取决于国家通过法律对当事人合意进行的评价。合同生效是法律对当事人的合意予以认可的结果。合同生效必须具备“（1）行为人具有相应的民事行为能力；（2）意思表示真实；（3）不违反法律或社会公共利益”之一般要件。一些特殊的合同的生效还需具备特殊要件，如附条件、附期限合同或依法必须经过批准登记的合同。合同的成立与生效产生的法律效果不同：合同不成立，有过失的一方当事人应承担缔约过失的民事赔偿责任；而由于无效合同违反了国家的强制性规定，无效合同当事人不仅要承担民事责任，而且可能承担行政责任，甚至是刑事责任。在实践中，必须区分合同的成立与生效，否则，就会导致大量依法不成立的合同被当作无效合同，人为扩大无效合同的范围，不仅不能正常界定当事人的责任，还可能不正当地提高国家对合同关系干预的程度。

2. 要约与要约邀请的区别

在司法实践中，正确界定要约与要约邀请的区别，对当事人的权利与义务产生直接的影响。要约是希望同他人订立合同的意思表示，而要约邀请是希望他人向自己发出要约的意思表示。我国《民法典》第 473 条明确规定了要约邀请的几种情形。二者的主要区别表现在下列几方面：第一，效力不同。要约对要约人具有约束力，一旦受要约人承诺并且承诺生效，要约人必须受其要约约束，否则，要承担违约责任；而要约邀请对邀请发出人原则上没有拘束力，即使邀请接受人发出要约，邀请发出人也有权拒绝承诺。第二，目的不同。要约的直接目的是订立合同，一旦受要约人作出承诺，则合同成立；而要约邀请的直接目的是提供一些订立合同所需的信息，接受人发出要约也不必然导致合同成立。第三，法律地位不同。要约是合同订立的必经阶段，而合同的订立不是必须经过要约邀请阶段。第四，法律要求不同。要约的内容应该具体、明确，必须包含合同成立的必要条款；而对要约邀请的内容无法定要求，其内容一般比较笼统。正是由于以上区别，实践中当事人违反要约与违反要约邀请而承担的法律责任完全不同。

3. 缔约过失责任与侵权责任的区别

在司法实践中，认定当事人承担缔约过失责任还是侵权责任时，应结合以下标准，认清二者的区别：第一，关系人不同。侵权责任的承担主体是一般人，其相互间是消极的权利、义务关系；而缔约过失责任的承担主体是欲进行缔约磋商或者接触的人，其相互间是积极的权利、义务关系。第二，责任基础不同。侵权责任产生于责任人对消极的不得侵害他人人身和财产的法定注意义务的违反；而缔约过失责任产生于责任人对基于诚实信用原则而发生的积极注意义务的违反，是对附随义务的违反。第三，归责原则不完全相同。侵权责任的归责原则可以是过错责任原则，也可以是无过错责任原则；而缔约过失责任的归责原则只能是过错责任原则。第四，损害赔偿范围不同。侵权责任的损害赔偿范围包括现有财产的损失和可得利益的损失；而缔约过失责任的赔偿范围是信赖利益的损失，其不是现有财产的毁损、灭失，也不是合同履行后可得利益的丧失，而是因为相信合同有效成立而导致的信赖利益的损失。第五，责任的承担形式不同。承担侵权责任的形式除赔偿损失外，还有停止侵害、消除危险、消除影响、排除妨碍、恢复名誉、赔礼道歉等责任形式；而承担缔约过失责任的形式只能是赔偿损失。

课后复习

1. 试论缔约过失责任的构成要件及表现形式。
2. 试论要约与要约邀请的关系。

第四章　契约的生效

提　要

合同的生效，实际上是法律按照一定的标准对合同进行评价后得出的肯定性结论。任何国家仅仅允许合同在既定的法律框架内发生效力，因此，合同的生效需要符合特定的条件。这些条件一般由法律明确规定或者由司法实践来确立。但是，当合同涉及审批的时候，报批义务人的义务并不因为合同未生效而受到影响。《民法典》结合合同法实施以来多年的经验，特别是总结司法审判中的判例规则，对报批义务专门进行了规定。

重点问题

1. 合同生效的条件。
2. 合同成立与生效的区别。

第一节　契约生效概述

一、合同生效的时间——成立与生效之关联

合同的成立与生效当然是有区别的：一般情况下来说，合同成立仅仅是当事人之间的意思表示一致就可以成立，而合同生效是法律对成立的合同按照特定的标准（例如，标的合法、符合公序良俗等）进行评价后所作的肯定。因此，合同生效与合同成立当然不同。

但是，从时间点上来看，一般来说，成立后的合同即刻生效，除非法律规定或者当事人有约定了特别生效条件。因此，我国《民法典》第502条第1、2款规定："依法成立的合同，自成立时生效，但是法律另有规定或者当事人另有约定的除外。依照法律、行政法规的规定，合同应当办理批准等手续的，依照其规定。未办理批准等手续影响合同生效的，不影响合同中履行报批等义务条款以及相关条款的效力。应当办理申请批准等手续的当事人未履行义务的，对方可以请求其承担违反该义务的责任。"

需要说明的是：(1)"法律另有规定或者当事人另有约定的除外"是指，有些合同依据法律规定还需要特定条件，例如：需要审批的，审批后才能生效；有些合同当事人对于合同生效约定了专门的生效条件，只有当这些条件发生的时候合同才能生效，例如，附条件的合同或者附期限的合同。(2)即使是依据法律、行政法规规定应当办理批准等手续才能生效的合同，未办理批准手续之前，当事人关于履行审批手续的义务条款也已经生效。当事人违反此义务的，也要承担责任。

二、契约生效的本质

契约的生效，从本质上说，是对私人行为的法律评价。任何国家的法律都不可能规定，只要双方当事人愿意（意思表示一致）就可以毫无限制地发生其预设的效果。之所以如此，主要是基于以下两个因素：其一，任何法律都为个人自治划定了界限，个人的意思自治自由在这一界限的框架内才能发生效力，任何违反或者超越这一界限的，法律自然不能允许其生效，也就是说，法律要对其进行否定性评价。因为，任何一个双方当事人的合意（合同）的效果可能会涉及社会利益、其他个人利益，如果合同损害或者违反这些利益，将会被法律切断其效果的发生，例如违反社会公共道德、恶意损害国家利益的合同等。其二，国家基于保护个人利益的公平理念，当个人之间的利益发生严重不平等时，就可以施加均衡性影响。也就是说，在契约自由的游戏中，可能会存在各种因素，例如信息的不对称、另一方当事人的欺诈等，导致当事人之间的利益不平等。而国家在市民社会中所扮演的角色，有对合同的均衡性施加影响的可能性。但问题是，什么样的原因所导致的不公平或者不公平达到什么样的程度才能允许国家介入，且国家是主动介入还是被动介入。一般来说，在第一种情况下，法律会作出直接的否定性评价，而在第二种情况下，法律不直接作出否定性评价，而是被动介入，在当事人请求的情况下，才作出否定性评价。前者即为合同的无效制度，而后者为合同的可撤销制度。

既然合同的生效与否需要经过国家和法律对私人之间已经成立的契约进行评价，就要有一个评价的标准。这个评价标准就是契约生效的要件，只有不与这些要件相抵触，契约才被允许产生当事人预先设计的结果。各国法对契约生效的评价标准规定不一。根据我国《民法典》的规定，合同要达到当事人希望达到的法律结果，应当具备以下要件：(1) 当事人具备缔约能力；(2) 合同应符合法定形式；(3) 合同不违反公序良俗且标的合法。

三、意思表示真实对合同生效的影响之特别说明

（一）意思表示真实要件在契约法上的地位和价值

意思表示真实是契约自由和契约正义在契约法上的贯彻。当事人之缔约的内在意思在表示于外的过程中，可能会因主观或客观、内在或外在的因素而导致缔约人欲表达的意思和表示出来的意思不相一致。在效果上就会出现自己所希望的交易没有发生，但却将自己置于一个不愿发生的交易关系之中，即被不想同意的义务所约束。这就背离了契约自由和契约正义的价值理念，故无论是大陆法系国家还是英美法系国家，均设有专门的救济制度。

（二）意思表示真实对合同效力的影响

必须特别指出，在大陆法系的许多国家，将意思表示不真实作为合同可撤销的要件而非无效要件。无论从《法国民法典》第三编第二章的规定，还是从《德国民法典》第一编第三章第二节的规定看，都没有把意思表示真实作为生效要件。从我国《民法典》第147～151条的规定看，意思表示不真实是合同可撤销的要件，而可撤销的合同是已经生效的合同，所以，意思表示真实并不是合同生效的要件。更具体地说，意思表示不真实不能阻止合同生效，只是否定合同效力的潜在因素。但我国《民法典》第143条把意思表示真实作为合同（法律行为）生效的要件，这其实就是一种规范性矛盾：尽管第143条规定了意思表示真实作为有效要件，但是，下面的具体的无效规范中，没有把它作为要件。这就有可能导致实践中法律适用上的困

惑：意思表示不真实的合同，究竟是没有生效还是可撤销？

如果从体系解释、规范目的解释来看，意思表示不真实仅仅可能导致合同被撤销而不是无效。

第二节　当事人的缔约能力

一、缔约能力在契约法中的价值

契约既然是双方当事人就权利义务达成一致的意思表示，这就要求该表意人具有相应的意思表示能力和为自己行为负责的能力。如果一个自然人尚不能或不完全能预见自己的行为之后果并为之负责，而法律承认根据其意思而成立的合同之法律约束力，就有可能给其带来不利益，甚至其将会成为恶意者谋取利益的牺牲品。法律规定当事人缔结契约能力的价值和意义也正在此。就像阿狄亚所言："如果有人要问，规定关于未成年人订立合同的行为能力规则的目的是什么，那么他可能得到的答复是：要保护未成年人，使他们不至于由于自己缺乏经验而受到损害。……还可能得到的答复是，防止未成年人由于借钱或赊购货物而负担债务。"① 所以，各国法均将当事人的缔约能力作为合同生效的要件。

我国《民法典》第 143 条也要求当事人订立合同，应当具备相应的行为能力。在解决当事人缔结契约能力的问题上，法律所追求的价值是在两种基本的利益之间寻求平衡：一方面对缺乏缔约能力的当事人应给予特殊的保护，另一方面对他方当事人的期待利益、信赖利益和恢复原状的权益也给予适当的保护。因此，不能将所有缺乏行为能力人订立的合同都规定为无效。从我国《民法典》第 145 条的规定看，限制民事行为能力人订立的某些合同仅仅不能生效，属于效力待定的合同。《民法典》第 19 条规定："八周岁以上的未成年人为限制民事行为能力人，实施民事法律行为由其法定代理人代理或者经其法定代理人同意、追认；但是，可以独立实施纯获利益的民事法律行为或者与其年龄、智力相适应的民事法律行为。"第 22 条规定："不能完全辨认自己行为的成年人为限制民事行为能力人，实施民事法律行为由其法定代理人代理或者经其法定代理人同意、追认；但是，可以独立实施纯获利益的民事法律行为或者与其智力、精神健康状况相适应的民事法律行为。"第 145 条规定："限制民事行为能力人实施的纯获利益的民事法律行为或者与其年龄、智力、精神健康状况相适应的民事法律行为有效；实施的其他民事法律行为经法定代理人同意或者追认后有效。相对人可以催告法定代理人自收到通知之日起三十日内予以追认。法定代理人未作表示的，视为拒绝追认。民事法律行为被追认前，善意相对人有撤销的权利。撤销应当以通知的方式作出。"而这里所谓的"纯获利益"，是就法律意义上的权利与义务而言的，即限制行为能力人仅仅获得权利，而不承担任何义务，它并不是指限制行为能力人在经济计算上获得利益，例如，成年人甲与未成年人乙订立买卖合同，将价值 10 000 元的电脑以 5 000 元卖与乙，乙虽然获得计算上的利益，但不是这里所指的"法律上的利益"，合同仍然是效力未定的，即必须得到其法定代理人的同意方可生效。就如德国学者所言：具有决定意义的，并不是此项法律行为在结果上是否给未成年人带来了利润，也即具有决定意义的是此项法律行为是否给未成年人产生了法律上的负担。这种负担可以是一项义务，也

---

① ［英］阿蒂亚：《合同法概论》，程正康等译，117 页，北京，法律出版社，1982。

可以是丧失一项权利。即使从总体的经济上看，此项负担性法律行为对限制行为能力人有利，也必须由其法定代理人来决定行为是否生效。[①] 对于相对人而言，他可以催告法定代理人在一个月内予以追认。合同被追认之前，善意相对人有撤销的权利。撤销应以通知的方式作出。

对于无民事行为能力的人所订立的合同应如何处理？按照法律解释的一般规则，列举其一等于否定其他，即无民事行为能力人订立的任何合同均为无效。

人们在实践中常常提出的一个疑问是：在缔约能力（行为能力）方面，是否有善意第三人的保护问题？即如果一个未成年人从外表看上去很像成年人，或者自己也谎称为成年人，善意第三人是否会因善意信赖而主张合同有效？对此，德国学者指出：无行为能力及其原因无须具有可识别性，因此，他方当事人完全可能在没有任何过失的情况下信赖某行为的有效性，而该项行为实际上因行为人无行为能力而无效。我们的法律制度从来不是因为对交易能力的诚信导致交易效力而保护这种信赖，法律规定无行为能力人从事的行为无效，恰恰是为了保护无行为能力人，而这种保护应当与对方当事人的善意或者恶意无关，也就是说，在通常情况下，每一个人都应当自行承担碰见无行为能力人并因此遭受信赖损害的风险。[②] 这种观点值得赞同，因此，在行为能力问题上，不存在善意第三人的保护问题。

二、对行为能力的补充性说明

（一）社会典型交易中行为能力是否适用

技术的发展，使传统的交易方式发生了较大的变化，自动售货机、公共电话、公共汽车等类似交易行为中，是否也适用行为能力的规定？德国不来梅地方法院在关于一个 8 岁儿童乘坐电车游玩的案例中认为：儿童不仅应当支付票价，而且应当支付一般运输条件中规定的罚款。这一判决否定了在公共运输行业中，适用行为能力的规定。这一判决受到了各界的严厉批评，学者指出：民法典对于未成年人的保护制度，不能因为这些规定而被彻底改变。[③] 但是，这一问题在我国并没有得到应有的重视，甚至有许多学者认为在这些典型的社会交易行为中，行为能力不适用。如果真的如此，随着格式交易的不断发展，民法关于行为能力的规定将会失去意义。所以，德国学者的意见值得注意。

（二）法人成立基础的瑕疵与缔约的效力

如果一个公司的成立基础存在问题，即公司虽然已经进行了经营活动，签订了许多合同，但后来发现公司是一个应当被撤销或者无效的公司，那么，这种撤销或者无效是否具有溯及力？德国判例认为：公司是一种以长期存在为目的的效能共同体，如果公司已经开始运作，那么，如果要以溯及既往的效力径直将公司从法律生活中消除，并视公司从来没有存在过，则必定会产生不可忍受的后果。有瑕疵的公司并非自始无效，而是在存在无效原因或者撤销原因的情况下仅可针对未来消灭。今天，此项原则已经成为公司法的一个稳定的组成部分。[④] 德国法院的这一判例对我们具有现实启发意义，在我国这种情况常常被当作合同无效来对待。如果一个公司的成立基础存在瑕疵，被确认撤销或者无效，并非因其在存在过程中始终没有缔约能力

---

① 参见［德］迪特尔·梅迪库斯：《德国民法总论》，邵建东译，423 页，北京，法律出版社，2000。
② 参见［德］迪特尔·梅迪库斯：《德国民法总论》，邵建东译，417 页，北京，法律出版社，2000。
③ 参见［德］迪特尔·梅迪库斯：《德国民法总论》，邵建东译，195 页，北京，法律出版社，2000。
④ 参见［德］迪特尔·梅迪库斯：《德国民法总论》，邵建东译，197 页，北京，法律出版社，2000。

而导致缔结的合同无效。如果公司不再存在，应当认为是合同不能履行而解除。而对于已经履行完毕的合同，不能再主张无效。

第三节　合同形式应符合法律的规定或当事人的约定

一、合同形式与契约自由原则的对立和统一

按照意思自治或契约自由的原则，契约发生效力的唯一根据是当事人之间的合意，如果法律强行要求某种形式作为其合意的附加物，即是对契约自由的侵犯。这是18、19世纪古典契约理论强调契约自由原则在契约法上的绝对支配地位的必然结论，但从契约法的历史发展上看，远非如此。

众所周知，罗马法推崇形式主义，罗马法学家甚至宣称"形式是自由的天堂"。根据形式主义的要求，当事人在订立契约时必须履行特定的仪式，合同方可对当事人产生效力。[①] 关于此点，梅因在考察罗马契约早期史时，就作了较为详细的论述，即使是口头契约，也要履行特定的仪式，否则，就不产生债的约束力。[②]

罗马法的形式主义在日耳曼法中得到了较好的继承，这与日耳曼法一贯坚持表示主义有较大关系。

法国中世纪的教会法长期地继承了形式主义的传统。教规学者们在不断地教诲人们"恪守诺言"的同时，发觉这一道德准则上升为法律规范所存在的某种危险。这是因为缺乏特定形式的许诺总有可能是基于当事人的轻率或由于当事人的受欺诈而作出的。而要求当事人完成某种仪式，无异于强迫当事人对其诺言进行慎重的考虑。因此，直到13世纪，作为一种神圣的和宗教的行为的当事人之宣誓，仍然是合同被赋予债权效力的必经程序。到15世纪同意主义学说才在法国得到确立。[③]

从表面上看，对契约形式的要求的确与契约自由存在矛盾的一面，但是也有诚如罗马法学家所说的"形式是自由的天堂"的一面，那就是可以使表意人再次考虑自己的意思以免轻率。如果仅仅从理论上说，非要式主义（同意主义）无疑是最符合逻辑的。但在实际上，交易安全始终是契约双方的共同追求，在这一方面同意主义显然不如形式主义有力。当绝对的不要任何形式的契约自由使彼此同意一致的内容无法证明或被歪曲时，这种自由就会变得徒具其表。故即使是采取非要式主义的国家，也越来越需要凭借书面或其他的方式作为证明权利义务存在的辅助手段。

二、形式的意义与分类

（一）形式的意义

从历史的发展来看，形式的意义经历了一个从"实质"到"形式"的变化过程。自罗马法，法律后果产生于形式化的行为[④]，人们必须严格遵守形式，因为人们认为形式是形成法律

---

① 参见尹田：《法国现代合同法》，180页，北京，法律出版社，1995。

② 参见［英］梅因：《古代法》，沈景一译，182～190页，北京，商务印书馆，1995。

③ 参见尹田：《法国现代合同法》，181页，北京，法律出版社，1995。

④ 参见［德］海因·克茨：《欧洲合同法》（上），周忠海译，113页，北京，法律出版社，2001。

约束力的真正原因。然而，现在人们认为，产生约束力的原因在于行为当事人表达出来的意思本身。因此，形式仅仅是法律行为（合同）发生效力的一个附加要求。这一观点取得最终胜利，大概在自然法崛起的17世纪。对于旨在引起法律后果的意思表示而言，形式成了一个并非必不可少的因素。① 在今天的合同法上，以契约自由为支持的形式自由取得了真正的胜利，而法律对形式的要求仅仅是例外。相对说来，法律在关于绝对权契约方面的形式要求要比关于相对权契约方面的形式要求要多。

虽然形式自由具有统治地位，但如果认为形式在现代合同法上没有任何意义，也是错误的。学者普遍认为，从私法意义上来讲，形式在今天的意义主要有以下几个方面。

1. 形式有利于维护合同当事人的利益，避免因操之过急而遭受损害

我们必须承认，口头形式与非口头形式相比，非口头形式更能提醒当事人或者唤起当事人的注意。德国学者指出：人们特别是普通人会有这样的印象，即一旦拿起笔他们便进入义务领域。这时便使其注意力集中在这样的问题上，他们是否真的想要从事一项法律上可履行的交易。②《德国民法典》在关于法律行为形式的立法理由书中这样写道："遵守某种形式的必要，可以给当事人产生某种交易的气氛，唤醒其法律意识，确保其作出决定的严肃性。此外，遵守形式可以明确行为的法律性质，仿佛硬币上的花纹，将完整的法律意思印在行为上面，并使法律行为的完成确定无疑。最后，遵守形式还可以永久保存法律行为存在及内容的证据，可以简化诉讼程序。"

2. 形式有利于维护第三人利益③

有时，第三人虽然不是合同当事人，但是，合同效力会对第三人产生重要影响，例如，抵押合同对不动产购买人、土地上的地上权对土地所有权的购买人等。所以，抵押合同采取特定形式，对第三人利益的安全会起到保护作用。

3. 一旦发生纠纷，便于当事人举证

从这个意义上说，书面合同比口头合同更有价值。

（二）形式的分类

1. 以形式产生的根据为标准，可以将形式分为法定形式与约定形式

法定形式是法律要求的形式，而约定形式是当事人根据契约自由原则商定的形式。

法律之所以要求某些合同必须遵循特定形式，主要是基于两种原因：（1）对于有些行为，必须规定特别清楚明了的方式，因为这些行为对于当事人本身，有时对于第三人或者对于某个人的法律地位，都具有长时间的、深刻的意义；（2）敦促当事人认清有关行为的经济意义或者固有的风险，促使他们尽量表达得准确，并可方便今后对行为的证明。④

对于合同的形式，在法律没有特别要求的前提下，当事人也可以根据意思自治原则，进行自由约定。

但是，法定形式与约定形式的法律意义不同，因此，当事人违反形式的后果也就有所不同。

---

① 参见［德］卡尔·拉伦茨：《德国民法通论》（下），王晓晔等译，555页，北京，法律出版社，2003。

② 参见［德］海因·克茨：《欧洲合同法》（上），周忠海译，116页，北京，法律出版社，2001。

③ 参见［德］迪特尔·梅迪库斯：《德国民法总论》，邵建东译，462页，北京，法律出版社，2000。

④ 参见［德］卡尔·拉伦茨：《德国民法通论》（下），王晓晔等译，556页，北京，法律出版社，2003。

2. 以形式的外部表现为标准，可以将形式分为书面形式、认证形式、公证形式与其他形式

（1）书面形式。书面形式是可以有形地表现合同内容的形式。依据我国《民法典》第469条第2款，书面形式是合同书、信件、电报、电传、传真等可以有形地表现所载内容的形式。

可以说，书面形式是法律效力最弱的法定形式，因为满足书面形式要求最为容易，所以，这种形式提供的避免操之过急的保护也最弱。行为人只需要亲笔签名即可，而不需要亲笔书写有关文件。这样也在很大程度上增加了伪造签名的危险。①

对于法人签订的合同来说，我国的司法实践一直奉行这样一种观点：仅仅有法定代表人的签名而无法人的盖章，则合同没有成立，更没有生效。相反，虽无法定代表人的签名，但只要有法人的盖章，合同就可以成立并生效。其理由似乎是：没有法人的盖章，究竟是法定代表人个人的行为还是法人的行为不清楚，只有法人盖章后，才能认为是法人的行为。但是，伪造法人的公章比伪造其法定代表人的签名要容易得多，所以，在我国合同纠纷和票据纠纷中，因伪造法人的公章而引起的诉讼层出不穷。笔者认为，只要能够确定法定代表人的行为属于法人的行为，则即使仅仅有法定代表人的签名，也应当认为合同成立并生效。

他山之石可以攻玉，对此问题，我们可以参照《最高人民法院关于适用〈中华人民共和国民事诉讼法〉的解释》（2022年4月10日起施行）第115条第1款的规定："单位向人民法院提出的证明材料，应当由单位负责人及制作证明材料的人员签名或者盖章，并加盖单位印章。人民法院就单位出具的证明材料，可以向单位及制作证明材料的人员进行调查核实。必要时，可以要求制作证明材料的人员出庭作证。"最高人民法院也有判例，中华人民共和国最高人民法院（2020）最高法民申138号民事裁定书指出，当事人提供的由单位出具的证明仅加盖了该单位印章，单位负责人及制作证明材料的人员未在证明上签名或者盖章，该证据不符合法律规定的形式，人民法院对该证据不予采信。《合同编通则部分司法解释》第22条明确规定：1）法定代表人、负责人或者工作人员以法人、非法人组织的名义订立合同且未超越权限，法人、非法人组织仅以合同加盖的印章不是备案印章或者系伪造的印章为由主张该合同对其不发生效力的，人民法院不予支持。2）合同系以法人、非法人组织的名义订立，但是仅有法定代表人、负责人或者工作人员签名或者按指印而未加盖法人、非法人组织的印章，相对人能够证明法定代表人、负责人或者工作人员在订立合同时未超越权限的，人民法院应当认定合同对法人、非法人组织发生效力。但是，当事人约定以加盖印章作为合同成立条件的除外。3）合同仅加盖法人、非法人组织的印章而无人员签名或者按指印，相对人能够证明合同系法定代表人、负责人或者工作人员在其权限范围内订立的，人民法院应当认定该合同对法人、非法人组织发生效力。4）在前述规定的情形下，法定代表人、负责人或者工作人员在订立合同时虽然超越代表或者代理权限，但是依据《民法典》第504条的规定构成表见代表，或者依据《民法典》第172条的规定构成表见代理的，人民法院应当认定合同对法人、非法人组织发生效力。

我们可以从上述司法解释和判例中得出一个清晰的信息：仅仅有单位的盖章，不足以代表单位的意思。相反，如果有单位负责人的签名，即使没有盖章，但如果能够查明负责人不是代表自己，合同也应该有效。

（2）认证形式。认证形式是指公证人仅仅对合同的签名的真实性公开认证，而不涉及合同

---

① 参见［德］迪特尔·梅迪库斯：《德国民法总论》，邵建东译，463页，北京，法律出版社，2000。

内容。认证形式的对象仅仅是合同当事人的签名，而不是合同的整个内容，它可以保证合同签名的真实性，避免了签名的伪造，但无法保证合同内容的适当性。

(3) 公证形式。公证形式是指公证人不仅仅对合同的签名，而且对合同整个内容进行证实的形式。这种形式对当事人的保护最强，在最大程度上达到了避免当事人因操之过急带来的损害以及明确法律关系并保全证据的目的。而且，这种形式可以保障当事人在合同订立过程中得到专门的法律咨询。

(4) 其他形式。在承认物权行为的国家中，关于转移不动产所有权的合意，要求双方当事人亲自到场，并将合意进行登记。其实，在我国的不动产买卖登记中，也含有这样的意义。

三、关于契约形式问题的学理和立法

根据《德国民法典》第125条的规定，不遵守法律规定的形式而完成的法律行为无效。对该条可作各种解释，但根据《德国民法典》的起草者的解释，这是对契约形式自由原则的反面规定，因为民法典不必规定契约形式自由原则，只有法律对形式有特别要求时，契约的生效才以该形式为要件，而当法律不提出形式要件时，就承认形式自由为一般原则，故《德国民法典》与《瑞士债务法》第11条的规定一样，是就形式自由原则的例外作出规定并明确其制裁。①

法国是公认的实行不要式主义的模范，但法国学理也注意到，在一个不要求任何形式的合同法体系中，谨慎就不再是订立合同时必须注意的问题。于是，当事人就有可能成为自己轻率或相对方欺诈行为的牺牲品。由于没有任何明显的外部方式将当事人的确定的同意与其成立合同前的协商相区别，故当事人有可能在完全出乎意外的情况下被自己的某句话所约束。而法律对合同形式的强制要求可以避免上述危险，因为当事人借此可以知道自己身在何处。故从某种意义上讲，形式主义是当事人意志的保护神，它可以使每一方当事人不受自己的疏忽或对方欺骗的损害，所以，形式主义的道德价值也是不可忽视的。与此同时，依同意主义订立的合同的最大不足是口说无凭，出现纠纷当事人有可能无法履行其举证义务。而合同之外的第三人又可能因对合同成立的一无所知而处于不利的境地。同时，如果当事人总是秘密地订立合同，从财税上考虑，也完全有可能损害国家利益。② 于是，《法国民法典》于第三编第六章中专门规定了“债务及清偿的证明”，在实际上也就间接地采用了形式主义。

在英国，原则上对合同的成立没有任何形式的要求，合同性允诺的有效性并不需要作成书面或其他形式的要求。③ 合同的书面形式仅仅起到证据的作用。但是，在17世纪初期的诉讼制度下，依当事人之间的口头协议审理的案件造成了一些严重的弊端。那时，事实问题由陪审团根据自己的判断作出裁判，当事人无权就双方所作的事实陈述进行证明，法官没有对陪审团的武断裁判进行控制的有效手段。这种情况使一些人觉得有机可乘，诱使他们使用虚假的口头证据去证实合同或诺言的存在。为了防止这种现象，英国议会于1677年通过了《诈欺行为法》。该法规定了6种合同必须采取书面形式：(1) 有关遗嘱执行和遗产管理的合同；(2) 担保合同；(3) 就婚姻的对价订立的合同；(4) 不动产合同；(5) 不在一年内履行的合

① 参见沈达明等编著：《意志法上的法律行为》，93页，北京，对外贸易教育出版社，1992。

② 参见尹田：《法国现代合同法》，182页，北京，法律出版社，1995。

③ 参见沈达明编著：《英美合同法引论》，78页，北京，对外贸易教育出版社，1993。

同；(6) 买卖合同。①

随着时间的推移，英国议会于 1954 年废止了该法的大部分内容，只保留了担保条款和关于不动产的条款，其理由就如阿狄亚所说："固守某种方式正是原始的和不发达的法律制度的特征，它反映了对法院在没有任何方式的框框或其他清规戒律的情况下是否能够查清案件的真情之能力缺乏信心。在现代的各种法律体制中，很少强调表面的形式，更多地强调事情的实质。……一旦对法院有了信任，也就不那么强调法律行为的形式了。"② 从阿狄亚的话中，更能体会出英国将书面形式作为证据的情形。

美国法在合同形式方面可以说是步英国之后尘，在英国 1954 年废止了《诈欺行为法》后，美国法至今仍就留存问题争论不休。美国大多数州全盘接受了英国 1677 年《诈欺行为法》所规定的几种需要采取书面形式的合同之规定，甚至《美国统一商法典》第 2－201 条规定，对价金达到或超过 500 美元的合同必须采用书面形式，否则不得通过诉讼或抗辩强制执行，这也是采纳英国法的后果。③

英美法的这一将书面形式作为证据的做法与大陆法系的《法国民法典》的规定几乎一致。但在英美法，合同不采取书面形式并不影响合同的效力，只是不能被强制执行。

在我国，由于过去实行计划经济，合同仅仅是执行计划的工具，故必须采取书面形式。就如姚新华先生所言，书面形式不折不扣地体现了计划经济的价值观。首先，在计划经济中，当事人签订的合同在表面上受合同法调整，但在实质上只是计划指令的表现形式，对合同的承诺与其说是达成合意，还不如说是对计划服从的保证。对计划的保证则完全应采取比较严格的形式，以加强合同纪律，保证国民经济计划的完成。其次，在政企不分的体制下，企业的上级主管部门为了便于对企业的生产经营活动进行监督、管理甚至干预，就需要通过书面载体了解合同的内容。如果允许非以书面形式订立合同，就会增加主管机关了解、干预企业的困难。最后，在以往的诉讼中，采取的是职权主义的诉讼模式，强调合同的书面形式，有利于法院收集证据。④ 但在当今的市场经济中，合同形式是多种多样的，法律要求当事人采取特定形式仅仅是例外。

在我国民法典的规定中，合同的形式一般由当事人自由选择，可以是书面形式，可以是口头形式，也可以是其他形式，仅仅是在特殊的情况下才要求特定形式，例如，不动产交易合同必须采用书面形式。也就是说，只有当法律对合同的形式有特别要求时，合同的法定形式才例外地作为合同生效的要件。可以说，我国法采取了德国法的做法而非英美或法国法的原则。

四、违反法定形式的后果

既然法律规定了某些合同必须遵守特定形式，如果当事人没有遵守这种形式，将导致无效的法律后果。大陆法系的许多国家都采取这一原则，例如，《德国民法典》第 125 条、《瑞士债务法》第 11 条、《荷兰民法典》第 339 条、《希腊民法典》第 159 条、《意大利民法典》第 325 条、《葡萄牙民法典》第 220 条、《波兰民法典》第 73 条等。许多国家的判例采取严格的原则，

---

① 参见王军：《美国合同法》，88 页，北京，中国政法大学出版社，1996。
② ［英］阿蒂亚：《合同法概论》，程正康等译，134 页，北京，法律出版社，1982。
③ 参见王军：《美国合同法》，90 页，北京，中国政法大学出版社，1996。
④ 参见姚新华：《契约自由论》，载《比较法研究》，1997 (1)。

即使当事人在诉讼中不主张合同无效性，并且愿意将未遵守法定形式的合同视为有效，仍然适用无效原则。① 法官不得以“诚实信用”要求当事人在未遵守形式的情况下履行诺言为由来限制法律行为的无效性。法律规定在不遵守强制形式的情况下订立的合同无效，这是保证当事人遵守这些形式的唯一途径，否则，形式规定就会变成无约束力的建议。②

但是，是否对所有违反形式要件的合同都无一例外地确定无效？是否有个案的公平性矫正？许多国家的学理、判例，甚至立法均予以特别关注。有的学者指出：在解释形式的规定时，应当特别强调立法者所追求的目的。如果形式的目的仅仅是保护一方当事人免受因操之过急带来的危害，那么，如果他已经履行了他应当承担的义务，形式瑕疵即可补正。③

对此问题，我国《民法典》采取了“一般原则＋灵活”的立法政策。按照第153条的规定，如果合同的形式指向效力性强制性规定，则违反合同形式将导致无效。另外，按照第490条的规定，法律、行政法规规定采用书面形式的合同，当事人未采用书面形式但一方已经履行主要义务，对方接受时，该合同成立，显然也是采取了同样的原则。但是，如果合同形式的立法目的在于维护社会公共利益或者第三人利益，那么，违反合同形式就不能因为履行了合同义务而成为有效，例如，不动产的物权性合同，因涉及第三人安全利益，若不遵守法定形式，即使购买人交付了房款而对方接受，也将会导致合同无效。德国判例还持这样一种观点：“无害于遵守形式要件这个一般要件是重要的，而同样重要的是，法律不应当如此没有弹性，以致在不符合这一原则时造成令人难以接受的困境。”④ 也就是说，当适用“无效规则”导致令人难以接受的结果时，判例可以进行个案矫正。例如，德意志帝国高等法院1919年的一份判决中指出：如果卖方的欺诈行为致使善意的买方认为交易合同有效，而后因价格上涨又打算终止合同，卖方不能援引合同形式要件欠缺作为理由。⑤

有的学者主张，应当分析形式瑕疵产生的环境来评价未遵守形式的合同之效力。可以区分三类案件：（1）一方当事人就形式要件对对方当事人进行了恶意欺诈，以达到不承担有效义务的目的；（2）双方当事人都知道形式要件的存在，合同之所以未遵守形式要件，要么是由于双方当事人本来就相互信任，要么是由于一方当事人未能成功地说服另一方当事人遵守形式规定；（3）双方约定遵守形式，但由于疏忽大意而没有遵守。在第一种情形下，由被欺诈人在合同有效与无效之间进行选择；在第二与第三种情况下，合同无效。但是，在合同形式规定的目的不起作用时，合同有效，例如合同已经完全履行。⑥

五、违反约定形式的后果

根据契约自由原则，即使合同法对合同的形式没有特别规定，当事人也可以进行约定。如果当事人违反约定形式，合同效力如何呢？对此，有的学者正确地指出：在形式瑕疵的后果方面，意定的形式要求与法定的形式要求之间存在着重大区别。由于意定的形式要求只是当事人

---

① 参见［德］卡尔·拉伦茨：《德国民法通论》（下），王晓晔等译，563页，北京，法律出版社，2003。
② 参见［德］卡尔·拉伦茨：《德国民法通论》（下），王晓晔等译，564页，北京，法律出版社，2003。
③ 参见［德］卡尔·拉伦茨：《德国民法通论》（下），王晓晔等译，556页，北京，法律出版社，2003。
④ ［德］海因·克茨：《欧洲合同法》（上），周忠海译，131页，北京，法律出版社，2001。
⑤ 参见［德］海因·克茨：《欧洲合同法》（上），周忠海译，132页，北京，法律出版社，2001。
⑥ 参见［德］迪特尔·梅迪库斯：《德国民法总论》，邵建东译，473～474页，北京，法律出版社，2000。

的创造物而已，因此，他们掌握着决定违反形式要求的法律后果的权利。[①]《德国民法典》第125条规定："……缺少由法律行为约定的形式者，在发生疑义时，也为无效。"当事人约定合同的特别方式，大体有两种情形：一是以从合同的方式对主合同的形式进行约定；二是在主合同中规定有形式条款，如"本合同经双方签字盖章并经公证后生效"。只要当事人对契约的形式有特别的约定，则不论以何种方式，合同均应以约定的方式具备后方生效力。但是，当事人的约定毕竟不同于法律的规定，所以对当事人关于形式约定的"内容"的确定就显得十分重要。首先，应探讨当事人对形式的约定是作为合同的生效要件还是仅仅为了提供证据。当事人虽然约定了形式，但目的是作为权利义务存在的证据时，就不能认为合同不生效力。其次，即使形式是作为合同生效的要件，当事人也可以明示或默示的方式改变或者废除先前的有关形式的约定，以避免无效后果的发生。

我国《民法典》第490条规定："当事人采用合同书形式订立合同的，自当事人均签名、盖章或者按指印时合同成立。在签名、盖章或者按指印之前，当事人一方已经履行主要义务，对方接受时，该合同成立。法律、行政法规规定或者当事人约定合同应当采用书面形式订立，当事人未采用书面形式但是一方已经履行主要义务，对方接受时，该合同成立。"

第四节　合同不违反公序良俗且标的合法

一、合同不违反公序良俗

合同违反公序良俗与违法一样，都会导致合同不能生效或者无效（我国《民法典》在违反公序良俗的合同究竟是无效还是不能生效的问题上，采取了矛盾的规定：第143条规定违反公序良俗的合同不能生效，第153条又规定违反公序良俗的合同无效。如果不能生效，何来无效问题?）。

关于公序良俗的基本概念和含义，我们将在后面的"合同无效"部分详细讨论。

二、合同之标的的概念

按照大陆法系关于债的一般概念，标的确定、可能并合法是债之生效的重要因素。因合同为债法的主要内容之一，故这一规则当然也适用于合同的生效。

但关于何谓标的，学理上有较大的分歧。法国学者认为，合同本身并不存在所谓标的，这里的标的仅仅是指合同债权的标的。《法国民法典》中所使用的"合同标的"，只是一个根据传统习惯而采取的简略用语。故合同的标的可能为一个，可称为"单纯标的"，也可能有多个，可称为"复杂标的"[②]。这种对标的的解释，与我国学理的一贯主张相去甚远。根据我国学者的一般观点，合同的客体、合同的标的和合同的内容是同一问题的不同称谓，是指权利义务共同指向的对象。[③] 对此，笔者不欲费神，但从合同生效的要旨看，将标的理解为债权的标的更为合适。因为，合同的生效之所以以标的作为要件，是因为对债权得以实现或义务能够履行的

---

① 参见［德］迪特尔·梅迪库斯：《德国民法总论》，邵建东译，477页，北京，法律出版社，2000。

② 尹田：《法国现代合同法》，147页，北京，法律出版社，1995。

③ 参见梁慧星：《民法总论》，160页，北京，法律出版社，1996；王家福主编：《民法债权》，5页，北京，法律出版社，1991。

考虑，也就是说，义务的具体履行——给付是否确定、可能并合法。通过下面对标的的各种特征的分析，这一点将更为清晰。

三、标的对合同生效的影响

按照大陆法系的传统理论，合同标的的确定、可能和合法是合同生效的要件。例如，《法国民法典》第1129条规定："债的标的物至少应为种类上可以确定的物。物如为可确定数量者，其数量可以为不特定的。"《德国民法典》第310条规定："当事人一方以契约让与其将来的财产或其将来的财产的一部分，或对其设定用益权为义务者，其契约无效。"第312条第1款规定："关于以现尚存的第三人的遗产订立的契约，为无效……"

所谓标的可能，是指合同所规定的债权人的权利或债务人的义务在客观上有成为现实的可能性。如果标的无法实现，则合同不发生法律上的效力。这是罗马法确立的规则，大陆法系国家民法典多承袭之，如《德国民法典》第306条规定："以不能的给付为标的的契约，无效。"

但是，需要思考的问题是：标的仅仅是合同的履行问题，如果标的不存在或者不可能，仅仅应该是合同不能履行的问题，何以会引起合同的不能生效呢？尤其是德国民法理论一直坚持"物权行为"与"债权行为"区分的原则，合同属于债权行为，而标的的不存在属于物权行为方面的问题，但其民法典作出了这样的规定，是极不协调的。因此，在2002年《德国债法现代化法》实施后，即使合同的标的为自始不能的给付也不妨碍其生效。现在的《德国民法典》第311A条规定："给付障碍在合同订立就已经存在的，不妨碍合同的有效性。"

但是，合同的标的的合法，应当是合同生效的要件之一。因为标的或者形式合法恰恰是法律为合同划定的界限。因此，几乎所有国家的法律都将标的合法作为合同生效的要件之一。

四、标的合法

所谓标的合法，是指标的不违反法律的强制性规定。各国民法典均规定不得将法律禁止流通的物作为合同的标的物，这就是学理上所谓的"法律不能"的问题。如《法国民法典》第1128条规定："得为契约标的之物，以许可交易者为限。"《德国民法典》第309条规定，契约违反法律禁止性规定时，无效。

标的违法主要有以下几种情形：（1）标的违背宗教信仰的基本要求或违背了社会的基本道德要求；（2）标的违背法律的非任意性规定，如以毒品或法律保护的动物等作为合同标的；（3）标的违反了国家主权或其他公共权利。①

第五节 影响合同效力的其他因素

一、经批准才能生效的合同之报批义务

在我国民商法领域，存在很多需要经过政府有关部门批准才能生效的合同，例如，涉及矿产资源交易的合同，就需要主管机关批准。在这个过程中，出现了大量的纠纷，都是与批准有关的。最核心的问题是：由于合同未经批准尚未生效，违反这种报批义务后属于违约吗？是否

---

① 参见尹田：《法国现代合同法》，150页，北京，法律出版社，1995。

需要承担责任？有很多法院的判例就认为：既然合同都没有生效，这种报批义务因为是合同的一部分，当然就没有生效。违反这种报批义务当然不是违约，也就不需要承担违约责任。如果按照这种理解，双方签订了这种合同后，不想履行了，也就不去报批，合同岂不成了一纸空文？

对此，我国《民法典》第502条第2、3款规定："依照法律、行政法规的规定，合同应当办理批准等手续的，依照其规定。未办理批准等手续影响合同生效的，不影响合同中履行报批等义务条款以及相关条款的效力。应当办理申请批准等手续的当事人未履行义务的，对方可以请求其承担违反该义务的责任。依照法律、行政法规的规定，合同的变更、转让、解除等情形应当办理批准等手续的，适用前款规定。"这一规定非常明确地指出：合同的报批义务是不需要批准就可以生效的，违反这种义务就是违约，就要承担违约责任。对方可以请求负有报批义务的一方履行报批义务或者解除已经成立的合同并请求其承担赔偿损失的义务。

《合同编通则部分司法解释》第12条更加明确地规定：(1) 合同依法成立后，负有报批义务的当事人不履行报批义务或者履行报批义务不符合合同的约定或者法律、行政法规的规定，对方请求其继续履行报批义务的，人民法院应予支持；对方主张解除合同并请求其承担违反报批义务的赔偿责任的，人民法院应予支持。(2) 人民法院判决当事人一方履行报批义务后，其仍不履行，对方主张解除合同并参照违反合同的违约责任请求其承担赔偿责任的，人民法院应予支持。(3) 合同获得批准前，当事人一方起诉请求对方履行合同约定的主要义务，经释明后拒绝变更诉讼请求的，人民法院应当判决驳回其诉讼请求，但是不影响其另行提起诉讼。(4) 负有报批义务的当事人已经办理申请批准等手续或者已经履行生效判决确定的报批义务，批准机关决定不予批准，对方请求其承担赔偿责任的，人民法院不予支持。但是，因迟延履行报批义务等可归责于当事人的原因导致合同未获批准，对方请求赔偿因此受到的损失的，人民法院应当依据《民法典》第157条的规定处理。

对该解释的规定，可以作以下理解：(1) 报批义务的效力独立于合同效力，即使合同是在批准后生效，但关于报批义务的约定在批准之前就已经生效并对双方具有约束力。报批义务人不履行报批义务的，对方当事人可以单独诉请其履行义务。(2) 已经成立但没有经过批准尚未生效的合同是可以解除的，解除后还可以请求赔偿。(3) 如果报批义务人履行了报批义务但批准机关没有批准，报批义务人不承担责任。但是，如果没有批准可归责于报批义务人，其应当按照《民法典》第157条承担缔约过失责任。

二、越权订立的合同之效力

《民法典》第504条规定：法人的法定代表人或者非法人组织的负责人超越权限订立的合同，除相对人知道或者应当知道其超越权限外，该代表行为有效，订立的合同对法人或者非法人组织发生效力。

《合同编通则部分司法解释》第20条及第21条区分两种越权行为分别确定其效力：

1. 职务行为超越权限

(1) 法人、非法人组织的工作人员就超越其职权范围的事项以法人、非法人组织的名义订立合同，相对人主张该合同对法人、非法人组织发生效力并由其承担违约责任的，人民法院不予支持。但是，法人、非法人组织有过错的，人民法院可以参照《民法典》第157条的规定判决其承担相应的赔偿责任。前述情形，构成表见代理的，人民法院应当依据《民法典》第172条的规定处理。(2) 合同所涉事项有下列情形之一的，人民法院应当认定法人、非法人组织的工作人员在订立合同时超越其职权范围：1) 依法应当由法人、非法人组织的权力机构或者决策机构决议的事项；2) 依法应当由法人、非法人组织的执行机构决定的事项；3) 依法应当由法定代表人、负责人代表法人、非法人组织实施的事项；4) 不属于通常情形下依其职权可以处理的事项。(3) 合同所涉事项未超越依据前述规定确定的职权范围，但是超越法人、非法人组织对工作人员职权范围的限制，相对人主张该合同对法人、非法人组织发生效力并由其承担违约责任的，人民法院应予支持。但是，法人、非法人组织举证证明相对人知道或者应当知道该限制的除外。(4) 法人、非法人组织承担民事责任后，向故意或者有重大过失的工作人员追偿的，人民法院依法予以支持。

2. 越权代表的合同效力

(1) 法律、行政法规为限制法人的法定代表人或者非法人组织的负责人的代表权，规定合同所涉事项应当由法人、非法人组织的权力机构或者决策机构决议，或者应当由法人、非法人组织的执行机构决定，法定代表人、负责人未取得授权而以法人、非法人组织的名义订立合同，未尽到合理审查义务的相对人主张该合同对法人、非法人组织发生效力并由其承担违约责任的，人民法院不予支持，但是法人、非法人组织有过错的，可以参照《民法典》第157条的规定判决其承担相应的赔偿责任。相对人已尽到合理审查义务，构成表见代表的，人民法院应当依据《民法典》第504条的规定处理。(2) 合同所涉事项未超越法律、行政法规规定的法定代表人或者负责人的代表权限，但是超越法人、非法人组织的章程或者权力机构等对代表权的限制，相对人主张该合同对法人、非法人组织发生效力并由其承担违约责任的，人民法院依法予以支持。但是，法人、非法人组织举证证明相对人知道或者应当知道该限制的除外。(3) 法人、非法人组织承担民事责任后，向有过错的法定代表人、负责人追偿因越权代表行为造成的损失的，人民法院依法予以支持。法律、司法解释对法定代表人、负责人的民事责任另有规定的，依照其规定。

三、商事主体超越经营范围订立的合同的效力

《民法典》第505条规定："当事人超越经营范围订立的合同的效力，应当依照本法第一编第六章第三节和本编的有关规定确定，不得仅以超越经营范围确认合同无效。"

当然，因为经营范围本身属于行政管理规范，所以，仅仅超越经营范围并不一般地导致合同无效。但是，如果是法律规定的强制许可进入的行业可能会导致合同无效，例如，金融行业是强制许可进入的行业，如果未经批准从事这种业务，订立的合同恐怕就是无效的了。因此，这应该说是第505条的例外。

四、无权处分人订立合同的效力

对此问题，我国学理上历来存在争议，有两派观点：一是无效说，即无权处分人与他人订立的合同无效。我国1999年《合同法》第51条就体现了这一学说观点。二是有效说，即不以是否有处分权来判断合同的效力，即使没有处分权合同仍然生效，仅仅是不能履行的问题，无权处分人不能履行就要承担违约责任。《合同编通则部分司法解释》采取的是有效说，该解释

第 19 条规定：(1) 以转让或者设定财产权利为目的订立的合同，当事人或者真正权利人仅以让与人在订立合同时对标的物没有所有权或者处分权为由主张合同无效的，人民法院不予支持；因未取得真正权利人事后同意或者让与人事后未取得处分权导致合同不能履行，受让人主张解除合同并请求让与人承担违反合同的赔偿责任的，人民法院依法予以支持。(2) 前述规定的合同被认定有效，且让与人已经将财产交付或者移转登记至受让人，真正权利人请求认定财产权利未发生变动或者请求返还财产的，人民法院应予支持。但是，受让人依据《民法典》第 311 条等规定善意取得财产权利的除外。

法律适用

1. 法定形式与约定形式对合同效力的不同影响

契约具备一定的形式有助于维护交易安全。以形式产生的根据为标准，可以将形式分为法定形式与约定形式。顾名思义，法定形式是法律要求的形式，而约定形式是当事人自由商定的形式。由于法定形式与约定形式的法律意义不同，在司法实践中应当正确区分二者对合同效力的不同影响。第一，法定形式对合同效力的影响。通常认为，如果当事人订立合同时不遵守法律规定的特定形式，将导致合同无效。但从我国《民法典》第 490 条的规定可以看出，在合同形式的立法目的仅仅是保护一方当事人免受因操之过急而带来的损害时，在该方当事人已履行其应承担的义务后，未遵守法定形式的瑕疵就可以通过履行义务的行为得到补正，从而不会因不具备某种形式而影响合同的效力。而在合同形式的立法目的是维护社会公共利益或者第三人利益时，违反了合同的法定形式，在已经履行合同义务后，合同是否自然有效呢？我国的合同立法、司法解释以及司法判例对此都没有明确。笔者认为，我国的司法实践可以借鉴德国的判例规则与学理，认定合同原则上无效，只有在合同形式规定的目的不起作用时，合同才有效。第二，约定形式对合同效力的影响。约定形式本身是意思自治的结果，因此，违反约定形式的合同是否生效原则上应由当事人决定，但不应将该规则绝对化。在司法实践中，应探究当事人关于形式约定的“内容”来确定合同的效力。一方面，如果当事人对形式约定的目的仅仅是作为权利义务存在的证据，而不是作为合同的生效要件，则即使未遵守约定的形式，合同也能生效；另一方面，如果当事人对形式约定的目的是将其作为合同的生效要件，但当事人又以明示或默示的方式改变或废除了原来有关形式的约定，则合同不因未遵守约定的形式而无效。

2. 意思表示真实是不是合同生效的条件

在司法实践中，长期有这样一种理解：将意思表示真实作为合同生效的条件。通过剖析意思表示的两个基本要素，我们会发现这种理解的不完全准确性。意思表示的基本要素为主观要素即内心意思和客观要素即外在的表示行为。在确定意思表示的内容时，主要有两种立法主义：强调主观因素的为意思主义，强调客观因素的为表示主义。采取何种立法主义并不是纯粹逻辑问题，而是一个价值选择问题，即法律是首先保护表意人的利益，还是首先保护交易安全和意思表示接受人利益的价值判断问题。意思表示不真实，使自己被未同意的义务约束，就会背离契约自由与正义。在大陆法系许多国家的民法中，都将意思表示不真实作为合同可撤销要件而不是合同无效要件，意思表示不真实并不能阻止合同生效，只是否定合同效力的潜在因素。这种立法有助于防止不当扩大合同无效的范围，能更好地维护契约自由原则。在我国司法实践中应当注意区分。“意思表示一致”才是合同生效的条件，而“意思表示真实”与否并不能决定合同是否生效。

课后复习

1. 合同生效的实质条件是什么？
2. 试论合同形式对合同效力的影响。

第五章　合同的无效与可撤销及效力待定

提　要

合同订立后，有可能生效，生效后具备法定条件时可能被撤销；合同也有可能因具备某些原因而无效，也可能因欠缺某些因素而效力待定。所以，应对其效力状态作出分析。合同的无效与可撤销制度是民法典合同制度的基本问题，前者是指因合同严重违反法律规定的生效条件，合同当事人预定的法律效果不仅在当事人之间不发生，而且在其与第三人之间也不发生，即体现了法律对这种合同的坚决否定的态度。而可撤销的合同多是因为合同当事人的意思表示存在瑕疵，虽然法律不对其作否定性评价而允许其生效，但法律同时赋予受不利影响的人在一定期间内根据自己的利益衡量，对合同作出有效或者无效的自由决定的权利，即赋予撤销权人决定是否撤销的权利。合同的无效与可撤销的原因及法律后果是掌握合同制度的关键性问题。合同的效力待定是指由于法律规定的某种原因，合同既非有效，也非无效，其效力有待于第三人的确定或者某种客观因素的确定。效力待定的合同通常包括：无权代理人订立的合同、限制行为能力人订立的与其行为能力不相符合的非纯获利益的合同、债务承担合同、附停止条件的合同。另外还有效力不能对抗第三人的法律行为，即有一些法律行为是可以生效的法律行为，但该效力不能对抗第三人。对此，拉伦茨指出：法律所说的处分行为的相对无效性，是指一个处分行为尽管原则上是有效的，但是，对于特定人来说它是无效的，即法律使这个人不能行使对某种请求权的处分，或者使与这个人有关的某种强制执行措施不能采用。① 如债权人与第三人订立的债权转让合同，在通知债务人之前就不能对抗债务人。但这种合同在本章不作详细讨论。

重点问题

1. 合同无效与可撤销的基本区别。
2. 合同无效的原因与后果。
3. 合同可撤销的原因与后果。
4. 效力待定的合同类型。

第一节　民法典中关于合同效力瑕疵的救济制度构造

一、制度构造

在我国民法典制度之下，由于体系的需要，合同编不再规定合同的无效、可撤销和效力待

① 参见［德］卡尔·拉伦茨：《德国民法通论》（下），王晓晔等译，652页，北京，法律出版社，2003。

定的规范，而是统一适用《民法典》总则编中关于“民事法律行为”的规则。因此，总则编中除了单方法律行为的效力规则不适用于合同的效力瑕疵，其他规则都适用于合同。

二、合同效力瑕疵的类型及各自的原因

根据我国《民法典》的规范体系，在我国法律行为（包括合同）分为无效、可撤销和效力待定三种情形，各自的原因也不相同。

（一）合同无效的原因

关于合同无效的原因有：（1）无行为能力人订立的合同；（2）以虚假意思表示订立的合同；（3）违反效力性强制性规定订立的合同；（4）违背公序良俗订立的合同；（5）恶意串通损害第三人的合同。

（二）合同可撤销的原因

关于合同可撤销的原因有：（1）基于重大误解订立的合同；（2）因合同当事人一方或者第三人欺诈而订立的合同；（3）因合同当事人一方或者第三人胁迫而订立的合同；（4）显失公平的合同。

（三）合同效力待定的原因

关于合同效力待定的原因有：（1）无效代理人以他人名义订立的合同；（2）限制行为能力人依法不能行为的、非纯获利益的合同；（3）附停止条件的合同等。

第二节　无效与可撤销的基本概述

一、无效与可撤销的概念

合同的无效与可撤销，也被称为绝对无效与相对无效。前者是指因合同严重违反法律规定的生效条件，合同当事人预定的法律效果不仅在当事人之间不发生，而且在其与第三人之间不发生①，即体现了法律对这种合同的坚决否定的态度。而可撤销的合同多是因为合同当事人的意思表示存在瑕疵，虽然法律不对其作否定性评价而允许其生效，但法律同时赋予受不利影响的人在一定期间内根据自己的利益衡量对合同作出有效或者无效的自由决定的权利，即决定是否撤销的权利。

对于合同的无效与可撤销制度是否区别对待，各国学理有较大的差异和争论。在德国存在两种截然对立的观点，即区别说和统一说。统一说反对区别无效法律行为制度与可撤销的法律行为制度。最著名的代表人物为凯普（Kipp）与马尼克（Manick）。凯普试图证明无效和可撤销之间的竞合，即无效的行为同时也是可撤销的，进而达到相同的后果来说明二者是相同的。他认为，一切法律现象均可归结为一点：在法律规定的事实条件发生前，该项判断是假设性的；由于以后事实的发生，这一判断就失掉其假设性，成为非假设性的。例如，法律规则的内容为：凡损害他人的人应该支付损害赔偿。使人遭受损失的这一事实就使该项法律规则内含的法律判断成为非假设性的。利用这一机制可以理解一切法律现象。如果我们承认一切法律现象都是从假设性的判断过渡到非假设性的判断，可以设想人们既可以援用无效原因，也可以援用

---

① 参见［德］卡尔·拉伦茨：《德国民法通论》（下），王晓晔等译，628页，北京，法律出版社，2003。

可撤销原因达到无效的效果，即非假设性的判断。几种原因同时能够达到同一结果或同样一套事实能被列入不同性质的分类，在这种限度内无效的法律行为是可以撤销的。例如，甲使用欺诈手段向未成年人乙购买一项财产，如果监护人不追认，买卖是不生效力的。未成年人的无行为能力是一项无效原因，而欺诈是一种可撤销原因。无论行使哪一种，效果是一致的。①

凯普的反对者认为，凯普忽视了一个基本的要点：一项法律行为能否展开法律效力。区别无效的法律行为和可撤销的法律行为就是从这一点出发的。凯普的理论实际上是放弃了这一区别。但在实际上，在他自著的著作上仍然存在这种区别，所以，他是自相矛盾的。②

与凯普一样，马尼克也否认无效与可撤销之间的差别。他的出发点是无效的法律行为是没有效益的。他认为，可撤销性的真正意义在于使真正的法律对抗法律行为的表象。法律行为无效的原因与可撤销的原因同样需要说明。两者之间的区别仅在于能主张无效力的人数不同，因而，二者的区别在于诉讼法而不在实体法。但其反对者指出，马尼克将一个可撤销的法律行为的效力归结为表象，而不是真正的法律行为，这是错误的。因为，这些效力尽管是暂时性的，但在这个限度内是真正的法律效力而不是幻想。③

但是，《德国民法典》并没有采用这种统一理论，仍然在法典中保留了可撤销与无效之间的区别。例如，该法典第116～118条是关于意思表示无效的规定，而第119～120条是关于意思表示可撤销的规定。

在法国，学理上也有人否定区分无效和可撤销的实际意义。如学者谢瓦里埃及迪里认为，由于每一种无效原因均有其自己的特殊性质，故应当抛弃绝对无效与相对无效的分类。④ 但学理上的主流观点仍然认为对二者的区分具有实际意义。《法国民法典》也采取肯定的观点，该法典第1110～1113条是关于无效的规定，第1114条、第1115条、第1117条均是关于可撤销的原因。

在我国，无论是学理上还是立法上，对无效与可撤销制度均采取区分说。我国《民法典》第144条、第146条、第153条、第154条是关于法律行为无效的规定，第147～151条是关于法律行为可撤销的规定。

二、无效制度与可撤销制度的基本区别

（一）合同无效与可撤销的制度价值不同

在法国合同法的发展史上，对适用无效制度和可撤销制度的区分标准，经历了一个从量到质的发展过程。对合同无效制度（这里包括绝对无效与相对无效）这一法律现象，法国经典作家采用了一种形象化的解释方法：他们将合同比喻为某种“机体”，无效则是这一机体所具有的特殊状态。而绝对无效与相对无效的确定，就取决于这一状态的严重程度。他们认为，当合同的特殊状态极为严重时，为绝对无效。由于绝对无效的合同缺乏合同成立的条件，故其犹如“死产儿”，一开始就注定了不能生存。当合同的特殊状态不严重时，为相对无效。相对无效的合同只是不健全、有缺陷，是可以治愈的。属于相对无效的合同包括：因同意具有瑕疵而无效的合同、因行为人缺乏行为能力而无效的合同、因存在损害而被撤销的合同等。法国现代通行

---

① 参见沈达明等编著：《德意志法上的法律行为》，180页，北京，对外贸易教育出版社，1992。

②③ 参见沈达明等编著：《德意志法上的法律行为》，187页，北京，对外贸易教育出版社，1992。

④ 参见尹田：《法国现代合同法》，199页，北京，法律出版社，1995。

理论就合同绝对无效与相对无效的区分确定了这样的标准：在法律有关合同无效的规定中，某些规定是基于保护社会利益的需要，当合同违反法律的这些禁止性规定时，为绝对无效；而另一些规定是基于保护个人利益的需要，当合同违反这些规定时，为相对无效。①

法国合同法的这一现代分类标准，受到了我国学者的赞同。例如，有的学者指出，合同的无效制度和可撤销制度是法律对欠缺有效条件合同的否定性评价，但两者的否定性程度有所不同：无效这种否定性评价是坚决不按当事人的意思赋予法律效果，因而无效的合同是自始绝对地不发生履行效力，而且无效的确认权在法院而不在当事人，即使当事人双方都愿意使合同有效，也无济于事。合同的撤销这种否定性评价具有相对性，是在尊重受害人意思基础上的否定性评价：如果受害人仍然让合同有效，愿意继续履行其债务，法律承认并保护之，不再强制地令合同无效；如果受害人不愿意受合同约束，为使自己免受不利益，可主张合同归于消灭。也就是说，法律将决定合同命运的权利交给当事人自己。为什么会出现这种差别呢？因无效制度所要解决的是严重危害国家和社会公共利益的合同，这类合同与合同制度的目的背道而驰，法律自然应当取缔；至于一般地欠缺有效条件的合同，它的存在与否主要关系到当事人之间的物质利益分配是否公正，对国家利益或社会公共利益没有损害或损害较轻，即使按受害人的意愿使合同有效履行，也无妨大局，故以撤销制度来救济这类合同，将请求撤销的权利交给受害人。② 也就是说，区分无效合同与可撤销合同的标准是合同损害的是国家利益和社会公共利益，还是私人利益。损害前者的为无效制度救济的对象，损害后者的为可撤销制度救济的对象。

合同的无效与可撤销制度，反映了国家对私法社会干预的尺度和标准，在合同效力方面对意思自治的限制。如果合同违反或者损害了社会、国家或者第三人利益，则合同当事人就已经超出了私法自治的界限，显然就不是自治的问题，即当事人不能对合同效力作出有效的决定，法律必须采取坚决否定的态度，这就是合同无效制度。反之，如果合同仅仅限于双方当事人之间，当事人就可以自由约定和决定，特别是在合同仅仅损害缔约当事人之一方时，法律自然没有坚决否定的必要，于是，就把对合同效力的决定权交给受损害人自己。这就是合同的可撤销制度。从下面所讲的合同无效与可撤销原因的区分，可以看出这种制度价值的明显体现。

（二）引起的原因不同

合同的相对无效与绝对无效制度反映了国家对私人契约关系的干预和评价的态度，故建立合理的评价制度具有重要意义。无效和可撤销的区分对合同当事人的利害得失有较大影响，对国家经济秩序也有不同程度的影响。我国《民法典》所规定的评价制度，可以说是对这种影响的最好佐证。

关于合同无效的原因有：（1）无行为能力人订立的合同；（2）以虚假意思表示订立的合同；（3）违反效力性强制性规定订立的合同；（4）违背公序良俗订立的合同；（5）恶意串通损害第三人的合同。关于合同可撤销的原因有：（1）基于重大误解订立的合同；（2）因合同当事人一方或者第三人欺诈而订立的合同；（3）因合同当事人一方或者第三人胁迫而订立的合同；（4）显失公平的合同。

---

①　参见尹田：《法国现代合同法》，199 页，北京，法律出版社，1995。

②　参见王家福主编：《民法债权》，345～346 页，北京，法律出版社，1991。

由此可见，我国《民法典》的规定与《法国民法典》《德国民法典》关于绝对无效与相对无效之原因的规定相差无几了。法国法规定的引起合同绝对无效的原因有以下几种：(1) 合同标的或原因违反公共秩序或善良风俗；(2) 合同违反有关经济法规；(3) 合同缺乏同意；(4) 合同违反法定形式。引起合同相对无效的原因有：(1) 合同的同意具有瑕疵，主要是指欺诈、胁迫、误解等；(2) 合同的当事人缺乏行为能力；(3) 合同缺乏原因；(4) 合同违反法律保护双方当事人及第三人利益的规定。而《德国民法典》规定的绝对无效的原因是：(1) 违反法律与善良风俗；(2) 对方知悉的心意保留、虚假行为或者戏谑行为；(3) 欠缺相应行为能力；(4) 法定形式欠缺。而合同可撤销的原因是胁迫、欺诈和错误。

（三）法律适用上有所不同

如果是具备了无效原因，不仅当事人可以主张，而且法院可以直接判决无效。但在可撤销的合同中，只有一方当事人能够主张（例如，在错误中只有发生错误的一方、在欺诈和胁迫中只有受到欺诈或者胁迫的一方可以主张），法院不能主动适用。

（四）法律效果并不完全相同

尽管我国《民法典》第 157 条是把法律行为无效与可撤销的法律后果放在一起规定的，的确，在大多数情况下，无效与可撤销的合同后果是一样的。但在有的情况下是不同的：在无效与可撤销的合同中，有些能够适用“缔约过失责任”，但有的不能够适用。例如，在受到欺诈或者胁迫的情况下，受欺诈人或者受到胁迫的人就不能承担过错责任。

第三节　可撤销合同的原因分析

一、重大误解

（一）重大误解与错误的概念辨析

误解与错误是否为同一含义？有的学者认为，传统民法严格区分错误与误解两个概念。错误是指表意人非故意的表示与意思不一致，误解是指相对人对意思表示内容的了解的错误。[①]但从大陆法系各国民法典的立法来看，均用“错误”而不用“误解”（如《德国民法典》第 119 条、《法国民法典》第 1110 条、《日本民法典》第 95 条、《瑞士债务法》第 23 条等）；我国自 1986 年《民法通则》到 1999 年《合同法》，再到《民法典》，都用“重大误解”而不用“错误”。这二者的内涵与外延，就成为问题的关键。我们应从立法及学理两个方面去把握。

德国学理认为，错误是指意思表示的客观含义未能反映存于其后的关系到意思表示内容和后果的主观意图的情形。[②] 根据这一概念并结合《德国民法典》第 119 条之 (1) 的规定，表意人所为意思表示的内容有错误，或表意人根本无意为此种内容的意思表示者，或如可认为，表意人若知其情事并合理地考虑其情况即不为此项意思表示时，表意人得撤销其意思表示。德国法上的错误可分为两类：一是表达上的错误，即内心意思形成时并无瑕疵问题，只是因表达行为而发生的错误；二是内容的错误，即在内心意思形成过程中因对事物认识的不正确而导致所形成的意思发生瑕疵。

---

① 参见梁慧星：《民法总论》，169 页，北京，法律出版社，1996。

② 参见沈达明等编著：《德意志法上的法律行为》，88 页，北京，对外贸易教育出版社，1992。

而根据法国学理，错误是指契约的订立是基于对实际存在的事实不一致的认识，亦即至少有一方当事人对行为的基本条件发生认识上的错误。① 这一概念与《法国民法典》第1110条的规定内容十分符合。该法典第1110条规定："错误仅涉及契约标的物的本质时，始构成无效的原因。如错误仅涉及当事人一方愿与之订约的他方当事人个人时，不成为无效的原因；但他方当事人个人被认为是契约的主要原因时，不在此限。"由此可见，《法国民法典》所说的"错误"，并不包括德国法上所说的"表达上的错误"，而仅仅是意思形成过程中所发生的错误。

从《德国民法典》和《法国民法典》对错误的不同规定中可以得出这样的结论：《德国民法典》所规定的错误可称为真正的"错误"，既包括意思形成过程中的错误，也包括表达上的错误；而《法国民法典》所规定的错误实为"误解"，不包括表达上的错误。正如学者所指出的："可见第1110条《法国民法典》所指的错误是涉及成立法律行为的意思在形成中的错误。但是除了这种错误之外，尚有另一种错误，这种错误在德意志法系中起着重要的作用，但法国法上却无视这种错误。这就是罗马法注释法学派曾经深入探讨过的涉及意思表示的错误，即所表示的错误与真正的意思不一致的错误。例如，表意人有成立某项法律行为的意思，在意思形成过程中不存在任何瑕疵，但是内心的真正的意思与表意人所表示的意思所使用的表达方式不一致、有分歧。"② 故有的专门研究法国合同法的学者将《法国民法典》上的错误直接称为"误解"③。

从我国1986年《民法通则》开始，我国立法及学理均采用误解这一概念，我国《民法典》没有改变而沿用之。若仅仅从字面上理解，显然应作如《法国民法典》的规定同样的解释。但我国学理一致认为，我国法上的误解，同德国法及日本法上的错误是在同一意义上适用的。如梁慧星研究员认为："所谓误解，应解释为不仅包括表意人无过失的意思与表示不符，也包括相对人对意思表示内容了解上的错误。"④ 董安生先生则认为："有重大误解的行为在传统民法中被称为'无意识非真意表示'的一种，它又称为错误、法律行为错误等。"⑤ 故对我国法上规定的"误解"应作如同《德国民法典》规定的"错误"同样的解释。

（二）为什么因错误而订立的合同是可以请求撤销的

许多国家的法律之所以规定因错误而订立的合同可以被撤销，实际上是因为要在私法自治、个人责任与对第三人的信赖利益保护之间寻找一个平衡点。

（1）私法自治的目的在于使每一个人都能够按照其意志构建法律上的权利义务关系，如果这种自治建立在意思瑕疵的基础之上，那么这种自治的意义也就大打折扣。所以，从私法的基本价值出发，对于因错误而订立的合同进行法律救济就有充分的理由。

（2）从个人责任的角度看，私法之所以能够实行意思自治，原因就在于这种自治的后果由自治人承担而不是由他人来承担。这种后果包括积极后果和消极后果，这也就意味着：即使是因为自身的错误，也应当负责，否则这种自治的不利后果将由他人来承担。从这一意义上看，就不能支持因错误而订立的合同可以请求撤销。

---

① 参见尹田：《法国现代合同法》，71页，北京，法律出版社，1995。

② 沈达明等编著：《德意志法上的法律行为》，114页，北京，对外贸易教育出版社，1992。

③ 尹田：《法国现代合同法》，71页，北京，法律出版社，1995。

④ 梁慧星：《民法总论》，169页，北京，法律出版社，1996。

⑤ 董安生：《民事法律行为》，209页，北京，中国人民大学出版社，1994。

（3）另外，从相对人的信赖利益来看，如果相对人没有任何过错而允许合同一方当事人因为错误而撤销合同，将对交易安全构成极大威胁。所以，有的学者指出：只有在有理由认为对方对合同有效性的依赖的确不值得保护时，才可以撤销。① 这一原因又构成了阻碍合同撤销的理由。

所以，合同法上的撤销制度必须对这三个方面的利益进行衡量：如果绝对不允许撤销，将会降低意思自治的质量；如果随便可以撤销，那么，第三人的信赖利益将得不到保护，并且，意思自治的屏障将会被破坏，可能导致意思自治的滥用。正因为这样的原因，法律对什么样的错误允许撤销是有严格限制的，也就是说，法律在极其例外的情况下才允许一方当事人因错误而撤销。② 关于什么样的错误可以引起合同的撤销，我们将在下面详细论述。

（三）什么样的错误是可以撤销的

由于人及契约关系的社会性，当事人意思形成过程及表达过程中，难免会出现偏差，但问题在于什么样的错误会影响合同的效力。如果任何细微的错误均会引起合同的无效，那就会有太多的合同因此而失去效力，交易安全和公正将会受到威胁。就如德国学者所指出的：当事人缔约时承诺和期待的后果，并没有如其所愿地出现，他能否主张基于错误而订立合同因而不受合同约束？一般来说，答案是否定的。然而，有的时候，答案会有所不同。因此，问题是如何区分有意义的错误与无关宏旨的错误。③ 然而，如何区分在法律上有意义的错误（能够引起法律救济的错误）与在法律上无意义的错误，没有统一的标准。各国立法并不一致，学理观点也有不同。

在大陆法系，有两种理论影响了各国的立法：主观主义理论与客观主义理论。按照主观主义理论，合同义务只是因为义务方“意图”约束自己时才可以执行。④ 也就是说，任何一方的义务出乎其“意图”之外，则其不受合同义务的约束，是可以撤销合同的。而客观主义理论认为，一个公开表达其意见的人必须承担他对环境错误估计的风险。因为，如果他仅仅因为自己犯了一个错误就能够怀疑合同的有效性的话，就会极大地破坏交易安全。按照这一观点，仅仅应当在极其例外的情况下才允许一方当事人因错误而撤销合同。反过来说，只有在有理由认为对方对合同有效性的依赖的确不值得保护时，才可以撤销合同。⑤ 从这两种不同的理论可以看出，主观主义理论重在保护表意人之意思自治的完整性，而客观主义理论重在保护相对人的信赖利益，即交易安全。

从立法体例上看，大陆法系国家，有的坚持主观主义理论，有的则坚持客观主义理论。《法国民法典》《德国民法典》《瑞士民法典》都遵循主观主义理论。《法国民法典》第 1109 条、《德国民法典》第 119 条、《瑞士债务法》第 24 条都表达了这样的宗旨：即使表意人具有重大过失，也不是阻碍合同撤销的理由，他仍然可以撤销合同。错误的可识别性也同样没有意义，仅仅对撤销权人的赔偿义务具有意义。⑥ 所谓错误的可识别性，是指对方当事人根据当时的环境，知道或者应当知道表意人错误的存在。

而在大陆法系的某些国家，对相对人的信赖利益保护特别重视。也就是说，如果非错误方知道或者应当知道对方是基于错误而订立的合同，则他对合同的信赖不值得保护，错误方才能

---

①②⑤ 参见［德］海因·克茨：《欧洲合同法》（上），周忠海等译，250 页，北京，法律出版社，2001。

③④ 参见［德］海因·克茨：《欧洲合同法》（上），周忠海等译，249 页，北京，法律出版社，2001。

⑥ 参见［德］迪特尔·梅迪库斯：《德国民法总论》，邵建东译，565 页，北京，法律出版社，2000。

以错误为由撤销合同。例如，《意大利民法典》第 1428 条规定："当错误是本质性的并为缔约另一方可识别时，错误是契约得撤销的原因。"而该法典第 1431 条规定：根据契约的内容、契约的具体情况或者契约人的身份，如果是正常注意，即可发现的错误，则错误视为可识别的错误。也就是说，《意大利民法典》规定了合同因错误而撤销的两个基本条件：（1）错误是根本性的；（2）错误必须能够为对方所识别。如果一种错误虽然是根本性的，但对方即使尽到如《意大利民法典》第 1176 条规定的善良家父的注意义务也不能识别，错误方就不得主张撤销。《奥地利民法典》第 871 条也有类似的规定。有的学者赞同《意大利民法典》的模式，认为：合同不能仅仅因为一方的意图是以误解为基础或者未得到准确的表达而被撤销。当然，在这种情况下他急于撤销合同，但是另一方依赖于合同的有效性，另一方有需要对其依赖性进行保护的相应的利益。这些利益之间需要平衡，交易安全和法律确定性要求，只有在例外的情况下才允许以错误为由撤销合同。对合同至上的尊重，要求撤销只有在经过对合同的恰当解释后，它仍留有允许撤销之余地的情况下才可以，而且，除非有特别的理由支持撤销，就应当对另一方当事人对合同的依赖予以保护。①

从上面的分析可以看出，大陆法系国家虽然对错误方的保护采取不同的政策，但有一点是共同的：并非所有的错误均能引起法律的救济，只有"重大错误"或者"根本性错误"才是可以撤销的理由。何谓"重大错误"或者"根本性错误"呢？《意大利民法典》第 1429 条以列举的方式指出，下列错误是本质性的：（1）涉及契约的性质或者标的物时；（2）涉及交付标的物的同一性或者根据一般标准或有关情况应当由合意确认的同一标的质量时；（3）涉及由缔约方确认他方缔约人的身份或者基本情况时；（4）涉及构成唯一或者主要原因的法律错误时。同样，《瑞士债务法》第 24 条也以列举的方式指出，在下列情形，认为合同当事人具有重大错误：（1）错误的一方真正希望订立的合同是其表示同意而订立的合同之外的合同的；（2）错误的一方本意不是与合同对方当事人，而是与其他特定之第三人订立合同的；（3）错误的一方承担远远高于其预期的负担，或者取得远远低于其预期的利益的；（4）错误的一方在订立合同时，对其善意地相信为合同基础之事实认识错误的。仅为对订立合同之动机的误解，不属于重大错误。《德国民法典》第 119 条则以抽象的方式规定了重大错误：表意人所作的意思表示的内容有错误，或者表意人根本无意作出此种内容的意思表示，如果可以认为，表意人若知悉情事并合理地考虑其情况后即不会作出此项意思表示者，表意人可以撤销该意思表示。《法国民法典》第 1110 条规定：错误，仅在涉及契约标的物的本质时，始构成无效（相对无效）的原因。法国学者莱尼·达维指出："为了他方当事人的权益并为商业提供安全，一些保障经常被认为是必要的，这些保障可以是基于不同的观念。首先，只有明显的证据表明错误是当事人缔结契约的决定因素，错误才能成立。"②

在以德国为代表的主观主义立法体例中，法律虽然允许错误方撤销合同，但是，应当赔偿相对方因信赖合同有效之信赖利益。就如德国学者所言：发生错误的人撤销其意思表示的，辜负了意思表示受领人的信赖。这种信赖遭到辜负，可能产生多方面的损害：受领人可能已经为履行合同支付了费用，而现在这些费用就白费了。此外，受领人可能放弃了另外一项行为，而

---

① 参见［德］海因·克茨：《欧洲合同法》（上），周忠海等译，278 页，北京，法律出版社，2001。

② ［法］莱尼·达维：《法国法与英国法》，潘华仿等译，105 页，中国政法大学内部用书，1984。

如果他没有信赖被撤销的行为的话，他本来可以从事另外一项行为。此类损害叫作信赖损害。撤销人通常必须赔偿这些损害，而且不论撤销人对错误是否具有过错。毋宁说，这一赔偿义务即是发生错误的人为摆脱其意思表示而必须支付的代价。[①] 但是，根据大陆法系许多国家民法典的规定，如果非错误方知道或者应当知道撤销原因（错误），那么，损害赔偿义务根本就不会发生。

我国《民法典》第147条规定的可以撤销的错误有以下几个特征。

（1）首先是重大误解才能构成合同可撤销的理由。所谓重大错误，是指行为人因对行为的性质、对方当事人、标的物的品种、质量、规格和数量等的错误认识，使行为的后果与自己的意思相悖。

（2）关于我国法上的错误，在《民法典》之前的司法实践中，法院要求不仅仅意思上有瑕疵，同时要求“造成重大损失”[②]。这一点与大陆法系国家民法典仅仅从意思表示不完整出发的原则不同，一般来说，大陆法系国家民法典不要求错误方有重大损失，只要求意思表示方面有不完整，就可以撤销。也就是说，大陆法系之所以对错误进行救济，是因为它破坏了意思自治的完整性，而是否有重大损失在所不问。

但是，在我国《民法典》中是否还要作与已经废止的最高人民法院的司法解释同样的解释？有一点值得注意：全国人大法工委主要参加民法典编纂的成员编写了一本《中华人民共和国民法总则解读》，在该书中，仍然坚持之前最高人民法院关于《民法通则》的意见，要求重大误解必须造成误解人的损失。[③] 但笔者对这种理解有不同意见：应该回归“意思的完整性”，而与损失没有关系。因而主张撤销的重大误解一方在撤销合同后，应当向对方赔偿，保护善意相对人利益。

（3）赔偿以过错为前提。按照我国《民法典》第157条的规定，合同被撤销后，有过错的一方应当赔偿对方因此所造成的损失。双方都有过错的，应当各自承担相应的责任。在合同被撤销后，关于撤销权人的赔偿义务，在大陆法系国家有的不要求过错，如《德国民法典》第122条；有的国家则要求有过错，如《瑞士债务法》第26条。但是，这些国家的民法都肯定一点：如果非错误方有过错，他的信赖利益就不值得保护，那么，撤销权人就没有赔偿义务。但是，我国法规定，即使对方有过错，撤销权人也应当赔偿对方。这种规定实值得商榷。

意思自治的完整性必须得到尊重，但交易安全、信赖利益也确实需要保护，因此，在什么样的错误能够引起法律的救济的问题上，任何一种法律制度都在力图平衡这两者之间的关系。这种平衡的手段与方法可能有所不同，但目标是一致的：如何通过平衡当事人权利义务实现法律自身的价值。让我们用法国学者莱尼·达维的话作为对大陆法系许多国家关于什么错误在什么条件下可以撤销的总结：（1）只有明显的证据表明错误是当事人缔结契约的决定性因素，这一错误才能成立。（2）错误必须是与成为契约范围以内的事实或者条件有关，而且必须为一个

---

① 参见［德］迪特尔·梅迪库斯：《德国民法总论》，邵建东译，591页，北京，法律出版社，2000。

② 《最高人民法院关于贯彻执行〈中华人民共和国民法通则〉若干问题的意见（试行）》（已失效）第71条规定：行为人因对行为的性质、对方当事人、标的物的品种、质量、规格和数量等的错误认识，使行为的后果与自己的意思相悖，并造成较大损失的，可以认定为重大误解。

③ 参见张荣顺主编：《中华人民共和国民法总则解读》，492页，北京，中国法制出版社，2017。

有理智的人从当事人任何一方角度上看，都认为是具有实质性的意义的，这样的错误才能被承认。对于他方当事人，或者对于契约的一项条款，以及对双方当事人的共同的基本设想的确认，也可以凭借这一规则加以考虑。但是，另一方当事人是否知晓错误有可能促使对方当事人缔结契约，并不是主观的理由。(3) 假如错误是有错误的当事人的疏忽造成的，法律将不予考虑。(4) 当法院判决因错误而使契约撤销时，考虑对他方当事人给予赔偿，因此他可以免于因契约被撤销而遭受损害。①

(四) 错误发生的阶段

1. 意思形成阶段

任何合同的效果意思的形成往往有一个过程，表意人在这一过程中，也就是在合同的效果意思形成阶段，可能会因自身对影响决策的诸因素的不正确设想或者认识而发生错误。例如，A考虑是否购买汽车时，可能会对下列诸因素进行思考：(1) 国家对汽车消费的有关政策，例如，附加购置费、燃油费、车船使用税、养路费等。(2) 汽车在使用过程中的各种费用计算，例如，1.6升、2.0升、2.3升、3.0升排气量的汽车的耗油量每年多少，修理费用大致多少。(3) 汽车的折旧率是多少等。如果购车人对这些因素发生错误认识，就会影响其决策。

2. 决定使用何种符号表示意思的阶段

表意人形成了效果意思之后，必须寻找一种能够为相对方理解的语言符号或者其他载体。在将意思转化为符号的过程中，可能会发生错误。例如，表意人认为一种符号能够代表某种含义，但实际上该符号代表另外一种含义。

3. 表达阶段

表意人在选择好了语言符号或者载体以后，通过特定方式表达出来。在这一阶段的错误往往表现为写错了字或者说错了话。

4. 意思的运送阶段

在意思发出与到达对方当事人之间往往还有一个运输过程，在这一过程中也可能会发生错误。例如，传达人所传达的内容不同于他应当传达的内容，如意思是通过电报传达时，发报人发错了内容。

5. 意思的理解阶段

意思表示到达对方以后，对方当事人作出了错误的理解或者不同于表意人本人的最初意思的理解。②

(五) 错误的类型及法律救济

1. 动机错误

动机错误是发生在意思形成中的错误，就如德国学者所言：动机错误是指表意人对某些情形怀有不正确的设想，而这些情形于他决定发出这一意义上的表示有着重要意义。如果他具备了正确的观念，他就会作出另一决定。动机错误在意思形成阶段就产生了，因此，它破坏的是意思的决策。③ 动机错误是否能够请求法律救济呢？

在私法领域，由于动机是一种禁忌，所以，合同就不会仅仅因为动机而被撤销。许多国家

---

① 参见［法］莱尼·达维：《法国法与英国法》，潘华仿等译，106页，中国政法大学内部用书，1984。

② 参见［德］迪特尔·梅迪库斯：《德国民法总论》，邵建东译，565～566页，北京，法律出版社，2000。

③ 参见［德］卡尔·拉伦茨：《德国民法通论》(下)，王晓晔等译，514页，北京，法律出版社，2003。

的民法典都肯认这一原则，例如，根据《瑞士债务法》第 24 条的规定，仅为对订立合同之动机的误解，不属于重大错误，因而不能被撤销。《奥地利民法典》第 901 条、《希腊民法典》第 143 条都规定了这一原则。德国学者认为，《德国民法典》第 119 条虽然没有直接规定动机错误不能被撤销，但该条已经含有这样的意义。① “动机错误不能被撤销”这一原则可以追溯到萨维尼，他认为必须将当事人形成订立合同的意图阶段与他表达意图阶段区分开来：在早期阶段的错误是动机错误，没有法律意义，而意图形成没有错误的但表达有错误使人有权撤销。作为政策的基本立足点，动机错误应当被忽略。促使一方订立合同的动机，如预期、假定、希望通过合同达到的目标或者计划，是对方所不知道或者不关心的问题。如果合同的有效性仅仅因为一方不切实际的预期或者不恰当的推定而受到质疑，那么结果将是灾难性的。② 因此，一个购买了结婚礼物的人，不能因为婚礼取消了就撤销该买卖合同。一个房屋买卖合同也不会因为购买人对国家有关商品房的政策发生误解而具有可撤销性。

2. 内容错误

内容错误，又称为意义错误，是指在为意志寻找某种表示符号的过程中发生的错误，即表意人对所选择的符号的意义发生了错误，这一符号的意义，不同于表意人的本意。③ 内容错误是严重的错误，是可以撤销的。

3. 表示错误

这是发生在表达阶段的错误，它是指表意人所表示出来的符号，不是他想表达的符号，最典型的就是说错了话或者写错了字，例如，将“10 000 元”写成“1 000 元”。表示错误也是比较典型的错误，是可以撤销的。

4. 传达错误

这是发生在意思运输过程中的错误。在非面对面的合同缔结方式中，往往还存在一个意思的运输过程。特别是在通过第三人传达的情况下，还存在这样一种风险：第三人传达给受领人的意思可能不同于意思表示人的意思。

法律规定传达错误的意思表示是可以撤销的，是因为传达人的表示应当归责于表意人。④ 许多国家的民法典规定，传达错误是可以撤销的，例如，《德国民法典》第 120 条规定：“意思表示由传达人或者传达机构传达不实时，可以在第 119 条关于因错误而作的意思表示所规定的同样条件下撤销。”《瑞士债务法》第 27 条规定：“合同成立后，因送信人或者其他人的原因造成要约或者承诺传递错误的，适用有关错误的规定。”

对此，我国《民法典》没有明确规定，但是已经废止的《最高人民法院关于贯彻执行〈中华人民共和国民法通则〉若干问题的意见（试行）》对传达错误有规定，而且甚有特色。该意见第 77 条规定：“意思表示由第三人义务转达，而第三人由于过失转达错误或者没有转达，使他人造成损失的，一般可由意思表示人负赔偿责任……”从这一规定看，传达错误的意思表示显然是可以撤销的。但是，它不同于其他国家的法典规定之处有以下几点：（1）传达仅仅限于义务性传达。这就意味着如果是有偿的传达，例如，邮局的传达等，就不能撤销而仅仅追究邮

① 参见［德］海因·克茨：《欧洲合同法》（上），周忠海等译，263 页，北京，法律出版社，2001。
② 转引自［德］海因·克茨：《欧洲合同法》（上），周忠海等译，264 页，北京，法律出版社，2001。
③ 参见［德］迪特尔·梅迪库斯：《德国民法总论》，邵建东译，567 页，北京，法律出版社，2000。
④ 参见［德］迪特尔·梅迪库斯：《德国民法总论》，邵建东译，569 页，北京，法律出版社，2000。

局的责任。实际上，由于传达人所传达的意思是意思表示人的意思，而意思表示的后果当由意思表示人承担。如果由于传达人的错误导致意思表示的内容同表意人的意思不同，事实上还是让表意人承担了一种与其意思不同的后果。所以，许多国家的民法典规定传达错误是可以撤销的。而我国这种做法实值得探讨。（2）除传达错误之外，该条还规定了没有传达的情形，而结果是由意思表示人负赔偿责任。如果是没有转达，也就是相当于意思表示人没有为意思表示，究竟是谁遭受损失？无论是转达要约，还是转达承诺，均不会给对方当事人造成损失，而仅仅会给意思表示人造成损失。让意思表示人自己赔偿自己？

所以，笔者认为，民法典不能再作出与上述司法解释相同的理解，应当理解为：只要发生传达错误，就应当适用有关错误的规定而可撤销，不能仅仅限于义务性传达。

5. 受领错误

这是发生在意思理解阶段的错误，即在意思到达对方之后，受领人作了错误的理解。① 如果受领人虽然作了错误的理解而没有表示什么，则对方根本不需要撤销。只有当受领人作了错误的理解并作出意思表示时，才能根据错误的规定而撤销。

（六）我国法上的错误

关于我国法上的错误概念，《民法典》第147条规定：基于重大误解实施的民事法律行为，行为人有权请求人民法院或者仲裁机构予以撤销。由此可见，我国法采用了法国法与德国法上关于合同内容错误的规定。依我国学者的解释，意思表示的错误分为：（1）关于当事人本身的错误。这种错误仅于赠与、雇佣、委任等注重当事人其人的法律关系时，才构成意思表示内容的错误。（2）关于标的物本身的错误。（3）关于当事人资格的错误。（4）关于标的物性质的错误，但对这种错误的判断仅以标的物的性质在交易上是否重要为尺度。（5）关于法律行为性质的错误。（6）关于价格、数量、履行地、履行期的错误。（7）关于动机上的错误，仅当该动机表示于外而构成意思表示的一部分时，才构成意思表示内容上的错误。②

（七）对与错误有关的几个问题的思考

1. 对法律的误解能否影响合同效力

“任何人不得以不知法律为由而进行抗辩”，是大陆法系和英美法系普遍承认的规则，所以，两大法系在关于对法律的误解与合同效力的关系问题上采用的传统原则是：对法律的误解不影响合同效力。但是，现在这一原则在两大法系的判例及学理上有所变化。

在法国学理看来，这一格言所要说明的仅仅是无论当事人是否知道法律的某一规定，该规定照样适用。而这里所谓的对法律的误解是指当事人对有关合同效力的法律产生误解，这种误解使当事人的同意产生瑕疵。具体来说，对法律的误解必须涉及标的物的性质才能导致合同无效。因此，在通常情况下能导致合同无效的这种误解是对作为合同标的的权利的存在、权利的性质或权利的适用范围发生误解，例如，当事人基于对夫妻财产制度的错误理解而放弃对夫妻共同财产的权利等。③

在德国，学者将法律错误直接称为“对法律后果的错误”，即表意人对法律规定的法律后果发生误解。例如，由于出卖人对法律关于出卖人对出卖物的瑕疵应负担保责任的规定发生误

---

① 参见［德］迪特尔·梅迪库斯：《德国民法总论》，邵建东译，569～570页，北京，法律出版社，2000。

② 参见梁慧星：《民法总论》，168页，北京，法律出版社，1996。

③ 参见尹田：《法国现代合同法》，77页，北京，法律出版社，1995。

解，这种错误是否可以撤销？学者指出，法律规定因错误可以撤销的宗旨是：由于发生错误的人并非真正想使特定的法律后果发生，因此他应当有权通过撤销来消除这种后果。如果尽管行为人不想使这种后果发生，但这种后果依然要发生，那就不符合私法自治的原则了。但是，这种宗旨不能以相同的方式适用于那些由法律对某种行为规定的法律后果。因为，在某种程度上说，这些后果的正确性已经有客观的法律制度作了保障。① 也就是说，法律规定的法律后果，不是当事人意思自治的对象，是"客观"法律的结果，是必定发生的，所以，当事人是否对这种后果发生误解并不重要。当然，对于因法律后果发生误解而撤销表示所作的这种限制并不是一种符合逻辑的必然结果，而是一种评价。其原因在于：如果允许表意人因对任何法律后果发生误解而撤销表示，那么，法律交往的稳定性就会受到不可承受的破坏。②

在美国，一个实践中经常引起争议的问题是：对法规、法院判决或当事人行为的法律后果的错误认识是不是合同法意义上的"错误"？有些美国法院对此持否定态度。他们认为，法律不是事实，每个人均应知法，因此，对法律的认识错误不能成为主张合同无效的理由。可是，现代的法院判决所持的观点是：合同成立时现存的法律是事实的组成部分，因此，对法律的认识的错误也能成为免除合同义务的理由。这种观点已为大多数美国法院所接受。③ 美国著名合同法专家科宾就非常赞成《美国第二次合同法重述》第 17 章没有区分法律上的错误与事实上的错误的做法，他认为：法律并不是由对着天空发光的字母组成，其规则并不是跑过去就能读懂的。人们不能也并未被指望了解他们的权利所依赖的全部法律。所以，无论事实错误还是法律错误，都可能导致法律救济。④

由此可见，对法律的误解并非在任何情况下都不能影响合同的效力。对法律错误是否可以撤销的讨论，在笔者看来，有一个如何将法律错误归类的问题：是将这种错误归为内容错误还是动机错误？我们不妨作一个选择性的分析：错误人由于对法律后果等的错误理解，已经将这种错误转化为自己的意思而融入合同中去，成为意思表示的部分而非"既存法律"，所以，对法律理解的错误实际上是意思表示内容的错误，因而是可以撤销的。或者，可以将之归入动机错误中去，对法律的误解而作出决定，因而是不可撤销的。笔者个人主张，应当将之归入动机错误而不可撤销。因为，对法律的错误，至多是行为人在决策时影响其意思的一个因素。我国法律对此无明确的规定，学理对此的讨论也不深入，更无这一方面的判例。在此情况下，我们还应坚持古老的格言：对法律的误解不影响合同的效力。从另外意义上说，并非任何人均是法律专家，故他们对法律产生误解是经常发生的事。而法律服务的普遍性已为避免这种情况的发生提供了现实的基础，当事人可以通过这种途径避免误解，否则，如果允许当事人动辄以对法律的误解为由而主张合同无效，对交易安全将构成威胁。

2. 当事人的重大过失是否影响因错误而发生的撤销

如果当事人的错误是由于自己的明显的过错所导致，即如果他能够尽到必要的谨慎注意义务就可以避免错误，当事人是否有权请求法院撤销？

在法国，当误解方的误解是由于过分的轻率或疏忽引起时，当事人即具有不可原谅的过

---

① 参见［德］迪特尔·梅迪库斯：《德国民法总论》，邵建东译，572 页，北京，法律出版社，2000。

② 参见［德］卡尔·拉伦茨：《德国民法通论》（下），王晓晔等译，513 页，北京，法律出版社，2003。

③ 参见王军：《美国合同法》，157～158 页，北京，中国政法大学出版社，1996。

④ 参见［美］A. L. 科宾：《科宾论合同》，王卫国等译，714～718 页，北京，中国大百科全书出版社，1998。

错，无权主张合同无效。从心理分析的角度看，只要发生了误解，当事人的同意便具有瑕疵。但是，由于当事人对误解的发生具有过错，其利益便不应得到法律的特别保护。① 比利时与西班牙也采取同样的标准。②

但在大陆法系的德国与瑞士的民法典中，错误方的重大过失，并不是禁止其撤销的法定理由，仅仅会影响其赔偿责任。但是，这并不是说，司法实践对重大过失不予考虑。事实上，正如德国学者所指出的一样：在回答错误是不仅仅是动机错误或者属于错误一方的风险范围问题上，德国法官可以考虑的因素同促使法国法官认为错误一方有过错的因素是相同的。③ 也就是说，在具体案件中，如果错误方具有明显的过失，法官可能判定这种错误属于其风险范围或者动机错误。例如，如果一个人租用一块土地养鱼，结果发现该土地不适合养鱼，故以错误为由请求法院撤销租赁合同，法官可以认定这属于其风险范围的事情而拒绝救济。因为，在租赁合同订立前他完全能够查明而他没有这样做，这种结果属于他应当承担的风险。

在英国，当事人基于不应有的误解而作出的许诺应视为具有法律效力。这里所说的不应有的误解是指该当事人完全是由于其自己的原因发生的误解，而这种误解在正常情况下对其他人来说是不会发生的。根据普通法规则，当事人单方的不应有的误解通常不影响合同的效力。但是，如果当事人一方产生了误解，而对方当事人又确知其发生了误解，则不构成当事人不应有的误解。在此情况下，误解方可以主张合同无效。④

在美国，当事人在发生错误时有疏忽，常常作为法院拒绝救济的理由，“一个人必须承担他自己的‘蠢行’的后果”甚至是一条拒绝救济的原则⑤，法院常常引用“自知无知”（conscious ignorance）来处理此类情形。在1899年威斯康星州最高法院审理的科瓦尔克诉米尔沃基电力火车公司案中，一位妇女在遭受交通事故后没有经医生检查就与被告和解，签署了一份弃权声明。这一事故后来导致了该妇女流产，但依该声明，她不能再向被告提出声明范围之外的请求。法院认为，这份声明是一份有效的声明，由此引起的风险应由该妇女承担。“自知无知”标准要求当事人在签订合同时应具有最起码的谨慎，应对他不懂但显然应当弄懂的事进行调查。但是，“自知无知”规则不同于一般的疏忽。根据《美国第二次合同法重述》第117条的规定，错误方的疏忽不应使该方丧失因错误而要求解除合同义务的权利，除非这种疏忽等于非善意地行事以及未依公平交易的合理标准行事。⑥ 也就是说，因过分的疏忽而产生的错误将使错误方丧失请求解除合同义务的权利。科宾解释说：如果他方当事人为善意且实质性地改变了其地位，不允许因疏忽发生错误的人解除合同。⑦ 相反，如果因疏忽发生的错误并没有使对方当事人的利益发生改变或者受到损害，则允许撤销合同。

从我国《民法典》第157条的规定看，即使发生错误的人具有过错，也不影响其撤销合同的权利，只不过要负担赔偿责任，其解释应同于《瑞士民法典》。

3. 瑕疵担保责任与错误

在买卖合同中，如果买受人对有瑕疵之物误认为是无瑕疵之物，是适用瑕疵担保责任规则

---

① 参见尹田：《法国现代合同法》，82页，北京，法律出版社，1995。

②③ 参见［德］海因·克茨：《欧洲合同法》（上），周忠海等译，269页，北京，法律出版社，2001。

④ 参见董安生等编译：《英国商法》，102页，北京，法律出版社，1991。

⑤ 参见［美］A.L.科宾：《科宾论合同》，王卫国等译，694～695页，北京，中国大百科全书出版社，1998。

⑥ 参见王军：《美国合同法》，164～166页，北京，中国政法大学出版社，1996。

⑦ 参见［美］A.L.科宾：《科宾论合同》，王卫国等译，695页，北京，中国大百科全书出版社，1998。

还是适用错误规则予以救济?

对于这一问题，存在两种不同的立法体例。德国判例认为，瑕疵担保规则优于错误规则。例如，1905年德国最高法院的一个原则性判例指出：在货物买卖上，关于货物瑕疵担保之诉的法律规定压倒主要性质错误的规则。例如出售假画，买卖双方都善意地认为画是真的，如果该画不是双方当事人所认定的那个画家的作品，出售物有瑕疵，法院应援用有关瑕疵担保之诉。

瑞士固定的判例法规则向来承认买方得选择援用瑕疵担保或性质错误两种诉权。法国判例与瑞士基本相同，即允许当事人在两种诉权中选择。①

我国无此明文的法律规定或固定的裁判规则，笔者认为，应采用法国法及瑞士法的判例规则，即允许当事人选择一种有利于自己的救济方法。

4. 风险与错误

在错误属于行为人所承担的风险范围时，可排除因错误而撤销。这一点法律虽然没有明确规定，但已为人们所承认。例如，在通常情况下，主债务人的给付能力属于保证人的风险范围，因为保证的作用就是消除债权人对于主债务人是否具有给付能力的不确定性，所以，保证人不得因这一风险而撤销。②

在商事交易中，大多数情况下不存在正确与错误的问题，仅仅存在交易的风险，即对未来不确定性的知与不知。从这一意义上说，任何一个从事商事交易的人，都自愿地有意承担了对自己不利的风险。如果当事人对未来的风险有所预料，可能会对这些风险的分配作出事先约定，否则，将按照法律规定来分担风险的损失。因此，如果允许因风险范围内的事项以错误为由撤销合同，将产生下列极其不利的影响：（1）它将使风险分配的法律规则丧失价值；（2）一方当事人可能成为另一方当事人转移风险的牺牲品，法律也就成为一方损害另一方的合法工具。

5. 格式合同条款能否适用因错误而撤销之规则

如果一方当事人对格式合同条款发生误解，能否适用因错误而撤销的规则？由于格式合同的特征所决定，格式合同的使用方在起草格式合同时，没有与对方当事人协商，在使用时也不允许对方当事人提出协商，对方当事人只能在“签订与不签订”之间作出选择，在许多情况下，被适用方对格式条款的错误理解或正确理解并没有多大意义，因此有的学者主张，对格式合同的内容控制优先于因错误而撤销的适用，令人意外的条款与内容违法的条款无效而不需要被撤销。③

但笔者个人认为，内容控制与因错误而撤销的结果并不相同，如果被使用格式合同的一方当事人想彻底摆脱格式合同的约束，只有撤销才可以达到目的。因此，如果格式合同的使用者没有以合理的方式提请对方注意重要条款，并按照对方的要求予以合理解释，对方既可以请求确认该条款无效，也可以请求撤销合同。

6. 计算错误

计算错误能否引起合同的法律救济？有的学者指出：计算错误不能构成一种独立的错误范

---

① 参见沈达明等编著：《德意志法上的法律行为》，123页，北京，对外贸易教育出版社，1992。

② 参见［德］迪特尔·梅迪库斯：《德国民法总论》，邵建东译，589页，北京，法律出版社，2000。

③ 参见［德］迪特尔·梅迪库斯：《德国民法总论》，邵建东译，575页，北京，法律出版社，2000。

畴，而应当根据具体案情区别对待。① 也就是说，对计算错误能否请求法律救济，就要看其属于何种类型。计算错误可以分为三类。

（1）决定合同是否订立的计算错误。

这类错误主要是行为人在决定自己行为时，将计算作为决定的因素。例如，合同一方当事人在缔约前，对于此次交易是否盈利作了错误的计算，即将不能盈利的交易计算为可以盈利的交易，并因此订立合同。此种错误应视为动机错误而不能请求法律救济。

科宾指出：要约人的错误是在其作出要约前发生的。他在发出要约时，确切地说了他打算说的话，他确切地向对方当事人传达了他打算传达的意思。他的错误是完全在其表达和传达前的计算错误。把 2 与 8 相加时，他的得数是 3——这显然是重要的错误，是导致他作出要约的错误，但提出来由他方承诺的是加法的结果而不是错误的加法的运算本身。因此，法院认为此种情况下可以成立能够强制执行的有效合同。② 德国学者拉伦茨也认为：如果他还没有把结果告知对方，那么这时的计算错误只是一种内部的计算错误。这种错误只是一种动机错误，因此原则上是无关紧要的。这一点是没有争议的。③

（2）数字错误。

如果不是由于动机方面的原因，而是由于在选择表达意思的符号时发生错误，例如，不清楚土地的计量单位“公顷”的含义而在计算土地价格时，将每“亩”的价格计算为每“公顷”的价格；或者在表达过程中将结果计算错误，例如，约定外币的买卖价格为 1∶8.5，但在计算时小数点向前靠了一位。这种错误，一般情况下可以通过解释来消除或者因矛盾而不需要撤销。例如，《瑞士债务法》第 24 条规定：合同不因单纯的计算错误而无效，但应当对错误予以纠正。《意大利民法典》第 1430 条也有这样的规定。如果不能通过解释解决，则前者属于内容错误，而后者作为表示错误来撤销。

（3）计算中的共同错误。

如果双方当事人之间的交易是以价格的计算为基础的，而双方当事人据以为行为出发点的计算基础被证明是不正确的，在此情况下，可以认定为共同错误而撤销。例如，货币买卖的双方当事人因都不熟悉货币买卖比价，都认为美元对人民币的比价为 1∶3 并以此为基础进行了交易，那么，就属于计算中的共同错误，可以请求撤销。

7. 同一性错误

同一性错误，是指意思表示所涉及的客体或者指向的人，不同于想涉及的客体或者指向的人。④ 同一性错误一般归入内容错误而允许撤销。

二、胁 迫

（一）胁迫的概念

在大陆法系国家，胁迫一般是指行为人对表意人施加精神上的压力而使之产生恐惧，从而产生意思扭曲的情形。德国学者梅迪库斯与拉伦茨认为：胁迫是指预告某种危害，而胁迫人声

---

① 参见［德］迪特尔·梅迪库斯：《德国民法总论》，邵建东译，578 页，北京，法律出版社，2000。

② 参见［美］A. L. 科宾：《科宾论合同》（上），王卫国等译，704 页，北京，中国大百科全书出版社，1998。

③ 参见［德］卡尔·拉伦茨：《德国民法通论》（下），王晓晔等译，508 页，北京，法律出版社，2003。

④ 参见［德］迪特尔·梅迪库斯：《德国民法总论》，邵建东译，579 页，北京，法律出版社，2000。

称该危害是否实现取决于自己的意志的行为。[①] 胁迫的目的是使受胁迫人发出屈服于胁迫人意志的意思表示。《法国民法典》第1112条规定："如行为的性质足以使正常人产生印象并使其担心自己的身体或财产面临重大且现实的危害者，即为胁迫。"《瑞士债务法》第29条称之为"害怕"，更加明确。

因胁迫而订立的合同，是指以非法加害或者不正当预告危害而使他人产生心理上的恐惧，并基于这种恐惧作出违背自己意志并迎合胁迫人的意思表示的行为。我国《民法典》第150条规定："一方或者第三人以胁迫手段，使对方在违背真实意思的情况下实施的民事法律行为，受胁迫方有权请求人民法院或者仲裁机构予以撤销。"因此，在我国法上，胁迫人除了合同相对人，还包括第三人。只要合同一方当事人受到了胁迫，而该胁迫无论是来自相对方还是第三方，都是可以请求法院或者仲裁机构予以撤销合同的。我国判例规则详细给出了实践中对胁迫的认定标准：以给公民及其亲友的生命健康、荣誉、名誉、财产等造成损失或者以给法人的荣誉、名誉、财产等造成损害为要挟，迫使对方作出违背真实的意思表示的，可以认定为胁迫行为。[②] 这一判例规则在《民法典》实施后，仍然可以适用。

因胁迫订立的合同与因欺诈、错误订立的合同不同，不管如何，因欺诈或者错误而为的合同是基于受害人自己的判断，只是基础存在问题。但是，在胁迫下所为的合同，受胁迫人根本不是基于自己的判断，其意思根本不是自己的意思，是把胁迫人的意思用自己的嘴巴或者手写出来而已。另外，因错误或欺诈而为意思表示时，表意人的意志是自由的，而因胁迫而为意思表示时，其意志是不自由的。它们的相同点是：均是在意思形成过程中形成的意思瑕疵。

在大陆法系国家以及我国的民法中关于胁迫的一个重要问题是，胁迫不包括暴力在内。如果是在直接暴力下所订立的合同，如抓住对方当事人的手使其签名或按手印，根本无所谓意思表示可言，故不是意思瑕疵问题。

英美法中胁迫的概念与大陆法系各国中胁迫的概念略有差异，其胁迫是指一方当事人为了把某种合同条件强加给另一方而对其实施的人身强制或不适当的威胁。它包括两种基本类型——人身强制和威胁[③]，即包括暴力行为。

（二）为什么因胁迫而订立的合同是可以撤销的

法律对于因胁迫而订立的合同进行救济的法理基础是在意思自治（契约自由）与自己责任之间寻求平衡。一方面，传统合同法理论认为：在胁迫的情况下，当事人真正的意思自由受到破坏，合同是在违背意思自治原则的前提下产生的，因此，法律是应当进行干预的。这种观点具有很强的说服力与理论支持。另一方面，也有人对这种理论提出批判，认为：在胁迫的情况下是否存在当事人的意志是值得怀疑的。例如，亚里士多德就认为：即使某人在最严重的强制下（例如在风暴中将自己的货物丢入水中以拯救船只）作出了某事，他仍然是根据自己的意志在行动。虽然他是在两道难吃的菜中进行选择，但是，他仍然是自由地作出了选择。同样的，如果某人在枪口的威胁下签署了一份合同，那么可以认为他仅仅是在被杀和签署文件之间进行

---

① 参见［德］迪特尔·梅迪库斯：《德国民法总论》，邵建东译，613页，北京，法律出版社，2000；［德］卡尔·拉伦茨：《德国民法通论》（下），王晓晔等译，546页，北京，法律出版社，2003。

② 参见《最高人民法院关于贯彻执行〈中华人民共和国民法通则〉若干问题的意见（试行）》第69条。

③ 参见王军：《美国合同法》，192～193页，北京，中国政法大学出版社，1996。

自由选择。[①] 从这种意义上说，就不能支持法律对因胁迫而订立的合同的救济。

笔者认为，这是问题的两个极端，坚持任何一极均不会产生令人满意的结果。如果对枪口下订立的合同都不予以救济，那么私法的基本原则——意思自治与契约自由将受到极大的破坏，弱肉强食将会吞噬民法的精神。但是，如果对任何微小的胁迫都进行救济，将会使交易的安全性受到破坏。就像阿狄亚所言：我们必须承认所有的合同都是在某种强制下缔结的，不仅没有完全自愿的合同，而且没有完全自愿的选择。每一个合同都是在某种形式的强制下缔结的，每一个合同性要约都是在某种恐吓下发生的。强制和恐吓在整个概念交换中是默示的，因为要约人总是要求某物作为他的要约的回报，用另一种方式说，他正在恐吓对方，除非对方能为他提供他所要的东西作为回报，否则他不会提供对方想要的东西。这就意味着必须发现法律允许的不会使合同无效的强制和恐吓与法律不允许的会使合同无效的强制与恐吓。[②] 按照阿狄亚的观点，法律所面临的真正问题不是“意志是否受到胁迫”，而是“什么样的胁迫是非法的”。笔者同意阿狄亚的观点，因为无论是大陆法系国家的学理与立法，还是英美国家的判例与学理，在关于胁迫问题上最关注的问题恰恰就是胁迫的“非法性”与程度问题，并将之作为能否引起法律救济的条件。

（三）胁迫的法律构成

1. 应当有胁迫的事实

胁迫是一种使对方产生心理压力的事实，既可表现为语言，也可以表现为具体的行为。英国的科克勋爵就曾经针对胁迫的主要表现开列了一个清单：(1) 担心丧失生命；(2) 担心丧失身体器官；(3) 担心肢体受到伤害；(4) 担心受到监禁，或害怕受到殴打，或担心其货物或类似的东西被掠走或毁坏。[③] 但事实上远不止这些，用列举的方式是无法穷尽的。按照英国普通法判例，胁迫的形式有以下几种：(1) 当事人直接对对方当事人施加人身暴力或约束性人身暴力；(2) 当事人以语言威胁将向对方施加人身暴力或约束性人身暴力；(3) 当事人以毁坏对方名誉相威胁；(4) 当事人非法扣押对方财产或以语言相威胁将要扣押对方财产，但有法律根据的不构成胁迫。[④]

胁迫的手段既可以是物质的，也可以是精神的，既可以针对相对人本人，也可以向足以对相对人产生影响的利害关系人实施，如相对人的亲属。如《法国民法典》第 1113 条规定：“不仅对于缔约当事人一方进行胁迫，而且对于缔约人的配偶、直系卑亲属或直系尊亲属进行胁迫时，胁迫均成为契约无效的原因。”这里有两点应特别予以强调。

(1) 行为人用来胁迫的事项的内容具有将来性。也就是说，这种胁迫的内容之危害在受胁迫人拒绝其要求时才能发生。如果是已经发生的事实，一般不发生胁迫问题。另外，行为人用来胁迫的事项的内容具有发生的可能性。也就是说，胁迫人能够控制这种危险的发生，如德国学者霍恩指出：“如果一个人以某种恶果相威胁，而他又对这一恶果拥有某种控制力，那么他的这种威胁就构成了胁迫。”[⑤]

---

① 参见［英］阿狄亚：《合同法导论》，赵旭东等译，282 页，北京，法律出版社，2002。
② 参见［英］阿狄亚：《合同法导论》，赵旭东等译，282～283 页，北京，法律出版社，2002。
③ 参见王军：《美国合同法》，192 页，北京，中国政法大学出版社，1996。
④ 参见董安生等编译：《英国商法》，128 页，北京，法律出版社，1991。
⑤ ［德］罗伯特·霍恩等：《德国民商法导论》，楚建等译，86 页，北京，中国大百科全书出版社，1996。

（2）实施胁迫的人可以是当事人本人，也可以是第三人。但是，由于各国对善意第三人是否保护的立法政策不同，因此，因第三人的胁迫而订立的合同是否允许撤销的结果也就有所不同。以《德国民法典》为代表的罗马法系认为：订立合同者的意志在胁迫的情况下比欺诈的情况下遭到的破坏更甚，因此，即使对方是善意的，也允许撤销合同。① 基于这样的立法政策，《德国民法典》就把保护受胁迫人的利益放在善意第三人利益之上，故该法典第123条仅仅规定了只有在受益人知道或者应当知道第三人的欺诈时才能撤销合同，而没有规定胁迫的事实为相对人知道才能撤销合同。拉伦茨指出：法律坚决反对采取胁迫行为对表意人意志施加非法影响的做法。因此，即使相对人对胁迫一无所知，也无法知道，他（胁迫人）也不应当受到保护。② 德国联邦最高法院1966年的一个判例判决法院作为第三人的胁迫是成立的：一所州法院的审判庭对支持诉讼请求的判决进行了审议，并且以书面的方式记录下来。然后，庭长威胁说，如果被告不同意原告提出的和解条件，法庭将对被告作出不利的判决，被告因此订立了和解协议。但事后被告根据《德国民法典》第123条规定的胁迫提出撤销，联邦最高法院支持了其请求。③《法国民法典》第1111条规定，无论胁迫是合同当事人实施还是第三人实施，其引起的法律后果都是相同的。《瑞士债务法》第29条规定："缔约之一方当事人受另一方当事人或者第三人非法胁迫而订立的合同，受胁迫的一方不受合同的约束。因为第三人的胁迫而订立合同，受胁迫的一方请求撤销合同的，依据公平原则应当赔偿因此给对方造成的损失，但订立合同的对方当事人已经知道或者应当知道该胁迫行为的除外。"也就是说，瑞士民法仅仅把对方当事人是否知道或者应当知道胁迫的事实作为是否能够获得赔偿的条件。但是，《奥地利民法典》（第875条）与《荷兰民法典》（第3：44条）都有善意第三人的保护问题，即只有在对方当事人知道或者应当知道第三人实施了胁迫时，才允许以胁迫为由撤销合同。

在我国《民法典》之前，我国的司法判例规则在胁迫问题上，是保护善意第三人的。《最高人民法院关于适用〈中华人民共和国担保法〉若干问题的解释》第40条明确规定主合同债务人采取胁迫手段，使保证人在违背真实意思的情况下提供保证的，债权人知道或者应当知道胁迫事实的，保证人不再承担保证责任。从这一规定看，我国立法的态度是采取善意第三人保护政策。如果第三人实施的胁迫行为为合同另一方当事人所不知或者不应知的，受胁迫的一方无权请求撤销合同，只能采取其他方式向胁迫人要求赔偿。反之，如果缔约另一方当事人知道或者应当知道胁迫事实，对方不仅可以撤销合同，而且对因此给其造成的损失，也没有赔偿义务。另外，如果缔约一方当事人指使第三人为胁迫行为，应视为当事人自己的行为。对方不仅可以撤销合同，而且对因此给其造成的损失，没有赔偿义务。但《民法典》第150条改变了这种思路，采取了如同德国学者的观点：在第三人胁迫的情况下，不问合同相对人是否知道，合同都是可以撤销的。

2. 胁迫具有非法性

这一要件是胁迫构成的关键要素。如果胁迫不具有非法性，则胁迫将不成立，大陆法系各国民法及判例均将非法性作为胁迫构成的要件之一。

关于胁迫的非法性问题，德国学理的讨论引人深思。学者认为，胁迫的非法性是法律救济

---

① 参见［德］海因·克茨：《欧洲合同法》（上），周忠海等译，309页，北京，法律出版社，2001。

② 参见［德］卡尔·拉伦茨：《德国民法通论》（下），王晓晔等译，542页，北京，法律出版社，2003。

③ 参见［德］迪特尔·梅迪库斯：《德国民法总论》，邵建东译，614页，北京，法律出版社，2000。

的前提，但应当从胁迫的手段、目的及目的与手段之间的关系来具体区分。①

（1）手段非法性。

如果用以胁迫的手段为法律所禁止，亦即用以胁迫的手段是非法的，那么胁迫就具有当然的非法性。至于胁迫行为所追求的目的，则可以在所不问。② 例如，虽然目的合法，但债权人用暴力威胁的方式逼迫债务人偿还债务，胁迫就具有非法性。但是，如果债权人用起诉的方式威胁债务人，即如果不及时偿还债务，就到法院起诉债务人，则不具有非法性。因为起诉以及强制执行恰恰是法律制度为实现这种目的所提供的手段。

（2）目的非法性。

如果手段非法而目的合法，这种胁迫当然具有非法性。而在手段合法而目的不合法时，胁迫也非法。例如，以检举某人的犯罪行为为手段，要求犯罪行为人给自己一笔“沉默费”。

（3）目的与手段结合时的非法性。

对于目的与手段结合时的非法性，德国司法判例作了这样的表述：虽然手段和目的就其本身来说并不违法，但是手段和目的的联系仍然可能违法。如果使用此种手段以达到彼种目的的做法，违反了一切具有公平和正义思想的人的观点。在此，特别应当考虑胁迫人对达成其所追求的效果是否具有某种正当利益，以及胁迫是不是一种适当的手段。③ 例如，A是B的债务人，B向A催债而A屡次不还。B就以检举A的犯罪行为要挟A偿还债务，在此基础上A与B达成了偿还债务的协议。在这里，B的手段与目的分别开来，均没有任何非法性，但是，两者结合就具有了非法性。因为，检举犯罪行为并不是法律赋予债权人实现私权的合法手段。

3. 胁迫与合同订立之间有因果关系

也就是说，合同当事人一方订立合同是对方或第三人胁迫的结果。如果只有胁迫行为但这种胁迫行为并没有影响缔约人的意思自由，不构成法律意义上的胁迫。

4. 胁迫必须达到足以影响当事人意思自由的程度

法律对胁迫的救济目的在于保护意思表示的自由，所以，必须胁迫行为的程度达到足以影响表意人意思自由的时候，才能得到救济。如《法国民法典》第1112条便作了这样的规定。从我国《民法典》第150条的规定看，也强调达到“使对方在违背真实意思的情况下”实施民事法律行为的程度。

（四）经济胁迫（economic duress）问题

经济胁迫，是指当事人一方滥用其优势地位以及相对方的需要，以暴力强迫以外的方式迫使相对方接受合同条件的情形。在大陆法系与英美法系，早期立法与判例均不承认这种胁迫。但是，随着契约自由原则的衰落以及定式合同的大量出现，经济胁迫问题逐渐引起了人们的重视，特别是在英美法系国家，已成为重要问题并形成了固定的判例规则。阿狄亚指出：“在大量的最近的判例中，法院已经开始承认经济胁迫的概念。”④

大陆法系的法国学理认为，凡是导致当事人意志不自由的压力均可构成胁迫，因此，人的

---

① 参见［德］迪特尔·梅迪库斯：《德国民法总论》，邵建东译，614页，北京，法律出版社，2000；［德］卡尔·拉伦茨：《德国民法通论》（下），王晓晔等译，547页，北京，法律出版社，2003。

② 参见［德］迪特尔·梅迪库斯：《德国民法总论》，邵建东译，614页，北京，法律出版社，2000。

③ 参见［德］迪特尔·梅迪库斯：《德国民法总论》，邵建东译，616页，北京，法律出版社，2000。

④ 参见［英］阿狄亚：《合同法导论》，赵旭东等译，284页，北京，法律出版社，2002。

行为之外的、纯粹由于客观事实而引起的压力，也可成为合同无效的原因。事实上，在完全不存在他人威胁的情况下，当事人也有可能因为客观情况而不得不订立合同。这种情况称为“紧急危难情况”，其最典型的例子就是所谓的“海难救助”：在危难之际，船长为求生存，无任何可能与他人讨论合同条件。在这种情况下订立的合同，也应如同胁迫的情形一样，判定当事人的同意具有瑕疵，其同意不自由。①

但是，在现实的经济生活中，缔约双方的经济地位的平等仅仅是个别的，而绝对平等更仅仅是理论上的，不平等的情形为多数，而且，大多数合同的一方或双方当事人有急需的情形。那么，如何判断一方利用自己的地位优势和对方的危难是否达到足以使对方的意志发生扭曲的程度？

依据法国判例所确定的规则，只有一方利用对方的危难与其订立的合同条件显失公平，并利用这种危难牟取暴利时，才构成经济胁迫。例如，外科医生利用病人急需手术治疗之机，要求增加酬金。法国学理认为，对这种行为的处理使其与道德结合起来：一方面，客观情况的压力使当事人丧失了同意的自由，导致其同意具有瑕疵；另一方面，相对方当事人虽然未实施违法行为迫使对方订立合同，但利用对方的急需而牟取暴利，其主观上具有过错。②

在美国，法律对经济胁迫的确认，是因为它使被胁迫者失去了合理的选择余地。合理选择余地之有无，是美国判例确定是否构成经济胁迫的标准。按照这一标准，如果受到威胁的一方能够在市场上找到可适用的替代物，他就有摆脱威胁的合理的选择余地，另一方就不构成经济胁迫。相反，如果一方利用另一方的某种经济上的需要，迫使另一方接受显失公平的合同条件，而另一方除了接受之外别无选择，前者的行为就构成了经济胁迫。③ 从美国判例法的标准看，构成经济胁迫也同样需具备两个条件：其一是当事人处于危急之中，且除了接受对方的合同条件别无选择；其二是合同条件有失公平。美国联邦最高法院审理 1918 年发生的美国诉伯利恒公司案时，就使用了经济胁迫的规则。该案案情是：1918 年年初，美国航运委员会舰队公司——一家政府公司，与伯利恒公司——伯利恒钢铁公司的一个分公司，在事前讨价还价的基础上签订了一系列合同。在谈判中，伯利恒公司所坚持要求的合同条件是：美国航运委员会舰队公司支付的建造军舰的费用应包括成本费和一笔固定费用，还包括一笔节约奖金，其数额为实际成本费与估算成本之间的差价的 50%。为了加快生产进度和避免承担责任，该政府公司一方的谈判代表最终作了让步。根据该合同条件，由于结算成本大大超过了实际成本，伯利恒公司有权得到的钱，除了 9 100 万美元的建造成本费，还包括 1 100 万美元的固定费用和 1 300 万美元的节约奖金。后来，美国航运委员会舰队公司向伯利恒公司支付了成本费、固定费用和 800 万美元的奖金，扣留了该合同规定应当支付的 500 万美元。不仅如此，美国航运委员会舰队公司还对该公司提起衡平诉讼，要求依公平合同的补偿进行计算，然后由被告返还多支付给它的那一部分，其法律根据是欺诈和经济胁迫。伯利恒公司则提起反诉，要求美国航运委员会舰队公司就其违约行为进行赔偿。法院最后支持了美国航运委员会舰队公司的请求。判词写道：通常，当交易的一方不正确地利用了另一方的经济要求时，法院将拒绝强制执行这一交易。政府的代表“睁大眼睛”去签订这一合同的事实，并不意味着他们不曾出于被迫而行

① 参见尹田：《法国现代合同法》，97 页，北京，法律出版社，1995。

② 参见尹田：《法国现代合同法》，98 页，北京，法律出版社，1995。

③ 参见王军：《美国合同法》，199 页，北京，中国政法大学出版社，1996。

事。受胁迫的一方为了自身的利益总会两害相权取其轻。[①] 本案的特点就在于：另一方当事人除了与前者签订合同，别无选择，伯利恒公司利用了政府因战争对军舰的急需并依靠伯利恒公司的技术专业化这一因素，因而合同是不公平的。

造成经济胁迫的基础性原因主要有二：一是所有权制度赋予权利人的排他性的支配力；二是因垄断而形成的供求关系。阿狄亚指出：我们必须记住，整个所有权制度是建立在承认所有权人的垄断权利的基础之上的——只有他享有所有权，而且只有他有权利使用该财产。因此，所有权人能够选择任何价格出卖他的所有物，他也能以不出卖该财产除非支付他所要求的价钱作为恐吓。人类的劳动也是一样的：每个人都能以自己在市场中可以获得的价钱出卖劳动，他是自己劳动的垄断的所有者。[②] 另外，在商业交易中所存在的经济胁迫是极其普遍的，企业之间或者当事人之间长期的或者暂时的地位不平等现象在一个竞争社会中司空见惯。当然，如果在一个非垄断的竞争的市场中以拒绝供货或者提供服务来威胁，是不属于经济胁迫的，因为被威胁方可以在其他供货商那里得到货物或者服务。但是，如果在法律垄断或者事实垄断的情况下，这种威胁就足以构成经济胁迫。例如，中国的铁路是垄断行业，在春节大批旅客回家与家人团聚时，铁路部门借此与旅客订立价格比平常高出30%的运输合同，就是典型的经济胁迫（乘人之危），因为在垄断的情况下，当事人没有其他可以选择的缔约伙伴。另一种常见的垄断就是暂时的事实垄断，即某人急需某种物品，如果得不到将受到很大的损失，或许正好有一个可能的供应者，这时候供应者就有极大的权利，可能索取极高的价格。正是因为有这两个方面的因素，经济胁迫就有被扩大适用的危险。所以，必须在所有权制度与垄断所允许的范围内界定经济胁迫。认定经济胁迫应当具备三个最基本的条件：（1）胁迫的程度。阿狄亚指出：如果要避免人们广泛地使用经济胁迫观念使合同无效这一危险，那么必须对如何使用这个新学说加以限制。威胁的性质显然必须是严重的胁迫以至于可以无疑地认为受害方除了屈服几乎没有真正的或者有效的替代方法。[③] （2）权利滥用。法律虽然赋予所有权人全面支配所有物的权利，包括他以任何他认为合适的价格出卖标的物，但是，如果高价出售借助于他方的危难，则构成权利滥用。（3）结果有失公平。胁迫的目的一般来说是追求某种不正当的利益或者不公平的结果，前面已经提到，许多国家的判例已经将结果的有失公平作为经济胁迫的条件。

经济胁迫问题实际上是不是一个独立的原因，是存在疑问的。从法律救济上来看，如果放在“胁迫”的概念下理解，容易造成混乱，应该放在我国《民法典》第151条中——显失公平下解决比较合适。

三、欺 诈

（一）欺诈的概念

欺诈是指故意向对方提供虚假情况或者在有说明义务时，故意隐瞒事实而违反说明义务的行为。德国学者拉伦茨指出：欺诈是指通过夸耀虚假事实，或者隐瞒真实事实，故意或者有意引起或者维护某种错误，以达到影响被欺诈者决策的目的。[④] 因欺诈而订立的合同是指欺诈人

---

① 参见王军：《美国合同法判例选评》，114页，北京，中国政法大学出版社，1995。

② 参见［英］阿狄亚：《合同法导论》，赵旭东等译，289页，北京，法律出版社，2002。

③ 参见［英］阿狄亚：《合同法导论》，赵旭东等译，286页，北京，法律出版社，2002。

④ 参见［德］卡尔·拉伦茨：《德国民法通论》（下），王晓晔等译，542页，北京，法律出版社，2003。

故意向对方提供虚假情况或者在有说明义务时，故意隐瞒事实而违反说明义务，致使对方在不真实的基础上作出了错误的判断，并基于错误的判断作出了意思表示的合同。欺诈在不同国家有不同的称谓：英美法系国家称之为错误陈述（或称之为不正确陈述），德国与瑞士称之为故意欺诈，奥地利称之为欺瞒，我国《民法典》第148～149条称之为欺诈。

英美法系的错误陈述（或称为不正确陈述）是指当事人在正式缔约前为引导缔约而作出的与事实不符的事实陈述。根据陈述人对其所陈述的事实的真实性的认识不同，又可分为无辜的陈述和欺诈性陈述。前者是指陈述人相信其陈述是真实的，即其陈述是非故意的，它又分为两种类型：如果陈述人没有合理的理由相信其陈述是真实的，他本来应当知道陈述是错误的，则该陈述构成疏忽性无辜陈述；如果陈述人有合理的根据相信其陈述是真实的，而无法知道其陈述是错误的，则其陈述构成非过失性陈述。欺诈性陈述是指陈述人并非真诚地相信其陈述是真实的或者故意作错误陈述。[①] 在英美法上，疏忽性无辜陈述与欺诈性陈述的法律后果是被陈述方可以解除合同并要求损失赔偿，而非过失性陈述的后果是被陈述方只能要求解除合同。但是，如果从合同效力的角度看，英美法系国家的欺诈与大陆法系国家的欺诈并无多大区别。

英美学者认为，大陆法系国家把欺诈排在错误之后作为另一种意思瑕疵的做法并不恰当，因为只有错误才能被称为意思瑕疵。如果错误是由于对方的欺诈性手段而引起的，对这种错误应作不同的处理。大陆法系之所以区别错误与欺诈，是由于历史的原因。因为在罗马法上就区分欺诈与错误，所以有关错误与欺诈的理论是分别形成的。[②]

（二）欺诈的类型

1. 积极欺诈

积极欺诈是指以积极的言辞，提供虚假情况，例如，夸大商品的性能等，使对方在意思的形成过程中，受到自身以外的因素的影响，导致意思表示的错误。

2. 消极欺诈

消极欺诈是指行为人根据法律或者根据诚实信用原则，具有对事实说明的义务，但是，行为人违反这种义务，故意不作说明，致使对方认为自己的行为建立在真实的基础上，由此作出判断，并为意思表示。例如，商品的出售人，明知自己的商品具有瑕疵，但却故意隐瞒这种瑕疵，致使对方以为自己购买的商品是合格产品。

应当指出，在英美法系国家合同法上，不存在犹如大陆法系国家民法上的消极欺诈问题，因为，英国法律永远都认为合同当事人一方没有一种广泛的义务，即把他不知道的和可以影响他订立合同的意愿的事实报知另一方当事人。[③] 英国法不接受当事人在订立合同前的谈判中有任何告知信息的一般义务的观念。[④] 但是，也不是没有例外，在一些具有很强信赖的合同交易中，也例外地承认消极欺诈。后面我们要讨论这些例外。

3. 我国民法上对欺诈类型的规定

应该说，我国《民法典》对欺诈的具体类型没有明确的规定，但最高人民法院关于民法通

---

① 参见董安生等编译：《英国商法》，111页，北京，法律出版社，1991。

② 参见沈达明编著：《英美合同法引论》，107页，北京，对外贸易教育出版社，1993。

③ 参见［英］A.G. 盖斯特：《英国合同法与案例》，张文镇等译，216页，北京，中国大百科全书出版社，1998。

④ 参见［德］海因·克茨：《欧洲合同法》（上），周忠海等译，295页，北京，法律出版社，2001。

则的司法解释中对这一问题有规定（第68条）：一方当事人故意告知对方虚假情况，或者故意隐瞒真实情况，诱使对方当事人作出错误意思表示的，可以认定为欺诈行为。由此可见，我国司法解释中的欺诈也有两种情形：积极欺诈与消极欺诈。

除此之外，我国《民法典》还区分合同相对人的欺诈和第三人的欺诈，并规定了不同的构成要件。

（三）欺诈与其他类似概念

1. 欺诈与错误

欺诈与错误的联系主要表现为：(1) 均为可撤销的法律行为的基础原因；(2) 都是意思表示方面的缺陷，最终都是错误。

欺诈与错误的区别主要表现为：(1) 错误是当事人自发产生的，即其产生并不是因为对方或第三人的引诱所导致的。而欺诈是一方当事人或者第三人为引诱他方陷入错误而故意对事实作虚假陈述。欺诈的结果也是使对方陷入错误，但这种错误不是自发产生的。因此，德国学者主张把欺诈称为“引起的错误”①。当然，在有的情况下，如果一方当事人对事实的说明负有法定或约定义务，其消极的不说明而使对方陷入错误时，虽然从表面上看，这种错误的产生也是“自发”的，但大陆法系许多国家立法或判例均将其规定为欺诈。(2) 欺诈的行为人在行为被撤销后，没有对相对人的因缔约过失的请求权。而在错误的情况下，被撤销人有这种权利。因为，在欺诈的情况下，欺诈人的合理信赖不值得保护。相反，受欺诈人在撤销合同后，对欺诈人具有根据缔约过失而生的赔偿请求权。(3) 在欺诈的情况下，发生在动机方面的错误，也可以撤销。但在错误的情况下，动机错误一般是不能撤销的。

2. 欺诈与胁迫

两者的区别主要是：(1) 从手段上看，胁迫是以直接的、明显的方式使对方当事人的意思发生扭曲，而欺诈是用狡猾的手段隐蔽地、间接地使当事人的意思产生扭曲。如果说胁迫是“砒霜”的话，那么欺诈是“鸦片”。(2) 从与第三人的关系上看，法律对胁迫的干预要大于对欺诈的干预。根据我国《民法典》第149条、第150条的规定，在第三人胁迫的情况下，即使合同一方当事人不知道胁迫的事实，相对人也有权撤销合同；但在第三人欺诈的情况下，只有一方当事人知道欺诈的事实时，对方相对人才能撤销合同。

3. 欺诈与侵权行为

在大陆法系，欺诈与侵权行为具有不同的理论基础。欺诈的法律构成要件要比侵权行为的法律构成要件宽松得多。例如，欺诈要求有欺诈行为，但并不要求有实际的财产损失；而侵权行为尚要求有实际的损失。另外，欺诈与侵权行为制度的着眼点也不同：欺诈制度是针对意思表示不真实而设；而侵权行为制度是针对损失的补偿而设（虽然补偿并不是侵权行为制度的唯一制度价值）。当然，如果欺诈引起对方当事人实际的财产损失，也可以请求侵权行为救济，那就不是本书所讨论的范围了。

在英美法系，合同法与侵权法也有不同的理论基础，但在欺诈这一问题上显出极大的重合性。如果错误陈述构成了欺诈性陈述，并已经给对方当事人造成了损失，对方当事人可基于对方的侵权请求赔偿，这一诉讼是建立在普通法有关欺诈性侵权规则的基础上的；同时，也可要

---

① ［德］海因·克茨：《欧洲合同法》（上），周忠海等译，283页，北京，法律出版社，2001。

求撤销合同。①

（四）欺诈的法律构成

1. 必须有欺诈的事实

有欺诈的事实，是指欺诈人作了与事实不符的表达。这种表达既可以是语言，也可以是行为；既可以是积极的，也可以是消极的。

对欺诈事实认定困难和有争议的是：单纯的消极的沉默能否构成欺诈以及在何种情况下才能构成欺诈？

在大陆法系国家，只有在特定条件下，沉默才能构成欺诈。沉默是指对某种事实知晓且知道对方当事人已根据与事实不符的判断而作出了错误的决定，但却不指出。例如，商品的出卖人明知自己的产品有瑕疵，但买受人没有发现该瑕疵而作出了购买的决定，出卖人仍保持沉默而不将事实告诉买受人。

《最高人民法院关于贯彻执行〈中华人民共和国民法通则〉若干问题的意见（试行）》（已失效）第68条明确规定了故意隐瞒真实情况也构成欺诈。

但是，应当特别指出：对不需要说明的问题的虚假回答不构成欺诈。例如，在招工合同的签订过程中，招工的人询问受聘人：你是否在近期内准备结婚？你是否喜欢旅游？你有什么业余爱好等？如果受聘人不作出回答，可能会影响其受聘的可能性。他可能会作出一个不真实的回答。这种不真实的回答，不能认为是欺诈。另外，对法律的错误陈述也不构成欺诈。因为任何一个有理性的人均不应该被对方的错误的法律陈述所引诱，但是，如果是权威执法部门的对法律的错误陈述，则可以构成第三人欺诈。

2. 欺诈的手段超出法律、道德或交易习惯所能允许的限度

各国的交易习惯均允许商品生产者对其商品作一定的夸大宣传，以便能够更好地推销，道德与舆论对于“王婆卖瓜，自卖自夸”也给予一定的宽容。各国法律也尊重这种习惯，在一定限度内允许夸大宣传。如果仅仅在一般概念上抽象地宣传是被允许的，如“性能优越、质高价廉”等。但如果具体地涉及某项性能的夸大，则会导致欺诈。例如，在英国，商人对其货物所作的单纯吹嘘或夸赞不属于对事实的陈述，也不构成误述；制造商在广告中对其产品的适当夸大宣传也属于法律允许的“商业吹嘘”。例如，洗衣粉制造商在广告中声称他的产品增白力最强，但顾客使用后发现该产品并非最好。在此种情况下，该制造商的广告不属于误述，顾客也无权以此起诉求偿。但如果该制造商宣称他的产品不具有碱性，但顾客使用后皮肤受到碱的伤害，则该制造商的陈述已涉及事实并构成误述。再如，当事人如果宣称他所要出售的旧汽车仍具有相当的价值，这仅属于一般性见解；如果该当事人声称他的汽车是同类车型中式样最佳者，则其陈述属于商业吹嘘。在这两种情况下，无论其陈述真实与否，均不构成误述，不影响合同效力。但是如果该当事人声称他的汽车只跑过6 000千米，则该陈述属于对事实的陈述。如果这一陈述不真实，则构成误述；如果该误述人明知其误述是虚假的，则构成欺诈性误述，并应承担责任。②

在英美法系国家有一个区分是否为欺诈的重要标准性规则，对我们非常有启发和参考价

① 参见董安生等编译：《英国商法》，118页，北京，法律出版社，1991。

② 参见董安生等编译：《英国商法》，112页，北京，法律出版社，1991。

值：构成欺诈的错误性陈述必须是对事实的陈述，仅仅是对自己意见或者见解的错误陈述不构成欺诈。例如，一个卖西瓜的人说“我的西瓜很甜”，这仅仅是一种意见或者自己的见解，不构成欺诈；如果说“我的西瓜很甜，含糖量35%”，就是对一种事实的陈述，如果其陈述与实际含糖量不符，就构成欺诈。就像阿狄亚所言：法律承认，必须给订约的一方当事人在对其商品做广告时享有一定的自由，例如，房地产代理商在其铅版上刻着“一个称心如意的住所”，这就不是一种事实陈述，因此不能作为错误陈述而被起诉。更常见的是对商品作言过其实的吹嘘，由于它不会影响任何有理性的人，所以，法律不把它作为错误陈述。① 这种区分，对于我们司法实践有重要参考意义。

我国《反不正当竞争法》第8条规定：“经营者不得对其商品的性能、功能、质量、销售状况、用户评价、曾获荣誉等作虚假或者引人误解的商业宣传，欺骗、误导消费者。经营者不得通过组织虚假交易等方式，帮助其他经营者进行虚假或者引人误解的商业宣传。”

3. 欺诈必须成立于订约前

既然欺诈是引诱相对方当事人产生错误的手段，那么，只有在订约前为之才具有法律意义。在合同已经订立后的虚假陈述并不构成欺诈，除非订立契约后的欺诈使对方据此修改合同。

4. 欺诈必须使对方当事人产生合理的信赖

如果被欺诈人想得到法律的救济而主张合同不具有法律效力，他就必须证明：对方的欺诈使他产生了信赖，该信赖必须建立在合理的基础上，并在合同订立过程中起了决定性的作用。也就是说，欺诈人的欺诈行为与被欺诈人作出意思表示之间有一定的因果关系。

美国判例就坚持合理信赖的规则。这里有两个基本点：其一是一方当事人决定订立合同是基于对对方欺诈陈述的信赖。如果案件的情况表明：被说明方是依据自己的调查就该事实得出结论的，而不是依赖说明方的陈述得出其结论的，被说明方就无权撤销合同。然而，如果被说明方对说明方的陈述和自己的调查都发生了依赖，法院就可能允许被说明方解除合同。其二是这种信赖必须有合理的理由。为了以不正确说明为理由而撤销合同，被说明方不仅要证明他对不正确说明产生了依赖，而且要证明他的依赖是有正当理由的。根据这一规则，如果说明方的陈述显然是虚假的，或者显然是不应受到认真对待的，法院就不会允许撤销合同。根据《美国第二次合同法重述》第172条，如果不正确说明的虚假性没有被说明方发现，则这种失误如果等同于“没有善意的行事以及没有依公平交易的合理标准行事”，合同就不能被撤销。在决定被说明方是否有正当理由对说明方的陈述发生依赖时，法院考虑的重要因素之一是，该陈述是对有关事实的说明，还是对纯粹的见解（opinion only）的表述。作为一般规则，被说明方不应对纯粹属于见解的陈述给予认真对待，即对其产生依赖。因此，当说明方的陈述仅仅涉及个人的见解时，被说明方没有正当理由对其产生依赖，因而没有理由撤销合同。大法官肯特曾经说：“当一个人有平等的机会形成和作出其自己的判断时，如果他对其他人的见解发生了依赖，他就要因此而承担风险。”②

法国判例也坚持这样的观点，过分轻信谎言的人不应得到法律的特别保护。如果当事人任

---

① 参见［英］阿狄亚：《合同法导论》，赵旭东等译，272页，北京，法律出版社，2002。

② 王军：《美国合同法》，184～186页，北京，中国政法大学出版社，1996。

凭自己被谎言所欺骗，其订立的合同也不应归于无效。因为人们不应当被过分明显的谎言所欺骗。①

除此之外，受欺诈人必须证明，对欺诈人之合理的信赖对合同的订立起了决定性作用。这里所谓的决定性作用是指如果没有欺诈人的虚假陈述，他将不会凭自己的判断作出决定而订立合同，否则，合同将不能归于无效。

但是，在此必须指出：有些国家的法律或者判例要求“发生信赖有合理理由”，主要的目的在于考察对主张被欺诈的人而言是否真的发生了欺诈，而不是对被欺诈人存在疏忽大意或者重大过失的条件要求。我们不能认为：欺诈人曾经欺诈过100个人，人家都已经识破欺诈而你为什么没有识破？说明你本身存在重大过失，因而法律拒绝救济。而应理解为：“合理理由”是支持是否发生欺诈或者欺诈是否发挥作用的证据而已。大陆法系国家的民法，以及我国《民法典》都不要求考虑被欺诈人的过失问题。另外，在欺诈人的欺诈与被欺诈人作出意思表示之间的因果关系问题上，仅仅要求必要条件即可，而不要求充分条件。就像阿狄亚所言：当事人没有必要说明错误陈述是订立合同的唯一诱因，假如不知情的一方至少在部分上信赖了虚假陈述，他就有权撤销该合同。②

5. 主观过错

欺诈只有在行为人故意为之，即意图使相对方当事人对事实作出错误的判断并以此判断为基础而订立合同时，相对方当事人才能主张撤销合同。这是欺诈与误解的一个重要的区别点，因为欺诈的结果往往也是使相对方当事人对事实发生误解。我国大多数学者主张欺诈必须是当事人故意为之。③ 各国学理及立法一般也采用这种观点。如法国学理与立法认为，欺诈必须有故意的精神因素，即有意使对方上当受骗时，才能构成欺诈。④ 德国学理也持相同的观点，并直接反映在其民法典第123条中。但是，如果欺诈不是由合同当事人作出，而是由第三人⑤所为，对与该第三人有关联的一方当事人的主观方面应有何种要求呢？

关于第三人欺诈的问题。欺诈是否可由合同当事人之外的第三人为之？从合同法的一般原理出发，合同是双方当事人之间的意思一致，具有相对性，故欺诈以当事人为之为原则。例如，《法国民法典》第1116条规定：“如一方当事人不实施诈欺手段，他方当事人绝不订立合同者，此种诈欺构成合同无效的原因。”法国学理对此作了这样的解释：只有实施诈欺的人系合同一方当事人时，诈欺才能成为合同无效的原因。根据法国最高法院确立的判例原则，诈欺行为应由合同一方当事人实施，如诈欺是由第三人实施，则当事人仅有权要求该第三人赔偿损失。但是，绝对适用这样的原则，往往导致不公平的结果，因为从客观上说，第三人所实施的诈欺，对于受诈欺的人的意志来说可能产生与合同当事人实施的诈欺行为同样的影响，从而产生意思瑕疵。所以，法国判例在坚持以上原则的同时，也承认某些例外：（1）在赠与合同中，如果赠与人受第三人的影响而为赠与行为，合同应归于无效；（2）当合同一方当事人与第三人

---

① 参见尹田：《法国现代合同法》，88页，北京，法律出版社，1995。

② 参见［英］阿狄亚：《合同法导论》，赵旭东等译，275页，北京，法律出版社，2002。

③ 参见梁慧星：《民法总论》，170页，北京，法律出版社，1996。

④ 参见尹田：《法国现代合同法》，88页，北京，法律出版社，1995。

⑤ 应当说明的是，这里的所谓“第三人”，并不包括其行为结果可以直接归合同一方当事人所有的第三人，如代理人、代表人、占有辅助人或者受托人等。

恶意串通时，由第三人实施的诈欺行为应导致合同无效。除此之外，法国判例虽然承认第三人的诈欺会影响合同的效力，但在适用法律上，适用《法国民法典》第1110条关于误解的规定，而不适用第1116条关于诈欺的规定。① 由此可见，法国判例在适用民法典第1116条的规定时，仍然坚持合同的相对性原则，并认为除赠与合同外，只有合同当事人与第三人恶意串通的情形才能适用第1116条，其他情形应适用第1110条的规定。但是，合同当事人与第三人的恶意串通，从某种意义上说，与合同当事人的故意并没有多大区别。

德国学理、立法和判例在对待第三人的诈欺问题上，并没有像法国人那样坚持合同的相对性原则，而是认为，具备一定条件的第三人的诈欺具有与合同当事人的欺诈同样的结果，并适用相同的法律规定。但是，在对与第三人有关联的合同当事人之主观要求方面，与该当事人自己为诈欺时的主观要求不同，即该当事人的故意与过失均可成为诈欺构成的要件。《德国民法典》第123条第2款规定："如诈欺是由第三人所为者，对于相对人所为的意思表示，以相对人明知或可得而知者为限，始得撤销之。相对人以外的、应向其为意思表示的人，因意思表示而直接取得权利时，以该权利取得人明知诈欺的事实或可得而知者为限，始得对其撤销意思表示。"根据德国学理的解释，第三人所为的诈欺主要适用于两种情形：一是第三人利益合同，二是债务承担合同。例如，假设第三人用诈欺的手段使债权人接受新债务人并免除原债务人的义务，原债务人知道或应当知道该第三人的诈欺时，债权人可以主张债务承担合同无效。但是，如果受害人应该知道诈欺的情事而不知，则不受法律保护。因为任何从事交易的人应尽到起码的交易安全所要求的谨慎和注意。② 也就是说，第三人的诈欺行为非常明显，一般合理人均能发现并避免，而受害人没有发现时，他就无权主张合同无效。由此可见，德国立法与判例在对待第三人的诈欺问题上同法国不同，对合同相对人的主观要求可以是故意，也可以是过失。

我国《民法典》采用如同德国民法上的立法政策，即采取"过错说"，第149条规定："第三人实施欺诈行为，使一方在违背真实意思的情况下实施的民事法律行为，对方知道或者应当知道该欺诈行为的，受欺诈方有权请求人民法院或者仲裁机构予以撤销。"

应当特别指出，在因欺诈而可撤销的法律行为中，不需要有损害他人的故意或者过失，也不需要有损害他人的实际结果。因为，法律是从意思自治的角度出发而保护行为人的意志自由的，所以，不是从结果来看待问题的。就如德国学者所指出的：民法关于因欺诈而撤销的规定之目的并不是保护财产，而是保护当事人的决策自由。因此，欺诈人不需要具有损害他人或者获得他无权享有的财产利益的意图。

四、显失公平

（一）显失公平的概念

由于各国法对显失公平制度的构成要件及适用范围规定不同，又加之其极具弹性，故给显失公平下一个确切而统一适用的定义可谓十分困难。

《美国统一商法典》虽然第一次以成文法的形式规定了显失公平制度，却没有给显失公平

---

① 参见尹田：《法国现代合同法》，89页，北京，法律出版社，1995。

② 参见沈达明等编著：《德意志法上的法律行为》，148页，北京，对外贸易教育出版社，1992。

下定义。英国学者阿狄亚认为：显失公平的合同只不过是一个其价格明显高于或者低于公平市场价格的合同。而这种不公平可能是多种因素导致的，例如，市场信息不对称、当事人地位不平等等。① 阿狄亚的概念仅仅是解释性的而且范围过窄，因为可能不公平的合同不仅仅限于价格不公平。

应该说，我国《民法典》与以往的民事立法不同，不再延续自从1986年《民法通则》到1999年《合同法》以来的立法模式，不再把显失公平与乘人之危作为两种可撤销合同的原因，而是将乘人之危并入显失公平中作为显失公平的原因规定。《民法典》第151条规定："一方利用对方处于危困状态、缺乏判断能力等情形，致使民事法律行为成立时显失公平的，受损害方有权请求人民法院或者仲裁机构予以撤销。"

如果将《民法典》与之前的立法和司法解释进行对比观察，这种"合并"的痕迹依稀可见。1999年《合同法》第54条规定："下列合同，当事人一方有权请求人民法院或者仲裁机构变更或者撤销：（一）因重大误解订立的；（二）在订立合同时显失公平的。一方以欺诈、胁迫的手段或者乘人之危，使对方在违背真实意思的情况下订立的合同，受损害方有权请求人民法院或者仲裁机构变更或者撤销。当事人请求变更的，人民法院或者仲裁机构不得撤销。"

《最高人民法院关于贯彻执行〈中华人民共和国民法通则〉若干问题的意见（试行）》（已失效）对如何认定"乘人之危"和"显失公平"作出了规定。该意见第70条规定："一方当事人乘对方处于危难之机，为牟取不正当利益，迫使对方作出不真实的意思表示，严重损害对方利益的，可以认定为乘人之危。"第72条规定："一方当事人利用优势或者利用对方没有经验，致使双方的权利义务明显违反公平、等价有偿原则的，可以认定为显失公平。"

（二）为什么显失公平合同是可以撤销的

法律对显失公平的合同进行救济，是否具有充分或者正当的理论根据？不可否认，显失公平制度与古典契约理论明显不合。因为根据古典契约理论，法律仅仅能够关注缔约程序公正，而不关心结果或者实质公正。也就是说，法律仅仅能够保证缔约过程是没有错误、欺诈或者胁迫的影响的，如果缔约过程受到这些影响，则法律的救济是自然与当然的。但如果当事人订立合同的意志是自由的，则结果公平问题应当由当事人自己把握，他完全可以不订立对自己不利的合同。在意志自由和自愿的基础上达成的协议具有不公正性，是古典契约理论不能理解也是不能接受的。因此，法律绝对尊重当事人自己自由意志的选择物——合同，至于公平与否，只要是当事人自愿的结果，就应当发生效力。故拒绝对显失公平的合同进行救济是自然的结论。

在英美法系，根据普通法，约因不必是相等的，只要存在即可，其格言为"一把胡椒面也构成有效的约因"。这就表明，合同的内容对一方极不公平并不能使其订立的合同丧失强制执行力。另外，在英美法系国家，还有一种"价值主观论"思想对拒绝对显失公平的合同进行救济也有很大的影响力。根据这种观点，所有的价值纯粹都是主观的，所以，从理论上说，就没有什么不公平合同这一类东西。如果双方对他们的合同都满意，第三人完全没有理由宣告合同为不公平。②

但是，随着社会的发展，古典契约理论所赖以建立的假定基础已经发生了很大的变化，甚

① 参见［英］阿狄亚：《合同法导论》，赵旭东等译，302～306页，北京，法律出版社，2002。

② 参见［英］阿狄亚：《合同法导论》，赵旭东等译，301页，北京，法律出版社，2002。

至可以说是发生了动摇。因此，虽然古典契约理论的影响还在许多国家根深蒂固，但立法、学理与判例也例外地承认显失公平问题的存在，也有条件地给予救济。特别应当注意的是：法律对显失公平的救济当然不仅仅是对合同结果显失公平的救济。试想：如果双方当事人都愿意，即使是结果不公平，法律为什么要干预这种结果呢？因此，法律之所以救济显失公平，当然是因为有某种“原因”引起了这种结果的显失公平——我国《民法典》就规定了“一方利用对方处于危困状态、缺乏判断能力等情形，致使民事法律行为成立时显失公平”。

（三）各主要国家立法、判例与学理对显失公平之法律救济的态度

在大陆法系的契约法历史上，拒绝对显失公平的合同进行救济的观念始自罗马法。由于罗马法坚持严格的形式主义，只要合同的成立符合法定形式，就应具有绝对的效力，其内容是否公正，并不影响其效力。所以，在古罗马法上，不论财产的价格和实际价值之间关系如何，买卖合同都是有效的。[①] 这一观念对后来大陆法系各国影响很大。但是，法律应始终贯穿公平原则，故古罗马法后期显失公平的合同思想开始萌芽。[②] 那时古罗马法产生了非常损失规则（laesic enormis），意即如果合同标的物价金过分偏离其真实价值，当事人可以此为由拒绝履约。但是这个原则当时仅适用于不动产买卖。如果买卖不动产的合同所定之价在其实际价格的一半以下，卖方可以要求撤销合同，除非买方同意付给卖方全价。这一原则也仅适用于卖方，不适用于买方。如果卖方不动产的合同规定价金超过土地真实价格的一倍以上，买方仍不可以此为由要求撤销合同。

起草拿破仑法典时，对是否应当继承古罗马法的上述原则问题发生了激烈的争论。否定此原则的人认为，物价并无真实价值、价格可言，物价只有通过买卖中的讨价还价才能显示出来。肯定此原则的人认为，就大多数财物而言，既然是商品，就有商品市场，就可根据当时的市价确定其大致的价值，如果合同价金过于偏离其价值，应当允许当事人撤销合同。两方相争不下，最后拿破仑亲自裁定，继承这一原则，但仅在不动产买卖的范围内适用。这就产生了《法国民法典》第 1674 条：如出卖方因低价所受损失超过不动产价金十二分之七时，有权请求取消买卖。后来许多大陆法国家逐步采纳了这一原则。

在德国，学理认为：在以合同、创业和竞争自由为基础的追逐金钱的市民社会中，信念之一就是人们都非常实际地照顾自己，任何允许法官基于实质不平等而宣布合同无效的规则都是家长式的做法，并有损于法律的确定性。因此《德国民法典》的起草人直到最后只能规定一个通用的条款。该通用条款就是《德国民法典》第 138 条第 1 款：违反善良风俗的法律行为无效。但是，最后，由于不平等合同是值得怀疑的和不公平的信念占了上风，于是增加了第 2 款规定：“特别是，法律行为乘他人穷困、无经验、缺乏判断能力或意志薄弱，使其为对自己或第三人的给付作财产上的利益的约定或担保，而此种财产上的利益比之于给付，显然为不相称者，该法律行为无效。”[③] 这里说的“显然为不相称”与显失公平的原则已相距不远。后来一些大陆法国家直接引申出显失公平原则。[④] 与法国法不同，德国民法并没有提出一个具体的显

---

① 参见［德］海因・克茨：《欧洲合同法》（上），周忠海等译，189 页，北京，法律出版社，2001。

② 这一制度究竟是产生于公元 3 世纪还是 6 世纪尚有争议。这一发明的背景是：由于皇帝残酷的税收政策而贫困的农民需要出售土地给城市的资本家，为保护农民免于因低价出售土地而造成损失而颁布这一制度。

③ ［德］海因・克茨：《欧洲合同法》（上），周忠海等译，190 页，北京，法律出版社，2001。

④ 参见徐炳：《买卖法》，190 页，北京，经济日报出版社，1991。

失公平标准。

在英美法系，显失公平制度是衡平法的产物。公平是衡平法的精神，当合同违反这一精神时，应得到特别救济。所以，显失公平之精神早已存在于衡平法之中。但是，其传统的标准是：触动了法官的良知。并且，衡平法以显失公平为由拒绝强制执行合同的案例大多涉及不动产交易，涉及其他交易的很少。进入现代社会后，传统法律中的显失公平制度由于多种原因已不能适应现实社会的需要。社会的发展要求把它从一种隐秘的良心裁判变为一种公开的可适用于各种合同的一般性制度。这种要求首先产生于现代社会法律保护重点的变化，即从强调保护私有财产和契约自由向强调保护人身和社会公共利益的转变。在美国，这一转变突出表现在20世纪30年代的“新政时期”。要实现这种转变，传统的合同法规则已经不能满足需要。在很多情况下，一个合同依照传统合同法的标准具有强制力，但根据今天盛行的显失公平标准是可以撤销的。[①] 新的现代意义上的显失公平制度得到了《美国统一商法典》的确认。该法典第2－302条规定：“（1）如法院在适用法律时发现合同或合同的某些条文在合同订立时是显失公平的，法院可以拒绝强制执行，或只执行没有显失公平条款的合同剩余部分，或者用此种方法限制适用显失公平的条款，以避免显失公平的结果。（2）法院受理关于合同或合同部分条文可能显失公平的条件时，当事人应有合理机会就商业背景、目的和效果问题提出证据，以帮助法院作出判决。”

在我国，自1986年《民法通则》规定显失公平制度以来，我国各种相关立法、司法解释及学理均认可显失公平制度。但是，有的学者对显失公平制度存在的合理性提出了质疑，认为，显失公平标准非常抽象，不易于审判人员掌握与操作，从而导致了执法上的不统一，甚至出现了滥用现象。它不利于交易安全和经济秩序，许多人因交易不成功便以显失公平为借口要求撤销合同，不利于交易的稳定。要求任何交易结果对当事人都是公平的，是不可能做到的。法律只能规定公平的交易条件，而不能保证交易结果的公平。[②] 这种对1986年《民法通则》中规定的显失公平的质疑不能说没有道理，但其列举的理由和得出的结论难以为主流学者所认同。任何一个有秩序的社会，必须保障各种制度的公正才能维持。合同虽然具有相对性，是私人的领域，但如果法律赋予不公平的合同以法律强制力，就会破坏法律的价值，进而危及社会。所以，法律对于不公平的合同给予救济是必要的。问题在于，并不是所有的不公平合同均可得到法律的救济，只有“一方利用对方处于危困状态、缺乏判断能力等情形，致使民事法律行为成立时显失公平”的，才能得到法律的救济。

（四）显失公平的法律构成

1. 关于显失公平的法律构成的争议

关于显失公平的法律构成的争议主要集中在：显失公平是一种单纯的对合同条款进行客观衡量的尺度，还是也包括除客观之外的其他因素？在大陆法系，对此有不同的立法例。《法国民法典》规定显失公平为一条客观标准而作为撤销合同的理由，即不论当事人订立合同时是否有特殊的处境，只要价格太不公道，就可撤销合同；而以德国民法为代表的国家，把显失公平与一方当事人在订立合同时的危难处境、急迫、轻率、无经验联系在一起，只有具有这些情

---

① 参见王军：《美国合同法》，208页，北京，中国政法大学出版社，1996。

② 参见沈庆中：《显失公平民事行为的规定弊大利小》，载《法学》，1993（8），29页。

节，合同本身又显失公平时，才可以适用显失公平原则而撤销合同。[①]

在美国，尽管合同内容的显失公平可以成为传统的衡平法拒绝承认合同强制力的理由，但衡平法并不会轻易作出这样的判决。在通常情况下，合同内容的不公平，作为唯一因素，不会使法院依衡平法否认合同条款的强制力。[②]

从总体上说，现代意义上的显失公平由两个基本因素构成，即：一方面，合同的条件不合理地不利于另一方；另一方面，另一方在订立合同时没有作出有意义的选择。前者称为“实质性显失公平”，后者称为“程序性显失公平”。显失公平是一种理论，根据这种理论，法院可以拒绝执行合同订立时出现的程序性的瑕疵造成的不公平的或压制性的合同，或有关合同条件的实质性瑕疵造成的不公平的或压制性的合同。无论是程序性的还是实质性的瑕疵都可成为发现存在显失公平的理由。[③]

在我国，关于显失公平的构成也存在不同的观点。目前多数学者主张，显失公平的构成要件是单一的，即客观上当事人之间的利益不均衡。按照这些学者的观点，显失公平就是指利益不平衡，显失公平的认定就是对行为结果的认定。正是由于显失公平只考虑结果，这就免除了受害人就显失公平的发生原因进行举证的负担，从而也免除了受害人因欺诈、胁迫举证不能而败诉的风险，充分保护了受害人的合法权益，保证了民法公平、等价有偿基本原则在实践中的贯彻和运用。[④] 也有的学者反对这种观点，认为，考察合同是否构成显失公平而应当被撤销，不仅应考察结果是否公平，而且应寻找造成显失公平的原因。首先，如果显失公平是由欺诈、乘人之危等行为造成，则应按欺诈或乘人之危的规则去处理。因此，不考察引起显失公平的原因，只考虑由于欺诈、乘人之危、重大误解等可能引起显失公平的后果，就很难使显失公平与其他的行为相区别。其次，如果仅仅考虑结果是否公平，不利于交易秩序的稳定。因为在市场交易活动中，任何当事人从事某种交易活动，都应当承担交易风险，盈亏赔赚是正常的现象，法律绝不可能也不应当保证每个交易当事人都获得利益，否则就不可能有交易。如果某人在实施一项不成功的交易以后，便以结果对其不利、显失公平为由要求撤销已订立甚至已经履行的合同，不仅会使交易的另一方为交易不成功的一方承担交易风险，而且必然导致经济秩序的紊乱。最后，如果仅仅考虑结果是否公平，必然会不适当地扩大显失公平的适用范围，甚至使这一制度被滥用，使许多有效的合同难以得到执行。[⑤]

笔者认为，像法国法一样，将显失公平的衡量标准仅仅限于客观上的不公平有失得当，因为，这将与契约自由原则及合同法的基本制度不相协调。如果没有导致不利益方“不得已而选择”的情况，就应当认为合同是双方当事人自愿订立的，应具有法律约束力。不利益方就不能以此为由请求法律救济，否则，将危及交易安全。如果有其他情况，如当事人地位不平等、交易能力不平等、无交易经验等情况，就可推定合同是在违背当事人真实意思的情况下作出的，违反契约自由原则，应当给予法律救济。故德国法及英美法判例规则较为可取。我国《民法典》显然就是采取的这种观点：不仅规定了结果不公平，同时也规定了引起这种结果的原因。

---

① 参见徐炳：《买卖法》，191 页，北京，经济日报出版社，1991。

② 参见王军：《美国合同法》，206 页，北京，中国政法大学出版社，1996。

③ 参见王军：《美国合同法判例选评》，126 页，北京，中国政法大学出版社，1995。

④ 参见沈庆中：《显失公平民事行为的规定弊大利小》，载《法学》，1993 (8)，29 页。

⑤ 参见王利明等：《合同法新论・总则》，283 页，北京，中国政法大学出版社，1996。

2. 显失公平的法律构成

（1）双方权利义务显著失衡。

由于合同法所规范的社会关系处于世俗之中而非世外桃源，所以，契约理论所谓的“当事人权利义务对等”也不过是理论上的假定。当将这种理论上的假定适用于纷繁复杂的社会关系中时，就会发现权利义务绝对对等的情形几乎是不存在的。所以，法律必须规定一个衡量的尺度，以避免当事人动辄以“权利义务不对等”为由而主张否定合同效力。对此，各国一般均规定“显失公平”为衡量尺度。但问题是：权利义务的不对等“显失”到何种程度时，才能请求法律救济？

根据美国法院的现代判决，买卖合同定价过高可以造成实质性的显失公平。① 在美国，实质上的显失公平也可分为两种情况：一种是合同定价过高，另一种是违约责任过于不当。

在法国，根据《法国民法典》第1674条的规定，出卖人因低价所受的损失超过不动产价金的十二分之七时，即达到显失公平的标准。

按照《意大利民法典》第1448条的规定，如果一方与他方之间的给付是不均衡的，并且这一不均衡是在一方利用相对方的需要乘机牟取利益的情况下发生的，则遭受损害的一方得请求废除契约。如果损害没有超过被损害方给付或者订立契约时承诺给付价值的一半，则废除契约的权利不得行使。

在我国，法律没有像《法国民法典》那样具体规定显失公平的标准。《合同编通则部分司法解释》中关于“价格过高或者过低”的标准，可以作为参照。该解释第42条第1、2款规定：“对于民法典第五百三十九条规定的‘明显不合理’的低价或者高价，人民法院应当按照交易当地一般经营者的判断，并参考交易时交易地的市场交易价或者物价部门指导价予以认定。转让价格未达到交易时交易地的市场交易价或者指导价百分之七十的，一般可以认定为‘明显不合理的低价’；受让价格高于交易时交易地的市场交易价或者指导价百分之三十的，一般可以认定为‘明显不合理的高价’。”

这也仅仅是一个参考，我国司法实践应采用弹性标准，法官应当根据不同的案件作出不同的认定。假如某个行业整体利润率很低，如果采取30%的标准，可能这个标准就不合适。

在这里需要指出的是，如果根据缔约时的市场情况和交易方式（如分期付款的方式要比一次性付款的价格高一些），合同价格并没有背离常人能够接受的限度，但由于后来市场的变化而导致市场价格的变动，从而导致了不公平的结果时，不应适用显失公平制度而应适用情事变更制度予以救济。

（2）导致显失公平的原因必须是受害人缔约时处于显著不利的地位。

根据《德国民法典》第138条的规定，受害人处于穷困、无经验、缺乏判断力或意志薄弱的情况下，订立的合同显然不利于自己时，才能主张法律救济；而根据美国判例规则，这种情况称为“程序性的显失公平”。用美国法院使用的措辞来表达，是指合同当事人一方在订立合同时没有作出“有意义的选择”。美国著名法官赖克说：“显失公平一般被认为是合同一方当事人对合同条款在事实上没有选择余地，而合同条款又过分有利于另一方。”现在美国几乎公认

① 参见王军：《美国合同法》，211页，北京，中国政法大学出版社，1996。

赖克的这个表述提出了认定显失公平合同的标准。①

我国《民法典》第 151 条规定的原因是“一方利用对方处于危困状态、缺乏判断能力等情形”，即把乘人之危作为显失公平的原因，把二者结合起来共同作为影响合同效力的原因。这种立法方式是合理的，因为显失公平是个相对的概念，特定的权利义务分配关系，对此人来说可能是显失公平，而对彼人来说可能不是显失公平。从这个意义上说，只有把造成显失公平的原因考虑进去，法律才能进行准确的评价。当然，如果乘人之危的结果没有引起合同权利义务显失公平的话，法律救济就是多余的。

那么，具体来说，什么是“缺乏判断能力”呢？《合同编通则部分司法解释》第 11 条规定：“当事人一方是自然人，根据该当事人的年龄、智力、知识、经验并结合交易的复杂程度，能够认定其对合同的性质、合同订立的法律后果或者交易中存在的特定风险缺乏应有的认知能力的，人民法院可以认定该情形构成民法典第一百五十一条规定的‘缺乏判断能力’。”笔者认为，在这里，“年龄”和“智力”显然不是《民法典》第 151 条要解决的问题，第 151 条解决的是在肯定“有行为能力”的基础上的判断能力问题，例如，一个正常的成年人对于某种技术较高或者商业性很强的交易无判断能力等，如果是年龄、智力有问题，则属于行为能力与法律行为结果的关系问题。因此，最高人民法院的上述司法解释是错误的。

第四节　无效合同的原因分析

一、合同因违反善良风俗与公共秩序而无效

（一）善良风俗的概念与制度价值

我国《民法典》在第 153 条明确将“违背公序良俗”作为合同（法律行为）无效的原因，这也是我国的《民法典》第一次使用“公序良俗”这一概念（当然，2017 年的《民法总则》第 153 条首次使用，但这是作为《民法典》的首编。因此，在这里说《民法典》首次使用也是准确的）。但什么是公序良俗呢？

善良风俗与诚实信用原则一样，属于民法中弹性较强的一般条款，其内涵与外延具有较大的伸缩性，并具有随时代变迁而变化的特点。能否对善良风俗进行一般性的定义呢？对于这一问题，存在两种不同的观点：一种观点认为，事实上由于善良风俗本身的特点，不能作出一般性定义，而只能进行类型化考察和研究。例如，德国学者迪特尔·梅迪库斯认为：所有关于善良风俗的概念表述都有正确的方面，无疑，社会道德具有重要意义，在评判有关行为是否违反善良风俗时，也要考虑这种行为是否与法律共同体的基础和基本制度相符合。但所有这些表述都不理想，因此，我们大概必须放弃对善良风俗作统一定义的尝试，而应当满足于描述同样类型的、可以认定存在善良风俗性的案例。② 另一种观点则认为，可以而且应当对善良风俗作出一般性定义。在这种观点中，即主张可以而且应当对善良风俗作出一般性定义的观点中，关于什么是善良风俗以及如何表达其内涵，也存在较大的不同。

德国学者哈伯施特隆普夫（Haberstrumpf）将其表述为：一切公平和正义的思想者的礼仪

---

① 参见徐炳：《买卖法》，193 页，北京，经济日报出版社，1991。

② 参见［德］迪特尔·梅迪库斯：《德国民法总论》，邵建东译，514 页，北京，法律出版社，2000。

感。这一思想最初出现在萨维尼的著作中，《德国民法典》第826条的立法理由书中也曾有表述，《德国民法典》颁布实施后不久，帝国法院在一判例中引用了这一表述。① 这一观点立刻受到了学者的批评，认为这一表述存在两个缺陷：（1）以“礼仪感”作为判断标准，几乎不能提供任何适合于第三人进行客观审查的标准。（2）将被考察的主体限制在“公平和正义的思想者”范围内，增强了这一表述的不确定性。更为重要的是，这一表达方式为利用善良风俗摧毁法制的意识形态开启了方便之门：裁判者可以将那些异于自己看法的思想，作为不公平的和非正义的思想予以铲除，例如，法西斯时期的1936年，帝国法院的一项判决就将善良风俗等同于“人民的健康感受”，又将“人民的健康感受”等同于“国家社会主义的世界观”②。

德国学者西米蒂斯认为：善良风俗应该是指法官在处理有关涉及宗族与家庭生活领域内的案件时所要考虑的道德规范。对此，学者反对说：没有任何理由说明就像西米蒂斯所一厢情愿的那样，善良风俗用于宗族生活与家庭生活而与商业活动无关。相反，在商业活动中，也大量适用善良风俗。③

德国法院普遍而且现在经常运用的判例规则确认，善良风俗是指所有善良合理思想的理智感觉。对此，学者评论说，这一解释的缺点在于：“善良合理思想”本身也需要被明确而客观地解释清楚，因此，就要求这种概念有一个标准，即“善良合理思想”本身也要求一个定义。④

拉伦茨提出了一个解释性的概念，他认为，善良风俗包括两方面含义：一是包含了现今社会“占统治地位的道德”性行为标准，二是包含了法制本身内在的伦理性道德价值和原则。但是，下列几点应当注意：（1）“占统治地位的道德”并不是严格意义上的伦理学，并不是私人经验理智的准则，而是社会的行为要求。这一社会的行为要求是基于我们文化团体成员的共同信仰，即大多数民众的道德观点。这些规定不仅运用于宗族生活和家庭生活，而且运用于商业生活。（2）在一般社会生活和商业生活中，违反“占统治地位的道德”的行为，也是法制本身反对的行为。例如，高利贷、对经济弱者的剥削、利用短缺造成的普遍匮乏为自己私利而不顾后果的掠夺、故意给自己可能的合同对象制造假象，以及其他不公平的商业手段等，这些都是被社会普遍反对的。法制本身也反对这种行为。因此，“占统治地位的道德”实际上就是《德国民法典》第138条规定的法律本身内在的伦理原则和价值标准。以事实上的行为方式和综合的评价标准来看，每一种被接受的社会道德或多或少地清楚地表明了它们实际上是一种对行为的要求，善良风俗这一法律概念也意味着是一种对行为的要求，并且，这些对行为的要求来源于法律伦理标准的具体化，而这些法律伦理标准在法律制度中能够找到痕迹。尽管对善良风俗的概念的解释是多种多样的，比如，一方面是“标准的”解释，即占统治地位的社会道德，另一方面的解释是法律伦理的要求，而且这种法律伦理的要求已经存在于现行的法律制度之中。但这两种解释之间存在着内在联系，即这两个解释在法律和社会伦理上是交叉重叠的。（3）法律制度内在的法律伦理原则相对“占统治地位的道德”来说，具有优先地位，因为法院首先是和“法律与法”联系在一起的。法院只有在下列情况下才能适用“占统治地位的道德”标准：

---

① 参见［德］迪特尔·梅迪库斯：《德国民法总论》，邵建东译，512页，北京，法律出版社，2000。
② ［德］迪特尔·梅迪库斯：《德国民法总论》，邵建东译，513页，北京，法律出版社，2000。
③ 参见［德］卡尔·拉伦茨：《德国民法通论》（下），王晓晔等译，598页，北京，法律出版社，2003。
④ 参见［德］卡尔·拉伦茨：《德国民法通论》（下），王晓晔等译，597页，北京，法律出版社，2003。

当“占统治地位的道德”和现行法律制度的基本原则相符合时，即当“占统治地位的道德”是对现行的法律制度的更好的解释时。所以，当“占统治地位的道德”在关于某个问题的规定上不明确，或者相互矛盾或者不清楚，法院根据它不可能作出明确的判决时，法院就必须首先适用法律制度的评判标准。①

拉伦茨关于“占统治地位的道德”这一观点，在法国也有相当的市场。在法国，关于确定善良风俗的标准，存在两种对立的观点：一种是经验主义观点，而另一种是唯心主义观点。经验主义主张，应根据具体的时间和地点来考察某一行为是否正常和符合习惯。因此，对善良风俗标准的确定，不应根据宗教的或哲学的思想，而应根据事实和公众舆论。唯心主义认为，应由法官根据社会生活中居主导地位的道德准则去判断行为是否违反道德。因此，行为是否符合道德无须作具体的考察，而只需作出判断即可。这种观点认为，经验主义实际上只能使善良风俗成为空洞的概念，因为法官不应服从于公众舆论。但这并不是说法官有可能确立一种关于善良风俗的一般原则，因为对某一国家的法律产生支配性影响的道德，本来就具有自身的某种特点。而善良风俗标准无非就是这种道德在善与恶之间所划出的一条界线。法国学理一般采取唯心主义观点。②

笔者认为，在讨论任何问题之前，必须明确我们要讨论的问题是一个什么样的问题，即应当定义它，然后再进行讨论。但在讨论善良风俗这一问题时，当人们试图按照传统的思路作定义时，会遇到两个方面的障碍：(1) 抽象与具体的矛盾。一方面，我们不应该忘记：善良风俗是作为民法上的行为规范和裁判规范③来适用的，因此，必须有适用的标准，这就要求其具体化，即将善良风俗的法律内在价值具体化到行为要求中去。另一方面，在将善良风俗具体化概念化的过程中，却有一种巨大的风险：若内涵过大，就会影响其外延，进而影响其伸缩性，随着社会的发展和道德标准的变化，善良风俗将失去应有的适应性，最终被人们抛弃。(2) 任何社会的道德标准都存在多元化的特征，“占统治地位的道德”无非就是这多元中的一元，并且，随着社会的变化，“占统治地位的道德”可能也要发生变化，因此，善良风俗必须具有开放性和普适性特点。这两个方面的原因足以令那些试图给善良风俗下定义的人造成畏惧和困惑，因此，至今为止，没有人会自信地认为其对善良风俗的定义是正确的甚至是唯一正确的。即使主张给善良风俗下定义的人，也主张对善良风俗作类型化研究。

我们不应当将我国《民法典》上的善良风俗这一行为规范同社会道德规范等同，所以，应当特别强调善良风俗的制度价值。拉伦茨指出：善良风俗只起到一种消极的作用，即限制当事人的私法自治。当然，这绝不意味着法律要积极地强制某种道德行为的实施，不管那种道德行为是占统治地位的道德，还是严格伦理学的要求，这都是做不到的，它只是意味着法律不承认那些在法制社会中严重违反被大家公认的社会公共道德的法律行为。④ 也就是说，是因为法律不可能预见一切损害道德的合同行为并将其包容，故设此抽象与弹性原则，具体到每一个法律行为（合同），其是否违反社会利益，立法者只能交给法官去具体判断。但是，违反善良风俗

---

① 参见［德］卡尔·拉伦茨：《德国民法通论》（下），王晓晔等译，601～602页，北京，法律出版社，2003。

② 参见尹田：《法国现代合同法》，169页，北京，法律出版社，1995。

③ 在行为规范和裁判规范的关系上，行为规范必为裁判规范，而裁判规范却不一定是行为规范。善良风俗既是行为规范，也是裁判规范。

④ 参见［德］卡尔·拉伦茨：《德国民法通论》（下），王晓晔等译，603页，北京，法律出版社，2003。

的规定，并不是想把道德上的义务变成法律上的义务，而是阻止合同为实施不道德行为提供合法的服务，即当事人不得通过合同使违反道德的行为变为可以强制执行的行为。

由于受苏联民法理论和民事立法的影响，我国在《民法典》以前的民事立法中从来未使用过“公共秩序与善良风俗”的概念，而是用“社会公共利益及社会公德”。如1986年《民法通则》第7条规定：“民事活动应当尊重社会公德，不得损害社会公共利益……”但依学理通说，我国现行法所谓的“社会公共利益”及“社会公德”在性质和作用上与公序良俗相当。“社会公共利益”相当于“公共秩序”，“社会公德”相当于“善良风俗”①。故有学者认为，因“社会公共利益”“社会公德”并非法律用语，应改用通用的法律概念，即“公共秩序”与“善良风俗”②。在合同法的起草中，曾一度使用了公共秩序与善良风俗，但在最后几稿及颁布后的1999年《合同法》又重新回到了1986年《民法通则》中去。《民法典》首次使用了“公共秩序与善良风俗”这一概念。

（二）违反善良风俗的类型化考察

基于英美法系国家判例法的特点，在对违反道德的合同的确定方面，必然是类型化考察。即使在大陆法系国家，由于存在对善良风俗一般定义方法的危险性与现实困难性，对违反善良风俗的考察也是靠司法类型化完成的。由于各国的道德传统与司法传统不同，在类型化方面，也有区别。

1. 法国民法上的类型化考察

（1）违反性道德的合同。

性道德在善良风俗中占有重要的地位，故各国法为维护社会起码的道德秩序，对违反性道德的合同一般均确认其为无效。例如，在法国，在原因违反道德的合同中，违反性道德的合同占有重要地位。原因违反性道德的合同主要有两大类：一类是以开设妓院或用于卖淫为目的的房屋所有权或使用权转让合同；另一类是以支持违反性道德的行为为目的而订立的合同。③

（2）赌博合同。

赌博行为是以他人的损失而受偶然利益的行为，因其有害于一般的社会秩序，故许多国家的法律均规定其为无效合同。如《法国民法典》第1965条规定：“法律对于赌博的债务或打赌的债务，不赋予任何的诉权。”

（3）限制人身自由的合同。

人身自由是人权的重要组成部分，限制人身自由的合同应确认无效。但是，人身自由的内容以及如何评价对人身自由进行限制，往往难以有统一的标准。例如，对于限制当事人选择生活方式的自由的合同的评价，就是一个典型的例子。在许多国家中，有些行业对从业人员选择个人生活的方式之自由就有限制，例如许多航空公司的标准合同均规定航空小姐必须是未婚者。1963年4月30日巴黎法院就曾判决法国国营航空公司在有关合同中限定空中小姐必须为未婚者的条款为无效。但在许多国家，这种条款仍然具有约束力。

（4）违反家庭伦理道德的合同。

善良风俗对家庭的保护主要是对家庭本身具有的法律地位的保护。当事人既不得违背法律

---

①② 梁慧星：《民法总论》，45页，北京，法律出版社，1996。

③ 参见尹田：《法国现代合同法》，167页，北京，法律出版社，1995。

规定，以法定之外的其他条件建立家庭关系，也不得使家庭关系产生法定效果之外的其他效果。例如，“子宫出借”合同、“幼儿赠与”合同等，均不具有法律效力。①

（5）为获得其他不道德利益的合同。

这类合同的范围也很广泛，例如，国家公务员因完成职业工作而接受第三人额外报酬的合同；自由职业者，如律师或医生之间订立的“顾客转让合同”等，因为顾客的信任不应被出卖，而且受让人可能借机诈骗。

（6）违反人类一般道德的合同。

这类合同主要是指其内容对人的生命、身体未予必要的尊重的合同。但并非涉及人身体及其完整性的合同均为无效，只有那些不道德地利用自己的肉体或者将之毫无意义地置于危险状态的合同行为，才是违反道德的。②

2. 德国民法上的类型化考察

（1）束缚性合同。

这类合同被法院宣告无效，是因为这些合同极大地限制了合同另一方当事人的人身或者经济自由，或者极大地限制了合同另一方的职业自由或者从事艺术性事业的自由。例如，德国法院曾经判决一个抵押合同因束缚性而无效。这个案件中，抵押人抵押的财产是抵押人的全部财产，这一抵押使抵押人不可能再满足其他债权人的请求。③

（2）违反职业道德的合同。

违反职业道德的合同，主要是针对律师、税务顾问和医生。这些从事自由职业的人员，因必须遵循某些职业道德而受制于某些限制。在这里，道德之所以对这种行为作出否定性评价，主要是因为如果不对其作出否定性评价的话，比起遵守规则的竞争者，不遵守职业道德规则的人反而能够获取不正当的优势。④

（3）违反性道德的合同。

违反性道德的合同的适用在德国一度是比较宽泛的，但现在有限制的趋势。一般说来，有偿性行为的合同是无效的。但是，许多纯粹的辅助行为不被看成是违反善良风俗的。例如，一项旨在将房屋出租给妓女的合同是有效的、向妓院供应啤酒的合同并非违反善良风俗而依然有效。⑤

（4）诱使他人违反合同的行为。

从债法义务的相对性原则出发，此类义务对第三人不具有法律上的束缚力，因此，道德秩序也不把它升华到绝对的、相对于任何人都受保护的法律地位上。但是，德国司法判例认为，如果在第三人侵入合同双方当事人之间的关系的过程中，第三人对相关人实施了某种特别程度的肆无忌惮行为，一扫法律交易中的忠诚性，以致使第三人若援引合同的相对约束效力，将表现为一种为自己利益过度利用法律制度的滥用性行为，将违反善良风俗。⑥

（5）暴利行为。

按照德国判例，只要给付与对待给付之间不成比例，就可以把它看作一个违反善良风俗的

①② 参见尹田：《法国现代合同法》，168页，北京，法律出版社，1995。

③ 参见［德］卡尔·拉伦茨：《德国民法通论》（下），王晓晔等译，605页，北京，法律出版社，2003。

④ 参见［德］迪特尔·梅迪库斯：《德国民法总论》，邵建东译，525页，北京，法律出版社，2000。

⑤ 参见［德］迪特尔·梅迪库斯：《德国民法总论》，邵建东译，527页，北京，法律出版社，2000。

⑥ 参见［德］迪特尔·梅迪库斯：《德国民法总论》，邵建东译，530页，北京，法律出版社，2000。

合同问题。但是，仅仅有这一项还不能构成违反善良风俗，还要再加上一个主观因素，即合同的受益方明知合同另一方的不利地位而加以利用，从而使自己受益，或者他轻率地不加以考虑，合同的另一方在不利地位的情况下接受了不利的合同。① 暴利行为主要包括信用暴利、销售暴利和租赁暴利。② 当然，究竟达到什么程度才构成暴利，则是一个根据具体情况具体判断的问题。

（6）对违反道德目的之行为的无偿资助合同。

如果无偿资助是为了鼓励合同另一方从事某种违反道德的行为，或者是对合同另一方实施这种行为的一种奖励，则这种无偿资助根据判例是违反善良风俗的。③

由于违反善良风俗的类型是司法的结果，所以，在法国与德国，现在与将来的类型不止这些，这些仅仅是一些典型的类型。

（三）是否违反善良风俗的判断规则

1. 判断的对象

在判断一个合同是否违反善良风俗时，对判断对象的确定是首要问题。对此，德国学者弗卢梅指出：善良风俗要评判的是当事人的法律行为，而不是他所从事的行为。德国联邦最高法院的一个判决中指出：在《德国民法典》第138条的框架下，关键的问题并不在于对某一人的行为进行评判并对某种不道德的行为进行制裁，而仅仅是判断某项法律行为是否违反了善良风俗。由于是否违反善良风俗的判断涉及的对象是法律行为，因此，即使当事人的行为是应该受到道德指责的，但其从事的法律行为也可能是有效的。反之，如果当事人的行为无可厚非（行为是善意的），但法律行为的结果是不可忍受的，该法律行为也可能违反善良风俗。例如，一位妻子提起离婚诉讼，后因丈夫的下列承诺而撤回诉讼：在今后不再进行单独的业务活动或者娱乐旅行活动。法院认为：双方的行为意图在道德上是无可非议的，旨在防止丈夫进一步实施有害婚姻的行为，但这一承诺作为法律行为违反了善良风俗，因为对丈夫的行动自由作出这样一种限制，是违背婚姻的道德本质的。④ 因此，德国联邦最高法院曾经判决一个被继承人在剥夺了其妻子继承权的情况下，立他的情妇为单独继承人的遗嘱行为有效，正是基于善良风俗的判断对象是法律行为是否具有可指责性而非法律行为是否具有可非难性。

2. 判断的时间

一般来说，判断的时间应当以法律行为当时的标准而非现在的标准来判断。但有的学者也指出，如果一项法律行为在行为当时是违反善良风俗的，而按现在的标准是不违反善良风俗者，应当维持其有效性。⑤

3. 主观要件的讨论

在判断一个人的合同是否构成违反善良风俗时，是否以他"知道或者应当知道"为条件？

通说认为，不需要。因为，如果认为知道或者应当知道这一事实为必需条件，就会产生置善良风俗于不顾的人可以有效地订立合同。因此，合同的有效与否不能取决于当事人是否知道

---

① 参见［德］卡尔·拉伦茨：《德国民法通论》（下），王晓晔等译，609页，北京，法律出版社，2003。
② 参见［德］迪特尔·梅迪库斯：《德国民法总论》，邵建东译，538～540页，北京，法律出版社，2000。
③ 参见［德］卡尔·拉伦茨：《德国民法通论》（下），王晓晔等译，614页，北京，法律出版社，2003。
④ 参见［德］迪特尔·梅迪库斯：《德国民法总论》，邵建东译，515页，北京，法律出版社，2000。
⑤ 参见［德］卡尔·拉伦茨：《德国民法通论》（下），王晓晔等译，618页，北京，法律出版社，2003。

或者应当知道其行为被评价为违反善良风俗的事实。①

（四）善良风俗的类型化及判断标准对我国司法实践的启示

虽然我国《民法典》适用了善良风俗这一概念，但是，对判断规则以及违反善良风俗类型化的研究十分薄弱。例如，在我国，由于以各种形式赌博的现象可谓普遍，人人熟视无睹，并时常发生因赌债不能偿还而家破人亡、妻离子散的悲剧，所以，在我国，法律也确认这类合同无效。基于对人权的尊重，那些限制当事人一方人身自由的合同应当引起我们的足够重视。我国最高人民法院也曾经作出过类似德国判例的司法解释，即如果一个债务人有多个债权人，但债务人将全部财产抵押给一个债权人的抵押合同无效等，但是，法院确认这些合同无效的法律依据是什么？德国判例与法国判例之所以要将这些类型归入"善良风俗"条款之下，原因在于为其无效寻找民法上的依据。另外，在我国目前有许多暴利行业，有的是滥用特殊地位并利用对方没有经验等，许多人觉得确实存在问题，法律应当规范，但不知规范它的法律依据，能否将其归入违反善良风俗？因此，虽然我们的《民法典》对此有规定，但要在学理和司法中界定其概念并类型化，是一个长期的任务。

同时，如何判断一个合同或者一项法律行为是否违反善良风俗，以及判断的对象和标准等问题，在我国也存在巨大问题。德国学者所指出的判断对象尤其重要，即民法善良风俗的判断对象是一个人的法律行为而不是其行为。例如，前面提到的，一个人没有将遗产留给其妻子，而是遗留给其情妇的行为，在德国与法国是有效的，而在我国具体的实际存在的案例中被判决为无效，原因恐怕就在于对判断对象的认识错误。既然民法规定一个人在不损害他人利益的前提下，有权处分其个人财产，那么，这个人包括强奸犯、杀人犯、精神病患者等，当然，也包括其情人，就有权利将财产给予任何人。只要其权利的行使没有损害其他人利益，其法律行为就是无可指责的，就应该是有效的。其行为是可以指责的，但那属于道德的范畴，而不是法律的范畴。

（五）公共秩序及其适用

1. 公共秩序的概念

所谓公共秩序，是指一种强制性规范，是当事人意志自由的对立物，其本质在于反映和维护国家的根本利益。②

关于公共秩序与善良风俗之间的关系问题，学者有不同的看法。德国学理上进行过激烈的争论。西米蒂斯认为，公共秩序就是现存的社会秩序。③ 帕兰特等人则认为，人类为了一个有序的共同生活，必须有一个最低的道德规范。因此，可以这样解释，违反了善良风俗，就是违反了公共秩序。④ 显然，帕兰特等人是将公共秩序作为一个上位阶的概念来适用的，而把善良风俗等作为达到人类共同生活秩序的手段，当然也就是一个下位阶概念。但德国学者反对这种试图用公共秩序替代善良风俗的观点。因此，拉伦茨和梅迪库斯都认为：公共秩序涉及公共安全与外部秩序，适用于所有国际私法领域，它被作为外国法在本国适用的界限。所以，人们应

---

① 参见［德］迪特尔·梅迪库斯：《德国民法总论》，邵建东译，517页，北京，法律出版社，2000。

② 参见尹田：《法国现代合同法》，170页，北京，法律出版社，1995。

③ 参见［德］卡尔·拉伦茨：《德国民法通论》（下），王晓晔等译，598页，北京，法律出版社，2003。

④ 参见［德］卡尔·拉伦茨：《德国民法通论》（下），王晓晔等译，597页，北京，法律出版社，2003。

该把公共秩序限制在这一范围，而不应该把它扩大适用于解释善良风俗。① 其实，按照《德国民法典》制定时期的理解，公共秩序是指一切宪法性的原则，这些原则是社会秩序、政治秩序的基础；善良风俗是指对私道德的要求和交易上的诚实的一般评价。第二次起草委员会删去了公共秩序，只剩下纯粹以经验为基础的善良风俗，即废除了双重标准。立法者认为把过于广泛、过于不确定的公共秩序标准授权法官使用未免危险。② 因此，现在的德国民法典上，只有善良风俗的规定，而没有公共秩序的规定。

与德国法不同，《法国民法典》保留有公共秩序的概念，这就是《法国民法典》第 6 条的规定："不得以特别约定违反有关公共秩序与善良风俗的法律。"法国学者韦尔指出，作为对契约自由的限制，公共秩序与善良风俗表现了社会对个人的一种"至高无上"的地位，即社会强迫个人遵守构成该社会基础的一些规则。正因为如此，对公共秩序与善良风俗的区分就表现出一种人为的特点：由于法律的目的并非直接地对人进行道德教育，所以，某些基本的道德规范之所以应当被遵守，其原因并不在于为了实现该道德本身，而在于为了实现该道德所具有的社会价值，以及它给社会所带来的某种秩序。因此，从根本上讲，公共秩序与善良风俗这两个概念并无本质的不同，善良风俗是公共秩序的特殊组成部分。③ 诚然，从法律保护的最终效果上看，无论是善良风俗原则，还是公共秩序原则，均在于实现某种社会价值，即给社会带来某种秩序，但二者的法律渊源及出发点是不同的。所以，在许多方面具有差异。

与善良风俗不同，公共秩序反映和保护国家与社会的根本利益，表现了国家对社会生活的积极干预。其渊源大多数来自公法，如宪法、行政法等；也有些规定来自私法。根据其内涵不同，可将公共秩序分为政治公共秩序与经济公共秩序。

政治公共秩序的目的在于保护社会的基本结构，使之免受合同当事人个人意志的侵犯，其保护的目标为国家、家庭和社会公共道德。政治公共秩序与财产及劳务的交换，即市场的活动无直接关系，因为市场经济活动应由当事人依照契约自由原则为之。政治公共秩序仅在于防止对国家和家庭秩序的损害。

经济公共秩序，是指为了调整当事人之间的契约关系，对当事人之间的财产或交换进行干预，其目的在于使双方当事人的交换关系更为平等，或者是更好地维护社会整体利益。而从方法上看，这种干预不仅表现为禁止当事人订立某些合同，而且更重要地表现为立法者对法律关系常常直接予以支配，即通过颁布具体的实体法，直接规定某些合同的法律后果④，例如，关于消费合同的立法，关于劳动契约的规定等。

就政治公共秩序与经济公共秩序的区别而言，大体有以下两点：首先，就目的而言，政治公共秩序的目的不是直接调整财产与服务的交换关系，而是保护经济利益之外的利益，即文明社会的基本原则；而经济公共秩序直接调整财产或服务的交换关系。所以，在具体规范上，前者往往是消极的，即主要是禁止性规范，而后者主要是积极的，也即主要是命令性规范，其目的不在于阻止当事人订立某些合同，而在于强迫当事人按照法律的规定订立合同，例如，劳动

---

① 参见［德］迪特尔·梅迪库斯：《德国民法总论》，邵建东译，514 页，北京，法律出版社，2000；［德］卡尔·拉伦茨：《德国民法通论》（下），王晓晔等译，599 页，北京，法律出版社，2003。

② 参见沈达明等编著：《德意志法上的法律行为》，180 页，北京，对外贸易教育出版社，1992。

③ 参见尹田：《法国现代合同法》，165 页，北京，法律出版社，1995。

④ 参见尹田：《法国现代合同法》，173 页，北京，法律出版社，1995。

契约中的最低工资待遇及休息的权利等。其次，由于政治公共秩序在于保护文明社会的基本原则，这些原则变化较为迟缓，故政治秩序规范具有相对稳定的特点，而经济公共秩序相反，其必须适应不断变化发展的经济条件，故其具有多变性。

在英美法系，公共政策原则大体相当于大陆法系国家所说的公共秩序。所谓违反公共政策是指损害公共利益、违反某些成文法所规定的目标或政策，或旨在妨碍公众健康、安全、道德以及一般社会福利。公共政策这个概念十分广泛、十分灵活，它随着社会、经济、政治环境的变化而变化。特别是在美国，各州之间对公共政策的解释往往也有分歧。这是因为各州的经济利益对其公共政策的形成和发展起着重要作用。违反公共政策的合同有多种，例如：(1) 违反刑法的合同；(2) 在履行上构成侵权的合同；(3) 限制贸易的合同；(4) 妨碍司法的合同；(5) 故意规避法律的合同；(6) 破坏家庭关系的合同；(7) 限制竞争的合同、限制价格的合同等。①

笔者认为，我国不应该采取德国式的民法体例，而应当规定公共秩序的概念。因为，私法的自治应当在宪法、刑法、行政法等允许的框架内发挥作用，这些法律虽然不直接调整合同关系，但是，作为消极的限制仍然起作用。因此，公共秩序作为限制私法自治的手段是必要的。

2. 违反公共秩序的类型

(1) 违反国家公序行为。

国家公共秩序，是指国家经济、政治、财政、税收、金融、治安等秩序，关系国家、人民的根本利益，违反国家公共秩序属于违反公共秩序的重要类型，例如，身份证、学历证明的买卖合同，规避国家税收的合同等。

(2) 限制经济自由行为。

经济自由为市场经济的基本条件，其违反行为当然无效，例如，竞业禁止条款、限制职业自由的条款。自经济体制改革以来，严重存在的利用经济地位或行政权力分割市场、封锁市场、限制商品和人员流动的规定或协议，亦可归入这一类，应认定为无效。

(3) 违反公正竞争行为。

公正竞争为市场秩序的核心，当然应受公共秩序原则的保护。属于这一类的行为有：拍卖或招标中的围标行为，以贿赂方法诱使对方的雇员或代理人与自己订立契约，以使对方违反对于第三人的契约义务为目的的契约等。

(4) 违反消费者保护行为。

现代市场经济条件下，消费者为经济上的弱者，不能与拥有强大经济实力的企业相抗衡，于是各国制定并执行消费者保护政策，由国家承担保护消费者的责任。因此，消费者保护成为公共秩序原则适用的重要领域。违反消费者保护的行为，主要是利用欺诈性的交易方法、不当劝诱方法及虚假和易使人误信的广告、宣传、表示，致消费者遭受重大损害的行为。

(5) 违反劳动者保护行为。

同消费者一样，劳动者也是现代市场经济条件下最易于遭受损害的弱者，因此，保护劳动者为现代保护公共秩序的重要领域。运用公共秩序原则保护劳动者，是各国依公共秩序原则处

---

① 参见冯大同主编：《国际商法》，96 页，北京，对外贸易教育出版社，1991；徐罡等：《美国合同判例法》，114 页，北京，法律出版社，1999。

理的重要类型。例如，劳动关系中以雇员对企业无不利行为作为支付退职金条件的规定，女雇员一经结婚视为自动离职的所谓“单身条款”，“工伤概不负责”的约款，雇员须向雇主交纳保证金的约款，要求雇员为顾客对雇主的债务担保的约款，男女同工不同酬的差别待遇规定等。①

3. 法律适用

违反公共秩序的法律适用的后果，与违反善良风俗的法律适用的后果是一样的，即会导致合同无效的结果。

（六）我国司法实践中违反善良风俗与公共秩序的合同的类型与判断标准

《合同编通则部分司法解释》第 17 条规定：“合同虽然不违反法律、行政法规的强制性规定，但是有下列情形之一，人民法院应当依据民法典第一百五十三条第二款的规定认定合同无效：（一）合同影响政治安全、经济安全、军事安全等国家安全的；（二）合同影响社会稳定、公平竞争秩序或者损害社会公共利益等违背社会公共秩序的；（三）合同背离社会公德、家庭伦理或者有损人格尊严等违背善良风俗的。人民法院在认定合同是否违背公序良俗时，应当以社会主义核心价值观为导向，综合考虑当事人的主观动机和交易目的、政府部门的监管强度、一定期限内当事人从事类似交易的频次、行为的社会后果等因素，并在裁判文书中充分说理。当事人确因生活需要进行交易，未给社会公共秩序造成重大影响，且不影响国家安全，也不违背善良风俗的，人民法院不应当认定合同无效。”

从该司法解释可以看出：（1）我国司法实践中存在两种违反公共秩序的类型，即：1）合同影响政治安全、经济安全、军事安全等国家安全的；2）合同存在影响社会稳定、公平竞争秩序或者损害社会公共利益等违背社会公共秩序情形的。损害社会公共利益已经被认定为违反公共秩序的一种类型了。（2）将背离社会公德、家庭伦理或者有损个人尊严等视为违背善良风俗的情形。（3）在认定合同是否违反公序良俗的时候，不能强行归类，而是综合考虑当事人的主观动机和交易目的、政府部门的监管强度、一定期限内当事人从事类似交易的频次、行为的社会后果等因素，以社会主义核心价值观为指导进行认定。

对于上述解释，有以下几点值得注意和思考：（1）必须对“影响社会稳定”这一因素严格限制，不能随意将其作为一个“大筐”，动辄以合同可能影响社会稳定为由否定合同效力。这种情况在我国的司法审判实践中已经出现。（2）该解释中的社会公共利益是否与《民法典》第 243 条规定的“公共利益”相一致？

最高人民法院该条司法解释必须与第 16 条结合适用，否则，将使公序良俗的概念极不稳定——可以任意找出一个理由裁定合同无效。原因就是：什么会影响政治安全、经济安全、军事安全等国家安全，影响社会稳定，实在是太不确定了。

二、合同因违反法律和行政性法规的强制性规定而无效

法律体现着国家的基本政策和所保护的重要目标，所以，一经颁布就需要全体国民一体遵行。故对法律的违反，是合同病态中最严重的一种。

这里所讲的法律是指广义的法律，在我国具体包括：（1）全国人民代表大会及其常务委员

---

① 参见梁慧星：《民法总论》，204 页，北京，法律出版社，1996。

会颁布的法律；(2) 由国务院颁布的行政法规；(3) 地方性法规，即省、自治区、直辖市的国家权力机关及其常设机关为执行和实施宪法、法律和行政法规，根据本行政区域的具体情况而制定的规范性文件，以及设区的市的人民代表大会及其常务委员会根据本市的具体情况和实际需要，在不同宪法、法律、行政法规和本省、自治区、直辖市的地方性法规相抵触的前提下，就城乡建设与管理、生态文明建设、历史文化保护、基层治理等方面的事项（法律对相关事项另有规定的，从其规定）制定的规范性文件（仅在本地区有效）。只有违反以上法律才能确定具有违法性，对其他行政文件的违反并不构成违法。目前在我国，各级政府，甚至是政府的各个部门的行政文件多如牛毛，如果将这些行政文件也纳入法律规范的范畴，将会使交易人如履薄冰，动辄获咎。所以，明确法律规范的范畴十分重要。“违反法律”一语中的“法律”，既包括公法，也包括私法。

我们在此所讲的对法律的违反，是指对强行性法律的违反，对公法或私法中的任意性规范的违反，并不必然导致违法的法律后果。我国《民法典》及司法实践也坚持这样的原则。不仅要审查法律行为是否违反法律或者行政法规的强制性规定，而且要审查这种强制性规定是否是指向合同的效力（《民法典》第153条）。那么，什么叫作法律或者行政法规的效力性强制性规定呢?

1. “强行性规范”的概念及问题渊源

众所周知，“强行性规范”是与“任意性规范”相对应的概念，是指当事人不能依意思自治排除其适用的法律规定。但是，强行性规范仅仅是必须适用而不能被排除的法律规范，但并不都是旨在否定行为在民法上的效力。因此，并非违反任何强行性规范都将导致法律行为效力的病态。

而这恰恰就是问题和争议的渊源所在。因此，在判断违反强行性法律规范对合同效力的影响时，一定要结合规范的目的和合同法的体系来综合判断。

2. 判断“效力性强制性规定”的标准

笔者认为：

(1) 判断何谓“效力性强制性规定”的核心问题是规范的目的。任何规范都有目的，如果规范的目的在于对当事人意思自治的否定，则属于效力性强制，否则，就不应影响私法意义上的合同之效力。例如，史尚宽先生举例说，有的国家对营业时间在法律上有强制性限制，但立法目的仅仅是保护受雇人，而不是禁止交易行为效果的发生，属于取缔性或者管理性规定。① 因此，即使在法律禁止营业的时间内交易，也不影响合同效力，但会引起对营业主的处罚。我国《公务员法》第59条对公务员经商的限制，也是为了加强对公务员的管理，但对于其已经从事的交易并不否认其效力。

(2) 合同涉及的利益主体。一般来说，合同是双方当事人之间的事情，如果不涉及第三方利益，法律一般不会否定其效力，因此，违反《民法典》第5条规定的“自愿原则”并不必然引起合同无效。但是，如果合同涉及国家利益、集体利益或者第三人利益，特别是损害其利益时，就会引起无效。学者一般都同意这一观点。

(3) 注意区分“物权行为”效力与“债权行为”效力。我国法上是否存在物权行为与债权行为的区分，尽管在学理上存在争议，但在立法和司法解释中这种区分始终都不能摆脱。因

① 参见史尚宽：《民法总论》，330页，北京，中国政法大学出版社，2000。

此，我们必须区分效力性强制性规范是针对物权的，还是针对债权即合同的效力的。例如，我国《城市房地产管理法》第 36 条规定："房地产转让、抵押，当事人应当按照本法第五章的规定办理权属登记。"第 45 条第 2 款规定："商品房预售人应当按照国家有关规定将预售合同报县级以上人民政府房地产管理部门和土地管理部门登记备案。"这里的要求是针对债权即合同的，还是针对物权的？

在区分物权行为与债权行为时，显然登记或者备案都属于物权问题，而不是债权即合同的问题。我国《民法典》第 215 条也明确规定，登记与否不影响合同效力。

（4）结合其他因素的综合判断。不能机械地套用标准进行判断，而是要结合其他因素综合判断。例如，同样是涉及"市场准入的主体"问题，法律效力可能会不一样，有的是效力性强制，有的则不是效力性强制而是管理性强制。例如，违反金融管理法规，未经批准从事金融业务，就属于被否定效力的行为。违反《民法典》第 153 条，与他人进行一般商业性合同交易，就不属于被否定合同效力的行为。因为，前一种交易违反了国家的金融经济秩序，需要否定其效力。而后一种一般性商业交易，并不违反市场秩序或者国家利益。因此，《最高人民法院关于当前形势下审理民商事合同纠纷案件若干问题的指导意见》（法发〔2009〕第 40 号）第 16 条规定："人民法院应当综合法律法规的意旨，权衡相互冲突的权益，诸如权益的种类、交易安全以及其所规制的对象等，综合认定强制性规定的类型。如果强制性规范规制的是合同行为本身即只要该合同行为发生即绝对地损害国家利益或者社会公共利益的，人民法院应当认定合同无效。如果强制性规定规制的是当事人的'市场准入'资格而非某种类型的合同行为，或者规制的是某种合同的履行行为而非某类合同行为，人民法院对于此类合同效力的认定，应当慎重把握，必要时应当征求相关立法部门的意见或者请示上级人民法院。"

我国最高人民法院在 2019 年 11 月发布的《全国法院民商事审判工作会议纪要》（法〔2019〕254 号，以下简称《九民会议纪要》）第 30 条规定，人民法院在审理合同纠纷案件时，要慎重判断"强制性规定"的性质，特别是要在考量强制性规定所保护的法益类型、违法行为的法律后果以及交易安全保护等因素的基础上认定其性质，并在裁判文书中充分说明理由。下列强制性规定，应当认定为"效力性强制性规定"：强制性规定涉及金融安全、市场秩序、国家宏观政策等公序良俗的；交易标的禁止买卖的，如禁止人体器官、毒品、枪支等买卖；违反特许经营规定的，如场外配资合同；交易方式严重违法的，如违反招投标等竞争性缔约方式订立的合同；交易场所违法的，如在批准的交易场所之外进行期货交易。关于经营范围、交易时间、交易数量等行政管理性质的强制性规定，一般应当认定为"管理性强制性规定"。《合同编通则部分司法解释》第 16 条规定："合同违反法律、行政法规的强制性规定，有下列情形之一，由行为人承担行政责任或者刑事责任能够实现强制性规定的立法目的的，人民法院可以依据民法典第一百五十三条第一款关于'该强制性规定不导致该民事法律行为无效的除外'的规定认定该合同不因违反强制性规定无效：（一）强制性规定虽然旨在维护社会公共秩序，但是合同的实际履行对社会公共秩序造成的影响显著轻微，认定合同无效将导致案件处理结果有失公平公正；（二）强制性规定旨在维护政府的税收、土地出让金等国家利益或者其他民事主体的合法利益而非合同当事人的民事权益，认定合同有效不会影响该规范目的的实现；（三）强制性规定旨在要求当事人一方加强风险控制、内部管理等，对方无能力或者无义务审查合同是否违反强制性规定，认定合同无效将使其承担不利后果；（四）当事人一方虽然在订立合同时违反强制性规定，但是在合同订立后其已经具备补正违反强制性规定的条件却违背诚信原则不予补正；（五）法律、司法解释规定的其他情形。法律、行政法规的强制性规定旨在规制合同订立后的履行行为，当事人以合同违反强制性规定为由请求认定合同无效的，人民法院不予支持。但是，合同履行必然导致违反强制性规定或者法律、司法解释另有规定的除外。依据前两款认定合同有效，但是当事人的违法行为未经处理的，人民法院应当向有关行政管理部门提出司法建议。当事人的行为涉嫌犯罪的，应当将案件线索移送刑事侦查机关；属于刑事自诉案件的，应当告知当事人可以向有管辖权的人民法院另行提起诉讼。”

前面已经论及，《合同编通则部分司法解释》第 16 条必须与第 17 条结合起来理解与适用才会更加准确——至少第 16 条是对第 17 条在外延上的限制。

同时，《合同编通则部分司法解释》第 18 条还专门对于法律或者法规中使用“应当”、“必须”或者“不得”等词语的所谓效力进行了解释：法律、行政法规的规定虽然有“应当”“必须”或者“不得”等表述，但是该规定旨在限制或者赋予民事权利，行为人违反该规定将构成无权处分、无权代理、越权代表等，或者导致合同相对人、第三人因此获得撤销权、解除权等民事权利的，人民法院应当依据法律、行政法规规定的关于违反该规定的民事法律后果认定合同效力。根据该规定，即使法律或者法规使用了“应当”、“必须”或者“不得”等词语，也不意味着是强行性规范，从而导致合同无效。

在对违法进行判断时，要区别量上的违法与质上的违法。所谓量上的违法，是指当事人所订立的合同的某些条款在量上违反了法律规定，如合同标的数量超过了法律或国家计划规定的指标或数量；所谓质上的违法，是指合同内容在根本上违反了法律规定，例如，倒卖武器弹药的合同。量上违法将导致合同部分无效，而质上违法将导致合同全部无效。①

违法与违反公共秩序的关系如何？我国有的学者认为，违法包括违反现行法律和社会公共利益。② 但笔者认为，法律虽然体现了对社会公共利益的保护，从根本上说二者有重合，但毕竟有所不同。也就是说，违反公共政策与违反法律是两个具有密切联系，但又有所区别的概念。首先，合同违法指合同的订立或履行与禁止订立或履行这种合同的强制性法律规则相抵触。这种强制性法律规则必然在某种程度上体现着社会的公共政策。因此，在通常情况下，违法的合同同时又是违反公共政策的合同。然而，在某些情况下，合同的订立或履行虽然违反了强制性的法律，强制执行该合同却并不违反公共政策。比如，在美国马萨诸塞州法院 1907 年审理的东方扩展金属公司诉韦布格兰尼特建筑公司案中，一个建筑公司与一个未成年人签订了建筑合同，从而违反了制定法关于不得与未成年人订立合同的强制性规定。然而，法院发现，该建筑承包商在订立合同时并不知道另一方是个未成年人，因此，强制执行该合同，让另一方就已经完成的工作向该承包商支付报酬并不违反这个州的公共政策。其次，一个合同的订立或履行尽管不违反某种明示的禁止性的法律规则，因而在一种严格的意义上说并不违法，却仍然可能与社会的公共政策相抵触。例如，在麦卡瑟诉联合霍姆斯公司案中，原告是被告公司的一个房客。一天晚上，当原告顺着通往她租用的公寓的楼梯往下走时，由于那里没有安装电灯，原告从楼梯上摔了下去，受了伤。她向法院起诉，要求被告就其疏忽对她负担赔偿责任。被告

---

① 参见王利明等：《合同法新论・总则》，247 页，北京，中国政法大学出版社，1996。

② 参见陈安主编：《涉外经济合同法的理论与实务》，148 页，北京，中国政法大学出版社，1994；王利明等：《合同法新论・总则》，245 页，北京，中国政法大学出版社，1996。

的答辩是，双方订立的租约中包括了一个免责条款，免除了被告进行此种赔偿的责任。华盛顿州上诉法院在判决中指出：尽管这种免责条款被认为是“合法的”，许多法院在强制执行这种条款时表现出了一种勉强态度；这种条款与确立已久的涉及房主与房客关系的普通法上的侵权责任规则是相抵触的；这种条款在以此种方式得到利用时，违反了这个州的公共政策，因而不能由本法院强制执行。[①] 也正是因为这种区别，各国合同法或民法典均将违反法律与违反公共政策分别规定。我国《民法典》在这一问题上也采取区分规定的方式。

三、因虚假意思表示订立的合同无效

（一）概念

我国《民法典》第146条规定了虚假意思表示之法律行为及其效果，这是我国民事立法第一次明确规定“虚假意思表示”，尽管之前我国1986年《民法通则》第58条及1999年《合同法》第52条都有关于“以合法形式掩盖非法目的”及“恶意串通，损害国家、集体或者第三人利益”的法律行为或者合同无效之规定，从中也可能解释出“虚假意思表示”的含义，但与《民法典》第146条之规定毕竟不同：虚假法律行为所掩盖的不一定就是非法目的的法律行为或者损害国家、集体或者第三人利益的法律行为。因此，“虚假法律行为及其效力”之规定，是有独立价值和意义的，而且这种形式在实践中经常出现。那么，什么是虚假意思表示或者法律行为呢？

所谓虚假法律行为，是指在意思表示需要受领的法律行为中，意思表示的表意人与意思表示的受领人一致同意（同谋）而作出的旨在掩盖另外一项法律行为的外在的法律行为。就如德国学者拉伦茨所指出的，虚假法律行为是指表意人与表示的受领人一致同意表示事项不应该发生效力，亦即双方当事人一致同意仅仅造成订立某项法律行为的表面假象，而实际上并不想使有关法律行为的法律效果产生。[②]

（二）构成要件

1. 意思表示的双方具有“通谋性”

这一要件要求意思表示的表意人与受领人对于该意思表示的“虚假性”是共知的，如果仅仅有一方知道而对方不知道，则构成“欠缺真意”或者“心理保留”。有时，意思表示的表意人误认为对方已经理解并接受其意思而具有“共识”，但对方并没有理解并与之达成“共识”时，则会成为“失败的虚假表示”。就如德国学者所言，虚伪行为以双方当事人的一致同意为前提条件，只有当两个表示都经双方当事人一致同意而虚伪作出时，才可能将该合同视为虚伪行为。如果表意人希望另一方将表示理解为虚伪表示，而另一方没有意识到表示的虚伪性质，也就是说，双方未就虚伪作出表示达成“一致同意”，则为失败的虚伪行为。[③]

2. 表意人所作出的意思表示必须是需要受领的意思表示

因为虚假法律行为的构成要求具有“通谋性”，要求双方对于“虚假性”具有共识，因此，表意人所作出的意思表示必须是需要受领的意思表示才有可能符合这一要求。

---

① 参见王军：《美国合同法》，130～131页，北京，中国政法大学出版社，1996。

② 参见［德］卡尔·拉伦茨：《德国民法通论》（下），王晓晔等译，479页，北京，法律出版社，2003。

③ 参见［德］卡尔·拉伦茨：《德国民法通论》（下），王晓晔等译，480页，北京，法律出版社，2003。

3. 不存在效果意思

在虚假法律行为中，双方当事人虽然有意思表示的外观，但却不具有意思表示中的效果意思，也就是说是，双方当事人不具有使法律行为发生预期效果的真实意思。相反，当事人可能会隐藏另一个法律行为，欲使另一个法律行为发生效力，即另一个法律行为具有效果意思，因此，一般来说，另一个被隐藏的法律行为可能会发生效力（《民法典》第146条第2款）。

虚假法律行为往往具有欺骗第三人的动机，但这不是虚假法律行为构成的必要条件，就如德国学者所言，虚假行为的双方当事人大多是想欺骗某个第三人，如债权人或者税务机关等。不过，这一欺骗意图并不是构成虚假行为的必要前提。①

4. 虚假法律行为常常是为了掩盖另一个当事人真正希望发生法律效果的法律行为

任何法律行为都有其目的性，虚假法律行为往往是为了掩盖另一个法律行为，并有意使另一个法律行为（隐藏的法律行为）发生效力。因此，我国《民法典》第146条第2款就规定："以虚假的意思表示隐藏的民事法律行为的效力，依照有关法律规定处理。"

（三）虚假法律行为与其他意思表示具有瑕疵的法律行为的区别

1. 与真意保留的区别

心意保留又称为心理保留或者真意保留，是指表意人内心秘密保留意思表示的非约束性。② 至于心理保留的法律效力，许多国家的民法典规定：法律行为以表示于外的意思发生效力，但相对人知道表意人心意保留的，外在的意思表示无效。如《德国民法典》第116条规定："表意人暗地里作出保留，对被表示的事物并不愿意的，意思表示不因此而无效。意思表示须向他人作出，并且相对人知道此保留的，该意思表示无效。"例如，A与B是要好的朋友，A有字画一幅，本无赠与之意思，但出于礼貌与客套，故作赠与的表示，没有想到的是，B欣然接受，则该表示有效。若B明知A酷爱此画，不可能赠与他人，其赠与的表示无非是客套而已，则该赠与不发生效力。学者对于"意思表示不因保留而无效"的规定一般并无异议，诚如学者所言：这一点具有理所当然的正确性。其实，运用一般的解释规则，也可以得出这一结论：谁知道并且愿意其意思表示应被他人作无保留的理解，谁就必须承认其意思表示对自己产生效力。③

真意保留与虚假法律行为的主要区别是：（1）真意保留不具有双方的"通谋性"，另一方事前并不知道表意人的"虚假意思"。（2）法律效果不同。真意保留原则上具有效力，只有对方知道该保留的，才例外地无效。而虚假法律行为原则上就无效。

2. 与游戏表示的区别

游戏表示，又称为"戏谑性表示"，是指吹嘘、开玩笑或者出于礼貌上的考虑所作的不严肃的表示，学理上往往用游戏表示统称这类表示。表意人感觉到并且有理由或者无理由地期待对方不会误认为是真的。④ 对于这种表示行为的效力，《德国民法典》第118条规定："不是出于真意，并且期待真意的缺乏不被误解所作出的意思表示，无效。"这就是说，表意人期待着其并非出于真意的事实不会被他人所误解，表意人期待相对人能够认识到自己的真实意思。但

---

① 参见［德］卡尔·拉伦茨：《德国民法通论》（下），王晓晔等译，497页，北京，法律出版社，2003。

② 参见沈达明等编著：《德意志法上的法律行为》，100页，北京，对外贸易教育出版社，1992。

③ 参见［德］迪特尔·梅迪库斯：《德国民法总论》，邵建东译，444页，北京，法律出版社，2000。

④ 参见沈达明等编著：《德意志法上的法律行为》，98页，北京，对外贸易教育出版社，1992。

是，如果相对人出乎意料地没有理解表意人的真实意思，反而相信其表示行为，法律效力如何？这时，表示行为依然无效，但表意人应向信赖其表示行为有效的相对人赔偿消极利益，赔偿的数额以积极利益为限。这一规定，与因错误撤销意思表示的法律后果一样。① 但是，如果相对人因疏忽大意而未认清表意人并非出于真意，则不享有此项权利（《德国民法典》第 122 条第 2 款）。如果表意人看到相对人信赖其游戏表示，应根据诚实信用原则，向对方说明情况。表意人怠于说明的，这种表示应被视为有效。②

虚假法律行为与游戏表示的区别在于：（1）游戏表示没有双方的“通谋性”。（2）尽管游戏表示与虚假法律行为的结果都是无效，但在游戏表示中，表意人存在过错，应赔偿对方的信赖利益；在虚假法律行为无效后，因双方具有通谋性，故不存在赔偿问题。

3. 与重大误解（错误）的区别

重大误解主要是表意人对于与法律行为有关的重大事项发生错误认识，从而作出意思表示的行为。其与虚假法律行为的主要区别是：双方不是故意通谋“发生错误”，有时，即便是双方都发生了错误的认识，这种错误认识也没有通谋性。例如，双方签订了名为“动产抵押”的合同，但合同内容中约定了转移动产的占有给权利人，尽管双方都认为是“抵押合同”，实际上因内容的原因属于“质权合同”。在这种情况下，不属于虚假法律行为。

4. 与信托行为的区别

应该说，在大陆法系，由于不承认“双重所有权”的障碍，信托法的实施远不及英美法顺畅。因为，信托人将信托财产转移给受托人，受托人仅仅享有“名义所有权”，即仅仅是让受托人以所有权人的名义为信托人的利益而行为，真正享有所有权的仍然是信托人。例如，我国《信托法》第 15 条规定：“信托财产与委托人未设立信托的其他财产相区别。设立信托后，委托人死亡或者依法解散、被依法撤销、被宣告破产时，委托人是唯一受益人的，信托终止，信托财产作为其遗产或者清算财产；委托人不是唯一受益人的，信托存续，信托财产不作为其遗产或者清算财产；但作为共同受益人的委托人死亡或者依法解散、被依法撤销、被宣告破产时，其信托受益权作为其遗产或者清算财产。”第 16 条规定：“信托财产与属于受托人所有的财产（以下简称固有财产）相区别，不得归入受托人的固有财产或者成为固有财产的一部分。受托人死亡或者依法解散、被依法撤销、被宣告破产而终止，信托财产不属于其遗产或者清算财产。”因此，从表面上看，这种转移所有权具有“虚假性”。其实，大陆法系国家存在的“让与担保”也具有这种属性。

虚假法律行为与信托行为不同的是：虚假法律行为的当事人根本不具有效果意思，不想使表面的法律行为发生效力。而信托行为的当事人不同，其意思表示是真实的，确实也具有意思表示中的效果意思，并追求这种效果意思的发生，只是在效果的归属上不同于一般法律行为：一般法律行为的效果归属行为人，而信托法律行为的后果归属“背后的非行为人”——信托人。正如德国学者所言，在信托行为中，双方当事人希望使行为产生法律效力，这一点与虚假行为不同。信托行为双方当事人的保留，并非旨在阻止行为产生法律效力，而仅仅在于阻止受

---

① 参见［德］迪特尔·梅迪库斯：《德国民法总论》，邵建东译，448 页，北京，法律出版社，2000；沈达明等编著：《德意志法上的法律行为》，98 页，北京，对外贸易教育出版社，1992。

② 参见［德］卡尔·拉伦茨：《德国民法通论》（下），王晓晔等译，497 页，北京，法律出版社，2003。

托人完全行使信托人授予他的权利。[①]

5. 与间接代理的区别

间接代理与一般代理不同，是代理人以自己的名义与第三人为法律行为，先由间接代理人取得法律行为后果，然后再转移给委托人。因此，严格地说，间接代理就不是代理。就如德国学者所言，有的人不愿意抛头露面，因此，往往在对方当事人知道或者不知道的情况下，适用一个所谓的“间接代理人”。这个人虽然以自己的名义，即不是作为代理人同对方为法律行为，但他是以他身后的真正行为人的费用，为此人的利益从事行为的，例如，某人通过间接代理人购买股票，或者在拍卖会上购买艺术品等。[②]

虽然从表面上看起来，这种间接代理人的行为有某些虚假性，但与虚假法律行为的区别是：间接代理人与相对人在法律行为的效果追求上，即效果意思方面是真实的，仅仅于法律行为的后果归属方面归于委托人。其目的多种多样，往往是背后的委托人不愿意让人知道是他本身来参与某些法律行为，但其并没有否认法律行为的旨意。就如德国学者所言，即使间接代理人的行为相对人知道间接代理人的真正受益人是谁，该行为仍然是出自双方的真意，而不是虚假行为。因该行为，间接代理人既享有权利，也承担义务，他仅仅负有将其所获权利转移给委托人的义务。[③]

6. 与欺诈的区别

虽然虚假法律行为往往具有欺骗第三人的目的，但与欺诈不同的是：(1) 虚假法律行为具有双方“通谋”性，而欺诈是法律行为的一方当事人欺诈另一方，不具有通谋性；(2) 虚假法律行为可能欺骗第三人，但不是欺诈法律行为的相对人；(3) 从后果看，虚假法律行为无效，而因欺诈行为而发生的法律行为是可撤销的法律行为。

7. 与《民法典》第 154 条的区别

我国《民法典》第 154 条规定：“行为人与相对人恶意串通，损害他人合法权益的民事法律行为无效。”那么，该条规定与第 146 条规定的虚假法律行为之间有什么本质区别吗？

这两条非常相似，都具有“通谋性”。而且，第 154 条是我国民事立法在大陆法系国家民事立法中难以见到的。笔者认为，其与虚假法律行为的区别是：“通谋”的内容不同。虚假法律行为其本身的“通谋性”在于双方都同意法律行为不发生表面行为的效力，即不具有效果意思，而第 154 条规定的恶意串通行为效果意思是真实的，而且当事人在追求这种意思的发生，但其目的在于让这种法律行为的效果损害第三人利益。

问题是：在实际中，是否会发生虚假法律行为与恶意串通法律行为的竞合问题呢？例如，债务人为了达到使债权人无法执行其财产的目的，而虚假地将自己的财产让与给第三人。那么，这种让与行为就因是虚假法律行为而无效，债权人就可以主张这种行为无效，这些财产仍然能够被执行。[④] 又如，房屋的买卖双方在买卖房屋合同中，为了逃避税收，将实际成交的价格隐藏起来，在正式提交给登记机关的合同中用一比较低的价格表现，就是为了逃税。这时，是适用第 146 条规定的虚假法律行为，还是适用第 154 条的恶意串通损害第三人利益的行

---

① 参见［德］迪特尔·梅迪库斯：《德国民法总论》，邵建东译，451 页，北京，法律出版社，2000。

②③ 参见［德］卡尔·拉伦茨：《德国民法通论》（下），王晓晔等译，499 页，北京，法律出版社，2003。

④ 参见［德］卡尔·拉伦茨：《德国民法通论》（下），王晓晔等译，500 页，北京，法律出版社，2003。

为呢？

在拉伦茨教授所举的例子中，按照我国《民法典》，既可以适用第146条关于虚假法律行为的规定，认定该行为无效，也可以根据第154条关于恶意串通的规定认定其无效。按照德国学者的观点，虚假法律行为也可以是“部分虚假”，最典型的就是买卖合同的价格虚假，以欺骗税务机关。这样的法律行为也属于虚假法律行为，适用“部分无效”规则，即价格部分无效，买卖合同按照真实价格生效。① 笔者认为，在这种情况下，应该适用我国《民法典》第146条之规定。同时，这种情况也构成第154条的恶意串通损害第三人利益的行为，也属于无效。

（四）虚假法律行为（合同）无效的理由及具体效力

1. 虚假法律行为无效的理由

虚假法律行为为什么是无效的？如果双方当事人想让其生效是否能够生效？对此，德国学者指出，虚假法律行为之所以无效，就是因为双方当事人一致同意该意思表示无效。② 从意思自治原则看，既然双方当事人没有这样的真实意思，就不能让这种意思表示生效，这是符合意思自治原则的。

虚假法律行为无效的理由是一个价值判断问题，还是逻辑判断问题？也许有人会认为，虚假行为之所以无效，是因为虚假的行为，从价值判断方面来讲，就不应该有效，否则就会让一个虚假的行为变为真实的法律行为并产生效力。其实，这是一种误解。在私法领域内，让虚假的行为发生效力的情形很多很多，法律一般不予直接干预。虚假法律行为的无效实际上是逻辑判断的结果：因为，从法律行为的概念看，意思表示是其核心要素，而从意思表示的构成看，效果意思是意思表示不可或缺的因素，而虚假法律行为中恰恰就缺少效果意思，当事人不追求这种表示出来的效果，所以，不成立真正的意思表示，意思表示也就无效，从而导致法律行为无效。因此，它是一个逻辑判断问题。

2. 具体效力

从我国《民法典》第146条的规定看，对于虚假法律行为的规定有两层意思：一是虚假表示的法律行为无效；二是“以虚假的意思表示隐藏的民事法律行为的效力，依照有关法律规定处理”。在此，重点讨论第二层意思。

首先，第146条的意思是说，被隐藏的法律行为如果符合我国法律关于法律行为生效要件，可以生效，否则，被隐藏的法律行为也不可以生效。例如，被隐藏的法律行为违反国家强行性法律规范的，也不能生效。

其次，特别需要指出的是，被隐藏的法律行为需要特定程序或者特定形式的，当被隐藏的法律行为不符合这种特定要求的，也不能生效。就如德国学者所指出的，被要求的法律行为属于要式法律行为却未履行形式要件时，它因欠缺形式要件而无效。③

---

① 参见［德］维尔纳·弗卢梅：《法律行为论》，迟颖译，480页，北京，法律出版社，2013；［德］卡尔·拉伦茨：《德国民法通论》（下），王晓晔等译，501页，北京，法律出版社，2003；［德］汉斯·布洛克斯等：《德国民法总论》，张艳译，242页，北京，中国人民大学出版社，2012。

② 参见［德］维尔纳·弗卢梅：《法律行为论》，迟颖译，480页，北京，法律出版社，2013；［德］卡尔·拉伦茨：《德国民法通论》（下），王晓晔等译，499页，北京，法律出版社，2003。

③ 参见［德］维尔纳·弗卢梅：《法律行为论》，迟颖译，481页，北京，法律出版社，2013。

最高法院之配套典型案例二：虚假合同纠纷案——某甲银行和某乙银行合同纠纷案

【简要案情】

票据中介王某与某甲银行票据部员工姚某等联系以开展票据回购交易的方式进行融资，2015年3月至12月间，双方共完成60笔交易。交易的模式是：姚某与王某达成票据融资的合意后，姚某与王某分别联系为两者之间的交易提供资金划转服务的银行即过桥行，包括某乙银行、某丙银行、某丁银行等。所有的交易资金最终通过过桥行流入由王某控制的企业账户中；在票据的交付上，王某从持票企业收购票据后，通过其控制的村镇银行完成票据贴现，并直接向某甲银行交付。资金通道或过桥的特点是过桥行不需要见票、验票、垫资，没有资金风险，仅收取利差。票据回购到期后，由于王某与姚某等人串通以虚假票据入库，致使某甲银行的资金遭受损失，王某与姚某等人亦因票据诈骗、挪用资金等行为被判处承担刑事责任。之后，某甲银行以其与某乙银行签订的“银行承兑汇票回购合同”（以下简称“回购合同”）为据，以其与某乙银行开展票据回购交易而某乙银行未能如期交付票据为由提起诉讼，要求某乙银行承担回购合同约定的违约责任。

【判决理由】

生效判决认为：“回购合同”系双方虚假合意，该虚假合意隐藏的真实合意是由某乙银行为某甲银行提供资金通道服务，故双方之间的法律关系为资金通道合同法律关系。具体理由为：第一，某甲银行明知以票据回购形式提供融资发生在其与王某之间，亦明知是在无票据作为担保的情况下向王某融出资金，而某乙银行等过桥行仅凭某甲银行提供的票据清单开展交易，为其提供通道服务。因此，本案是以票据贴现为手段，以票据清单交易为形式的多链条融资模式，某甲银行是实际出资行，王某是实际用资人，某乙银行是过桥行。第二，某甲银行与某乙银行之间不交票、不背书，仅凭清单交易的事实可以证明，“回购合同”并非双方当事人的真实合意。第三，案涉交易存在不符合正常票据回购交易顺序的倒打款，进一步说明“回购合同”并非双方的真实意思表示。“回购合同”表面约定的票据回购系双方的虚假意思而无效；隐藏的资金通道合同违反了金融机构审慎经营原则，且扰乱了票据市场交易秩序、引发金融风险，因此双方当事人基于真实意思表示形成的资金通道合同属于违背公序良俗、损害社会公共利益的合同，依据《中华人民共和国民法总则》第153条第2款及《中华人民共和国合同法》第52条第4项的规定，应为无效。在“回购合同”无效的情形下，某甲银行请求某乙银行履行合同约定的义务并承担违约责任，缺乏法律依据，但某乙银行应根据其过错对某甲银行的损失承担相应的赔偿责任。

【司法解释相关条文】

《最高人民法院关于适用〈中华人民共和国民法典〉合同编通则若干问题的解释》第15条　人民法院认定当事人之间的权利义务关系，不应当拘泥于合同使用的名称，而应当根据合同约定的内容。当事人主张的权利义务关系与根据合同内容认定的权利义务关系不一致的，人民法院应当结合缔约背景、交易目的、交易结构、履行行为以及当事人是否存在虚构交易标的等事实认定当事人之间的实际民事法律关系。

四、无民事行为能力人订立的合同及恶意串通损害他人利益的合同无效

（一）无民事行为能力人订立的合同无效

根据《民法典》第144条的规定，无民事行为能力人实施的民事法律行为无效。《民法典》

非常清楚地规定了无民事行为能力人从事的法律行为的效力——无效，即使是使无民事行为能力人纯粹获得利益的合同，也是无效的，而不是效力待定的。因此，不存在其法定代理人的追认问题。

（二）恶意串通损害他人利益的合同无效

根据《民法典》第154条规定，行为人与相对人恶意串通，损害他人合法权益的民事法律行为无效。这一立法理由自从1986年《民法通则》开始就一直存在于我国的民事立法中，此次《民法典》继受了这一原因。

在此，要区分其与虚假法律行为的不同：虚假法律行为虽然与恶意串通一样，有“通谋”，但虚假法律行为不一定损害他人合法权益。如果虚假法律行为损害他人合法权益，还要看从事虚假法律行为的人有没有“故意损害他人利益”的主观状态。如果有，则应当适用第154条而不是第146条，即应当以“恶意串通损害他人利益”来认定合同无效。

《合同编通则部分司法解释》第23条规定：(1) 法定代表人、负责人或者代理人与相对人恶意串通，以法人、非法人组织的名义订立合同，损害法人、非法人组织的合法权益，法人、非法人组织主张不承担民事责任的，人民法院应予支持。(2) 法人、非法人组织请求法定代表人、负责人或者代理人与相对人对因此受到的损失承担连带赔偿责任的，人民法院应予支持。(3) 根据法人、非法人组织的举证，综合考虑当事人之间的交易习惯、合同在订立时是否显失公平、相关人员是否获取了不正当利益、合同的履行情况等因素，人民法院能够认定法定代表人、负责人或者代理人与相对人存在恶意串通的高度可能性的，可以要求前述人员就合同订立、履行的过程等相关事实作出陈述或者提供相应的证据。其无正当理由拒绝作出陈述，或者所作陈述不具合理性又不能提供相应证据的，人民法院可以认定恶意串通的事实成立。

特别是第3款的规定非常具有意义，因为在现实生活中证明恶意串通十分困难，所以，成功举证的很少。这种规定至少减少了举证困难。

第五节　对无效与可撤销合同的法律救济

一、关于合同无效之主张权利的归属

德国学理强调无效是当然的，既不需要通过诉讼，也不经过当事人的意思表示，法律行为一律当然无效，法官一经发现，就应以职权予以宣告，但原告可以提起确认之诉，申请法院证实已存在的合同无效，但在这种情况下原告应举证证明其起诉的利益。第三人也可作为利益第三人而申请法院证实他人之间订立的合同无效。① 就如拉伦茨所指出的：完全无效的法律行为无须任何特别的行为，比如对行为进行某种意思表示，或者向法院起诉或者法院的判决等来宣布行为的无效。任何人都可以提出法律行为的无效性。在诉讼中，不管当事人是否提出行为无效的要求，如果根据诉讼中的事实可以得出某种法律行为是无效的，那么，法院就应当考虑这种事实情况。②

在我国，长期以来占统治地位的理论主张，绝对无效的民事行为，不以当事人之间为限，

---

① 参见沈达明等编著：《德意志法上的法律行为》，184页，北京，对外贸易教育出版社，1992。

② 参见［德］卡尔·拉伦茨：《德国民法通论》（下），王晓晔等译，628页，北京，法律出版社，2003。

任何人均可主张其无效。① 这种观点同德国学者的观点是一致的。但实际上，除了法院，只有利害关系人才有动力去主张合同无效。

二、关于可撤销合同的撤销权及行使

（一）可撤销的合同的主张权利之归属

对于可撤销的合同的权利主张，各国民法几乎均规定只能由法律规定的意在保护的特定当事人才能提出，其他人或者机关无权提出或者依职权否定合同效力。例如，我国《民法典》第148条规定："一方以欺诈手段，使对方在违背真实意思的情况下实施的民事法律行为，受欺诈方有权请求人民法院或者仲裁机构予以撤销。"

法律将撤销权赋予一方当事人的原因有二：一是在可撤销合同中，利益关系仅涉及双方当事人，如果一方当事人愿意承受合同带来的不利益，他可以不行使撤销权而使合同发生法律效力；当他不愿意承受合同带来的不利益时，才行使撤销合同的请求权而使合同不生预定的效力，从而使其恢复到缔约前的状态。二是在有的情况下，情事变更，使可撤销的合同变得对撤销权人有利，例如，不动产买受人 A 因重大误解而购买房屋一处，价格对其显著不利，后来房地产价格猛涨而使原来对其不利的价格变得对其十分有利，在这时，他可以不行使撤销请求权而使合同发生效力。也就是说，否定合同效力并非在任何情况下均对撤销权人有利。将否定合同效力的权利交给当事人自己，可能会使其作出更有利的选择。

（二）撤销权的行使与期间

我国《民法典》第152条规定了撤销权的行使期间。该条规定："有下列情形之一的，撤销权消灭：（一）当事人自知道或者应当知道撤销事由之日起一年内、重大误解的当事人自知道或者应当知道撤销事由之日起九十日内没有行使撤销权；（二）当事人受胁迫，自胁迫行为终止之日起一年内没有行使撤销权；（三）当事人知道撤销事由后明确表示或者以自己的行为表明放弃撤销权。当事人自民事法律行为发生之日起五年内没有行使撤销权的，撤销权消灭。"

关于撤销权的行使，我国《民法典》有自己的特色。根据德国、日本等国的民法典之规定，撤销权的行使为撤销权人的单方行为，撤销权人仅以意思表示向相对人为之即可达到撤销的效果，不一定必须通过诉讼方式行使。而按照我国《民法典》的规定，撤销权人应向人民法院或仲裁机关提出申请。如果撤销权人直接向对方当事人为意思表示，不生撤销的法律效果。

关于撤销相对人，一般来说，在合同中撤销相对人是合同对方当事人。如果合同是由代理人签订的，则撤销相对人不是代理人而是被代理人。如果合同是一个真正有利于第三人的合同，则第三人是撤销相对人，因为第三人直接从合同中取得了给付请求权。②

（三）撤销权的性质

撤销权在性质上属于形成权，如果以诉讼的方式进行则为形成之诉。因此，它有以下两个显著的特征。

（1）撤销权不得与合同分离而单独转让。但是，撤销权可以随着合同的概括承受而转移，如继承、企业合并或者合同地位的让与等。

---

① 参见梁慧星：《民法总论》，193页，北京，法律出版社，1996。

② 参见［德］迪特尔·梅迪库斯：《德国民法总论》（下），邵建东译，553页，北京，法律出版社，2000。

（2）撤销权不得附条件或者期限。这是由撤销权的形成权特性所决定的。按照民法一般理论，形成权不能附条件或者期限，因为，形成权赋予权利人单方面对另外一个人的法律地位进行干预的权利，其相对人不应再受到附条件或者期限造成的悬而未决状态的不利影响。①

三、合同的部分无效

在合同无效制度中，在具备特定条件时某些具有相对独立性的条款无效或合同在量上的违法并不必然引起整个合同的无效，这就是所谓的合同部分无效问题。自罗马法就有“有效部分不因无效部分而受影响”的规定。自此以后的大陆法系各国民法典均继受了这一原则。例如，《德国民法典》第139条规定：“法律行为的一部为无效者，其全部无效。但如可认定除去此无效部分，法律行为仍可成立者，不在此限。”

我国《民法典》也规定了合同部分无效的问题，第156条规定：“民事法律行为部分无效，不影响其他部分效力的，其他部分仍然有效。”但必须强调的是：剩余的合同部分必须具有意义，而且剩余部分仍然能够符合合同的目的。例如，合同中关于主义务的条款无效，那么剩余条款也就没有意义和价值了，不能再让剩余部分有效。但有的时候法律也有特别规定，例如，我国《民法典》第507条规定：“合同不生效、无效、被撤销或者终止的，不影响合同中有关解决争议方法的条款的效力。”第502条第2款规定：“依照法律、行政法规的规定，合同应当办理批准等手续的，依照其规定。未办理批准等手续影响合同生效的，不影响合同中履行报批等义务条款以及相关条款的效力。应当办理申请批准等手续的当事人未履行义务的，对方可以请求其承担违反该义务的责任。”

除此之外，我国《民法典》还强行性规定了合同某些条款的“绝对无效”。这主要是《民法典》第506条：“合同中的下列免责条款无效：（一）造成对方人身损害的；（二）因故意或者重大过失造成对方财产损失的。”这些条款的无效，当然不影响整个合同的效力，这根本就不是合同的主要条款。需要注意的是，这里所说的这些免责条款的绝对无效，不是仅仅指在格式合同中无效，在一般合同中也无效。

四、合同无效与可撤销的法律后果

被宣告无效或撤销的合同不发生法律效力，只是指不发生合同当事人希望发生的法律后果，即使当事人在合同中规定的产生、变更或终止民事权利义务的意图不能得到实现，但并不是不发生任何法律后果。合同无效或被撤销后的法律后果是当事人合同约定之外的不希望发生的后果。德国学者拉伦茨指出：合同完全无效的说法不能导致这样的观点，即这种行为就等于“零”。这种行为作为一种“曾经进行过的行为”是作为事件而存在的，只是这种行为的法律后果是不被承认的，例如，赔偿责任等。② 我们可以对拉伦茨的话作这样的解释：无效合同作为法律行为来讲，其后果不被法律所承认，而作为行为，其后果是存在的。因为，合同的核心是当事人的意思，合同的后果是按照当事人的意思中预设的效果发生后果。合同无效之后，这种后果当然不能发生。但作为行为来讲，其后果是存在的，例如，侵权行为等，其后果不是根据

---

① 参见［德］迪特尔·梅迪库斯：《德国民法总论》（下），邵建东译，639页，北京，法律出版社，2000。

② 参见［德］卡尔·拉伦茨：《德国民法通论》（下），王晓晔等译，629页，北京，法律出版社，2003。

当事人的意思而发生。合同无效后的后果就是这种不以当事人的意思发生效果的后果。因此，这里的后果是行为的后果而不是合同的后果。

（一）合同自始无约束力

无效合同在法律上绝对无效，自合同成立之日起就不发生任何法律效力，各国法律均以此为宗旨来设定合同无效制度。也就是说，基于对社会公共利益的保护，法律规定无效合同的瑕疵具有不可治愈性。

可撤销合同具有可治愈性，即如果有撤销权的人在法律规定的权利行使期间内不行使撤销权的话，该合同即变为完全有效的合同。但是，如果撤销权人在法定期间内行使撤销权，合同就会溯及地归于消灭，即自合同成立之日起就不具有约束力。在结果上，同绝对无效的合同是一致的。

尽管如此，在合同效力问题上，我国《民法典》将合同无效与可撤销同等对待，第 155 条规定："无效的或者被撤销的民事法律行为自始没有法律约束力。"

但是，无效合同与可撤销合同的溯及力也并非没有限制和例外。一般地说，连续性供应合同无效或被撤销后，就不具有溯及既往的效力。这类合同主要是指租赁合同、雇佣合同等以一方的"无形给付"为标的的合同。依照法国通行的理论，合同被确认无效后，合同所已经产生的效果应作为一种事实状态予以保留。这就是说，当合同无效的溯及力会导致承租人无代价地获得对租赁财产的使用或导致雇主无偿地使用雇员的劳动力时，合同无效的溯及力应予以排除。① 因为，连续性给付的合同已经履行的部分具有不可消灭的特点，故不适用合同无效的溯及力原则。例如，《法国民法典》第 1844－15 条规定："撤销合伙一经判决，即终止执行合伙契约，但无追溯效力。"从连续性供应合同的性质看，我国理论和实践应作同样的解释，否则，将导致严重的不公平后果，与法律的基本宗旨相背离。

（二）恢复原状

恢复原状就是法律对无效合同及可撤销合同效力否定的直接体现。换句话说，法律既然不承认无效合同及可撤销合同被撤销后的法律效力，就应该使当事人双方的财产状况不因合同的订立而发生任何变化，即对当事人缔约前的财产状况应予以恢复。这样，才能体现合同溯及地消灭的效力。

恢复原状的必然要求是对于当事人因无效合同或可撤销合同而交换的财产进行返还，具体地说，合同订立而双方尚未履行的，停止效力即可，不发生返还问题。但一方或双方因合同的订立已经交付财产的应当予以返还。

《合同编通则部分司法解释》第 24 条规定：（1）合同不成立、无效、被撤销或者确定不发生效力，当事人请求返还财产，经审查财产能够返还的，人民法院应当根据案件具体情况，单独或者合并适用返还占有的标的物、更正登记簿册记载等方式；经审查财产不能返还或者没有必要返还的，人民法院应当以认定合同不成立、无效、被撤销或者确定不发生效力之日该财产的市场价值或者以其他合理方式计算的价值为基准判决折价补偿。（2）除前述规定的情形外，当事人还请求赔偿损失的，人民法院应当结合财产返还或者折价补偿的情况，综合考虑财产增值收益和贬值损失、交易成本的支出等事实，按照双方当事人的过错程度及原因力大小，根据

---

① 参见尹田：《法国现代合同法》，227 页，北京，法律出版社，1995。

诚信原则和公平原则，合理确定损失赔偿额。(3) 合同不成立、无效、被撤销或者确定不发生效力，当事人的行为涉嫌违法且未经处理，可能导致一方或者双方通过违法行为获得不当利益的，人民法院应当向有关行政管理部门提出司法建议。当事人的行为涉嫌犯罪的，应当将案件线索移送刑事侦查机关；属于刑事自诉案件的，应当告知当事人可以向有管辖权的人民法院另行提起诉讼。

这是民法典与司法解释很大的一个进步——不再把“没收非法所得”作为民事审判或者民法的任务，而是交给“有关行政管理部门”。

（三）基于缔约过失而生的赔偿责任

根据我国《民法典》第157条的规定，有过错的一方应当赔偿对方因此而遭受的损失，双方均有过错的，应当各自承担相应的责任。但是，在合同被确认无效或被撤销后，既已不存在合同，该责任所产生的依据为何？这便是大陆法系各国所谓的“缔约过失责任”。

但是，我国《民法典》在这一问题上的最大不足，是没有规定在什么情况下才有赔偿责任问题。因为，赔偿责任不仅因合同无效与可撤销而有重大区别，在合同可撤销的情况下，因各种引起可撤销的原因的不同也有不同。一般来说：(1) 在因一方错误而引起的可撤销合同中，撤销一方应当赔偿对方因错误方撤销合同而受到的信赖损失，除非对方知道或者应当知道错误的存在依然与其签订合同。在共同错误的情况下，应当根据错误的大小分担责任。(2) 在因胁迫或者欺诈而发生的可撤销的合同中，撤销一方无义务赔偿胁迫方或者欺诈方因此受到的损失。相反，胁迫方或者欺诈方应当赔偿撤销方因其胁迫或者欺诈所造成的损失。(3) 在因显失公平或者乘人之危而引起的可撤销的合同中，撤销权人也没有赔偿对方损失的义务。相反，对方应当根据其过错赔偿撤销权人因此遭受的损失。

至于合同因违法而无效时，是否适用过错赔偿原则呢？有学者认为，我国《民法典》合同编虽然没有明文规定，但根据民事立法精神，应作这样的解释：如果双方均是故意违法，除应当承担法律规定的制裁后果外，如追缴双方给付或约定给付的财产，即使双方受有损失，也无权请求对方予以赔偿的权利，双方在这种情况下的违法故意程度之轻重在所不问。① 笔者同意这种观点。但是，引起无效的原因不仅仅是违法，还有违反善良风俗、缺乏法定形式等，所以，不应当一概而论。如果合同因为缺乏法律要求的形式而无效，则：如果一方负有完成形式的义务（按照约定），则他具有赔偿对方的义务。例如，一个需要登记形式的合同，双方约定由甲方去办理登记，而甲方没有去办理而导致合同无效，则甲方有赔偿对方的义务；如果双方都不知道法律对形式的要求，则双方均没有赔偿义务。如果一方（特别是被信赖的一方，如房地产公司）就法定形式对对方进行了欺诈，则按照过错大小分担责任（对方因轻易的信赖也可能使其信赖利益不值得保护）。在因违反善良风俗而引起的无效合同中，情况就更加复杂。例如，在因高利贷行为、暴利行为、违反职业道德、束缚对方自由等原因引起的无效合同中，就有因过错分担损失责任的问题；而在因违反性道德、赌博等原因引起的无效合同中，就没有因合同无效的过错责任分担问题。

至于赔偿责任的具体范围，有的国家的法律有明确的规定，如《德国民法典》第122条规定：赔偿数额不得超过相对人或第三人于意思表示有效时所受利益的数额。世界上大部分国家

---

① 参见王家福主编：《民法债权》，337页，北京，法律出版社，1991。

采取信赖利益的赔偿原则，并以“合理信赖”为限定。我国有的学者也主张：确定有过错的一方所应承担的缔约过失的损害赔偿责任范围，应当相当于对方因信赖该合同有效所受的损失，但不得超过当事人在订立合同时应当预见到的因合同无效所可能遭受的损失。① 笔者同意这种观点。

《合同编通则部分司法解释》第 25 条还根据我国具体情况规定了“资金占用费”的偿还。该条规定：(1) 合同不成立、无效、被撤销或者确定不发生效力，有权请求返还价款或者报酬的当事人一方请求对方支付资金占用费的，人民法院应当在当事人请求的范围内按照中国人民银行授权全国银行间同业拆借中心公布的一年期贷款市场报价利率（LPR）计算。但是，占用资金的当事人对于合同不成立、无效、被撤销或者确定不发生效力没有过错的，应当以中国人民银行公布的同期同类存款基准利率计算。(2) 双方互负返还义务，当事人主张同时履行的，人民法院应予支持；占有标的物的一方对标的物存在使用或者依法可以使用的情形，对方请求将其应支付的资金占用费与应收取的标的物使用费相互抵销的，人民法院应予支持，但是法律另有规定的除外。

但该条有一个疑问是：这种“资金占用费”是在合同一方已经履行而对方没有履行的情况下，还是在双方都已经履行完毕的情况下适用的？例如，A 与 B 签订了一个买卖合同，双方都按照合同支付了借款或者交付了买卖标的物。在买卖合同被确认无效或者被撤销后，这种资金占有费还成立吗？笔者认为，这种情况下，不成立。买受人支付了价款而对方没有交付标的物，这时候合同无效或者被撤销，买受人只有在无过错的情况下，才可以请求支付资金占用费。

（四）合同无效或被撤销对第三人利益的影响

合同一旦被确认无效或被撤销，与之相关的第三人的利益往往会受到威胁。而在现实交易中，第三人往往难以对于作为标的物产生基础的另外一个合同是否有效作出合理的判断，故为保护交易安全，合同无效或被撤销的效力，就不能不受到法律对善意第三人保护的制约。对此，我国《民法典》第 157 条规定的“不能返还或者没有必要返还的，应当折价补偿”是否包含这种情况呢？笔者认为，基于我国法对善意第三人保护的原则，应包含这一情况。

（五）备案或者经过批准生效的合同对撤销或者无效的影响

合同经过备案或者经过批准生效的，是否影响当事人主张无效或者行使撤销权？对此，我国《合同编通则部分司法解释》第 13 条作出了明确的否定性规定：合同存在无效或者可撤销的情形，当事人以该合同已在有关行政管理部门办理备案、已经批准机关批准或者已依据该合同办理财产权利的变更登记、移转登记等为由主张合同有效的，人民法院不予支持。

第六节　效力待定的合同

一、效力待定的合同概述

效力待定的合同是指由于法律规定的某种原因，合同既非有效，也非无效，其效力有待于第三人的确定或者某种客观因素的确定。效力待定的合同通常包括：无权代理人以他人名义订立的合同、限制行为能力人订立的与其行为能力不相符合的非纯获利益的合同、附停止条件的

① 参见梁慧星：《民法》，144 页，成都，四川人民出版社，1988。

合同、债务承担合同。

合同的效力待定是一种特殊的效力状态，其既非无效也非有效，其效力取决于某种因素，例如，无权代理人以被代理人的名义订立的合同，只有经过被代理人的追认才能在第三人与被代理人之间发生效力；附停止条件的合同只有当条件成就或者不成就时发生效力。

效力待定的合同，并非无效合同，其有生效的可能性，因此，其区别于无效合同；其尚未发生效力，因此，区别于生效与可撤销的合同。可撤销的合同是已经生效的合同，只是因为具有某种原因而给一方当事人撤销该合同的权利。因此，效力待定的合同是一种值得专门研究的合同。下面我们将分别介绍各种具体的类型。

二、无权代理人以他人名义订立的合同

无权代理人以他人名义订立的合同是指代理人无代理权、超越代理权或者在代理权终止后以被代理人的名义订立的合同。这种合同是以被代理人的名义订立的，而被代理人未给予授权，因此，代理的法律后果就难以归属于被代理人。故代理的后果要对被代理人生效，就必须得到被代理人的追认。这种合同在被代理人追认前，属于效力待定的合同。

三、限制行为能力人订立的与其行为能力不相符合的非纯获利益的合同

限制行为能力人因其智力或者精神状况没有达到正常的成年人的水平，故为保护其利益，包括我国法在内的许多国家的法律都规定其只能从事那些与其年龄、智力、精神健康状况相适应的法律行为（包括订立合同），或者纯获利益的法律行为，而其他的法律行为需要得到其法定代理人的同意后才能发生效力，在此之前，属于效力待定。我国《民法典》第 145 条第 1 款规定："限制民事行为能力人实施的纯获利益的民事法律行为或者与其年龄、智力、精神健康状况相适应的民事法律行为有效；实施的其他民事法律行为经法定代理人同意或者追认后有效。"

为了平衡当事人之间的利益，《民法典》也赋予了相对人以催告权与撤销权，我国《民法典》第 145 条第 2 款规定："相对人可以催告法定代理人自收到通知之日起三十日内予以追认。法定代理人未作表示的，视为拒绝追认。民事法律行为被追认前，善意相对人有撤销的权利。撤销应当以通知的方式作出。"

四、附停止条件的合同

附停止条件的合同是效力待定的合同，因为条件的成就或者不成就，有极大的或然性。只有当事人约定的条件成就或者不成就时，合同才能生效。在此之前，合同处于效力待定状态。

五、债务承担合同

债务承担合同可以分为两种：一是债权人与第三人订立的债务承担合同，二是债务人与第三人订立的债务承担合同。所谓效力待定的债务承担合同主要是指第二种。按照许多国家的民法之规定，债务人与第三人订立的由第三人替代债务人的位置向债权人承担债务的合同，未经债权人同意不发生效力。我国《民法典》第 551 条第 1 款规定："债务人将债务的全部或者部分转移给第三人的，应当经债权人同意。"

法律适用

1. 无效制度与可撤销制度的基本区别

在司法实践中，虽然无论合同被确认无效还是被撤销都会导致合同效力自始消灭的后果，但是在许多方面二者存在很大区别。首先，二者的发生原因不同：无效合同的原因在于合同严重违反法律规定的生效条件，而可撤销合同的原因多数在于合同当事人的意思表示存在瑕疵。其次，法律对二者的态度不同：对于具备无效原因的合同，法律对其作出直接的否定性评价，阻断当事人预定的法律后果在当事人之间发生，同时阻断法律后果在当事人与第三人之间发生；对于具备可撤销原因的合同，法律未进行直接的否定性评价而允许其生效，但同时将决定是否撤销合同的权利赋予受到不利影响的人。最后，国家在对二者规制中扮演的角色不同：无效合同可能损害国家利益、社会利益或其他个人利益，因此，对无效合同的规制，国家凭借其权力主动介入；而可撤销合同会导致个人之间的利益发生严重不平等，国家只能依据当事人的请求被动介入。总之，鼓励交易是合同法的目的，对当事人意思自治的尊重是合同法的基本原则，实践中处理合同无效与合同可撤销的法律问题时应该兼顾合同法的目的与原则，尽量缩小无效合同的范围，减少国家的干预和介入，尊重当事人的自由意思。

2. 错误与欺诈的区别

在我国民法上，应当将错误理解为与误解同义。错误与欺诈都可能导致合同被撤销的后果，欺诈导致损害国家、社会或者第三人利益时还会导致合同无效。鉴于错误与欺诈在决定合同效力上的不同意义，在司法实践中，区分二者非常必要。首先，二者产生的原因不同：错误不是由于对方或者第三人的引诱而导致的，而是当事人自发产生的误解；而欺诈是一方当事人或者第三人以引诱他方陷入错误而故意对事实作虚假陈述，即欺诈导致的错误起因于对方或者第三人的引诱。其次，二者导致行为被撤销的后果不同：错误一方行使撤销权后，对方有权行使因缔约过失责任而生的损害赔偿请求权；被欺诈一方行使撤销权后，被欺诈一方仍享有因缔约过失责任而生的损害赔偿请求权，而欺诈一方没有损害赔偿请求权。最后，在是否可撤销的类别上不同：在欺诈的情况下，发生在动机方面的错误，也可撤销；而在错误的情况下，动机错误一般不能被撤销。所谓动机错误，是指发生在意思形成中的错误，其破坏的是意思的决策。可见，实践中认定为是错误还是欺诈，会对当事人的权利产生重要影响。

3. 合同效力的补正

在司法实践中，是否允许当事人对可撤销合同或者无效合同进行效力的补正，以恢复合同的正常效力？必须从影响合同效力的原因入手来分析和解决这一问题。合同双方当事人的意思表示存在瑕疵或者根本违法，会导致合同被撤销或者被认定为无效。由于无效合同根本违反法律、违背社会公共利益，损害国家、社会或者第三人的利益，为防止其发生效力而危及国家和社会安全、惩罚无效合同的当事人，各国法律都不允许对无效合同进行补正，我国《民法典》也不例外。而可撤销合同是由于双方当事人意思表示存在瑕疵，而且只对合同当事人的利益产生不利影响，为体现当事人的意思自治，可撤销合同的效力应该由合同当事人决定，尤其是由利益受损一方决定，法律不应强加干预。利益受损一方当事人可以行使撤销权以消灭合同效力，也可以与对方协商而对意思表示的瑕疵进行补正，以恢复合同的正常效力。总而言之，由于可撤销合同不涉及合同当事人利益以外的利益，所以，允许当事人对其补正；而关于无效合同，由于其根本违法因而不得进行补正。

课后复习

1. 为什么因错误而订立的合同是可以撤销的？
2. 欺诈的类型及后果是什么？
3. 虚假法律行为为什么无效？

第六章　合同债权的保全

提　要

合同关系成立后，债务人即负有履行合同债务的义务，其全部财产便成为债务履行的一般担保，民法上称为责任财产。为保证债权的实现，对责任财产所采取的手段称为保全，学理上也称之为债的对外效力。合同保全的措施一般有二：一是针对债务人消极不行使对第三人的财产权而危害债权人利益的行为，行使代位权；二是针对债务人积极处分其财产而危害债权人利益的行为，行使撤销权。

重点问题

1. 代位权的行使条件与后果。
2. 撤销权的行使条件与后果。

第一节　合同债权保全概述

一、合同债权保全的概念及意义

合同关系成立后，债务人即负有履行合同债务的义务，其全部财产便成为债务履行的一般担保，民法上称之为责任财产。为保证债权的实现，对责任财产所采取的手段称为保全。学理上也称之为债的对外效力。债的保全制度产生的原因大致有二。

其一，债的保全是对债权的积极保护。依债法的一般原理，债权为相对权，债权人只能向债务人请求履行，债权人不得直接支配债务人的财产，债权无涉及第三人的效力，债权人不得干预债务人与第三人的法律关系。但是，债务人的财产是实现债权的一般保证，责任财产的减损，与债权人的利益攸关。因此，当债务人与第三人的行为危及债权人的利益时，法律就赋予债权人一定的权利，以排除这种危害，确保债务人的资力，进而确保债权的实现。

其二，弥补债法固有救济方式的不足。民法上对债权的实现的救济方式有两种：一是积极保障，即指抵押、质押、保证等特殊担保。当债务人不履行债务时，债权人可利用特殊担保，以确保债权的实现。二是强制执行和损害赔偿制度。当债务人不履行债务时，债权人可请求法院强制执行或令其赔偿损害。但这两种制度均有其不足：在第一种情况下，仅针对有特殊担保的债权人，即在债的关系成立后，在债务人的财产上设定了担保的债权人，而对于无担保的债权人来说，无法予以保障。并且，担保的设立手续复杂，有时还要第三人的意思表示（如保证）。在第二种情况下，即消极的保护，只能针对债务人现有的财产为之，而债务人已经减少的财产，则不能成为执行的标的。正是基于以上原因，法律规定了债的保全制度。债的保全措施有两种：一是代位权，即当债务人不行使其财产权而消极地听任其财产减少时，债权人可替代债务人行使其财产权的权利；二是撤销权，即当债务人积极地减少其财产而危害债权人时，债权人可申请法院予以撤销的权利。

债权保全制度起源于罗马法上的撤销之诉。《法国民法典》继受之并创设代位权制度，为西班牙、意大利及日本民法典所承袭。德国、瑞士等国的强制执行制度较为发达，不认代位权制度。在我国，自1999年《合同法》就规定有债权人的代位权与撤销权，《民法典》从之。

但是，因这一制度涉及传统民法体系中几个要害问题，故传统民法典在设立这一制度时，常常因为立法政策的考虑不同而有不同的侧重，从而引起学者的争议。这些要害问题主要是：(1) 保护债权人的债权实现与保护债务人的财产及权利的自由处分的关系。(2) 合同之相对性与债权人对第三人（债务人的义务人）请求权的合理基础。因为无论是按照传统民法还是英美法系的合同理论，合同都具有相对性的根本特征，所以，债权人与债务人的义务人没有直接的实体法上的关系，那么，为什么债权人就能够成为适格的原告而债务人的义务人就能够成为适格的被告？(3) 如果允许债权人绕过债务人而直接对债务人的义务人诉讼，则债务人的义务人在诉讼中处于何种地位？(4) 法律要不要赋予行使代位权的债权人以优先受偿权？如果赋予其该权利，则会破坏债权平等性的基本原则；如不赋予其该权利，则行使代位权的债权人是否愿意为他人作嫁衣？

大陆法系的民法是在区别物权与债权的基础上构建而成的法律体系，而诉讼程序又是以实体法上的权利为依据的，所以，一旦突破债权与物权的基本划分，就必然会引起实体法和程序法上的许多问题。债权的保全制度恰恰就是因为突破了债的相对性而具有了涉及第三人的特征，所以所有这些问题也就接踵而来。在下面的论述中，我们要详细讨论这些问题。

二、合同债权保全在我国《民法典》中的地位

严格地说，债权保全应该是传统民法中债法总则中的内容。但是，因为我国《民法典》没有债法总则，故这一部分内容只有在合同编中规定。因此，我们不能就此认为，该部分内容仅仅适用于合同债权的保全，实际上在我国民法典体系下，所有的债权保全都适用合同编的保全规则。

第二节 债权人的代位权

一、代位权的概念、种类与性质

（一）代位权的概念

债权人的代位权是指债权人为确保其债权的受偿，当债务人怠于行使对于第三人的财产权利而危及债权时，得以自己的名义替代债务人行使财产权利的制度。关于代位权，《法国民法典》《日本民法典》均有规定，如《法国民法典》第1166条规定："债权人得行使债务人的一切权利及诉权，但权利和诉权专属债务人的，不在此限。"我国《民法典》第535条第1款规定："因债务人怠于行使其债权或者与该债权有关的从权利，影响债权人的到期债权实现的，债权人可以向人民法院请求以自己的名义代位行使债务人对相对人的权利，但是该权利专属于

债务人自身的除外。”

债权人的代位权与代理权不同。代位权系债权人行使债务人的权利，其后果当然归于债务人，但债权人行使代位权是以自己的名义为之，故与代理不同。

债权人的代位权与优先受偿权也有不同。债权人行使代位权的目的在于保全债权，而非就受偿的债务人的财产优先受偿。因此，传统民法认为，行使代位权的债权人的优先受偿权为法律所禁止。

代位权并非债权人对于债务人或者第三人代位的请求权，而是行使他人债权的权利，其行使的效果是债务人与第三人的法律关系发生变更或者消灭，其虽与形成权相似，但法律关系的变更或者消灭并非基于权利人的意思表示，而是基于债权人代位债务人行使权利的事实，它是以管理他人的权利为内容的管理权，从而债权人应尽善良管理人的注意行使此权利。违反此注意义务者，债权人应对因此给债务人造成的损失负赔偿责任。

（二）代位权的种类

1. 请求行为的代位权与保存行为的代位权

这是根据债权人代位行使的权利的内容不同而作的分类。请求行为的代位是指为防止债务人不积极行使其对第三人的财产权利而危及债权的实现，以自己的名义请求第三人为给付。

而保存行为的代位，是指债权人为防止债务人权利的消灭或者变更而为的保全权利的适法行为。如债权人为了防止债务人对第三人债权的诉讼时效期间经过而让第三人具有不履行债务的抗辩权，代替债务人向第三人请求给付，从而中断诉讼时效；债权人为防止债务人票据法上的追索权丧失而作成拒绝证书等。

从我国《民法典》第 535 条及第 536 条的规定看，我国规定了这两种不同的代位权。第 535 条第 1 款规定：“因债务人怠于行使其债权或者与该债权有关的从权利，影响债权人的到期债权实现的，债权人可以向人民法院请求以自己的名义代位行使债务人对相对人的权利，但是该权利专属于债务人自身的除外。”这是请求行为的代位权。第 536 条规定：“债权人的债权到期前，债务人的债权或者与该债权有关的从权利存在诉讼时效期间即将届满或者未及时申报破产债权等情形，影响债权人的债权实现的，债权人可以代位向债务人的相对人请求其向债务人履行、向破产管理人申报或者作出其他必要的行为。”这是保存行为的代位权。

2. 种类物的代位权与特定物的代位权

这是以代位权行使的目的以及权利的标的为标准对请求行为的代位权进行的再分类。种类物的代位权是以金钱给付为标的，并以维护债务人的责任财产为目的，而特定物的代位权是以特定物给付为标的，并以保护特定权利的实现为目的，例如，不动产登记请求权等。日本学者将第一种代位称为“本来型”或者“正统型”代位，而将后一种代位称为“转用型”或者“借用型”代位。①

这种分类对于研究代位权行使的法律要件有重要意义。从我国《民法典》第 535 条的规定看，因为有时候债权请求权也包括种类物与特定物的交付或者返还请求权，所以，代位权也包括这两种代位权。

---

① 参见［日］池田辰夫：《债权人的代位诉讼》，626 页，载竹下守夫主编：《民事诉讼法演习》，东京，青林书院，1987（昭和六十二年）。

（三）代位权的性质

代位权究竟是程序法上的权利，还是实体法上的权利，学者之间有争议。笔者认为，代位权是实体法上的权利。因为诉之成立的重要条件就是诉讼当事人之间具有实体法上的权利义务关系并发生争议，也就是说，即使是代位诉讼，其根据仍然在实体法而非程序法。代位权行使的结果，是直接发生实体法上的权利义务关系的消灭。

二、代位权的制度价值质疑——代位权存废之争

代位权制度是按这样的思路来设立的：债务人的财产是担保其债权人权利实现的基础，如果债务人财产状况良好，即使其放弃应收债权等也能够实现债权人权利，则法律自无干涉其自由处分权利的必要。但是，如果其财产基础不良，任其放弃权利，则可能会殃及债权人。此时，应当突破债权之相对性，直接赋予债权人替代债务人行使该权利而将利益收回，以此作为偿债基础的巩固手段。这一制度价值虽然在许多国家的民法上有明确规定，然而近来受到学者的质疑：这一制度是否必要，是否能够以其他制度，比如强制执行制度来替代之？针对这一问题，形成观点明显对立的两派：肯定派与否定派。

（一）否定派

否定派认为，代位权制度在强制执行法完善的今天，实无存在的必要，理由如下。

(1) 从立法例上看，代位权制度并非所有主要国家都承认：《法国民法典》《日本民法典》有之，而《德国民法典》和《瑞士民法典》等著名的民法典就没有代位权。这就说明，这一制度并非必设的制度，是可以用其他制度来替代的。

(2) 强制执行制度完全可以替代代位权制度。首先，债务人对第三人的债权本身就是其财产的一部分，债权人直接可以根据民事诉讼法和强制执行法对债务人债权申请假扣押，必要时再对该债权的标的物实施假扣押，此时，该标的物已经不得自由处分，债权人已经获得充分的保障。也就是说，债权人只需要对债务提起诉讼，并于胜诉后依强制执行程序执行即可。这种做法逻辑更清晰，操作更方便，而代位权制度在程序上比较复杂。[①] 其次，从立法例上看，为什么《法国民法典》《日本民法典》等规定代位权制度？其核心原因主要在于德国与瑞士民法中，强制执行程序甚为完备，不但对于所属债务人的动产、不动产请求权的执行方法设有详细的规定，而且有关债务人怠于行使其权利，债权人直接可以对债务人的权利申请强制执行，故民法并无特别承认债权人代位权的必要。反之，法国法对于债务人请求第三人给付之债权及其他财产权的执行方法欠缺明确规定，为弥补该缺陷，乃设计出债权人的代位权，以使债权人于有保全债权的必要时，得行使所属债务人的权利。故在法国法系国家，代位权制度不但受到重视，且获得了长足的发展。[②] 而日本民法一方面引进《法国民法典》固有的债权人代位制度，他方面在强制执行程序上则采用德国法的收取诉讼制度，从而两种制度未经协调而产生问题。“中华民国”时期的民法转道日本效法德国，日本法的某些规定未经充分消化即照葫芦画瓢地照搬过来。[③] 现在，日本已经有了像德国法那样完备的民事诉讼法和强制执行法，当然代位权

① 参见娄正涛：《债权人代位权制度之检讨》，10 页，中国政法大学硕士学位论文，2001。

② 参见［日］松版佐一：《债权人代位权研究》，17 页，东京，有斐阁，1976（昭和五十一年）。

③ 参见陈荣宗：《强制执行法》，578 页，台北，三民书局，1989；娄正涛：《债权人代位权制度之检讨》，11 页，中国政法大学硕士学位论文，2001。

制度也就有重复规定之嫌。有的日本诉讼法学者甚至言辞激烈地指出：实体法的这种规定实为“屋上建屋”“畸形妖怪”，是实体法学者理解和漠视程序法的最好佐证。①

（3）在代位权诉讼中，债务人的地位殊成疑问。如果允许债权人诉讼第三人（债务人的义务人），则债务人就是有利害关系的第三人。按照传统的诉讼法原理，债务人以何种身份参加诉讼？如果以具有独立请求权的第三人的身份，则应当处于跟债权人与债务人均对立的地位；如果不是以具有独立请求权的第三人的身份参加，则要么站在债权人一方，要么站在其义务人一方。但是，诉讼理论通说认为，代位权的行使是以债权人对债务人享有合法债权为前提，既然债权人替代债务人位置行使权利，债务人在代位诉讼中就丧失了独立请求权，其实体法和程序法上的权利均被债权人所取代。债务人自然不能再以具有独立请求权的第三人地位参加诉讼。② 他只能以无独立请求权的第三人的身份参加诉讼，但是，从其与债权人、第三人（债务人的义务人）的关系来看，利益关系都不是一致的。因此，无法安排其诉讼地位。但如果不允许其参加诉讼，则诉讼后果显然可能对其不利。故从这些情况看，代位权制度不足取。

鉴于以上原因，应当以强制执行制度来代替代位权制度。在我国，民事诉讼法及相关司法解释已经规定了类似德国法上的强制执行制度，合同法上的代位权制度实属多余。我国《民事诉讼法》第 253 条规定：“被执行人未按执行通知履行法律文书确定的义务，人民法院有权向有关单位查询被执行人的存款、债券、股票、基金份额等财产情况。人民法院有权根据不同情形扣押、冻结、划拨、变价被执行人的财产。人民法院查询、扣押、冻结、划拨、变价的财产不得超出被执行人应当履行义务的范围。人民法院决定扣押、冻结、划拨、变价财产，应当作出裁定，并发出协助执行通知书，有关单位必须办理。”第 254 条规定：“被执行人未按执行通知履行法律文书确定的义务，人民法院有权扣留、提取被执行人应当履行义务部分的收入。但应当保留被执行人及其所扶养家属的生活必需费用。人民法院扣留、提取收入时，应当作出裁定，并发出协助执行通知书，被执行人所在单位、银行、信用合作社和其他有储蓄业务的单位必须办理。”存款显然属于被执行人对第三人的债权。这些规定足以替代合同法上的代位权规定。

（二）肯定派

肯定派认为，传统债法上的代位权仍有存在价值与积极功能，理由如下。

（1）行使代位权，可以不需要对债务人取得执行名义即可达到债权保全的目的，手续简便。

（2）从代位权的客体上看，被代位行使的权利，除债权外，解除权、撤销权、时效中断等形成权利都可以被行使，这是强制执行所不能代替的。

（3）代位权制度通过在债的关系存续中，容许债权人为特定行为，预先达到止息纠纷的目的，使债权人乐于与债务人从事交易，并将代位权转用于特定债权履行，益增其重要性。③

笔者同意肯定派观点，理由是：（1）反对派基于有的国家民法规定有代位权制度，而有的

---

① 参见［日］三月章教授语，转引自戴世英：《债权人代位权制度之目的、发展、存废与立法评议》，载梁慧星主编：《民商法论丛》，第 17 卷，106 页，香港，金桥文化出版公司，2000。

② 参见张卫平：《诉讼构架与程式》，477 页，北京，清华大学出版社，2000。

③ 参见戴世英：《债权人代位权制度之目的、发展、存废与立法评议》，载梁慧星主编：《民商法论丛》，第 17 卷，107 页，香港，金桥文化出版公司，2000。

国家民法没有规定代位权制度，就得出结论说这一制度是可以替代的，二者没有必然逻辑，何以见得没有代位权制度比有更加合理？既然日本学者认为，法国由于诉讼法没有规定类似德国强制执行法的制度，则法国人为什么不修改自己的民事诉讼法和强制执行法而取消代位权制度？日本在最初制定民法时可能有消化不良的问题，那么，经过了这么多年为什么还没有消化而取消民法中的代位权制度？日本在实体法和程序法上至今仍然是“二元制”立法体系。(2) 强制执行制度是否能够替代代位权制度？除了债权，解除权、撤销权、时效中断等形成权利是强制执行所不能代替的。(3) 强制执行必须首先取得执行名义才能代位，即必须进入法定程序才能强制执行；但代位权可以不进入任何法定程序，因为按照传统民法理论，代位权的行使不必一定通过诉讼程序，而且不必一定取得执行名义。只有在三方当事人之间对有关债权的存在等问题具有异议时，才必须进入诉讼程序解决。因此，实体法上的代位权制度有其存在的合理性。(4) 是否真的在民事诉讼中，债务人的地位就不能得到妥善的安排？也未必如此。既然《法国民法典》确定其实体法上的代位权制度，在程序法上必定能够解决此一问题。法国民事诉讼法是通过赋予第三人对判决结果的异议权来达到这一目的的，《法国新民事诉讼法典》第 583 条规定：任何于其中有利益的第三人均允许提出第三人异议。① 我国也有诉讼法学者指出：按照我国 1991 年《民事诉讼法》第 56 条的规定，只有被法院判决承担民事责任的第三人，才有当事人的诉讼权利与义务。显然，这一规定没有考虑到代位诉讼。代位诉讼中的债务人与一般第三人不同，其实际上是被裁判的法律关系的主体，判决中所裁判的权利义务也必然涉及该第三人。例如，法院判决债务人与次债务人（债务人的债务人）的权利义务关系不存在或者判决虽然成立，但债务人认为数额与实际数额不符等，都对债务人有利害关系。如果他没有必要的当事人权利义务，特别是上诉权，显然不利于维护其利益。在这一点上我国民事诉讼法的不足已经显现出来，可以通过修改《民事诉讼法》或者通过司法解释明确债务人的诉讼当事人地位来解决。② 也就如前面所讲的，代位权诉讼是在突破债法相对性的前提下的制度，所以引起一些传统实体法与程序法上的问题是难以避免的。问题是，是否能够通过对法律的调整来适应需要？笔者认为，答案是肯定的。

三、债权人代位权的构成要件

我国《民法典》规定了两种不同的代位权制度，由于这两种代位权的目的和功能不同，构成要件自然也就不同。

（一）请求行为的代位权的构成要件

(1) 债权人必须有保全其债权的必要。所谓必要，是指债权人的债权有不能依债的内容受清偿的危险，故有代位行使债务人的权利以实现债权的必要。

(2) 债务人须陷入迟延。债务人陷入迟延要求债权人对债务人的债权到期。效力未发生的债权，如附停止条件的债权，自无发生代位权的余地。效力既定的债权，清偿期届至前，即债务人履行迟延前，债权人的债权有无不能实现之虞，尚难预料，若此时允许债权人行使代位权而变更债务人的权利，未免欠妥。法国及日本民法典对此无明确规定，但学理上多主张以债权

① 参见［法］让·文森等：《法国民事诉讼法要义》，罗结珍译，1286 页，北京，中国法制出版社，2001。

② 参见张卫平：《诉讼构架与程式》，481 页，北京，清华大学出版社，2000。

已届清偿期为要件。[1] 有观点主张以债务人的迟延为要件。

代位权的行使虽以债务届清偿期为要件，但若绝对地坚持这一点，对保护债权人并非有利。故法律在这一原则之外，尚承认某些例外，专为保护债权人的权利的行为，其目的在于防止债务人权利的变更或者消灭，虽在债务清偿期届至之前，也得为之。例如，消灭时效的中断、买回权的行使、破产时的债权申报等，其为法律行为抑或诉讼行为，均无不可。除此而外，日本民法还承认裁判上的代位权，当债权人若不于债权清偿期前行使代位权，则不能保全其债权或其保全有发生困难之虞时，经裁判许可，得行使代位权。笔者认为，日本民法的这一规定有极大的参考价值。

（3）须债务人怠于行使权利。怠于行使，是指应行使并能行使而不行使的状态，其有无故意、过失或其他原因，在所不问。应行使，是指若不行使，则要求债务人对次债务人的债权也应该到清偿期，否则不能说怠于行使权利。

我国最高人民法院在总结司法实践的基础上，于 2023 年出台的《合同编通则部分司法解释》第 33 条规定："债务人不履行其对债权人的到期债务，又不以诉讼或者仲裁方式向相对人主张其享有的债权或者与该债权有关的从权利，致使债权人的到期债权未能实现的，人民法院可以认定为民法典第五百三十五条规定的'债务人怠于行使其债权或者与该债权有关的从权利，影响债权人的到期债权实现'。"这与民法基本理论是一致的。

（二）保存行为的代位权的构成要件

（1）权利有代位保存的必要。也就是说，如果不进行保存行为，权利将失效或者消灭。例如，债务人的权利存在诉讼时效期间即将届满或者未及时申报破产债权，影响债权人的债权实现等情形。

（2）这种行为必须发生在债权人的债权到期前。如果发生在债权到期之后，就是请求行为的代位权了。

（3）这种保存行为的目的是为将来债权实现做准备，而不是债权实现本身。

四、代位权的行使

（一）代位权行使的主体

一切债权，除不能代位保全的外，其所有的债权人均有代位权。各债权人可以独立行使债务人的权利，也可以共同行使。

（二）债权人代位权的客体

债权人代位权的客体为债务人现有的财产权及其从权利，不仅仅是指债权，一切权利，除了专属于债务人本身的权利、不得让与的权利、不得扣押的财产或者财产权利，债权人均得行使。

按照《合同编通则部分司法解释》第 34 条之规定，下列权利，人民法院可以认定为《民法典》第 535 条第 1 款规定的专属于债务人自身的权利：（1）抚养费、赡养费或者扶养费请求权；（2）人身损害赔偿请求权；（3）劳动报酬请求权，但是超过债务人及其所扶养家属的生活必需费用的部分除外；（4）请求支付基本养老保险金、失业保险金、最低生活保障金等保障当

---

[1] 参见史尚宽：《债法总论》，5 版，446 页，台北，荣泰印书馆，1978。

事人基本生活的权利；(5) 其他专属于债务人自身的权利。

（三）代位权的行使方法

在我国民法典上，两种类型的代位权的行使方法实际上是不同的：请求行为代位是通过债权人向人民法院请求；而保存行为代位是根据保存的需要而采取不同的方式，根据《民法典》第536条的规定，债权人可以代位向债务人的相对人请求其向债务人履行、向破产管理人申报或者作出其他必要的行为。

（四）代位权行使的效力

1. 对于债权人的效力

债权人在行使代位权后，能否就行使代位权的结果径直受偿？传统与现代观点有所不同。传统观点认为：债权人行使代位权后，应将其所得的私法上的利益归属于债务人，行使所得成为债务人履行对全体债权人债务的担保，债权人不能就此获得优先受偿权，而应当与其他债权人处于平等地位。债权人债权的满足，应当由债务人任意清偿或者依靠强制执行程序①，否则，就破坏了债权人平等的原则，使行使代位权的债权人获得了优先地位。

现代有的学者认为，债权人一经行使代位权，对于因第三人的清偿而归属于债务人的利益得按其债权数额，享有优先受偿权。理由是：(1) 与其他债权回收方式相比，行使代位权既无须执行名义，也无须负担第三人无资力的危险，故如果承认其具备事实上优先清偿的效力，即使欠缺对于债务人的程序保障，仍不失为一种简易、有力的债权回收方式；(2) 优先受偿虽然与通说的债权平等不符，但如果考虑到行使代位权的债权人在程序上所花费的金钱和劳力，为平衡其为全体债权人利益所为的牺牲，赋予其个人优先受偿权也无不妥；(3) 如果兼顾通说所持的平等主义原则，代位债权人与其他债权人的利益，可以考虑令其他债权人以独立当事人身份参加代位诉讼，利用该诉讼主张自己的债权，使其在胜诉后与代位债权人平等接受清偿，也可以得到实质参与分配的机会。②

这一问题自公平与效率上讲，的确存在矛盾：从代位权制度的价值目的看，此一制度绝非为单个债权人利益受清偿而设，只是为了债务人的责任财产能力增强，行使代位权的债权人仅仅是间接和可能受偿。只有这样才能保持债权的固有平等性。但是，如果行使代位权的债权人不能得到优先清偿，则他行使代位权的积极性和动力就不复存在，这一程序的实际意义就不是很大。试想：假如一个债务人有5个债权人，只有一个债权人行使代位权，而其他债权人有“搭便车”的想法。这一债权人费尽心机将债权收回，他却没有把握债务人会自愿将这种回收利益偿还给自己，这种制度的激励作用就不再存在。所以，只有将这一结果赋予行使代位权的债权人才能产生代位权制度的激励作用。如何平衡这一矛盾，确实是法律制度设立的政策基础。笔者认为，日本学者提出的方案有可取之处：一方面，赋予行使代位权的债权人以优先受偿权；另一方面，赋予其他债权人参与分配的权利。

在日本，是否得请求债务人的相对人对自己为给付，尚有争论。但判例及学说之通说认为，债权人得行使代位受领。如日本最高法院于昭和二十九年（1954年）9月24日的判决中认为，债权人代替债务人向第三人行使权利，意味着可以对第三人请求向自己为给付。因为，

---

① 参见［日］松阪佐一：《债权人代位权研究》，141～142页，东京，有斐阁，1976（昭和五十一年）。

② 参见戴世英：《债权人代位权制度之目的、发展、存废与立法评议》，载梁慧星主编：《民商法论丛》，第17卷，100～101页，香港，金桥文化出版公司，2000。

若只承认第三人向债务人给付，一旦债务人不受领标的物，就不能达到代位的目的。①

在我国，司法实践一直允许直接向债权人（行使代位权的人）的给付，《民法典》延续了这种观点，在第537条规定："人民法院认定代位权成立的，由债务人的相对人向债权人履行义务，债权人接受履行后，债权人与债务人、债务人与相对人之间相应的权利义务终止。债务人对相对人的债权或者与该债权有关的从权利被采取保全、执行措施，或者债务人破产的，依照相关法律的规定处理。"

2. 对于债务人的效力

在传统代位权理论中，有一个颇有争议的问题是：债权人行使代位权后，债务人对其权利的处分是否受到影响？对于这一问题，有肯定说与否定说两种不同的观点。肯定说认为，代位权行使后，债务人不得再为妨碍代位权行使的处分行为，这是代位权的必然要求，否则，一方面债权人行使代位权，而另一方面债务人仍得抛弃、让与或者免除，则代位权制度将失去其效用。否定说认为，债权人行使并非强制执行，债务人对其权利的处分权不因此而受到影响。既然代位权行使的结果归于债务人，债务人仍得处分。如果处分有害于债权，债权人自可行使撤销权。

在我国，因为法律已经明确规定次债务人向债权人给付，也就不发生这种问题了。

3. 对于第三人的效力

对于第三人而言，债权人行使代位权，与债务人行使权利具有相同的地位，故凡第三人得对抗债务人的一切抗辩权，对债权人均得行使。我国《民法典》第535条第3款规定："相对人对债务人的抗辩，可以向债权人主张。"

（五）代位权行使的界限

代位权的行使，以保全债权人的债权为限度。在必要限度内，得同时或者顺次行使债务人的数个债权。如行使代位权的结果足以保全其债权，即不得再代位行使债务人的其他权利。但问题是，如何把握这一必要限度？这一必要限度是抽象限度还是具体限度？在传统的代位权理论中，这一限度实际上是无法把握的，因为，债权人没有办法确定债务人是否会将代位权结果利益用于偿还自己的债权，所以，其行使代位权时就不能仅仅以自己的债权额为限度。例如，假如A是B的债权人，债权额为10万元，而B又是C的债权人，其债权额为20万元。现在因B不积极行使其对C的债权而使A的债权受到不能偿还的危险，则A就不能仅仅以10万元为限度向C行使代位权，因为B还有其他债权人，B可能在收到代位权行使利益后，不是向A清偿，而是向其他债权人清偿。所以，可能要考虑许多因素来确定必要限度。但在优先受偿权的情况下，这一问题就比较容易得到解决。一般来说，以自己的债权额为限度就可以了。如果有参与分配的情况，则以参与分配的债权额为限度。

五、代位权诉讼中的具体问题

根据《合同编通则部分司法解释》第35～41条的规定，关于代位权诉讼，应遵循以下规则。

（一）代位权诉讼的管辖

债权人依据《民法典》第535条的规定对债务人的相对人提起代位权诉讼的，由被告住所

① 参见邓曾甲：《日本民法概论》，257页，北京，法律出版社，1995。

地人民法院管辖，但是依法应当适用专属管辖规定的除外。

债务人或者相对人以双方之间的债权债务关系订有管辖协议为由提出异议的，人民法院不予支持。

（二）代位权诉讼与仲裁协议

债权人提起代位权诉讼后，债务人或者相对人以双方之间的债权债务关系订有仲裁协议为由对法院主管提出异议的，人民法院不予支持。但是，债务人或者相对人在首次开庭前就债务人与相对人之间的债权债务关系申请仲裁的，人民法院可以依法中止代位权诉讼。

（三）代位权诉讼当事人的诉讼地位及合并审理

债权人以债务人的相对人为被告向人民法院提起代位权诉讼，未将债务人列为第三人的，人民法院应当追加债务人为第三人。

两个以上债权人以债务人的同一相对人为被告提起代位权诉讼的，人民法院可以合并审理。债务人对相对人享有的债权不足以清偿其对两个以上债权人负担的债务的，人民法院应当按照债权人享有的债权比例确定相对人的履行份额，但是法律另有规定的除外。

（四）起诉债务人后又提起代位权诉讼的处理

债权人向人民法院起诉债务人后，又向同一人民法院对债务人的相对人提起代位权诉讼，属于该人民法院管辖的，可以合并审理。不属于该人民法院管辖的，应当告知其向有管辖权的人民法院另行起诉；在起诉债务人的诉讼终结前，代位权诉讼应当中止。

（五）代位权诉讼中债务人起诉相对人的处理

在代位权诉讼中，债务人对超过债权人代位请求数额的债权部分起诉相对人，属于同一人民法院管辖的，可以合并审理。不属于同一人民法院管辖的，应当告知其向有管辖权的人民法院另行起诉；在代位权诉讼终结前，债务人对相对人的诉讼应当中止。

（六）代位权不成立的处理

代位权诉讼中，人民法院经审理认为债权人的主张不符合《民法典》第535条规定的代位权行使条件的，应当驳回诉讼请求，但是不影响债权人根据新的事实再次起诉。

债务人的相对人仅以债权人提起代位权诉讼时债权人与债务人之间的债权债务关系未经生效法律文书确认为由，主张债权人提起的诉讼不符合代位权行使条件的，人民法院不予支持。

（七）代位权诉讼中债务人处分行为的限制

债权人提起代位权诉讼后，债务人无正当理由减免除相对人的债务或者延长相对人的履行期限，相对人以此向债权人抗辩的，人民法院不予支持。

最高法院之配套典型案例五：代位权纠纷案

——某控股株式会社与某利公司等债权人代位权纠纷案

【简要案情】

2015年至2016年，某控股株式会社与某利国际公司等先后签订“可转换公司债发行及认购合同”及补充协议，至2019年3月，某利国际公司欠付某控股株式会社款项6 400余万元。2015年5月，某利公司与其母公司某利国际公司签订“贷款协议”，由某利国际公司向某利公司出借2.75亿元用于公司经营。同年6月，某利国际公司向某利公司发放了贷款。案涉“可转换公司债发行及认购合同”及补充协议、“贷款协议”均约定了仲裁条款。某控股株式会社认为某利国际公司怠于行使对某利公司的债权，影响了某控股株式会社到期债权的实现，遂提起代位权诉讼。一审法院认为，虽然某控股株式会社与某利公司之间并无直接的仲裁协议，但某控股株式会社向某利公司行使代位权时，应受某利公司与某利国际公司之间仲裁条款的约束。相关协议约定的仲裁条款排除了人民法院的管辖，故裁定驳回某控股株式会社的起诉。某控股株式会社不服提起上诉。二审法院依据《最高人民法院关于适用〈中华人民共和国合同法〉若干问题的解释（一）》第 14 条的规定，裁定撤销一审裁定，移送被告住所地人民法院审理。

【判决理由】

生效裁判认为，虽然案涉合同中均约定了仲裁条款，但仲裁条款只约束签订合同的各方当事人，对合同之外的当事人不具有约束力。本案并非债权转让引起的诉讼，某控股株式会社既非“贷款协议”的当事人，亦非该协议权利义务的受让人，一审法院认为某控股株式会社行使代位权时应受某利公司与某利国际公司之间仲裁条款的约束缺乏依据。

第三节　债权人的撤销权

一、撤销权的概念

债权人的撤销权，又称“废罢诉权”，是指债权人对于债务人所为的有害债权的行为，得请求法院予以撤销的权利。撤销权与代位权同为保护债务人财产的担保力所设的制度。所不同的是，代位权是对债务人消极地不行使权利而使财产减少以害及债权人的行为的救济，而撤销权是对于因债务人的积极行为使财产减少而害及债权的行为所作的救济。

我国《民法典》第 538 条规定：“债务人以放弃其债权、放弃债权担保、无偿转让财产等方式无偿处分财产权益，或者恶意延长其到期债权的履行期限，影响债权人的债权实现的，债权人可以请求人民法院撤销债务人的行为。”第 539 条规定：“债务人以明显不合理的低价转让财产、以明显不合理的高价受让他人财产或者为他人的债务提供担保，影响债权人的债权实现，债务人的相对人知道或者应当知道该情形的，债权人可以请求人民法院撤销债务人的行为。”

二、债权人撤销权的构成要件

1. 客观要件

债务人在客观上要有危害债权的行为，具体言之：

（1）须有债务人处分财产的行为。

非以财产为标的的行为，因与责任财产无关，故无行使撤销权的必要。所谓处分财产的行为，是指一切减少财产或者增加负担的法律行为和事实行为。按照我国《民法典》第 538～539 条的规定，处分财产的行为包括以放弃其债权、放弃债权担保、无偿转让财产等方式无偿处分财产权益，或者恶意延长其到期债权的履行期限，也包括以明显不合理的低价转让财产、以明显不合理的高价受让他人财产或者为他人的债务提供担保等其他不合理的交易行为。

以什么标准来判断什么是“以明显不合理的低价转让财产、以明显不合理的高价受让他人财产”呢？根据 2023 年出台的《合同编通则部分司法解释》第 42 条之规定，1）对于《民法典》第 539 条规定的“明显不合理”的低价或者高价，人民法院应当按照交易当地一般经营者的判断，并参考交易时交易地的市场交易价或者物价部门指导价予以认定。2）转让价格未达到交易时交易地的市场交易价或者指导价70%的，一般可以认定为“明显不合理的低价”；受让价格高于交易时交易地的市场交易价或者指导价30%的，一般可以认定为“明显不合理的高价”。3）债务人与相对人存在亲属关系、关联关系的，不受前述规定的70%、30%的限制。

（2）债务人的行为须危害债权。

这是行使撤销权的目的和实质所在。所谓危害债权，是指债务人的行为导致财产减少，会使债务人资力减弱而无法满足债权。如果债务人的行为虽会减少财产，但债务人有足够的财产清偿债务，自无撤销的必要。

因此，债务人处分财产的行为无论是高价购入还是低价出售，如果不危及债权人的债权实现，当然也就没有撤销的必要。

（3）债务人的行为必须是在债权成立后所为。

在债权成立前，债务人的行为不发生危害债权的可能性，故债权人自无行使撤销权的余地。

（4）债务人的行为的危害性于撤销权行使时，尚需存在。

若某行为在以前为有害行为，但在撤销权行使时，其危害性已经不复存在，自无行使撤销权的必要。例如，债务人将自己的不动产以低价出卖与他人，但在债权人欲行使撤销权时，遇到不动产价格暴跌，以现在的价格计算，债务人原低价出售的危害性已经不复存在，债权人行使撤销权的结果是给自己招致不利，故无撤销的必要。

2. 主观要件

依通说及大多数国家的立法，撤销权是否以主观过错为必要，因无偿行为及有偿行为而有区别。

如果债务人与第三人的行为是无偿的，只要该行为有害于债权，债权人即可行使撤销权。因为第三人取得债务人的财产是无任何代价的，所以，撤销该行为对第三人不会发生任何损害。如果债务人与第三人的行为是有偿的，第三人为取得债务人的财产支付了对价，那么，撤销权的行使不仅要有客观要件，而且要有主观要件，即债务人及第三人均有主观上的恶意。此为保护善意第三人而设。《合同编通则部分司法解释》第43条也明确了债务人的相对人知道或者应当知道这一要件。

三、撤销权的行使

1. 权利主体

债权人中的任何人均得行使撤销权，可单独行使，也可以共同行使。《合同编通则部分司法解释》第44条规定，债权人依据《民法典》第538条、第539条的规定提起撤销权诉讼的，应当以债务人和债务人的相对人为共同被告，由债务人或者相对人的住所地人民法院管辖，但是依法应当适用专属管辖规定的除外。两个以上债权人就债务人的同一行为提起撤销权诉讼的，人民法院可以合并审理。

2. 行使的方式和标的范围

行使撤销权由债权人以自己的名义并以诉讼的方式为之。根据《合同编通则部分司法解释》第45条之规定，区分标的可分与不可分而确定效力范围，具体来说，在债权人撤销权诉讼中，被撤销行为的标的可分，当事人主张在受影响的债权范围内撤销债务人的行为的，人民法院应予支持；被撤销行为的标的不可分，债权人主张将债务人的行为全部撤销的，人民法院应予支持。

3. 撤销之诉的被告

撤销之诉的被告究竟为何人，学理上颇有争议。通说认为，当债务人的行为为单方行为时，以债务人为被告；当债务人的行为为双方行为时，以债务人及相对人为被告；兼有财产返还请求权时，应以债务人、相对人及受益人为被告。

按照《合同编通则部分司法解释》第 44 条之规定，债权人依据《民法典》第 538 条、第 539 条的规定提起撤销权诉讼的，应当以债务人和债务人的相对人为共同被告，由债务人或者相对人的住所地人民法院管辖，但是依法应当适用专属管辖规定的除外。两个以上债权人就债务人的同一行为提起撤销权诉讼的，人民法院可以合并审理。

4. 撤销权行使的期间

根据我国《民法典》第 541 条的规定，撤销权自债权人知道或者应当知道撤销事由之日起 1 年内行使。自债务人的行为发生之日起 5 年内没有行使撤销权的，该撤销权消灭。

四、撤销权行使的效力

1. 对于债务人的效力

被撤销的债务人的行为自始归于无效。这是传统民法的一般理论，我国民法理论和民法典也基本持有这种观点。但是，《合同编通则部分司法解释》通过另外一条途径间接赋予了债权人犹如代位权的“优先受偿权”。该解释第 45 条规定：(1) 债权人在撤销权诉讼中同时请求债务人的相对人向债务人承担返还财产、折价补偿、履行到期债务等法律后果的，人民法院依法予以支持。(2) 债权人请求受理撤销权诉讼的人民法院一并审理其与债务人之间的债权债务关系，属于该人民法院管辖的，可以合并审理。不属于该人民法院管辖的，应当告知其向有管辖权的人民法院另行起诉。(3) 债权人依据其与债务人的诉讼、撤销权诉讼产生的生效法律文书申请强制执行的，人民法院可以就债务人对相对人享有的权利采取强制执行措施以实现债权人的债权。债权人在撤销权诉讼中，申请对相对人的财产采取保全措施的，人民法院依法予以准许。

2. 对于受益人的效力

第三人因该行为取得的财产，应返还给债务人。不能返还的，应折价赔偿，已经向债务人支付了对价的，可同时请求债务人返还对价。

3. 对于行使撤销权的债权人的效力

按照我国《民法典》，行使撤销权的债权人就收取的财产并无优先受偿权，应作为全体债权人债权的财产基础。其因行使撤销权而支出的费用，由债务人负担。对于其他债权人，得主张无因管理。

最高法院之配套典型案例六：撤销权纠纷案——周某与丁某、薛某债权人撤销权纠纷案

【简要案情】

周某因丁某未能履行双方订立的加油卡买卖合同，于 2020 年 8 月提起诉讼，请求解除买卖合同并由丁某返还相关款项。生效判决对周某的诉讼请求予以支持，但未能执行到位。执行中，周某发现丁某于2020年6月至7月间向其母亲薛某转账87万余元，遂提起债权人撤销权诉讼，请求撤销丁某无偿转让财产的行为并同时主张薛某向丁某返还相关款项。

【判决理由】

生效裁判认为，丁某在其基于加油卡买卖合同关系形成的债务未能履行的情况下，将名下银行卡中的款项无偿转账给其母亲薛某的行为客观上影响了债权人周某债权的实现。债权人周某在法定期限内提起撤销权诉讼，符合法律规定。丁某的行为被撤销后，薛某即丧失占有案涉款项的合法依据，应当负有返还义务，遂判决撤销丁某的行为、薛某向丁某返还相关款项。

法律适用

1. 我国《民法典》及司法解释规定代位权适用中哪些是不能代位的权利

代位权作为合同债权保全的一种重要措施，对于债权人利益的保护发挥了重要的作用。在司法实践中，有必要弄清代位权的客体范围。依据传统民法理论，代位权的客体为债权和其他财产权利，如物权、股权中的财产权利、知识产权中的财产权利，甚至包括财产保全行为。而根据我国《民法典》及司法解释的规定，代位权的客体仅限于非专属于债务人自身的债权，不得作为代位权客体的权利有物权、股权中的财产权、知识产权中的财产权、不得让与的权利、不得扣押的财产和财产权利，以及专属于债务人自身的债权。其中，专属于债务人自身的债权是指基于扶养关系、抚养关系、赡养关系、继承关系产生的给付请求权，以及劳动报酬、退休金、养老金、抚恤金、安置费、人寿保险、人身伤害赔偿请求权等权利。可见，与传统民法的规定相比，我国法律规定的代位权的客体范围非常狭窄。但无论其是否合理，在现行司法实践中应严格执行。

2. 撤销权的行使条件

在司法实践中，必须明了撤销权的行使条件，才能更有效地发挥该制度的债权保全作用。债权人行使撤销权，应当具备主、客观两方面条件。客观方面的条件为债务人从事了危害债权的行为，具体表现在下列五方面：第一，必须有债务人减少财产或者增加负担的法律行为和事实行为；第二，债务人的行为必须以财产为标的；第三，债务人的行为必须足以危害债权；第四，债务人的行为必须发生在债权成立之后；第五，在撤销权行使时，债务人行为的危害性依然存在。主观方面的条件为过错，但因有偿行为与无偿行为而有所不同：第一，在债务人与第三人的行为为无偿时，只要行为有害于债权，不问其是否有主观上的过错，债权人即可行使撤销权；第二，在债务人与第三人的行为为有偿时，只有在行为有害于债权，并且债务人与第三人都存在主观上的过错时，债权人才能行使撤销权，以保护善意第三人。总之，在实践中，确定债权人能否行使撤销权时，上述条件具有较强的指导意义。

课后复习

1. 我国《民法典》及司法解释上的代位权与传统民法上的代位权有何区别？
2. 试述代位权行使的具体条件。

第七章　定式合同（格式条款）及其规制

｜提　要｜

所谓定式合同，是指当事人一方为与不特定的多数人进行交易而预先拟定的，且不允许相对人对其内容作任何变更的合同。定式合同的出现与大量适用引起了合同法上的许多问题：定式合同存在的合理性是什么？它与契约自由及契约正义是否冲突？为什么各国对其进行规制？规制的体系如何？我国《民法典》应现实的需要，对定式合同的规制进行了详细的规定。

｜重点问题｜

1. 定式合同存在的合理性。
2. 对定式合同规制的原因与理论基础。
3. 定式合同的规制体系与方法。

第一节　定式合同概述

一、定式合同的概念

所谓定式合同，是指当事人一方为与不特定的多数人进行交易而预先拟定的，且不允许相对人对其内容作任何变更的合同。根据我国《民法典》第 496 条的规定，定式合同是当事人为了重复使用而预先拟定，并在订立合同时未与对方协商的条款。定式合同又称为格式合同、格式条款、标准合同、附合合同、一般交易条件或约款。德国学者梅迪库斯指出：一般交易条件是指为众多合同事先拟定的、由使用人在订立合同时向对方当事人提出的合同条件。一般交易条件的对立物，是双方当事人经过协商谈判达成的个别协议。①

对于定式合同，我们应当作广义的解释，它不仅包括那些篇幅巨大的条款作品，而且包括：一张附有预先印刷好的文句的普通收据，存放衣帽处张贴的“概不负责”的告示，或者机动车司机为排除责任要求搭乘者签字的表格。② 也就是说，我们不能片面地将定式合同仅仅理解为条款居多且较厚的合同文本，日常生活中的汽车票、火车票、飞机票、存款单、寄存物的领取单等均是定式合同。

---

① 参见［德］迪特尔·梅迪库斯：《德国民法总论》，邵建东译，300 页，北京，法律出版社，2000。

② 参见［德］迪特尔·梅迪库斯：《德国民法总论》，邵建东译，301 页，北京，法律出版社，2000。

二、定式合同的特征

定式合同具有以下四个明显的特征。

1. 合同的要约具有广泛性、持久性和细节性

所谓广泛性，是指定式合同的要约是向公众发出的，或者至少是向某一类有可能成为承诺人的人发出的；所谓持久性，是指要约一般总是涉及在某一特定时期所要订立的全部合同；所谓细节性，是指要约中包含了成立合同所需要的全部条款。①

2. 合同条款的不可协商性

定式合同最主要的特征在于其条款的不可协商性，即定式合同的使用者预先将自己的意志表示为文字，与之缔结合同的对方当事人只能对之表示全部接受或全部不接受，而无与之就合同的个别条款进行协商的余地，即所谓“要么接受，要么走开”（take it or leave it）。例如，对于保险公司的定式合同，投保人只能就全部条件表示同意或者不同意，而别无选择，即要么投保，要么不投保。

3. 合同双方经济地位或法律地位上的不平等性

定式合同的使用者多在经济上或法律上处于较强的地位，因而可以将预先由其拟定的反映其单独意志的合同条款强加于他人。法律地位上的不平等，是指虽然定式合同的使用者经济实力不十分强大，但若根据法律或行政权力它具有行业垄断的权力，它也可以凭借这种垄断将自己的意志强加于他人。这类行业在各国均存在，我国也同样如此。

正是这些使用定式合同的工商业组织，把消费者戏称为“上帝”，也正是他们使“上帝”变成了被驯服的奴隶。也许，在当今社会中，我们这些“上帝”的“尊严”只有在那些沿街叫卖的小商贩那里还能体现出来，在那里还能享受到古典契约理论家所倡导的讨价还价的乐趣。

4. 定式合同一般出自一方当事人

定式合同的不可协商性，恰恰因其出自一方而不是双方，在这种情况下，认定为定式合同及确定定式合同的使用人不存在问题。但是，在有的情况下，定式合同不是出自合同双方当事人，而是出自第三人，例如，公证合同可能出自公证协会，建筑承包合同可能出自建筑业协会，即有些合同可能出自行业协会。特别在我国，有些地方政府为了规范市场而统一起草、印制并要求当事人在交易中适用的合同文本，例如，许多城市商品房交易过程中统一使用的“房屋预售契约”等，这些合同是否应当作为定式合同来认定？笔者认为，这些合同应当作为定式合同来认定而适用关于定式合同规制的规则。

三、定式合同的适用对象

法律或者司法对定式合同的规制是否仅仅限于生产者、经营者与消费者之间，而对于企业之间的定式合同问题不予关注？

对此问题，不同国家的立法机构采取不同的态度。法国 1978 年 1 月 10 日第 78—23 号法律仅仅对于消费者提供保护。同样，1993 年 4 月 5 日的欧共体指令只适用于消费合同条款，其中，消费者是指“为其贸易、商事或者职业范围以外的目的而从事活动的任何自然人”。但该

① 参见尹田：《法国现代合同法》，121 页，北京，法律出版社，1995。

指令并不阻止成员国授权其法院对商人之间的合同条款进行控制。德国、奥地利、比利时和荷兰规定了一般条款，不区分消费合同与商业合同，其理由是：对定式合同进行司法控制的合理根据是弱者一方需要保护，或者是因为谈判的高交易成本而造成采用格式条款，即使在商人之间，有些人比其他人更弱，因而与消费者一样为避免不合理的花费而理智地行事。[①]

从我国《民法典》第496条的规定看，我国法上的定式合同并不仅仅是指消费合同。这是因为，我国《民法典》作为民法一般法，并没有区分民事合同与商事合同。所以，应当认为，规制的对象既包括商业定式合同，也包括消费定式合同。

第二节　定式合同产生与存在的基础

一、定式合同的经济基础

定式合同的出现可能有各种各样的客观原因，但最主要的是定式合同的使用者在经济地位上的优势地位，而这种优势地位又来源于定式合同的使用者在法律或事实上的垄断。

所谓事实上的垄断，是指当事人经济上的强大优势，使其在该行业或该领域中，形成了事实上的垄断经营权。例如，汽车制造业、航海业等，其占有的资金巨大，使许多人对该领域的经营不敢问津，而使少数经济实力强大的财团控制了该行业，从而形成了事实上的垄断。

所谓法律上的垄断，是指当事人根据法律的规定而对某些特殊行业或者领域拥有独占经营权，例如，铁路、通信、邮电、电力等的垄断经营权。法律的规定，使其他主体无法介入该领域的经营，就使法律许可的主体取得了经营的垄断权。

无论是事实上的垄断还是法律上的垄断，在缔结合同时，均表现为缔约能力的不平等或缔约环境的不公正。例如，一个普通的公民要乘火车旅行而到铁路部门购票，他只能在买与不买之间进行选择，但他根本不可能就车票的价格、乘车的条件、服务的质量、在发生损害时的赔偿数额等与铁路部门进行协商。这样就出现一种局面：要么接受这种购票条件，要么放弃旅行计划，别无选择。结果往往是，顾客被逼迫就范。这一问题，无论在大陆法系还是在英美法系均普遍存在。在美国的司法判例中，当事人的这种垄断地位常常被归为契约环境的不公正。契约环境的不公正情形，除了包括狭义的交易方式不公正（如狡猾的交易行为、使用无法阅读的小字、晦涩的文字等），还包括当事人对交易条件的理解能力不均衡等。对此，1960年的*Henningsen* v. *Bloomfield Motors* 案的判决中指出：汽车产业的地位是独特的，制造商的数量极少，因而其在交易上的地位是强大的。从买主的立场来看，对契约条款进行合理的交涉是不可能的，作为交涉能力不平等的不可避免的后果，交易交涉完全不被容许。买主只能或是按厂家强加的保证条件购车，或放弃购车，而不能为谋求更加安全的保证而去其他竞争者处购车。[②] 正如德国学者茨威格特所指出的，“合同能力的不平衡”这个关键词触及了当代合同法理论界普遍激烈争论的一个问题：在当今社会现实中，契约自由究竟还能不能仍然被认可为法律制度的支柱和中心思想？如果我们不得不认识到今天的合同常常是在什么条件下订立的时，对上述问题的研究就越来越有一种紧迫性。每个人都知道，合同的订立并不是关于合同条款的

---

① 参见［德］海因·克茨：《欧洲合同法》（上），周忠海等译，207～208页，北京，法律出版社，2000。

② 转引自［日］内田贵：《契约的再生》，胡宝海译，载梁慧星主编：《民商法论丛》，第3卷，310页，北京，法律出版社，1995。

负责任的谈判的结果，有时，合同的一方当事人的经济力量比对方当事人远远优越，使对方当事人就合同的内容完全听命于自己。今天人们已经普遍认识到，经济强力的自由放任不会自动产生平等与和谐，恰恰相反，它常常会导致剥削的产生。①

由此可见，缔约双方不平等的经济力量，是定式合同出现的最主要的客观基础。

二、定式合同的理论基础

定式合同的概念虽已出现百年之久，但在理论上，对其效力的依据的争论从来没有休止。人们常常提出的问题是：定式合同中是否存在当事人的合意？与契约自由原则的实质含义相冲突的定式合同的效力来自何方？很显然，以“定式合同中不存在当事人的合意”为由来否定大量存在而又日益增多的定式合同是不合时宜的。日本学者内田贵指出，定式合同的最大理论难题是如何为其拘束力寻找根据，换句话说，当事人为何要受在严格意义上说并不存在意思一致的契约条件的影响呢？② 对此，有各种各样的说明理论，下面我们将择其要者而论之。

（一）契约自由理论

虽然说定式合同的发展最终背离了契约自由原则的本来意义，但定式合同的理论基础是契约自由。笔者曾在本书的第二章中对契约自由与契约正义进行过详细的讨论，由于契约领域是公认的私法领域，无论是利益还是不利益，只要是当事人自由协商的结果，任何人均不得干预。契约利益的私人性和非涉他性（相对性）是契约自由的基础。在这种以契约自由原则为核心构建的契约法中，以任意性规范为主，而以强制性规范为辅。这种以契约自由为核心的任意性规范就为当事人以约定的方式排除其适用创造了客观基础。定式合同正是以约定的方式排除任意性规范的适用来侵犯他人的权利而达到利己之目的的。约瑟夫说，契约当事人被认为是自己利益的最好裁判者，如果他们自由自愿地缔结契约，那么法律的唯一作用就是使之发生效力。至于当事人一方比另一方在经济上占有强大的讨价还价的地位，那是无关紧要的。如果一方对他的责任引进一些限制和免除，例如，今天所谓的免责条款，而他方接受它们，那么，对于双方所同意的就会给予完全的效力。③ 这是以契约自由的理论对定式合同效力的最典型的说明。

契约自由的观念及对定式合同的放任，也曾被学者通过经济分析的方式印证为在特定场合是最有效率的。因为自由协议的定式合同允许了一种比标准法律规则提供的分配方式更为有效率的危险分配方式。在某种程度上说，这种效率来源于协议解决方式的精确性，责任的界定更为清晰、危险的承受者的确认更为清楚。④

应该说，以契约自由理论解释定式合同的效力是最基本的，契约自由理论是最初的解释理论。将契约自由作为定式合同说明的正当化理论，当然是有其理由和根据的，因为，存于双方当事人之间的利益或不利益被一方当事人所自愿接受的话，自然无任何理由对之进行干预，即

---

① 参见［德］康德拉·茨威格特、海因·克茨：《合同法中的自由与强制》，孙宪忠译，载梁慧星主编：《民商法论丛》，第9卷，361页，北京，法律出版社，1998。

② 参见［日］内田贵：《契约的再生》，胡宝海译，载梁慧星主编：《民商法论丛》，第3卷，310页，北京，法律出版社，1995。

③ 参见韩世远：《免责条款研究》，载梁慧星主编：《民商法论丛》，第2卷，457页，北京，法律出版社，1994。

④ See Williamk & Joones, “Private Revision of Public Standards: Exculpatary Agreement in Leases”, New York, *Liniv. L. Rew.*, Vol. 63. 4.

使一方采用定式合同表达缔约的意思而为相对人所接受时，当然也发生法律效力。这里的问题的关键在于自愿接受。当当事人双方经济地位悬殊而一方无力与另一方抗衡时，这种自愿是否为真正的自愿，就值得研究了。一个生命垂危的病人被一个手拿定式合同的医生挡在门口并问他是否愿意接受合同条件时，病人的回答的肯定性是可想而知的。单从表面上看，这种接受也是自愿的，但这是扭曲的自愿。这时候，“契约即正义”的正确性也就大打折扣了，就如德国学者所言：诚然，订立合同是两相情愿的事情，合同的另一方当事人可以拒绝接受此类不公平的一般交易条件，这也是符合私法自治原则的。然而，出于下列两方面的原因，这一原则不能发挥作用：第一，合同的另一方当事人只有在认识到不公平性以后，才能作出上述反应，而要认清是否存在不公平，就必须知道法律赋予了自己哪些权利。但是，在许多情况下，人们并不具备这种知识。第二，合同另一方当事人只有具备了可合理期待的规避可能性，也即他能够以最佳的条件从其他合同当事人那里获得给付，才有可能拒绝接受不公平的交易条件。然而，这一条件往往不存在。① 所以，用契约自由理论来说明定式合同存在的正当性，是不充分的。

（二）交易成本节约理论

德国学者海因·克茨认为，格式合同是19世纪工业革命的产儿：随着当时市场的生产和交易的不断发展，形成了标准化产品的生产系统以及交易流程中的贸易条件的标准化，格式合同才应运而生。格式合同对大规模交易的清算的理性化作出了巨大贡献。② 这种巨大的贡献即它节约了交易成本。

传统的交易成本节约理论认为，定式合同的适用，使当事人减少了与每个缔约人协商的过程，节约了个别交易的时间成本，并加快了交易进程，提高了生产效率。例如，由于邮局使用了定式合同，顾客只要填写其事先备制好的定式合同，交易即可完成，否则，邮局就要与每个顾客就合同条款进行协商，增加成本。正如学者所指出的，由于边际利润取决于效率，情况很快表明制造商没有时间和金钱去缔结个别商议的合同。对于这一问题的解决便是对事先印制的和批量制造的合同的引进。这种合同可以被一遍一遍地使用。因而，定式合同是批量生产的产品的自然产物和补充。③ 阿狄亚指出，定式合同的一个优点是在协商合同条款时节省时间，减少麻烦和节约费用。定式合同的另一个优点是，在一个案件中的法律裁决可能为另一些案件中有争端的问题的解决提供指南。在大规模社会化生产的时代，几乎没有必要强调商品批量生产的优越性，这一点如同适用于其他事件一样，也适用于批量生产的合同。④

不仅如此，定式合同的使用使大宗交易变得容易，而且使现代技术在交易中的使用成为可能。如德国学者罗伯特·霍恩指出，在今天，没有这些统一的条款，很多工业、贸易和商业部门的运作将变得难以想象。这些统一的条款使大宗交易成为可能，并为计算机的使用提供了便利的条件。那些适用各种不同交易中的特定问题的条款，统一了人们的法律行为。⑤

交易成本的节约和生产效率的提高，是定式合同的生命力所在，也是定式合同被普遍使用

---

① 参见［德］迪特尔·梅迪库斯：《德国民法总论》，邵建东译，295～296页，北京，法律出版社，2000。

② 参见［德］康德拉·茨威格特、海因·克茨：《合同法中的自由与强制》，孙宪忠译，载梁慧星主编：《民商法论丛》，第9卷，364页，北京，法律出版社，1998。

③ See George Gluck, “Standard Form Contracts: The Contract Theory Reconsidered”, *L. C. Q*, 1979, Vol. 28.

④ 参见［英］阿蒂亚：《合同法概论》，程正康等译，15页，北京，法律出版社，1982。

⑤ 参见［德］罗伯特·霍恩等：《德国民商法导论》，楚建译，94页，北京，中国大百科全书出版社，1996。

的根源所在。但是，传统的交易成本节约理论仅仅看到了定式合同积极的一面，但对于定式合同的使用者来说，最重要的恐怕还在于其另一面，即可以给自己带来最小的风险。因为所有的定式合同均把自己的利益规定到最大限度，而把自己的不利益规定到最小限度，就如德国学者所言：制定通用交易条件的主导思想，从来都不仅仅是追求交易运转过程的理性化，而更主要的是，它是为企业家们随时都想把合同履行中的风险尽可能地推卸给对方当事人的努力服务的。尤其典型的是，它常常包括这样一些条款：尽可能地减轻或者免除企业家们不履行或者不正确履行合同时的法律责任，或者许可他们在合同订立后抬高价格，或者许可他们交付合同约定之外的货物，相反，顾客的账务清结或者响应的要求却被禁止。① 在定式合同中有许多免责条款，对方一旦接受，将对其产生不利的后果。所以，交易成本节约理论没有能够说明定式合同的全部。

（三）企业内部组织理论

这一理论是由哈佛大学教授拉考夫（Rakoff）提出来的。他认为，在对为何要使用定式合同这一点上，迄今为止的学说是不充分的。历来的观点认为，使用定式合同可降低大宗交易的成本，缩小营业上的风险，进而加强垄断企业对市场的支配，然而均忽视了下面一点，即定式合同利用的增多无非企业组织支配现代经济的一个侧面。企业一方面为使对外的市场交易上的关系安定化而制定定式合同，另一方面为适应构成科层制度的内部分割的企业结构要求而制定定式合同。附合人对附合契约的态度只有放在这一制度的因果联系中才能得到理解。②

这样，从企业内部的组织结构的观点来看，定式合同在以下方面将提高效率：第一，定式合同使企业部门间的调整变得容易，即可以节约贩卖、投送、集资、投诉处理等各部门间的信息沟通成本，强化交易的进行。第二，可将有关风险等问题的组织决定贯彻到最基层的人，节约了逐个说明的成本。第三，最基层的销售人员自动拟制由于贩卖扩张的压力所导致的组织所不希望的交易，节约内部的控制成本。第四，有利于组织内部权力结构的固定化，即对组织而言裁量权是权力，如果承认最基层的人对契约内容的裁量，统制就会变得困难。如果对一切条款允许裁量，就需要必要的培训和能力。这样一来，担当者将要求相应的地位和报酬。定式合同带来的交易上的强化，使这种裁量权保持在企业的上层成为可能。

正因为定式合同在现实中发挥着这样的功能，所以即使有顾客欲就某个条款与企业交涉，担当者可以回答自己没有此权限。实际上要找到有权限的人物十分困难。所以，法律上被支持的利用附合契约的惯例，必须被看成是产生并分配权力的制度。

拉考夫经过论证后发现，没有任何正当化理论支持定式合同的效力，所以，应当否定其法律约束力。③

拉考夫的企业内部组织理论将定式合同作为组织论乃至组织内权力问题来把握的视点，被认为开拓了美国定式合同理论前所未有的新视野。依据这一理论结构，定式合同交易不但对被提出定式合同的对方当事人而言制约了交涉、决定契约内容的自由，而且对于定式合同的使用者来说，具有约束其内部的力量关系，换言之，内在地约束了自由。这样，脱离了将契约当事

---

① 参见［德］康德拉·茨威格特、海因·克茨：《合同法中的自由与强制》，孙宪忠译，载梁慧星主编：《民商法论丛》，第 9 卷，364 页，北京，法律出版社，1998。

②③ 参见［日］内田贵：《契约的再生》，第 3 卷，载梁慧星主编：《民商法论丛》，321 页，北京，法律出版社，1995。

人作为单纯的单子来把握的原子论观点而采用了组织论的观点。[①] 拉考夫的企业内部组织理论虽然给人们以新的启迪，但其不过是批判法学的系统化理论，其结论未免带有过急的色彩，实际上并未对美国的立法和司法带来影响。各国对定式合同所持的态度，只是在承认其合法存在的前提下对其不合理的内容进行规制，并未从根本上否定其效力。

三、定式合同的法律基础

虽然说反对定式合同的呼声自定式合同产生之日起就没有停止过，但定式合同不但没有在反对声中销声匿迹，反而如雨后春笋般地发展起来。归根究源，除了经济基础与理论基础，定式合同有其生存的法律土壤。笔者认为，除理论基础和经济基础之外，法人制度的产生以及合同法规范的任意性特征是定式合同产生和生存的重要因素。

（一）法人制度对定式合同的影响

古典的合同法理论是以自然法和理性主义作为其基础的，强调公法与私法的绝对划分。私法以个人为本位，个人的意思自治和私有财产不受侵犯是私法的核心内容，在私法领域内，政府或者任何公共团体不得积极介入，其只能消极地确认和保护私权。对此，美国学者约翰·亨利·梅利曼有过精辟的论述："伴随着私法自治理论必然产生的观念有两点很重要：第一，经济生活的基本主体是个人（这是一个相当原始的观念）；第二，不允许从事经济活动的个人联合，如公司和劳工团体的存在……法律领域中只有两个主体，即国家和个人。国家在公法内活动，个人在私法内活动。"[②] 欧洲各国在摆脱了中世纪的专制、黑暗和愚昧之后，终于发现了个人的尊严、个人的权利和个人的价值，而"法人""公司""团体"这样一些概念使人联想起窒息了个人活力的教会和令人憎恶的行会组织。因此，《人权宣言》中没有关于结社的规定，相反，1794 年的一项法令中说："凡号称学术会议、人寿保险公司以及一切以不记名股份或者是记名但可以自由转让的股份合资成立的团体，一概予以禁止。"在这种思潮的影响之下，《法国民法典》始终没有关于"法人"的规定，甚至没有使用"法人"这一术语。在《法国民法典》中，唯一的主体是自然人，一切由自然人组成的团体均没有独立的法律人格[③]，合伙是契约关系，其主体是各个合伙人而不是合伙本身。强调天赋的自由和防止对这种自由的侵犯是立法所追求的主要目标。

虽然说将自然人作为基本的经济主体的观念"相当原始"，是一种对封建制度的憎恶和防止封建复辟的极端措施，但其所担心的成分和防止的对象，在今天看来，并不是没有道理的：如"法人""公司"这样的团体会导致垄断和专制。这些团体的出现和经济实力的不断增长，必然在政治和经济上对社会构成影响。在私法领域内形成的法律或者事实上的垄断，则必定构成对契约自由的威胁。定式合同的使用，就是这种威胁的最直接的反映。拉考夫的组织论观点也反映了法人制度与定式合同之间的关系。

（二）合同法规范的任意性对定式合同的影响

与物权法不同，合同法的规范多为任意性规范，即当事人可以用约定的方式排除法定规范

---

① 参见［日］内田贵：《契约的再生》，第 3 卷，载梁慧星主编：《民商法论丛》，322 页，北京，法律出版社，1995。

② ［美］约翰·亨利·梅利曼：《大陆法系》，顾培东、禄正平译，109 页，北京，知识出版社，1984。

③ 参见郑立等主编：《企业法通论》，307 页，北京，中国人民大学出版社，1995。

的适用。定式合同的产生恰恰就是这种任意性规范替代的结果，也正因为如此，有人用契约自由的理论来论证定式合同存在的正当性。所以，有的学者主张应当重新审视债法的任意性规范，以达到规范定式合同中不公平条款的目的。关于此点，笔者在下面详细论述。

四、追索成本对定式合同的影响

如果进一步探索消费者为何要接受不公平的格式合同，除了缔约能力不平等、经济实力不均衡之原因，缔约成本及追索成本也是迫使其接受格式合同的重要原因，但这个原因往往被人们所忽视。例如，消费者明明知道与一企业或供货人缔结格式合同会损害其利益，但如果他再与其他企业或供货人缔结新的契约，比他接受这一不公平的格式合同所受的损失更大。所以，他只有接受这一不公平合同条款。

德国学者海因·克茨还分析了迫使消费者接受不公平合同条款的另外一个原因——追索成本问题。他认为，虽然利益受到损害的一方可以根据相关法律提起关于合同无效的诉讼以进行自我保护，但是，这样做并不能阻止格式合同的应用。更重要的是要看到问题的另一方面：利益受到损害的一方不明了如何利用法律保护自己，有时也不一定会表现得足够的理智。而要通过律师途径保护自己，所花费的费用太高，而这些费用有时会带来比接受对其不利的合同条款更大的损失。这种状况企业主们是完全清楚的，而且它对企业主明目张胆地使用不公平合同条款，并希望大多数顾客放弃对他们的投诉发挥着鼓励作用。①

在现实生活中，许多消费者放弃自己的诉讼权利或追索权利的原因也正在于此，因为追索的成本或重新缔约的成本太高，以至于不得不接受不公平合同条款。我们每一个普通的消费者时常在这种无奈中订立各种各样的合同。所以，针对这种情况，许多国家法律制定了许多对抗性措施，如集团诉讼等。

第三节　对定式合同规制的法理基础

德国学者茨威格特写道：人们常常会提到这样一个问题：对合同条款的效力进行核查的正确性的内在原因究竟是什么？面对企业的超级经济优势，一般的顾客几乎没有可能不屈服于格式合同所规定的条款。当一个企业享有垄断地位时，它不会允许以谈判的方式来确定合同的内容。同时，企业还具有心理和智力方面的超级优势。这主要是指企业在处理法律事务和交易业务经验方面较顾客享有巨大的优势。美国学者早在1943年就指出，格式合同尤其可能演变成为使超级工业巨头和商业大亨们建立起一种新的封建秩序并奴役一大群臣仆的工具。在这里，已经看不到古典契约自由的任何影子。对格式合同进行规制的原因也正在于此。

一、定式合同对契约自由的背离

如果说定式合同赖以产生的法理基础是契约自由，那么，对定式合同进行规制的法理基础则是对自由滥用的规制。

依照传统观念，合同是双方当事人意思表示一致的行为，而当事人的意思表示一致包括两

---

① 参见［德］康德拉·茨威格特、海因·克茨：《合同法中的自由与强制》，孙宪忠译，载梁慧星主编：《民商法论丛》，第9卷，385～386页，北京，法律出版社，1998。

个基本点：一是当事人用明示或默示的方法表现其意志并确定双方权利义务的具体细节内容，也就是说，当事人可以完全独立地使其意志达到一致。除了必须满足合同性质本身提出的基本要求，当事人对其他许多问题都享有决定权。二是当事人之间存在协商或至少可以进行协商。在传统理论中，建议和反建议构成了订立合同的协商过程，而协商是意思表示达成一致的基础。但是，定式合同的出现使上述两个基本点与现实的距离拉得很远。① 这主要是因为以下几点。

（一）契约双方当事人经济地位的悬殊造成了当事人“自愿”的虚假性

定式合同的支持理论一般认为，只要为当事人所自愿接受，就应赋予其法律效力。但是，自愿应分为两种：一种是真正的自愿，另一种则是“无奈的自愿”。前者是在当事人没有任何压力的情况下所作出的决定，这是真正的自愿。而“无奈的自愿”是在一种无形的压力下不得已作出的决定，从表面上看，这也是自愿的。但是不是当事人真正的意思表示就值得商榷了。可惜的是，这种“无奈的自愿”充满了我们的生活。盖斯特指出，在目前普通人所订立的合同总数中，定式合同的数量大约占 90%。很少有人会记得他最后一次签订非定式合同是什么时候，恐怕实际的情况是，除了定式合同，他们所签订的合同中只有少数口头合同算是例外。而对于较为活跃的人来说，他们每天可能要签订几份定式合同。② 垦普・亚伦在评价梅因“从身份到契约”的著名论断时说，我们完全可以肯定，这个由 19 世纪放任主义安放在“契约自由”神圣语句之神龛内的个人绝对自觉，到了今天已经有了很多改变。现在，个人在社会中的地位，远较著作《古代法》的时候更广泛地受到特别团体，尤其是职业团体的支配，而他进入这些团体并不都是出于他自己的自由选择。③ 这一切充分说明了自由选择的非真实性。

（二）定式合同的出现剥夺了当事人一方进行协商的权利

我们曾不止一次地说过，古典契约理论中的一条重要原则就是“任何人不得被未经其同意的义务所约束”。但是，如果企业借助其强大的经济实力拒绝任何人对其事先拟定好的定式合同条款进行任何改变，实际上剥夺了相对人与之进行协商的权利。这时是否存在真实的同意呢？定式合同的难解之结也正在于此。对这类问题，历来借由“总括的同意”或“阅读义务”而拒绝对当事人进行救济。但是，当一方借助于自己的强大地位而将另一方置于不得已而接受的地位时，这种“总括的同意”或“阅读义务”还有何意义？

二、定式合同与契约正义的冲突

从古典契约理论看，契约自由和契约正义有内在的统一性，而这种内在的统一性是通过主体地位的平等性和互换性而体现出来的。而定式合同的出现破坏了这种内在的统一性。

梁慧星研究员在总结古典契约理论的基本价值时认为，古典契约理论建立在两个基本的判断之上：其一为主体地位的平等性，其二为主体地位的互换性。所谓互换性，是指民事主体在市场交易中频繁地交换位置，在这个交易中作为出卖人与相对人发生交易关系，而在另一个交易中作为买受人与相对人建立交易关系。在那时并不是所有的主体在地位上绝对平等，也存在差异性，只不过不十分显著。而地位的互换性对这种轻微的差别进行了平衡和补充，故不平等

① 参见尹田：《法国现代合同法》，117～118 页，北京，法律出版社，1995。
② 转引自傅静坤：《二十世纪契约法》，118 页，北京，法律出版社，1997。
③ 参见［英］梅因：《古代法》，沈景一译，导言，18 页，北京，商务印书馆，1995。

性因地位的互换性而被抵消。正是因为民事主体具有平等性和地位的互换性，所以国家可以采取放任的态度，让其根据自己的自由意志通过平等协商，决定他们之间的权利义务关系。他们订立的契约被视为具有相当于法律的效力，不仅作为行使权利和履行义务的基准，而且作为法律裁判的基准。这就是所谓的契约自由和私法自治。①

从 19 世纪末开始，人类生活发生了深刻的变化。首先是作为近代民法基础的两个基本判断——平等性和互换性，已经丧失，出现了严重的两极分化和对立。其一是企业主与劳动者的对立，其二是生产者和消费者的对立，劳动者和消费者成为社会生活中的弱者。以生产者与消费者的分化与对立为例：由于生产组织形式的变革，生产者已不再是手工业者和小作坊主，而是现代化的大公司、大企业，它们具有强大的经济实力，在商品交换中处于显著优越的地位；由于科学技术的发展，生产过程和生产技术高度复杂化，消费者根本无法判断商品的品质，不得不完全依赖于生产者；由于流通革命，商品从生产者到消费者须经过多层环节，消费者与生产者之间一般不再发生直接的契约关系；由于各种推销、宣传和广告手段的采用，消费者实际上处于完全盲目的状态，听任其摆布。因此，在现代发达的市场经济条件下，生产者与消费者之间已不再是平等的关系，实质上是一种支配与被支配的关系。作为生产者的大公司、大企业只是无穷无尽地生产和销售，它们并不与消费者互换位置。② 主体间的经济实力造成的地位不平等和互换性的丧失，标志着古典契约公平天平的倾斜。

当然，也不能绝对否认在现实生活中主体间地位的互换性的个别存在，但这种互换性只存在于大企业之间，就像阿狄亚所言："一些定式合同经常是为一些商品市场而拟定的。在市场上一些人今天是买方，明天可能成为卖方。所以，这些定式合同是按一些协会的利益对两者之间的利益进行公平的衡量的。"③ 或许，在经济实力相当的非消费主体之间，这种地位的互换性依然存在，但在企业与消费者之间这种互换性的不存在是不争的事实。这种地位的互换性的丧失，就使保证契约正义的基础发生了根本的动摇。

在此情况下，一方凭借经济上的优势强迫相对方接受不利益时，法律还能拒绝救济吗？德国学者罗伯特指出："一般交易条款（定式合同）曾被广泛地用来规避法律规则，制作由对方承担一切风险和不利益的契约形式。而对方当事人则通常无力抗拒这种单方面的风险转移，因为提出契约的一方几乎不可能就其一般交易条款另外进行个别商讨。银行的客户或电力的用户一般都没有力量坚持修改一般交易条款，……只有那些具有同等或更强经济实力的当事人，才有可能坚持签订特殊的契约。如果契约当事人中有一方可以利用其经济实力将不公平的单方面条款强加给对方，特别是有关违约的条款，那么一般交易条款赖以存在的基础，即契约自由就需要某种补充性的保护了。"④ 为了恢复平衡，法院必须对之进行规制。

可以说，定式合同是在契约自由和私法自治的旗帜下产生的，但经济实力强大的企业和组织利用优势滥用了这一权利，就如苏格兰哲学家威廉·索利所言："一个把不干预私人活动确立为政府政策的主要原则的社会制度，可能会产生高度不平等的社会形式。"⑤ 绝对契约自由

① 参见梁慧星：《从近代民法到现代民法——二十世纪民法回顾》，载《中外法学》，1997（2），21 页。
② 参见梁慧星：《从近代民法到现代民法——二十世纪民法回顾》，载《中外法学》，1997（2），24 页。
③ ［英］阿蒂亚：《合同法概论》，程正康等译，16 页，北京，法律出版社，1982。
④ ［德］罗伯特·霍恩等：《德国民商法导论》，楚建译，94 页，北京，中国大百科全书出版社，1996。
⑤ 韩世远：《免责条款研究》，载梁慧星主编：《民商法论丛》，第 2 卷，464 页，北京，法律出版社，1994。

的意义，与其说是机会的开始、利益的贯彻，不如说是强者利用其经济力量制定契约条款的开始。① 正是这种对契约自由的滥用，导致了严重的不公正，从而为国家对契约的规制提供了理由。

另外，契约效力的根源不只是自然法所讲的空洞的公平和正义。当然，国家对定式合同的规制也不仅仅是因为其违反了公平和正义，而且是因为国家利益和社会利益的存在。任何一种私法制度都是建立在私人利益和社会利益平衡的基础之上的，如果个人利益的膨胀打破了这种平衡，法律就要进行纠正而恢复之。定式合同的大量使用，尤其是其中强迫弱者接受的苛刻的免责条款，造成了私人领域的不平等和极权，这种不平等和极权在私法上造成了利益上的矛盾和冲突，而这种利益上的矛盾和冲突会破坏法律所保护的私人与社会之间的平衡秩序，因而法律必须予以规制。

在此，有三个概念应当予以说明，即定式合同、不公平条款和免责条款。不公平条款的范围最广，免责条款次之，而定式合同的范围最小。但在现代社会中，大部分免责条款和不公平条款是通过定式合同的方式体现出来，从这个意义上说，三者又非常相似。我们就是在相似的意义上来使用这几个概念的，在本章所说的规制就是指对定式合同中不公平条款（包括免责条款）的规制。

三、不公平条款的表现形式

在定式合同中，不公平条款常常通过以下形式表现出来。

（一）直接限制责任的条款

如果在合同中加进某些条款，其内容直接涉及某些情况下发生的责任得以免除，此条款即为直接限制责任的条款。

（二）赋予供应商以任意解除、变更合同的权利的条款

无论在英美法，还是在大陆法，合同的解除必须符合法律规定的要件，但在某些定式合同中，供应商以某些文句赋予自身以非由消费者违约或不可归责于消费者的事由而任意解除、变更合同的条款，从而使消费者承担合同风险，此为不公平条款。

（三）限制对方权利的条款

在合同关系中，双方的权利义务应当是平等的。但在有些情况下，基于对自身利益的保护，合同的一方会在合同中规定对方的某些权利未得到自己的同意不得行使或限制行使，从而使对方的权利受到损害。这实际上是一种压制性条款，是不公平的。

（四）就与契约无关的事项限制一方权利的条款

某些合同当事人为了达到长期占有客户或垄断市场的目的，会在合同中规定对方必须只能与自己交易的条款，以及就与同类交易有关的事项互通信息的条款。这些条款已超出了合同权利义务的范围，是对当事人与他人进行交易的自由权利的限制，因而，无疑是不公平的。

（五）放弃权利条款

在合同中，当事人均平等地享有在法定情况下主张某些权利的权利，但在某些定式合同中，供应方会在合同中规定消费者预先放弃某些权利的条款。消费者一旦签署，某些权利即视

① 参见韩世远：《免责条款研究》，载梁慧星主编：《民商法论丛》，第2卷，464页，北京，法律出版社，1994。

为放弃。例如，在某些商店中赫然放置着“本店商品一经售出概不退换”的标牌，消费者一旦购买，即失去就商品的瑕疵主张权利的权利。

（六）限制消费者寻求法律救济手段的条款

在某些定式合同中，有些供应商为确保自身利益不受影响，常常会在合同中规定一些限制对方寻求法律救济的条款。例如，有的供应商会在合同中规定排除以诉讼或仲裁的方式解决争议的条款，要求消费者在遇到问题时只能用与供应商协商的方式；有的则规定解决争议的方式只能由供应商决定；等等。

（七）其他违背诚实信用原则的不公平条款①

定式合同的条款是否为“违背诚实信用原则的不公平条款”，是由法官裁量的领域。

第四节 对定式合同的规制

一、对定式合同的立法规制

（一）民事一般法的规制

在对定式合同的不公平条款的立法规制中，民事一般法的规制是基本的规制。在大陆法系国家，这种规制主要是通过民法典中的一般原则的规定来实现的，例如，诚实信用原则、公平原则、意思自治原则等。而在普通法系国家，其是通过一般商事法来实现的，如《美国统一商法典》等。

在大陆法系，传统的民法理论认为，合同是最主要的民事法律行为，故对民事法律行为的规范要件，均适用于对定式合同的规制。另外，有的国家的民法典还特别对合同条款的规制作了规定。而这种规制主要是通过强制性规范来实现的。

（二）特别法上的规制

为了更有效地规制格式合同，许多国家纷纷制定针对格式合同的特别法，最有代表性的是德国 1976 年的《标准合同条款法》②、以色列 1964 年的《标准合同法》、英国 1977 年的《不公平合同条款法》。

二、对定式合同的司法规制

对定式合同的司法规制，主要通过两种方式体现出来：一是直接适用强行法规定，将违反强行法规范的定式合同条款裁判为无效；二是法律赋予法官自由裁量权，主要表现为根据法律规定的弹性条款而对合同条款进行解释来规制定式合同中的不公平条款。严格说来，前者应属于立法规制的范畴，真正意义上的司法规制应为后者。在大陆法系国家，这种真正意义上的规制是利用民法规定的诚实信用原则、公序良俗原则、公平原则等来实现的；而在英美法系国家是利用其固有的判例法来实现的。

---

① 参见傅静坤：《二十世纪契约法》，119～120 页，北京，法律出版社，1997。

② 有人译为《一般交易条件法》，见［德］迪特尔·梅迪库斯：《德国民法总论》，邵建东译，297 页，北京，法律出版社，2000；也有人译为《规范通用交易条件权利法》，见［德］康德拉·茨威格特、海因·克茨：《合同法中的自由与强制》，孙宪忠译，载梁慧星主编：《民商法论丛》，第 9 卷，371 页，北京，法律出版社，1998。

三、对定式合同的预防性规制

德国学者海因·克茨指出：（消费者意图得到保护而援引规制规则）他必须发掘相关的规则或者雇佣律师，与他的合同方进行谈判，甚至去法院诉讼，所有这些涉及的时间花费和麻烦与其所受到的损害是不成比例的，更加明智的做法是简单地屈从该条款，即使它显然无效。公司非常明白这一点，于是，试图使用他们知道无效的条款，希望大多数的消费者接受它们。如果其中一个消费者难以对付并提起诉讼，公司会简单地答应他的要求来买通他，并继续向其他消费者使用该违法条款。因而，如果要使公司不再使用不恰当的条款，仅仅允许消费者对其提起诉讼是远远不够的，需要其他制裁。① 在许多国家，对定式合同的预防性规制，主要是通过三种方式来进行的：一是刑事责任，二是集团诉讼，三是行政控制。

（一）刑事责任

刑事制裁倾向于只在某人有意识地利用合同他方的困难而获得了非常不合理的回报时适用。在德国，根据《德国刑法典》第 302 条第 1 款的规定，如果一个人利用合同对方的困难处境，并且使他人履行的义务与自己的投入之间“引人注目的不成比例时”，将被罚款或者处以高达 3 年的监禁。但是，实际上，在德国仅仅违反消费者保护的法律几乎是不可能作为犯罪处理的。但是，在法国，刑法在消费法中占有相当重要的位置。在法国，上门推销员没有给买方提供要求的信息，尤其是关于撤销交易的权利方面的信息，或者利用对方的顺从或无经验而诱使他们进行交易，将会受到刑事追诉。②

虽然说，在实际运行中，仅仅是因为使用格式合同中的不公平条款而受到刑事制裁的例子极少，但其威慑力是不可忽视的。在我国，也应当注重刑法的这种威慑力。

（二）集团诉讼

所谓集团诉讼，是指法律赋予某些协会或者行业公会以诉权，对某些不正当地适用格式合同获取非常利益的公司进行诉讼。根据《德国一般交易条件法》第 13 条的规定，某些消费者协会和经济协会，以及工业、商业和手工业公会，享有旨在要求停止使用一般交易条件或者撤回对使用一般交易条件的建议之诉讼权利。法国、奥地利、荷兰及葡萄牙等国进行了效仿。另外，1993 年 4 月 5 日的欧共体指令要求其成员国进行立法，允许消费者协会在法院或者行政机关进行诉讼，取得关于合同条款是否公平的判决或者决定，以便他们采取适宜而有效的措施制止公司继续使用此类条款。

上述国家或者区域组织这样规定的一个基本思想是：一般交易条件是否合法往往是很有疑问的，单个顾客或者竞争者要么没有注意到这些疑虑，要么虽然注意到了，但往往对诉讼所产生的劳累和费用感到畏惧。另外，使用人也可能在某个具体事例中主动作出让步，以避免与某个顾客进行诉讼。赋予协会以诉权，旨在阻止一般交易条件虽然不合法，但是相对于那些无经验的人仍然得以实施的现象发生。③ 但是，一般来说，这种诉讼的目的在于制止不公平条款在消费者中的继续使用，但却不能替代消费者提出赔偿请求，如果某个消费者企图提出赔偿请求，可以单独提起诉讼。

---

① 参见［德］海因·克茨：《欧洲合同法》（上），周忠海等译，217～218 页，北京，法律出版社，2001。

② 参见［德］海因·克茨：《欧洲合同法》（上），周忠海等译，218 页，北京，法律出版社，2001。

③ 参见［德］迪特尔·梅迪库斯：《德国民法总论》，邵建东译，299 页，北京，法律出版社，2000。

（三）行政控制

对于格式合同的行政控制，许多国家的做法并不一致。1971 年瑞典在“消费者巡视官”之下设立了一个特别机构，其责任是监督公司在市场上的行为。如果该机构发现公司使用不公平条款，可以同公司或者其所属集团进行谈判以便制止之。如果谈判没有取得期望的结果，它可以从特别法院中取得一项禁令。①

在以色列，根据其 1964 年《标准合同法》第 2 条的规定，任何公司要适用格式合同，必须向国家特别为此目的而设立的委员会进行申请。该委员会对格式合同条款进行审查后，作出承认或者拒绝的决定。

在英国，根据 1973 年《公平交易法》而设立的公平交易署，具有控制不公平交易条款的行政职能。

但是，在德国，立法者没有采纳下列建议：使用一般交易条件时，应征得有关主管部门的批准，并通过对一般交易条款进行这种预防性控制来实现对私法自治的进一步限制。其理由是：如果将这一机关的设置，视为可以替代决定某些具体条款是否合法的法律规定，以至于这一机关享有一种广泛的裁量余地，那么，私法自治制度将会受到特别严重的侵害。②

四、我国对定式合同的规制体系

（一）立法规制体系

我国有以《民法典》为通挈的一般法与特别法的民商事法律体系，在特别法和一般法中均能找到对定式合同规制的条款。在一般法的规制方面，我国《民法典》规定了民法的一般原则，如诚实信用、自愿、地位平等、公平等原则。另外，引进了德国法创立的法律行为制度，在《民法典》中规定了对法律行为控制的体系。例如，规定了“意思表示真实”“不违背公序良俗”作为法律行为生效的要件；将“违反法律的效力性强制性规定和公序良俗”作为民事行为绝对无效的条件；将“显失公平”作为民事行为相对无效的条件等。而且在第 496～498 条专门规定了针对格式条款的具体规制规则。

在特别法上，也有规制定式合同的依据。如《海商法》第 44 条第一句规定：“海上货物运输合同和作为合同凭证的提单或者其他运输单证中的条款，违反本章规定的，无效。”第 126 条第 1 款规定：海上旅客运输合同中含有下列内容之一的条款无效：（1）免除承运人对旅客应当承担的法定责任；（2）降低本章规定的承运人责任限额；（3）对本章规定的举证责任作出相反的规定；（4）限制旅客提出赔偿请求的权利。

除此之外，作为特别法的我国《消费者权益保护法》也对定式合同的规制作了规定。该法第 26 条规定：“经营者在经营活动中使用格式条款的，应当以显著方式提请消费者注意商品或者服务的数量和质量、价款或者费用、履行期限和方式、安全注意事项和风险警示、售后服务、民事责任等与消费者有重大利害关系的内容，并按照消费者的要求予以说明。经营者不得以格式条款、通知、声明、店堂告示等方式，作出排除或者限制消费者权利、减轻或者免除经营者责任、加重消费者责任等对消费者不公平、不合理的规定，不得利用格式条款并借助

① 参见［德］海因·克茨：《欧洲合同法》（上），周忠海等译，220 页，北京，法律出版社，2001。
② 参见［德］迪特尔·梅迪库斯：《德国民法总论》，邵建东译，299 页，北京，法律出版社，2000。

技术手段强制交易。格式条款、通知、声明、店堂告示等含有前款所列内容的，其内容无效。”

另外，《合同编通则部分司法解释》[①] 第 9 条规定：“合同条款符合民法典第四百九十六条第一款规定的情形，当事人仅以合同系依据合同示范文本制作或者双方已明确约定合同条款不属于格式条款为由主张该条款不是格式条款的，人民法院不予支持。从事经营活动的当事人一方仅以未实际重复使用为由主张其预先拟定且未与对方协商的合同条款不是格式条款的，人民法院不予支持。但是，有证据证明该条款不是为了重复使用而预先拟定的除外。”第 10 条规定：（1）提供格式条款的一方在合同订立时采用通常足以引起对方注意的文字、符号、字体等明显标识，提示对方注意免除或者减轻其责任、排除或者限制对方权利等与对方有重大利害关系的异常条款的，人民法院可以认定其已经履行《民法典》第 496 条第 2 款规定的提示义务。（2）提供格式条款的一方按照对方的要求，就与对方有重大利害关系的异常条款的概念、内容及其法律后果以书面或者口头形式向对方作出通常能够理解的解释说明的，人民法院可以认定其已经履行《民法典》第 496 条第 2 款规定的说明义务。（3）提供格式条款的一方对其已经尽到提示义务或者说明义务承担举证责任。对于通过互联网等信息网络订立的电子合同，提供格式条款的一方仅以采取了设置勾选、弹窗等方式为由主张其已经履行提示义务或者说明义务的，人民法院不予支持，但是其举证符合前述规定的除外。

在此，以我国《民法典》第 496～498 条的规定为主线，结合特别法及最高人民法院司法解释的规定，来阐述针对格式条款的规制规则。

1. 合理、适当的提示原则

所谓合理、适当的提示，是指定式合同的使用者应以合理、适当的方式将定式合同的全部条款提请对方注意，以便对方能了解其内容。我国《民法典》第 496 条第 2 款规定：采用格式条款订立合同的，提供格式条款的一方应当遵循公平原则确定当事人之间的权利和义务，并采取合理的方式提示对方注意免除或者减轻其责任等与对方有重大利害关系的条款，按照对方的要求，对该条款予以说明。提供格式条款的一方未履行提示或者说明义务，致使对方没有注意或者理解与其有重大利害关系的条款的，对方可以主张该条款不成为合同的内容。上述最高人民法院的司法解释就具体提示方式作出了更加明确的规定。

在英国普通法中，如果免责条款在一份由一方当事人交给另一方的文件中被列出或指示，或者在合同缔结时展示出来，则只有在对免责条款的存在向受其影响的当事人以合意的方式提请注意时，它才得成为合同的一部分。[②] 英国普通法在认定提请注意是否为合理方面，已形成了一套较为完备的判例规则，可以归结为以下几点。

（1）文件的性质。

文件的外形须给人以该文件载有足以影响当事人权利义务的定式合同的印象，否则相对人收到该文件根本不予阅读，使用人的提请注意即为不充分。

（2）提请注意的方式。

依据交易的具体环境，提请注意可以采取个别提请注意或公开张贴提请注意两种方法。

---

① 最高人民法院的司法解释严格地说不属于立法，但是，其效力在实际上不亚于法律。因此，将其放在立法规制中。

② See G. H. Treitel, *The Law of Contract*, pp. 167 - 168.

（3）清晰明白的程度。

提请注意所使用的语言文字必须清楚明白。

（4）提请注意的时间。

提请注意的时间必须是在合同订立前，否则，免责条款不生效力。

（5）提请注意的程度。

原则上，提请注意应达到足以令相对人注意免责条款的程度。在英国，免责条款的利用一方无须证明他实际地将免责条款提请相对人注意，只要他采取了合理的步骤去做就可以了。充分提请注意是否作出的问题主要取决于两个基本的事实：为作出提请注意所采取的步骤以及免责条款的性质。因此，免责条款越是不寻常，提请的注意程度要求也就越高。①

英国的判例规则对于如何解释我国《民法典》第 496 条规定的“合理的方式提示”，具有较大的参考意义。除了英国判例规则的五种情形，笔者认为还有两点需要补充：一是关于提示的途径。也就是说，提示必须是直接和明白的，让被提示人知道这是一项对免除责任或者限制责任的提示。下列情况无论如何都不能算是一项合理的提示：高速公路的收费处在票据背面印有一项免除或者限制责任的条款。因为任何一个司机都会自然地认为交付过路费后收取的票据是一项报销凭证，而不会认为会有责任免除或者限制的条款，即使用醒目的字体标出亦然。二是关于是否进行了合理的提示和说明的举证责任分配问题。对于是否已经作了合理的提示与说明，应当由格式合同的使用者举证，即他必须证明其已经进行了合理的提示与说明，而不能让顾客证明他没有作合理的提示和说明。

2. 条款内容合理的原则

条款内容合理的原则是对定式合同条款进行衡量的一个弹性条款，一般是指民法的诚实信用原则和公平原则等。例如，根据《英国不公平合同条款法》第 11 条的规定，所谓免责条款符合合理性条件的要求，是指根据缔约时当事人意图中已经考虑到或应该考虑到的情况来看，该条款是公平合理的。《德国标准合同条款法》第 3 条规定：“标准合同的条款依客观情形，尤其是由契约的外观衡量是异乎寻常，以致相对人必然不考虑接受者，不能成为契约的一部分。”

我国《民法典》第 496 条第 2 款规定：采用格式条款订立合同的，提供格式条款的一方应当遵循公平原则确定当事人之间的权利和义务。这其实就是要按照公平原则合理确定当事人的权利义务，因此，与英国法及德国法的上述规定的主旨是一致的。但何为条款内容合理的判断标准呢？

在德国，判断定式合同条款是否为“不寻常条款”，通常取决于两个因素：第一，该条款脱离该法律行为所属法律典型的程度；第二，定式合同的使用人提请相对人注意定式合同内容的方法。②

《英国不公平合同条款法》之附件二总结判例法规则，确立当事人约定或援引免责条款是否合理时，应考虑以下因素：第一，须考虑双方在协商定价中的相对地位和权利，特别是要考虑消费者在缔约中是否有选择余地；第二，消费者在同意订立免责条款时是否受到劝诱，或者消费者是否有机会与其他人订立不附加此类条款的合同；第三，消费者是否已经知悉此类条

---

① 参见韩世远：《免责条款研究》，载梁慧星主编：《民商法论丛》，第 2 卷，487～488 页，北京，法律出版社，1994。

② 参见韩世远：《免责条款研究》，载梁慧星主编：《民商法论丛》，第 2 卷，498 页，北京，法律出版社，1994。

款；第四，在违约人援引免责条款或限责条款而受害人求偿不符合合同条款条件的要求的情况下，则要考虑假定受害人完全按照免责条款条件去做，这在合同履行期内是否合理，是否可行；第五，货物是不是基于消费者的特殊要求而制造、加工或修改的。[1] 英国判例法规则具体并易于操作，对我国司法有较高的参考价值。

笔者认为，有下列情形之一者，推定定式合同条款的使用者违背诚实信用原则而给予相对人以不合理的不利益：第一，定式合同条款与法律基本原则不相符合或者规避法律强行性规定；第二，定式合同条款排除或者限制因合同而发生的重要权利或义务，致使合同目的不能达到。

3. 根本违约原则

在免责条款立法限制制度确立以前，特别是在免责条款的合理性法定条件要求确立以前，普通法判例曾试图在契约自由原则与禁止滥用免责条款原则之间谋求某种公正的平衡制度，根本违约原则就是这种谋求的结果。根本违约原则是一种解释合同条款的重要原则，即如果一方当事人的违约行为触犯了合同的根本内容，并且合同中的免责条款是基于他的要求而写入的，该免责条款应解释为对于“根本违约人”不具有保护力。[2]

英国普通法的这一规则不仅被英美法系国家对定式合同的立法和判例所继受，而且对大陆法系的许多国家的立法产生了深远的影响。例如，《德国标准合同条款法》第 9 条规定：“(1) 违反诚实信用原则的条款无效。(2) 对条款是否违反诚实信用原则存在疑问时，依下列标准决定之：A. 与基本法理不能相容；B. 依契约之本旨应发生的重要权利义务受到限制，以致契约目的有不能达到之虞时。”《联合国国际货物销售合同公约》也采用了这一规则。该公约第 25 条规定：“一方当事人违反合同的结果，如使另一方当事人蒙受损失，以至于实际上剥夺了他根据合同规定有权期待得到的东西时，即为根本违约……”

依据我国《民法典》第 497 条的规定，合同中的下列免责条款无效：(1) A. 造成对方人身损害的；B. 因故意或者重大过失造成对方财产损失的；(2) 提供格式条款一方不合理地免除或者减轻其责任、加重对方责任、限制对方主要权利；(3) 提供格式条款一方排除对方主要权利。

但是，有没有任何例外？即如果定式合同的使用者事先提请对方注意，并经对方同意，合同是否有效？根据英国判例，应承认其效力。在此情况下，我国法是否应承认其效力呢？笔者认为，应区分不同情况而定之。当定式合同为消费合同时，应否定其效力；如果为商业合同应承认其效力。这样既保护了无任何协商权利的弱小的消费者，又体现了我国《民法典》规定的契约自由原则。

4. 不利解释原则

不利解释原则，又称为严格解释原则，即如果某项条款存在有两种或两种以上的解释，法院将作出对定式合同的使用者最不利的解释。不利解释原则起源于古罗马法，早在古罗马法中就存在“发生歧义时由要约者承担不利后果”的原则。在进行要式口约时，由于债权人（要约者）如是表述其允诺，以至于债务人仅需要作出肯定的回答，因此，债权人需要承担歧义产生的后果。因为要式口约的债权人（一般交易条件的使用人）本来是应该避免歧义发生的。[3] 这

① 参见董安生等编译：《英国商法》，59 页，北京，法律出版社，1991。

② 参见董安生等编译：《英国商法》，66 页，北京，法律出版社，1991。

③ 参见［德］迪特尔·梅迪库斯：《德国民法总论》，邵建东译，319 页，北京，法律出版社，2000。

一原则被大陆法系与英美法系的许多国家所承继。例如，《德国标准合同条款法》第5条规定："标准合同条款的内容有异议时，由条款利用者承受其不利益。"英国判例法也确认，只有在免责条款的用语绝对准确、肯定，并且不发生歧义的情况下，才裁定其有效。如果含混不清，将作对定式合同的使用者不利的解释，甚至否定其效力。①

我国《民法典》第498条规定："对格式条款的理解发生争议的，应当按照通常理解予以解释。对格式条款有两种以上解释的，应当作出不利于提供格式条款一方的解释。格式条款和非格式条款不一致的，应当采用非格式条款。"由此可见，我国也采用了不利解释原则，同时将"合理公平解释"纳入其中。但是，应当特别指出的有两点：(1) 不利解释只有在定式合同条款含混不清的情况下才有适用的余地。(2) 我国《民法典》第498条的规定自身存在矛盾：因为解释当然是存在争议时才发生，而"按照通常理解予以解释"与"作出不利于提供格式条款一方的解释"显然不同，那么，发生争议后，是"按照通常理解予以解释"还是"作出不利于提供格式条款一方的解释"呢？笔者认为，应当采取不利解释。

（二）行政规制体系

其实，在许多国家，对合同的行政约束，特别是对不公平合同条款的行政规制是普遍存在的。例如，瑞典自1971年以来建立起了一个由"消费者—护民官"领导的特别行政机构，接受政府的委托，对营业者是否使用不公平合同条款进行监督。在英国，根据1973年的《公平交易法》建立了一个特别的行政机构"公平交易局"，对企业的营业行为进行监督，与不公平合同条款作斗争是其职责的一部分。②

在我国，类似于英国"公平交易局"，我国市场监督管理部门也有同样名称的机关，我国也有消费者保护协会（但我国的消费者保护协会从严格意义上说，不是行政机构）。笔者认为，这些机构应当对不公平合同条款，特别是格式合同中的不公平条款进行行政监督和管理、规制，以维护公平的交易。

（三）司法规制

司法规制是格式合同规制中的重要方式和途径，我国《民法典》规定的"诚实信用原则""公平原则"等为法院利用弹性条款对格式合同进行规制留有足够的余地。《民事诉讼法》第15条规定："机关、社会团体、企业事业单位对损害国家、集体或者个人民事权益的行为，可以支持受损害的单位或者个人向人民法院起诉。"

（四）集团诉讼

我国《民事诉讼法》和《消费者权益保护法》专门规定了消费者保护组织的集团诉讼，《民事诉讼法》第15条规定："机关、社会团体、企业事业单位对损害国家、集体或者个人民事权益的行为，可以支持受损害的单位或者个人向人民法院起诉。"第58条规定："对污染环境、侵害众多消费者合法权益等损害社会公共利益的行为，法律规定的机关和有关组织可以向人民法院提起诉讼。人民检察院在履行职责中发现破坏生态环境和资源保护、食品药品安全领域侵害众多消费者合法权益等损害社会公共利益的行为，在没有前款规定的机关和组织或者前款规定的机关和组织不提起诉讼的情况下，可以向人民法院提起诉讼。前款规定的机关或者组

① 参见董安生等编译：《英国商法》，69页，北京，法律出版社，1991。

② 参见［德］康德拉·茨威格特、海因·克茨：《合同法中的自由与强制》，孙宪忠译，载梁慧星主编：《民商法论丛》，第9卷，387页，北京，法律出版社，1998。

织提起诉讼的，人民检察院可以支持起诉。”《消费者权益保护法》第 47 条规定：“对侵害众多消费者合法权益的行为，中国消费者协会以及在省、自治区、直辖市设立的消费者协会，可以向人民法院提起诉讼。”第 37 条第 1 款中，也赋予消费者保护协会就损害消费者合法权益的行为“支持受损害的消费者提起诉讼或者依照本法提起诉讼”的职权。

五、小 结

定式合同以契约自由为理论基础而产生和发展，最后却变为滥用自由权利的“典范”，进而走向了契约自由的反面，引起了立法、司法和行政的广泛关注，甚至引起了社会对定式合同的普遍敌视。但是，定式合同并没有因此而消失，反而越来越多地被普遍使用。这也充分说明其有存在的合理性（虽然笔者不主张存在的就是合理的）。因而，各国对定式合同的态度也并不是彻底的否定，而是对其不公平条款进行规制，就像法国最高法院第一民事法庭 1982 年 11 月 19 日的一项判决中所指出的：“没有任何法律一般地禁止当事人将对民事责任的限制条款或免责条款写入定式合同。”① 因此，一方面，我们应肯定定式合同的积极意义，给予其存在的空间；另一方面，应对其不公平条款进行规制，划定其生存的空间范围，即否定其消极因素，以防止自由权利的滥用。就如王泽鉴先生所言：“如何在契约自由体制下规律不合理的交易条款，维护契约正义，使经济上的强者，不能假借契约自由之名，压榨弱者，是现代法律应担负的任务。”②

同时，应对消费合同与商业合同区别对待，因为消费者在社会经济上的地位微弱，无交涉能力和抗衡的力量，故应对其进行特殊的保护。这也是各国立法和司法的发展趋向。

在我国，定式合同的危害早已被人们所认识，但实际上，无论在立法、司法还是行政方面，对其的规制都很薄弱。所以，摆在我们面前的任务依然是，一方面加强对消费者保护的立法，另一方面积极利用我国《民法典》基本原则的规定、具体条款和弹性条款加强司法规制。同时，还应健全行政规制体系，使所有适用定式合同的组织和企业必须将其定式合同交由行政部门审核批准，未经审核批准的定式合同不得使用。各地的消费者保护组织应当更积极地开展工作，真正履行消费者权益保护法赋予其的职权。切实从立法、司法和行政方面规制定式合同中的不公平条款，真正保护消费者的利益，维护正常的交易秩序。

法律适用

1. 如何在实践中判断一个合同是不是格式合同

格式合同又被称为定式合同、标准合同、附合合同或一般交易条款。由于格式合同对契约自由的背离及与契约正义的冲突，对格式合同应当进行特殊的立法、行政、司法及预防性规制，即格式合同与其他合同适用不同的法律规则。所以，在实践中确认一合同是否为格式合同就显得非常重要。构成一个格式合同，至少应当具备下列几个标准：第一，合同的对象具有广泛性，内容具有持久性和细节性；第二，合同条款完全由一方决定，具有不可协商性；第三，合同双方经济或法律上地位的不平等性；第四，通常格式合同出自一方当事人，或者在合同出自第三人时，合同的使用人具有经济或法律上的优势地位。在实践中，认定格式合同时，除了

① 尹田：《法国现代合同法》，128 页，北京，法律出版社，1995。

② 王泽鉴：《民法学说与判例研究》，第 7 册，37 页，北京，中国政法大学出版社，1998。

坚持上述标准，注意不要片面地将格式合同仅仅理解为条款多、纸张厚的合同文本，实际上，日常生活中的各种交通票证，存款单，水、电、燃气等费用通知单，寄存财物领取单证等都是格式合同的表现。

2. 如何解释格式合同中的合理提示原则

我国《民法典》对合理提示原则的规定，是在立法上对格式合同进行规制的有力武器。合理提示原则的内涵是格式合同的使用者应当以合理的方式将格式合同的全部条款提示对方注意，以便对方能够了解其内容。在我国，合理提示的对象是免除或限制格式合同提供方或使用方责任的条款，但是对于提示的具体规则缺乏明确的立法与判例支持。在实践中，认定是否进行了合理提示时，可以参照英国普通法的一套判例规则，同时结合我国著名学者的学理研究成果进行，主要包括下列几个方面：第一，合同文件的外观应当具备格式合同的特征，足以使相对人充分注意；第二，提示的方式可以是个别提请，也可以是公开张贴通知提请等；第三，提示使用的语言文字必须清楚、明白；第四，提示必须在合同订立之前进行；第五，提示行为必须达到足以令相对人注意免责条款的程度；第六，提示的途径必须直接、明白，让被提示人知晓这是对格式条款的提示；第七，对于是否进行合理提示与说明的举证责任由提示义务人承担。在司法实践中，坚持合理提示原则的认定标准，未进行合理提示的格式条款不发生法律效力，这非常有利于对弱者的利益保护。

课后复习

1. 试论定式合同的概念与特征。
2. 阐述我国法对定式合同规制的体系。

第八章　合同解释规则

| 提　要 |

合同是当事人为自己制定的法律，当事人的权利、义务应以之为尺度来确定。但是，当事人由于主观原因，可能难以预见到全部的情况和风险并作自愿的分配，语言的模糊性也使当事人对合同条款的理解发生分歧，这就需要对合同进行解释。因此，法官应当如何解释合同，依据什么原则解释合同，解释的性质如何等问题，不仅是理论问题，更是实践问题。

| 重点问题 |

1. 合同解释的必要性。
2. 合同解释的原则。
3. 合同解释的性质。

第一节　契约解释概述

一、我国民法上的合同解释的依据

应该说，在我国民法典上合同解释的依据有四：(1)《民法典》第 4 条至第 9 条的基本原则。(2)《民法典》第 142 条第 1 款规定的“有相对人的意思表示”的规则：有相对人的意思表示的解释，应当按照所使用的词句，结合相关条款、行为的性质和目的、习惯以及诚信原则，确定意思表示的含义。(3)《民法典》第 466 条关于合同解释的规则：“当事人对合同条款的理解有争议的，应当依据本法第一百四十二条第一款的规定，确定争议条款的含义。合同文本采用两种以上文字订立并约定具有同等效力的，对各文本使用的词句推定具有相同含义。各文本使用的词句不一致的，应当根据合同的相关条款、性质、目的以及诚信原则等予以解释。”(4)《合同编通则部分司法解释》第 1 条规定：“人民法院依据民法典第一百四十二条第一款、第四百六十六条第一款的规定解释合同条款时，应当以词句的通常含义为基础，结合相关条款、合同性质和目的、习惯以及诚信原则，参考缔约背景、磋商过程、履行行为等因素确定争议条款的含义。有证据证明当事人之间对合同条款有不同于词句含义的其他共同理解，一方主张按照词句的通常含义理解合同条款的，人民法院不予支持。对合同条款有两种以上解释，可能影响该条款的效力的，人民法院应当选择有利于该条款有效的解释；属于无偿合同的，应当选择对债务人负担较轻的解释。”

可以说，最高人民法院的上述司法解释对于民法典关于解释规则的发展主要有三：(1) 有效解释；（2）无偿合同有利于债务人的解释；（3）缔约过程解释。

二、契约解释的客观必要性

合同是当事人为自己制定的法律，当事人的权利义务应以之为尺度来确定。但这里包括一个假定的前提：当事人自己已经预见到了全部的情况和风险，并作了自愿的分配，将之以明确、准确的语言进行了表达，且当事人对合同的条款均无分歧。只有这样，当事人之间的权利义务的享有或承担才不受外部因素的影响和干预，契约自由才能绝对地贯彻。但在现实生活中的合同并非如此。由于各种各样的原因，在当事人订立的合同中，往往存在许多歧义以及星罗棋布的空白。这就需要对合同进行解释。

使合同出现歧义和空白的原因有许多，但主要的有以下三种。

（一）作为权利义务载体的语言文字的局限性

语言是无限客观世界之上的有限的符号，世界上的事物比用来描绘他们的词汇要多得多。由于这种局限性，常常不得不使一词多义，不同的事物常常用一个词来表达，这就使语词的歧义有了发生的客观原因。由于人们的认知结构、个人的经验和利益不同，对同一语词往往有目的或无目的地持不同见解，这就更加大了这种分歧的可能性。就如德国学者拉伦茨所言：语言是一种不断变化着的、具有适应能力的、常常充满着歧义的表达工具。某个表达方式的意义，可能随着它所处的不同的上下文、它所指的不同情况以及说话者所属的阶层所独有的表达特点而具有不同的意义。这是作为表达工具的语言的本质属性。① 另外，对于客体之间无限丰富的细微的区别，语言无力以精确的方式将它们一一表现出来。洛克指出："当我们用词汇把这样形成的抽象观念固定下来的时候，我们就有发生错误的危险。词不应看作是事物的准确图画，它们不过是某些观念的任意性规定的符号而已，随时都有改变的可能。"② 另外，对于许多细微的过程，语言也无法确切地表达，所以，在许多情况下，就必然会出现模糊语言。例如，我们到饭店订餐，在订单上注明饭菜要"清淡可口"，但"清淡可口"的程度就很难用语言去描述，即无法用语言来表达我们自己体味的东西，而且饭店对"清淡可口"的理解与我们的理解可能是不一样的。这样，合意的内容就难免发生分歧。

例如，在纽约州南区地方法院 1960 年审理的福利加蒙特进口公司诉 B. N. S 国际销售公司案中，一个美国的卖方与一个瑞士的买方就一批鸡肉（chicken）买卖达成协议。后来，双方就"鸡肉（chicken）"一词发生分歧。卖方认为，这个词包括了煮食的鸡肉，而买方认为，这个词仅指用于煎炸的很嫩的小鸡。③ 这种不同的解释，对当事人的利益影响极大。

（二）主体意识的局限性

尽管合同是双方权利义务之衡量的工具，一般说来，当事人会谨慎地对待，尽量地将权利义务进行明确约定，同时，将能预料到的风险进行合理的分配，但是，由于个体主观的限制，当事人不可能对权利义务以及风险的每一个细节均能预料并予以明确的规定。一旦出现双方当事人没有预料到的问题，就会出现空白点及风险。当然，契约的任何一方均欲使自己承担最小的风险，故需要对之进行合理的解释并予以公平的分配。

---

① 参见［德］卡尔·拉伦茨：《德国民法通论》（下），王晓晔等译，456 页，北京，法律出版社，2003。

② 徐国栋：《民法基本原则解释——成文法局限性之克服》，141 页，北京，中国政法大学出版社，1992。

③ 参见王军：《美国合同法》，232 页，北京，中国政法大学出版社，1996。

另外，由于传统对人们的影响，契约法与契约意识之间存在较大的差异。有时，当事人对有的问题已经清楚地意识到了，但碍于传统的人际关系，故意不提出或难以提出，而依赖于相互之间的社会信任。日本学者将之称为“契约的二元性”①。何谓“契约的二元性”呢？根据日本学者的论述，日本的契约与其说是严格的权利义务关系，还不如说它是基于友好的、信赖基础上的协同关系。因此，在契约实务中，日本契约的内容极其简单，并有许多不确定的部分。例如，契约中经常出现通过“诚实协商”来解决问题。就是说，日本人缺乏制定完善契约的意识。而法官的契约意识与其相比，由于接受了近代民法的严格训练，给人以不合情理的感觉。② 对此，日本东京大学教授内田贵指出，日本契约的二元性并非日本特有的现象，欧美各国也普遍存在类似现象。特别是在长期的继续性契约中，人与人之间的协调关系更得到重视。因此，契约的二元性是一种普遍的现象。③ 这种现象在我国更为普遍。美国学者麦克尼尔的关系契约论正是以此为基础的。如何来评价这种二元论呢？

在第二次世界大战中，日本有的学者认为，这是一种落后的契约观，为实现法律的近代化，应当克服它。但现在越来越多的学者认为，这种契约意识特别注重围绕交易有关的各种社会关系、社会背景而运作。这些关系和背景在权利义务这一层面上无法得到反映，所以往往被契约排除掉。但并不是近代理性对之视而不见，而是因为经济的合理性和契约形式的合理性必须排除这些不确定的因素才得以维持。但在契约实务中，这些社会背景得到了重视及活用，因而社会关系能得到公平的令人心服的调整。用德国哲学家哈贝马斯的话来说，这便是“生活世界的逻辑”④。既然这种契约意识是“生活世界的逻辑”，那么契约外的许多东西就不能反映到契约中去，而留有空白。当出现纠纷时，可能会利用现实中的“活法”去解决。当不能解决时，就需要补充解释。

当然，对于合同漏洞，即当事人没有约定的部分进行补充的方式，是不是对合同的解释，是存在争议的。这种解释的确不同于争议条款的解释，因当事人双方在合同订立时根本就没有意识到，也就无所谓“合意”，只是法律或者法官推定：如果当事人意识到这一问题并约定的话，他们将如何约定，即这是推测的当事人的意思。在没有自治的地方推定出当事人的合同权利义务，确有不合意思自治之处。但要维持合同效力，没有其他更好的替代方式，因此，笔者同意将这种解释也作为解释对待。

有学者指出，只有在意思主义的法律体系中，法律才有必要探究当事人的真实意图，从而确立有关合同解释的制度，因为意思主义将当事人的意志作为法律赋予合同效力的依据。而依形式主义，法定“仪式”的完成不仅是合同有效的条件，而且是合同效果的一种方式，因此，在形式主义的法律体系中，合同的解释这一问题是不存在的。⑤ 笔者认为，这种观点是正确的，但却不全面。即使在形式主义体系下，语词的不确定性和模糊性也是存在的，故当事人就权利义务的具体内容就有发生分歧的可能性，就需要解释。而意思主义和形式主义的区别，只

---

① 王晨：《日本契约法的理论现状与课题》，载《外国法译评》，1995（2），50页。

② 参见王晨：《日本契约法的理论现状与课题》，载《外国法译评》，1995（2），49～50页。

③ 参见［日］内田贵：《契约的再生》，胡宝海译，载梁慧星主编：《民商法论丛》，第5卷，485～486页，北京，法律出版社，1996。

④ 王晨：《日本契约法的理论现状与课题》，载《外国法译评》，1995（2），50页。

⑤ 参见尹田：《法国现代合同法》，255页，北京，法律出版社，1995。

是解释的对象和方式不同。

（三）交易成本的影响

有时，合同中的许多问题是由于当事人没有预料到从而没有约定，但是，有的时候并非因为当事人没有预料到，而是因为交易成本的影响而不约定。就如德国学者克茨所指出的，多数合同不完善的真正原因是经济方面的，也就是说，为所有的问题进行谈判所付出的成本会大大高于它所能节约的部分：一个只有 500 美元损失的风险只有百分之一的发生可能性，花 500 美元的成本去谈判，是没有意义的。①

三、契约解释的性质

一方面，契约是双方当事人之间的法律，当事人在履行契约的过程中，不可能不对契约进行解释；当合同需要公证或签证时，有关机关也要对之进行解释。另一方面，于当事人发生纠纷时，司法机关也要对有分歧的条款内容进行解释。从广义上说，这些均可称为契约的解释。但从各国学理和司法上看，契约解释应是指司法机关的解释。

就合同解释的性质，法国学者指出，在当事人就合同内容的确定发生分歧且不能形成一致的意见时，法庭应对之作出判断，即对有争议的合同条款作出解释。对合同的解释不同于对法律规则的解释，其任务是解决合同条款相互之间的矛盾和冲突，对晦涩、模糊的条款作出说明。②

在美国，从一般意义上说，合同的解释是指法官对合同中的词语的含义加以确定，从而决定其法律上的效果的过程。③

根据瑞士学理，合同解释是指合同成为诉讼标的时，由法官确定合同的内容的过程。具体地说：合同当事人可能因对合同作不同的理解而发生争议时，由法官进行解释；当事人可能在合同成立后发现有空隙，由法官加以补充；当事人主张合同不适应新的环境，由法官加以改正。④

我国有的学者也指出，合同解释的根本目的在于使不明确、不具体的合同内容归于明确、具体，使当事人间的纠纷得以合理解决。因此，在合同解释实践中，当事人间在不发生争议或虽有争议但能协商解决的情况下所进行的一般意义上的合同解释，是没有法律价值的；在案件审理过程中，依赖于当事人及其代理人等诉讼参加人的解释，也无法实现合同解释的目的。真正具有法律意义的合同解释，只能是在处理合同纠纷过程中，对作为裁判依据的事实所作的权威性说明。⑤

从以上各国立法和学理对合同解释的概念分析，我们可得出这样的结论：合同解释是司法机关对有争议的合同条款之内容的确定过程。至于合同解释为法律问题，还是事实问题，我们将在下面论述。

---

① 参见［德］海因·克茨：《欧洲合同法》（上），周忠海等译，154 页，北京，法律出版社，2001。

② 参见尹田：《法国现代合同法》，256 页，北京，法律出版社，1995。

③ 参见王军：《美国合同法》，232 页，北京，中国政法大学出版社，1996。

④ 参见沈达明等编著：《德意志法上的法律行为》，164 页，北京，对外贸易教育出版社，1992。

⑤ 参见苏惠祥主编：《中国当代合同法论》，246 页，长春，吉林大学出版社，1992。

四、合同解释的目的和对象、方式

私法是当事人自治的领域，权利义务复杂多样，法律无法概括并一一规定。而由于以上原因，某些具体的含于合同中的意思不免出现不明确、不完整的瑕疵。所以，必须设定一系列的规则予以解释。具体说来，合同解释应有以下目的。

第一，合同解释首要的目的在于使某些内容暧昧或不明确的意思表示得到合理的确定，使之明确化、准确化，以符合民法对意思表示的内容的典型要求。

第二，合同解释的基本目的又在于使内容不完整的具体表示的内容得到补充。从理论上说，法制对意思表示完整性的要求是有层次的，它们大体可概括为法律的要求、避免争议的要求和交易安全的要求。原则上，具体的表意行为首先须符合特定类型法律行为的内容的要素的要求，使法律行为得以成立；同时还应对可预见的争议事实作出约定，以使此类争议发生时明确当事人的权利义务；为了谨慎起见，重要的法律行为中应对各种不测事项作出明确规定。但从具体的表意行为看，行为人往往只考虑到法律的基本要求，其直接内容的详略往往受习惯及传统的影响。这不仅会造成意思表示基本内容的不完整，而且会造成对可预见事项规定上的疏漏。

第三，合同解释的目的还在于使内容不统一或有矛盾的表意行为得以统一。此类解释在一定程度上类似于意思表示行为部分内容的变更。①

合同解释的对象是什么呢？是整个合同条款还是仅限于争议条款？我国有的学者认为，合同解释的客体不仅仅是发生争议的条款，没有争议的合同条款也同样需要解释。② 对此，笔者有不同看法。于当事人对合同条款没有争议时，解释的意义何在呢？例如，按照瑞士判例规则，相对人理解的意义符合表意人所欲为的意思时，即双方对意思表示的意义有相同的理解时，意思表示就按这样的意思生效。③ 所以，笔者认为，合同解释的对象仅限于争议条款。当然，非争议条款可作为解释的参照，而不是解释的对象本身。从客观效果上看，如果允许法官对合同的非争议条款进行解释，就容易造成公法对私法的过分干预，为法官滥用司法权力打开方便之门，甚至成了法官替当事人订立合同。而这是与私法精神相违背的。同时，合同的解释毕竟是事实问题而非法律问题，如果双方当事人对合同条款无争议，就应认为事实清楚。

从合同的解释目的的分析中可以看出，合同解释的方式有两种：一种是对争议条款的解释，一种是对合同未规定条款的补充解释。下面我们将以此为主线展开讨论。

五、合同解释与法律解释的区别

法理学上有法律解释之说，那么，法律解释与合同解释是否相同呢？有学者主张，如果忽略其中的一点——法律与法律行为，法律解释与法律行为（合同）解释是一致的。拉伦茨认为，这种主张是错误的。④ 笔者认为，拉伦茨的观点是正确的，法律解释与合同解释的区别主

---

① 参见史尚宽：《民法总论》，413～415页，台北，正大印书馆，1980；董安生：《民事法律行为》，244页，北京，中国人民大学出版社，1994。

② 参见王利明等：《合同法新论·总则》，483页，北京，中国政法大学出版社，1996。

③ 参见沈达明等编著：《德意志法上的法律行为》，165页，北京，对外贸易教育出版社，1992。

④ 参见［德］卡尔·拉伦茨：《法学方法论》，陈爱娥译，248页，台北，五南图书出版有限公司，1985。

要如下。

（1）解释的对象不同。法律解释的对象是具有普遍法律效力的法律，而合同解释的对象是一种事实，尽管合同是一种本身已经包含着预设法律效果的法律事实。

（2）解释的手段不同。在法律解释中，法官可以对法律作出扩大解释，而在合同解释中，法官不能对合同的内容作出任何扩大的解释，因为法官无权把不是当事人意志的内容强加于他们。

（3）解释的目的不同。法律解释的目的是解决法律适用问题，而合同解释的目的在于对事实的澄清。当然，在“三段论”的司法推理模式下，法官既要解释法律规范，也要解释法律行为，以便确定大前提与小前提，否则无法得出结论。

（4）解释本身的效力不同。法律解释应当具有相对普遍性的特点，合同的解释则仅仅适用于个案而没有普遍适用的意义。

（5）关系人的地位不同。在合同的解释中，因主要涉及意思表示人与受领人对意思表示的含义的不同理解，法官更多的是站在受领人的角度并结合当时的具体场景来解释，常常使用“理性第三人标准”，故在实际中客观解释的成分较大。例如，表意人误写、误说等情形，不能以表意人的意思为准，只能以表示出来的意思为准，当然，表意人可以以错误请求撤销意思表示。另外，合同的解释更多地应当遵循当事人双方的意愿，即使误写或者误说，但当事人在纠纷的处理过程中就意思表示达成一致的，法院自无干预的必要。但在解释法律时，规范制定者与被规范者的地位就和合同当事人的地位迥然不同。被规范者对法律的态度并不重要，法律规范制定者的意思及语言用法在此处具有核心意义。法官在解释法律时所受到的限制也远远超过合同解释的限制，解释要受到法律的基本价值、基本原则、法律的伦理性、立法意图及法律理由等的限制。

我们当然也不能否认，在解释合同与解释法律时的规则有相同之处，例如，文义解释、整体解释等。

第二节　合同解释的基本原则概述——主观主义与客观主义的历史与现在

一、主观解释规则

所谓主观解释，是指通过对合同所使用的文字的含义进行解释，以探求合同所表达的当事人的真实意思。但由于语言文字本身具有多义性，及当事人语言能力和法律知识的不足，难免出现使用的语言不准确、不适当的现象，以致其所表示于外的意思与其真实意思不一致，甚至是当事人基于恶意而故意用不当文字隐蔽其真实意思。因此，主观解释，不应满足于对词语含义的解释，不应拘泥于所使用的文字，而应探求当事人的真实意思。①

主观解释规则认为：内在的主观意思具有绝对重要的地位。表示只是意思的渠道，真正的意思才是主要的。被称为意思主义的代表人物的萨维尼说：“意思本身应视为唯一重要的、产生效力的事物。只是因为意思是内心的、看不到的，所以我们才需要借助于一个信号使第三人

① 参见梁慧星主编：《民商法论丛》，第6卷，539～540页，北京，法律出版社，1997。

能看到。显示意思所使用的信号就是表示。”[①] 在合同的解释问题上，意思主义的理论主张，合同解释的目的仅仅在于发现或探求缔约人的“真意”。在表示与真意不一致的情况下，法律行为应依对当事人真意的解释而成立，而不应依其表示的字面含义而成立。因为行为人的表示使其意思表示于外，故只有在正确表示意思的范围内才有价值。如违反这一原则，就违背了契约自由。[②]

意思主义为契约自由奠定了基础并开辟了道路，其对大陆法系许多国家民事立法产生了重大影响。大陆法系许多国家的民法典都将其作为合同解释的基本原则。如《法国民法典》第1156条规定：解释契约时应寻求当事人的共同意思，而不拘泥于文字。《德国民法典》第133条规定：解释意思表示，应探求其真意，不得拘泥于字句。[③]《瑞士债务法》第18条第1款规定：判断契约应就其方式及内容，注意当事人一致的真实意思，不得着重于当事人误解或隐蔽真意所使用的不当文字或词语。

直到19世纪晚期，主观主义解释原则在法律文化中占据了主导地位[④]，并在以《法国民法典》为代表的许多国家民法典中得到了实证体现。

二、客观解释规则

（一）客观解释规则产生的必然性

客观解释规则产生的必然性，来自主观解释规则的局限性。以意思主义为核心的主观解释规则最符合契约自由及私法自治原则，但事实上，当双方当事人就合同条款发生分歧时，要探求当事人的真实意思是十分困难的，甚至是不可能的。另外，如果完全以当事人内心意思确定合同争议条款含义，也会使法官滥用司法权力，危及交易安全。所以，各国民法典虽然规定了解释合同应探求当事人的真实含义，但在司法实践中，几乎无一不是用一个观念上的合理第三人标准来确定争议条款的内容。

作为与意思主义相对立的表示主义理论是古罗马及日耳曼严格形式主义下的必然结论。但作为系统理论，它是19世纪末德国民法学说争论的产物。其早期的代表人物为耶林。这一理论在20世纪中得到极端的发展，倡导者中又以弗卢梅与韦克尔最富代表性。按照这一理论，法律行为的本质不是行为人内心的意思，而是行为人表示的意思。这一理论主张，行为人的内心意思不必为意思表示的成立要件，而以有外部表示的意思即足以认其成立。法律行为成立的全部问题，仅仅在于意志是如何表示的，或意志怎样才能被理解。[⑤] 按照表示主义理论：（1）只有经过表示的意思才能产生法律上的效力；（2）意思只在外向表示的限度内产生法律上的效力。[⑥] 德国学者克茨指出：在过去，主要是在欧洲大陆国家而非英国，在关于合同解释的“意思说”与“表示说”之间的冲突也许有些重要性，但是现在几乎不起什么作用。一般认为，如果当事人不想通过合同约束他自己，则合同根本不会产生。但是，一个意思必须被表达出来并

---

① 沈达明等编著：《德意志法上的法律行为》，91页，北京，对外贸易教育出版社，1992。

② 参见郑玉波：《现代民法基本问题》，21～22页，台北，汉林出版社，1981。

③ 对于《德国民法典》的这一规定，也有学者认为，这不是主观解释，而是客观解释的规定。我们将在下面分析这一问题。

④ 参见［德］海因·克茨：《欧洲合同法》（上），周忠海等译，156页，北京，法律出版社，2001。

⑤ 参见董安生：《民事法律行为》，238页，北京，中国人民大学出版社，1994。

⑥ 参见沈达明等编著：《德意志法上的法律行为》，160页，北京，对外贸易教育出版社，1992。

且传达给另一方当事人，否则它根本没有效力。每一个表述是一种社会交流行为，表述者将对他所说的内容负责任，因为听者信赖其表述所含有的意思，并在此基础上履行合同或者作其他安排。所以，如果表述的意思是由一个正常的、通情达理的人站在听者的角度所能够理解到的，则表述者必须认真对待这种意思。① 即使有时候，法院在说合同的意思是“双方当事人共同的意思”时，也不是指一种心理上的事实，而是有关表述的客观含义，其含义是通过一种评判的过程来确定的：当一个人在说合同当事人的目的时，他是在说，客观地说，通情达理的人们处于与当事人相同的情形时，他们将具有怎样的目的。②

在解释合同问题上，表示主义理论的以下两个观点值得重视：其一，对于合同的解释原则采取客观立场，在表示与意思不一致的情况下，应以外部的意思为准。因为内心的意思如何，非外人所能窥知。其二，对于有相对人的意思表示的解释应以相对人足以合理客观了解的表示内容为准，以保护相对人的信赖利益。③

英美法系国家是采取客观主义解释原则的典型。英国上诉法院法官史韬顿（Staughton）1995 年 7 月 15 日在 *New Hampshire Company* v. *NGN Ltd*. 案中，又借机重申了合同的客观解释的四项原则：（1）除非某种情况在缔约时双方当事人都知道，或者可以被合理地认为能够知道，否则，皆与合同之解释不相干。特别是，一方当事人未披露的埋在心底的意图，不能用于合同解释。即使当事人都承认每一方私下都对合同怀有同样的目的，如果从其所使用的文字中得不出该目的，且相互之间没有通知对方这一私下里的想法，那么这一事实则与合同解释无关，也不用于合同解释。（2）法院首先仅看书面文件并从所用的语言文字的一般意义上决定其含义，除非当事人提出并证明了其他一些习惯上的含义。（3）法院还可能会考虑当时的客观情况——通常被称为事实氛围、缔约目的、双方当事人所处的市场背景。（4）谈判阶段的有关证据不被接受。④ 这是不折不扣的客观主义解释原则。

应该说，在现代，客观主义从理论到实践，特别是在保护商业交易信赖方面有很强的说服力。

（二）客观解释的具体规则

1. 合理第三人规则

所谓合理第三人规则，是指当双方当事人就合同条款的含义发生分歧时，法院抛开双方当事人而以一个通情达理的第三人的地位，看他如何理解该条款的内容，并以该第三人的理解意思为确定的标准。

在以合理第三人标准解释合同时，结论可能与当事人在订立合同时的真实意图不相一致，它是法官根据解释规则给予的意图。按照德国学者的说法，所谓客观的解释规则系探求当事人的意思应该具有什么样的内容，而不是它的真正的意思内容。这样，法官的任务不再是解释意思，而是制定规范。⑤ 意即真正的合同是超过双方的分歧，在双方分歧之外找到共同意思。在

---

① 参见［德］海因·克茨：《欧洲合同法》（上），周忠海等译，162 页，北京，法律出版社，2001。

② 参见［德］海因·克茨：《欧洲合同法》（上），周忠海等译，159 页，北京，法律出版社，2001。

③ 参见董安生：《民事法律行为》，239 页，北京，中国人民大学出版社，1994。

④ 参见［英］约翰森·纳什：《英国合同法的最新发展》，张明远译，载梁慧星主编：《迎接 WTO——梁慧星先生主编之域外法律制度研究集》，第 3 辑，9 页，北京，国家行政学院出版社，2000。

⑤ 参见沈达明等编著：《德意志法上的法律行为》，162 页，北京，对外贸易教育出版社，1992。

这种情况下，当事人所享有的权利或承担的义务就不一定是自己同意接受的东西了，而有可能是一种外来的东西。

2. 列举事项对非列举事项的排除规则

如果合同对一些事项作了列举，而又没有同时对列举的事项使用概括的语言，法院就有理由推定：当事人的意图是排除未列举的事项，即使未列举的事项与列举事项具有相似的性质。上述规则用拉丁文表示为：expressio unius est exclusio alterius（提及一物等于排除他物）。① 例如，我国《民法典》第 145 条规定："限制民事行为能力人实施的纯获利益的民事法律行为或者与其年龄、智力、精神健康状况相适应的民事法律行为有效；实施的其他民事法律行为经法定代理人同意或者追认后有效。相对人可以催告法定代理人自收到通知之日起三十日内予以追认。法定代理人未作表示的，视为拒绝追认。民事法律行为被追认前，善意相对人有撤销的权利。撤销应当以通知的方式作出。"有学者认为，无行为能力人订立的纯获利益的合同也适用这一规定，但笔者认为不能适用，因为，《民法典》通过专门规定指出了限制行为能力人，应当解释为不包括无行为能力人。

但是，如果合同首先使用了概括性的语言，然后再用列举的方式予以说明，不适用上述规则。例如，如果合同中规定"依诚实信用原则应发生的义务，也包括在合同义务之内，如必要情报的提供义务"，在此情况下，列举仅是为了说明概括性的语言，以便于理解，不能认为仅包括该列举的一项义务。为此，《法国民法典》第 1164 条规定："如果契约中记载一种情形以解释义务时，不得以此认为当事人意在限制该项义务的范围，该项义务应包括而未列举的各种情形仍包括在内。"

3. 特别条款优于一般条款的规则

当合同中的两个条款发生冲突时，其中一个条款规定得比较具体，而另一个条款是一般性的规定，具体的条款应优先于一般性条款。这一规则与适用于立法解释的"特别法优于一般法"的规则是一致的。② 另外，既然均为当事人订立的合同条款，一条款的含义较具体而另一条款的含义较模糊时，选择这一规则也在情理之中。

4. 协商条款优于定式合同条款规则

由于定式合同的非合意性，而且在实践中往往是一方借助经济上的力量悬殊而将自己的意志强加于相对人，所以，各国法在对定式合同的解释问题上，一般采取对定式合同使用人不利的解释。如果双方存在协商条款，并且该协商条款与定式合同条款不一致，该协商条款优于定式合同条款。这主要有两种情形：一种是合同一部分是采用定式合同条款，一部分是协商条款，而在这两种条款有矛盾时，应采取协商条款优先的原则；另一种情形是在定式合同之外另有协商条款，这些条款如果与定式合同条款不一致，这些条款也优先于定式合同条款。我国《民法典》第 498 条也规定，格式条款与非格式条款不一致的，应当采用非格式条款。

与这一规则相联系的是，当合同为定式合同时，其中有些空格是由当事人填写的，当事人可以用手直接写在合同上，也可以用打字机在其上填写。如果手写的、打字的与印刷的内容之间有矛盾，应以以下原则解释之：手写的优于打字的和印刷的，打字的优于印刷的。其理由

---

① 参见王军：《美国合同法》，240 页，北京，中国政法大学出版社，1996。

② 参见王军：《美国合同法》，241 页，北京，中国政法大学出版社，1996。

是：对于印刷好的定式合同，当事人容易将错就错，容易产生疏忽大意和漫不经心情绪，不去仔细斟酌。而打字的是，经一字字看过，当事人比较谨慎，手写的更是如此。并且，印刷的合同是适用一般买卖合同的，而打字或手写的是对待眼下的合同。① 《美国统一商法典》第3-118条（B）规定："手写条款的效力优于打字和印刷条款，打字条款的效力优于印刷条款。"

在意思主义与表示主义、主观解释规则与客观解释规则的关系问题上，现代各国民法典和司法实务采取绝对单一化的十分罕见，一般是采取折中主义，有的以意思主义、主观解释规则为主，而以表示主义和客观解释规则为补充；有的则以表示主义、客观解释规则为主，而以意思主义和主观解释规则为补充。而采取后者的较多。这就是为什么德国法采取表示主义，但也有合同因意思表示不真实而撤销的规定；法国法采取意思主义，但《法国民法典》第1341条规定不允许当事人以举证证明不同于书面表示的真正意思，第1321条规定不允许虚假法律行为人以秘密法律行为所表示的内心意思，对抗第三人。

三、合同解释原则的现在——主观与客观的统一

可以说，合同解释的主观主义与客观主义之间的紧张关系一直贯穿于历史长河之中。这种现象并不奇怪，这种紧张关系实际上反映了合同解释的内在与外在的视点。我们应该看到，合同是一种双方法律行为，必须从法律行为的二重性角度来解释这一问题。

德国学者拉伦茨指出，合同中的意思表示具有双重功能：一方面，意思表示是一种决定性的行为，它是意思表示人实现其法律行为意思的一种手段。从这一角度看，通常处于意思表示背后的表意人的意思，似乎就对法律后果具有关键意义。我们完全可以这样说，意思之所以生效，是因为表意人想使这一意思表示发生效力。另一方面，意思表示同时是一种表达出来的东西，它的性质决定了它应为他人所知。因此，意思表示是一种人际交往的行为，一种社会交际的行为。作为这样一种行为，意思表示与它所涉及的地方有着某种联系。这个人对意思表示有自己的理解，或者他应该对意思表示作出某种理解。对于他所理解的内容，他通常是能够信赖的。因此，意思表示的表述内涵就获得了独立的意义。② 因此，在对某个合同进行解释时，我们既要考察表意人所表达的意思是什么，同时也要考察在不考虑表意人所指的内容而只考虑其他人或者受领人对表示进行理解的可能性的情况下，在客观上应当如何理解该意思表示。③ 这实际上是说，在进行合同解释时，应当采取主观与客观相结合的方法。但主观与客观如何结合？是以主观主义为主而辅助以客观主义，还是相反？现在，在大陆法系国家合同解释中的主流观点是：以客观主义为主而辅助以主观主义，即主要以客观解释为主，主观解释作为参照。《德国民法典》即典型代表。

四、我国民法典上的解释原则

根据我国《民法典》第466条及第142条的规定，当事人对合同条款的理解有争议的，应当按照合同所使用的词句、合同的有关条款、合同的目的、交易习惯以及诚实信用原则，确定该条款的真实意思。这一规定完全体现了客观主义解释原则，因为，像合同所使用的词句、合

---

① 参见徐炳：《买卖法》，172页，北京，经济日报出版社，1991。
② 参见［德］卡尔·拉伦茨：《德国民法通论》（下），王晓晔等译，455页，北京，法律出版社，2003。
③ 参见［德］卡尔·拉伦茨：《德国民法通论》（下），王晓晔等译，457页，北京，法律出版社，2003。

同的有关条款、合同的目的、交易习惯以及诚实信用原则等都是客观的外在而非主观的东西。但是，我们必须清楚，合同这种以当事人意志为转移的东西不可能完全抛弃主观因素而进入客观领域，所以，我国在合同解释方面也应该坚持客观解释主义兼主观解释主义的原则。从《合同编通则部分司法解释》来看，也是采取主观与客观结合的解释原则。

第三节　客观主义兼主观主义原则下的解释规则

一、整体解释规则

所谓整体解释规则，是指对合同的各个条款作相互解释，以确定各个条款在整个合同中所具有的真正意思。一个合同是一个整体，要理解其整体的意思必须准确地理解其各个部分的意思及其相互之间的关系。反之，要理解各个部分的意思也必须将各个部分置于整体之中，使其相互协调。如果将某个条款单独解释，或许存在不同的意思，难以确定当事人的真实意思。只有将各个条款相联系，相互补充，相互理解，才不难确定当事人的真实意思。[①] 对此，《法国民法典》第 1161 条规定："契约的全部条款得相互解释，以确定每一条款从整个行为所获得的意义。"

我国司法实践中也不乏整体解释的案例。最高人民法院审理的陕西省机械进出口公司诉陕西省石油化工物资供销公司经营部案，即整体解释的典型。具体案情是：1993 年 5 月 19 日陕西省机械进出口公司（以下简称进出口公司）与陕西省石油化工物资供销公司经营部（以下简称石油化工经营部）签订了 93004 号工矿产品供销合同。合同约定：进出口公司供给石油化工经营部波兰产低碳钢板 5 000 吨，每吨价格（西安车板交货价）为 4 205 元，总金额按商检后的实际交货数量计算。在"交货时间及数量"栏内写明："1993 年 7 月 5 日前到上海港报关、商检后交货。"在"交货地点、方式"栏内写明："中国储运总公司西安公司石家街仓库，西安东站 201 专线。"由进出口公司负担国内运输责任及费用，如国内运输出现丢失，石油化工经营部应在 20 日内提出索赔单，由进出口公司向有关单位索赔。合同签订后即由石油化工经营部向进出口公司交付定金 600 万元，货物到上海港商检后由进出口公司出示铁路运输货票，5 日内由石油化工经营部向进出口公司支付所余价款。合同并约定了明确的违约责任。合同有效期限为 1993 年 5 月 19 日到 1993 年 8 月 30 日。

合同签订后，石油化工经营部于 1993 年 5 月 22 日将 600 万元定金交给进出口公司。因进出口公司未能在 7 月 5 日前将货物运到上海港，石油化工经营部于 7 月 6 日以前即以此为由要求解除合同，进出口公司未予同意。7 月 9 日，石油化工经营部又以同样的理由书面通知进出口公司终止合同，并要求双倍返还定金。7 月 10 日进出口公司答复不同意解除合同。7 月 25 日钢材运到上海港，8 月 4 日首批钢材运抵西安石家街仓库。8 月 5 日石油化工经营部以进出口公司未按期将货物运抵上海港为由向西安碑林区法院提起诉讼，要求解除合同。8 月 24 日进出口公司将钢材全部运抵指定仓库。8 月 28 日进出口公司三次通知石油化工经营部此情，并要求在 5 日内付清余款。但石油化工经营部以争议已提交法院解决为由拒收货物、拒绝付款。8 月 31 日石油化工经营部向西安碑林区法院申请撤诉，并于同日向陕西省高级法院提起

---

① 参见梁慧星：《民法总论》，186 页，北京，法律出版社，1996。

诉讼，要求按合同约定追究进出口公司的违约责任。进出口公司在答辩中提起反诉：货物迟到上海港是因为台风等不可抗力因素，而7月5日是到港时间，不是交货时间。进出口公司按合同已经履行了义务，而石油化工经营部违约，应赔偿其经济损失。

陕西省高级法院判决进出口公司败诉，其理由是进出口公司没有在7月5日前交货。进出口公司不服，逐向最高人民法院提起上诉。最高人民法院对合同约定的“7月5日前到上海港报关、商检后交货”这一条款进行了整体解释后，认为：7月5日是货物到上海港的时间而不是最后交货期限。在合同约定的有效期限内交货，应受到法律的保护。本案合同已明确约定交货地点为“中国储运总公司西安公司石家街仓库，西安东站201专线”，在上海交货之说无事实根据。故撤销了一审判决。①

美国合同法专家科宾指出：确定一个协议的意思和法律效果，应当把交易作为一个整体考虑。这一要求不仅适用于书面文件，也适用于口头协议。绝不能脱离上下文，来赋予单词、短语、句子或者段落以某种意思。②

我国《民法典》第142条、第466条，《合同编通则部分司法解释》第1条规定的参照合同有关条款解释，含义也是一样的。

二、目的解释规则

所谓目的解释，是指当合同条款出现歧义而可作两种或两种以上的解释时，应选择最适合于合同目的的解释。

当事人订立合同必有其目的，该目的是当事人各种有关合同行为的核心和指针，所以，与该目的最接近的解释必然是最符合当事人真实意思的解释。对此，《法国民法典》第1158条规定：“文字可作两种解释时，应采取适合于契约目的的解释。”我国《民法典》第142条、第466条也规定了目的解释。

与目的解释相联系的另一种解释规则是有效解释，即当合同条款可作两种解释，即有效解释和无效解释时，应本着“宁可使之有效而不使之无效”的原则，作有效解释。如《法国民法典》第1157条规定：“如一项条款可能有两种意思时，宁可以该条款可能产生某种效果的意思理解该条款，而不以该条款不能产生任何效果的意思理解该条款。”科宾指出：对两个相反的合理解释，可优先采用会使协议合法和有效的解释。因为当事人通常打算依法行动并依协议产生合法效果，这可能是确实的。③ 我国《民法典》虽然没有明确规定这种解释规则，但从目的解释的规定看，也属于言中之意。但是，法国学者提醒人们应对《法国民法典》第1157条作正确的理解，即这一原则只能适用于本身为有效的合同，而不适用于无效的合同，因为，合同应当是人类文明精神与社会效益的载体，这是法律保护合同的根本原因之所在。④

三、公平解释规则

丹宁法官说过：如果从字面上解释合同条款将导致不公平或不合理的结果，你就必须用你

① 资料源于梁慧星主编：《民商法论丛》，第6卷，535～537页，北京，法律出版社，1997。

② 参见［美］A.L.科宾：《科宾论合同》（上），王卫国等译，659页，北京，中国大百科全书出版社，1998。

③ 参见［美］A.L.科宾：《科宾论合同》（上），王卫国等译，658页，北京，中国大百科全书出版社，1998。

④ 参见尹田：《法国现代合同法》，258页，北京，法律出版社，1995。

的全部技巧——一个艺术家的技巧，避免这种不公正不合理结果的出现。你手中有许多工具可以使用，最有用的工具是你可以向法官指出某个词语或短语可以有两种以上的意思，对它既可作广义的解释，也可作狭义的解释，然后请法官用最能达到公平合理的结果的那种解释。如果词语或短语的实际意思均对公平和合理不利，那你就力促法官把文件中没有表达出来的某种东西塞到文件中去。①

公平是民法中最具弹性的条款，对于其真实含义，自古以来，无论是哲学家、社会学家、经济学者，还是法学家，均从不同的角度试图给予全面的解释，但迄今为止，尚没有一个被公认的全面的概念。所以，将公平作为解释合同的尺度，其伸缩性较大。我国《民法典》第 142 条、第 466 条规定的诚实信用解释原则中也当然含有公平解释之意。在此，笔者不想探讨公平的含义，只想对公平原则下的对合同的具体解释规则作以下简单的阐述。

（一）有利于债务人的解释规则

《法国民法典》第 1162 条规定："契约有疑义时，应作不利于债权人而有利于债务人的解释。"瑞士判例所确认的解释规则也认为，合同条款应作有利于承担义务一方的解释（favor actus）。②

法国学者认为，这一规定不仅仅是为了缩小合同所可能导致的损害而作出对债务人有利的规定，而且同样表现了立法者寻求合同当事人真实意思的基本目的，例如，债权人真的想要获得该项权利而债务人真实地愿意接受该项义务的约束，那么，他们就不可能不将他们的上述意愿在合同中加以明确的规定。有利于债务人的解释规则，实际上也包含了一种辩护的因素，即如果合同对某一问题未作出明确规定的话，那么债权人便具有过失，因为就债权而言，是债权人而不是债务人提出条件并拟定合同。③ 这当然也是公平原则的要求，因为按照现实生活的一般逻辑，权利为获得，而义务是付出，当这二者发生冲突时，减轻义务者的付出，也是一般的原则。

有利于债务人的解释，在无偿合同中尤为如此。因为无偿合同并不发生当事人之间的利益交换，一般只对债权人有利而由债务人一方负担，故从公平的理念出发，应作对债务人义务最轻的解释。我国《民法典》中虽然没有明确规定这一原则，但《合同编通则部分司法解释》第 1 条明确规定了这一规则，即无偿合同应按对债务人义务最轻的含义解释。

（二）不利于合同起草方（者）的解释规则

如果合同是由一方起草的，当合同条款有两种以上解释时，应采取对起草方最不利的解释。这主要是考虑到合同的起草者对合同条款可能作了处心积虑的研究而订立，而接受方在许多情况下是被动的，如果以起草者理解的意义去理解，就可能会导致不公正的结果；同时，让起草者承担疑义条款的不利益，也有利于警示其公正良心。另外一个原因是：合同条款的起草者更能够以较小的成本来防止条款的歧义，因此，合同条款含义模糊的风险应由合同起草方而不是另一方承担。

根据瑞士判例规则，对某项表示的意义有疑问时，合同条款应作不利于起草者的解释，也称为"不清楚规则"。瑞士法院在解释共同条件，尤其是保险合同的共同条件时，经常使用这

---

① 参见［英］丹宁：《法律的训诫》，龚祥瑞等译，54 页，北京，群众出版社，1985。

② 参见沈达明等编著：《德意志法上的法律行为》，169 页，北京，对外贸易教育出版社，1992。

③ 参见尹田：《法国现代合同法》，257 页，北京，法律出版社，1995。

一规则。[①] 在美国，一句有关合同解释的格言是“contra proferentem”（不可有利于提出者）。根据这一格言，如果合同中有争议的词语是一方加入合同的，而该词语可作两种合理解释，其中一种解释对该方不利，则这一解释应得到采用。[②]

不利于合同起草者的解释规则，在解释定式合同方面尤为重要。在对定式合同运用这一解释规则时，应是不利于合同提出者解释规则。因为，在许多情况下，定式合同有时并不是提出者自己拟定的，而是由行业协会或律师协会起草的，在此情况下，应作对该定式合同的运用者不利的解释。在美国，不利于合同提出者的解释规则，在定式合同的解释方面得到了广泛的应用。根据《美国第二次合同法重述》第 211（2）条的规定，对于标准化的定式合同应作合理的解释，以便使所有有相似处境的人受到同样的对待，不管他们是否知道或理解该书面合同的标准条款。我国《民法典》第 498 条也规定，对格式条款的理解发生争议的，应当作出不利于提供格式条款一方的解释。解释定式合同，遇有两种或两种以上不同解释时，应采纳其中最不利于定式合同条款使用人的解释。《德国标准合同条款法》第 5 条规定：“标准合同条款的内容有疑义时，由条款利用者承受其不利益。”

四、交易习惯与交易前例解释规则

交易习惯，是实践生活的规则，它是指某种存在于交易中的行为习惯或者语言习俗。这种习惯或者习俗通常出现在某个特定的交易参与人阶层，该交易阶层的成员通常都实行这些习惯和习俗。[③] 它像一只无形的手规范和支配着人们的行为，因而，各国民法对此均予以高度重视。在解释合同方面也不例外。例如，《法国民法典》第 1159 条规定：“有歧义的文字，按契约订立地的习惯解释。”第 1160 条规定：“习惯上的条款，虽未载明于契约，解释时应加以补充。”《德国民法典》第 157 条规定：“契约应依诚实信用原则及一般交易上的习惯解释之。”《联合国国际货物销售合同公约》第 8 条（3）规定：“在确定一方当事人的意图或一个通情达理的人应有的理解时，应适当地考虑到与事实有关的一切情况，包括谈判情形、当事人之间确立的任何习惯做法、惯例和当事人其后的任何行为。”我国《民法典》第 142 条也规定了习惯解释，尤其是《合同编通则部分司法解释》第 2 条对于交易习惯作出了比较清楚的规定：“下列情形，不违反法律、行政法规的强制性规定且不违背公序良俗的，人民法院可以认定为民法典所称的‘交易习惯’：（一）当事人之间在交易活动中的惯常做法；（二）在交易行为当地或者某一领域、某一行业通常采用并为交易对方订立合同时所知道或者应当知道的做法。对于交易习惯，由提出主张的当事人一方承担举证责任。”

交易习惯的重要性产生于下列事实：在交易中，某种表达方式通常被赋予特定的意义，而根据一般的生活经验，人们可以期待，任何人都会在这个意义上使用和理解该表达方式。如果合同双方当事人都属于同一个交易阶层，那么，只要不存在特殊的、相反的情形，意思表示的受领人就可以认为，表意人是在该阶层通常所理解的意义上表达其词语的。即使表意人对交易习惯不知悉或者忽视了交易惯例，这一交易的一般意义在法律上仍然具有关键意义。即使表意

① 参见沈达明等编著：《德意志法上的法律行为》，169 页，北京，对外贸易教育出版社，1992。

② 参见王军：《美国合同法》，242 页，北京，中国政法大学出版社，1996。

③ 参见［德］卡尔·拉伦茨：《德国民法通论》（下），王晓晔等译，461 页，北京，法律出版社，2003。

人所指的不是该意义，他也必须承认其表示具有这一意义。当然，表意人可以表示错误而撤销。①

但是，在以习惯解释合同时，应特别注意几个问题：（1）首先必须确定用作合同解释的交易习惯是在某个交易领域普遍存在的，也就是为属于这一阶层的人所广泛实践。（2）合同当事人都属于该习惯所属的交易群体，如果双方当事人不属于一个交易领域，则不能用该交易领域的交易习惯解释合同。（3）一般习惯和商业（或称行业）习惯的区别。根据不同情形，习惯在合同解释中的作用是很不相同的。例如，行业习惯对于商事合同的解释非常重要，但在解释一般民事合同时，这些习惯很少使用。② 由于契约的典型模式为交易，所以，许多国家在对商业合同的解释中所确立的行业习惯规则较为确定，故在此我们仅就行业习惯在商业合同解释中的规则作一探讨。

根据《美国统一商法典》第 1－205 条 2 的定义，行业惯例是指进行交易的任何做法或方法，只要该做法或方法在一个地区、一种行业或一类贸易中已得到经常遵守，以至使人有理由相信它在现行交易中也会得到遵守。此种惯例是否存在以及其范围，应作为事实问题加以证明。由此定义可以看出，一种做法或方法是否为惯例，取决于两个条件：一是其是否在一个地区、一种行业或一类交易中经常地得到遵守；二是当一方主张一种做法或方法为行业惯例时，他必须证明对方知道或有理由知道该方法或做法的存在。但根据《美国统一商法典》第 1－205 条 3 的规定，如果当事人一方所从事的正是争议所涉及的行业或交易，就视为其知道该行业惯例的存在。但是，如果一方当事人非为该行业之从业者，主张者应负对方知道该惯例的举证责任。对于这一规则，《美国第二次合同法重述》第 219～222 条也作了确认。

关于交易前例解释。所谓当事人之间的前例，是指合同当事人之间以前曾经进行过的交易，现在又签订了合同，继续作为交易伙伴。以前的、已经履行了的交易对于现在的交易合同而言，可称为前例。按照《美国统一商法典》第 1－205 条 1 的定义，交易前例是指“特定交易的当事人在此交易之前实施的，可以被合理地视为构成一种当事人双方共同的理解的依据的，用以解释他们的意思表示和其他行为的一系列行为”。当事人交易的前例与商业习惯不同，它是当事人之间的惯例，可以说它只对双方当事人有约束作用。它在解释合同方面所起的作用有二：一是在解释合同时，前例起补充作用。因为双方已经作过交易，双方之间有一些不言而喻的东西，在继续订立合同时为双方所默认。二是如果当事人对现行的合同条款发生分歧，应参照前例解释合同，即过去如何理解的，现在仍应如何理解。③ 1976 年由美国联邦第四巡回上诉法院审理的哥伦比亚氮肥公司诉罗伊斯特公司案，便是以惯例和前例解释合同的典型。

该案的案情大体是这样的：原告是一个主要生产氮肥的公司，而被告是一个生产和销售复合化学肥料的公司。在许多年里被告一直是原告产品的购买者，而原告从未成为过被告的重要客户。1966 年秋季，被告增添了一套生产磷肥的设备，其产量超过了自身的需要。之后，原、被告双方经过多轮谈判，签订了一个由被告向原告每年至少提供 31 000 吨磷肥的合同。合同期限为 3 年。合同规定了每吨磷肥的价格，并规定该价格可随着生产成本的提高而上调。此后，磷肥的市场价格急剧下跌，然而，被告坚持按合同价格向原告出售磷肥，当原告拒绝接收

---

① 参见［德］卡尔·拉伦茨：《德国民法通论》（下），王晓晔等译，468 页，北京，法律出版社，2003。

② 参见尹田：《法国现代合同法》，258 页，北京，法律出版社，1995。

③ 参见徐炳：《买卖法》，170 页，北京，经济日报出版社，1991。

货物时，被告以大大低于合同价的价格把原告拒收的化肥出售给他人，同时声称这批货是代原告出售的，从而把损失记在原告的账上。于是，原告向法院提起诉讼。在初审法院，原告主张，根据行业惯例和双方交易的过程，原告并没有义务按合同规定的价格购买被告的产品。这一观点没有被法官采纳。于是，原告提起上诉。

上诉人认为：地方法官把有关行业惯例和双方交易过程的全部证据统统加以排除是错误的。在通常情况下，这种原料的买卖双方订立的合同被解释成为买方对其所预测的在特定时期内的需求情况作出最高估计的结果。在本行业中，众所周知的是，气候条件、农业耕作活动以及政府控制农业的计划，时时改变着对产品的需求。为适应变化的需求，人们总是设法留有余地。买方在订立合同时，对于这些以外事件以及它们将如何演变一无所知。所以，合同是本着对需求的乐观估计而订立的。同时，这个合同仅在道德上对买方有约束力。也就是说，作为买方，在确定购买量时，他是打算履行合同的。但从来未听说过，这种合同在法律上是具有强制力的。当然，这种说法对于来自其他行业的人来说可能会显得很荒谬。然而，的确存在某种或某些理由去说明，为什么化肥业总是根据所谓的君子协定去经营的。按照习惯，这些合同的价值还抵不上印制它们的纸的成本。同时，上诉人还提供了该争议前的 6 年里双方的交易情况。由于上诉人那时不是被上诉人的主要买方，双方绝大多数交易是把氮肥出售给被上诉人，或者双方交换其库存货物。据上诉人说，在那一期间，双方成交的产品的数量和价格经常与合同规定的数量和价格存在较大差异。其中有 4 次，被上诉人没有按照合同规定向上诉人购买产品。上诉人正是以此为背景与被上诉人进行谈判的。

被上诉人主张，上诉人提供的证据应当被排除，因为这些证据是与双方协议的明示条款相抵触的。《美国统一商法典》重新阐明了下述已得到充分肯定的原则：有关行业惯例和交易过程的证据只要被合理地解释为是与合同的条款相一致的就应被排除。

上诉法院认为，该合同并没有规定不能援用交易过程和行业习惯去解释和补充合同。并且，该合同并没有就调整价格和数量以反映恶化了的市场条件作出规定，它既没有禁止也没有允许这种调整。这种中性的条款就为援用行业习惯和交易前例去补充合同和解释合同提供了适当的机会。我们的结论是，对于上诉人提出的有关交易过程和行业惯例的证据应当予以采纳。其结果是推翻初审法院对上诉人不利的判决而重新审理。①

在该案中，还涉及明确表示的合同条款与交易前例及行业习惯的关系问题。在此有必要予以说明。

虽然说，交易前例和行业惯例对合同有重要的补充的解释作用，但是，根据《美国统一商法典》第 1－205 条的规定：对于一个协议中明确地表达的条款与可采纳的交易过程或行业惯例应作合理的解释，即作与它们相互一致的解释。可是，当这种解释不合理时，明确地表达的条款应支配交易过程和行业惯例，而交易过程应支配行业惯例。

我国《民法典》虽然对于习惯解释给予了充分的规定，但对于前例的解释作用未给予明确规范，但是，《合同编通则部分司法解释》第 2 条对于交易习惯的界定中，明确了当事人交易的惯常做法作为习惯认定，实际上就是承认交易前例。

---

① 参见王军：《美国合同法判例选评》，176～179 页，北京，中国政法大学出版社，1995。

五、诚信解释规则

诚实信用原则是大陆法系各国民法典均承认的关于契约法的一般原则，成为衡量合同当事人权利义务的基本原则，合同解释也应遵循这一原则。《德国民法典》第 157 条就规定了诚实信用之解释规则，《联合国国际货物销售合同公约》第 7 条也作了如此的规定。我国《民法典》第 142 条、第 466 条也规定了诚信解释规则。

诚实信用原则在英美法上也具有越来越重要的地位。例如，在美国的司法判例中，诚实信用原则在对产量合同与需求合同的解释中占有重要的地位。产量合同是指卖方交货的多少取决于其产品的产量的合同。这种合同使卖方拥有对合同的数量的处置权。而需求合同恰恰相反，需求合同的买方的购买货物的数量取决于其对卖方产品的需求量。这种合同又使买方拥有对货物数量之决定权。如果有处置权的一方非善意的话，其极容易在有利可图的情况下损害对方的利益。为了避免这种后果，法院有权以善意行事的原则确定货物的数量。[①] 应该说，诚实信用解释在合同的补充解释中，也起着重要作用。

六、有效解释与过程解释规则

《合同编通则部分司法解释》第 1 条在《民法典》之外补充了两个解释规则：(1) 有效解释。(2) 过程解释。

有效解释，实际上就是说，当合同可以作出无效与有效两种解释的时候，本着“宁肯使之有效而不能使之无效”的原则来解释合同，作出有利于合同有效的解释。这样做有两个理由：(1) 符合当事人的意思。因为当事人订立合同之目的，当时是欲使之生效。因此，作出有利于合同有效的解释符合当事人的缔约意思和当事人的缔约目的。(2) 节约缔约成本，符合绿色原则。如果动辄认定合同无效，不仅不利于生产和生活——合同本来就是生产与生活的工具，合同担负着分配资源和劳动力的功能，而且会浪费缔约成本，不符合《民法典》第 9 条之绿色原则。

所谓过程解释，就是指参考缔约背景、磋商过程、履行行为等因素确定争议条款的含义之解释方法。这种解释可以说是法院在具体的司法实践中得出的经验性规则，往往有些合同的争议条款在双方的缔约、磋商或者履行过程中已经明确，因此，合同争议条款解释不能脱离这些过程。

第四节 补充性解释

一、概 述

近代私法的意思自治主义意味着，只要合同不违反善良风俗和公共利益或法律原则，当事人有权就合同的内容作出决定。但是，在实践中，合同内容出现疏漏的现象时常发生。出现这种现象的原因首先是当事人在订立合同时没有预见到将来会就某一问题发生争议，因而没有对此作出规定；其次是当事人有意疏漏或难以达成协议而留于法院去解决。正如德国学者顿茨

---

① 参见王军：《美国合同法》，259 页，北京，中国政法大学出版社，1996。

(Danz）在其《法律行为的解释》一书中所言："当事人往往仅注意他心目中的经济目的，满足于从各种法律范畴中选择他们认为最能达到其经济目的的法律行为，他们单就几个重要问题作出规定，把其他问题留给法律解决。"① 正是由于这一原因，所以需要对当事人没有规定的疏漏进行补充性解释。

所谓合同内容的补充，是指法官在解释合同后认定合同有疏漏而进行的填补。而所谓合同内容的疏漏，是指合同没有就当事人争议的事项作出明确详细的规定，因而依现有的合同的条款无法确定双方争议的权利义务的情形。补充性解释的方式有以下两种：一是补充性的法律规定，即法律规定的在当事人没有约定的情况下的补充性规定。有些补充性规定是一般性的，适用于一切合同，有些则是针对特定类型的合同。这种补充性的规定在各国民法典中均有规定，而且占的比重较大。二是法官用自己制定的规则加以补充。凡是没有补充性的法律规定或法律授权法官以自由裁量权，则法官可用自己制定的规则补充解释合同。

但是，什么样的合同可以补充，而什么样的合同不能补充呢？瑞士学理与判例规则为我们提供了很好的说明。按照瑞士学理和判例规则，只有当合同条款的疏漏不涉及主要问题时，才允许补充合同。但少数人也主张应区别以下几种情形而作不同的处理：(1）如果当事人对合同的客观或主观的主要因素未取得合意，法官不得对不约束当事人的合同进行补充。(2）即使当事人认为受合同约束，但合同的疏漏多到没有合同可言的程度时，法官不得进行补充解释。(3）如果当事人就合同的最低限度的内容取得合意，即使待补充条款为主要条款，法官仍能加以补充。② 如果合同双方当事人遗漏的是买卖合同的标的物条款，则合同是不能补充的。

二、依补充性法律规定的补充解释

用于解决合同争议的法律规则分为两类：强制性法律规则和补缺性法律规则。前一种法律规则调整的合同争议是合同当事人不能通过自行协商加以解决的争议，而后一种争议是合同当事人自行协商解决的争议。一般说来，有关合同效力的争议属于前一种，而有关合同内容的争议属于后一种。因此，在用于解决合同争议的法律规则，即合同法的规则中，有相当一部分，可以说大部分规则都是补缺性的。③

这种补缺性的法律规定，从立法技术上看，主要有两种：一种是用"有疑问时，应如何……"的公式。如《德国民法典》第 415 条（3）规定："如债权人未确定答应承认，在发生疑问时，承认人对债务人负有对债权人及时清偿的义务。"我国《民法典》也较多地采用这种方式，例如，我国《民法典》第 511 条规定："当事人就有关合同内容约定不明确，依据前条规定仍不能确定的，适用下列规定：（一）质量要求不明确的，按照强制性国家标准履行；没有强制性国家标准的，按照推荐性国家标准履行；没有推荐性国家标准的，按照行业标准履行；没有国家标准、行业标准的，按照通常标准或者符合合同目的的特定标准履行；（二）价款或者报酬不明确的，按照订立合同时履行地的市场价格履行；依法应当执行政府定价或者政府指导价的，依照规定履行；（三）履行地点不明确，给付货币的，在接受货币一方所在地履行；交付不动产的，在不动产所在地履行；其他标的，在履行义务一方所在地履行；（四）履行期限不

① 转引自沈达明等编著：《德意志法上的法律行为》，154 页，北京，对外贸易教育出版社，1992。
② 转引自沈达明等编著：《德意志法上的法律行为》，171 页，北京，对外贸易教育出版社，1992。
③ 参见王军：《美国合同法》，267 页，北京，中国政法大学出版社，1996。

明确的，债务人可以随时履行，债权人也可以随时请求履行，但是应当给对方必要的准备时间；（五）履行方式不明确的，按照有利于实现合同目的的方式履行；（六）履行费用的负担不明确的，由履行义务一方负担；因债权人原因增加的履行费用，由债权人负担。”

另一种是法律首先提出一条作为强制性规则的解决办法，然后规定“当事人另有约定的不在此限”。如《德国民法典》第 641 条规定：“定作人对以金钱确定报酬者，自验收之时起应支付利息，但允许延期支付报酬者，不在此限。”我国《民法典》也有类似的规定，根据该法第 604 条的规定，标的物毁损、灭失的风险，在标的物交付之前由出卖人承担，交付之后由买受人承担，但法律另有规定或者当事人另有约定的除外。

德国学者认为，上述两种法律规定之间的差别是量的差别而不是质的差别。于当事人没有约定时，在第一种情况下应适用法律的补充；在第二种情况下，则反向适用法律规定。施塔姆勒（Stammler）认为，就辅助性规定来说，法律补充当事人的意思，替当事人作出规定，立法者并不考虑当事人的意思，而是补充当事人的遗漏。立法者并不考虑当事人可能有或应该有的意思，而是探索立法者认为最符合法律行为目的的规定。①

英美法系国家是用“默示条款”来达到这一补充目的的。按照契约法的一般理论，双方当事人的权利义务必须由双方当事人协商同意并确定，即契约的明示条款是确定双方权利义务的基础。但当事人的权利义务的基础和根据并不限于明示的合同条款，法律的规定、习惯等均是确定当事人权利义务的基础和根据。当事人虽然没有在合同中明确约定，但根据法律规定或习惯应有的权利义务，也会为当事人所承诺，此即默示条款制度。具体说来，默示条款制度是指合同本身虽然没有明确规定，但在纠纷发生时由法院确认的、合同中应当包括的条款。这种默示条款根据不同的标准可分为三类：一是事实上的默示条款，二是习惯上的默示条款，三是法律上的默示条款。②

（1）事实上的默示条款。

任何人在订立合同时，都会对自己的权利义务的界定作出理智的决定，但是他们往往会因疏忽或其他原因而忽略某些问题。如果这些问题是合同的根本事项，就有可能引起合同的不成立；如果是细节问题，法院就会站在一个公平的合理的第三人的角度用推定当事人意思的方式替当事人补充进去。这种补充进去的条款就是事实上的默示条款。法官这样做的理由是：如果当事人在订立合同时考虑到了这一点，他们就会这样做。③

一般来说，事实上的默示条款制度的适用应具备两个条件：一是“当事人旁观者的原则”，即在一个有理智的第三人看来合同中应当包括而没有包括的条款就是事实上的默示条款。就如英国法官麦克淖（Mackinnon）在一则判例中所指出的：表面上，显然在任何合同中都有默示条款而且不需要明示，这是不言而喻的。因此，如果在当事人达成交易的时候，好管闲事的旁观者建议他们在协议中插入一些明示条款，他们通常会不耐烦地制止他，“哦，当然”④。二是“商业效果原则”，即应使交易达到预计的或应有的商业效果的条款是事实上的默示条款。

但是，事实上的默示条款制度是根据当事人的意思推断出来的，不能与当事人在合同中明

① 转引自沈达明等编著：《德意志法上的法律行为》，156 页，北京，对外贸易教育出版社，1992。

② 参见傅静坤：《二十世纪契约法》，101 页，北京，法律出版社，1997。

③ 参见苏号朋等：《论英国法中的合同默示条款》，载《民商法学》，1996（5），95 页。

④ ［英］阿狄亚：《合同法导论》，赵旭东等译，219 页，北京，法律出版社，2002。

示的条款相违背。

（2）习惯上的默示条款。

习惯上的默示条款制度是根据习惯形成的，具有行业规则的特性。当事人可以以明示的方式予以排除适用。

（3）法律上的默示条款（法定默示条款）。

法律规定的条款，虽然当事人在合同中没有约定，但也为合同的条款，除非当事人进行了有效及合理的排除。

为了限制和防止法官对默示条款的滥用，英国判例发展了“合理必要规则”，即合同明示条款的某些特殊方面使默示条款的存在成为必要而不仅仅是合理。①

三、法官用自己制定的规则加以解释

根据瑞士判例规则，法官自己制定规则的方式有两种：一是法官应重构当事人的意思，即假定的当事人的意思，也就是说，如果当事人愿意自己解决有关问题，避免合同遗漏，作为合乎情理的、诚实的人，他们会同意什么样的办法？二是《瑞士民法典》第 1 条规定，法官得“作为立法者指定一项规则”，即首先制定抽象的规则供填补合同的遗漏之用。② 其中，第一种方式在大陆法系和英美法系各国的司法实务中被广泛地运用。

所谓法官重构的当事人的假定的意图，是指当合同存在缺漏时，如果法院发现，合同双方对于争议的问题都不曾有过期望或双方当事人订立合同时想法各不相同，法院便力求依推定的当事人双方在订立合同时本应有的期望对合同进行补缺。③ 丹宁勋爵认为：被人们称为“假定意图”的理论，就是法院不问双方是否就一项条款达成过默契，它清楚地认识到他们根本没有同意过这项条款，因为他们从来没有想到过这种情况的出现。在此情况下，法院就试图找出他们的假定的意图，即他们当初设想到这种情况下他们大概会同意的东西。然后，法院再假定双方会同意一种公平合理的解决办法，于是便宣布这种解决办法是什么。这个全过程仅仅是对合同的解释，以便使假定的意图得以实现。④

在利物浦市政府诉欧文案中，法院非常清楚地表达了这一假定的意图。利物浦市政府盖了一座 15 层高的大楼，并把这座楼房出租给房客。但是，市政府仍然控制着电梯和楼梯。这些电梯和楼梯因年久失修已经无法使用，房客不得不摸黑上楼。市政府在租赁契约中故意不写任何修理条款，不打算负任何责任。那么，租赁契约中是否应该有一条市政府修理的条款呢？有的法官认为没有，但丹宁认为应当含有。他认为，如果问一个通情达理的第三者，是否应有这样一个条款的话，他会毫不犹豫地说“有”。针对此种情况，赖特法官说：“实际情况是，法院是根据在他们看来是公正和合理的做法去解决这一问题的。法官根据他自己认为适当的标准进行判决。在此意义上说，法院是在为双方制定一项合同，尽管这样讲是亵渎神明的。”⑤

---

① 参见［英］约翰森·纳什：《英国合同法的最新发展》，张明远译，载梁慧星主编：《迎接 WTO——梁慧星先生主编之域外法律制度研究集》，第 3 辑，7 页，北京，国家行政学院出版社，2000。

② 参见沈达明等编著：《德意志法上的法律行为》，171 页，北京，对外贸易教育出版社，1992。

③ 参见王军：《美国合同法》，255 页，北京，中国政法大学出版社，1996。

④ 参见［英］丹宁：《法律的训诫》，龚祥瑞等译，40 页，北京，群众出版社，1985。

⑤ ［英］丹宁：《法律的训诫》，龚祥瑞等译，36～37 页，北京，群众出版社，1985。

除此之外，法律关于争议条款的解释原则，如诚实信用原则、公平原则、习惯和前例原则等对合同的补充性解释也同样适用。

这里需要解决的问题是，法律规定的补充规则与法官推定的当事人的意图之间何者为先？关于此点大陆法系和英美法系有不同的看法。在大陆法系，根据法律优先的原则，法官应首先考虑有没有一条补充性的法律规定直接或间接地针对要解决的问题，如有，则应适用此规定。① 而在英美法系，法院对合同进行补缺的步骤是：第一，依当事人默示地表达的真实意图补缺；第二，依法院推定的当事人的意图进行补缺；第三，依法律的规定补缺。因此，当事人的推定的或默示的意图优先于法律规定的补缺规则。②

笔者认为，大陆法系的做法较为可取。因为法律的规定往往更符合公平和诚实信用原则，比法官的推定更为合理。同时，也能防止法官的司法专断。当然，如果这种补充性条款的适用之结果，根据具体的案情会导致不公平，法官也可根据诚实信用原则改变之。也就是说，在一般原则之外，应存在某些例外。同时，我们也应看到，时至今日，当事人的推定意图与法律规定的补充性规则之间的界限并不十分明确，越来越多的推定意图被规则化、条款化，从而变成确定的制定法规则了。

法律适用

1. 合同解释与法律解释的区别

在司法实践中，长期存在这样的认识误区，即把法律行为（合同）解释等同于法律解释。实际上，虽然合同解释与法律解释在解释规则上有相同之处，但二者分别属于两种不同的范畴与制度。第一，解释客体不同：合同解释的客体是法律事实，是依据法律而发生的行为或事件；而法律解释的客体是国家制定的具有普遍、强制约束力的法律。第二，解释限制不同：法官只能就合同的内容进行解释，不得有任何扩大；而法律解释不受此限，法官可以对法律作扩大解释。第三，解释目的不同：合同解释的目的在于澄清事实，而法律解释的目的是解决法律适用问题。第四，解释效力不同：合同解释仅针对个案，没有普遍适用效力；而法律解释具有普遍适用效力。第五，关系人地位不同：在合同解释中，合同当事人之间的关系是意思发出人与意思受领人之间的关系，法官常常站在意思受领人的立场以“理性第三人”标准解释意思发出人的真实意思，多数都是客观解释；而在法律解释中，法律制定者与法律适用者之间没有类似于合同当事人之间那样的直接权利、义务关系，法官主要依据法律的价值、原则、伦理、宗旨等来解释法律。在司法实践中应注意把握这两种解释的区别，以高效发挥这两种解释对于纠纷解决的作用。

2. 各种解释原则之间的相互关系

在世界范围内，合同解释原则经历了从主观解释原则到客观解释原则，再到客观兼主观解释原则的历史演变。客观兼主观解释原则以主观解释原则与客观解释原则为基础，是克服了二者弊端与不足的必然结果。主观解释的含义是不局限于对当事人所使用的语言文字本身含义的解释，而是通过该解释达到探究当事人内心真实意思的目的，其理论支撑是意思表示中的意思

---

① 参见沈达明等编著：《德意志法上的法律行为》，170页，北京，对外贸易教育出版社，1992。

② 参见王军：《美国合同法》，254页，北京，中国政法大学出版社，1996。

主义。由于主观解释原则的局限性，让法官探究当事人的内心意思非常困难，也极易导致其滥用司法权力，危害当事人的意思自治。鉴于此，以表示主义为理论支撑的客观解释原则登上了历史舞台，其采取一些相对客观的方法解释合同，在保护商业交易的信赖方面发挥了重要作用。但不顾当事人的真实意思，而以当事人外在的表示作为合同解释的依据，有悖于合同法的意思自治原则。因此，各国多采取主观解释与客观解释相结合的方法，这实际上反映了合同解释的价值取向问题，毕竟合同具有双方法律行为的性质，应该坚持法律行为之意思表示的意思主义与表示主义相结合的解释方法。然而，我国《民法典》规定的解释原则是客观解释原则，在司法实践中解释合同时，应同时结合当事人的内心真实意思。

课后复习

1. 合同解释与法律解释的区别为何？
2. 主观解释与客观解释的本质区别是什么？

第九章　合同权利与义务的移转

提　要

按照古典契约理论，合同仅存于缔约当事人之间，它既不对第三人产生义务，也不使第三人享有权利。但是，既然合同权利是一种具有财产性的权利，如不允许其转让，对权利人及社会的效用就会大大降低，不利于财产的流转。因此，绝大多数国家的法律都允许合同权利转移。而对于合同义务，若债权人同意第三人承担，对债权人也无任何影响。但是，合同权利转移、合同义务转移与合同权利、义务概括转移的条件不同，法律效果也不同。

重点问题

1. 债权转移的有效条件。
2. 债务承担的有效条件。
3. 债权、债务概括转移的类型。

第一节　合同权利与义务移转概述

一、契约权利与义务的可移转性

按照古典契约理论，合同效力仅及于缔约当事人之间，它既不对第三人产生义务，也不使第三人享有权利。但是，既然合同权利是一种具有财产性的权利，如不允许其转让，对权利人及社会的效用就会大大降低，不利于财产的流转。另外，在某种程度上说，虽然契约的非第三人效力是保证契约自由的一道防线，但是，如果当事人自愿转让其权利或承担义务，也应是契约自由的应有含义。所以，无论是契约权利的让与，还是契约义务的承担，只要是当事人自愿的行为，法律自无不许的理由。契约相对性与契约权利义务的让与性均有其理论上的合理性，如何使这二者统一起来，即如何在维护契约相对性的前提下，承认契约权利和义务的移转性，是古典契约法向近代契约法迈进的第一步。

罗马法最初是不承认债的转移制度的，但客观的需要使罗马裁判官以变通的方式承认之，并最后公开承认。可以说，罗马法从不承认债权的让与到债的移转制度最终被各国立法所接受，其根本原因在于商品经济的发展和交易的广泛化。近现代各国商品经济高度发达，债权债务关系日趋复杂，而债权的意义及范围也较以前有很大的不同。债权作为财产权，具有利用价值，从而被作为交易的客体。在现代社会，债权的资本化也已成为人们的一种观念。债权可以用于投资，因而债权的让与成为投资流动化不可缺少的条件。以往局限于个人相互内部关系的债权，逐渐脱离其主体，成为客观的、独立的权利，成为资本的体现和交易的客体。此外，债务人以自己对他人所享有的债权作为其履行债务的担保，也有利于债的实现。由于上述原因，许多国家出现了债权的证券化现象，从而使债权具有无因性和更大的流通性。①

从我国民事立法的发展历史看，在计划经济时代，虽然也有所谓的合同制度，但那种合同仅仅是执行国家计划的工具，双方当事人根本无任何协商的自由。与其说当事人在订立合同，不如说当事人在向国家递交完成计划的保证书。在此情况下，合同的权利和义务当然不能根据契约自由原则而移转。但是，这种格局自 1986 年《民法通则》颁布后发生了巨大的变化，无论是《民法通则》还是《民法典》均以专门的章节规定了合同权利和义务的移转。

二、合同权利义务移转的根据及无因性

（一）合同权利义务移转的根据

合同权利让与或债务移转的根据大致有二：一为法律行为，二为法律规定。

1. 法律行为

债权让与或债务承担既可因单方法律行为而生，也可据双方法律行为即合同而生。单方法律行为，如遗赠，遗赠人以遗嘱的方式将债权（有时附有债务）让与继承人或受赠人。此种遗赠于遗赠人死亡时发生法律效力。

债的移转多以合同的方式为之。债的移转合同是由利害关系人签订的以债权移转或债务承担或总括承受为内容的合同。

2. 法律规定

根据各国法的规定，引起债权债务移转的情形大致有：

（1）继承。在继承开始后，继承人承受被继承人生前的债权债务。

（2）合同地位上的概括承受。这主要发生在企业的合并或分离，或营业财产的概括出售，或租赁不动产的出售等。

（3）连带债务人之间的求偿权。连带债务人中的一人或数人清偿了全部债务而使全体债务人免除责任后，就其超出自己应负担的份额部分有权向其他连带债务人求偿。这种求偿权实际上是原债权人的债权移转于该债务人。

（4）保证人的求偿权。

（5）保险。被保险的标的之损害应由第三人负责时，保险方应投保人的请求，依照保险合同进行赔偿后，即取代被保险方的地位，向应负责任的第三人追偿。

（二）合同权利及义务移转的无因性

虽然说债权债务的移转有其原因，但合同权利义务的移转具有无因性。所谓无因性，并不是指合同权利义务的移转没有原因，而是说，合同权利义务一经移转即与其移转的原因相分离，不受原因的影响。即使原因无效，也不影响移转的效力。让与人只能以不当得利为由请求返还。在这一点上，颇似物权行为的无因性。这主要是为保护受让人的利益（在债权让与时）或债权人的利益（在债务承担时）。

（三）债权转让为处分行为

债权人转让债权实际上是对权利的处分，与所有权转移在性质上是一样的。尽管物权与债

① 参见王家福主编：《民法债权》，71 页，北京，法律出版社，1991。

权是有区别的，但它们的区别主要是在第一客体上，在权利转让方面，没有区别。

第二节　合同债权的让与

一、债权让与的限制

债权让与是不改变债的内容，债权人通过与第三人订立合同的方式将债权移转于第三人。债权具有可让与性，这是一般的原则，但各国法在一般原则下均规定某些例外。规定例外的理由或者是某些权利的让与违反公共政策，或者是对债务人不利。

《德国民法典》第 399 条规定：“债权非经变更其内容不能对原债权人之外第三人履行给付者，或因与债务人有协议约定不得让与者，其债权不得让与。”第 400 条规定：“禁止扣押的债权不得让与。”根据我国《民法典》第 545 条规定，下列债权不得让与：（1）当事人约定不得让与的债权；（2）法律规定不得让与的债权；（3）依据债权性质不得让与的债权。

（一）当事人约定不得让与的债权

有学者指出：在有的情况下，在排他性地向原来的债权人履行其债务方面，债务人还是有相当的利益关系的。如果是这样，他会为了保护自己，通过在合同中规定债权是不可让与的，从而达到禁止债权人变更的目的。① 但这种约定的效力如何，是一个十分重要的问题。有的德国学者主张这种禁止无效，理由是：债权将因此而失去流通性，从而减少债权的价值。并且，对让与的限制妨碍了现金流通权，降低了信贷机构和受让应收账款的代理公司的工作效率，并且影响了国民经济领域中所需要的金融信贷的便捷。② 对于这个问题，各国法有不同的立法体例。法国法规定其为无效；《德国民法草案第一稿》第 295 条以内部关系为有效，外部关系对于第三人为无效，但《德国民法典》第 399 条以之为有效；《日本民法典》第 466 条规定其为有效，但不得对抗善意第三人。

英美法所采取的规则与大陆法系几乎一致。例如，按照普通法，合同中包括的禁止转让合同权利的条款通常是有效的。这种条款不仅约束着合同双方，而且约束着知情的受让人。③ 也即只能对抗恶意第三人，对善意第三人仍不能约束。《美国第二次合同法重述》第 322 条保留了普通法的这一规则。但是，这种规则也不是没有例外。科宾指出，现在的学说认为，禁止让与权利的合同条款由于涉及对财产处分权的不当限制，是无效的。例如，法院裁定，雇佣合同中规定雇员不得让与其工资债权，本身是违法的，甚至对已经得到通知的受让人也没有效力。④

我国《民法典》采日本法体例，但却区分金钱债权与非金钱债权（第 545 条）：（1）当事人约定非金钱债权不得转让的，不得对抗善意第三人。也就是说，当事人关于债权不得让与的约定，在当事人之间为有效。债权人如果违反此约定而为让与，应承担违约责任。但此约定对于第三人的效力，要视其为善意抑或恶意而定。如果第三人不知或不应知当事人之间有不得让与的约定，此约定不能对抗之；否则，当事人间关于不得让与的约定得对抗第三人。（2）当事

① 参见［德］海因·克茨：《欧洲合同法》（上），周忠海等译，389 页，北京，法律出版社，2001。

② 参见［德］海因·克茨：《欧洲合同法》（上），周忠海等译，398 页，北京，法律出版社，2001。

③ 参见王军：《美国合同法》，391 页，北京，中国政法大学出版社，1996。

④ 参见［美］A.L. 科宾：《科宾论合同》（下），王卫国等译，296 页，北京，中国大百科全书出版社，1998。

人约定金钱债权不得转让的，不得对抗第三人。按照这一规定，金钱债权不得转让的约定不能对抗所有第三人，即使是恶意第三人。但笔者对这一规定持有疑问：民法上的债权转让为什么要区分？立法者认为，是为了强调和鼓励金钱债权的流通性，更为了保障像“保理”这类的商事行为能够顺利进行。笔者不赞同这种意见：如果涉及具体的商事行为，应该由该商事特别法特别处理，例如，可以在保理合同中对金钱债权作出特别的规定，而不能把商事特别规则作为民法典的一般规则。

同时，我们应当注意，如果这种对合同权利让与的禁止条款是以格式合同条款方式出现的，则应当严格按照格式合同的规则予以审查其有效性。如果这种禁止损害了非提出格式条款一方当事人的基本权利、基本自由或者违反善良风俗，这种条款当然无效。

（二）法律规定不得让与的债权

这里的“法律规定”应作广义的解释，它不仅包括民法，也包括其他强行性法律规范。例如，各国民诉法均规定有不得扣押的财产，此种财产不能让与。

（三）依据合同性质不得让与的债权

所谓依据合同性质不得让与的债权，是指根据合同的性质，合同只能在特定当事人之间发生效力，如果将合同权利转让给第三人，将会使合同内容发生变更，从而使转让后的合同内容与转让前的合同内容失去联系性和统一性，且违反当事人订立合同的目的。① 一般说来，包括以下几种情形。

（1）以特定身份为基础的债权不得让与他人，例如，抚养请求权、退休金领取权等。科宾指出，有些大多并非因合同发生的债权仍被宣告为不可让与，或者由制定法明示地作出这样的宣告，或者由法院因某些假想的公共政策的特别理由作这样的裁定。许多制定法都宣布不可让与对政府的债权或对某些政府分支机构的债权。对联邦养老金的权利一直被当作不可让与的，也许其目的在于保护养老金领取者免受高利贷者之害。② 实际上，许多大陆法系和英美法系国家均不允许这类性质的债权的转让，其目的恐怕是保障这类人的基本生计。

（2）以特定债权人为基础的债权，不得让与他人，例如，定期金债权，以及对特定债权人提供劳务的债权。

（3）以债权人和债务人的特殊信赖关系为基础的债权，原则上不得让与，例如，雇佣、委任等关系。例如，美国判例认为，当合同规定由一方为另一方提供个人性质的服务时，该权利是不得让与的，因为债务人向第三人提供个人服务会使债务人依合同承担的义务发生实质性的改变。所谓个人性质的服务，是指那种无法或者很难由债务人以外的其他人提供的服务。这或者是由于债务人具有某种特殊的技能，或者是基于债权人与债务人之间的相互信任关系，或者是两者兼而有之。③

（4）不作为债权原则上不得让与，只有与其所附属的关系一并移转时，才能让与，例如，禁止营业竞争的债权，只能与营业一起让与。

（5）从权利原则上也不得让与，因为按照民法的一般原理，从权利不能脱离主权利而单独让与，它只能随同主权利的移转而移转。例如，担保权利就不能与其所担保的主债权分离而

① 参见王利明等：《合同法新论·总则》，425页，北京，中国政法大学出版社，1996。

② 参见［美］A.L.科宾：《科宾论合同》，王卫国等译，258页，北京，中国大百科全书出版社，1998。

③ 参见王军：《美国合同法》，388页，北京，中国政法大学出版社，1996。

让与。

（6）当合同的权利的转让将实质性地增加债务人的风险时，该合同权利不得转让。例如，在保险合同中，投保人的情况不同，保险人所承担的风险也就不同。因此，投保人的改变可能会实质性地增加保险人的风险。所以，在美国，各类保险合同的投保人均不得任意改换。①

（7）关于未来的合同权利的问题。

何谓将来的债权？将来的债权有两种：一是基础的法律关系已经存在，但权利的发生取决于将来某种事实的发生的债权，例如，附条件债权和保证人的求偿权等；二是现在尚无基础的法律关系，因将来有可能发生的法律关系而生的债权。

关于将来的合同权利可否转让，历来有肯定说和否定说两种。肯定说认为，法律行为的成立要件与效力发生要件应当区分开来，只要法律行为已经成立就可产生权利并可转让该权利。德国学者拉赫曼认为，《德国民法典》第 185 条第 2 款规定非权利人所为的处分，如经权利人事后追认，或因处分人取得标的物，或权利人成为处分人的继承人而对其遗产负无限责任，为有效。此项规定应可适用于对将来债权的处分，因此，对将来债权的事前处分之约定，应认定为有效。否定说认为，债权让与为处分债权的行为，故处分时必须以业已存在的债权为前提，尚未存在的债权不得让与，故对将来的债权不得让与。② 理由是：让与一个尚不存在的债权在法律上是不可能的，而且，单纯的期待利益的让与被认为可能是投机性的或者不够严肃的权利，如果一个债台高筑的债务人可以让与他所有的未来的权利，还会有进一步的风险。③

在英美法系国家，将来合同权利的让与问题，也常常是法官所遇到的理论问题。按照英美合同法理论，未来的合同权利是当事人所期望可在将来获得的合同权利，包括基于现有的合同而产生的未来的权利和未来订立的合同的权利。根据英国判例规则，只有当转让的内容成立时才能按照转让合同实施，在财产权确实存在之前，即使按照衡平法也不存在任何转让。④ 美国许多法院认为，让与将来之合同权利的有效性取决于这些权利于让与时是否“潜在地存在”⑤。根据《美国第二次合同法重述》第 321 条的规定，当事人所期望的产生于现在已存在的合同关系的权利是可以转让的，尽管这种权利是附条件的或有瑕疵的。但是，依据将来将订立的合同所产生的权利是不可让与的，因为一个人不能向他人让与他目前还没有的东西。但有一种例外是，一些判例承认的可转让的权利是当事人所期望的产生于一种保持着商业关系的受益，即使他现在还没有订立合同，只要这种关系存在，这种未来的权利就可以转让。然而，《美国统一商法典》改变了这一原则。该法典第 9－204 条规定，未来的权利可以转让，此种权利的受让人可获得优于大多数权利要求人的权利，只要有关的文件是适当填写的。这里所说的未来的权利包括未来将订立的合同的权利。⑥ 科宾认为，对未来合同权利的让与涉及的真正问题有二：1）将来权利的受让人在何种程度上优先于其他后续受让人和债权人；2）个人在何种程度上对他自己的将来收入有期待权。例如，法院长期以来承认雇员对于其将来的、只有在履行了尚未

---

① 参见王军：《美国合同法》，389 页，北京，中国政法大学出版社，1996。

② 参见王利明等：《合同法新论·总则》，427 页，北京，中国政法大学出版社，1996。

③ 参见［德］海因·克茨：《欧洲合同法》（上），周忠海等译，392 页，北京，法律出版社，2001。

④ 参见［英］A.G. 盖斯特：《英国合同法与案例》，张文镇等译，410 页，北京，中国大百科全书出版社，1998。

⑤ ［美］A.L. 科宾：《科宾论合同》（下），王卫国等译，302 页，北京，中国大百科全书出版社，1998。

⑥ 参见王军：《美国合同法》，391 页，北京，中国政法大学出版社，1996。

作出服务的工资权利的让与权。只要在让与之日存在既有的雇佣关系，而根据该雇佣关系，可以合理地期待能够赚得要让与的工资，并就可能作这样的将来工资的让与通知了其他受让人和债权人。但是，如果该让与以尚未形成的雇佣关系为根据，则法院将认定该让与对已经付出代价的后续受让人和后续扣押权的债权人没有对抗力。①

在德国实务中，这种债权基础尚不存在的债权的让与称为“预先让与”，主要指尚未签订买卖合同、租赁合同或者服务合同的当事人转让他的未来收取的价款、租金或者服务费。德国判例允许这种转让，条件是这种债权具有“可识别性”，即只要当时该债权的存在和范围足够像合同中对当事人欲让与的权利所描述的那样清楚。②

对这一问题，我国《民法典》没有作出明确的规定，但美国判例法规则实值得借鉴。基于现实的已经存在的法律关系而产生于将来的债权应允许其转让；而基于尚未订立的合同产生于将来的合同权利不应允许其让与，因为没有其将来是否发生的任何可把握的因素。我们应当记住这样一种警告：这种对未来债权让与的慷慨的接受也有其不利的因素，它可能会不公平地损害让与人的其他债权人的利益，尤其是当让与人破产时，让与人的真实的经济状况不确定，法律的确定性也会受到妨碍。③

（8）诉讼中的债权的转让效力。

长期以来，诉讼中的债权的转让是被怀疑的。担心的理由是：以非常便宜的价格买下一个有争议的权利，然后再向债务人追索，会成为一种商业。根据《西班牙民法典》第 1535 条的规定，有争议债权的购买者从债务人那里获得的款项不得超过他为购买该债务而支付给债权人的价款。德国和瑞士民法中没有这样的规定，这些国家认为，对让与适用违反善良风俗而宣告无效的法律行为之规则就足够了。④《意大利民法典》第 1261 条还规定了另外一条规则：在司法机关受理的案件中担任职务或者在上述案件中履行职责的司法人员、法院文书室和秘书长的公务人员、司法助理人员、律师、代理人、刑事辩护律师和公证人，即使是通过中间人，亦不得成为案件当事人的权利受让人，否则要承担转让无效和损害赔偿责任。

在我国，这种诉讼中的债权的转让是存在的，笔者认为，应当以“虚假法律行为”“恶意串通损害他人利益”“诚实信用”或者其他原则为依据对它进行规制。

二、债权让与的效力

根据债权让与对当事人约束的范围，债权让与的效力可分为对内效力和对外效力。

（一）对内效力

所谓债权让与的内部效力，是指债权让与在让与人与受让人之间的法律效力。根据我国及大多数国家民法典的规定，这种效力主要表现为以下方面。

1. 合同主权利和从权利的移转

合同权利移转于受让人是合同权利让与制度的主要目的效果，如果让与人与受让人完成了法律规定的程序，合同主权利即由让与人移转于受让人。如果是全部让与，受让人则作为新的债权人而代替原债权人的法律地位，原债权人退出债权债务关系；如果是部分让与，受让人则

① 参见［美］A. L. 科宾：《科宾论合同》（下），王卫国等译，299 页，北京，中国大百科全书出版社，1998。
② 参见［德］海因·克茨：《欧洲合同法》（上），周忠海等译，393 页，北京，法律出版社，2001。
③ 参见［德］海因·克茨：《欧洲合同法》（上），周忠海等译，395 页，北京，法律出版社，2001。
④ 参见［德］海因·克茨：《欧洲合同法》（上），周忠海等译，387 页，北京，法律出版社，2001。

成为按份债权人。当然，在债权让与中，如果当事人有约定，受让人也可以加入债权债务关系，成为共同债权人。

根据各国民法所确认的主权利与从权利关系的基本原则，即“对主权利的处分及于从权利”的原则，当主合同权利移转时，从权利也随同移转。例如，《德国民法典》第 401 条规定：“(1) 让与债权时，该债权的抵押权、船舶抵押权和质权，以及由一项向上述权利提供担保所生的权利，随同移转于新债权人；(2) 在强制执行或破产时，新债权人也得主张附随于债权的优先权。”《法国民法典》第 1692 条规定：“债权的买卖或让与，包括诸如保证、优先权及抵押权等从属于债权的权利。”

我国《民法典》第 547 条规定：“债权人转让债权的，受让人取得与债权有关的从权利，但是该从权利专属于债权人自身的除外。受让人取得从权利不因该从权利未办理转移登记手续或者未转移占有而受到影响。”这一规定非常重要，例如，某一债权有抵押权，而抵押权是有登记的，当这一债权被转让时，作为从权利的抵押权当然也随之转让，这时登记可能没有履行转移手续，但该抵押权已经按照法律规定实质转让了。法定继承也一样：房屋登记没有完成，但在房屋所有权人死亡的时候，法定继承人已经取得房屋所有权了。

2. 让与人的义务

(1) 权利瑕疵担保责任。

让与人应保证其所转让的合同权利没有瑕疵，即不受第三人的追索。如果在权利转让后因权利存在瑕疵而给受让人造成损害，让与人应承担赔偿责任。如《法国民法典》第 1693 条规定：“债权或其他无形财产的出卖人，虽无担保约定，对于转让时此等权利的存在，应负担保责任。”

依据《美国第二次合同法重述》第 333 条的规定，在发生合同权利的转让时，转让人对受让人承担了以下默示的担保义务：第一，其所转让的权利是实际存在的，不受任何限制或存在抗辩权，除非该权利的瑕疵，或受到的限制或抗辩在权利转让时已作了说明；第二，所有与该转让有关的文件或契约均为真实的并与其所称的权利是一致的；第三，该转让人拥有转让权。

笔者认为，应根据我国《民法典》中关于买卖合同与赠与合同的相关规则来处理：如果是以买卖等有偿方式转让债权的，让与人当然应当承担权利瑕疵责任，但受让人知道或者应当知道有瑕疵的除外；如果是无偿的，让与人不应承担责任，除非让与人保证债权没有瑕疵。

(2) 让与人权利瑕疵担保的范围。

如果让与的债权不存在，或者债务人的履行能力使转让后的债权不能实现，受让人是否可以向让与人行使权利？行使什么权利？

让与人仅对其所让与的债权的瑕疵负担保责任，但对于债务人的履行能力不负担保责任。但是，如果当事人有特别约定的除外。对此，《法国民法典》规定得更加明确。该法典第 1695 条规定：“出卖人承诺对债务人的清偿能力负担保责任的，此种承诺仅适用于转让当时的清偿能力，而不包括将来的清偿能力，但让与人如明白约定对债务人的将来之清偿能力负担保责任的，不在此限。”这一规则为许多国家的学理与判例所接受。德国学者认为：如果让与是赠与性质的，则让与人既不对权利瑕疵负担保责任，也不为债权实现负责任。但是，如果是有偿的合同，则让与人仅仅担保债权的存在，而不担保债权的具体实现。① 也就是说，让与人的瑕疵

① 参见［德］海因·克茨：《欧洲合同法》（上），周忠海等译，407 页，北京，法律出版社，2001。

担保仅仅限于债权真实存在的范围，至于债权能否实现，他不负担保责任。事实上，要求他承担这种担保责任是不公平的，因为即使不转让，他也不能保证自己一定能够得到债务人的清偿。

（3）交付及告知义务。

《德国民法典》第402条、第403条规定，原债权人有义务告知新债权人关于主张该债权所必需的一切情况，并应将其所有的证明文件交付于新债权人。原债权人应新债权人的请求，应作成关于让与的公认证书。其费用应由新债权人负担并预付之。

我国《民法典》对此虽然没有明文规定，但是，依据《民法典》总则编及合同编关于诚实信用原则的规定、合同编关于买卖合同的一般规则，完全可以作出相同的解释。

（二）对外效力

对外效力主要是指对于债务人及第三人的效力。

1. 对于债务人的效力

普通法上流行这样一句谚语："受让人穿的是让与人的鞋。"因此，债务人对原债权人的权利仍然可以对新债权人行使，对新债权人的义务也不能超过其对原债权人的义务。

（1）债务人的抗辩权。

债务人的抗辩权是其重要的权利，根据各国民法典的规定，在债权让与后，债务人对于原债权人的抗辩权得对抗新债权人。如《德国民法典》第404条规定："债务人在债权让与时得对抗原债权人的抗辩，均得以之对抗新债权人。"我国《民法典》第548条规定："债务人接到债权转让通知后，债务人对让与人的抗辩，可以向受让人主张。"债务人享有的抗辩权一般包括同时履行抗辩权、不安抗辩权、诉讼时效抗辩权、债权无效或得撤销抗辩权等。

（2）债务人的抵销权。

按照民法的一般理论，民法上的抵销只是为了减少履行费用，但在特别法上其意义远不止这些。当债权让与人的财产状况良好时，即使债务人不提出抵销，也无非是增加一些履行成本和手续。但当债权让与人的资产状况较差，甚至是濒临破产时，债务人的这种抵销权就显得特别重要了。因为，如果债务人无此权利，则债务人向债权人履行的是100%，而自己的债权要受到破产清偿比例的限制。按照世界各国的破产实务，破产清算对债权的偿还比例在1%～3%，最高不超过10%。这样就对债务人特别不利。所以，各国民法典一般均赋予债务人对于新债权人以抵销权。如《德国民法典》第406条规定，债务人也得以对原债权人享有的债权向新债权人为抵销。我国《民法典》第549条也有相似的规定。

应当指出的是，这种抵销对于新债权人来说显然不利，所以各国在承认其抵销权的同时，对债务人的抵销权也设有一定限制。如《德国民法典》第406条规定：在债务人向原债权人取得债权的当时，已知债权让与的事由，或债务人取得债权是在知道有让与事实之后，并且所取得的债权又在让与的债权之后才到期的，不得抵销。

按照我国《民法典》第549条的规定，有下列情形之一的，债务人可以向受让人主张抵销：1）债务人接到债权转让通知时，债务人对让与人享有债权，且债务人的债权先于转让的债权到期或者同时到期。2）债务人的债权与转让的债权是基于同一合同产生。对于该条中第一种情形可以理解，但对于第二种情形难以理解，因为，如果结合《民法典》第568条第1款的规定①，第二种情形难以成就抵销，根据同一合同产生的债权如何能够抵销？至少主债权是不能抵销的：一个合同如何能够产生种类相同的债权呢？例如，A与B签订一个买卖合同，A是出卖人，B是买受人，A对B有货款请求权，B对A有货物交付请求权。现在A将货款请求权转让给C。B因另外一个借款合同对A有还款请求权，本来是可以抵销的，现在A转让给C债权以后，导致B不能向C主张抵销了，因为B的还款请求权与转让给C的债权不是基于同一合同产生的，这样就不能根据第二种情形抵销，只能根据第一种情形抵销。这大概也是为了某个商事行为作出的限制，但这种规则上升为一般规则，实在没有体现出民法典是一般法的这一特征。

（3）向新债权人履行义务。

在债权有效让与后，债务人应向新债权人履行。但此义务的发生必须以债务人知道或应当知道债权让与的事实为前提。也就是说，以接到债权让与的通知为前提。

2. 对于第三人的效力（债权重复让与的优先权问题）

债权让与对第三人的效力，主要表现在当让与人重复让与债权时，何人为正当受让人的问题。因债权与物权不同，其让与无特别的公示方式，故第三人无从知道让与的事实，难免受到不测的损害，故应对于善意的第三人进行保护。

在确定这一问题时，有一个重要的界限性标准，即债权在什么时候有效地转移给了受让人，其法律标志是什么。如果债权已经有效转让给了受让人，让与人再转让债权显然属于无权处分而不生效力。但是，在债权转让中确实存在这样的问题：因债权转让的有效性不以债务人同意或者通知为条件，所以，一个债权人与甲订立债权转让合同后，再与乙订立以同一债权为标的的转让合同。这就必然发生何人为有效受让人的问题。为解决此问题，有些国家民法典要求债权转让必须有一个标志性形式，如《法国民法典》第1690条规定："受让人仅按照对债务人所作的转让通知，始对第三人发生权利占有的效力。但受让人也得按照债务人在公证证书中的承诺，发生权利占有的效力。"在奥地利，法院按照民法典的规定，要求当事人签字或者若当事人要求对转让保密时，可以在让与人的账目作一个标记并作一个书面说明。② 对于形式的规定的目的主要有二：一是可以避免关于债权让与的时间的争议，为此，通常要求让与的前提是以书面形式并注明日期；二是使受让人能够确定该债权是否在让与人的名下，而只有要求对让与进行登记才能做到这一点。法国许多学者认为，这一目的可以通过要求通知债务人来实现。受让人可以向债务人咨询是否让与人已经通知了他或者他是否已经声明该债权已经转让，如果债务人给予否定的答复，则受让人可以确定该债权仍然在让与人名下。③ 也就是说，让与人仍然有权处分该债权，受让人就可以有效获得转让。

英国合同法判例采取同法国大致相同的方法，来确定优先权问题。在债权被重复转让时，英国法院认为，确定有效获得转让的标志是对债务人的通知。如果存在一个债权的两次或者两次以上的转让，则第一个通知债务人的受让人具有优先权。如果都没有通知，则最后的受让人获得优先权，其理由是：由于未能向债务人发出通知，第一个受让人使转让人向其后的受让人

① 该条第1款规定："当事人互负债务，该债务的标的物种类、品质相同的，任何一方可以将自己的债务与对方的到期债务抵销；但是，根据债务性质、按照当事人约定或者依照法律规定不得抵销的除外。"

② 参见［德］海因·克茨：《欧洲合同法》（上），周忠海等译，400页，北京，法律出版社，2001。

③ 参见［德］海因·克茨：《欧洲合同法》（上），周忠海等译，402～403页，北京，法律出版社，2001。

作了第二个可能是欺骗性的转让，因此，即使他的转让按照时间是第一个，也应把他置于后面。① 美国学者科宾赞扬说：从便利的角度看，这一规则有很多优点。②

很多国家的法律仅仅要求让与的有效要件是让与人和受让人之间的协议，在这些国家，优先权问题是通过参考协议的日期解决的，日期在先者优先。如果债务人错误地认定某一个受让人对所让与的债权享有权利，并向他履行了债务，他同样也解除了付款的义务，但接受履行的人必须把所收到的履行利益交给具有优先权的受让人。德国就采取这种方式。德国判例认为，在善意债务人向不具有优先权的受让人履行的情况下，具有优先受让权的受让人向接受履行的受让人主张利益返还的法律根据是不当得利。③

美国判例法没有采取英国法的规则而采取与德国几乎相同的原则。在美国，现在通行的规则是：其债权在其他方面相同的两个同一权利的连续受让人之间，以较早受让者为优先。理由是：由于第一次让与，权利已经归该受让人所有，所以于第二次让与时，让与人已经不享有权利，因此，他无可让与。因此，不管受让人的权利是普通法上的权利还是衡平法上的权利，现在都达成这一赋予第一个受让人以优先权的效果。④但是，这一原则有以下例外：（1）如果第二个受让人善意地接受了履行，而且不是单纯的受赠人，将允许其保留这种利益。（2）如果有偿受让债权的第二个受让人得到了针对债务人的胜诉判决，他可以要求执行该判决并保有因此而获得的金钱。但是，如果判决前债务人已经得到让与通知，债务人仍然有义务对第一个受让人进行偿付；如果没有得到让与通知，就解除其对第一个受让人的义务。（3）如果第二个受让人与债务人达成了变更合同的协议，且为善意（不知道第一次让与的事实），即使债务人得到了第一次让与的通知，也应该强制执行其与第二个受让人的协议。但债务人仍然有义务对第一个受让人进行偿付。如果债务人没有得到第一次债权让与的通知，就免除其对第一个受让人的义务。（4）在让与人可以撤销第一次让与的情况下，第二个受让人优先于第一个受让人。（5）如果第二个受让人是付出了代价的受让人，且未得到通知，并事实上能够创立一个针对第一个受让人的反悔禁止，他优先于第一个受让人。例如，在以银行存单形式表现出来的债权债务关系中，若在存单仍在让与人手中占有，并且存单的表面没有表明让与人没有完全让与权的情况下，对于第二个受让人来说，因信赖这种文件而预付其金钱是合理的，则他的受让就优先于第一个受让人。像这类作为权利存在证据而使用的文件还有保险单、经背书的股权证书、期票等。⑤

我国《民法典》采取的是以通知作为对债务人生效的原则，即让与人与受让人达成的债权转让的协议，不经债务人同意也可以生效，但对债务人不产生效力。一旦通知债务人，则债务人仅仅能够向受让人履行，否则为不当履行，即不生债务消灭的效力。由此可见，在多重让与中，有以下三点要特别注意：第一，所有的让与合同都是有效的。债权人签订了多份债权转让合同，当然仅仅有一份能够履行，那么，债权人应当向其他受让人承担违约责任。第二，最早

---

① 参见［英］A. G. 盖斯特：《英国合同法与案例》，张文镇等译，414 页，北京，中国大百科全书出版社，1998。

②④ 参见［美］A. L. 科宾：《科宾论合同》（下），王卫国等译，333 页，北京，中国大百科全书出版社，1998。

③ 参见［德］海因·克茨：《欧洲合同法》（上），周忠海等译，405 页，北京，法律出版社，2001。

⑤ 参见［美］A. L. 科宾：《科宾论合同》（下），王卫国等译，334～335 页，北京，中国大百科全书出版社，1998。

通知债务人的债权让与具有优先效力。第三，在债权重复让与而都没有通知债务人的情况下，效力如何？

《合同编通则部分司法解释》第50条规定：（1）让与人将同一债权转让给两个以上受让人，债务人以已经向最先通知的受让人履行为由主张其不再履行债务的，人民法院应予支持。债务人明知接受履行的受让人不是最先通知的受让人，最先通知的受让人请求债务人继续履行债务或者依据债权转让协议请求让与人承担违约责任的，人民法院应予支持；最先通知的受让人请求接受履行的受让人返还其接受的财产的，人民法院不予支持，但是接受履行的受让人明知该债权在其受让前已经转让给其他受让人的除外。（2）前述所称最先通知的受让人，是指最先到达债务人的转让通知中载明的受让人。当事人之间对通知到达时间有争议的，人民法院应当结合通知的方式等因素综合判断，而不能仅根据债务人认可的通知时间或者通知记载的时间予以认定。当事人采用邮寄、通讯电子系统等方式发出通知的，人民法院应当以邮戳时间或者通讯电子系统记载的时间等作为认定通知到达时间的依据。

三、债权让与的通知及其效力

（一）债权让与的通知概述

债权让与是债权人与受让人之间的契约，当债务人不知其事实时，可能会继续向原债权人履行，就有可能对受让人造成不测的损害。同时，从实际上说，债务人在不知债权让与的事实时，即使向原债权人履行，也为无过错。所以，各国均规定了对债务人的通知。如英国学者阿狄亚指出："债务人不应由于合同权利的转让而受到损害，这是一条很重要的规则。而且据此规则又派生出下述两条重要原则：第一，债务人不受他没有得到通知的转让的影响。为此，即使转让只是在衡平法上是有效的，受让人也应向债务人发出关于这种转让的通知。一旦债务人接到通知，他就必须向受让人而不是向原来的债权人清偿债务……第二，任何转让都以公平为条件，这就是说，凡债务人过去可向让与人提出的抗辩现在均可向受让人提出。"①

通知的相对人可以是债务人，也可以是其继承人或其代理人。在连带债务中，如果债权人欲使让与对于全体连带债务人均生效力，应对全体连带债务人为通知；如果仅对连带债务人之一人为通知，转让仅对该一人发生效力。

对债务人的通知虽为重要，然由何人向债务人通知呢？这个问题在罗马法上就没有定论。《法国民法典》第1690条及《意大利民法典》第1539条规定由受让人通知；《日本民法典》第467条规定由让与人通知；《瑞士债务法》第167条规定由让与人或受让人通知；我国《民法典》第546条规定，由让与人通知。

笔者认为，债权让与的通知，是一项重要的法律义务，应具体课定于让与人或受让人。违反此义务者应负财产上的责任。另外，从现实的情况看，由让与人通知更为合理可行。因为，受让人与债务人为完全陌生的人，其对债务人的通知往往使债务人生疑，还要进行审查和核对。而让与人仅仅用较为简单的书面形式即可达到此目的。所以，应由让与人通知较为可行。

（二）通知的效力

关于债权让与通知的效力，我国《民法典》第546条第1款规定，债权人转让债权，未通

① ［英］阿蒂亚：《合同法概论》，程正康等译，267页，北京，法律出版社，1982。

知债务人的，该转让对债务人不发生效力。这即是说，债务人一旦接到债权让与的通知，应认受让人为债权人，不得再向原债权人为清偿或其他法律行为。也只有在通知后，受让人始得对债务人主张权利。在让与通知前，债务人对原债权人的清偿以及抵销、债权人对债务人的免除债务的行为均为有效。《合同编通则部分司法解释》第 48 条规定：(1) 债务人在接到债权转让通知前已经向让与人履行，受让人请求债务人履行的，人民法院不予支持；债务人接到债权转让通知后仍然向让与人履行，受让人请求债务人履行的，人民法院应予支持。(2) 让与人未通知债务人，受让人直接起诉债务人请求履行债务，人民法院经审理确认债权转让事实的，应当认定债权转让自起诉状副本送达时对债务人发生效力。债务人主张因未通知而给其增加的费用或者造成的损失从认定的债权数额中扣除的，人民法院依法予以支持。

英国合同法判例认为，向债务人通知是不必要的，转让人和受让人之间的转让协议自议定转让之时起就是有效的。然而，通知有以下几个方面的意义：(1) 在债务人接受通知之前，转让对他是没有必要约束力的。因此，如果在接到通知之前，向转让人履行了债务，那就彻底免除了他的债务。(2) 通知债务人是获得优先权的法律标志。(3) 通知以后，债务人与转让人之间发生的衡平法上的抗辩事由不能对抗受让人。(4) 如果转让人在通知后成为破产人，转让的债权不属于破产财产的范围。①

（三）表见让与的效力

让与人已将债权让与之事通知债务人的，即使没有实际让与或让与无效，债务人仍得以在此期间发生的得对抗受让人的事由对抗让与人。例如，《德国民法典》第 409 条第 1 款规定："债权人已将债权的让与通知债务人时，即使未为让与或者让与无效，债权人仍应对债务人承受其已通知让与的效力。"债权让与虽未实行，或因债权无让与性，或因无债权转移的真正合意，或其他原因而使让与无效或经撤销，然如让与人已将让与通知债务人或由受让人凭债权让与的文件提示债务人时，就足以令债务人相信让与的发生。根据表见代理的规则，可称为表见让与。《合同编通则部分司法解释》第 48 条第 1、2 款规定：(1) 债务人接到债权转让通知后，让与人以债权转让合同不成立、无效、被撤销或者确定不发生效力为由请求债务人向其履行的，人民法院不予支持。但是，该债权转让通知被依法撤销的除外。(2) 受让人基于债务人对债权真实存在的确认受让债权后，债务人又以债权不存在为由主张不向受让人履行的，人民法院不予支持，但是受让人知道或者应当知道该债权不存在的除外。

为保护受让人的利益，许多国家法律均规定，非经受让人的同意，让与通知不得撤回。如《德国民法典》第 409 条第 2 款规定："通知仅在得到指明新债权人的同意后，始得撤回。"我国《民法典》第 546 条第 2 款也有类似的规定，但用的是"撤销"：债权转让的通知不得撤销，但是经受让人同意的除外。笔者认为，用"撤销"比"撤回"更准确：在债务人收到通知后才发生撤销问题，而在债务人收到通知前，撤回应当是可以的。

这样做的目的，在于防止让与人欺骗或与债务人一起恶意串通而损害受让人的利益，即在取得受让人支付的债权让与的对价后再向债务人撤回通知而使其转向自己履行，从而使受让人的权利落空。

---

① 参见［英］A. G. 盖斯特：《英国合同法与案例》，张文镇等译，409～410 页，北京，中国大百科全书出版社，1998。

当然，当受让人不同意，而通知确有撤回的事由时，让与人可以诉讼的方式为之。

四、债权的部分让与问题

以上所讲的规则均是以债权的全部让与为其假想模式的，但在现实生活中，债权的让与也有部分让与的问题。

依据英美普通法规则，对部分合同权利的让与是无效的，因为部分转让会使债权人的人数增加，从而增加诉讼的机会和加重债务人的负担。不过，如果所有受合同权利部分让与的人联合起来诉讼，他们受让的权利可以依衡平法得到强制执行；如果转让人保留了一部分权利，他也要加入诉讼才为有效。科宾指出，在普通法赋予让与以效力后，如果企图只让与大宗债权中的一部分，还会有特别的困难。这会使债务人有可能应付一群债权人，或者甚至使他需要在他就债权的有效性或金额提出的争议中应付几个诉讼，这是不公平的。但普通法与衡平法到目前为止的融合进程和现代法院的诉讼程序的巨大灵活性，使现在的美国法学会可能制定这样的一般规则：部分让与对该部分债权或金额生效，被让与的部分债权视为分别的权利，但受如下限制：如果债务人未承担这部分履行的义务，这样的受让人不可就债务人的异议提起任何诉讼，但所有对全部履行共同享有权利的人提起的共同诉讼，不在此限。① 如果说在科宾时代这是一种可能的话，那么《美国第二次合同法重述》则基本将其变成了现实。该重述第 326 条规定，部分权利的受让人仍然要联合起来诉讼，除非让所有的部分受让人联合起来是行不通的或这联合诉讼会导致不公平的结果。②

在大陆法系，合同权利的部分让与是被允许的。例如，在德国，通常认为，如果权利本身是可以分割的，如金钱债务，则它就是可以部分让与的，判决不一致的风险可以通过允许债务人要求所有的受让人一起参加诉讼来控制。德国法院曾经有过这样的判例：一个雇主对雇员的薪金权利的部分让与的有效性提出异议，雇主称：他有 8 000 个雇员，如果每个雇员都部分地转让他们的薪金权利，则他为此所支出的费用是无法令人接受的。法院驳回了其起诉：雇员在部分地转让他们的薪金方面有利益关系，如果雇主希望保护自己，他可以在与雇员单独或者集体签订的雇佣合同中规定禁止薪金权利的转让。③

我国《民法典》第 545 条就规定了合同权利的部分让与：债权人可以将债权的全部或者部分转让给第三人。

五、债权让与是否经债务人同意的问题

合同权利的转让不仅涉及债权人（让与人）及受让人的利益，而且涉及债务人的利益，故权利的让与是否要经债务人同意呢？对此，各国立法从保护不同利益人及社会政策的考虑出发，规定了不同的立法体例。

（一）自由让与主义

此种观点认为，债权人转让其债权的行为，仅依其与受让人达成的转让协议为已足，无须债务人的同意，也不以对债务人的通知为生效要件。但不对债务人通知的，不得对抗善意第三

---

① 参见［美］A. L. 科宾：《科宾论合同》，王卫国等译，315～316 页，北京，中国大百科全书出版社，1998。
② 参见王军：《美国合同法》，393 页，北京，中国政法大学出版社，1996。
③ 参见［德］海因·克茨：《欧洲合同法》（上），周忠海等译，391 页，北京，法律出版社，2001。

人和债务人。德国法采取这一规则。这一观点显然有助于合同权利的交易，但却对债务人不利。

（二）通知生效主义

此种观点认为，债权人转让其债权虽不必征得债务人的同意，但必须将转让的事实通知债务人，始对债务人生效。也只有在债务人收到通知后，受让人才能对债务人主张权利。这种观点较为合理，既尊重了债权人处分其权利的自由，又照顾了债务人的利益，故为许多国家所采用。日本、法国等均采用这一制度。

（三）债务人同意主义

此一观点主张，合同权利的转让，必须经债务人同意方得为之。这是我国 1986 年《民法通则》第 91 条的独创。该条规定："合同一方将合同的权利、义务全部或者部分转让给第三人的，应当取得合同另一方的同意，并不得牟利……"这条规定显然带有计划经济的痕迹，如果不能牟利，合同权利的转让在市场经济中还有什么意义？当然，这并不是主要的。关于对该条的解释，我国学理上有两种观点：一种观点认为，债务人同意是合同权利转让的成立要件；另一种观点是，债务人同意并不是债权转让合同成立的要件，而是合同权利让与对债务人生效的要件。[①] 显然，从当时的历史背景看，恐怕第一种解释更符合立法者的原意。因为当时的合同许多是计划合同，而且，"不得牟利"是一个极好的注脚。第二种解释显然是根据法国法及日本法的观点而来，也较为合理，但从当时的立法背景看，有些牵强附会，不过，也反映出 1986 年《民法通则》规定的不合理性。

我国 1999 年《合同法》就改变了 1986 年《民法通则》的做法，而将通知规定为对债务人生效的要件。《民法典》继受了这一观点。

第三节　债务承担

一、债务承担的含义

广义的债务承担，是指不改变债的统一性而由第三人承受或加入债务关系，包括免责的债务承担和并存的债务承担。免责的债务承担是指原债务人所负担的债务全部或者确定的部分移转于第三人，由第三人完全或者部分地代替原债务人的地位，而原债务人完全或者部分地脱离债务关系。通常所讲的债务承担即是指这一种，也称单纯的债务承担，通常将之称为狭义的债务承担。例如，A 是 B 的债务人，对 B 负担 1 000 万元债务。A 可以将 1 000 万元全部转移给 C，由 C 完全替代 A 的债务人地位；A 也可以将其中的 300 万元转移给 C，C 在 300 万元的范围内替代 A 的地位，A 在 300 万元的范围内完全免责。并存的债务承担是指第三人加入债务关系，原债务人并不脱离债务关系，而是与第三人一起对同一内容的债负连带责任。我国《民法典》第 551 条及第 552 条就规定了这两种债务承担。

我们在此主要以全部债务承担为模型来论述原理。

---

① 参见周林彬主编：《比较合同法》，293 页，兰州，兰州大学出版社，1989。

二、免责的债务承担

（一）免责的债务承担的方式

债务承担的方式有两种：一是由承担人与债权人订立债务承担合同；二是由承担人与债务人订立债务承担合同。《德国民法典》第 414 条和第 415 条也规定了这两种方式。

1. 债权人与承担人（第三人）之间的合同

债权人是权利的享有者，一般说来，第三人与债权人订立关于债务承担的契约而承担债务时，债务自契约成立时起就移转于第三人，无须债务人的同意。这是各国法确立的一般原则。

但是，根据民法之诚实信用原则及第三人利益原则，债权人与第三人订立的契约不得损害债务人利益。一般情况下，债权人与第三人订立契约替债务人承担债务，对债务人而言并无不利，但在特殊情况下，也会对债务人造成损害。例如，甲乙双方签订合同，由甲向乙提供钢材 1 000 吨，价格为每吨 3 200 元。现在由于建筑行业紧缩，钢材市场出现低潮，大批钢材积压且价格下降。此时，丙与乙订立合同，由丙承担甲的供货义务。这时，就有可能会损害甲的利益。在此情况下，承担人丙应向甲赔偿损失。正是看到了这一点，故有的学者主张在债权人与第三人订立债务承担合同时，应由债务人同意。① 笔者认为，这种合同不以债务人的同意为生效要件，但对承担人对债务人的求偿权应有影响。

2. 债务人与承担人（第三人）订立的承担契约

从许多国家民法的规定看，当债务人与第三人订立契约而由第三人承担债务时，非经债权人同意不生效力。例如，《德国民法典》第 415 条第 1 款规定："第三人与债务人约定承担债务者，应经债权人承认，始生效力。在第三人或债务人将债务承担通知债权人后，债权人始得承认。在债权人承认前，契约的当事人双方得变更或撤销契约。"我国《民法典》第 551 条也将债权人的同意作为生效的要件，目的在于保护债权人的利益。因为，债务人的履约能力对债权人的利益影响至大。如果不将债权人的同意作为要件，就有可能造成债务人与第三人恶意串通，使债权人的权利无法实现，从而损害债权人利益的行为。

英美法系国家判例也承认这一规则。英国学者指出：债务人未经债权人同意不能根据合同转让其义务，或者反过来，债务人或者第三人不得强迫债权人相信除债务人之外任何人能够对他履行合同义务。该项规定是以常识与方便为基础，因为不应当允许合同当事人未经另一方当事人的同意就把合同责任从自己肩上转移到另一个人的肩上。但是，这一规则也有例外：如果根据合同条款、它的要约以及周围的情况，可以正确地推定履行合同之人是合同当事人本人或者他指定之人而无关紧要，即合同当事人通过使另外的某人用令人满意的方式去做合同所规定的事情，这种转让就是例外允许的。②

债务人与第三人订立的债务承担契约，在未经债权人同意前，其效力处于不确定的状态，故为尽快结束这种局面，各国法均规定可由债务人与第三人给债权人规定一合理的催告期间。在该期间内，债权人未作答复者，视为拒绝。如《德国民法典》第 415 条第 2 款规定："如债务人或承担人定相当期限催告债权人表示承认，其承认仅得于期限届至前为之。逾期不为表示

---

① 参见王利明等：《合同法新论·总则》，437 页，北京，中国政法大学出版社，1996。

② 参见［英］A. G. 盖斯特：《英国合同法与案例》，张文镇等译，417 页，北京，中国大百科全书出版社，1998。

者，视为拒绝承认。”我国《民法典》第551条第2款规定，债务人或者第三人可以催告债权人在合理期限内予以同意，债权人未作表示的，视为不同意。当然，可以认为，在债权人承认前，债务人或承担人均可变更或撤销承担契约。

（二）免责的债务承担的效力

（1）债务人脱离原债权债务关系而由承担人直接向债权人履行义务。如果承担人不履行或不适当履行债务，债权人只能向承担人而不得向原债务人请求履行或追究其违约责任。

（2）债务人可对抗债权人的事由，承担人均得援用。在债务承担后，原债务人得对抗债权人的事由，承担人均可援用。但承担人不得以其对抗原债务人的事由对抗债权人。债务人对于债权人的债权，承担人也不得以之与债权人抵销。我国《民法典》第553条规定：债务人转移债务的，新债务人可以主张原债务人对债权人的抗辩；原债务人对债权人享有债权的，新债务人不得向债权人主张抵销。

（3）从义务的移转。从属于债权的权利，不因债务的承担而妨碍其存在。但从属于主债务的从债务，如利息债务等将随主债务的承担而移转于承担人。但是，由第三人向债权人所提供的担保，在债务移转时，并不当然随其移转。我国《民法典》第554条规定：“债务人转移债务的，新债务人应当承担与主债务有关的从债务，但是该从债务专属于原债务人自身的除外。”

（4）因债务承担为无因行为，承担人不得以对抗债务人的事由对抗债权人。承担人自愿地替债务人承担债务，必有一定原因，或为赠与，或为债务清偿。但此等原因无效或消灭时，承担人不得以此为由拒绝向债权人履行债务。如《德国民法典》第417条第2款规定：“承担人因其承担债务所生的与原债务人之间的法律关系，不得对抗债权人。”我国民法上也可作相同的解释。

三、并存的债务承担

（一）并存的债务承担概述

并存的债务承担，是指以他人的有效成立的债务的存在为前提，第三人以担保为目的，对同一债权人负担与该债务同一内容的债务的契约。[①] 在并存的债务承担中，原债务人并不脱离债的关系，而是由第三人加入债的关系，与债务人共同向同一债权人承担债务。

并存的债务承担以担保原债务人的债务为目的，此点与连带保证具有相同之处。但在成立上，有较大的不同。在债务承担中，承担人的债务是与原来的债务并存的义务，不具有附属性。而保证是一种从义务，以保证主债务的履行而设立。但是，在成立后，尤其是在债权人的权利行使方面，债务承担与连带保证几乎相同。

债务承担的方式有二：一是承担人与债权人订立契约，使承担人负担义务。在此情况下，无须债务人的同意，但债权人与承担人订立的债务承担契约不得损害债务人的利益。二是由承担人与债务人订立契约而使承担人负担义务。在此情况下，即是为第三人利益的契约，因其只给债权人带来利益，故也不需债权人的同意。在债权人同意接受利益前，当事人有权变更或撤销契约。我国《民法典》第552条规定：“第三人与债务人约定加入债务并通知债权人，或者第三人向债权人表示愿意加入债务，债权人未在合理期限内明确拒绝的，债权人可以请求第三

① 参见史尚宽：《债法总论》，5版，713页，台北，荣泰印书馆，1978。

人在其愿意承担的债务范围内和债务人承担连带债务。”

（二）并存的债务承担的效力

（1）并存的债务承担人对债权人所负的债务，除另有约定外，应与债务人的债务内容相同。

（2）原债务人与承担人对债权人承担连带责任。关于这一点，大陆法系和英美法系的理论基本是一致的。美国合同法理论认为，合同义务的转托使受托人承担对债权人履行转托义务的责任，使其成为主要的债务人。此时，原债务人依然作为担保人承担着第二位的责任。但受托人没有按照约定履行转托义务时，转托人应当负责。当然，如果在义务转托过程中发生了合意（免责的债务承担），债务人便可从此解除义务。①

（3）债务人对承担人的履行负担保责任。为了保护债权人的利益，加重债务人的责任，法律规定由债务人对承担人的履行负担责任，包括瑕疵履行、加害给付等。

根据美国判例，当承担人违背约定而没有对债权人履行义务或履行有瑕疵时，原债务人应首先对债权人负责，然后再追究承担人的责任。②

（4）第三人对债务人的追偿权。

第三人加入债权债务关系，替债务人履行债务后，有权向债务人追偿。《合同编通则部分司法解释》第51条规定：1）第三人加入债务并与债务人约定了追偿权，其履行债务后主张向债务人追偿的，人民法院应予支持；没有约定追偿权，第三人依照《民法典》关于不当得利等的规定，在其已经向债权人履行债务的范围内请求债务人向其履行的，人民法院应予支持，但是第三人知道或者应当知道加入债务会损害债务人利益的除外。2）债务人就其对债权人享有的抗辩向加入债务的第三人主张的，人民法院应予支持。

这里需要注意的是：无论第三人是否与债务人约定追偿权，其实都是可以向债务人主张权利的，仅仅是主张的请求权基础不同而已。

第四节　合同权利义务的概括承受

一、概　述

在债权让与或债务承担中，只是单纯地移转债权或债务于第三人，从而使第三人成为新的债权人或债务人。债权债务的概括承受是债权债务的承受人完全替代出让人的法律地位，成为债的关系的当事人，出让人的全部权利义务关系移转于承受人。引起债权债务概括承受的原因有以下几种。

（一）约定承受

依据我国《民法典》第555条的规定，当事人一方经对方同意，可以将自己在合同中的权利和义务一并转让给第三人。这种将其合同当事人的地位移转给第三人的，为约定承受，也称合同承受。我国《民法典》明确规定的合同权利义务的概括移转就是这一种。

在约定承受中，有一点是值得注意的：合同当事人一方欲将其合同地位移转于第三人时，

---

① 参见王军：《美国合同法》，400页，北京，中国政法大学出版社，1996。

② 参见王军：《美国合同法》，402页，北京，中国政法大学出版社，1996。

其与第三人订立的移转合同必须经过债权人同意。因为，合同的概括承受是权利和义务的移转，既然有义务的移转，就必须经过债权人的同意。所以，一方当事人与第三人的合同未经对方同意的，不生概括移转的效力。

（二）企业的合并

企业的合并有两种方式：一为吸收合并，一为新设合并。前者是一个企业被另一个企业吸附，被吸附的企业消灭，而吸附企业依然存在。后者是两个企业均消灭而成立一个新的企业。根据各国法的规定，企业合并，债权债务即发生概括移转。我国《民法典》第 67 条第 1 款规定：法人合并的，其权利和义务由合并后的法人享有和承担。这种概括承受是由法律直接规定的，所以，又称为法定的概括移转。具体说来，在吸附合并中，被吸附的企业的权利义务由吸附企业概括承受；在新设合并中，两个（也可能是两个以上）消灭的企业的权利义务由新设的企业概括承受。

二、合同权利义务概括承受的法律效力

（一）一般效力

概括承受是权利义务的一并移转，故对于让与人、受让人及原合同的另一方当事人适用关于合同权利让与、合同义务承受的一般规定。由于前面已经论述得较为清楚，在此就不再赘述了。

（二）特殊效力

合同权利义务的概括承受，远较单纯的合同权利或义务的移转复杂，故有其特殊效力。在此我们仅讨论两种特殊效力问题：雇佣合同权利义务是否移转及其他违约责任的移转问题。

1. 雇佣合同权利义务是否移转

这一问题对我国有十分现实的意义。我国目前正处在企业大量重组和兼并的时代，而职工的再安排问题比较突出。当一个企业转让时，企业与职工签订的雇佣合同权利义务是否也随之移转于受让人呢？国外的理论和立法也许会给我们提供有益的启示。

在法国过去的司法实践中，基于合同的相对效力原则，有关判例认定，除有特别约定外，企业的受让人有权拒绝履行转让人在转让前订立的雇佣合同。这一原则对于稳定社会的雇佣关系不利。为此，1928 年颁布的一项法律（后被《法国劳动法》L. 122－12 条所吸收）规定，在企业转让的情况下，雇佣合同也随之转让。① 欧共体 1977 年 2 月 14 日的一个指令规定：接受其他企业的公司自接收完成起承担所有的雇佣合同。但是，如果合同具有很强的人身依赖性，则可以是例外。

1979 年美国联邦哥伦比亚地区法院审理的晚间新闻社团诉彼得森案从反面说明了这一问题。在该案中，原告晚间新闻社团是密歇根州的一家公司，1978 年 6 月，该公司从一家名为每周新闻电台的公司买下了一个哥伦比亚地区的电视台。当时，被告彼得森已在该电视台担任了多年的新闻广播员。原告买下这个电视台后，被告又在此受雇一年多时间。1979 年被告向原告提出辞呈。当时，被告正在与另一家与原告竞争的电视台商谈受雇的条件。原告在接到辞呈后向法院起诉，请求法院发出阻止被告受雇于其他电视台的永久性禁令。被告主张其服务具有

---

① 参见尹田：《法国现代合同法》，340 页，北京，法律出版社，1995。

私人性质，如果将其服务随每周新闻电台的转让而让与晚间新闻社团将实质性地改变其义务，故主张其权利义务不能随电台的让与而移转。法院认为，其服务并非具有个人性质，在转让后也没有实质性地改变其义务，相反，在其工作的一年多中，效果良好。所以，其权利义务具有可转让性。故雇佣合同期满前他不能受雇于他人。[①]

2. 其他违约责任的移转

（1）违约责任的移转。

当合同权利义务一并移转于第三人时，违约责任是否也一并移转于第三人？在美国合同法理论上经常讨论的一个问题是：如果转让人的违约行为使合同的另一方利益受到了损害，受让人并不知道这种违约行为的存在，受让人是否也要就转让人的违约行为对合同另一方承担违约责任？如果答案是肯定的，受让人应在什么程度上承担责任？

1984 年美国蒙大拿州最高法院审理的卡钦诉贝尔公司案，非常清楚地解决了这一问题。该案的基本情况是：原告卡钦根据一个分期付款合同向贝尔公司（转让人）购买了一辆小型运输车。该合同后来被贝尔公司转让给了福特汽车信贷公司（受让人）。由于发现该车有严重质量问题，原告将车退回转让人，并对转让人和受让人同时起诉。该案的主要问题是：转让人违背了默示担保条款，受让人是否应对其违约责任负责？蒙大拿州最高法院认为，根据《美国统一商法典》第 9－318 条的规定，受让人获得救济的权利受到债务人可以主张的合同抗辩权的限制。这种抗辩权只是作为一种抵销权。也就是说，可对受让人主张的积极的补偿并不在人们的意图之中。其真正含义是：第一，受让人的权利在一定程度上受到转让人违约行为的影响。这主要表现在：当受让人因债务人不履行转让的合同义务而要求救济时，如果转让人违约在先，债务人可以以转让人的违约对抗受让人。第二，这种抗辩权是一种抵销权，而不能要求受让人作出积极的补偿。[②] 债务人对转让人的一切抗辩均得对受让人行使，当然包括违约抗辩。但债务人不能向受让人主张违约赔偿，这就如英国丹宁法官所说的“约定禁止翻供原则”一样，是“盾”而不是“剑”。

对美国合同法的这一判例规则，我们应当作批判性接受。笔者认为，在合同概括转移时，不仅应当包括瑕疵责任的转移，也应当包括违约责任的转移，否则，就难以对当事人进行有效的保护。

（2）缔约过失责任是否转移？

如果债权人与债务人订立了一个欺诈性或者胁迫性的合同，债务人是有权撤销的。当债权人将这一合同转让给第三人（受让人）时，债务人是否有权向合同受让人主张缔约过失的赔偿责任？英国法院审理的斯托达特诉联合企业案给我们许多启示。

该案案情是：一个名叫普赖斯的人用欺骗手段劝诱联合企业用 1 000 英镑购买一种叫作《足球闲话》的报纸，其中 200 英镑立即交付了现金，其余 800 英镑用分期付款的方式支付。普赖斯将这 800 英镑转让给了原告斯托达特，原告诚恳地接受了这一转让，而并不知道之中的欺骗行为。当原告斯托达特提出诉讼要求联合企业支付 800 英镑时，联合企业说他们蒙受的损失已经超过 800 英镑，并因此说他们没有欠钱。法官驳回了联合企业的论点，认为联合企业不

---

① 参见王军：《美国合同法判例选评》，299～302 页，北京，中国政法大学出版社，1995。

② 参见王军：《美国合同法判例选评》，324～326 页，北京，中国政法大学出版社，1995；王军：《美国合同法》，405 页，北京，中国政法大学出版社，1996。

能向受让人主张抵销损害赔偿的要求。因为按照英国的判例规则：债务人对于受让人提出的抗辩仅仅限于直接起因于构成转让主题的合同或者交易，而不论这种抗辩产生于他接受转让通知之前或者之后。例如，虽然受让人没有任何过错并对转让支付了对价，但债务人仍然能够对其提出解除因欺诈而订立的合同的要求，但债务人不能向没有过错的受让人提出严格的个人性质的要求，只能向转让人提出这种要求。[①] 在该案中，普赖斯的欺诈行为就属于这种严格的个人性质，联合企业只能向普赖斯请求，而不能向原告请求。也就是说，这种责任是不能转移的。在该案中，判决所依据的原理似乎与上面提到的 1984 年蒙大拿州最高法院审理的卡钦诉贝尔公司案中采用的原理一致，但它留给我们思考的问题完全不一样。

虽然说我们主张批判性地接受 1984 年蒙大拿州最高法院审理的卡钦诉贝尔公司案中的判例规则，主张违约责任也应当随合同转移而转移，但是，笔者个人反对缔约过失责任的转移。如果 A 因欺诈或者胁迫而与 B 签订了一份合同，根据合同法的一般原理，B 是可以请求撤销该合同的。这时，A 将该合同转移于 C，如果合同有效转移后 B 行使撤销权的法定期限并没有完成，则 B 对受让人 C 当然可以请求撤销，因为按照撤销的一般规则，C 因是合同对方当事人而成为撤销诉讼的被告。合同撤销之后，B 因 A 具有缔约过错而有权请求其赔偿因此遭受的损失，但 B 只能向 A 主张而不能向 C 主张。原因是：缔约过失责任是在合同缔结过程中产生的，而受让人受让的是有效成立的合同而不是缔约过程，因此，只能承担合同有效后因直接基于合同而产生的责任，如违约责任。另外，我们前面已经提到，转让人应对合同权利的存在负担保责任，当合同被撤销后，他应当对受让人承担赔偿责任。

如果是因错误订立的合同就存在不同的情况。如果 A 因为重大误解与 B 订立了一份合同，A 应当有权撤销该合同。但 A 没有行使撤销权就将合同转让给 C。按照合同法一般原理，撤销权随着合同的转移而转移，也可以因继承而转移，则 C 因合同受让而取得撤销权。在此情况下，当 C 行使撤销权时，若 B 的信赖利益应受法律保护，则 B 仅能够向 C 主张赔偿而不能向 A 主张信赖利益赔偿。因为，如果法律一方面允许 C 撤销合同，另一方面却令 A 承担赔偿责任，可能会损害 A 的利益。理由是：A 虽然因重大误解订立合同，但其可能考虑到仍然有利益存在而不行使撤销权，而 C 撤销了合同可能会使 A 这种利益落空。另外，C 撤销合同是基于对自己利益的权衡而作出的撤销决定，其利益或者不利益也应当由其承担。反之，如果 B 将合同转让给 C，则当 A 因重大误解而撤销合同时，C 既可以向 B 主张权利瑕疵担保责任，也可以向 A 主张信赖利益赔偿。

法律适用

1. 债权让与中债权人的瑕疵担保责任

由于我国《民法典》仅仅在买卖合同中规定了权利瑕疵担保制度，而并未明确规定债权让与时债权人的瑕疵担保责任，所以在司法实践中，该制度并未得到应有的重视。实际上，对处于让与人地位的债权人而言，从保护交易安全和效率的角度出发，其应当保证其所转让的合同权利没有瑕疵，保证受让人的权利不会因第三人的追索而受影响，否则，要对因此给受让人造

① 参见［英］A. G. 盖斯特：《英国合同法与案例》，张文镇等译，413 页，北京，中国大百科全书出版社，1998。

成的损害承担赔偿责任。这是债权人瑕疵担保责任的内涵，也是其作为让与人所应负担的最基本义务。当然，依据权利、义务相一致原则和公平原则，债权让与中的债权人并非在任何情况下都要负担瑕疵担保责任。下列几种情形下，可以免除让与人的瑕疵担保责任：第一，在法律允许的情况下，当事人约定限制或免除担保责任；第二，在债权让与为无偿的情况下，让与人一般无须负担瑕疵担保责任；第三，受让人明知权利有瑕疵而受让的，让与人免除担保责任。同时，实践中尤其应当注意的是，债权人瑕疵担保的范围仅限于权利的真实存在和不受第三人追索，而债权人对于债务人的履行能力即债权的实现不负担保责任，因为这对于债权人是勉为其难的，是不公平的。在司法实践中，既要发挥瑕疵担保制度对受让人利益保护的作用，又要防止不当增加债权人的负担。

2. 债权让与及债务承担对保证人责任的影响及说明

在司法实践中，债权让与和债务承担都是常常发生的现象。作为保障债权得以实现的一种法律措施，保证是随着债权让与而让与，随着债务承担而承担，还是另有其他命运？实践中弄清债权让与、债务承担与保证责任的关系，有助于理清债权人、债务人与保证人的权利义务关系，有利于审判的顺利进行。依据我国《民法典》及司法解释的规定，首先，债权让与对保证责任的影响是：对债权人而言，债权让与时需要通知债务人；对保证人而言，只要是在保证期间内的债权让与，保证人就应该在原保证担保的范围内对受让人承担保证责任。只有在债权人与保证人事先有仅对特定债权人承担保证责任或者禁止债权转让的约定时，保证人才不承担保证责任。其次，债务承担对保证责任的影响是：对债务人而言，无论是免责的债务承担，还是并存的债务承担，都应当经过债权人同意，否则不发生债务承担的效力。对保证人而言，在保证期间内经债权人同意的债务承担，在免责债务承担时，还必须经过保证人的书面同意，保证人才承担保证责任。在并存债务承担时，如果经过保证人书面同意，保证人应该对债务人与第三人的债务共同承担保证责任；如果未经过保证人书面同意，则保证人对第三人负担的债务不承担保证责任，而对于未转让的由债务人负担的债务，保证人仍要承担保证责任。可见，由于债权让与不会增加保证人的危险和负担，所以，原则上保证责任不受债权让与的影响，除非另有约定。而无论是免责的债务承担还是并存的债务承担，都极有可能增加保证人的负担和风险，因此，法律规定，在债务承担时，只有经过保证人的书面同意，保证人才必须对第三人负担的债务承担保证责任。

课后复习

1. 论合同权利、义务转移对合同相对性的影响。
2. 债权让与对债务人的法律效力是什么？

第十章　合同的履行

提　要

合同一旦有效成立，当事人应当按照合同的约定履行自己的义务。但是，一方或者双方如果具有法律规定的事由的话，是可以拒绝履行自己的义务的。这就是同时履行抗辩权、先履行抗辩权、不安抗辩权、情势变更的问题。虽然合同一般说仅仅涉及双方当事人，但在履行中有可能涉及第三人利益。因此，在合同履行中，应特别注意第三人的利益保护问题，区别由第三人履行的合同和向第三人履行的合同。

重点问题

1. 同时履行抗辩权的概念与行使条件。
2. 不安抗辩权的概念与行使条件。
3. 情事变更对合同效力的影响。
4. 利他合同。

第一节　合同的履行概述

合同的履行是指债务人按照合同约定全面地、适当地完成其合同义务，债权人的合同债权得以完成实现。① 合同的履行是缔约的真正目的和合同法的全部意义，合同法对合同效力的确认和保护、对违约的救济等均是以保证或促进合同的履行为核心的。正因为如此，德国法学家罗伯特指出，德国的法学理论家正确地强调，债权契约可以产生各种不同的义务，它们最清楚地表明，人们设定这些义务只是为了实现一个目标，即履行。无论从什么意义上讲，履行都是债权关系的目的。任何一项交易都是要完成一件事情，如满足某种需要，或者获得一项财产等，而契约以及由契约产生的各种义务，就是要来满足这一目标的。② 合同以及由合同产生的各种权利义务就像罗马法学家所言的“法锁”一样将合同双方当事人联系在一起，而履行无疑是打开这把“法锁”的最佳钥匙，是合同权利义务消灭的最主要的原因。

合同的履行及对合同履行的法律保护构成了现代社会信用制度的重要组成部分，体现了对这种信用制度的保护。在现代社会，及时清结的交易以及以货易货的交易已不占有重要地位，而大量的交易表现为双方义务履行上的时间非同步性，而这种非同步性就体现了信用制度。在

---

① 参见王利明等：《合同法新论·总则》，317页，北京，中国政法大学出版社，1997。

② 参见［德］罗伯特·霍恩等：《德国民商法导论》，楚建译，97页，北京，中国大百科全书出版社，1996。

这种制度下，合同的履行具有十分重要的意义。如果没有一种法律制度保障合同的履行，整个社会的信用制度就会崩溃，整个社会的交易制度体系将发生实质性的倒退。美国关系契约论学者麦克尼尔将契约定义为“对未来交换的安排”①，反映了其敏锐的观察。他无疑是看到了现代社会交易的主流。而整个社会的交易秩序和财富都与这种“安排”相联系。而一旦这种安排被打乱而不能实现，与之相联系的所有安排均将受挫，这对社会是一种打击。故契约的履行及对这种履行的法律保护就显得异常重要。

从合同效力的方面观察，合同的履行是依法成立的合同所必然发生的法律效果，并且是构成合同法律效力的主要内容。因此，许多立法例把合同的履行放在债的效力的标题下。但从合同关系消灭的角度看，债务人全面而适当地履行合同，导致了合同关系的消灭，合同的履行是合同关系消灭的原因。因此，合同的履行又称为“债的清偿”，有些立法例把合同的履行规定在债的消灭的标题下，同时又作为合同消灭的原因，以“清偿”的称谓详加规定。② 根据大陆法系的一般理论，因为合同是债发生的主要根据，故合同的效力自然包括在债的效力之中，合同的履行被看作是债的效力的体现和基本要求。

我国《民法典》对于合同履行中的基本原则和具体规则、合同履行中的抗辩权等作了详细的规定，下面我们分别论述。

第二节　合同履行中的基本原则和具体规则

一、合同履行中的基本原则

合同履行中的基本原则，即《民法典》第 509 条规定的三个基本原则。

（一）全面履行原则

合同的全部意义既然在于履行，那么，合同签订以后，合同当事人就应当按照合同的约定全面履行义务，正当行使合同权利。其目的在于保障相对人的期待利益，保障整个社会经济和生活秩序的顺利进行。因此，全面履行对于合同当事人和社会都具有重大意义，应该是合同履行中的一个重要原则。

（二）诚实信用原则

在我国《民法典》中，总则编已经把诚实信用作为民法的基本原则对待，当然其也是合同履行的基本原则。但合同编在第 509 条又把它规定为合同履行的基本原则，并规定了根据其产生的“附随义务”——当事人应当遵循诚信原则，根据合同的性质、目的和交易习惯履行通知、协助、保密等义务。

《德国民法典》第 242 条、《瑞士债务法》第 2 条等都把诚实信用原则作为债务履行的原则，因此，无论如何，诚实信用作为合同履行的基本原则是没有任何问题的。

当然了，从文义上看，我国《民法典》第 509 条显然重点在于“因诚实信用原则产生的附随义务”上。因为，我国《民法典》第 500 条、第 501 条及第 558 条规定了合同订立过程中和终止后因诚实信用原则产生的附随义务，第 509 条恰恰是规定合同履行中的附随义务。这样一来，我

---

① ［美］麦克尼尔：《新社会契约论》，4 页，北京，中国政法大学出版社，1994。

② 参见王利明等：《合同法新论·总则》，318 页，北京，中国政法大学出版社，1997。

国《民法典》上因为诚实信用原则产生的先合同义务、中合同义务及后合同义务就全了。

（三）绿色原则

我国《民法典》在总则编已经规定了“绿色原则”，即第9条：“民事主体从事民事活动，应当有利于节约资源、保护生态环境。”在第509条第3款又规定：“当事人在履行合同过程中，应当避免浪费资源、污染环境和破坏生态。”

对于这一所谓《民法典》的“绿色原则”或者合同履行中的“绿色原则”，笔者始终持有犹豫的态度：它是《民法典》的基本原则吗？假如违反了这一原则，在民法上会有什么后果？假如他人履行合同用了1 000元，我用了10 000元，那又会怎么样呢？那是我自己的钱，法律为什么干预呢？假如破坏了环境，该承担侵权责任就承担侵权责任，该承担行政责任就承担行政责任，或者承担刑事责任。我们是否还要规定：合同履行中不得从事违法行为、伤害他人、损害公物？这些跟民法有什么关系？

因此，笔者认为，《民法典》规定的这一原则属于“提倡性”原则，而不属于具有民法上之“法效果”的强行性原则。

二、提前履行与部分履行的限制规则

（一）提前履行的限制规则

债务人提前履行债务，并非在任何情况下都会给债权人带来利益。因此，我国《民法典》第530条专门规定：债权人可以拒绝债务人提前履行债务，但是提前履行不损害债权人利益的除外。债务人提前履行债务给债权人增加的费用，由债务人负担。

（二）部分履行的限制规则

合同的履行应当采取“全部”和“全面”履行的原则，禁止部分履行，除非债权人同意或者部分履行不损害对方利益。即使如此，因此增加的费用也由债务人承担。我国《民法典》第531条即作了这样的规定。

这一规则之所以必要，是因为合同义务的整体履行与部分履行或者分期履行，有时对于债权人来说会造成利益损害，因此，法律不一般地赋予债务人部分履行的权利。例如，A欠B 10 000元。如果法律允许A每天给B 10元钱的话，对于B来说，与一次性偿还10 000元，意义肯定不同。这种情况下，就应不允许部分履行。

三、不完全合同的履行补正规则

（一）概述

这里所谓的不完全合同主要是指：虽然合同成立并生效，但按照合同的约定没有办法履行，因此，必须经过补正后才能履行的合同。这种不完全的合同可以分为两种：（1）极少数合同条款不完整，例如，买卖合同中没有约定交货地点或者时间。（2）除了合同成立的三个要素——当事人、名称和数量，什么都没有约定。按照我国的民法典和司法判例规则，这种合同不仅可以成立而且可以生效，但是没有办法履行。

无论是哪一种，都必须通过补正才能履行。

（二）质量、价款或者报酬、履行地点等内容没有约定或者约定不明确的补正规则

我国《民法典》第510～514条规定：合同生效后，当事人就质量、价款或者报酬、履行

地点等内容没有约定或者约定不明确的，可以协议补充；不能达成补充协议的，按照合同有关条款或者交易习惯确定。按照此仍然不能确定的，适用下列规则。

（1）质量要求不明确的，按照强制性国家标准履行；没有强制性国家标准的，按照推荐性国家标准履行；没有推荐性国家标准的，按照行业标准履行；没有国家标准、行业标准的，按照通常标准或者符合合同目的的特定标准履行。

（2）价款或者报酬不明确的，按照订立合同时履行地的市场价格履行；依法应当执行政府定价或者政府指导价的，依照规定履行。

执行政府定价或者政府指导价的，在合同约定的交付期限内政府价格调整时，按照交付时的价格计价。逾期交付标的物的，遇价格上涨时，按照原价格执行；价格下降时，按照新价格执行。逾期提取标的物或者逾期付款的，遇价格上涨时，按照新价格执行；价格下降时，按照原价格执行。

（3）履行地点不明确，给付货币的，在接受货币一方所在地履行；交付不动产的，在不动产所在地履行；其他标的，在履行义务一方所在地履行。

（4）履行期限不明确的，债务人可以随时履行，债权人也可以随时请求履行，但是应当给对方必要的准备时间。

（5）履行方式不明确的，按照有利于实现合同目的的方式履行。以支付金钱为内容的债，除法律另有规定或者当事人另有约定外，债权人可以请求债务人以实际履行地的法定货币履行。

（6）履行费用的负担不明确的，由履行义务一方负担；因债权人原因增加的履行费用，由债权人负担。

四、选择之债的履行规则

（一）一般原则

债务标的有多项而债务人只需履行其中一项的，如果当事人没有明确约定或者法律没有明确规定或者没有交易习惯，债务人享有选择权。

享有选择权的当事人在约定期限内或者履行期限届满未作选择，经催告后在合理期限内仍未选择的，选择权转移至对方。

（二）选择的方式及限制

1. 选择的方式

当事人行使选择权应当及时通知对方，通知到达对方时，债务标的确定。确定的债务标的不得变更，但是经对方同意的除外。

2. 选择的限制

我国《民法典》第516条第2款规定，可选择的标的发生不能履行情形的，享有选择权的当事人不得选择不能履行的标的，但是该不能履行的情形是由对方造成的除外。

我国《民法典》第516条第2款的这一规定值得讨论，至少有两种思路：（1）如果选择之债因为相对人的原因，导致某种标的已经不能履行了，其实就不存在选择问题了。特别是，当可以选择的标的只有两种，其中一种已经不能履行了时，那就已经变成不可选择之债了。为什么还要选择呢？本来合同约定了几种标的，让债务人履行剩余的标的，也是预料之中的事情。

(2) 即使其他标的都不能履行，哪怕就剩余一种了，也允许债务人选择。如果债务人选择了不能履行的那一种，按照不能履行的债的后果处理。也就是说，债的不能履行不可归责于债务人，因此不负违约责任。

笔者认为，这种规定不合适。理由是：(1) 不符合“合理履行”或者诚实信用的原则。(2) 本来合同约定了几种标的，让债务人履行剩余的标的，对其也不发生不公平。他没有理由选择不能履行的标的，除非：1）对方当事人恶意致使不能；2）债务人在选择的时候不知道其所选择的标的已经不能履行。

五、按份之债的履行规则

（一）按份之债的概念

我国《民法典》第517条第1款规定，债权人为二人以上，标的可分，按照份额各自享有债权的，为按份债权；债务人为二人以上，标的可分，按照份额各自负担债务的，为按份债务。

（二）按份之债的履行

在按份之债中，因为标的可分，就债务来说，各个债务人按照各自的份额负担债务；就债权来说，各债权人按照各自的份额享有债权。

按份债权人只能按照自己的份额请求债务人履行债务，各个债务人按照自己的债务份额向债权人履行义务。即使一个债务人履行有瑕疵，例如，迟延履行、不完全履行等，其他债务人不承担履行瑕疵担保责任。

如果债务人超出自己应当承担的份额向债权人履行，应视为无因管理，可以此为请求权基础请求其他债务人偿还；如果债权人超出自己的份额受领，为不当得利，受到损害的债权人可以请求其返还不当得利。

（三）份额确定规则

按份债权人或者按份债务人的份额难以确定的，视为份额相同。

六、连带之债的履行规则

（一）连带之债的概念

我国《民法典》第518条规定，债权人为二人以上，部分或者全部债权人均可以请求债务人履行债务的，为连带债权；债务人为二人以上，债权人可以请求部分或者全部债务人履行全部债务的，为连带债务。连带债权或者连带债务，由法律规定或者当事人约定。这一概念可以作以下理解。

(1) 连带之债的债权人或者（和）债务人为两人以上。有时候债务人一方有两个人以上，而债权人为一人；有时债权人为两个以上，债务人为一人；有时双方都为两人以上。凡一方两人以上者均为连带之债，或为连带债权人，或为连带债务人。

(2) 连带之债的发生原因，或者是当事人约定或者是法律规定。合同编中既有约定原因，也有法定原因；但在侵权责任中，多为法定原因。

(3) 这里的连带属于实质连带。实质连带是指：1）在连带债权中，每个债权人均有权请求债务人履行全部义务，债务人负有全部履行的义务。而且，债权债务关系因一次性全部履行而消灭。连带债权人不得以未授权接受履行的债权人接受履行而主张债务人的履行对其无效。2）在连带债务中，每个债务人都有义务履行全部债务，每个债务人的履行对全体债务人发生免责的法律效果。而且，每个债务人的履行瑕疵担保责任由全体债务人承担。

在实质连带之外，还有一种“数额连带”：A与B向C负担10 000元的债务。C先向A主张，再就A未偿还的部分向B主张。C不可以直接向B主张，债务人之间的义务履行是有顺序的。这就是所谓的“数额连带”。这种连带与我国《民法典》第518条规定的连带之债性质不符。但在我国的现实法院判决中经常存在。

（二）连带之债的份额确定规则

连带之债对外是连带义务，但最终必须要在连带人之间确定出份额，否则，义务或者权利难以落实到个人。关于这种份额，当事人可以约定，法律也有规定。如果既没有约定，也没有规定，根据我国《民法典》第519条第1款的规定，其确定规则是：连带债务人之间的份额难以确定的，视为份额相同。

（三）连带债务人的追偿权

《民法典》第519条第2款规定，实际承担债务超过自己份额的连带债务人，有权就超出部分在其他连带债务人未履行的份额范围内向其追偿，并相应地享有债权人的权利，但是不得损害债权人的利益。其他连带债务人对债权人的抗辩，可以向该债务人主张。该款规定有三个含义。

1. 确定了债务人相互之间的追偿权

在连带债务中，每个债务人都有义务履行全部债务。因此，有的债务人被债权人请求时，就很有可能超出自己的份额向债权人履行。这也是其应尽的义务。实际承担债务超过自己份额的连带债务人，有权就超出部分在其他连带债务人未履行的份额范围内向其追偿。

2. 求偿的基础的债权转移

当某个债务人超出自己应当承担的份额履行了义务时，债权人的相应债权也转移到其名下。他便可以以债权人身份要求其他连带债务人偿还。

3. 债务人对债权人的抗辩对超额履行的连带债务人可以行使

既然超额履行适用“债权转让”规则，那么，如果所有债务人对债权人有抗辩权，而超额履行的债务人没有抗辩就履行，那么，当他向其他连带债务人追偿的时候，被追偿的连带债务人可以行使本来可以向债权人行使的抗辩权。

（四）部分连带债务人因提存、抵销、免除、混同而对全体债务人免责的规则

1. 因提存或者抵销而获得全体免责的规则

《民法典》第520条第1款规定，部分连带债务人履行、抵销债务或者提存标的物的，其他债务人对债权人的债务在相应范围内消灭；该债务人可以依据第519条规定向其他债务人追偿。

2. 因免除而获得全体免责的规则

《民法典》第520条第2款规定，部分连带债务人的债务被债权人免除的，在该连带债务人应当承担的份额范围内，其他债务人对债权人的债务消灭。这种情况下，没有追偿问题。即使债权人是针对某个债务人免除债务，全体债务人也获得免责的效果，而且该债务人没有向其他债务人追偿的权利。

3. 因混同而获得全体免责的规则

《民法典》第520条第3款规定，部分连带债务人的债务与债权人的债权同归于一人的，在扣除该债务人应当承担的份额后，债权人对其他债务人的债权继续存在。

（五）连带债权的行使规则

1. 受领超过自己份额的债权人的返还义务

实际受领超过自己份额的连带债权人，应当按比例向其他连带债权人返还。当然，在连带债权中，对于债务人来说，债权是连带的，但在各个债权人之间是有份额的。这个份额可以是法定或者当事人约定的。如果既无法定，也没有约定，或者连带债权人之间的份额难以确定，视为份额相同。

2. 免除债务人债务的债权额计算

部分连带债权人免除债务人债务的，在扣除该连带债权人的份额后，不影响其他连带债权人的债权。

七、合同当事人及相关人员的变化对合同履行的影响

（一）债权人事项变动的通知义务

《民法典》第529条规定，债权人分立、合并或者变更住所没有通知债务人，致使履行债务发生困难的，债务人可以中止履行或者将标的物提存。

（二）当事人不得因名称等变化不履行合同义务

正常说，这根本就不应该是我国《民法典》规定的内容，但是，在实践中，确实有些当事人因法定代表人或者法人名称等发生变化，就拒绝履行债务。因此，《民法典》第532条规定：合同生效后，当事人不得因姓名、名称的变更或者法定代表人、负责人、承办人的变动而不履行合同义务。

八、涉他合同的履行规则

（一）涉他合同概述

合同具有相对性，一般不涉及第三人，否则契约自由原则将受到挑战。但如果仅仅给第三人创设权利，或者第三人同意履行义务该如何呢？这就是所谓的涉他合同。

涉他合同包括三种：一是利他合同，二是由第三人向债权人履行的合同，三是债务人的履行所涉及的利害关系人，例如，为债务人提供担保的人。由于利他合同的复杂性，特别作为一节来论述。这里仅仅讨论涉他合同的另外两种情形。

（二）由第三人向债权人履行的合同的规则

我国《民法典》第523条规定了这种情形："当事人约定由第三人向债权人履行债务，第三人不履行债务或者履行债务不符合约定的，债务人应当向债权人承担违约责任。"对此，我们应当作以下解读。

1.《民法典》第523条规定的"由第三人向债权人履行"的合同与债务承担合同不相同

我国《民法典》第551条规定的"免责的债务承担"与第523条的规定是不同的。在免责的债务承担的情形下，由于债权人已经同意第三人全部或者部分承担债务，则对于第三人的履行瑕疵，不应该由债务人承担了。

与第552条规定的“并存的债务承担”也不同：第552条规定的是“连带责任”，而第523条规定的显然不是连带责任。故《民法典》第523条应该排除第551条及第552条的债务承担。

2. 约定的当事人

按照《民法典》第523条的规定，“由第三人向债权人履行”应该涉及两个约定：第一个约定是合同当事人（债权人与债务人）的约定，至少，债权人同意第三人履行。因此，该条中的所谓“当事人约定”当然是指债权人与债务人约定。第二个约定是债务人同第三人的约定，第三人同意向债权人给付。但这种约定的内容仅仅是债务人同意第三人替自己给付，但并非债务承担或者转移。第三人与债权人不见得有约定，甚至可以说，大部分情况下没有约定。

3. 第三人履行瑕疵的责任

当发生第三人履行瑕疵的时候，债权方无权要求第三人承担违约责任，只能要求债务人承担违约责任。

（三）与债务人的履行有利益关系的第三人

《民法典》第524条规定：“债务人不履行债务，第三人对履行该债务具有合法利益的，第三人有权向债权人代为履行；但是，根据债务性质、按照当事人约定或者依照法律规定只能由债务人履行的除外。债权人接受第三人履行后，其对债务人的债权转让给第三人，但是债务人和第三人另有约定的除外。”对该条规定可以理解如下。

(1) 对债务人不履行债务有利害关系的第三人可以代为履行。有的第三人虽然不是合同当事人，但与履行标的或者不履行债务的后果等有重大利害关系，例如，A对B负担金钱借贷义务，C为该笔借款提供房屋抵押。那么，A是否履行债务就对C关系重大：如果A不履行还款义务，B就有可能来拍卖房屋获得优先受偿，C就有可能无处居住。法律允许C替代A向B履行偿还借款义务。

(2) 这种义务一般应该说具有财产性，人身性质的债务一般具有与特定人不可分割的专属性质，即使与第三人有重大利害关系，第三人一般不能替代履行。

(3) 替代履行后，在债权人与第三人之间发生债权转让的法律效果，以便于第三人对债务人追偿。

在实践中与债务人的履行有利益关系的第三人之范围如何确定呢？根据《合同编通则部分司法解释》第30条第1款的规定，下列民事主体，人民法院可以认定为《民法典》第524条第1款规定的对履行债务具有合法利益的第三人：(1) 保证人或者提供物的担保的第三人；(2) 担保财产的受让人、用益物权人、合法占有人；(3) 担保财产上的后顺位担保权人；(4) 对债务人的财产享有合法权益且该权益将因财产被强制执行而丧失的第三人；(5) 债务人为法人或者非法人组织的，其出资人或者设立人；(6) 债务人为自然人的，其近亲属；(7) 其他对履行债务具有合法利益的第三人。

有利益关系的担保人履行了替代义务后，在履行的范围内取得债权人对债务人的债权，他能否向其他担保人行使追偿权呢？由于我国实行的是担保人之间一般没有相互追偿权（个别情况例外），因此，上述解释第30条第3款规定：担保人代为履行债务取得债权后，向其他担保人主张担保权利的，依据《最高人民法院关于适用〈中华人民共和国民法典〉有关担保制度的解释》第13条、第14条、第18条第2款等规定处理。① 核心意思就是否定担保人的一般追偿权。

第三节　利他合同

一、利他合同概述

（一）利他合同的概念

所谓利他合同，就是指合同当事人约定，由债务人向债权人之外的第三人履行给付义务的合同。它又被称为“为第三人利益的合同”“向第三人给付的合同”等。②

合同尽管是当事人之间的协议，但是，这并不禁止合同当事人约定合同的债务人向债权人之外的第三人给付。就如德国学者所言，一项债务关系可以以债务人不应向债权人而向第三人给付的方式约定。例如，一个企业主与保险公司约定为自己的雇员订立附加养老保险，或者一个富有的儿子在一个养老院为自己年老的母亲租赁了一个房间等。③ 这些都是向第三人进行给付义务的合同——保险公司到时候按照企业主与其约定的条件向雇员支付养老保险金，养老院要向该母亲提供养老服务。

（二）利他合同的性质

笔者认为，利他合同仅仅是合同相对性的一个简单的例外，仍然是遵循契约自由原则的产物——仅仅是合同双方约定本来应向债权人的给付向第三人给付而已。因此，利他合同无论如何都不是一种独立的合同，其基础仍然是民法上的合同，无论是有名合同，还是无名合同，无论是有偿合同还是无偿合同，都可以在此之上约定为利他合同。就如德国学者所言，人们不能够将为第三人利益订立的合同设想为像买卖合同、租赁合同一样的独立的合同类型。这里涉及的是既可以对一切类型合同（典型合同、有名合同），又可以对非典型合同约定的一种变体。④ 因此，从我国《民法典》合同编的规范体系看，将其规定在“合同的履行”中，是正确的选择。

（三）利他合同的分类

利他合同依据第三人与债务人之间的关系——第三人对债务人有无独立的给付请求权，区分为纯正的利他合同及非纯正的利他合同。

---

① 《最高人民法院关于适用〈中华人民共和国民法典〉有关担保制度的解释》第13条规定：“同一债务有两个以上第三人提供担保，担保人之间约定相互追偿及分担份额，承担了担保责任的担保人请求其他担保人按照约定分担份额的，人民法院应予支持；担保人之间约定承担连带共同担保，或者约定相互追偿但是未约定分担份额的，各担保人按照比例分担向债务人不能追偿的部分。同一债务有两个以上第三人提供担保，担保人之间未对相互追偿作出约定且未约定承担连带共同担保，但是各担保人在同一份合同书上签字、盖章或者按指印，承担了担保责任的担保人请求其他担保人按照比例分担向债务人不能追偿部分的，人民法院应予支持。除前两款规定的情形外，承担了担保责任的担保人请求其他担保人分担向债务人不能追偿部分的，人民法院不予支持。”第14条规定：“同一债务有两个以上第三人提供担保，担保人受让债权的，人民法院应当认定该行为系承担担保责任。受让债权的担保人作为债权人请求其他担保人承担担保责任的，人民法院不予支持；该担保人请求其他担保人分担相应份额的，依照本解释第十三条的规定处理。”第18条规定：“承担了担保责任或者赔偿责任的担保人，在其承担责任的范围内向债务人追偿的，人民法院应予支持。同一债权既有债务人自己提供的物的担保，又有第三人提供的担保，承担了担保责任或者赔偿责任的第三人，主张行使债权人对债务人享有的担保物权的，人民法院应予支持。”

②③　参见王洪亮：《债法总论》，475页，北京，北京大学出版社，2016。

④　参见［德］迪特尔·梅迪库斯：《德国债法总论》，杜景林、卢谌译，581页，北京，法律出版社，2004。

纯正的利他合同是指第三人对债务人享有以给付为内容的独立的请求权的合同。《民法典》第 522 条第 2 款规定的利他合同即这种纯正的利他合同。非纯正的利他合同是指尽管合同约定债务人向第三人履行债务，但第三人对债务人不享有独立的给付请求权。我国《民法典》第 522 条第 1 款规定的利他合同就是指这种合同。

（四）利他合同与相关概念的区别

1. 与代理的区别

代理与利他合同在制度构造上完全不同：代理是代理人在被代理人的授权下，通常以被代理人的名义与第三人为法律行为（例如，签订合同），结果归属被代理人享有。这里的“第三人”与利他合同中的“第三人”之根本区别就在于：代理中的第三人是合同当事人，参与交易谈判，而且毫无例外地对债务人（合同相对人）享有独立的请求权。合同相对人通过代理与第三人谈判、交易，对对方也享有独立的请求权。而利他合同中的第三人不参与合同签订，即使对合同一方（债务人）享有独立请求权（纯正的利他合同）也不是合同当事人。

但德国学者也指出了在代理中的一种情况，可能使区分代理与利他合同有点儿困难：母亲 M 为自己的未成年子女 K 叫来一名医生 A。在这种情况下，是代理行为还是为第三人利益的合同，就取决于 M 的行为中的行为“名义”：如果 M 以自己的名义与 A 订约，则是为第三人利益的合同；如果 M 作为 K 的法定代理人出现，则是法定代理。因此，在这种情况下，对这种问题的决定总是取决于下列情况：行为人是否将自己以他人的名义出现的意思对外清楚地表现出来。在有疑义的时候，应当认定是以自己的名义行为，成立利他合同。① 这当然是从保护未成年人利益出发的。

2. 与债权转让或者债务承担合同的区别

利他合同与债权转让或者债务承担的区别主要是：(1) 在为第三人利益的合同中，没有发生债权转让或者债务承担，这是两种不同的制度。(2) 无论是债权转让还是债务承担，债务人、第三人（受让人）、债权人都是要有意思参与其中的。但利他合同中，第三人不参与任何意思，当然他可以拒绝接受。

二、利他合同的法律依据（规范基础）

在我国《民法典》上，利他合同的规范基础就是《民法典》第 522 条。该条有两款规定。第 1 款规定：“当事人约定由债务人向第三人履行债务，债务人未向第三人履行债务或者履行债务不符合约定的，应当向债权人承担违约责任。”这显然是非纯正的利他合同的规定。

第 2 款规定：“法律规定或者当事人约定第三人可以直接请求债务人向其履行债务，第三人未在合理期限内明确拒绝，债务人未向第三人履行债务或者履行债务不符合约定的，第三人可以请求债务人承担违约责任；债务人对债权人的抗辩，可以向第三人主张。”这显然是赋予第三人以独立请求权的利他合同。

三、利他合同中各方之间的法律关系

（一）合同当事人之间的关系

这里所谓的合同当事人就是指缔约当事人（合同的相对双方）。我们上面说过，他们之间

---

① 参见［德］迪特尔·梅迪库斯：《德国债法总论》，杜景林、卢谌译，582 页，北京，法律出版社，2004。

的关系可以是任何一种合同：既可以是有偿的，也可以是无偿的；既可以是有名合同，也可以是无名合同。

（二）债权人与第三人之间的关系

这种关系主要是：债权人为什么要给第三人以利益？这种原因可以是：（1）赠与；（2）偿还债务或者抵偿其他义务；（3）履行法定义务，例如，为了赡养父母而在养老院为父母承租一套房屋供其生活之用。

债权人与第三人究竟是什么关系，一般不影响债务人向第三人履行义务，除非有其他终止的原因。

（三）债务人与第三人的关系

首先，债务人与第三人在利他合同中，不一定“认识”或者“接触”，他们之间的关系纯粹是因为利他合同当事人之间的约定。

其次，根据利他合同的种类不同，债务人与第三人的关系也不同：主要是当债务人不履行义务的时候，第三人有无独立于债权人的请求权。

四、债权人的特殊地位

按照我国《民法典》第522条第1款的规定，在非纯正的利他合同中，债务人未向第三人履行债务或者履行债务不符合约定的，应当向债权人承担违约责任。即第三人不能向债务人请求履行，债权人当然可以请求债务人向第三人继续履行或者承担其他违约责任。

在第522条第2款规定的纯正的利他合同中，债务人未向第三人履行债务或者履行债务不符合约定的，第三人当然可以直接请求债务人继续履行或者承担其他违约责任。但债权人可以请求债务人向第三人履行吗？我国《民法典》对此没有规定。《德国民法典》第335条规定了债权人有这种权利——请求债务人向第三人给付的请求权。在我国法上应当作出肯定的解释，因为合同就是这样约定的，而为第三人利益的合同不是债权转让，债权人仍然是债权人，当然享有合同约定的权利。

五、利他合同中第三人的地位

（一）在非纯正的利他合同中第三人的地位

（1）在债务人不履行或者履行不合约定时，第三人对债务人没有履行请求权或者违约责任请求权，只能由债权人主张。

（2）合同当事人协商解除合同或者变更合同，无须经过第三人同意。第三人不是合同当事人，也没有独立请求权，因此，协商解除或者变更合同无须经过其同意。但是，合同终止可能会影响第三人利益的，由债权人按照相应的法律关系处理，例如，债权人赠与第三人的，则按照赠与处理；如果是偿还债务，则按照债务不能偿还处理等。

（二）纯正的利他合同中第三人的地位

（1）在债务人不履行或者履行不合约定时，第三人对债务人有履行请求权或者违约责任请求权。

（2）在合同解除和变更方面，按照合同的一般原理，因第三人不是合同当事人，当事人解除或者变更合同不必经过第三人同意，就可以产生解除或者变更的后果。但给第三人造成损害的，有相应法律关系的人应当赔偿。

（3）对第三人履行请求权的排除与废止。合同双方在合同订立时保留了不经第三人同意即可废止或者变更第三人的该项请求权的，可以直接废止或者变更。就如学者所言，债权人在何时可以撤回、废止或者更改利他合同，取决于当事人的约定、合同的情况以及合同的目的。如果这些要素可以推断出合同当事人保留了撤回或者更改的权利，债权人可以不经第三人的同意，撤回或者更改利他合同。①

（4）债权人单方解除或者变更合同的权利的行使。如果法定或者约定的单方解除权属于债务人，则当解除条件成就时，其解除合同无须经过第三人同意，也不应对因此给第三人造成的损失承担责任；如果该解除权属于债权人，且第三人已经表示愿意接受履行，债权人解除合同，应该得到第三人的同意。

（5）第三人没有对合同的解除权或者撤销权。除非合同的债权人与债务人特别约定赋予第三人合同解除权或者撤销权，一般来说，第三人没有这种权利。《合同编通则部分司法解释》第 29 条第 1、2 款规定："民法典第五百二十二条第二款规定的第三人请求债务人向自己履行债务的，人民法院应予支持；请求行使撤销权、解除权等民事权利的，人民法院不予支持，但是法律另有规定的除外。合同依法被撤销或者被解除，债务人请求债权人返还财产的，人民法院应予支持。"

（6）第三人作为给付受领人的拒绝或者迟延后果。债务人按照约定向第三人履行债务，第三人拒绝受领，债权人请求债务人向自己履行债务的，人民法院应予支持，但是债务人已采取提存等方式消灭债务的除外。第三人拒绝受领或者受领迟延，债务人请求债权人赔偿因此造成的损失的，人民法院依法予以支持（《合同编通则部分司法解释》第 29 条第 3 款）。

第四节 合同履行中的抗辩权②

一、同时履行抗辩权

（一）概念

同时履行抗辩权，也称为履行契约的抗辩权，是指双务契约当事人一方于他方当事人未为对待给付前得拒绝自己给付的权利。③

对于同时履行抗辩权的性质为何，有两种不同的理论：其一为请求权否定主义理论；其二为抗辩权主义理论。前者认为，双务契约的当事人须先履行自己的义务，至少也须提出履行，始得向他方请求对待给付。换言之，如果债权人未履行自己的对待给付而请求相对人先为给付，相对人得主张债权人无请求权。即如果债权人不能证明自己已给付或已为给付的提出或相对方负有先为给付的义务，其请求权即被否定。此乃源于日耳曼普通法上的给付同时交换制度，《瑞士债务法》也采此制度（第 82 条）。后者认为，双务契约的债权人可以请求他方为给付，但若于请求时未履行或未提出履行自己的义务，他方得提出同时履行的抗辩或不履行的抗

① 参见王洪亮：《债法总论》，482 页，北京，北京大学出版社，2016。

② 这里的抗辩权主要是指合同法上的特殊抗辩权，至于民法上的一般抗辩权，如时效抗辩等，也同样适用于合同抗辩权，但在此我们不作论述。

③ 参见史尚宽：《债法总论》，5 版，554 页，台北，荣泰印书馆，1978。

辩而拒绝自己的给付。[①] 大陆法系多数国家采取抗辩权主义理论，如《德国民法典》（第 320 条）、《日本民法典》（第 533 条）。我国《民法典》第 525 条规定：当事人互负债务，没有先后履行顺序的，应当同时履行。一方在对方履行之前有权拒绝其履行请求。一方在对方履行债务不符合约定时，有权拒绝其相应的履行请求。由此可见，我国《民法典》也采取这种理论。

（二）同时履行抗辩权在我国法上的规范基础

同时履行抗辩权在我国法上的规范基础主要是《民法典》，而《民法典》的规范基础主要有两个。

(1)《民法典》第 525 条明确规定的抗辩权："当事人互负债务，没有先后履行顺序的，应当同时履行。一方在对方履行之前有权拒绝其履行请求。一方在对方履行债务不符合约定时，有权拒绝其相应的履行请求。"

(2)《民法典》第 157 条规定的合同无效或者可撤销后的返还请求权。尽管《民法典》没有明确规定应当同时返还，但最高人民法院的《九民会议纪要》第 34 条规定："双务合同不成立、无效或者被撤销时，标的物返还与价款返还互为对待给付，双方应当同时返还。关于应否支付利息问题，只要一方对标的物有使用情形的，一般应当支付使用费，该费用可与占有价款一方应当支付的资金占用费相互抵销，故在一方返还原物前，另一方仅须支付本金，而无须支付利息。"

（三）同时履行抗辩权产生的理论基础及制度价值

同时履行抗辩权产生的理论基础乃双务契约对价的交换性、原因的相互依赖性以及与此相关的本质上的牵连性。

双务契约是最典型、最原始的契约类型，也是社会生活中最广、最普遍的契约。它反映了契约产生的最初动因和目的——交换产品或劳务，因此，在英美法系，契约与交易几乎是在同一种意义上使用的。这种对价的交换性反映了社会的分工和人们最基本的需要，成为各国法规范的主要对象，合同法上的主要规则就是针对双务契约的。这种对价的交换性反映在法律关系上，即是权利义务的对应性。

这种权利义务的对应性，决定了双务契约权利义务产生原因的相互依赖性，即任何一方因对方负担义务而有权请求对方履行义务。以双务合同的典型——买卖合同为例，买方有支付价金的义务而有请求交付标的物的权利；卖方有交付标的物的义务而有请求支付价金的权利。买方支付价金的义务因为获得对方交付的标的物而生，卖方交付标的物是因为获得对方支付的价金。若无两端的任何一因，都会失去均衡。

双务契约对价的交换性和原因的相互依赖性决定了双务契约本质上的牵连性，而这种本质上的牵连性主要表现为双务契约机能上的牵连性。机能上的牵连性又表现为履行上的牵连性和存续上的牵连性，而这两种牵连性均能导致同时履行抗辩权的产生。如《德国民法典》第 320 条第 1 款规定：因双务契约而负担债务者，在他方当事人为对待给付前，得拒绝自己的给付（履行上的牵连性）。第 323 条第 1 款规定：双务契约的一方当事人因不可归责于双方当事人的事由，致使自己不能履行应履行的给付者，丧失自己对对待给付的请求权；如仅一部分不能者，应按第 472 条、第 473 条的规定，按其比例减少对待给付（存续上的牵连性）。

---

① 参见苏俊雄：《契约原理及其应用》，3 版，123 页，台北，中华书局，1983。

同时履行抗辩权制度的设立是基于对具有相互依赖性的双务契约的双方当事人之利益的保护。在法国合同法上，同时履行抗辩权制度最初的理论来源于教会学者，它包含了一种道德评价，即“对于不恪守诺言的人无须恪守诺言”①。若从现代民法的观念观察，则是基于诚实信用和公平理念的考虑，即一方当事人不履行自己的对待义务而强行要求他人履行义务有悖诚实信用及公平。这一制度设立的目的不在于终局性地消灭权利义务，而在于促使相互联系并互为原因的义务的履行，以维护交易公平。

在契约法发展的历史长河中，虽然说双务契约的概念古已有之，但同时履行抗辩权未能与其同生。

双务契约的概念产生于罗马法，但是在罗马法上，同时履行抗辩权未能像其他制度一样，为后世民法奠定基本的制度框架。这是因为，罗马法不承认双务契约的牵连性。就买卖合同而言，罗马法采取“危险由买受人负担”的原则，在买卖契约完成后，因不可归责于当事人的事由而使特定物全部或一部灭失时，买受人依然应支付全部价金。因为双务契约各自独立，本质上无牵连性，也就是无同时履行抗辩权。只是到了帝政时期，经过罗马法学家的努力注释，才逐渐有类似同时履行抗辩权的诉权发生。②

日耳曼法则恰与罗马法相异，在双务契约上，双方给付的义务，具有互为条件的牵连关系，承认当事人给付的同时交换性，一方当事人给付的结果，使他方当事人负有对待给付的义务，也即承认同时履行抗辩权。

《法国民法典》没有就同时履行抗辩权作出一般性的规定，只是在一些具体合同中作了相应的规定，例如第1612条规定：如买受人未支付价金，而出卖人并未同意延期支付者时，出卖人不负交付标的物的义务。法国学者认为，对于同时履行抗辩权，法国司法实践采取了一种变通的方法，即常常借助于其他制度而对之予以认可，例如，当同时履行抗辩权仅限于推迟合同履行时，以责令债务人进行“补偿”的方法使债权人不负由此增加的费用。③

德国法确认了同时履行抗辩权。按照《德国民法典》第320条的规定，因双务契约而负担债务者，在他方当事人为对待给付前，得拒绝自己的给付，但自己负有先为给付义务者，不在此限。但是，在学理和判例上，关于双务合同中同时履行抗辩权的性质，历来有交换理论和抗辩理论之争。交换理论认为，双务合同中的当事人仅享有以自己的履行请求他方履行的权利，这是由交换请求所决定的，因此，在诉讼上，原告必须证明其本身也已经履行其义务或没有先为给付的义务。抗辩理论认为，双务合同的当事人所享有的请求权是相互独立的，请求权的行使因他方抗辩权的行使而受到阻碍。根据这种观点，一方只要证明对方没有履行就可以拒绝自己的履行。显然，第二种观点是与《德国民法典》的规定相符合的，德国判例也大都采取了这种观点。④

（四）同时履行抗辩权的适用条件

1. 必须是双务合同

由于同时履行抗辩权产生的基础在于合同双方权利义务在本质上的牵连性，只有双务合同

---

① 尹田：《法国现代合同法》，356页，北京，法律出版社，1995。

② 参见苏俊雄：《契约原理及其应用》，61～62页，台北，中华书局，1983。

③ 参见尹田：《法国现代合同法》，355页，北京，法律出版社，1995。

④ 参见王利明：《论双务合同中的同时履行抗辩权》，载梁慧星主编：《民商法论丛》，第3卷，7页，北京，法律出版社，1995。

才具有这种特性，故必须是双务合同才能适用同时履行抗辩权。

对于典型的双务合同，如买卖、租赁、承揽等合同，适用同时履行抗辩权自无问题，但对于合伙合同能否适用这一抗辩权？这首先涉及对合伙契约的性质如何定性的问题。对于合伙契约的性质历来有两种不同的观点：一种是自罗马法以来的传统观点，认为合伙契约为双务合同的一种。其理由是：在合伙关系中，一个合伙人的出资义务，以其他合伙人的出资的对待给付为基础，在同一目的之下的各合伙人的出资义务具有均等的地位，即使无交换的意思，尚不失有均整的对价关系，故合伙也为双务契约的一种。各合伙人在合伙契约关系中，为合伙关系的构成人员，欲达到共同的目的，负有协力出资的义务。学者将该协力出资的义务视为合伙人的个别的对立关系，而谓有对价的意义。另一种观点认为，合伙契约是设立特别团体的一种契约，当事人订立这种契约是为了形成一个交易实体，各合伙人为追求同一目的而结合，其出资义务迥然有别，不具有对价性。①

在关于合伙合同是否适用同时履行抗辩权的问题上，也存在几种不同的观点。第一种观点认为，合伙人没有同时履行抗辩权，其理由是：合伙契约中一个合伙人的给付，难以以其他合伙人的给付为基础，其给付目的不在于交换，而旨在共同事业的经营，故具有相当程度的团体性。出资请求权应属于合伙财产，故请求出资为业务执行行为，即使合伙人未履行自己的出资义务而请求他人出资时，受请求人也不能援用同时履行抗辩权而对抗业务执行行为。第二种观点认为，在合伙人为二人时，得援用同时履行抗辩权；如为三人或三人以上，则不能援用。②第三种观点认为，对于任何合伙关系均适用同时履行抗辩权，而不问合伙人之多少，因为各合伙人之出资义务之间具有对价性。③ 第四种观点认为，应允许有限制地适用同时履行抗辩权，即当未履行自己出资义务的人请求其他合伙人履行出资义务时，应允许其他合伙人提出抗辩，但对于已履行出资义务的合伙人或业务执行人，不得援用同时履行抗辩权以对抗之。④

的确，合伙契约各当事人目的方向的一致性决定了其与一般交易契约目的之反对性不同，这一点就决定了各合伙人的出资义务与债权契约双方当事人的义务的区别，故虽然一般学说与判例认为合伙契约为双务契约的一种，但由于其特性，应否认适用同时履行抗辩权为宜。我国《民法典》第 968 条否认了这种抗辩权。

2. 双方当事人的义务系基于同一双务合同而生

前已论及，同时履行抗辩权是基于双方义务之本质上的牵连性而运用公平理念的结果，而这种牵连性的发生之载体即义务产生的基础——双务合同。正是因为基于双务合同而生，双方当事人的义务之对立才具有同一性。各国民法对这一抗辩权的规定，均以此为条件，如《德国民法典》第 320 条规定，因双务契约而负担债务者，才能援用这一抗辩权。《日本民法典》第 533 条、我国《民法典》第 525 条也作了相同的规定。

当合同当事人一方的债务因给付不能或其他原因消灭时，同时履行抗辩权也同时消灭。然给付不能因可归责于债务人的事由所致时，该债务变为损害赔偿之债，与原来债务保持同一

① 参见苏俊雄：《契约原理及其应用》，91～92 页，台北，中华书局，1983。

② 参见王泽鉴：《民法学说与判例研究》，148 页，北京，中国政法大学出版社，1998。

③ 转引自王利明：《论双务合同中的同时履行抗辩权》，载梁慧星主编：《民商法论丛》，第 3 卷，14 页，北京，法律出版社，1995。

④ 参见苏俊雄：《契约原理及其应用》，3 版，136 页，台北，中华书局，1983。

性，其同时履行抗辩权仍继续存在。因可归责于债务人的事由而生的迟延履行或不完全履行亦同。依同一理由，当一方的债权或债务不失同一性而移转于他人时，亦同。①

但是，这一要件也不是绝对的，在有的情况下，债务虽然不是基于同一双务合同而生，但两债务在性质上有牵连性时，法律为求公平起见，允许准用同时履行抗辩权的规定，例如，当事人因契约解除而生的相互义务。《日本民法典》第545条均规定准用同时履行抗辩权。我国最高人民法院《九民会议纪要》第34条的要求体现了这种准用原则。

3. 抗辩者须无先为给付的义务

同时履行抗辩权必须以各方“同时履行”为条件，即抗辩者有请求对方履行的权利。如果一方有先为给付的义务，而相对方给付义务在后，有先为给付义务的一方尚无权请求对方履行，而对方有权请求其履行，此时，他只能先履行自己的义务而无权援用同时履行抗辩权。应该说，在信用制度较为发达的今天，同时履行的情形较少，而多数债务均具有时间上的差异性。

这里值得讨论的是：如果有先为给付的一方在履行给付前，其请求对方履行的权利已经发生，他是否具有同时履行抗辩权？例如，甲乙双方签订了一份买卖合同，合同约定甲应于1998年5月28日交付货物，乙应于1998年6月28日支付价款。由于甲未在5月28日交付货物，在1998年6月28日到来时，乙的付款义务也未发生。这时，甲是否有权以同时履行抗辩权对抗乙？学理一般认为，只有在相对方受领迟延的情况下，始得援用同时履行抗辩权。也就是说，只有当有先为给付的一方未履行自己义务的原因是对方的原因所造成时，他才有权援用同时履行抗辩权。因为，如果不作此种限制，将会导致有先为给付的一方故意坐等对方义务履行期的到来而主张抗辩。这样，将会导致现代社会的信用制度的破坏。《德国民法典》第322条规定：如起诉一方应先为给付者，在他方受领迟延时，得诉请在受领对待给付后才履行自己的给付。我国《民法典》第526条也有相同的规定。

4. 相对人未履行自己的对待给付义务或未为履行的提出

当一方当事人未履行自己应负的义务或未提出履行而请求对方履行义务时，对方得以义务之牵连性提出不履行的抗辩，此为同时履行抗辩权的当然含义。但是，如果一方仅就从给付义务未履行或未提出履行，他方不得援用同时履行抗辩权。例如，在有偿委任关系中，委任人未偿还受托人所支付费用时，虽为义务的不履行，然非为对待给付的不履行，故受托人不得援用同时履行抗辩权。②

如果原告虽然履行了债务，但未按债的主旨履行，即履行有瑕疵，被告是否具有同时履行抗辩权？

根据法国学理，当相对人的履行或履行的提出为一部分或不完全时，不问债务人是否拒绝受领，于其补正前，债务人得拒绝自己的给付，为不完全履行的抗辩。③ 这一观点得到了许多人的支持。但是，如果他方已为部分给付，依具体情形如拒绝自己的给付有悖诚实信用原则时，不得援用同时履行抗辩权。如《德国民法典》第320条规定：“他方当事人已为部分给付，依其情形，特别是因迟延部分为无足轻重时，当事人一方如拒绝为对待给付有悖诚信原则时，

① 参见史尚宽：《债法总论》，5版，555页，台北，荣泰印书馆，1978。

②③ 参见史尚宽：《债法总论》，5版，559页，台北，荣泰印书馆，1978。

不得拒绝给付。”我国《民法典》第525条明确规定，一方当事人的履行不合合同约定的，对方有拒绝相应履行的抗辩权。

另外，一方当事人按照债的规定提出履行后，另一方当事人无正当理由而迟延受领，而已经提出履行的一方当事人请求受领迟延的一方履行义务时，受领迟延方是否有同时履行抗辩权？对此，学说上有肯定说和否定说两种主张。否定说认为，当事人不得主张同时履行抗辩权，因为同时履行抗辩权的行使是以他方未履行或未提出履行为条件，既然一方已经提出履行，他方自不得再主张同时履行的抗辩权，否则，便与公平原则不符。肯定说认为，债权人受领迟延的后果，只是使债务人免除履行迟延所生的一切法律责任，但并不使债务人的义务消灭，故两个债务的牵连性依然存在。契约当事人的一方，依债务的本旨提出履行，并请求他方为对待给付时，他方既不受领，也不履行自己的给付义务，可认为其已陷入履行迟延。已提出履行的当事人得催告他方履行。当具备法定条件时，取得解除权。当事人如果不愿解除契约而使双方当事人的义务溯及地消灭，而是请求他方为原来的给付时，也应重新提出自己的给付。如未提出，其相对人仍然得援用同时履行抗辩权，即抗辩权之有无，应以相对人请求履行的时间为判断标准，而不以之前是否曾提出过给付为条件。① 笔者认为，肯定说较为可取。一方面，它并不否定受领迟延的责任；另一方面，它又保护了受领迟延人的利益，不至于使受领人因一时的迟延受领而丧失同时履行抗辩权，从而遭受不测的损害。

所谓对待给付，一般都是指主合同义务的对待给付，例如，买卖合同中出卖人交付买卖标的物的义务，买受人支付货款的义务。如果一方不履行从义务，对方能否行使同时履行了抗辩权呢？当然，就一般情况来说，是不能行使这一抗辩权的。但是，当事人互负债务，一方以对方没有履行非主要债务为由拒绝履行自己的主要债务的，人民法院不予支持，但是对方不履行非主要债务致使不能实现合同目的或者当事人另有约定的除外（《合同编通则部分司法解释》第31条第1款）。

5. 对方的对待给付在客观上尚为可能

同时履行抗辩权之目的具有使自己的给付“延期”的功效，以促使对方当事人履行自己的债务，故有人将其与留置权作比较。但是，这种功效的发挥，须以对方尚有可能履行为前提。如果一方当事人的给付为客观不能，应视履行不能可否归责于债务人为判断。如因不可归责于双方当事人的事由而为不能，该当事人免除义务，他方当事人也免除对待给付义务，自不生同时履行抗辩权的问题。相反，如果履行不能是因可归责于债务人的事由而成为损害赔偿之债，也应允许援用同时履行抗辩权。

（五）行使同时履行抗辩权的法律效力

同时履行抗辩权属于延期抗辩权，没有否定对方请求权的效力，仅有使对方请求权延期的效力，即在对方没有履行或未提出履行前，得拒绝自己的给付。

同时履行抗辩权只能由当事人自己行使，法院不能依职权主动适用。当事人在行使同时履行抗辩权时，只需有援用同时履行抗辩权的意思表示即可。但是，当事人未为此意思表示，是否有排除给付迟延的效力？在学理上有肯定说和否定说两种。笔者认为，应以肯定说为宜。因为，当事人既然有此权利，纵然没有行使，在法律上仍有正当理由，在他方未为对待给付前，

① 参见苏俊雄：《契约原理及其应用》，3版，138～139页，台北，中华书局，1983。

得拒绝自己的给付。

这种同时履行抗辩权在具体的司法实践中，如何运用呢？对此，《合同编通则部分司法解释》第 31 条第 2 款明确规定：当事人一方起诉请求对方履行债务，被告依据《民法典》第 525 条主张双方同时履行的抗辩且抗辩成立，被告未提起反诉的，人民法院应当判决被告在原告履行债务的同时履行自己的债务，并在判项中明确原告申请强制执行的，人民法院应当在原告履行自己的债务后对被告采取执行行为；被告提起反诉的，人民法院应当判决双方同时履行自己的债务，并在判项中明确任何一方申请强制执行的，人民法院应当在该当事人履行自己的债务后对对方采取执行行为。

二、先履行抗辩权

（一）先履行抗辩权的概念

先履行抗辩权是指合同双方当事人互负债务，先履行的一方没有履行或者履行债务不符合约定的，后履行一方可拒绝其相应履行请求的权利。我国《民法典》第 526 条规定："当事人互负债务，有先后履行顺序，应当先履行债务一方未履行的，后履行一方有权拒绝其履行请求。先履行一方履行债务不符合约定的，后履行一方有权拒绝其相应的履行请求。"

先履行抗辩权在传统民法上并不是一种独立的抗辩权，因履行在先的一方不履行债务而等到对方履行期限届至时，当然无权请求后履行一方履行，这似乎是一个当然的道理。但是，我国合同法将其作为一种独立的抗辩权，对于中国目前的实践具有重要意义。例如，A 与 B 在一个买卖合同中，A 为卖方，B 为买方，合同约定 A 于 2007 年 10 月 5 日交货，B 于 2007 年 11 月 5 日付款。A 并没有按照约定交货，而等到 11 月 7 日仍然没有交货。这时候，B 的付款期限已经到来，那么，A 无权要求 B 付款，B 有拒绝对 A 付款的权利。

（二）先履行抗辩权的构成要件

（1）当事人互负债务。这也就是说，合同必须是双务合同，合同双方当事人互相之间都有义务。如果是单务合同，例如，赠与合同，这种抗辩权就不成立。

（2）双方当事人的债务履行有先后顺序。如果没有先后顺序，就是同时履行抗辩权，这也就是其不同于同时履行抗辩权之处。

（3）先履行一方未履行或者履行债务不符合合同约定。先履行抗辩权是法律赋予后履行一方的特殊权利，而不安抗辩权是法律赋予先履行一方的权利。

（三）先履行抗辩权的效力

先履行一方未履行或者履行债务不符合合同约定时，后履行一方可以拒绝自己相应的履行。如果先履行一方在后履行一方抗辩后履行了自己的责任，或者对不完全履行进行了补救，后履行一方可以履行自己的义务。

这里有两点必须强调：（1）后履行一方是否在先履行一方履行了自己的义务或者对不完全履行进行了补救后履行自己的义务，还要受到《民法典》第 563～566 条的规范。也就是说，如果先履行一方没有按照约定履行，再履行对于后履行一方没有任何意义时，后履行一方有权解除合同。（2）后履行一方的抗辩权并不影响其追究先履行一方的违约责任。如果先履行一方在后履行一方抗辩后履行了自己的责任，或者对不完全履行进行了补救，后履行一方可以履行自己的义务，后履行一方也可以追究先履行一方的违约责任。

三、不安抗辩权

（一）不安抗辩权的概念

所谓不安抗辩权，是指当事人一方依照契约约定应向他方先为给付，但如在订立合同后他方的财产明显减少或资力明显减弱，有难为给付之虞时，得请求该他方提供担保或为对待给付的权利。在他方未履行对待给付或提供担保前，得拒绝自己的给付。

由这一概念可知，不安抗辩权与同时履行抗辩权有显然的区别。在同时履行抗辩权中，任何一方无先为给付的义务，故才有权要求对方同时为对待履行；而不安抗辩权是因有先为给付义务的一方担心自己先为给付后，对方无力为对待给付而设立。也即不安抗辩权是基于公平理念为给付具有牵连关系的双务合同而设，为大陆法系各国民法典所规定。《法国民法典》第1613条规定："如买卖成立时，买受人陷于破产或处于无清偿能力致使出卖人有丧失价金之虞时，即使出卖人曾同意延期给付，出卖人也不负交付标的物的义务，但买受人提出到期给付的保证者，不在此限。"《德国民法典》第321条也规定：双务契约中负有先履行义务的当事人，如在合同订立后认识到，其要求获得对待给付的请求权将受到对方当事人欠缺履行能力的危害，则可以拒绝履行其给付，如对方已经履行对待给付或者为履行对待给付提供了担保，则不得行使拒绝给付权。其他大陆法系国家的民法典，如《奥地利民法典》第105条、《瑞士债务法》第3条、《意大利民法典》第1496条均对不安抗辩权有明确规定。我国《民法典》第527～528条规定了不安抗辩权。第527条规定："应当先履行债务的当事人，有确切证据证明对方有下列情形之一的，可以中止履行：（一）经营状况严重恶化；（二）转移财产、抽逃资金，以逃避债务；（三）丧失商业信誉；（四）有丧失或者可能丧失履行债务能力的其他情形。当事人没有确切证据中止履行的，应当承担违约责任。"第528条规定："当事人依据前条规定中止履行的，应当及时通知对方。对方提供适当担保的，应当恢复履行。中止履行后，对方在合理期限内未恢复履行能力且未提供适当担保的，视为以自己的行为表明不履行主要债务，中止履行的一方可以解除合同并可以请求对方承担违约责任。"

我国有的学者对英美法系的默示预期违约制度与大陆法系的不安抗辩权制度进行了对比，认为这两种制度的区别主要有两种：其一，适用的前提条件不同。大陆法系的不安抗辩权的前提是双方当事人履行债务的时间有先后之分，而默示预期违约制度无此区别。其二，两者所依据的原因不同。大陆法系的不安抗辩权行使的条件是一方财产明显减少或破产或不能支付，而英美法系的默示预期违约制度的适用有三个条件（见后"默示预期违约的法律构成及救济"）。由此得出结论，二者有明显区别，不能相互代替。默示预期违约制度较之不安抗辩权更利于保护交易秩序。① 这种观点显然影响了我国立法。事实是否真的如此？笔者认为，大陆法系的不安抗辩权制度与英美法系的默示预期违约制度虽然在某些方面存在差异，但制度价值是一致的。这主要表现在：（1）这两种制度均承认在债务履行期到来之前，债务人虽然未明确表示将不履行债务，但有明显的证据证明债务人在约定的债务履行期到来时将不能履行。（2）二者均承认债务人消除债权人这种抗辩的方式是提供相应的担保或立即履行债务。（3）二者的救济手

---

① 参见杨永清：《预期违约规则研究》，载梁慧星主编：《民商法论丛》，第3卷，380页，北京，法律出版社，1995；王利明：《违约责任论》，157页，北京，中国政法大学出版社，1996。

段基本是一致的。在英美法系之默示预期违约的救济中，预见人可以中止自己的履行而无当然的合同解除权，只有经过书面通知要求债务人提供担保而经过合理的期间未果时，他才有解除合同的权利。而大陆法系的不安抗辩权制度也规定，先为给付方有权中止自己的履行，但是否有合同解除权呢？关于这一点，许多大陆法系国家民法典规定得并不十分明确。但学理认为，中止履行的这种持续抗辩状态不能永久持续，故在对方未提供担保或未为对待给付经过一定期间，也应赋予抗辩人以解除合同的权利。① 而《瑞士债务法》第 83 条第 2 款规定，有先为给付义务的一方当事人在对方当事人未于合理期间内，依其请求提供担保者，得解除契约。我国《民法典》第 528 条也规定：中止履行后，对方在合理期限内未恢复履行能力且未提供适当担保的，视为以自己的行为表明不履行主要债务，中止履行的一方可以解除合同并可以请求对方承担违约责任。由此可见，大陆法系的不安抗辩权制度与英美法系的默示预期违约制度在制度价值上是一致的，我们不能以两种制度在某些方面的稍微不同而主张不能替代并主张引进之。学者所言的两种制度的不同，在笔者看来均微不足道。所谓“不安抗辩权与默示预期违约制度的前提不同”：不安抗辩权的产生以双方给付义务在时间上不同为前提，而默示预期违约制度不需要。在大陆法系上尚有同时履行抗辩权作为补充，当合同双方当事人的给付在时间上没有先后时，可适用同时履行抗辩权。所谓“二者所依据的原因不同”：笔者认为，这只是判断时所参照的因素的不同。英美法系判例法的习惯，使其在判断的具体标准方面比大陆法系更加精确，而大陆法系一般规定都比较概括和原则。在这一点上，恰恰是大陆法系最容易学习英美法的地方，如果说在大陆法系不安抗辩权的原则规定下，加入这些具体的判断标准，无论是判例还是学理均可赞同，而且英美法的这些标准在大陆法系法官的司法判例中也是经常考虑的因素。所以，二者并不矛盾。

（二）不安抗辩权的适用条件

1. 传统民法关于不安抗辩权的适用条件

按照传统民法，适用不安抗辩权须具备两个条件：其一是先为给付人的相对人之财产或资力发生恶化；其二是对方财产或资力的恶化使其有难为给付之虞。

（1）对方财产或资力恶化。

对方财产恶化是导致先为给付方之抗辩权产生的基本条件和基础，但财产或资力的恶化发生于何时才能导致先为给付方的抗辩权？立法上有两种主义：一是财产恶化发生在契约订立时，即可行使抗辩权；二是财产的恶化应发生在契约订立后。② 这两种立法体例，应以后者为优。因为，契约订立时当事人的财产状况已发生恶化，若当事人对此无过错，可援用错误、诈欺等法律制度予以救济，无适用不安抗辩权的必要。只有订立契约后一方当事人的财产发生恶化，并为先为给付义务人所不能预料，才有特别保护的必要。故大多数国家的立法采用“订约后”为时间标准，如德国、法国、瑞士等。我国《民法典》也从此说。

（2）对方当事人财产或资力的恶化，使之有将来难为给付之虞。

财产或资力的恶化到何种程度才能发生难为给付之虞？对此的判断显然极具弹性。如何判断，《法国民法典》与《德国民法典》对行使不安抗辩权的条件的规定，代表了大陆法系各国

① 参见苏俊雄：《契约原理及其应用》，3 版，147 页，台北，中华书局，1983；史尚宽：《债法总论》，5 版，567 页，台北，荣泰印书馆，1978。

② 参见史尚宽：《债法总论》，5 版，564 页，台北，荣泰印书馆，1978。

民法典规定的不同。以法国为代表的大陆法系国家，认为行使不安抗辩权应以对方破产或无清偿能力为条件；而以《德国民法典》为代表的大陆法系国家，认为不安抗辩权的行使条件为“财产明显减少，有难为给付之虞”。

由此可见，《法国民法典》规定的条件更加严格具体，而《德国民法典》规定得概括并宽松。也就是说《法国民法典》规定的是具体的标准，即以支付不能和准支付不能为标准，《法国民法典》第1613条限定为“买受人破产或陷入支付不能的状态，致使出卖人濒临失去价金的急迫危险时”。如《瑞士债务法》第83条规定的条件是：双务契约当事人之一方支付不能，尤其破产或扣押无效果，而因此使财产恶化、使他方的请求权陷入危险时。

《德国民法典》规定的是一种含糊的标准，即“相对人因财产状况的恶化而使有先为给付义务的人的请求权濒临危险”。这种规定使法官具有较大的自由裁量权，可根据具体情况予以判断。

这两种制度相比，各有优劣。就前一种较为具体的标准而言，以对相对人保护为先，以较严格的条件以避免先为给付义务人动辄援用不安抗辩权，以稳定交易秩序。但对于先为给付义务人来说未免过于苛刻，因为当对方已支付不能或准支付不能时，才允许先为给付义务人援用不安抗辩权，其权利的实现的危险性增加。后一种制度，以对先为给付义务人的保护为先，不要求对方财产状况或资力恶化到支付不能或准支付不能，而是让法官判定各种因素而得出结论。但不利的后果是，先为给付义务人援用不安抗辩权的机会大大增加，对交易秩序有一定影响。

笔者认为，瑞士及法国民法的标准较为可取。因为，契约订立的目的在于履行，而履行的后果是对交易双方交易目的的满足。先为给付义务人的相对人只有在支付不能或准支付不能的情况下，才能导致先为给付义务人的交易目的难以达到，也即相对人无法于将来支付；若先为给付义务人不能证明对方给付不能，何以拒绝自己的先为给付？另外，德国式的规定的最终判断，也应以“于将来不能支付”为要，若法官不能判断先为给付义务人于将来不能支付，仍然要裁决先为给付义务人履行义务。所以，法国式的标准既能保护先为给付义务人的利益，也能避免其动辄以不安抗辩权为借口而拒绝履行义务。这正好与不安抗辩权的制度目的相吻合。

另外，在有的情况下，给付的标的也可能是财产或权利以外的劳务。当提供劳务的人因自身或其他情况的变化而不能为劳务给付时，先为给付人也可援用不安抗辩权。例如，甲乙约定，由甲为乙制作风景画一幅，由乙向甲支付1万元。乙支付该款项前，甲忽然得病，有可能导致该画不能交付。这时，乙可援用不安抗辩权。

2. 我国《民法典》关于不安抗辩权的适用条件

根据我国《民法典》第527条、第528条的规定，不安抗辩权的具体适用如下。

（1）应有法定事由：1）经营状况严重恶化的；2）转移财产、抽逃资金，以逃避债务的；3）丧失商业信誉的；4）有丧失或可能丧失履行债务能力的其他情形的。

（2）主张行使抗辩权的一方当事人应当就对方具有上述事由举证。没有确切证据而中止履行的，应承担违约责任。

（3）中止履行的一方应将中止履行的事宜通知对方当事人。对方当事人在合理的期间内提供担保的，不安抗辩权终止。

（三）不安抗辩权的法律效力

如果具备了不安抗辩权的发生要件，先为给付义务人即可主张这一权利，要求对方为对待给付或提供担保，相对人在未为对待给付或提出相当担保前，先为给付义务人得拒绝自己的给付。但是，先为给付义务人原则上不得主张同时履行抗辩权，即不得单独请求交换给付或提供担保，因为对方的对待给付或担保提供并非其义务，而是其对于先为给付义务人提出抗辩的抗辩。故在相对人履行对待给付或提供相当的担保后，不安抗辩权即行消灭，先为给付义务人应依约履行自己的义务。

相对人如果拒绝提供担保或为对待给付，也不负迟延责任，因为其履行义务的期限尚未届至。这里，相对人提供担保不仅可以是物的担保，也可以是人的担保。

如果负有先为给付义务的一方行使不安抗辩权，而对方拒绝为对待给付或拒绝提供相当担保，有先为给付义务的一方是否有解除合同的权利？对于这个问题，各国立法及学理主张不一。德国判例及通说认为，相对人拒绝提供担保，不使其陷入迟延，也不因此而使先为给付义务人取得解除合同的权利。也有人主张，如先为给付义务人提出不安抗辩权，而相对人反复拒绝提供担保或为对待给付，有悖诚实信用原则的，经过相当期限后，应认为先为给付义务人有解除合同的权利。《瑞士债务法》第 83 条第 2 款规定：先为给付义务人于相对人不依其请求在相当期限内提供担保时，得解除契约。另外，还有人，如德国的史韬博（Staub）主张，先为给付义务人在自己的债务届清偿期后，得定相当的期间催告相对人为对待给付或提供担保，若相对人逾期不答复或拒绝，则先为给付义务人有权解除合同。[①] 多数学者认为，应当有限制地赋予先为给付义务人以合同解除权，因为不安抗辩权仅使先为给付义务人获得消极的不履行的抗辩权，而不能诉请相对人为对待给付或提供担保。如果这样长期僵持下去，就会使交易搁置，悬而不决。故若有悖诚实信用原则，先为给付义务人得解除合同。

对于这一问题，我国《民法典》顺应了学理的趋势，于第 528 条规定：中止履行后，对方在合理期限内未恢复履行能力并且未提供适当担保的，视为以自己的行为表明不履行主要债务，中止履行的一方可以解除合同并可以请求对方承担违约责任。

四、情事变更抗辩权

（一）情事变更抗辩权的概念

情事变更抗辩权在许多著作中被称为“情事变更原则”，是指合同有效成立后，因不可归责于双方当事人的事由发生情事变更而致合同之基础动摇或者丧失，若继续维持合同会显失公平，因此允许变更合同内容或解除合同的原则。[②] 有人认为情事变更原则是诚信原则的具体运用。[③] 其实，诚信原则虽与之有联系，但二者有明显的区别。诚信原则系以缔约基础未发生变化为前提，是在静的状态下，以公平的理念对法律的僵硬、漏缺或公平欠缺所作的调整；而情事变更原则是在缔约基础发生变更的情况下，即在动的状态下，以公平理念对法律缺乏弹性而致当事人权利义务失衡的情形所作的调整。

一般认为，情事变更原则起源于 12、13 世纪注释法学派的著作《优帝法学阶梯注释》。其中有一条法律原则：假定每一合同都包含一个默示条款，即缔约时作为合同的客观基础应继续存在，一旦这一基础不复存在，应允许变更或解除合同。后来这一原则被自然法学派发挥得淋

---

① 参见史尚宽：《债法总论》，5 版，567 页，台北，荣泰印书馆，1978。

②③ 参见王家福主编：《民法债权》，393 页，北京，法律出版社，1991。

漓尽致。历史上间或损益，但因其价值理念的光辉，终被大陆法系和英美法系所接受，成为衡平意思自治与社会公平的手段。

情事变更在各国学理上有不同的称谓，在法国被称为不可预见说，在德国被称为法律行为基础说，而在英美法表现为合同落空原则。

法国学理的不可预见说认为，《法国民法典》第1134条规定，依法成立的合同于当事人之间具有相当于法律的效力，但因不可预见的情事变更，其履行对于当事人一方来说成为非常重大的负担时，关于此点并无当事人的合意，因而原约定于当事人间已无法律效力，应允许变更或解除。

法律行为基础说为德国学者欧特曼于1921年所创。这一学说提出后，立即为法院判例所采纳。按照欧特曼的学说，所谓法律行为基础，为缔约时一方当事人对于特定的环境的存在或发生所具有的预想，或为双方当事人对于特定环境的存在或发生所具有的共同预想，且基于此预想而形成法律行为意思。依法律行为基础学说，因法律行为基础有瑕疵而受不利益的当事人，享有解除合同的权利。①

在英美法系，合同落空原则最早出现在1863年泰勒诉卡拉蒂威尔案。在此之前，英国法院一直认为，如果合同没有对免除当事人的履行责任作出规定，那么当事人就应无条件地履行其允诺，任何以外因素均不得作为不履行的辩解。但在泰勒诉卡拉蒂威尔案中，法院认为，在合同订立后，由于发生了双方均难以预料和阻止的事由而使合同无法履行，合同便告解除。对此，英国著名法官丹宁认为："问题很简单：如果在执行一项合同的过程中，一种双方都没有预料到的根本不同的情况发生了——在这种情况下，用原来的合同条款束缚他们将是不合理的——那么合同就应该终止。"②

在之后的戴维斯承包商诉法尔哈姆市区政府案中，法院又将合同落空理论推进了一步。此案确立了一个新的原则，即当法律认定能改变双方当事人义务的事件发生，而该事件发生并非任何一方的过失，并使履行合同对于当事人而言成为不同于原合同要求其承担的行为时，合同视为落空。

在1903年的克雷尔诉亨利案中，英国法院又创造了合同落空的另外一个重要原则，即"目的落空"原则，即合同的目的是双方当事人缔结合同的基础，既然目的落空，合同便应告终止，双方的义务均应解除。③

2009年以前，情事变更原则在大陆法系的绝大部分国家被立法或者判例所承认，而在我国的民事立法中，是否规定情事变更原则一直存在争议，因此，立法者一直没有规定。但是，在《合同法》颁行10年后的2009年，最高人民法院颁布的关于《合同法》的司法解释④在总结我国司法实践的基础上，规定了情事变更。该解释第26条规定："合同成立以后客观情况发生了当事人在订立合同时无法预见的、非不可抗力造成的不属于商业风险的重大变化，继续履行合同对于一方当事人明显不公平或者不能实现合同目的，当事人请求人民法院变更或者解除

① 参见王家福主编：《民法债权》，395页，北京，法律出版社，1991。

② ［英］丹宁：《法律的训诫》，43页，北京，群众出版社，1985。

③ 参见岳彩申：《合同法比较研究》，255～256页，成都，西南财经大学出版社，1995。

④ 《最高人民法院关于适用〈中华人民共和国合同法〉若干问题的解释（二）》（法释〔2009〕5号），2009年2月9日最高人民法院审判委员会第1462次会议通过，自2009年5月13日起施行，现已废止。

合同的，人民法院应当根据公平原则，并结合案件的实际情况确定是否变更或者解除。”我国《民法典》在司法实践的基础之上，进行了改造性的继受，排除了上述司法解释中的“非不可抗力”的限制，在第533条规定：“合同成立后，合同的基础条件发生了当事人在订立合同时无法预见的、不属于商业风险的重大变化，继续履行合同对于当事人一方明显不公平的，受不利影响的当事人可以与对方重新协商；在合理期限内协商不成的，当事人可以请求人民法院或者仲裁机构变更或者解除合同。人民法院或者仲裁机构应当结合案件的实际情况，根据公平原则变更或者解除合同。”这是我国立法第一次明确规定了情事变更原则。

（二）适用的条件

1. 情事变更原则应当适用于具有“双重漏洞”的情形

德国学者梅迪库斯认为：属于交易基础的东西，不可能是行为的内容。交易基础学说适用的前提乃存在一个双重的规定漏洞，即当事人没有约定，法律也没有规定的情形。如果法律行为或者法律已经包含了某项规定，那么就不需要交易基础学说来填补漏洞了。① 例如，买卖合同中，在途标的物的风险转移分担，即使没有当事人的约定，法律也已经作了详细具体的规定，所以，不存在情事变更的适用问题。

2. 作为缔约基础和环境的客观情况发生异常的变化

我们在比较法国学理、德国学理及英美判例对情事变更原则的异同中已经看出，德国学理及英国判例均认为，如果当事人缔约时以某种客观情形作为基础，该基础已发生变化，依附于该基础并以其存在作为利益判断的当事人之意思表示也应相应地变化。这里所说的异常的变化，应以这一基础是否丧失、缔约目的是否可以实现等作为判断标准。德国联邦最高法院判例认为：必须发生了如此深刻的变化，以至于若恪守原来的约定，将产生一种不可承受的、与法和正义无法吻合的结果。因此，恪守原来的合同规定对于相关当事人来说是不可合理期待的。②

3. 情事变更须发生在缔约后

这一点为大陆法系与英美法系所共认。在合同法中，对于当事人之救济有各种措施，只有在缔约后发生情事变更，才有适用该规则的必要。如果在缔约时业已发生，则是合同效力的问题。有的学者认为，如果情事变更发生在合同订立之时，应认为当事人已经认识到发生的事实，则合同的成立是以已经变更的事实为基础的，不发生情事变更的问题。③ 这也许正是德国法上的法律行为基础理论与情事变更理论的区别所在：德国法上的法律行为基础理论不仅能够涵盖合同基础自始缺乏的问题，而且能够解决事后发生变化的问题。德国学者指出：传统上将交易基础区分为交易基础的事后丧失与自始欠缺。这种区分也涉及法律后果方面的差异，因为在交易基础事后丧失时，法律后果也只能在事后发生效力。但是，这一区分对究竟什么是交易基础这个基本问题，没有任何意义。④ 也就是说，交易基础区分为交易基础的事后丧失与自始欠缺，仅仅对法律后果有影响：如果是自始欠缺，则是合同是否成立问题，而事后丧失，则不是合同效力问题，而是变更或者解除的问题。但是，梅迪库斯所说的“这一区分对究竟什么是交易基础这个基本问题，没有任何意义”，恰恰说明德国法上的交易基础能够涵盖这两

---

①④ 参见［德］迪特尔·梅迪库斯：《德国民法总论》，邵建东译，653页，北京，法律出版社，2000。

② 参见［德］迪特尔·梅迪库斯：《德国民法总论》，邵建东译，656～657页，北京，法律出版社，2000。

③ 参见王利明：《违约责任论》，344页，北京，中国政法大学出版社，1996。

种情况。

除此之外还应探讨的问题是：情事变更发生在合同履行完毕之前或者之后，对当事人权利有没有影响？有的学者认为：如果合同已经履行完毕，应认为当事人已经抛弃情事变更的抗辩权。就如经济分析法学派所认为的：合同没有明确预见到的情况出现，而合同仍然按其条款履行的，一般认为这种忽略是有意的。① 同样，因债务人迟延履行或债权人迟延受领后而发生情事变更的，有过错的一方不得主张情事变更的抗辩。英国的判例也支持这一观点，陈得乐诉维伯斯特案的判决就是最好的说明。这一案件同上面所说的克雷尔诉亨利案同一时间出现，并都与国王加冕仪式相关，但结果大相径庭。在该案中，原告陈得乐租赁了某大街上的一所房屋以参观游行盛典，并期望为缴费的观众提供座位。租金为 141 英镑，并提前支付。但是，仅仅支付了 100 英镑后，国王的加冕仪式因国王生病而改期。原告向法院起诉，要求被告返还已经支付的 100 英镑。法院判决认为：原告没有权利要求被告返还已经支付的 100 英镑，并有义务支付剩余的 41 英镑。理由是：所有租金已经到期，并在游行之前就应当支付。在游行取消之前，法院听从当事人自便。只有在受挫事件发生后，当事人履行的义务才能免除。承租人不能因为没有支付到期的租金而处于有利地位。② 但是，德国学者梅迪库斯认为：合同是否已经履行以及合同是如何履行的问题，也不具有法律上的重要性。我们尤其不能一般地认为：对于已经履行的合同，不能再提出交易基础受到破坏的问题。因为，受到现实情况损害的当事人已经履行了他的给付义务的事实，与他应该获得何种对待给付的问题，是毫无关联的。③ 笔者同意梅迪库斯的观点与理由。

4. 情事变更为当事人在缔约时没有预见

这一点也是大陆法系和英美法系所共认的。情事变更原则无非一种对于不测风险的分配规则，有时当事人会在合同中明确约定当某种意外事件出现时，应如何分配该意外事件所带来的风险，这时就没有必要再以情事变更原则去衡平这种风险的明确分配。就如德国学者所指出的："应当考虑到实际情况的可预见性，如果当时存在这种可预见性，那么求助于诚实信用原则的要求就并不迫切。"④ 但是，当事人对于权利义务的判断是以现实的客观条件为基础的，他不可能对所有的将来出现的风险均有所预见并在合同中作了明确的分配。故合同并不以缔约人对将来所有的风险有所预见并在合同中作了明确的分配为生效条件，而是规定了许多对于当事人不能预见到的风险之合理分担的救济制度。情事变更原则就是其中的一种。

但在具体操作上，如何确定当事人有无预见？具体说来，是根据每个当事人的特质来分析判断，还是根据一个一般的合理的人的标准为判断？即以主观的标准还是以客观的标准？如果从纯粹理论角度看，主观的标准更加精确并贴近现实，但却往往难以操作。要对当事人的智力、经历、教育程度、职业等作出详细分析并综合判断，并且，用主观的标准往往会有许多不确定的因素，会导致臆断。而客观的标准简便易行，用一个一般的正常人作为参照模式，如果这个一般的正常人能够预见而缔约人没有预见，就认为他有过失，不能主张情事变更的抗辩。

---

① 参见［美］罗伯特·考特、托马斯·尤伦：《法和经济学》，张军等译，383 页，上海，上海三联书店、上海人民出版社，1994。

② 参见［美］A. L. 科宾：《科宾论合同》（下），王卫国等译，685 页，北京，中国大百科全书出版社，1998。

③ 参见［德］迪特尔·梅迪库斯：《德国民法总论》，邵建东译，660 页，北京，法律出版社，2000。

④ ［德］迪特尔·梅迪库斯：《德国民法总论》，邵建东译，658 页，北京，法律出版社，2000。

我们在前面论及，英美法一般使用拉德克利夫法官所主张的“合理人”的客观标准。

5. 情事变更须不可归责于双方当事人

情事变更原则建立在公平分配损失的理念之上，如果这种损失的发生可归责于双方或一方当事人，应按其过错分配风险，而不适用情事变更原则。“不可抗力”完全可能引起情势变更的适用，因此，我国最高人民法院在2009年颁布的关于《合同法》的司法解释（现已废止）中排除“不可抗力”引起的情形，是没有道理的。我们不能把作为免责事由的“不可抗力”与情势变更原则的适用混为一谈。

6. 情事变更后若再维持原合同的效力将使双方权利义务发生重大失衡

这是适用情事变更原则的关键所在，即情事变更使缔约双方所赖以判断自己权利义务的基础发生动摇或根本损失，使当事人的权利义务严重失衡，故有恢复平衡的必要。如果情事变更并未引起权利义务的变化，或虽发生变化但不显著，也无适用情事变更原则的必要。

如何判断权利义务发生了变更而重大失衡？英国学者施米托夫认为，可以把不同的法律制度分为两类。在一些法律制度中，只有当案件的事实符合法律规定的规范性要求，即物质上或法律上不能履行时，才能构成合同落空；而另一些法律制度上的合同落空，由法官行使自由裁量权，确定是否合乎质和量上的标准，即发生了根本不同的情况。我们把第一种情况称为规范性标准，第二种情况称为定性标准。规范性标准比较陈旧，而定性标准比较现代。① 但是，在现代商业条件下，无论涉及艰难情事、合同基础，还是当事人的共同意思，最为适当的标准是义务的重大变更。② 义务变更到何种程度才能适用情事变更原则予以救济？应达到严重失衡的程度。

在这里，情事变更与显失公平有所交叉，但二者是两种不同的法律制度。情事变更的结果最终也能导致显失公平，但二者在适用条件上有所不同。显失公平的构成虽然不要求有主观要件，但必须有主观原因——被告必须利用对方没有经验、地位不平等的优势等；而在情事变更原则的适用条件中，要求当事人权利义务赖以存在的基础发生了变更，从而导致当事人利益的失衡。显失公平的结果可能是变更或撤销合同，而情事变更的结果可能是变更或解除合同。

7. 情事变更适用的对象是不应当由合同当事人承担的风险

这是一个非常重要的条件。任何交易均存在风险，而这种风险既可以由当事人约定分担，也可以由法律规定合理分配。被合同的可规划性特征所决定，风险分配由当事人约定始终是第一位的，而由法律规定始终是第二位的。虽然法律允许当事人对风险作出事先的约定或者安排，但当事人的理性是有限的，总有许多风险不能预料，所以，法律在许多情况下作补充性分配之规定。但同样的问题是，立法者的预见性虽然强于当事人，但也会对许多不能预见的风险没有作出分配的规定。而这种风险如果恰恰成为决定当事人权利义务的根据，那么，这种风险是否能够成为法律救济的理由？这就要看，按照诚实信用与公平原则，它是不是应当由当事人合理承担的风险。如果不是，它就能够成为法律理由。例如，甲乙双方订立了一项买卖1 000吨钢材的合同，约定钢材每吨800元人民币。合同签订时正值计划经济向市场经济过渡的前夜，但当事人并不知道。当合同履行期到来时，已经是市场经济时代，钢材的市场价格为

① 参见［英］施米托夫：《国际贸易法文选》，赵秀文等译，307页，北京，中国大百科全书出版社，1993。

② 参见［英］施米托夫：《国际贸易法文选》，赵秀文等译，318页，北京，中国大百科全书出版社，1993。

每吨2 600元。也就是说，合同权利义务赖以存在的基础性条件——计划经济已经不存在了，那么这种风险是否应当由卖方来承担？当然，按照诚实信用原则，将这种风险分配给卖方是不合理的，故应当适用交易基础丧失（情事变更原则）作司法矫正。可以说，交易基础丧失（情事变更原则）就是对不能合理分配给当事人的风险，依据诚实信用原则所作的重新分配。

从我国《民法典》关于情事变更的规定看，其适用的要件是：（1）作为合同基础的客观情况发生了变化；（2）该变化是订立合同时无法预见的；（3）该变化不属于商业风险；（4）继续履行合同对于一方当事人显失公平或者不能实现合同目的。

除此之外，《最高人民法院关于当前形势下审理民商事合同纠纷案件若干问题的指导意见》（法发〔2009〕40号）对于如何适用情事变更原则，进一步作出了规定，大概有以下几点：（1）依据公平原则和情势变更原则严格审查关于适用情事变更的请求。（2）人民法院在适用情势变更原则时，应当充分注意到全球性金融危机和国内宏观经济形势变化并非完全是一个令所有市场主体猝不及防的突变过程，而是一个逐步演变的过程。在演变过程中，市场主体应当对于市场风险存在一定程度的预见和判断。人民法院应当依法把握情势变更原则的适用条件，严格审查当事人提出的“无法预见”的主张，对于涉及石油、焦炭、有色金属等市场属性活泼、长期以来价格波动较大的大宗商品标的物以及股票、期货等风险投资型金融产品标的物的合同，更要慎重适用情势变更原则。（3）人民法院要合理区分情势变更与商业风险。商业风险属于从事商业活动的固有风险，诸如尚未达到异常变动程度的供求关系变化、价格涨跌等。情势变更是当事人在缔约时无法预见的非市场系统固有的风险。人民法院在判断某种重大客观变化是否属于情势变更时，应当注意衡量风险类型是否属于社会一般观念上的事先无法预见、风险程度是否远远超出正常人的合理预期、风险是否可以防范和控制、交易性质是否属于通常的“高风险高收益”范围等因素，并结合市场的具体情况，在个案中识别情势变更和商业风险。（4）在调整尺度的价值取向把握上，人民法院仍应遵循侧重于保护守约方的原则。适用情势变更原则并非简单地豁免债务人的义务而使债权人承受不利后果，而是要充分注意利益均衡，公平合理地调整双方利益关系。在诉讼过程中，人民法院要积极引导当事人重新协商，改订合同；重新协商不成的，争取调解解决。为防止情势变更原则被滥用而影响市场正常的交易秩序，人民法院决定适用情势变更原则作出判决的，应当按照《最高人民法院关于正确适用〈中华人民共和国合同法〉若干问题的解释（二）服务党和国家的工作大局的通知》的要求，严格履行适用情势变更的相关审核程序。

尽管最高人民法院的上述指导意见是针对2009年《最高人民法院关于适用〈中华人民共和国合同法〉若干问题的解释（二）》发布的，但这种司法实践的指导意见，即使在《民法典》颁布之后，对于各级法院正确适用《民法典》第533条仍然具有指导意义。

《合同编通则部分司法解释》第32条在总结以前的司法实践和理论的基础上，更合理的规定了情势变更制度。该条规定：（1）合同成立后，因政策调整或者市场供求关系异常变动等原因导致价格发生当事人在订立合同时无法预见的、不属于商业风险的涨跌，继续履行合同对于当事人一方明显不公平的，人民法院应当认定合同的基础条件发生了《民法典》第533条第1款规定的重大变化，但是合同涉及市场属性活跃、长期以来价格波动较大的大宗商品以及股票、期货等风险投资型金融产品的除外。（2）合同的基础条件发生了《民法典》第533条第1款规定的重大变化，当事人请求变更合同的，人民法院不得解除合同；当事人一方请求变更合同，对方请求解除合同的，或者当事人一方请求解除合同，对方请求变更合同的，人民法院应当结合案件的实际情况，根据公平原则判决变更或者解除合同。(3) 人民法院依据《民法典》第533条判决变更或者解除合同的，应当综合考虑合同基础条件发生重大变化的时间、当事人重新协商的情况以及因合同变更或者解除给当事人造成的损失等因素，在判项中明确合同变更或者解除的时间。(4) 当事人事前约定排除《民法典》第533条适用的，人民法院应当认定该约定无效。

从这一规定来看，我们必须在理论和实践上把握其要旨：(1) 该解释将情势变更归结为合同基础发生了变化，这是符合我国民法典体系的做法，是科学的，实际上相当于《德国民法典》上的法律行为基础丧失；(2) 区别商业风险与情势变更，不能把商业风险作为情势变更对待，例如，有些如股票、期货等风险投资型金融产品以及市场属性活跃、长期以来价格波动较大的大宗商品等，一般不能适用情势变更；(3) 情势变更制度属于强行性规定，不得排除适用。

（三）适用的结果

因情事变更而受到不利益者，可以请求法院调整合同权利义务；在不能调整时，可以请求解除合同。

（四）与情事变更相关的其他问题

1. 情事变更和商业风险

《民法典》第533条特别强调情事变更和商业风险的区别，意在防止把正常的商业风险当作情事变更来对待。但是，如果仔细阅读该条就会发现，该条只有一个排除商业风险的限制条件——“不属于商业风险的重大变化”。问题是：是否任何商业风险都不能适用情事变更？笔者认为，情事变更制度的主要目的就是解决风险分配不合理的问题，正常的商业风险当然应当由当事人承担，不能动辄逃脱。情势变更就在于引起了不正常的商业风险，而这种不正常的商业风险分配给一方当事人显然不合理，为一般的社会观念所不容许。因此，需要重新分配这种风险。我们必须区分情势变更与正常的商业风险，但不能将不正常的商业风险排除在被救济的大门之外。当然，有些本来就高风险的行业，如最高人民法院司法解释中所说的“股票、期货等风险投资型金融产品”等属于高风险高收益的行业，不能适用情势变更原则，因此，当我国的股票市场从6 000多点降到1 000多点时，当中石油每股从48元降到4.8元时，没有人认为这不属于正常的商业风险。因此，《民法典》第533条应该理解为：合同成立后，合同的基础条件发生了当事人在订立合同时无法预见的、不属于正常商业风险的重大变化，继续履行合同对于当事人一方明显不公平的，受不利影响的当事人可以与对方重新协商；在合理期限内协商不成的，当事人可以请求人民法院或者仲裁机构变更或者解除合同。

2. 情事变更与交易安全

在我国适用情事变更（交易基础瑕疵）理论时一个值得特别强调的问题，就是情事变更与交易安全的问题。其实，我国民法理论争论情事变更原则是否应写入立法的一个很重要的理由，就是担心情事变更与交易风险的难以区分性会影响交易安全。对此，德国学者指出：经常有人指出，交易基础学说是对信守合同的破坏，是对有约必守原则的限制。但这种一般性的表述是不正确的，因为它忽略了一个基本的问题：正因为人们将合同内容限制在当事人实际意在调整的范围内，所以才能够特别严肃地对待合同。① 如果合同对一项风险没有约定，而按照风

---

① 参见［德］迪特尔·梅迪库斯：《德国民法总论》，邵建东译，650页，北京，法律出版社，2000。

险分配原则，不能合理地分配给蒙受不利的当事人一方，这时再强调信守合同，就会破坏法律公正的基本价值。因为合同当事人承担的合同义务并非其同意或者约定的义务，按照公平原则，该义务也不是应当由其承担的风险。因此，只要严格地把握情事变更的适用条件，就不会影响交易安全。

3. 关于名称问题的思考

德国的司法和学理之所以将情事变更称为“法律行为基础丧失”，是因为其法典有“法律行为”这一概念，如果判例创造出“法律行为基础丧失”，这一问题似乎就蕴涵在其法典中。这样一来，虽然实际上是学理和判例的发展和“立法”，但却“师出有名”。我国《民法典》总则编中就有“民事法律行为”的概念，但我们不将“情事变更”称为“法律行为基础丧失”，而是直接用之。这应当引起我们的注意，我们是否能够将我们的民法典作为整体把握而不是使其“各自为政”？因此，笔者认为，在我国仅就名称而言，称为“法律行为基础丧失”比“情事变更”更符合体系化要求。

第五节　合同履行的定金担保

一、定金的概念和种类

（一）概念

按照我国《民法典》第586条及第587条的规定，所谓定金，是一方当事人为保证合同义务的履行而预先交付给对方的一定数额的金钱或者替代物。债务人履行债务后，定金应当抵作价款或者收回。给付定金的一方不履行约定的债务的，无权要求返还定金；收受定金的一方不履行约定的债务的，应当双倍返还定金。

（二）种类

从我国《民法典》关于定金种类的规定来看，其仅仅规定了“违约定金”，但实际上，在各国或者我国的现实生活中，根据契约自由原则，当事人可以约定的定金种类，大致有五种。

1. 成约定金

所谓成约定金，是指定金为合同成立的要件，即因定金的交付，合同始告成立。这是德国法所采用的制度（《德国民法典》第336条）。

2. 证约定金

所谓证约定金，是指以定金的交付作为合同成立的证据。这是罗马法所采用的制度，为近代各国民法所沿用。

3. 解约定金

所谓解约定金，是指以定金作为保留合同解除权的代价，即给付定金的一方得抛弃定金而解除合同，接受定金的一方得加倍返还定金而解除合同。《日本民法典》即采此制度。

4. 立约定金

立约定金是指为保证正式合同的订立而于其订立前交付的定金。

5. 违约定金

所谓违约定金，是指以定金作为合同不履行的赔偿，即：给付定金的一方不履行合同时，不得请求返还定金；接受定金的一方不履行合同时，应当加倍返还定金。

我国《民法典》仅仅规定了违约定金，但不妨碍当事人自由约定定金种类。尽管其他种类的定金在我国民法典上没有规定，但按照意思自治原则，当事人可以自由约定，约定后有效。但是，没有约定的，即为违约定金。因此，《合同编通则部分司法解释》第 67 条规定：（1）当事人交付留置金、担保金、保证金、订约金、押金或者订金等，但是没有约定定金性质，一方主张适用《民法典》第 587 条规定的定金罚则的，人民法院不予支持。当事人约定了定金性质，但是未约定定金类型或者约定不明，一方主张为违约定金的，人民法院应予支持。（2）当事人约定以交付定金作为订立合同的担保，一方拒绝订立合同或者在磋商订立合同时违背诚信原则导致未能订立合同，对方主张适用《民法典》第 587 条规定的定金罚则的，人民法院应予支持。（3）当事人约定以交付定金作为合同成立或者生效条件，应当交付定金的一方未交付定金，但是合同主要义务已经履行完毕并为对方所接受的，人民法院应当认定合同在对方接受履行时已经成立或者生效。（4）当事人约定定金性质为解约定金，交付定金的一方主张以丧失定金为代价解除合同的，或者收受定金的一方主张以双倍返还定金为代价解除合同的，人民法院应予支持。

二、定金的性质

不同种类的定金有不同作用和性质，根据我国《民法典》第 586 条及第 587 条的规定，我国法上的定金的性质有二。

（一）担保作用

如果从体系解释看，我国《民法典》关于定金的体系位置规定在“违约责任部分”，但是，从我国《民法典》关于定金的具体规定看，定金是被作为合同履行的担保手段来对待的。我国《民法典》第 586 条第 1 款规定，当事人可以约定一方向对方给付定金作为债权的担保。

（二）具有违约定金的性质

我国《民法典》第 587 条规定：“债务人履行债务的，定金应当抵作价款或者收回。给付定金的一方不履行债务或者履行债务不符合约定，致使不能实现合同目的的，无权请求返还定金；收受定金的一方不履行债务或者履行债务不符合约定，致使不能实现合同目的的，应当双倍返还定金。”这就是我国民事立法一直采用的定金种类。

尽管说，当事人可以按照契约自由原则来自由约定其他种类的定金，但在没有约定或者约定不明确的时候，应该确定为违约定金的性质。但是，当事人交付留置金、担保金、保证金、订约金、押金或者订金等，但是没有约定定金性质，一方主张适用《民法典》第 587 条规定的定金罚则的，人民法院不予支持；约定了定金性质，未约定定金类型或者约定不明，一方主张为违约定金的，人民法院应予支持（《合同编通则部分司法解释》第 67 条第 1 款）。

三、定金合同成立的特则

定金的成立一般由当事人订立定金合同。定金合同除应具备合同成立的一般要件外，还应具备以下要件。

（一）定金合同须以有效的主合同的存在为前提

定金合同为从合同，其效力依主合同的效力为转移。主合同无效或被撤销时，定金合同也不能成立。主合同消灭时，定金合同也消灭。

（二）定金合同为要物合同

所谓要物合同又称为实践合同，是指合同的生效，不仅要有当事人的合意，而且要有物的现实交付。定金合同即这样的合同，如果只有关于定金的合意而无定金的交付，其合意也不发生效力。根据我国《民法典》第586条第1款的规定，定金合同自实际交付定金时生效。实际交付的定金数额多于或者少于约定数额的，视为变更约定的定金数额。

（三）定金合同的标的一般为金钱

定金合同的标的，原则上为金钱。但当事人有特别约定时，也可以以其他替代物作为定金。

（四）定金的数额应少于主合同的标的额

定金的数额由双方当事人自由约定，但不得高于主合同的标的额。按照我国《民法典》第586条第2款的规定，定金的数额由当事人约定；但是，不得超过主合同标的额的20%，超过部分不产生定金的效力。实际交付的定金数额多于或者少于约定数额的，视为变更约定的定金数额。

四、定金与违约金、预付款的关系

（一）定金与违约金的关系

当事人既约定违约金，又约定定金的，一方违约时，对方可以选择适用违约金或者定金条款（《民法典》第588条第1款）。定金与违约金的区别主要表现在：

（1）定金一般是于主合同履行前交付的，而违约金是违约后的责任形式。

（2）定金主要起担保作用，是担保的一种形式，而违约金是一种合同责任形式。

（3）两者在与违约责任的关系上不同：定金不足以弥补损失的，当事人可以在定金不足以弥补损失的范围内请求对方赔偿，而违约金不可以；但是，在违约金过分过于或者低于违约所造成损失的时候，违约方可以请求人民法院或者仲裁机构调整。

（4）是否有具体数额限制不同——《民法典》对定金有20%的最高限制，超过部分不发生定金效力，但对违约金没有数额上的限制。

（二）定金与预付款的区别

若仅仅从时间上看，定金与预付款都是由一方先行交付给对方的一定金额，但二者在性质上有重大区别。

（1）定金是一种担保手段，它本身不是主合同中应支付价款的一部分，不是债的履行内容；预付款是一种支付手段，它属于合同债务履行的一部分。

（2）定金的双方当事人在不履行合同时，使用定金罚则——失去定金或者双倍返还定金；而预付款交付后，发生合同不履行的情况时，当事人并不因此而产生损失预付款或加倍返还的问题。

五、定金与赔偿损失的关系

无论是定金还是违约金，其根本的目的在于弥补损失而不在惩罚。因此，定金没收或者双倍返还，已经弥补对方损失的，就不应再要求赔偿损失。只有定金不足以弥补损失时，才能在定金不够的限度内要求赔偿损失。对此，《民法典》第588条第2款规定：“定金不足以弥补一方违约造成的损失的，对方可以请求赔偿超过定金数额的损失。”

六、定金是否有必要参照违约金的规则酌情减少或者增加

笔者认为没有必要，理由在于：

(1)《民法典》已经就最高数额作出了限制——20%。在这一点上定金不同于违约金，不发生过高的情况。

(2)《民法典》第 588 条规定得很清楚：定金之外可以另外要求赔偿——不存在过低的问题。

七、定金的适用规则

《合同编通则部分司法解释》第 68 条规定：

(1) 双方当事人均具有致使不能实现合同目的的违约行为，其中一方请求适用定金罚则的，人民法院不予支持。当事人一方仅有轻微违约，对方具有致使不能实现合同目的的违约行为，轻微违约方主张适用定金罚则，对方以轻微违约方也构成违约为由抗辩的，人民法院对该抗辩不予支持。

(2) 当事人一方已经部分履行合同，对方接受并主张按照未履行部分所占比例适用定金罚则的，人民法院依法予以支持。对方主张按照合同整体适用定金罚则的，人民法院不予支持，但是部分未履行致使不能实现合同目的的除外。

(3) 因不可抗力致使合同不能履行，非违约方主张适用定金罚则的，人民法院不予支持。

法律适用

1. 同时履行抗辩权的后果

在司法实践中，存在这样一种误解，即当事人行使同时履行抗辩权后，无须再履行合同。事实远非如此。通过考察同时履行抗辩权的功能来看，抗辩权人运用同时履行抗辩权可以迫使对方当事人及时履行债务或提供担保，以避免自己利益受损的风险。同时履行抗辩权制度能够保护具有相互依赖性的双务合同之双方当事人的利益，其目的在于促进合同义务的履行，以维护交易的公平和顺畅。同时履行抗辩权只是法律赋予双务合同当事人的一种可以延期履行自己债务的抗辩权，是否行使该权利由当事人自己决定，而法院不能干涉当事人的意思自治而依职权主动适用。一方当事人行使同时履行抗辩权后，其只是可以暂时不履行自己的合同义务，在相对人履行自己的对待给付义务或提出履行的请求后，同时履行抗辩权人也必须履行自己的合同义务，否则将承担违约责任。总之，同时履行抗辩权的性质属于延期抗辩权，仅具有使对方请求权延期的效力。行使同时履行抗辩权的后果是在对方没有履行对待给付义务或者没有提出履行前，抗辩权人可以拒绝自己的给付。

2. 不可抗力与情事变更如何掌握

我国《民法典》明确规定了情事变更原则，这是在总结《最高人民法院关于适用〈中华人民共和国合同法〉若干问题的解释（二）》的基础上规定的。但是，与上述司法解释不同的是，《民法典》没有明确将不可抗力排除在外。因此，必须区分不可抗力与情势变更的关系。不可抗力是指当事人不能预见、不能避免并且不能克服的客观情况，可以将其理解为天灾人祸。情

事变更是指合同赖以成立的各种客观情况发生了异常变化，从而导致双方权利、义务的严重失衡，不利一方可以据此请求法院变更或者解除合同的情形。无论是发生不可抗力还是情事变更，都会对合同当事人的权利、义务产生极大影响。这在司法实践中已经引起高度重视，因此，应注意二者的区分。不可抗力与情事变更关系密切，许多情况下，适用情事变更原则的原因是发生了不可抗力。但不可抗力与情事变更的区别还是比较明显的：首先，二者关注的重点不同。不可抗力在合同法上的适用主要是作为缔约过程中或者违约的免责原因；而情事变更在合同法上的适用主要是作为判断影响权利、义务的基础是否发生变更的标准，而并不注重引起变更的原因。其次，二者构成履行障碍的程度不同。不可抗力的程度较重，已构成履行不能；而情事变更仍有履行的可能，只是履行困难或结果显失公平。但是，必须明确的是，不可抗力当然能够引起情势变更。我国已经对情事变更作了明文规定，法院应在信守合同的前提下，结合学理与判例总结的经验合理适用情事变更原则。

课后复习

1. 试论不安抗辩权与预期违约的关系。
2. 试论情事变更对合同效力的影响。

第十一章　违约责任

提　要

契约的全部意义和终极目的在于履行，无论从什么意义上讲，履行都是债权关系的目的，而契约以及由契约产生的各种义务，就是用来实现这一目的的。一般来说，一个正常的缔约者是愿意履行和遵守自己的约定的，也希望对方履行和遵守约定。因为只有这样，彼此的交易目的才能实现。但是，由于社会经济生活的不断变化，主、客观世界的纷繁复杂，私人间缔结的契约得不到履行或不按缔约人预先的设计履行的状况时有发生，这就是我们通常所讲的违约。对违约形态与法律后果进行研究，对于学理与司法都是有效的思维方式。

重点问题

1. 违约的概念与具体形态分类。
2. 违约救济的各种手段。

第一节　违约及违约形态概述

一、违约的一般概述

契约的全部意义和终极目的在于履行，正如德国法学理论家所强调的，债权契约可以产生各种不同的义务。人们设定这些义务是为了实现一个目标——履行。无论从什么意义上讲，履行都是债权关系的目的，而契约以及由契约产生的各种义务，就是用来实现这一目标的。义务是一种工具或方法，它描述并指明了在通向最佳履行道路上所要经历的不同阶段以及当事人的行为背离了这种义务的后果。如同设计图或计划书，契约规定了一项交易所要经历的不同发展阶段以及有关规则，当事人将据此达到他们所商定的预期目标。① 一般说来，一个正常的缔约者是愿意履行和遵守自己的约定的，也希望对方履行和遵守约定。因为只有这样，彼此的交易目的才能实现。法律也希望私人之间的交易能够按照当事人的“法律”——契约进行，因为这是国家经济秩序的一部分。

但是，由于社会经济生活的不断变化，主、客观世界的纷繁复杂，私人间缔结的契约得不到履行或不按缔约人预先的设计履行的状况时有发生，这就是我们通常所讲的违约。具体地

---

① 参见［德］罗伯特·霍恩等：《德国民商法导论》，楚建译，97～98页，北京，中国大百科全书出版社，1996。

说，违约就是契约当事人在无法定事由的情况下，不履行或者不按约定履行义务的行为。如何解决这一问题，是所有债权法理论的核心所在，任何私法制度的功效将在其面前接受检验。①所以，各国学理不得不研究合同效力的这个“副产品”——违约，并设定各种救济措施。

如果没有违约的法律救济，合同对双方的拘束力就难以实现，当事人的权利义务也就难以落实，合同对社会经常的作用也就发挥不出来。因此，我国所有的民事立法对违约责任都有明确规定。当然，当事人也可以约定违约责任。但法律对于当事人约定的违约责任也有约束，例如，《民法典》第585条就对当事人约定的违约金过高或者过低的情况作出了规定。

二、违约形态的比较法观察

对违约行为的救济是否应建立在对于各种行为进行分类的基础之上？也就是说，是否有必要对各种违约行为进行分类并以此为基础而给予救济？对此，大陆法系与英美法系的传统理论相去甚远。大陆法系国家（法国除外）对此一般持肯定的态度，即对各种合同义务作出不同的分类，根据对每一类合同义务的违反确定违约形态。

对于违约形态的分类最早始于罗马法。罗马法将违约形态分为给付不能与给付迟延。所谓给付不能，在罗马法上有两种含义：一是指实际上无给付的可能，此为狭义的给付不能；另一种是指虽然给付是可能的，但给付的结果在当事人之间显失公平，也属于给付不能，这种情况属于广义的给付不能。所谓给付迟延，在罗马法上也分为两种：债权人的受领迟延和债务人的给付迟延。罗马法对这两种违约形态规定了不同的救济方式。②

罗马法的这种分类实质性地影响了德国学理及立法。1853年，德国学者牟姆森（Mommsen）提出了一种观点，即所有形式的履行不当可以归结为给付不能与给付迟延两种形态。这一观点很快就吸引了为数众多的追随者。人们首先从物质概念上理解给付不能，即着眼于标的物是否存在以及是否能够得到，而不是从违约或未履行承诺的角度考虑问题。这就大大限制了给付不能作为一种类别的范围。另外一种仅有的履行违反的形式是迟延，或称未按时给付。这种排斥一切可能的“二元论”支配了那场围绕《德国民法典》而展开的大论战③，并最终被《德国民法典》所接受。但在事实上，“二元论”并没有穷尽所有的违约形态，在《德国民法典》生效实施后不久，马上就暴露出一个十分明显的漏洞：在一个买卖合同案例中，买主将其买来的一匹马与自己的另外30匹马圈在一起。由于这匹买来的新马患有一种传染性疾病，从而导致了其他马匹生病并死亡。根据《德国民法典》“二元论”的规定，买方并无契约上的请求权，但法院采取了“积极违约”的理论，弥补了民法典的这一漏洞。④ 在今天，“积极违约”已成为德国学理及判例公开承认的违约形态。

在英美法中，没有像大陆法系国家那样将违约行为划分为不同的违约形态并设置相应的救济措施。英美法否定违约形态分类的根据在于：任何违约均会导致合同义务的违反，并使受害人享有获得救济的权利。受害人是否选择救济方式应由其自己决定。⑤ 这也反映出英美法重程序的特点。

---

① 参见［德］罗伯特·霍恩等：《德国民商法导论》，楚建译，98页，北京，中国大百科全书出版社，1996。
② 参见王利明：《违约责任论》，122页，北京，中国政法大学出版社，1996。
③④ 参见［德］罗伯特·霍恩等：《德国民商法导论》，楚建译，103页，北京，中国大百科全书出版社，1996。
⑤ 参见王利明：《违约责任论》，124页，北京，中国政法大学出版社，1996。

考虑到各国在违约形态方面的差异，《联合国国际货物销售合同公约》规定了根本违约与非根本违约的概念。该公约第 25 条规定："一方当事人违反合同的结果，如使另一方当事人蒙受损害，以至于实际上剥夺了他根据合同规定有权期待得到的东西，即为根本违反合同，除非违反合同一方并不预知，而且一个同等资格、通情达理的人处于相同的情况中也没有理由预知会发生这种结果。"这个规定将违约分为根本违约与非根本违约。根据该条的规定，如果违约方在事实上具有违约行为，且这种违约行为对另一方造成的损害是如此的严重，以至于实际上剥夺了他根据合同规定有权期待得到的利益。"根据合同规定有权期待得到的东西"，实际上就是当事人订立合同的根本目的，如果该根本目的落空，当然应为根本违约。

值得注意的是，公约所提出的划分是否构成根本违约的标准是一方当事人的违约行为对另一方当事人所造成的结果，而不是违约人的行为本身，即不是以违约人违反了合同的何种规定、何种条款为依据判断是否构成根本违约。① 这就与大陆法系各国以违约人违反何种合同义务来划分违约形态区别开来。

该公约将违约形态分为根本违约与非根本违约有其重要意义。如果一方当事人根本违约，另一方当事人可以解除合同并请求赔偿；如果一方当事人的履约有不合合同约定之处，但并不构成根本违约，那么，另一方就不能简单地解除合同，而是采取其他的救济措施。这在根本上保证了交易秩序，而不至于使合同因微不足道的履行瑕疵而归于消灭。但在实际上，要划清根本违约与非根本违约是十分困难的。这种区分在我国《民法典》上也有体现。

三、我国学理及立法关于违约形态的观点

我国学理上关于违约形态有不同的观点，有代表性的观点大概有以下几种：(1) 履行不能、履行迟延、履行拒绝与履行不当。② (2) 全部不履行、部分不履行、不正确履行。③ (3) 预期违约与实际违约，在实际违约中包括完全不履行、迟延履行、不当履行和不完全履行。④

我国《民法典》在违约形态方面基本上继受了 1999 年《合同法》上的违约形态，在第 577 条对违约形态只作了这样的规定：当事人一方不履行合同义务或者履行合同义务不符合约定的，应当承担继续履行、采取补救措施或者赔偿损失等违约责任。并在第 578 条规定了一种所谓"预期违约"的形态：当事人一方明确表示或者以自己的行为表明不履行合同义务的，对方可以在履行期限届满前请求其承担违约责任。由此可见，我国《民法典》并没有完全继受大陆法系国家传统的违约形态之区分，而是更多地继受美国法的做法。

笔者认为，对于违约形态的过细的划分并没有多大实际意义。最重要的是，法律应规定灵活的救济措施，使契约一方当事人违约时，另一方能够根据自己对利益的判断而选择适当的救济措施，或者请求解除合同而使合同消灭并赔偿损失，或者请求继续履行并赔偿损失。当一方违约而使对方无利益可言时，当然应当允许其解除合同并要求赔偿损失；非违约方根据自己的利益判断，认为对方虽然违约但合同的履行仍于自己有意义时，可请求实际履行并赔偿损失。当履行已为不可能时，非违约方也只能请求解除合同并赔偿损失。也正是基于这样的考虑，德

---

① 参见徐炳：《买卖法》，309 页，北京，经济日报出版社，1991。
② 参见王家福主编：《民法债权》，151 页，北京，法律出版社，1991。
③ 参见佟柔主编：《民法原理》，197 页，北京，法律出版社，1983。
④ 参见王利明：《合同法研究》，第 2 卷，458～503 页，北京，中国人民大学出版社，2018。

国债务法修改委员会已经决定放弃对违约形态的具体分类。委员会提出了作为一般给付障碍法中心的义务违反概念。给予债权人基于给付障碍的权利的统一基本要件为义务违反。这一概念对于债权人的损失赔偿请求权及合同解除权同样适用。与德国现行法不同，给付不能与给付迟延不再被特别地、独立地规定为给付障碍的形态。① 我国《民法典》显然没有继受大陆法系传统的分类理论，而是以义务违反为中心。

但不可否认的是，我国《民法典》中关于违约的形态中，隐隐约约还有大陆法系传统分类的影子，甚至在字里行间充满了这种区分，例如，对于不履行的违约责任的规定（第578～580条）、对于不完全履行的责任的规定（第581～584条）、对于迟延履行的规定（第585条）等。因此，如果《民法典》欲详细规定违约责任以便于司法适用，则离不开具体形态的规定，因为从逻辑上说，没有具体分类就不可能详细规定。

应该特别指出的是，尽管我国《民法典》上的违约责任没有采取“根本违约与非根本违约”的基本分类，但这一分类在规范中有很大的价值和意义，例如，是否根本违约实际上是判断非违约方能否解除合同的一个很重要的标准。我国《民法典》第563条中规定的“不能实现合同目的”而赋予非违约方的解除权，实际上就是适用了根本违约的概念。

第二节　几种特别的违约形态

一、违反预约合同

关于预约合同的概念，我们已经在前面“合同的分类”的有关章节作了详细的讨论。我国《民法典》第495条已经明确预约合同也是一种合同，违约后，也要承担违约责任。但问题是，如何承担违约责任？是否《民法典》合同编第八章规定的责任方式（救济方式）都能够适用于违反预约合同？这里主要涉及两个问题：一是如何认定当事人违反预约？二是违反预约的责任方式（救济方式）是什么？

关于第一个问题——如何认定违反预约，一般比较容易认定：只要没有在约定的时间或者期限内签订主合同，便是违反预约。在实践中，是否还要考虑其他因素呢？《合同编通则部分司法解释》第7条规定：“预约合同生效后，当事人一方拒绝订立本约合同或者在磋商订立本约合同时违背诚信原则导致未能订立本约合同的，人民法院应当认定该当事人不履行预约合同约定的义务。人民法院认定当事人一方在磋商订立本约合同时是否违背诚信原则，应当综合考虑该当事人在磋商时提出的条件是否明显背离预约合同约定的内容以及是否已尽合理努力进行协商等因素。”

上述司法解释，解决了我国司法实践中许多有争议或者有疑惑的问题，是值得肯定的。但该解释同时也有值得思考的问题：根据预约订立本约是否需要考虑如此多的影响因素？或者只要认识到预约合同也是合同，不履行这种合同也适用违约的一般规则即可：什么不可抗力或者其他正当理由，一般违约不也是如此吗？

关于第二个问题——违反预约的责任方式是什么？当然，毫无疑问的是，“解除合同”“赔偿损失”“违约金”“定金”方式都可以适用于预约合同；有疑问的是，继续履行（强制实际履

① 参见梁慧星：《民法学说判例与立法研究》，323页，北京，中国政法大学出版社，1993。

行）这种救济方式——通过诉讼要求其继续签订本约是否可行。其是否违反意思自治的基本原则，从而属于第581条规定的“根据债务的性质不得强制履行”的情况？

对此，有学者指出，既然认定预约是独立的合同，就应当赋予其与其他合同相同的效力。在违约的情况下，显然也可以适用“实际履行”的方式。而且，从法律上看，承认预约是独立的合同，也是为了使其产生此种效力，从而促使当事人履行其承诺，签订本约。因此，为了保护当事人的预期，不得使合同落空，应当使其负有签订合同的义务。当然，在实际中，是否强制当事人必须签订本约也要看具体情况，特别是考虑本约是否具有继续签订和履行的价值。①该观点的基本主张就是违反预约与违反本约一样，完全可以适用违反本约的所有违约责任方式。

从理论上说，笔者赞同这种观点，因为：(1) 预约也是合同，违约也要承担违约责任，这是顺理成章的结论。(2) 签订本约是预约合同的基本目的，因此，违反这种预约当然应该继续签订本合同，否则就没有意义。

但是，如果从意思自治的视角出发，如何强迫一个当事人去签订一个合同（本约）呢？这似乎是一件不可能完成的事情，这是否属于《民法典》第581条规定的“根据债务的性质不得强制履行”的情形呢？这是一个值得思考的问题——笔者认为，大概属于这种情况。那么，有没有一种能够达到如此效果，但又不需要当事人签订本约就可以实现“本约”目的的救济方式呢？

对此，日本已故著名学者我妻荣提出了一个这样的观点：预约的宗旨，实际上是一方当事人或者双方当事人承担一种承诺的义务，即当对方进行本约的要约时，对此进行承诺从而使契约成立的债务（双方都有此义务的，为双方预约、双务预约；只有一方负有此义务的，为单方预约、单务预约）。但是，因为在当事人之间已有要约时，已经无须强迫对方作出承诺。拥有本约成立权的当事人，在其发出成立本约的意思表示时，本约无须相对人承诺而成立。这样规定是为了操作起来方便，非常妥当。不过，当本约为要物契约或者要式契约时，仅依意思表示自然不能成立本约。②

从理论上说，笔者更赞同日本学者我妻荣教授的观点，因为：(1) 这样就避开了违反意思自治强迫当事人签订本约的理论障碍。(2) 既然是预约，预约中就包括了本约成立所需要的必要条款。而按照我国的学理和司法实践，合同只要具备必要条款就可以生效。因此，可以强制本约不必对方同意而成立并生效，从而达到缔结本约的目的，也就达到了强制违约方签订本约的目的。因此，这里的“强制履行”应理解为“强制本约按照预约的内容成立”，更合适。

在对于违反预约合同中的“强制履行”作了上述解释后，笔者认为《民法典》合同编中第八章关于违约的责任方式基本上都可以适用于对预约合同的违反（当然了，按照性质不能适用的除外，例如，第582条的规定在违反预约合同中几乎就不能适用）。

但是，《合同编通则部分司法解释》显然采取的是“赔偿损失”这种违约责任。该解释第8条规定：(1) 预约合同生效后，当事人一方不履行订立本约合同的义务，对方请求其赔偿因此造成的损失的，人民法院依法予以支持。(2) 前述规定的损失赔偿，当事人有约定的，按照

---

① 参见王利明：《合同法研究》，第1卷，48页，北京，中国人民大学出版社，2018。

② 参见［日］我妻荣：《债权各论》（上卷），徐慧译，47页，北京，中国法制出版社，2008。

约定；没有约定的，人民法院应当综合考虑预约合同在内容上的完备程度以及订立本约合同的条件的成就程度等因素酌定。

最高人民法院的上述司法解释所采取的观点当然视为我国司法实践对于违反预约的态度和做法，但是否合适，在理论上仍然值得探讨。

最高法院之配套典型案例二：预约纠纷案——某通讯公司与某实业公司房屋买卖合同纠纷案

【简要案情】

2006年9月20日，某实业公司与某通讯公司签订"购房协议书"，对买卖诉争房屋的位置、面积及总价款等事宜作出约定，该协议书第3条约定在本协议原则下磋商确定购房合同及付款方式，第5条约定本协议在双方就诉争房屋签订房屋买卖合同时自动失效。某通讯公司向某实业公司的股东某纤维公司共转款1 000万元，某纤维公司为此出具定金收据两张，金额均为500万元。次年1月4日，某实业公司向某通讯公司交付了诉争房屋，此后该房屋一直由某通讯公司使用。2009年9月28日，某通讯公司发出"商函"给某实业公司，该函的内容为因受金融危机影响，且房地产销售价格整体下调，请求某实业公司将诉争房屋的价格下调至6 000万元左右。当天，某实业公司发函给某通讯公司，要求其在30日内派员协商正式的房屋买卖合同。某通讯公司于次日回函表示同意商谈购房事宜，商谈时间为同年10月9日。2009年10月10日，某实业公司发函致某通讯公司，要求某通讯公司对其拟定的"房屋买卖合同"作出回复。当月12日，某通讯公司回函对其已收到上述合同文本作出确认。2009年11月12日，某实业公司发函给某通讯公司，函件内容为双方因对买卖合同的诸多重大问题存在严重分歧，未能签订"房屋买卖合同"，故双方并未成立买卖关系，某通讯公司应支付场地使用费。某通讯公司于当月17日回函，称双方已实际履行了房屋买卖义务，其系合法占有诉争房屋，故无须支付场地使用费。2010年3月3日，某实业公司发函给某通讯公司，解除其与某通讯公司签订于2006年9月20日的"购房协议书"，且要求某通讯公司腾出诉争房屋并支付场地使用费、退还定金。某通讯公司以其与某实业公司就诉争房屋的买卖问题签订了"购房协议书"，且其已支付1 000万元定金，某实业公司亦已将诉争房屋交付给其使用，双方之间的"购房协议书"合法有效，且以已实际履行为由，认为其与某实业公司于2006年9月20日签订的"购房协议书"已成立并合法有效，请求判令某实业公司向其履行办理房屋产权过户登记的义务。

【判决理由】

法院生效裁判认为，判断当事人之间订立的合同系本约还是预约的根本标准应当是当事人的意思表示，即当事人是否有意在将来订立一个新的合同，以最终明确在双方之间形成某种法律关系的具体内容。如果当事人存在明确的将来订立本约的意思，那么，即使预约的内容与本约已经十分接近，且通过合同解释，从预约中可以推导出本约的全部内容，也应当尊重当事人的意思表示，排除这种客观解释的可能性。不过，仅就案涉"购房协议书"而言，虽然其性质应为预约，但结合双方当事人在订立"购房协议书"之后的履行事实，某实业公司与某通讯公司之间已经成立了房屋买卖法律关系。对于当事人之间存在预约还是本约关系，不能仅凭一份孤立的协议就简单地加以认定，而是应当综合审查相关协议的内容以及当事人嗣后为达成交易进行的磋商甚至具体的履行行为等事实，从中探寻当事人的真实意思，并据此对当事人之间法律关系的性质作出准确的界定。本案中，双方当事人在签订"购房协议书"时，作为买受人的某通讯公司已经实际交付了定金并约定在一定条件下自动转为购房款，作为出卖人的某实业公司也接受了某通讯公司的交付。在签订“购房协议书”的三个多月后，某实业公司将合同项下的房屋交付给了某通讯公司，某通讯公司接受了该交付。而根据“购房协议书”的预约性质，某实业公司交付房屋的行为不应视为对该合同的履行，在当事人之间不存在租赁等其他有偿使用房屋的法律关系的情形下，某实业公司的该行为应认定为系基于与某通讯公司之间的房屋买卖关系而为的交付。据此，可以认定当事人之间达成了买卖房屋的合意，成立了房屋买卖法律关系。

【裁判要点】

判断当事人之间订立的合同是本约还是预约的根本标准应当是当事人是否有意在将来另行订立一个新的合同，以最终明确双方之间的权利义务关系。即使当事人对标的、数量以及价款等内容进行了约定，但如果约定将来一定期间仍须另行订立合同，就应认定该约定是预约而非本约。当事人在签订预约合同后，已经实施交付标的物或者支付价款等履行行为，应当认定当事人以行为的方式订立了本约合同。

二、预期违约

（一）预期违约的概念与制度价值

预期违约是指在合同有效成立后履行期到来前，一方当事人肯定地、明确地表示他将不履行合同或一方当事人根据客观事实预见到另一方到期将不履行合同。[①] 这是英美法以判例发展起来的特有制度。

从传统契约法的理论看，违约就是对契约义务的违反，但在义务履行期到来之前，债务人并不负有实际给付义务，所以，违约的概念只有发生在履行期到来之后才符合逻辑。但是，如果在义务履行期到来之前债务人就已声明将不履行契约义务或者其行为或客观情况已经表明他将于义务履行期到来时不能履行义务，法律应采取何种态度？是视而不见而让债权人坐等义务履行期的到来，从而寻找实际违约的救济，还是规定期前违约救济制度而使债权人免受更大的损失？英美判例法及衡平的传统，使其选择了后者。这一选择本身就说明了预期违约制度的价值。

从以上所述，我们可以看出英美法上的预期违约制度有两种形态：一是当事人明确地、肯定地并无条件地向相对人表示其将不履行合同义务。这种情形被称为明示预期违约。[②] 二是当事人虽然没有明确声明其将不履行契约义务，但其行为及客观情况表明了他将不能到期履行义务。在许多情况下，合同一方的行为及履约能力上的明显瑕疵，同样会起到与语言构成的毁约同样的作用。[③] 这种情形被称为默示预期违约。这两种不同形态的预期违约制度在法律构成、救济措施方面均有不同，下面我们将分别论述。

（二）明示预期违约的法律构成及救济

根据英美判例所确定的规则，在认定明示预期违约时，必须具备以下要件：（1）明示预期违约必须发生在合同有效成立后合同履行期到来前这段时间内，否则，就无所谓“预期”的问

---

① See G. H. Treitel：*The Law of Contract*，Stevens & Sons，1983，p. 642.

② 参见杨永清：《预期违约规则研究》，载梁慧星主编：《民商法论丛》，第 3 卷，351 页，北京，法律出版社，1995。

③ 参见王军：《美国合同法》，377 页，北京，中国政法大学出版社，1996。

题。(2) 当事人将不履行义务的意思表示必须是自愿地、无条件地、确定地和不含糊地作出。(3) 当事人表示的不履行，必须是重大的不履行，即如《联合国国际货物销售合同公约》所指出的根本违约。① 这与目前各国法律规定的违约的概念是一致的。(4) 提出不履行必须没有法定理由。如果一方享有抗辩权而提出不履行，不构成违约问题。②

对于明示预期违约的救济，英美判例及成文法赋予非违约方以选择权：他可以立即行使诉权而得到救济，即要求解除合同并请求损害赔偿而不必坐等履行期的到来；也可以不理会对方的提前毁约表示而继续维持合同效力，等到实际履行期到来时，按照实际违约得到救济③——或者要求解除合同并赔偿损失，或者请求损害赔偿，或者要求实际履行。但是，第二种选择常常遭到经济分析法学派的攻击，认为这是不符合“效率”的。④ 但是，效率也许不是当事人选择的唯一因素，有时当事人的主观价值是无法用效率规则来衡量的。

《美国统一商法典》肯定了上述判例规则。该法典第 2-610 条规定：“一方当事人表示拒不履行尚未到期的合同义务，而这种毁约表示对于另一方而言会发生重大合同损害，受害方可以：1) 在商业合理时间内等待毁约方履约；或 2) 即使他已告知毁约方他将等待其履约，催其撤回毁约表示，他仍然可以根据第 2-703 条或第 2-711 条的规定请求违约救济；3) 在上述任何一种情况下，停止自己的履行或根据本法对卖方权利的规定，不顾对方毁约确定合同货物，或根据第 2-704 条对未制成的货物作救助。”

（三）默示预期违约的法律构成及救济

默示预期违约规则是英国在 1894 年辛格夫人诉辛格案中确立的。在该案中，被告于婚前向原告许诺：婚后将把一栋房屋转归原告所有。但被告此后又将该房屋卖给第三人，使其许诺成为不可能。法院在判决中认为，尽管不排除被告重新买回该房屋以履行其许诺的可能性，但原告仍有权解除合同并请求赔偿。⑤ 该案确立的规则为后来判例所遵循。

默示预期违约之法律构成与明示预期违约的法律构成不同的地方在于，预期违约方并没有将到期不履行合同义务的意思明确地表示出来，而是另一方根据某些情况预见到其将不履行义务。故在默示预期违约制度中，就要求该预见必须具有合理性。如何判断预见是否合理？这是默示预期违约制度中的主要问题。在判断一方的预见是否合理方面，从采用预期违约制度的国家判例或立法以及国际公约中看，大约有两种标准：一是《美国统一商法典》第 2-609 条规定的“有合理理由认为对方不能正常履行”。根据判例法，这种“合理理由”主要有以下三种：第一，债务人的经济状况不佳，没有能力履约；第二，债务人的商业信用不佳，令人担忧；第三，债务人在准备履约或履约过程中的行为或实际状况表明债务人有违约的危险。⑥ 二是《联合国国际货物销售合同公约》第 71 条规定的标准，即对方履行义务的能力有缺陷、债务人的

---

① 参见《联合国国际货物销售合同公约》第 71 条、第 72 条。

② 参见王利明：《违约责任论》，139～140 页，北京，中国政法大学出版社，1996。

③ See Edward J. Murphy & Richard E. Speidel, *Studies in Contract Law*, third edition, the Foundation Press, 1984, p. 1051.

④ 参见［美］理查德·A. 波斯纳：《法律的经济分析》，蒋兆康译，150～168 页，北京，中国大百科全书出版社，1997。

⑤⑥ 参见杨永清：《预期违约规则研究》，载梁慧星主编：《民商法论丛》，第 3 卷，355 页，北京，法律出版社，1995。

信用有严重缺陷、债务人在准备履行合同或履行合同中的行为表明他将不会或不能履约。[①] 由此可见，该公约规定的判断标准比《美国统一商法典》规定得更加具体和客观。这主要是在1980年维也纳会议讨论通过该公约时，英美法系国家与大陆法系国家，特别是发达国家与发展中国家激烈争论的结果。发展中国家担心发达国家会因主观臆断而滥用救济权。经过多次交锋，达成了这一妥协性的结果。[②] 客观地讲，该公约规定的这三项判断标准在很大程度上限制了主观成分。

在英美法系国家，从原则上说，对默示预期违约的救济与对明示预期违约的救济是一致的，即非违约方可以接受预期违约这一事实而立即请求法律救济，也可以对此置之不理，等到义务履行期到来时按照实际违约请求法院救济。但在具体救济方式上，与明示预期违约有所不同。《美国统一商法典》第2-609条对默示预期违约的救济作了较为详细的规定。该条规定：(1) 买卖合同双方均有义务不破坏对方抱有的获得己方正常履行的期望。当任何一方有合理理由认为对方不能正常履行时，他可以用书面形式要求对方提供正常履约的适当保证，且在他收到此种保证之前，可以暂停履行与他未收到所需之履约保证相对应的那部分义务。只要这种暂停在商业上是合理的。(2) 在商人之间，所提出的理由是否合理和所提供的保证是否适当，应根据商业标准来确定。(3) 接受任何不适当的交付或付款，并不损害受损方要求对方对未来履约提供适当保证的权利。(4) 一方收到对方有正当理由的要求后，如果在最长不超过30天的合理时间内未能按照当时的情况提供履约的适当保证，即构成毁弃合同。从这一规定上看，《美国统一商法典》规定的对默示预期违约不同于明示预期违约之救济主要有两种方式：其一，一方根据客观情况预见到对方将到期不能履约时，有权要求对方提供其能够履行的保证。为表示该要求的正式性，法典要求必须用书面的形式。在对方提供适当的保证前，他有权中止相应的履行，但不能简单地解除合同。因为，这种预见毕竟是一种主观的判断，与对方的明示显然不同。为防止这种主观判断的偏差，在法律救济方面也有所顾及。其二，对方在收到预见方要求提供保证的书面通知后30天内，没有提供适当保证的，他方可以按照预期违约的一般救济原则行使权利。中止是一种抗辩，它不能使当事人从合同关系的束缚中解脱出来。故法律规定，如果在30天的合理期间内对方没有提供适当的保证，视为其有预期违约的行为，预见方有权要求按照预期违约的规则得到救济。

《联合国国际货物销售合同公约》作为一个世界性的法律文件，在第71条和第72条中规定了对预期违约的救济。该公约第71条规定："(1) 如果订立合同后，另一方当事人由于下列原因显然将不履行其大部分重要义务，一方当事人可以中止履行义务：(a) 他履行义务的能力或其信用有严重缺陷；或 (b) 他在准备履行合同或履行合同中的行为。(2) 如果卖方在上一款所述的理由明显化以前已将货物发运，他可以阻止将货物交给买方，即使买方持有其有权获得货物的单据。本款规定只与买方和卖方间对货物的权利有关。(3) 中止履行义务的一方当事人不论是在货物发运前还是在发运后，都必须立即通知另一方当事人，如经另一方当事人对履行义务提供充分的保证，则他必须继续履行义务。"第72条第3款规定了明示预期违约，第1、

---

① 参见王利明：《违约责任论》，146页，北京，中国政法大学出版社，1996。

② 参见徐炳：《买卖法》，424页，北京，经济日报出版社，1991。

2 款规定了默示预期违约及救济。第 1、2 款规定：如果在履行合同日期之前，明显看出一方当事人将根本违反合同，另一方当事人可以宣告合同无效；如果时间许可，打算宣告合同无效的一方当事人必须向另一方当事人发出合理的通知，使他可以对履行义务提供充分的保证。从这些规定看，该公约在调和两大法系之间的矛盾方面的确是煞费苦心。有的学者认为，该公约规定的救济手段与《美国统一商法典》有显著不同。[①] 但笔者认为，从该公约的上述规定看，与英美法系对默示预期违约之救济的基本精神并无不同：均以中止履行合同义务为主要的救济手段。根据该公约第 71 条的规定，如果一方当事人显然不履行合同主要义务，另一方当事人可以中止履行自己的义务，但必须书面通知对方要求其提供必要的保证，对方按其要求提供适当保证的，另一方必须继续履行自己的义务。根据第 72 条的规定，“明显看出一方当事人将根本违反合同，另一方当事人可以宣告合同无效”，但如果时间许可，欲宣告合同无效的一方应通知对方要求其提供适当的保证。从这一规定看，“宣告合同无效”仍然作为一种例外的特别手段，是在时间不许可的情况下使用的救济手段，在时间允许的通常情况下，中止履行自己的义务并要求对方提供适当的保证仍然是主要的救济手段。

（四）对预期违约制度的正当化说明理论

对于预期违约制度存在的必要及合理性，在这一制度出现的初期，就存在严重的争论。在美国合同法领域享有盛誉并负责起草《美国第一次合同法重述》的威灵斯顿（主起草人）和科宾（主要助手）之间就存在着严重的分歧。威灵斯顿认为，预期违约的概念不合逻辑，因为它要求表意人过早地履行其允诺的义务，从而增加了其负担。[②] 在莫伯里诉纽约人寿保险公司案中，威灵斯顿指出：为履行一项相互同意的交易而为的单方许诺的将来给付义务只有在履行期到来之日方能强制履行，如果允许对于被保险人的将来利益给予现实的救济，保险公司的运行策略将被摧毁，以分期付款获得利益的目的将会落空。[③] 而科宾认为，针对预期违约提起诉讼是合理的，因为预期违约人的违约降低了对方享有的合同权利之价值，因此给对方造成了损害。允许受害人提起诉讼，也可以迅速地了结他们之间的纠纷。[④] 在这场争论中，威灵斯顿的观点没有像其在其他合同领域那样占据绝对的权威，相反，科宾的观点得到了普遍的赞同，无论是学理还是判例均站到了科宾一边。就如特雷特尔所指出的，预期违约制度至少有以下两个优点：首先，它有助于使损失降低到最低限度。在像霍切斯特诉陶尔案中，如果原告不立即起诉，他就得准备履行合同。明示预期违约规则赋予原告立即起诉权，等于鼓励他解除合同。这样，可以避免额外损失。其次，明示预期违约规则有利于对受害人合理而充分的保护。例如，如果他预先履行了将来的义务，然后对方表示拒绝履行其义务，若让债务人坐等履行期到来后才向对方主张补救，那么他将遭受严重损失。[⑤] 正因为如此，预期违约规则在英美法成为被普遍接受的制度。

但是，在对预期违约制度存在的基础及正当化进行说明时，存在不同的理论，大致有以下

① 参见王利明：《违约责任论》，148 页，北京，中国政法大学出版社，1996；杨永清：《预期违约规则研究》，载梁慧星主编：《民商法论丛》，第 3 卷，382 页，北京，法律出版社，1995。

② See Williston: “Repudiation of Contract (Pt2)”, 14 *Harv. L. Rev*, 421, 428, 438 (1901).

③ See Edward J. Murphy & Richard E. Speidel, *Studies in Contract Law*, third edition, the Foundation Press, 1984, p. 1006.

④ See *Corbin on Contract*, Vol. 4, p. 863.

⑤ 转引自崔建远：《合同责任研究》，34 页，长春，吉林大学出版社，1992。

几种：(1) 要约承诺理论 (the offer and acceptance theory)。该理论从解除合同须双方协议一致的视点出发，认为预期违约方的预期违约是一种可能被承诺方接受的解除合同的要约。(2) 不可能履行理论 (impossibility of performance)。该理论认为，预期违约方的预期违约表明预期违约方不可能履行原合同义务。(3) 隐含条件理论 (the implied term theory)。该理论认为，预期违约方的预期违约行为违反了合同的隐含条件——禁止违反合同义务。(4) 实际违约理论 (the present breach theory)。该理论认为，预期违约行为本身就等于实际违约。该理论在美国为通说。(5) 保护履行期待理论 (protection of the expectation of performance)。该理论认为，双方当事人订立合同之后，就产生了一种履行期待。预期违约规则就在于保护这种期待。(6) 必然违约理论 (the inevitable breach basis)。该理论认为，预期违约行为必然产生不可能再履行合同义务的后果。①

在以上诸理论中，最符合合同法精神的当数第五种理论。合同权利是一种期待利益，而预期违约行为侵害的正是这种利益。预期违约制度无非基于公平的理念对这种利益给予保护，使受害人得到如同实际违约几乎相同的救济。

（五）预期违约制度与拒绝履行及不安抗辩权的比较

1. 拒绝履行与明示预期违约

在大陆法系，如果一项债务规定了履行的具体期限，从客观上说，债务人拒绝履行债务的时间可能发生在履行期限到来之前，也可能发生在履行期限到来之时，也可能发生在履行期限到来之后（迟延后的拒绝履行）。所以，我国有的学者将拒绝履行定义为“履行期到来之后债务人无正当理由拒绝履行债务”② 是有失偏颇的。

按照通说，在清偿期到来之前，债权人原不享有请求实际履行的权利，因而此时并不发生债务人不履行债务的责任。③ 但现在的德国学理认为，对于那些在某一期限后才进行给付的契约来说，可能会出现预期拒绝履行的情形。既然债务人已背弃了自己所承担的义务，受害的一方就应当可以通过其他救济方法来尽量减少预期的损失。允许受害方放弃契约权利并作出其他安排，是为了保护受害方的权利和避免浪费。《联合国国际货物销售合同公约》第 72 条采用了这一救济方法是完全正确的。④ 对于预期的严重拒不履行的案件，德国的国内法允许无过错的一方当事人要求即时赔偿因不履行而受到的损失，或者解除合同。换句话说，预期不履行的法律后果与《德国民法典》第 325 条、第 326 条规定的实际违约的法律后果是一致的。对此，《德国民法典》中并无明文规定，但是，在司法判决中它得到普遍的承认。预期不履行是债务人通过拒绝履行的明确表示而违反给付义务的典型例证，对其可以直接适用关于违反履行义务的一般原则。这时，债务人可以作出选择：他可以坚持履行契约，也可退出契约。⑤ 由此可见，以《德国民法典》为代表的大陆法系民法及判例上的预期拒绝履行无论是在构成还是具体救济措施上，与英美法系的明示预期违约制度的价值理念是一致的。

---

① 参见杨永清：《预期违约规则研究》，载梁慧星主编：《民商法论丛》，第 3 卷，369～372 页，北京，法律出版社，1995。

② 王利明：《违约责任论》，129 页，北京，中国政法大学出版社，1996。

③ 参见王家福主编：《民法债权》，158 页，北京，法律出版社，1991。

④ 参见［德］罗伯特·霍恩等：《德国民商法导论》，楚建译，113 页，北京，中国大百科全书出版社，1996。

⑤ 参见［德］罗伯特·霍恩等：《德国民商法导论》，楚建译，113～114 页，北京，中国大百科全书出版社，1996。

2. 不安抗辩权与默示预期违约

所谓不安抗辩权，是指在双务合同中有先为履行义务的一方在履行前发现他方的财产明显减少而有难为给付之虞时，可要求他方为对待给付或提供相当的担保。在他方为对待给付或提供相当担保前，该方得拒绝自己的给付。①

不安抗辩权是基于公平理念为给付具有牵连关系的双务合同而设，为大陆法系各国民法典所规定。《法国民法典》第1613条规定："如买卖成立时，买受人陷于破产或处于无清偿能力致使出卖人有丧失价金之虞时，即使出卖人曾同意延期给付，出卖人也不负交付标的物的义务，但买受人提出到期给付的保证者，不在此限。"《德国民法典》第321条也规定，因双务契约而负担债务并应向他方先为给付者，如他方的财产于订约后明显减少，有难为对待给付之虞时，在他方未为对待给付或提出担保之前得拒绝自己的给付。其他大陆法系国家的民法典，如《奥地利民法典》第105条、《瑞士债务法》第3条、《意大利民法典》第1496条均对不安抗辩权有明确规定。《法国民法典》与《德国民法典》对行使不安抗辩权的条件的规定，代表了大陆法系各国民法典规定的不同。以法国为代表的大陆法系国家，认为行使不安抗辩权应以对方破产或无清偿能力为条件；而以《德国民法典》为代表的大陆法系国家，认为不安抗辩权的行使条件为财产明显减少，有难为给付之虞。也就是说，《法国民法典》规定的条件更加严格具体，而《德国民法典》规定得概括并宽松。

我国有的学者对英美法系的默示预期违约制度与大陆法系的不安抗辩权制度进行了对比，认为这两种制度的区别主要有两点：其一，适用的前提条件不同。大陆法系的不安抗辩权的适用前提是双方当事人履行债务的时间有先后之分，而默示的预期违约制度无此区别。其二，两者所依据的原因不同，即大陆法系的不安抗辩权行使的条件是一方财产明显减少或破产或不能支付，而英美法系的默示预期违约制度的适用有三个条件（见前"默示预期违约的法律构成及救济"）。由此得出结论，二者有明显区别，不能相互代替。预期违约制度较之不安抗辩权更利于保护交易秩序。② 我国1999年的《合同法》肯定了预期违约制度，《民法典》继受之，在第578条规定："当事人一方明确表示或者以自己的行为表明不履行合同义务的，对方可以在履行期限届满前请求其承担违约责任。"从该条规定中可以看出，我国法上的预期违约制度也包括明示的预期违约与默示的预期违约。

三、加害给付

（一）加害给付的概念

加害给付是指债务人所为的履行不合债的本旨，除可能损害债权人的履行利益外，尚发生对债权人固有利益的损害。也就是说，债务人的给付行为有悖债之主旨行为，除有可能造成债权人契约利益的损害外（这里仅仅是可能，有时并不同时发生），尚对债权人契约利益外的固有利益造成损害。

关于加害给付的系统理论是由德国的职业律师史韬博提出的。史韬博在1902年，即《德国民法典》颁布后的第二年，于第26届德国法律学会的纪念文集上发表了题为《论积极侵害

---

① 参见苏俊雄：《契约原理及其应用》，3版，144页，台北，中华书局，1983。

② 参见杨永清：《预期违约规则研究》，载梁慧星主编：《民商法论丛》，第3卷，380页，北京，法律出版社，1995；王利明：《违约责任论》，157页，北京，中国政法大学出版社，1996。

契约及其法律后果》的论文，提出了积极侵害债权的问题。1904 年，作者再度整理此文，进一步阐述了其见解，建立了完备的理论体系。他分析了《德国民法典》施行后发生的 14 个特殊案例，认为尽管德国民法对给付不能与给付迟延有详尽的规定，但这 14 个案例既不构成给付不能，也不构成给付迟延。给付不能与给付迟延系债务人应为而不为，但此类案例是债务人不应为而为之，即债务人虽已为履行，但其履行有瑕疵而致债权人损害，属于积极侵害契约。法律对此未为规定，是为漏洞。① 史韬博的理论提出后，引起了强烈的反响和高度的重视，德国许多学者认为这是“法学上的伟大发现”②。史韬博理论的伟大意义在于：首先，它弥补了在德国学理及司法上占统治地位的违约形态“二元论”理论的不足，弥补了《德国民法典》关于这一问题的立法上的漏洞；其次，它提出的对积极侵害契约的救济，也是对德国民法理论及判例的伟大贡献。对于不适当履行问题，德国民法及判例主要是通过瑕疵担保制度来对当事人进行救济的，而救济的方式主要是减价和修补。然而，不适当履行所造成的损害不限于给付本身的价值，还可能造成对债权人的其他财产、人身的侵害，传统的救济方式不足以对当事人提供有效的救济。史韬博发现了这一问题，并提出了给付人的损害赔偿责任。

史韬博的理论也引起了学者对之进一步探讨的兴趣。有的学者对其所用的“积极侵害契约”的概念提出了异议，如恩内策鲁斯认为，此种债务的不履行，不限于因契约而生的债务，单独行为以及依法律规定而生的债务，也可发生，故应称为“积极侵害债权”。齐特尔曼主张，对债权的侵害不限于积极行为，也可因对附随义务的不履行（如违反告之义务）而产生，故应称为“不良履行”。莱昂哈德则认为，不应以债务违反的行为而应就其所发生的结果为区别，即应以其结果为给付不能、给付迟延或其他损害的标准。例如，肖像的发送人，因过失而包装上一颗钉子，肖像因而被毁，则认为给付不能；如肖像因此而被扣留邮局，则为给付迟延；如开包人因此而受到伤害，则为其他损害。发生此种损害的情形，应称为“非妨害给付的债的侵害或附随加害”③。由此可见，在德国，学理上普遍承认在给付不能和给付迟延之外尚有第三种违约形态，但其范围如何，纷争不一。

史韬博的理论在德国引起了强烈的反响，并最终在 2002 年 1 月 1 日被纳入了《德国民法典》。该法典第 241 条第 2 款规定：债务关系可以根据其内容，使任何一方承担照顾对方权利、法益和利益的义务。德国学者认为，这一规定相当于加害给付。④ 这一制度在其他大陆法系国家也受到了广泛的重视，许多国家通过各国渠道了解并接受了这一理论。

（二）加害给付的种类

由于各国对于加害给付（积极侵害债权）的范围认识不同，故在类型上也有不同的划分，即使在同一个国家中，也可能存在不同的分类标准和观点。例如，在德国，根据恩内策鲁斯和莱昂哈德的观点，积极侵害债权可分为四类：（1）瑕疵履行，即瑕疵履行行为致使债权人的物或身体受到伤害（有的日本学者认为仅此种情况为不完全给付）；（2）继续供给义务，因一次给付的瑕疵而使其余已为的给付或未为的给付对债权人失去利益或依诚实信用原则不能强行要

① 参见王家福主编：《民法债权》，165 页，北京，法律出版社，1991。

② 王泽鉴：《民法学说与判例研究》，第 4 册，16 页，北京，中国政法大学出版社，1998。

③ 史尚宽：《债法总论》，397～398 页，台北，荣泰印书馆，1978。

④ 参见［德］克里斯蒂阿妮·文德浩：《德意志联邦共和国的新债法》，载《德国债法现代化法》，邵建东等译，10 页，北京，中国政法大学出版社，2002。

求债权人受领的，同时会有对于其余部分的给付的权利的侵害，从而发生对全部债权债务关系的侵害；（3）违反诚实信用原则，从而使当事人之间以信赖关系为基础的协作关系遭到破坏；（4）预期拒绝履行。[①]

受德国学理分类的影响，我国台湾地区学者也主张各种分类的标准和分类方法：（1）依给付方式不完全而作的分类：给付物品质或量上的不完全；给付方式不完全；违反附随义务而为的不完全给付；给付时间上的不完全（给付迟延除外）。（2）依给付程度不完全而为的分类，主要有：发生补正义务的不完全给付；加害给付的不完全给付。[②]

我国《民法典》明确规定了加害给付。《民法典》第186条规定："因当事人一方的违约行为，损害对方人身权益、财产权益的，受损害方有权选择请求其承担违约责任或者侵权责任。"也就是说，违约行为对当事人的固有利益造成损害的，受损害方可以依据违约责任请求救济。显然，这已经将加害给付作为一种独立的违约形态。笔者认为，加害给付在我国应分为以下几类。

1. 加害瑕疵给付

债务人虽已提出给付，但其给付在品质上有瑕疵，不仅使债权人的履行利益可能受到侵害，而且使债权人的固有利益受到侵害。

2. 违反附随义务的给付

附随义务是依诚实信用原则而生的义务，其功能在于使债权人的权利得以完全实现，如告知义务、保密义务、照顾义务、协力义务等，如果债务人违反这种义务，同时又使债权人的固有利益受到损害，即为加害给付。但是，如果仅仅使债权人的履行利益受到损害而固有利益未被损害，不应为积极侵害债权。

3. 违反保护义务

保护义务是独立于债的关系的债权人的受法律保护的利益。它是侵权行为法中任何人都负有的不得侵害他人的人身及财产的一般性义务在债的关系中的延伸。其结果是，当债务人在履行过程中造成了相对人的人身或财产损害时，不是按侵权行为法处理，而是依契约规则处理。

四、第三人原因导致的违约

合同当事人一方违约是因为第三人的原因导致的，应该如何处理？对此，我国《民法典》第593条规定："当事人一方因第三人的原因造成违约的，应当依法向对方承担违约责任。当事人一方和第三人之间的纠纷，依照法律规定或者按照约定处理。"但这一规定略显粗糙，因为，第三人导致一方违约的情况很多，这样一概而论不利于保护合同债权人的利益。应该从以下两个方面来分析。

（一）因第三人的非恶意的原因导致的合同当事人一方违约

这种情况比较普遍，例如，A与B订立了一个买卖合同，按照该买卖合同，A负担向B交付货物的义务，但A的该批货物是由与C订立的合同取得的。这时候，如果C违约不能向A交货，导致A不能按照合同约定向B交货而违约。这种情况下，适用《民法典》第593条就没

① 参见史尚宽：《债法总论》，398页，台北，荣泰印书馆，1978。

② 参见史尚宽：《债法总论》，399页，台北，荣泰印书馆，1978。

有问题：A 向 B 承担违约责任，A、C 之间的纠纷，依照法律规定或者按照约定处理。

（二）因第三人的恶意原因导致的当事人一方违约

例如，甲、乙双方订立了一个买卖合同，约定甲方向乙方交付一批货物。丙知道后，为了不让乙方取得该批货物，而放火将货物烧毁。这种情况下，甲方向乙方承担违约责任自无问题，但乙方能否向丙请求承担侵权责任呢？

按照我国《民法典》第 1165 条的规定，似乎可以得出肯定的结论。这样的话，《民法典》第 593 条就剥夺了当事人乙方对丙的责任追究。因此，第 593 条的规定欠妥。

因此，该条应当作扩张解释。

第三节　违约责任

依据我国《民法典》第 577 条的规定看，违约责任的方式主要有继续履行（实际履行）、赔偿损失、支付违约金与其他方式。下面我们就分别阐述这些责任方式。

一、实际履行

（一）实际履行的概念

实际履行，在我国《民法典》上又被称为“继续履行”，是指合同一方当事人违约后，法院应非违约方的请求而判决违约方按照合同约定的标的物履行合同义务，而不能以其他标的物替代的救济方式。

实际履行在性质上是一种救济制度。无论在英美法系还是在大陆法系，学理均将其放在救济制度中作为一种违约救济手段而论述。[①]

（二）实际履行作为违约责任形式的价值

当事人订立契约的目的在于满足某种需要，因为，从缔约的目的看，一般情况下，当事人都期望合同能够依约履行。因此，在当事人一方违约的情况下，法院强行要求违约方继续履行合同是符合合同目的的。但是，在市场经济条件下，由于种类物居多，金钱赔偿几乎能够达到与实际履行同样的效果，因此，金钱赔偿的范围在不断扩大。但是，当金钱赔偿不能为非违约方提供满意的救济时，实际履行就有不可替代性。但是，大陆法系与英美法系国家在选择实际履行与损害赔偿两种救济措施上的价值取向仍然有明显的差别。

1. 英美法系在选择实际履行与损害赔偿两种救济措施上的价值取向

在英美法系，实际履行在历史上是衡平法院认为普通法上的损害赔偿救济不充分或不公平时，创设的一种特别救济制度。它是指法院所作的判决，命令被告履行合同义务，不服从裁决将构成藐视法庭，法院得依胜诉方的申请，以罚金或监禁处罚败诉方。[②] 但是，法院在采用这一救济措施时，有严格的条件。就如阿狄亚所言，支配这种救济措施的两个主要原则是：第一，只有在损害赔偿不足以补救时，才发布这样的特别履行（实际履行）命令；第二，只有在

---

① 参见［德］罗伯特·霍恩等：《德国民商法导论》，楚建译，118 页，北京，中国大百科全书出版社，1996；［美］迈克尔·D. 贝勒斯：《法律的原则》，张文显等译，242 页，北京，中国大百科全书出版社，1996；［美］罗伯特·考特、托马斯·尤伦：《法和经济学》，张军等译，165 页，上海，上海三联书店、上海人民出版社，1994。

② 参见沈达明：《英美合同法引论》，280 页，北京，对外贸易教育出版社，1993。

法院认为这些命令可以执行时，才发布这样的命令。①

2. 大陆法系在选择两种救济措施上的价值取向

在救济手段的选择方面，大陆法系国家与英美法系国家有所不同。按照大陆法系传统的立法、学理与判例，在违约救济方面，首选的是实际履行而非赔偿损失。德国学者罗伯特·霍恩指出：受罗马法的影响，在德国，即使出现了违反契约义务的情形，债权人也仍然享有履行请求权，除非实际上已不可能履行，否则，债权人就可以选择行使其履行请求权，而不必求助于那些关于解除的救济。② 这种履行优先的原则，在 2002 年修改后的《德国民法典》中，仍然得到确认。根据《德国民法典》第 281 条的规定，在债务人不履行合同义务或者不按照约定履行合同义务时，债权人原则上应定相当期间令债务人履行债务，此期间经过而债务人仍未履行，方可请求代替履行的损害赔偿。③

法国学者莱尼·达维在谈到法国对救济措施选择方面的价值取向时说，正常的情况是契约应当履行，并且是及时履行。在法国，从这个简单的概念出发，人们认为适用于违反契约的案件的正规补救方法是命令实际履行，无论这种履行可能在何时。但在英国法中，实际履行只是在损害赔偿不能提供令人满意的解决方案的例外情况下才能适用。这个基本的区别将英国法与法国法区分开来。④ 莱尼·达维在分析这种区别产生的根源时指出，这种区别的根源在于契约的不同概念。法国契约法基于道德的观念，由教会法学家予以阐述。对于他们来说，一个人不兑现自己的诺言是一种罪恶：协议必须遵守，你必须遵守你的诺言，否则，国家和法律将强迫你履行。英国法则正好相反，把契约中的上述问题看作一种讨价还价。问题不在于诺言应被强制遵守，而在于对诺言加以认真考虑的承诺人在契约违反后不受损害，为此目的，判给损害赔偿几乎在所有的案件中都是一种合理的补救办法。⑤ 莱尼·达维所指出的根源虽不是唯一的根源，却是重要的根源。

3. 两大法系在关于救济措施手段选择方面的发展

在英美法系，实际履行是衡平法上的救济措施，其本为弥补普通法上的损害赔偿之不足而产生的。公平正义是衡平法的灵魂，故也可以说，实际履行是衡平法为弥补普通法上的不公平救济而产生的。从这一意义上看，实际履行所适用的范围是极其有限的。但近年来，英国判例倾向于扩大适用实际履行救济，理由有三：（1）1875 年以来普通法院与衡平法院的合并；（2）在愈来愈复杂的交易关系上，实际履行是更有效的救济方式；（3）过去过分强调实际履行给法院与败诉方带来的负担。英国法官在裁判适用实际履行这种救济措施时所考虑的主要因素仍然是损害赔偿不足以救济，但在具体做法上显示出更大的灵活性。例如，考虑债权人的长期经济利益是否依赖债务人的履行；过去法院过分夸大了对某些合同的实际履行在监督执行上的困难。20 世纪 80 年代的判例改变了监督方式，将监督改由原告进行。20 世纪 80 年代的判例还放弃了对劳务合同不作实际履行的做法，作出了雇佣人重新雇用被解雇的员工、协会重新接纳会员的裁决。⑥

---

① 参见［英］阿蒂亚：《合同法概论》，程正康等译，319～320 页，北京，法律出版社，1982。

② 参见［德］罗伯特·霍恩等：《德国民商法导论》，楚建译，118 页，北京，中国大百科全书出版社，1996。

③ 参见梁慧星：《民法学说判例与立法研究》，324 页，北京，中国政法大学出版社，1993。

④⑤ 参见［法］莱尼·达维：《英国法与法国法》，潘华仿等译，122 页，北京，中国政法大学校内用书，1984。

⑥ 参见沈达明：《英美合同法引论》，282 页，北京，对外贸易教育出版社，1993。

在大陆法系国家，虽然强调履行优先的原则，但与英美法系有所不同。在英美法系，是否采用实际履行是法官行使自由裁量权的结果，当事人原则上无主张的权利。① 而在大陆法系，是否采用实际履行，多是应受害方的请求。也就是说，这种选择权多掌握在当事人手中。所以，从表面上看，大陆法系强调实际履行，但是，实际适用的范围并不十分广泛。因为，当债务人履行不能或违约而对债权人无利益时，实际履行就不会被主张和适用，而更多的债权人更愿意采取金钱赔偿的方式，这种方式更加可行便利，除非履行对债权人具有不可替代的意义。而这种不可替代性在英美法上也是法官判决实际履行的正当理由。另外，在具有个人性质的劳务合同中，大陆法系学理也主张，实际履行并不能达到债之履行的目的，如画家违约而强制其履行，并不能达到预期效果。并且基于对人权的尊重，也不适用实际履行的方式，而更多地采用金钱赔偿的方式。所以，从这个意义上说，两大法系在救济手段的具体适用方面，有许多异曲同工之处。正如法国学者莱尼·达维所言：事实上，英国法与法国法两种制度之间的差别比想象的要小得多，早期可能很大，但现在已经降为纯理论问题。在比较法方面具有第一权威的劳森教授，在他1972年出版的《英国法中的补救》一书中得出这样一个结论：今天实际履行的运用在英国比起法国来更加不受拘束。②

（三）我国《民法典》上的实际履行及其限制

实际履行从本质上说是违约救济的一种措施，是对合同本身及当事人的尊重，因为合同本身就是当事人自愿协商的产物，继续履行就是让当事人继续履行双方的承诺，并非外在地强加于当事人的东西。让当事人尊重已经达成的协议，是对契约自由原则的尊重，但并非在任何情况下均能适用。

在金钱债务与非金钱债务方面就有很大的不同，因为金钱债务没有所谓继续履行或者不继续履行的问题，除非当事人之间达成“以物抵债”协议，金钱债务必须继续履行。因此，我国《民法典》区分金钱债务与非金钱债务而分别规定继续履行。《民法典》第579条规定：“当事人一方未支付价款、报酬、租金、利息，或者不履行其他金钱债务的，对方可以请求其支付。”这一规定看似无用，但实际上是在强调金钱债务必须实际履行。

《民法典》第580条第1款则规定：当事人一方不履行非金钱债务或者履行非金钱债务不符合约定的，对方可以请求履行，但是有下列情形之一的除外：(1) 法律上或者事实上不能履行；(2) 债务的标的不适于强制履行或者履行费用过高；(3) 债权人在合理期限内未请求履行。由此可见，在下列情况下，非金钱债务不能适用实际履行作为救济措施。

1. 实际履行已经不可能

如果实际履行在客观上已经成为不可能，这就从根本上消灭了实际履行适用的基础。这种可能是指客观的永久的不能，而非主观的一时的不能。

2. 实际履行在经济上不合理

这主要是从经济分析的角度来考虑的。法律的其中一个特性是效率，特别是民商法，如果在经济上是无效率的，则这一制度的存在就值得考虑。违约救济也是如此，如果实际履行的费用过高，或其他代价过大，那么就不应适用实际履行这一救济措施。

---

① 参见沈达明：《英美合同法引论》，280页，北京，对外贸易教育出版社，1993。

② 参见［法］莱尼·达维：《英国法与法国法》，潘华仿等译，123页，北京，中国政法大学校内用书，1984。

3. 继续履行合同对债权人来说已无必要

这主要是从经济意义上来考虑的。这里所谓的已无必要，主要是指强制债务人继续履行合同对债权人来说已不能达到订立合同时所预期的目的，例如，债权人定作的婚礼服在婚礼开始前没有交付。在多数情况下，债权人所遭受的损失均可用金钱赔偿的方式来弥补，故在此情况下宜采用解除合同或赔偿损失的方式来救济。

4. 替代履行

《民法典》第581条规定，当事人一方不履行债务或者履行债务不符合约定，根据债务的性质不得强制履行的，对方可以请求其负担由第三人替代履行的费用。

二、赔偿损失

（一）概述

我们这里所讲的赔偿损失是指违约损害赔偿。所谓违约损害赔偿，是指违约方因不履行合同或者不完全履行合同而给对方造成的损失，依法应当承担赔偿责任。

违约损害赔偿是违约救济中最广泛、最主要的救济方式。这一制度的基本目的是用金钱赔偿的方式弥补一方因违约给对方所造成的损害。它之所以是一种最广泛、最主要的救济措施，是因为：（1）合同关系一般为交易关系，而交易关系一般均可用金钱来表示或折合为金钱；（2）损害赔偿既可以单独使用，也可以与实际履行等救济手段一并使用。例如，我国《民法典》第584条规定的赔偿损失就是作为单独的救济措施（责任方式）来适用的："当事人一方不履行合同义务或者履行合同义务不符合约定，造成对方损失的，损失赔偿额应当相当于因违约所造成的损失，包括合同履行后可以获得的利益；但是，不得超过违约一方订立合同时预见到或者应当预见到的因违约可能造成的损失。"而《民法典》第583条是将赔偿损失作为"辅助"责任方式来适用的："当事人一方不履行合同义务或者履行合同义务不符合约定的，在履行义务或者采取补救措施后，对方还有其他损失的，应当赔偿损失。"与其他救济措施一并使用就扩大了这一救济措施的适用范围。

在理解违约损害赔偿时，有以下几点应特别注意。

（1）违约损害赔偿是因债务不履行而产生的责任，因债务人违约而使债权人遭受损害，这样合同双方当事人原来的合同权利义务就转化为损害赔偿的债权债务关系。这一点是理解单独适用损害赔偿这一救济措施的关键。

（2）违约损害赔偿具有补偿性。违约损害赔偿一般是为了弥补当事人因一方违约而产生的损害，一般不具有惩罚性。所以，在计算赔偿额时一般不考虑违约方的主观过错。

（3）违约损害赔偿与违约金。通说认为，违约金是缔结合同的一方当事人在不履行或不适当履行合同时，应给付另一方的一定数额的金钱。① 关于违约金的概念，在我国学理上没有争议，但关于违约金的性质，有重大分歧。分歧主要集中在违约金是惩罚性的还是补偿性的。在我国大致有三种观点：第一种观点认为，违约金应仅仅具有惩罚性，即违约金应与损害赔偿截然分开，只承认违约金的惩罚性，即只要当事人违约，就应支付违约金；除此之外，还应对违

---

① 参见杨振山等：《民法自学读本》，337页，北京，北京出版社，1986。

约造成的损害进行赔偿。[1] 第二种观点认为，违约金的性质只能是补偿性的。其中心理由为：合同关系的本质特征在于当事人双方在法律上的地位平等，任何一方都不具有惩罚对方的权力。[2] 第三种观点认为，违约金既具有惩罚性，也具有补偿性。这主要是从我国的立法上来观察的。[3]

从两大法系的立法来看，英美法系国家一般不承认惩罚性违约金，例如，《美国统一商法典》第 2－718 条规定：合同可以约定任何一方的损害赔偿金。约定违约金仅能根据因违约而造成的预期或实际的损失而定，确定时还应考虑证明损失的困难、采取其他有效救济的不便或不可行等因素。若合同不合理地规定过大的损害赔偿额，则视为惩罚性条款，因而无效。而大陆法系国家一般也是不承认惩罚性赔偿金的，但在迟延履行方面，例外地承认惩罚性赔偿金。例如，《德国民法典》第 339 条规定："债务人与债权人约定，在其不能履行或不能依适当方式履行时，应支付一定金额作为违约金者，在其迟延时，罚其支付违约金；以不作为为支付者，于违反行为时，罚付之。"

从我国《民法典》的规定来看，违约金原则上是补偿性的，法律依据主要是：1）《民法典》第 585 条明确规定，违约金过高或者过低的，裁判机构可以根据当事人的申请进行调整。2）第 588 条规定：当事人既约定违约金，又约定定金的，一方违约时，对方可以选择适用违约金或者定金条款。定金不足以弥补一方违约造成的损失的，对方可以请求赔偿超过定金数额的损失。但是，在迟延履行方面，我国也是承认惩罚性赔偿金的。例如，《民法典》第 585 条第 3 款规定："当事人就迟延履行约定违约金的，违约方支付违约金后，还应当履行债务。"

（二）损害赔偿的范围

1. 完全赔偿原则

所谓完全赔偿原则，是指违约方应对其因违约而引起的受害人的全部损失承担赔偿责任。也就是说，违约方不仅应赔偿对方因其违约而引起的现实财产的减少，而且应赔偿对方因合同履行而应得到的履行利益。

2. 合理预见原则

完全赔偿原则是对非违约方的有力保护，但从民法之基本原则出发，应将这种损害赔偿的范围限制在合理的范围之内。许多国家及国际公约均将之限定在可预见的范围内。例如，《法国民法典》第 1150 条规定：如债务人的不履行并非由于债务人的诈欺时，债务人仅就订立合同时所预见的或可能预见的损害或利益负赔偿责任。法国法的这一原则影响了英国判例，并直接反映在 1854 年的哈得利诉巴森得尔案中。在 1949 年英国上诉法院在维多利亚洗衣店诉纽曼工业公司案中又进一步确认和发展了这一原则，即受害方仅有权取得在合同缔结时就已经预见或可以预见的违约损失，而且这一损失实际上已经发生了。[4]《美国统一商法典》第 2－715 条也确认了这一原则，即这种损失应是在合同缔结时就有理由预知。《联合国国际货物销售合同公约》第 74 条也规定：损害赔偿不得超过违反合同一方在订立合同时，依照当时已知道或理应知道的事实和情况，对违反合同预料或理应预料的可能损失。我国《民法典》第 584 条规定

---

① 参见詹智玲：《试论我国违约金的惩罚性》，载《法学评论》，1983（3、4）。

② 参见李铸国：《浅论我国经济合同违约金制度中的几个问题》，载《法学》，1985（5）。

③ 参见《法学研究》编辑部：《新中国民法学研究综述》，485 页，北京，中国社会科学出版社，1990。

④ 参见徐炳：《买卖法》，324 页，北京，经济日报出版社，1991。

了合理预见原则：损害赔偿不得超过违约一方在订立合同时预见到或者应当预见到的因违约可能造成的损失。《合同编通则部分司法解释》第63条规定：（1）在认定《民法典》第584条规定的“违约一方订立合同时预见到或者应当预见到的因违约可能造成的损失”时，人民法院应当根据当事人订立合同的目的，综合考虑合同主体、合同内容、交易类型、交易习惯、磋商过程等因素，按照与违约方处于相同或者类似情况的民事主体在订立合同时预见到或者应当预见到的损失予以确定。（2）除合同履行后可以获得的利益外，非违约方主张还有其向第三人承担违约责任应当支出的额外费用等其他因违约所造成的损失，并请求违约方赔偿，经审理认为该损失系违约一方订立合同时预见到或者应当预见到的，人民法院应予支持。（3）在确定违约损失赔偿额时，违约方主张扣除非违约方未采取适当措施导致的扩大损失、非违约方也有过错造成的相应损失、非违约方因违约获得的额外利益或者减少的必要支出的，人民法院依法予以支持。

在何为“可预见性”的问题上有以下问题特别值得注意。

（1）是否预见的抽象主体参照。

根据各国法的规定，预见的主体应当是违约人。如何判断违约人是否预见？主要有主观标准和客观标准两种。主观标准是对具体的违约人进行判断，即根据其智力、教育、经历、职业、身份等状况判断其是否应当预见；客观标准是以一个抽象的合理人作为参照标准，如果这个抽象的一般人在该背景下能够或应当预见，就判定违约人能够或应当预见。多数国家以客观标准来判断，而以违约人的特质为辅助因素。

（2）预见的时间。

违约人应对在何时预见的损失负赔偿责任？对此，各国法一般规定以缔约时的预见作为预见的内容。理由是：在缔约时，当事人要考虑其所承担的各种风险和费用，如果风险过大，则当事人可以达成有关限制条款来限制责任；如果让当事人承担在缔约时不能预见或不应预见的损失，则当事人就会因考虑交易风险过大而不会订立合同。所以，应以缔约时预见的情况为标准。但是，这种做法也受到一些学者的批评，他们认为，在故意违约的情况下，就显得极不合理。例如，当事人在缔约时并未占有足够的信息或彼此之间了解不多，在合同订立后，一方向另一方提供了足够的信息、意外风险的情况，这些因素也应在确定预见范围时予以考虑。①

根据我国《民法典》第584条的规定，在预见的时间问题上，我国法以缔约时间为确定可预见的时间。

（3）预见的范围。

当事人在订立合同时，对损害的预见应达到何种程度？对此问题，各国判例及学说存在不同的观点。第一种观点认为，预见的内容应包括引起损害的种类，而不必要预见到损害的具体范围；第二种观点认为，被告不仅应当预见到损害的类型和原因，还应预见到损害的范围。②应当说，第一种观点更为合理，因为如果让违约人对于具体的损害范围有所认识，则会对受害人产生不公平的结果。

3. 受害方减轻损失的义务原则

根据这一原则，在对方违约时，非违约方应及时采取合理措施减少损失。如果受害方违反

---

①② 参见王利明：《违约责任论》，454页，北京，中国政法大学出版社，1996。

这一义务，对扩大的损失部分，违约方不负赔偿责任。这一原则为许多国家的立法和判例及国际公约所确认。例如，《联合国国际货物销售合同公约》第 77 条规定："声称另一方违反合同的一方，必须按情况采取合理措施，减轻由于另一方违反合同所引起的损失，包括利润方面的损失。如果他不采取这种措施，违反合同的一方可以从损害赔偿中扣除原可以减轻的损失的数额。"《德国民法典》第 254 条即规定了这一原则。我国《民法典》第 591 条规定了这一原则："当事人一方违约后，对方应当采取适当措施防止损失的扩大；没有采取适当措施致使损失扩大的，不得就扩大的损失请求赔偿。当事人因防止损失扩大而支出的合理费用，由违约方负担。"

最高法院之配套典型案例十：非违约方减轻损失义务纠纷案
——柴某与某管理公司房屋租赁合同纠纷案

【简要案情】

2018 年 7 月 21 日，柴某与某管理公司签订"资产管理服务合同"，约定：柴某委托某管理公司管理运营涉案房屋，用于居住；管理期限自 2018 年 7 月 24 日起至 2021 年 10 月 16 日止。合同签订后，柴某依约向某管理公司交付了房屋。某管理公司向柴某支付了服务质量保证金，以及至 2020 年 10 月 16 日的租金。后某管理公司与柴某协商合同解除事宜，但未能达成一致，某管理公司向柴某邮寄解约通知函及该公司单方签章的结算协议，通知柴某该公司决定于 2020 年 11 月 3 日解除"资产管理服务合同"。柴某对某管理公司的单方解除行为不予认可。2020 年 12 月 29 日，某管理公司向柴某签约时留存并认可的手机号码发送解约完成通知及房屋密码锁的密码。2021 年 10 月 8 日，法院判决终止双方之间的合同权利义务关系。柴某起诉请求某管理公司支付 2020 年 10 月 17 日至 2021 年 10 月 16 日房屋租金 114 577.2 元及逾期利息、违约金 19 096.2 元、未履行租期年度对应的空置期部分折算金额 7 956.75 元等。

【判决理由】

生效裁判认为，当事人一方违约后，对方应当采取适当措施防止损失的扩大；没有采取适当措施致使损失扩大的，不得就扩大的损失请求赔偿。合同终止前，某管理公司应当依约向柴某支付租金。但鉴于某管理公司已经通过多种途径向柴某表达解除合同的意思表示，并向其发送房屋密码锁密码，而柴某一直拒绝接收房屋，造成涉案房屋的长期空置，柴某应当对其扩大损失的行为承担相应责任。法院结合双方当事人陈述、合同实际履行情况、在案证据等因素，酌情支持柴某主张的房屋租金至某管理公司向其发送电子密码后 1 个月，即 2021 年 1 月 30 日，应付租金为 33 418.35 元。

【裁判要点】

当事人一方违约后，对方没有采取适当措施致使损失扩大的，不得就扩大的损失请求赔偿。承租人已经通过多种途径向出租人作出了解除合同的意思表示，而出租人一直拒绝接收房屋，造成涉案房屋的长期空置，不得向承租人主张全部空置期内的租金。

（三）与损害赔偿范围有关的几个概念

在损害赔偿的范围的问题上，存在许多相关的概念，在学习合同法中应当加以区别和了解。这些概念主要有：

1. 信赖利益和期待利益

对信赖利益和期待利益的划分最早见于美国学者富勒（Lon L. Fuller，1902—1978）1936

年发表于《耶鲁法律杂志》的《合同损害赔偿中的信赖利益》一文。在该文中，富勒将合同损害分为三种利益，即返还利益、信赖利益和期待利益。其中，对信赖利益和期待利益的划分产生了较大的影响。按照富勒的划分，信赖利益是指基于对被告之允诺的信赖，原告改变了自己的处境。例如，基于土地买卖合同，买方在调查卖方的土地所有权上支付了费用，或者错过了订立其他合同的机会。判决被告赔偿原告的这种利益的损失，目的是使他恢复到与允诺作出前一样的处境。

期待利益是指由被告的允诺而对原告所形成的期待价值。我们可以在一个诉讼中强制被告向原告提供这种允诺了的履行，也可以使被告支付与这种履行相当的金钱。在这里我们的目标是使原告处于假如被告履行了允诺后他所应处的处境。①

富勒的这种划分理论对世界各国影响较大，之后各国的判例及民法理论均采用其概念。在大陆法系国家有时也将期待利益称为"履行利益"或"积极利益"；将信赖利益称为"消极利益"。我国《民法典》第584条实际上采取的就是这种分类。

2. 直接损失和间接损失

对于直接损失与间接损失的划分标准，在学理上有三种观点：第一种观点认为，应根据损害与违约行为之间存在的直接和间接因果关系来区分。如果损害是由违约行为所直接引起的，并没有介入其他因素，则这种损害为直接损害；如果损害并不是因为违约行为直接引起的而是介入了其他因素，则为间接损失。第二种观点认为，应根据损害的标的来区分直接损失与间接损失。如果违约行为直接造成标的物的损害，为直接损害；如果造成标的物以外的损害，则为间接损害。第三种观点认为，应从违约行为的对象来区分。所谓直接损失是对债权人的直接损害，而违约行为给第三人造成的损失为间接损失。② 我国学者一般采用第一种划分标准，即根据违约行为与损害结果之间的因果关系来划分直接损失与间接损失。

《美国统一商法典》没有采取信赖利益或期待利益的划分理论，而是将损失分为直接损失、间接损失和附带损失。直接损失是指货物和价金的损失。附带损失是指因合同关系而引起的各种费用：就买方而言，是指因检验、接受、运输、保管卖方货物所交纳的合理费用，以及转卖合同货物所用的费用；就卖方而言，是指买方违约而拒绝收货或拒绝付款后，卖方在停止运输、运回货物、保管货物方面所花费的费用。所谓间接损失，是指受害方所失的利益，根据该法典第2715条的规定，间接损失主要是指：（1）因普通或特别需要而引起的损失，这种损失限于签订合同时卖方有理由知道而且是通过转卖或其他方式无法阻止的损失；（2）因违反货物瑕疵担保而引起的人身和财产损失。

笔者认为，以上划分各有其标准，对受害人来说，最主要的并不是划分的标准，而是对其实际的补偿。从以上对各种概念的分析，我们可以得出这样的结论：美国与中国立法上的划分标准所涵盖的范围基本相同，并均可以采取可预见性标准。

（四）期待利益（可得利益）在我国司法实践中的判例规则

我国最高人民法院在总结司法实践的基础上，在《合同编通则部分司法解释》第60～62条规定了期待利益（可得利益）在我国司法实践中的判例规则：

---

① 参见［美］富勒：《合同损害赔偿中的信赖利益》，韩世远译，载梁慧星主编：《民商法论丛》，第7卷，413页，北京，法律出版社，1997。

② 参见王利明：《违约责任论》，401～402页，北京，中国政法大学出版社，1996。

(1) 人民法院依据《民法典》第584条的规定确定合同履行后可以获得的利益时，可以在扣除非违约方为订立、履行合同支出的费用等合理成本后，按照非违约方能够获得的生产利润、经营利润或者转售利润等计算。

这实际上就确定了我国法院在司法实践中，适用“净期待利益”的概念。实际上，期待利益区分为“毛期待利益”与“净期待利益”。例如，A与B订立合同，A交货给B，总价为1 000万。如果B违约，A请求支付1 000万，这种期待利益就是“毛期待利益”——它包括成本和净收益。

如果上述A与B订立的合同尚未履行，B违约（包括实际违约与预期违约），则A要求B承担可得利益的赔偿，就只能是请求“如果合同能够得到履行的话可以获得的收益”——不包括成本，这里就是“净期待利益”。

但需要注意的是，当非违约方已经履行，而对方没有履行的时候，就不能适用“净期待利益”了。

(2) 替代交易差额计算法。

1) 非违约方依法行使合同解除权并实施了替代交易，主张按照替代交易价格与合同价格的差额确定合同履行后可以获得的利益的，人民法院依法予以支持；替代交易价格明显偏离替代交易发生时当地的市场价格，违约方主张按照市场价格与合同价格的差额确定合同履行后可以获得的利益的，人民法院应予支持。

2) 非违约方依法行使合同解除权但未实施替代交易，主张按照违约行为发生后合理期间内合同履行地的市场价格与合同价格的差额确定合同履行后可以获得的利益的，人民法院应予支持。

(3) 持续性定期合同中可得利益的赔偿。

在以持续履行的债务为内容的定期合同中，一方不履行支付价款、租金等金钱债务，对方请求解除合同，人民法院经审理认为合同应当依法解除的，可以根据当事人的主张，参考合同主体、交易类型、市场价格变化、剩余履行期限等因素确定非违约方寻找替代交易的合理期限，并按照该期限对应的价款、租金等扣除非违约方应当支付的相应履约成本后确定合同履行后可以获得的利益。

例如，A与B订立租赁合同，租期为3年。在合同履行到1年的时候，承租人B违约——不支付租金而且达到了合同解除数额，经过出租人A多次催告后仍不履行。A向法院提起诉讼要求终止合同并请求赔偿可得利益。这个计算可得利益的期限显然不能是剩余的二年，应该是：参照当地的租房市场，考量一下，在正常情况下，A多长时间能够找到新的租户，而这个期限就是合理期限。B应该支付该期限的租金作为合同终止的赔偿，但还应该扣除A在该合理期限内按照租赁合同有效时应支出的成本。

非违约方主张按照合同解除后剩余履行期限相应的租金、价款等扣除履约成本确定合同履行后可以获得的利益的，人民法院不予支持，但是剩余履行期限少于寻找替代交易的合理期限的除外。

(4) 无法确定可得利益的时候的赔偿规则。

非违约方在合同履行后可以获得的利益难以根据《合同编通则部分司法解释》第60条、第61条的规定予以确定的，人民法院可以综合考虑违约方因违约获得的利益、违约方的过错程度、其他违约情节等因素，遵循公平原则和诚信原则确定。

最高法院之配套典型案例九：可得利益请求纠纷
——某石材公司与某采石公司买卖合同纠纷案

【简要案情】

某石材公司与某采石公司签订“大理石方料买卖合同”，约定自某采石公司在某石材公司具备生产能力后前两年每月保证供应石料 1 200 立方米至 1 500 立方米。合同约定的大理石方料收方价格根据体积大小，主要有两类售价：每立方米 350 元和每立方米 300 元。自 2011 年 7 月至 2011 年 9 月，某采石公司向某石材公司供应了部分石料，但此后某采石公司未向某石材公司供货，某石材公司遂起诉主张某采石公司承担未按照合同供货的违约损失。某采石公司提供的评估报告显示荒料单价为每立方米 715.64 元。

【判决理由】

生效裁判认为，某采石公司提供的评估报告显示的石材荒料单价每立方米 715.64 元，是某石材公司在某采石公司违约后如采取替代交易的方法再购得每立方米同等质量的石料所需要支出的费用。以该价格扣除合同约定的供货价每立方米 350 元，即某石材公司受到的单位损失。

【裁判要点】

非违约方主张按照违约行为发生后合理期间内合同履行地的市场价格与合同价格的差额确定合同履行后可以获得的利益的，人民法院依法予以支持。

（五）赔偿额的具体计算

1. 计算时间

这里讨论计算的时间主要针对的问题是：在确定赔偿额时的市场价格的标准。从各国学理及判例看，主要有三种计算方法：一是违约的时间，二是请求赔偿的时间，三是非违约方发现违约的时间。

以发现违约的时间计算比较合理。这主要是因为这一时间与非违约方防止损失扩大的义务有关，即非违约方发现对方违约时，有义务采取合理措施以防止违约损害的继续扩大。在非违约方及时采取了合理措施后，他所应得的赔偿额应为合同价格与此时市场价格之间的差额。

2. 地点

地点的确定也与计算损害赔偿的价格有关，即以何地的市场价格来计算损失。各国一般以债务履行地的价格作为计算标准。理由是：一方面，从交付人的意思来看，当事人订立合同转让财产需要将财产运至履行地交付，而损害也是因标的物没有运至履行地或没有在履行地接受货物而引起的，也就是说，是因为没有在履行地完成交易而引起的，所以，应以履行地的价格来确定损害额；另一方面，既然当事人希望在履行地完成交易行为而又没有在该地完成，那么以该地的价格计算损害额符合双方的意思，对当事人也公平合理。① 关于履行地的确定，我国《民法典》第 511 条有明确的规定：当事人有约定的，从其约定。当事人无约定的，按下列方式确定：给付货币的，在接受货币的一方所在地履行；交付不动产的，在不动产所在地履行；

① 参见王利明：《违约责任论》，430 页，北京，中国政法大学出版社，1996。

其他标的，在履行义务一方所在地履行。

3. 计算规则

在计算规则上，大陆法系的德国主要采取“差额说”与“交换说”。“差额说”认为，损害是指事故发生后的利益状态与事故发生前的利益状态的差额，确定损害应以此差额为标准。“交换说”认为，在一方违约时，非违约方有权获得他应该得到的全部履行，同时为获得对方的履行也应履行自己的义务。“交换说”理论主要受罗马法的影响，罗马法将买卖契约视为两个独立的债务的结合。“交换说”认为，应将两个债权关系区别开来，卖方只有在交付了自己的标的物后才能对买方提起诉讼。①

由于英美法系判例法的传统，在计算损失方面确定了许多更加精细的规则，主要有以下几点。

（1）替代价格规则。

当合同当事人一方违约时，受害人可能用一个新的履行来替代原来承诺的履行。替代价格规则用于裁定受害人因采用新的履行办法替代原有承诺的履行所需要的成本。例如，票商阿派克斯以 P 的价格出售门票，一个买主预定了 X 张门票。在阿派克斯违约后，买主必须以 P＊的高价从其他人手里购买同等数量的门票。原有的承诺以 X（P＊－P）的成本得到替代。根据替代价格规则，这笔钱就是买方所应获得的损害赔偿。

（2）损失—盈余规则。

各方都希望从合同中盈利，当事人预期获得的价值和实际付出的价值之间的差额称为盈余。这一规则用于裁定在违约方履行契约的情况下受害人可能得到的盈余。一个卖主出售商品享有的盈余通常是商品的合同价格与其直接的成本价格之间的差额。例如，如果票商阿派克斯的门票成本价 C 是它的全部价格，一个买主答应以 P 的合同价格购买 X 张门票。那么，阿派克斯预期从合同中获得的盈余是 X（P－C）。这个数额是卖方所应得到的损害赔偿数额。

（3）机会成本规则。

订立一个合同就失去了订立另一个合同的机会。机会成本规则用于裁定在签订了别的更好的合同时受害人应该得到的盈余。例如，假定一个买主准备以 P 的价格向比乔购买 X 张票，但后来决定以 P＊的价格向阿派克斯购买 X 张票，如果阿派克斯违约，买主将不得不以P＊＊的高价购买同等数量的票。按照机会成本规则，损失赔偿额等于 X（P＊＊－P）。一般说来，如果违约使受害人得到一个替代履行，机会成本规则规定的赔偿额等于合同订立时可供选择的最佳合同价格和违约后替代履行所得的价格之间的差额。

（4）预算外开支规则。

基于合同产生的行为可能涉及某项投资，该投资无法因违约而得到全部赔偿。预算外开支规则用于裁定受害人基于对合同的信任在违约前支出的成本和违约后靠这些成本实现的价值之间的差额。例如，假如买方违反了以 P 价格向阿派克斯购买 X 张票的合同，基于对合同的信任，阿派克斯以零售价 C 买了 X 张票，违约后阿派克斯只能以当时的价格 P＊出售了这些票，低于他付出的零售价格 C。阿派克斯的预算外开支是 X（C－P＊）。相反，假设买方与阿派克斯有订票的合同，然后又与婴儿托管所签订了在看戏的晚上照看孩子的合同，阿派克斯违约，

① 参见［德］罗伯特·霍恩等：《德国民商法导论》，楚建译，120 页，北京，中国大百科全书出版社，1996。

买方只好待在家中。买方的预算外开支就是取消与婴儿托管所的合同的费用。

（5）减少的价值规则。

当合同的履行不正当或不完全时，所得的价值就少于承诺的价值。减少的价值规则用于裁定受害人在对方违约后按合同得到的商品价值与合同被适当履行后所得的商品价值之间的差额。例如，假设卖方答应给买方制作带有A罗盘针的船，这将给买方带来M的价值，而他交付的船是带有B罗盘针的船，使船的价格降低，为M*。根据减少的价值规则应判给买方数额为（M－M*）的损失，或允诺的船价与交付的船价之间的差额。[①]

由于我国缺乏系统的理论及确定的司法规则，大陆法系与英美法系的上述规则，在不同场合均有借鉴意义。

4. 计算损失时应适用“过失相抵”

（1）概念。

“过失相抵”也称为“与有过失”，是指非违约方对违约所造成的损失也有过失时，应减轻违约方的赔偿责任。合同法的传统理论认为，违约责任为无过错责任，因此，是否适用这一原则是有争议的。但我国的合同法理论一般认为，应当适用这一原则。我国《民法典》第592条第2款规定了这一原则：“当事人一方违约造成对方损失，对方对损失的发生有过错的，可以减少相应的损失赔偿额。”其实，在《民法典》之前，我国的司法实践就已经采取这一原则——《最高人民法院关于审理买卖合同纠纷案件适用法律问题的解释》第30条[②]规定：“买卖合同当事人一方违约造成对方损失，对方对损失的发生也有过错，违约方主张扣减相应的损失赔偿额的，人民法院应予支持。”《民法典》的规定说明这一理论在合同法实践中将全面得到承认。

（2）构成要件。

1）非违约方对损失发生具有过错。这里的所谓过错，包括故意和过失。同时，这里的过错并不包括违约在内。如果双方都有违约问题，则不是过失相抵的问题。因为，违约是不需要过错的。

2）非违约方的过错行为是损失发生或者扩大的原因。也就是说，非违约方的过错与损失的发生或者扩大具有因果关系，是损失发生或者扩大的原因力。

（3）对违约责任之损失中适用“过失相抵”的疑问。

我们的问题是：如果非违约方的行为的确造成了违约损失的扩大，但非违约方没有过失，是否适用这一原则？同时，从上述最高人民法院的司法解释明显看出，违约方是因过错造成违约损失的，因为其用词是“对方对损失的发生也有过错”。但是是否会发生这种情况：违约方对违约并没有过错（因为违约本身可能就不是过错归责），而非违约方也无过错但却造成损失发生或者扩大？

笔者认为，无论非违约方主观方面是否具有过错，只要其行为是损失发生或者扩大的原因力，就应适用“过失相抵”。

---

① 参见［美］罗伯特·考特、托马斯·尤伦：《法和经济学》，张军等译，408～415页，上海，上海三联书店、上海人民出版社，1994。

② 经过修改后作为《民法典》配套的2021年1月1日起施行的《最高人民法院关于审理买卖合同纠纷案件适用法律问题的解释》删除了该条，因为该条已经被《民法典》吸收。

5. 损益相抵原则

所谓损益相抵，又称为损益同销，是指一方因对方违约而获得利益时，在计算损失额时，应扣除获益。这一原则如果从公平的角度看，是合适的。例如，A与B签订一土地使用权转让合同。合同签订后，购买人B违约没有按期支付土地使用权购买款，A解除了合同并要求赔偿。但因B违约而没有发生土地使用权转移，这期间土地使用权价格飞速上涨，A因B违约而获得巨大利益。这时候使用损益相抵原则就比较公平，否则，一方面，A享受价格上涨后的获益，另一方面，还要求B按照上涨前的损失进行赔偿，显然有失公允。我国《民法典》合同编对该原则没有明确规定，合同法上是否适用也存在疑问。但司法实践已经承认了这一原则——《最高人民法院关于审理买卖合同纠纷案件适用法律问题的解释》(2021年1月1日起施行）第23条规定："买卖合同当事人一方因对方违约而获有利益，违约方主张从损失赔偿额中扣除该部分利益的，人民法院应予支持。"显然，司法实践是承认损益相抵原则的。

三、违约金

（一）违约金的性质

对违约金性质的讨论，主要集中在其究竟具有惩罚性还是补偿性的问题上。对于这一问题的不同回答也相应地将违约金分为赔偿性违约金和惩罚性违约金。

赔偿性违约金的主要功能在于弥补另一方因违约而遭受的损失。当事人在设定此类违约金时的主要目的是避免事后计算损害赔偿的麻烦及举证困难。即当事人在缔约时或之后约定一个预先估计的损失额，在一方违约后，另一方可直接获得预先约定的赔偿额，以弥补损失，在功能上相当于约定赔偿金。

惩罚性违约金的主要功能在于对违约行为的制裁，以确保合同的履行。故惩罚性违约金与实际损失并无直接联系，按照我国学者的观点，甚至即使是违约的结果并未发生任何损害，也不影响对违约人追究违约金的责任。支付了违约金后，有实际损失的，还应赔偿损失。

对于违约金是否具有惩罚性的问题，大陆法系与英美法系的立法与学理基本上持补偿性的观点。例如，《法国民法典》第1229条第1款又规定：违约处罚条款为对债权人因主债务未履行而受到的损害的赔偿。第1231条更进一步规定：如债务已部分履行，法官得按债权人自部分履行所取得的利息的比率减少约定的违约金，但不妨碍执行第1152条的规定。从《法国民法典》的这些规定看，其违约金始终与实际损失联系在一起。由此可见，其违约金主要是补偿性的。《德国民法典》并未直接规定违约金的惩罚性，而是仅规定了其补偿性。该法典第340条规定：如债务人约定，在不履行其债务时须支付违约金者，债权人得请求支付违约金以替代请求给付。债权人因不履行给付而有损害赔偿请求权时，得请求以已取得的违约金替代最低的损害赔偿。《德国民法典》对违约金性质为补偿性的规定显而易见。英美法系的判例与立法一向比较坚决地反对惩罚性违约金。波斯纳从经济分析的角度指出：法律不会（事实上也没有）实施契约中的惩罚条款。惩罚可能会由于使违约者的违约成本高于受害者所遭受的违约成本而在阻止无效率违约的同时也阻碍了有效率的违约，这可能会产生双边垄断问题，而且有可能诱导潜在的受害者挑起违约而从中获益。① 我们姑且不论波斯纳的有效率的违约理论是否正确，

---

① 参见［美］理查德·A. 波斯纳：《法律的经济分析》（上），蒋兆康等译，163页，北京，中国大百科全书出版社，1997。

但其分析是有道理的。从法律角度看，英美法否认惩罚性违约金的根据在于：一方当事人无权对另一方当事人实行惩罚。对此，霍姆斯就曾经指出："在普通法中，所谓违约的责任也不过意味着，如果你不想履约，则不得不承担赔偿。仅此而已。"①

学者认为违约金具有惩罚性的一个理由就是，有时违约金高于实际损失，也会得到法院支持。实际上，违约金的约定是当事人对风险的事前估计，而这种事前估计不可能完全符合违约所造成的损失。因此，不能说：约定违约金高于实际损失，则证明其具有惩罚性；若低于实际损失，则没有惩罚性。只有在过高或者过低的情况下，可以请求法院降低或者增加。学者的这种观点恰恰说明了我国民法典上的违约金具有补偿性而非惩罚性——可以请求法院调整。

（二）违约金与其他救济措施的关系

1. 违约金与损害赔偿的关系

在违约金与损害赔偿的关系上，有以下几个问题是：第一，当违约造成损害时，受害方是否有权在获得损害赔偿后，另外要求支付违约金？第二，当违约金不足以补偿受害人的全部损害时，受害人是否有权另行请求赔偿？第三，当违约并没有给非违约方造成损失时，非违约方是否有权请求支付违约金？

（1）当违约造成损害时，受害方是否有权在获得损害赔偿后，另外要求支付违约金？

二者的联系常常受到违约金性质的影响。如果违约金为补偿性，则可替代赔偿损失，获得此种违约金，自不得另外要求损害赔偿。从《德国民法典》第 342 条的规定看，若债务人请求支付违约金，即不得请求损害赔偿。《法国民法典》第 1229 条规定，违约处罚条款是为了对债权人因主债务未履行而受损害的赔偿。我国《民法典》也规定了违约金的补偿性，故应解释为不得同时请求违约金的支付和损害赔偿。

（2）当违约金不足以补偿受害人的全部损害时，受害人是否有权另行请求赔偿？

根据《德国民法典》第 340 条、《法国民法典》第 1152 条的规定及我国《民法典》第 585 条的规定，当违约金低于实际损失时，受害人并非无条件地当然享有使违约方赔偿不足部分的权利，只有违约金过分低于实际损害的，才能请求法院合理增加。这一做法，一方面承认了契约自由原则，另一方面体现了公平原则。

（3）当违约并没有给非违约方造成损失时，非违约方是否有权请求支付违约金？

对于这一问题，英美法坚持"没有损害就没有赔偿"的原则，当违约没有给对方造成损失时，违约金条款就被视为惩罚性条款而无效。例如，在俄勒冈州最高法院 1971 年审理的哈蒂诉拜伊案中，法官就指出：当违约并没有在事实上引起损害时，他们事先已经达成的有关应支付违约金数额的协议是不能被强制执行的。②

对此，我国《民法典》第 585 条第 3 款规定：当事人就迟延履行约定违约金的，违约方支付违约金后，还应当履行债务。由此可见：1）即使迟延履行没有给对方造成损失，也应支付违约金；2）只有在当事人专门就迟延履行约定了违约金的时候，方可如此。

2. 违约金与实际履行的关系

在这一关系中，主要的问题是违约方支付了违约金后，是否还有义务履行合同？

---

① Holms："The Path of the Law"，10 *Harward L. Rew.*，402（1976）.

② 参见王军：《美国合同法判例选评》，228 页，北京，中国政法大学出版社，1995。

对此，大陆法系各国的民法典一般持否定的态度，例如，《德国民法典》第 340 条规定：债权人在向债务人请求支付违约金时，不得同时请求履行给付。《法国民法典》第 1229 条规定：债权人不得同时请求给付主债务及违约金。但《德国民法典》与《法国民法典》均规定了一个重要的例外：违约金是为迟延履行而约定的，可同时请求（《德国民法典》第 341 条、《法国民法典》第 1229 条）。

在我国学理与立法上对违约金与实际履行能否并存的问题，有不同意见，这主要与我国学理与立法对违约金的性质的认识有关。对此，《民法典》第 585 条采取了与《德国民法典》同样的观点，即当事人就迟延履行而约定违约金的，在支付违约金后，还可请求同时履行。

（三）违约金与定金的关系

关于这一问题，我们在“合同的履行”一章中有所论述。这里我们可以说，无论是定金还是违约金，其目的都在于弥补非违约方的损失。因此，我国《民法典》第 588 条规定：“当事人既约定违约金，又约定定金的，一方违约时，对方可以选择适用违约金或者定金条款。定金不足以弥补一方违约造成的损失的，对方可以请求赔偿超过定金数额的损失。”由此可见，我国《民法典》的态度很明确：（1）当事人既约定违约金，又约定定金的，发生违约事实后，非违约方可以选择适用定金或者违约金；（2）两者不可以同时适用，选择一种后，适用的结果如果是不能弥补全部损失的，可以再请求赔偿损失；（3）如果选择适用违约金条款，在过分高于造成的损失时，违约方还可以根据第 585 条的规定请求降低。当然了，如果过低了，非违约方或者请求增加违约金，或者直接适用第 588 条请求在违约金之外赔偿损失。

（四）违约金的司法裁判规则及其依据

第一，《最高人民法院关于审理买卖合同纠纷案件适用法律问题的解释》（2021 年 1 月 1 日起施行）规定的违约金之裁判规则：

（1）买卖合同对付款期限作出的变更，不影响当事人关于逾期付款违约金的约定，但该违约金的起算点应当随之变更。

（2）买卖合同约定逾期付款违约金，买受人以出卖人接受价款时未主张逾期付款违约金为由拒绝支付该违约金的，人民法院不予支持。

（3）买卖合同约定逾期付款违约金，但对账单、还款协议等未涉及逾期付款责任，出卖人根据对账单、还款协议等主张欠款时请求买受人依约支付逾期付款违约金的，人民法院应予支持，但对账单、还款协议等明确载有本金及逾期付款利息数额或者已经变更买卖合同中关于本金、利息等约定内容的除外。

买卖合同没有约定逾期付款违约金或者该违约金的计算方法，出卖人以买受人违约为由主张赔偿逾期付款损失，违约行为发生在 2019 年 8 月 19 日之前的，人民法院可以中国人民银行同期同类人民币贷款基准利率为基础，参照逾期罚息利率标准计算；违约行为发生在 2019 年 8 月 20 日之后的，人民法院可以违约行为发生时中国人民银行授权全国银行间同业拆借中心公布的一年期贷款市场报价利率（LPR）标准为基础，加计 30%～50%计算逾期付款损失。

（4）买卖合同因违约而解除后，守约方主张继续适用违约金条款的，人民法院应予支持；但约定的违约金过分高于造成的损失的，人民法院可以参照《民法典》第 585 条第 2 款的规定处理。

第二，《合同编通则部分司法解释》规定的违约金裁判规则：

（1）当事人一方通过反诉或者抗辩的方式，请求调整违约金的，人民法院依法予以支持（第 64 条第 1 款）。但是，恶意违约的当事人一方请求减少违约金的，人民法院一般不予支持（第 65 条第 3 款）。

（2）通过约定排除适用违约金调整规则的，该约定无效（第 64 条第 3 款）。也就是说，这种违约金的调整请求权属于强行性规定，当事人不得事先通过约定的方式排除。

（3）调整标准：当事人主张约定的违约金过分高于造成的损失，请求予以适当减少的，人民法院应当以《民法典》第 584 条规定的损失为基础，兼顾合同主体、交易类型、合同的履行情况、当事人的过错程度、履约背景等因素，遵循公平原则和诚信原则进行衡量，并作出裁判。一般来说，当事人约定的违约金超过造成的损失的 30%的，人民法院一般可以认定为过分高于造成的损失（第 65 条第 1、2 款）。

（4）举证责任：违约方主张约定的违约金过分高于违约造成的损失，请求予以适当减少的，应当承担举证责任。非违约方主张约定的违约金合理的，也应当提供相应的证据。（第 64 条第 2 款）。

（5）程序规则：1）当事人一方请求对方支付违约金，对方以合同不成立、无效、被撤销、确定不发生效力、不构成违约或者非违约方不存在损失等为由抗辩，未主张调整过高的违约金的，人民法院应当就若不支持该抗辩，当事人是否请求调整违约金进行释明。2）第一审人民法院认为抗辩成立且未予释明，第二审人民法院认为应当判决支付违约金的，可以直接释明，并根据当事人的请求，在当事人就是否应当调整违约金充分举证、质证、辩论后，依法判决适当减少违约金。3）被告因客观原因在第一审程序中未到庭参加诉讼，但是在第二审程序中到庭参加诉讼并请求减少违约金的，第二审人民法院可以在当事人就是否应当调整违约金充分举证、质证、辩论后，依法判决适当减少违约金（第 66 条）。

值得注意的是，在“程序规则”部分的 2）与 3）中，法院的这种做法是否违反我国民事诉讼程序中的二审终审制度值得考虑：在上述情形中，二审法院的这种做法等于否定了对方的上诉权利，将我国的二审终审变为了一审终审。最好的办法是发回重审。

四、其他责任方式

违约救济方式应当多样和灵活，以便于对当事人提供有效的救济。对此，我国《民法典》在上述措施之外，还规定了一种“综合”的责任方式：“履行不符合约定的，应当按照当事人的约定承担违约责任。对违约责任没有约定或者约定不明确，依据本法第五百一十条的规定仍不能确定的，受损害方根据标的的性质以及损失的大小，可以合理选择请求对方承担修理、重作、更换、退货、减少价款或者报酬等违约责任。”

五、违约责任的免责事由

（一）概述

一方违约之后，是否必然要承担违约责任？答案当然是否定的，原因主要是：（1）违约责任有自己的构成要件，仅仅有违约行为不见得一定有违约责任；（2）双方当事人约定或者法律规定了免责事由，出现了免责事由的时候，违约方当然也就免责。

由于约定免责事由属于契约自由的范畴，不需要研究，仅仅需要指出的是：当事人对于免责事由的约定不得违反法律的强制性规定或者违反公序良俗。在这里仅仅讨论我国《民法典》关于法定免责事由的规定。

（二）不可抗力

我国《民法典》第590条规定：“当事人一方因不可抗力不能履行合同的，根据不可抗力的影响，部分或者全部免除责任，但是法律另有规定的除外。因不可抗力不能履行合同的，应当及时通知对方，以减轻可能给对方造成的损失，并应当在合理期限内提供证明。当事人迟延履行后发生不可抗力的，不免除其违约责任。”根据该条的规定，我国法上不可抗力作为免责事由应作以下理解。

(1) 不可抗力出现后，要根据不可抗力对违约的影响程度来决定免责的程度。在现实生活中，出现不可抗力后，其有可能是违约的全部原因，也可能是部分原因。因此，要根据具体案件中的具体情况来判断是部分免除违约责任还是全部免除。

(2) 迟延履行的违约方不享有因不可抗力免责的权利，因为一方迟延履行后，原则上应该承担所有风险。

(3) 通知义务。不可抗力发生后，违约方应及时通知对方，以便于对方能够及时采取措施防止损失扩大。

(4) 证明义务。不可抗力发生后，违约方应在合理期间内，提供证据以证明不可抗力的实际存在。

法律适用

1. 默示预期违约制度与不安抗辩权在实践中如何适用

众所周知，默示预期违约制度为英美法系的制度，不安抗辩权是大陆法系的制度，二者的功能都是为特定条件下双务合同的债权人一方提供救济和保护。我国《民法典》规定了不安抗辩权制度，而没有关于默示预期违约制度的规定。那么，在司法实践中，默示预期违约制度是否有适用的余地呢？虽然有些学者主张，预期违约制度比不安抗辩权更利于保护交易秩序，但实际上，默示预期违约制度与不安抗辩权仅存在细微差别，二者的制度价值是一致的。其一致性主要表现在三方面：其一，二者均以债务人虽未明确表示不履行债务，但有明显证据证明其在履行期到来时将不履行债务为适用条件；其二，二者均以债务人履行债务或者提供相应担保作为消除债权人抗辩的方式；其三，二者的救济手段都包含经过特定告知程序后的合同解除权。此外，引进英美法的默示预期违约制度还可能导致概念及法律体系上的混乱，因此，在司法实践中，完全可以用不安抗辩权制度解决应当由默示预期违约制度解决的问题。考虑到大陆法系之法律规定比较原则和概括的历史传统，在适用不安抗辩权时，可以借鉴英美法系默示预期违约制度的具体判断标准。

2. 损害赔偿在实际履行中适用与作为独立的救济措施如何区分

我国《民法典》明确地将实际履行作为一种救济措施加以规定，借鉴了大陆法系的是否请求实际履行由非违约方决定的立法政策，同时将债务标的不适于强制履行作为实际履行适用的限制条件，限制了实际履行的适用范围。作为《民法典》中的一种违约救济措施，损害赔偿可以是独立性的，也可以是辅助性的。在司法实践中，应当区分损害赔偿的性质来确定赔偿范围。第一，在适用实际履行时，损害赔偿是作为实际履行的辅助性救济措施而存在的，其目的是弥补实际履行救济的不足。我国《民法典》明确规定了实际履行的主要方式为修理、更换、重作、减价等，在实际履行后，受害方还有其他损失时，违约方应当赔偿损失。损害赔偿的辅助性质决定了在实际履行作为主要救济措施时，其赔偿范围限于受害方的其他实际损失。第二，在将损害赔偿作为一种独立的救济措施时，其目的是在承认合同继续有效的前提下，使违约方赔偿受害方的利益损失，以达到合同履行后所应达到的状态。损害赔偿的独立性质决定了其赔偿范围包括实际损失和可得利益损失，其中实际损失是受害方为了履行合同所支出的费用或财产的损失，而可得利益损失是受害方所遭受的如合同按约定履行后应当得到的经济利益的损失。在实践中，确定损害赔偿的具体范围时要受到可预见规则的限制，同时还要考虑受害方是否尽到了积极采取措施防止损失扩大的义务。

课后复习

1. 论述预期违约制度在我国法上的必要性。
2. 试论实际履行的意义与限制。
3. 试论损害赔偿的原则与限制。

第十二章 合同权利、义务的终止

| 提　要 |

合同的订立是为了消灭，也就是说，合同权利、义务的终止是必然的。合同权利、义务终止的原因众多，可以将其归为解除、履行、提存、抵销、免除、混同。

| 重点问题 |

1. 合同解除的条件与法律后果。
2. 合同抵销的条件。
3. 提存的条件与法律后果。

第一节 合同权利、义务终止概述

一、合同权利与义务终止的原因

合同权利义务终止，实际上就是指合同权利义务的消灭，从而使合同失去对义务人的约束力。必须清楚的是，合同权利义务的终止并不总是使合同失去效力，例如，抵销或者免除债务，都不一定是全部免除或者全部消灭义务。

我国《民法典》第557条规定："有下列情形之一的，债权债务终止：（一）债务已经履行；（二）债务相互抵销；（三）债务人依法将标的物提存；（四）债权人免除债务；（五）债权债务同归于一人；（六）法律规定或者当事人约定终止的其他情形。合同解除的，该合同的权利义务关系终止。"

其实，我们不能不注意到：合同解除虽然从结果上看是合同权利义务终止的原因，但它更重要的应该是违约责任的方式，因为一方违约后，对方如果认为违约后继续履行合同对自己已经没有意义或者合同目的难以实现，可以解除合同。因此，合同解除实际上更应该规定在违约责任中。但是，我国民事立法从1999年《合同法》开始，就一直把合同解除规定在"合同的权利义务终止"中，《民法典》没有改变这种立法体例。实际上这是对违约责任体系的一种破坏。

二、合同权利、义务终止的效力

（1）当事人的后契约义务。根据《民法典》第558条的规定，债权债务终止后，当事人应当遵循诚信等原则，根据交易习惯履行通知、协助、保密、旧物回收等义务。

（2）债权的从权利消灭。债权债务终止时，债权的从权利同时消灭，但是法律另有规定或者当事人另有约定的除外。

（3）合同的权利义务关系终止，不影响合同中结算和清理条款的效力。

（4）有时候，合同权利义务终止，并不代表当事人所有与合同相关的权利义务都消灭，仅仅是合同约定的权利义务消灭，但并不影响当事人负有非约定义务。例如，一方违约导致合同解除，从而合同权利义务终止，但是，并不影响另一方在解除合同后请求其承担赔偿损失的责任。就像合同无效一样，其后果是不发生当事人想要的结果，但并不是不发生任何法律后果。

第二节　合同权利、义务因解除而终止

一、契约解除概述

有效成立的契约，对双方当事人具有相当于法律的效力，任何一方均应遵守自己制定的法律而不得任意变更或解除。但是，在某些特定因素出现时，法律例外地允许当事人解除契约以免除其对自己的约束。

从各国合同法（或民法典）的规定来看，契约解除有两种：一为意定解除，二为法定解除。而意定解除又可分为两种：协议解除与约定解除权的解除。协议解除是指双方通过订立一个新的契约以解除原来的契约，这种新的契约被称为“反对契约”；约定解除权的解除是指契约当事人在订立契约之时或之后约定一方或双方的解除契约权发生事由的情形，即约定当发生某种情形（如违约行为）时，一方或双方即享有解除契约的权利。

协议解除与约定解除权的解除虽同为意定解除，但二者有较大的区别。这主要表现在：首先，约定解除权属于事前的约定，它规定在将来发生一定情况时，一方享有解除权；而协议解除乃是事后约定，它是当事人双方根据已经发生的情况，通过协商作出的决定。其次，约定解除权的合同是确认解除权，其本身并不导致合同的解除，只有当事人实际行使解除权方可导致合同的解除。而解除合同的协议，因为其内容并非确定解除权的问题，而是确定合同的解除，所以，一旦达成协议，即可导致合同解除。最后，约定解除权常与违约的补救和责任联系在一起，只要合同一方违反合同规定的某项主要义务且符合解除条件，另一方就享有解除权，从而当这种解除发生时，就成为对违约的一种补救方式。协议解除也可能在违约的情况下发生，但因为它完全是双方协商的结果，在性质上是对双方当事人的权利义务关系重新安排、调整和分配，并不是针对违约而寻求补救措施。①

对于意定解除，有的国家民法（或合同法）作出了明确规定，有的国家则未作规定，认为，意定解除乃是契约自由在合同解除制度上的反映，当事人既然可以依照契约自由原则订立合同，当然也就可以依照契约自由原则解除合同。只要不违反公序良俗以及第三人的利益，法律自无干涉的必要。我国《民法典》第562条规定了意定解除：当事人可以在合同中约定解除合同的条件，解除合同的条件成就时，合同解除。当事人也可以事后经协商一致解除合同。《合同编通则部分司法解释》第52条规定：（1）当事人就解除合同协商一致时未对合同解除后的违约责任、结算和清理等问题作出处理，一方主张合同已经解除的，人民法院应予支持，但

① 参见王利明：《违约责任论》，525页，北京，中国政法大学出版社，1996。

是当事人另有约定的除外。（2）有下列情形之一的，除当事人一方另有意思表示外，人民法院可以认定合同解除：（A）当事人一方主张行使法律规定或者合同约定的解除权，经审理认为不符合解除权行使条件但是对方同意解除；（B）双方当事人均不符合解除权行使的条件但是均主张解除合同。（3）前述情形下的违约责任、结算和清理等问题，人民法院应当依据《民法典》第 566 条、第 567 条①和有关违约责任的规定处理。

法定解除与意定解除之间只是在解除权发生的原因方面有所不同，但二者在法律效果方面是相同的。由于意定解除具有灵活性，以及内容的任意性，故实难作统一的解释，应属于契约自由的范畴。本书不拟作详细的讨论。下面所要讨论的仅为法定解除。

法定解除是指当事人行使法定解除权而使合同效力消灭的行为。而所谓法定解除权，是指依据法律规定的原因而产生的解除权。其与约定解除权的区别在于解除权的产生的原因是由法律直接规定而非当事人约定的。由于合同的解除是使合同权利义务归于消灭的行为，故各国法律对解除权的产生原因，除当事人的约定外，均有特别的规定。如我国《民法典》第 563 条规定的解除权产生的原因，就是著例。

需要注意的是，合同解除权可以因约定或者法定而产生。但是，解除权一旦产生，行使是一样的。即使在约定解除权的情况下，人民法院也要对违约给对方造成的影响进行审查，如果违约几乎没有或者给对方造成的损失很小，也不能判决解除合同。对此，最高人民法院指出，合同约定的解除条件成就时，守约方以此为由请求解除合同的，人民法院应当审查违约方的违约程度是否显著轻微，是否影响守约方合同目的的实现，根据诚实信用原则，确定合同应否解除。违约方的违约程度显著轻微，不影响守约方合同目的的实现，守约方请求解除合同的，人民法院不予支持；反之，则依法予以支持（最高人民法院《九民会议纪要》第 47 条）。

二、合同法定解除的原因

根据合同法的一般原则，在合同生效后，当事人应严格按照合同条款履行合同，否则便是违约。但是否在任何情况下违约均导致非违约方享有解除合同的权利呢？答案当然是否定的。各国立法或司法，均对解除合同这种严厉的救济给予必要的限制，大陆法系和英美法系无一例外。

（一）英美法系国家解除合同的原因

英国法认为，只有当“实质性地违反合同”时，才能导致合同的解除。为正确认定何谓“实质性地违反合同”，英国法将合同条款分为“条件”和“担保”。“条件”是合同中陈述事实、双方作出许诺的条款，它构成合同的根基。“担保”是指附属于条件的内容的陈述，它不是合同的必要条款或实质性条款，而仅仅是合同的某种附则。② 英国 1979 年《货物买卖法》第 61 条将其定义为“附属于合同主要意图”的条款。根据英国法的规则，违反“条件”与

---

① 《民法典》第 566 条规定：“合同解除后，尚未履行的，终止履行；已经履行的，根据履行情况和合同性质，当事人可以请求恢复原状或者采取其他补救措施，并有权请求赔偿损失。合同因违约解除的，解除权人可以请求违约方承担违约责任，但是当事人另有约定的除外。主合同解除后，担保人对债务人应当承担的民事责任仍应当承担担保责任，但是担保合同另有约定的除外。”第 567 条规定：“合同的权利义务关系终止，不影响合同中结算和清理条款的效力。”

② 参见董安生等编译：《英国商法》，49 页，北京，法律出版社，1991。

“担保”条款的区别是：违反前者将构成实质性违约，而违反后者，仅给予无过错的一方以请求损害赔偿的权利，而无合同解除权。①

“条件”理论的优点在于它的确定性，它使当事人或法院可以比较容易地对违约能否导致合同的解除作出判断，使受害人可以及早地解除合同。但在实际上，“条件”理论存在许多弊端。这表现在：首先，“条件”与“担保”的区别具有较大的主观性，法院或当事人在判断时，往往要推定当事人的意图；其次，根据“条件”理论，只要一方违反了“条件”，即使对方并未因此遭受损害或损害极其轻微，对方也有权解除合同。这样常常成为当事人逃避对自己不利的合同的手段。因此，把合同条款分为“条件”与“担保”的这种分类在英国已遭到人们的非议。② 自20世纪60年代开始，英国法院开始对“条件”理论进行重大改革。在1967年香港杉木运输公司诉川奇株式会社案中，迪普洛克法官就指出，有一些合同条款比较复杂，无法简单地归入“条件”或“担保”。违反这些条款，有时将导致实质上剥夺受害方订立合同所期望的利益，而有时不会导致这样的结果。因此，违反这些条款的法律后果取决于违约所造成的损害，而不是这些条款是“条件”还是“担保”③。

在美国合同法中，普遍适用的概念是重大违约或实质不履行。违约在何种情况下以及达到何种程度才构成重大违约，是一个事实问题，即应根据案件的具体情况进行裁量的问题而非法律问题。在决定这一问题时，法院考虑的最重要的因素是：违约的受害方有权期望从交易中获得的利益在多大程度上被剥夺了。④ 另外，即使在重大违约的情况下，法院仍然对解除契约权的行使进行两方面的限制：其一是，要求受害方给予违约方以自行补救的机会而不是直接解除合同。只有在自行补救未果时，受害方才能行使解除权。⑤ 其二是，当金钱赔偿足以使受害方得到适当的救济时，法院就不允许受害方解除合同。例如，1980年，得克萨斯州上诉法院在其审理的恩尼斯诉州际批发商公司案中指出：当合同的实质部分被违反时，法院可以授权解除合同。重大违约并不一定是对合同规定的完全违反，只要涉及合同的实质就够了。可是在通常情况下，当普通法上的救济可以使受害方得到完全补偿时，法院将拒绝解除合同。⑥ 1982年，俄克拉马州最高法院在其审理的伊斯特林诉费里斯案中指出：解除契约是衡平法院在极其例外的情况下才行使的一种权利。这种权利在一般情况下不应该行使。但是，如果当事人承担的在未来履行的义务实质性地构成了交易的一部分，以至于不履行该义务必然破坏了合同的整个对价而使之归于无效，或者这种义务构成了当事人双方的合同交易对象的必不可少的部分以至于当初如果不承担这一义务，当事人双方本来就不会订立这个合同，那么，一个契约的解除是可以被允许的。⑦

尽管美国法上的“重大违约”理论与英国法上的“条件”理论在法律后果上极为相似，但实际上代表着两种不同的思维方式：“条件”是对合同条款性质的表述，判断某一条款是否属于“条件”，必须考察双方当事人在订立合同时是否把它作为合同的要素，因而是主观性的；

① 参见［英］阿蒂亚：《合同法概论》，程正康等译，146页，北京，法律出版社，1982。
② 参见［英］阿蒂亚：《合同法概论》，程正康等译，147页，北京，法律出版社，1982。
③ 冯大同主编：《国际货物买卖法》，172页，北京，对外贸易教育出版社，1993。
④ 参见王军：《美国合同法》，319页，北京，中国政法大学出版社，1996。
⑤ 参见王军：《美国合同法》，323页，北京，中国政法大学出版社，1996。
⑥ 参见王军：《美国合同法判例选评》，260页，北京，中国政法大学出版社，1995。
⑦ 参见王军：《美国合同法判例选评》，263页，北京，中国政法大学出版社，1995。

而重大违约是对违约后果的描述，判断违约是否重大，必须考察违约对对方造成的实际损害的大小，因而是客观的。[①] 但在实际上，英国法将判断“条件”的标准客观化的做法，即将结果作为判断是否为“条件”的做法，在效果上与美国法差别不大。

（二）大陆法系国家解除合同的原因

应该说，大陆法系国家的合同解除制度受罗马法的影响较大。在罗马法中，虽然承认双务契约就其成立有相互牵连关系，从而一方的债权不发生时，他方债权也无从发生，但是，债权自成立后视为独立存在，一方不履行时，相对人有损害赔偿请求权，但没有解约权。例如，在买卖合同中，如果出卖人交付了标的物而买受人未交付价款，出卖人不能解除合同，只能要求买受人履行合同义务或请求不当得利的返还。学者认为，这便具有法律上的解除权的性质。[②] 但有时，买受人根本无支付能力，因此罗马法时代的司法实践逐渐承认，在买卖合同中，存在一项将一方不履行义务作为解除合同的原因的“条款”[③]。

罗马法的这种观念深深地影响了法国学理及立法。这就是法国学理上的“二律背反的双重理论”。一方面，教规学者将合同的解除建立在与同时履行抗辩权相同的道德评价之上；另一方面，又承认在一切双务合同中存在一项以一方不履行义务为合同解除原因的“暗示性条款”。显然，这二者是相互矛盾的。[④] 这种“二律背反的双重理论”在《法国民法典》上有直接的体现，就是该法典的第 1184 条：双务契约当事人一方不履行其债务时，应视为有解除条件的约定。在此情况，契约并不当然解除。债权人有权选择：有可能履行契约时，要求他方履行契约，或者解除契约而请求赔偿损害。

根据法国学理，双务合同一方当事人解除合同，必须具备以下两个条件：(1) 违约方有过错。违约方有过错是指债务人不履行债务并非由于不可抗力所致。(2) 相对方不履行义务的性质严重。这主要是指相对方未履行其基本义务。但是，法官在具体判断时，并不以造成的实际损害为必要。例如，根据《法国民法典》第 1792 条的规定，租赁合同的承租人擅自改变租赁的用途时，出租人即使未因此遭受损害，也有权解除合同。[⑤]

但是，应当特别指出的是，法官如何判定违约是否严重，在法国法中并没有形成统一的、明确的标准和概念。正如法国学者莱尼·达维所指出的：解除契约的完整概念在法国法中是没有的，但解除契约作为债务废除的原因是受到承认的（《法国民法典》第 1234 条）。[⑥]

《德国民法典》由于受债务不履行形态“二元论”的影响，在这两种违约形态中分别规定了解除契约的情形。第 325 条规定：当事人一方由双务契约所生应为的给付，因可归责于自己的事由致不能履行时，他方当事人得因不履行，请求损害赔偿或解除契约；在一部分不能给付而契约的一部分履行对他方无利益时，他方得以全部债务的不履行，按第 280 条第 2 款的规定比例，请求损害赔偿或解除契约。第 326 条规定：双务契约中当事人的一方对于应为的给付有迟延时，他方当事人得以意思表示对其履行给付规定适当的期限，告知在期限届至后将拒绝受领给付。期限届至后一方不及时履行给付的，他方得因其不履行而有请求损害赔偿或解除契约

---

① 参见冯大同主编：《国际货物买卖法》，172 页，北京，对外贸易教育出版社，1993。

② 参见史尚宽：《债法总论》，504 页，台北，荣泰印书馆，1978。

③ 尹田：《法国现代合同法》，348 页，北京，法律出版社，1995。

④⑤ 参见尹田：《法国现代合同法》，349 页，北京，法律出版社，1995。

⑥ 参见［法］莱尼·达维：《英国法与法国法》，潘华仿等译，114 页，北京，中国政法大学校内用书，1984。

的权利。因迟延致契约的履行对于对方无利益时，对方不须指定期限即享有契约解除或请求损害赔偿的权利。

由此可见，违约后“合同的履行对于对方无利益”是决定是否可以解除合同的标准。这里所谓“无利益”，是指因违约债权人不能获得订立合同时所期望得到的利益。这一概念与英国法上的“条件”标准及美国法上的“重大违约”标准极为相似。

（三）有关国际公约中解除合同的原因

各国法限制契约解除权的目的在于防止当事人在市场波动或因其他原因而使合同对其不利时，轻易地以对方违约为由解除合同而逃避合同义务。另外，轻易解除合同常常会给对方或社会造成很大的浪费。这一点在国际贸易中更为突出。

1964年，由国际统一私法协会制定的《国际货物销售统一法公约》中采用了根本违约的概念。该公约第10条规定：一方当事人违反合同的结果，如果使另一方当事人蒙受损害，致使实际上剥夺了他根据合同规定有权期待得到的东西，即为根本违约。

《联合国国际货物销售合同公约》第25条对根本违约作了这样的定义：“一方当事人违反合同的结果，如使另一方当事人蒙受损害，以至于实际上剥夺了他根据合同规定有权期待得到的东西，即为根本违反合同，除非违反合同一方并不预知，而且一个同等资格、通情达理的人处于相同的情况中也没有理由预知会发生这种结果。”根据该条的规定，如果违约方在事实上具有违约行为，且这种违约行为对另一方造成的损害是如此的严重，以至于实际上剥夺了他根据合同规定有权期待得到的利益。“根据合同规定有权期待得到的东西”，实际上就是当事人订立合同的根本目的，如果该根本目的落空，当然应为根本违约。在根本违约的情况下，方可解除合同。

（四）我国解除合同的原因

我国《民法典》第563条第1款延续了1999年《合同法》第94条的规定，规定了合同解除的原因。该条规定：“有下列情形之一的，当事人可以解除合同：（一）因不可抗力致使不能实现合同目的；（二）在履行期限届满前，当事人一方明确表示或者以自己的行为表明不履行主要债务；（三）当事人一方迟延履行主要债务，经催告后在合理期限内仍未履行；（四）当事人一方迟延履行债务或者有其他违约行为致使不能实现合同目的；（五）法律规定的其他情形。”

从这一规定看，我国合同法与国际公约的基本精神是一致的，即只有在根本违约的情况下才能解除合同。但是，在合同当事人违反了从给付义务的情况下，是否可以解除合同呢？

应该说，在一般情况下，合同当事人任何一方违反从给付义务，一般不会引起合同目的不能实现，因此，一般也不能解除合同。但是，如果从义务的不履行会导致即使履行了主义务也不能实现合同目的，可以解除。对此，《合同编通则部分司法解释》第26条规定：“当事人一方未根据法律规定或者合同约定履行开具发票、提供证明文件等非主要债务，对方请求继续履行该债务并赔偿因怠于履行该债务造成的损失的，人民法院依法予以支持；对方请求解除合同的，人民法院不予支持，但是不履行该债务致使不能实现合同目的或者当事人另有约定的除外。”例如，在当今科学技术高度发展和日益复杂的情况下，在买卖及其设备的时候，如果仅仅交付了设备而没有交付使用说明书，往往会发生设备无法使用的情形，致使合同目的不能实现。这种情况下，出卖人违反交付说明书的从义务也有可能导致合同解除。

三、解除权的行使

各国民法典或合同法对于合同解除权实现的途径有不同的规定，大致有以下几种。

（一）法国式的解除方法

在法国，合同因一方不履行义务而解除被认为是一种司法行为，即当事人如不提起诉讼，另一方不履行义务的行为不可能自动导致合同的解除。《法国民法典》第1184条规定：债权人解除契约应向法院提出。法院得根据情况给予被告一定期限。

法国学者莱尼·达维解释了《法国民法典》这样做的原因。他认为，法国法不允许契约一方当事人因为另一方当事人违反契约而自己取消契约，其必须诉诸法院。这样做的原因是，只有在契约被严重违反的情况下，才允许将其废除，即一方当事人失去了其因契约所带来的收益，其承诺已经毫无意义。因而契约的取消不能没有法院的监督，因为取消契约可能导致对另一方当事人相当数量的赔偿费。并且，法院还要审查当时的情况，给予过错的一方当事人以补救时间履行义务是否合适。① 在法国，也正是因为解除契约权具有司法的特点，故法律不允许债权人事先放弃这种权利。

（二）德国式的解除方法

按照《德国民法典》第349条的规定，解除契约，应以意思表示向他方当事人为之。但是，由于《德国民法典》受债务违反“二元论”的影响，在“不能”与“迟延”时又有不同。

按照《德国民法典》第325条、第326条的规定，当债务人因可归责于自己的事由而致不能履行时，债权人有权选择：解除契约或请求损害赔偿。在债务人迟延时，债权人应首先规定适当的期限催告债务人履行。只有当该期限届满而债务人仍未履行时，债权人才有权选择解除契约或请求损害赔偿。但因迟延而对债权人无利益时，债权人得不经催告而直接行使上述选择权。

（三）《日本商法典》的解除方法

根据《日本商法典》第525条的规定，当解除权产生的条件具备时，合同当然、自动解除，而无须当事人的意思表示。

（四）我国立法及学理上的解除方法

我国学理及立法历来主张德国式的解除方法，我国《民法典》沿用了这种方法。根据《民法典》第563～565条的规定，当事人一方主张解除的，应通知对方。合同自通知到达对方时解除。但是在合同解除时应注意以下事项。

（1）在一般情况下，当事人一方迟延履行主债务，另一方当事人只有在催告未果的情况下，方可解除合同；但是，违约严重影响订立合同所期望的经济利益的，即因为迟延履行或者其他违约行为造成合同目的不能实现的，可以不经催告而直接解除合同。

（2）解除合同需要办理特别手续的，如登记、批准等，应办理特别手续方可解除。

（3）一方主张解除合同，但对方有异议的，任何一方可以请求人民法院或者仲裁机构确认解除行为的效力。

审判实践中，部分人民法院对该条的理解存在偏差，认为不论发出解除通知的一方有无解

---

① 参见［法］莱尼·达维：《英国法与法国法》，潘华仿等译，124页，北京，中国政法大学校内用书，1984。

除权，只要另一方未在异议期限内以起诉方式提出异议，就判令解除合同，这不符合合同法关于合同解除权行使的有关规定。对该条的准确理解是，只有享有法定或者约定解除权的当事人才能以通知方式解除合同。不享有解除权的一方向另一方发出解除通知，另一方即便未在异议期限内提起诉讼，也不发生合同解除的效果。人民法院在审理案件时，应当审查发出解除通知的一方是否享有约定或者法定的解除权来决定合同应否解除，不能仅以受通知一方在约定或者法定的异议期限届满内未起诉这一事实就认定合同已经解除（最高人民法院《九民会议纪要》第 46 条）。

根据《合同编通则部分司法解释》第 53～54 条之规定：1）当事人一方以通知方式解除合同，并以对方未在约定的异议期限或者其他合理期限内提出异议为由主张合同已经解除的，人民法院应当对其是否享有法律规定或者合同约定的解除权进行审查。经审查，享有解除权的，合同自通知到达对方时解除；不享有解除权的，不发生合同解除的效力。2）当事人一方未通知对方，直接以提起诉讼的方式主张解除合同，撤诉后再次起诉主张解除合同，人民法院经审理支持该主张的，合同自再次起诉的起诉状副本送达对方当事人时解除。但是，当事人一方撤诉后又通知对方解除合同且该通知已经到达对方的除外。

最高法院之配套典型案例七：解除权纠纷案
——孙某与某房地产开发有限公司合资、合作开发房地产合同纠纷案

【简要案情】

2014 年 5 月，某房地产开发有限公司（以下简称房地产公司）与孙某签订“合作开发协议”。协议约定：房地产公司负有证照手续办理、项目招商、推广销售的义务，孙某承担全部建设资金的投入；房地产公司拟定的“项目销售整体推广方案”，应当与孙某协商并取得孙某书面认可；孙某投入 500 万元（保证金）资金后，如果销售额不足以支付工程款，孙某再投入 500 万元，如不到位按违约处理；孙某享有全权管理施工项目及承包商、施工场地权利，房地产公司支付施工方款项必须由孙某签字认可方能转款。

同年 10 月，房地产公司向孙某发出协调函，双方就第二笔 500 万元投资款是否达到支付条件产生分歧。2015 年 1 月 20 日，房地产公司向孙某发出“关于履行的通知”，告知孙某 5 日内履行合作义务，向该公司支付 500 万元投资款，否则将解除“合作开发协议”。孙某在房地产公司发出协调函后，对其中提及的需要支付的工程款并未提出异议，亦未要求该公司提供依据，并于 2015 年 1 月 23 日向该公司发送回复函，要求该公司近日内尽快推出相关楼栋销售计划并取得其签字认可，尽快择期开盘销售，并尽快按合同约定设立项目资金管理共同账户。房地产公司于 2015 年 3 月 13 日向孙某发出“解除合同告知函”，通知解除“合作开发协议”。孙某收到该函后，未对其形式和内容提出异议。2015 年 7 月 17 日，孙某函告房地产公司，请该公司严格执行双方合作协议约定，同时告知“销售已近半月，望及时通报销售进展实况”。后孙某诉至法院，要求房地产公司支付合作开发房地产收益分红总价值 3 000 万元；房地产公司提出反诉，要求孙某给付违约金 300 万元。一审、二审法院认为，孙某收到解除通知后，未对通知的形式和内容提出异议，亦未在法律规定期限内请求人民法院或者仲裁机构确认解除合同的效力，故认定双方的合同已经解除。孙某不服二审判决，向最高人民法院申请再审。

【判决理由】

生效裁判认为，房地产公司于 2015 年 3 月 13 日向孙某发送“解除合同告知函”，通知解除双方签订的“合作开发协议”，但该“解除合同告知函”产生解除合同的法律效果须以该公司享有法定或者约定解除权为前提。从案涉“合作开发协议”的约定看，孙某第二次投入500万元资金附有前置条件，即房地产公司应当对案涉项目进行销售，只有在销售额不足以支付工程款时，才能要求孙某投入第二笔500万元。结合“合作开发协议”的约定，能否认定房地产公司作为守约方，享有法定解除权，应当审查该公司是否依约履行了己方合同义务，包括案涉项目何时开始销售，销售额是否足以支付工程款；房地产公司在房屋销售前后，是否按照合同约定，将“项目销售整体推广方案”报孙某审批；工程款的支付是否经由孙某签字等一系列事实。一审、二审法院未对上述涉及房地产公司是否享有法定解除权的事实进行审理，即以孙某“未在法律规定期限内请求人民法院或者仲裁机构确认解除合同的效力”为由，认定“合作开发协议”已经解除，属于认定事实不清，适用法律错误。

【裁判要点】

合同一方当事人以通知形式行使合同解除权的，须以享有法定或者约定解除权为前提。不享有解除权的一方向另一方发出解除通知，另一方即便未在合理期限内提出异议，也不发生合同解除的效力。

(4) 以持续履行的债务为内容的不定期合同，当事人在合理期限之前通知对方后可以解除。

(5) 解除通知载明债务人在一定期限内不履行债务则合同自动解除，债务人在该期限内未履行债务的，合同自通知载明的期限届满时解除。

(6) 当事人一方未通知对方，直接以提起诉讼或者申请仲裁的方式依法主张解除合同，人民法院或者仲裁机构确认该主张的，合同自起诉状副本或者仲裁申请书副本送达对方时解除。

(五) 谁有权解除合同

从大陆法系各国的民法典来看，在法定解除权中，只有非违约方才能解除合同。但在我国《民法典》起草的过程中，违约方在特殊情况下，是否可以解除合同，争议很大。曾经有一稿在合同编明确规定了违约方的解除权。但最后《民法典》还是没有采纳这种观点。笔者觉得《民法典》背后的立法政策是值得肯定的，因为：(1) 违约方的合同解除权毕竟是在极其特殊的情况下才产生，不具有普遍性，不能把特殊规则上升为一般规则，用判例规则解决更合适。(2) 赋予违约方合同解除权具有伦理上的说明障碍。(3) 从实行效果上看，尽管规定了严格的要件，可以禁止恶意违约而获得解除权。但在我国目前的国情下，其很有可能被滥用——因为我国所有民事立法中的“恶意”都很难证明。(4) 从比较法上来看，也鲜有国家以民法典这种一般法的方式赋予违约方解除权。(5) 我国司法判例规则已经对之进行了规定，违约方的合同解除权已经“有法可依”，实际问题可以得到解决。最高人民法院的《九民会议纪要》第48条规定：“违约方不享有单方解除合同的权利。但是，在一些长期性合同如房屋租赁合同履行过程中，双方形成合同僵局，一概不允许违约方通过起诉的方式解除合同，有时对双方都不利。在此前提下，符合下列条件，违约方起诉请求解除合同的，人民法院依法予以支持：(1) 违约方不存在恶意违约的情形；(2) 违约方继续履行合同，对其显失公平；(3) 守约方拒绝解除合同，违反诚实信用原则。人民法院判决解除合同的，违约方本应当承担的违约责任不能因解除合同而减少或者免除。”

这种局面是最好的——一般法与判例规则区分。因此，笔者觉得《民法典》的选择是值得肯定的。

但是，《民法典》第580条第2款是否暗含了“违约方的解除权”呢？该款规定：“有前款规定的除外情形之一，致使不能实现合同目的的，人民法院或者仲裁机构可以根据当事人的请求终止合同权利义务关系，但是不影响违约责任的承担。”如果仔细考量，该款中的“当事人”似乎应当包括违约方。因此，大概可以这样说：违约方的解除权以一种比较隐蔽的方式含在了该款中，该款为违约方的解除权留出了适用的空间。

四、解除权的消灭

我国《民法典》第564条规定：法律规定或者当事人约定解除权行使期限，期限届满当事人不行使的，该权利消灭。法律没有规定或者当事人没有约定解除权行使期限，自解除权人知道或者应当知道解除事由之日起1年内不行使，或者经对方催告后在合理期限内不行使的，该权利消灭。

五、合同解除的法律后果

（一）合同解除的溯及力

合同的解除是否应具有溯及力？当人们在考虑这个问题时发现，因有的合同的给付在解除后不能恢复原状，故若一概使合同在解除后具有溯及力，则无法实现。故就出现了所谓合同解除与合同终止的区别。例如，在大陆法系的德国，在起草《德国民法典》第一稿时，曾经把终止作为解除的一种，但在起草《德国民法典》第二稿时，认为终止与解除在性质上毕竟不同，开始将二者分开，不但名称不同，效果也不同：终止是一方的意思表示，使继续性合同向将来消灭的一种行为，在租赁、劳务、委托、合伙等合同中，当事人相互的给付，不需返还，也不用恢复原状。① 这与合同解除溯及既往从而恢复原状的效力不同。最终颁行的《德国民法典》保持了这种区别：在契约总论中，即第二编第二章第五节中，用了“解除”的概念，而在合同分论中的各具体合同中，如劳务契约（第620条）、用益租赁中用了“终止”的概念。

在法国，合同的解除对于非连续性合同具有溯及力，即合同一经解除即溯及合同成立时起效力消灭。就当事人之间的关系而言，如合同未履行，则合同应归于消灭；如果合同已经履行，则双方应按照合同无效后返还财产的同样方法相互返还财产，有过错的当事人应承担赔偿责任。受客观情况的限制，连续性合同的解除不具有溯及力。这是因为这类合同被解除后，其解除前已经产生的事实状态不可能再行恢复。②

《日本民法典》采用德国立法例：在契约总则中使用“解除”，并规定合同解除具有溯及力；在具体合同中的连续性合同，如租赁合同（第620条）、雇佣合同（第630条）则明确规定了解除不具有溯及力。

由此可见，大陆法系虽然在立法体例上各有不同，但均认为，合同解除对于非连续性合同具有溯及力，而对于连续性合同不具有溯及力。

在英美法系国家，解除和终止也存在差别。当一个合同被解除时，恢复原状应成为违约救

---

① 参见王家福主编：《民法债权》，362页，北京，法律出版社，1991。

② 参见尹田：《法国现代合同法》，353页，北京，法律出版社，1995。

济的原则；而合同终止使合同自终止之日起不再约束双方，但各方在合同终止之日前从合同的履行中取得的利益依然为各方所保留。①

在我国，关于合同解除的溯及力问题，学理上一般主张应区别连续性合同与非连续性合同。我国《民法典》第566条第1款规定：合同解除后，尚未履行的，终止履行；已经履行的，根据履行情况和合同性质，当事人可以请求恢复原状或者采取其他补救措施。该款的立法本意就是区分连续性合同与非连续性合同而使解除具有不同的法律效力。在非连续性合同中，解除具有溯及力，而体现这种溯及力的直接标志就是恢复原状。具体说来，(1) 返还原物；(2) 受领的标的物为金钱的，应同时返还自受领之日起的利息；(3) 受领标的物有孳息的，也应一并返还；(4) 就应返还之物已经支付了必要或有关费用的，有权在他方受返还时所得的利益的限度内请求返还；(5) 应返还原物，因毁损、灭失或其他事由而不能返还的，应按物的价值予以返还。

因合同解除而生的返还义务，准用关于同时履行抗辩权的规定，即一方在返还时可要求对方同时返还。《德国民法典》第348条就作了这样的规定。最高人民法院的《九民会议纪要》第34条也规定了在这种情况下适用"同时履行抗辩权"。

连续性合同的解除原则上无溯及力。常见的连续性合同主要有：租赁合同、借用合同、委托合同、雇佣合同以及其他以"使用"或"提供劳务"为内容的合同。由于这些合同在内容上的特殊而无法适用恢复原状，故这些合同的解除就无溯及既往的效力，即合同的解除只向将来发生效力，解除前发生的给付因有法律依据而有保持力，但尚未履行的义务被免除。这样就发生了问题：当事人一方已经部分或全部履行了义务，对方却未履行或未为对待履行，应如何平衡当事人的利益呢？显然不能采取返还的方式，因为利益的取得是有法律依据的。唯一的补救办法是一方当事人将超过自己对待给付的部分对另一方进行补偿。

（二）合同解除与损害赔偿

合同解除与损害赔偿作为两种救济措施可否同时并用？对此，各国立法和学理有较大区别。

1.《德国民法典》

以《德国民法典》及德国民法学理为代表的观点认为，在债务人不履行合同时，债权人可以在解除合同和要求赔偿之间作出选择。如果要求解除合同，则不得请求损害赔偿。其理论依据是：解除合同足以使当事人恢复到缔约前的状态，并且，合同既已解除，因合同关系的损害赔偿在逻辑上就不成立。也就是说，合同解除使不履行而产生的损害赔偿失去了存在的基础，故二者不能并存。2002年以前的《德国民法典》第325条、第326条的规定清楚地表明了这一点。

德国学者罗伯特·霍恩在解释这一问题时指出，现在占主导地位的观点认为，解除契约是在原来契约基础上建立一种清算关系。解除契约的目的是终止尚未履行的契约义务，并使已经实施的或已经交换的给付恢复原状。由于解除契约的目的是使当事人的权利义务关系恢复到缔约前的状态，而不是契约履行后的状态，因此，与损害赔偿相比，它所提供的救济是十分有限的。在制定民法典时，解除契约的制度是一种新生事物，因此，其中一些具体规定至今仍不十

---

① 参见王军：《美国合同法》，323页，北京，中国政法大学出版社，1996。

分明确。① 德国判例也认为，解除契约与损害赔偿是相互排斥的原则，不适应实务上的要求。联邦普通法院对此原则作了修改，使解约请求权与损害赔偿请求权相结合。② 在2002年《德国民法典》债务法的修改中，特别对此作了修改。现行《德国民法典》第325条（《德国民法典》的债法部分在2002年进行了重大修改并于2002年1月1日起生效）规定："在双务合同中，要求损害赔偿的权利并不因解除合同而排除。"

2.《法国民法典》

以《法国民法典》为代表的其他大陆法系国家的民法典认为，解除契约与损害赔偿作为两种救济手段可以并存，如《法国民法典》第1184条规定，当事人可"解除契约并请求损害赔偿"。《日本民法典》第545条规定："解除权的行使，不妨碍损害赔偿请求权。"《意大利民法典》也从此说。

3. 英美合同法

英美合同法对于解除契约与损害赔偿的问题，采取可以同时并用的观点。如《美国统一商法典》第2-720条规定："除非明显存在相反的意思表示，解除或取消合同或类似表示，不应被解释为放弃或解除就前存违约所作出的索赔要求。"

4. 我国《民法典》

在解除契约与损害赔偿的关系问题上，我国学理与立法一贯坚持同时并用的观点。1986年《民法通则》第115条规定："合同的变更或者解除，不影响当事人要求赔偿损失的权利。"1999年《合同法》第97条也作了这样的规定。根据《民法典》第566条的规定，合同解除后，非违约方有权请求赔偿损失；合同因违约解除的，解除权人可以请求违约方承担其他违约责任。

但是，在与解除合同同时适用损害赔偿时，赔偿的范围为何？对此有不同观点：第一种观点认为，此处所讲的损害赔偿是指无过错的一方所遭受的一切损害均可请求赔偿，既包括债务不履行的损害赔偿，也包括因恢复原状而发生的损害赔偿。③ 第二种观点认为，损害赔偿的范围应包括以下几种：（1）合同解除后，因恢复原状而发生的损害赔偿；（2）管理维修标的物所生的费用；（3）非违约方因返还本身而支出的费用。但是，损害赔偿不应包括因债务不履行而生的可得利益的赔偿。因为，在合同解除是因违约而产生的情况下，单纯从违约的角度看，确实存在违约损害问题。但从法律上看，合同的解除不应超出合同解除效力所应达到的范围。由于合同解除的效力是使合同恢复到缔约前的状态，而可得利益是在合同得到完全履行后才有可能产生的。既然当事人选择了合同解除，就说明当事人不愿意继续履行合同，那么非违约方就不应该得到履行后所应得的利益。④

但我国《民法典》显然采取了第一种观点（其实我国长期的学理及司法都采取这一观点），故从法解释学的视角看，《民法典》第566条中的"赔偿损失"包括第584条规定的可得利益之损失。（尽管笔者赞同第二种观点。）

---

① 参见［德］罗伯特·霍恩等：《德国民商法导论》，楚建译，121页，北京，中国大百科全书出版社，1996。

② 参见梁慧星：《民法学说判例与立法研究》，311页，北京，中国政法大学出版社，1993。

③ 参见周林彬主编：《比较合同法》，354页，兰州，兰州大学出版社，1989。

④ 参见王利明：《违约责任论》，556页，北京，中国政法大学出版社，1996。

（三）合同解除与担保的关系

我国《民法典》第566条第3款规定：主合同解除后，担保人对债务人应当承担的民事责任仍应当承担担保责任，但是担保合同另有约定的除外。前面已经说过，合同解除与无效一样，都是不发生当事人预设的积极效果，但并非没有任何后果，当事人可能会承担第566条第1款规定的责任，包括赔偿损失的责任。因此，如果担保合同没有约定排除这种担保责任，担保人仍然负担这种解除后的责任。

第三节　合同权利、义务因其他原因而终止

一、合同权利、义务因履行而终止

合同履行是合同终止的最基本的原因，只有合同被履行，才表明社会分工所导致的合作得以实现。合同因其他原因的终止，只能是例外。由于我们在前面已经详细地论述了合同的履行问题，在此就不再重复。这里仅仅补充《民法典》第560条及第561条规定的履行中的两个特殊问题。

（一）数宗债务的履行

在司法实践中，经常出现这种纠纷：债务人对债权人负担数宗债务，债务人偿还了部分债务，但说不清楚是偿还的哪一宗或者哪几宗债务，但这些不同的债务诉讼时效等不同，就有利益纠纷。如何确定债务人是对哪些债务的偿还呢？《民法典》第560条对此专门作了规定。

1. 由债务人指定

《民法典》第560条第1款规定：债务人对同一债权人负担的数个债务种类相同，债务人的给付不足以清偿全部债务的，除当事人另有约定外，由债务人在清偿时指定其履行的债务。这显然是有利于保护债务人的。

2. 债务人未指定的确定规则

《民法典》第560条第2款规定：债务人未作指定的，应当优先履行已经到期的债务；数项债务均到期的，优先履行对债权人缺乏担保或者担保最少的债务；均无担保或者担保相等的，优先履行债务人负担较重的债务；负担相同的，按照债务到期的先后顺序履行；到期时间相同的，按照债务比例履行。

（二）债务人清偿中主债务与利息等的顺序确定

《民法典》第561条总结我国司法实践的经验，并结合特别法上的规定（尤其是《企业破产法》的规定），为保护债权人的利益，特别作出了下列规定：债务人在履行主债务外还应当支付利息和实现债权的有关费用，其给付不足以清偿全部债务的，除当事人另有约定外，应当按照下列顺序履行：(1) 实现债权的有关费用；(2) 利息；(3) 主债务。

《民法典》作为一般法之所以这样规定，主要是因为：在破产法上，破产程序已经开始，主债权的利息要么是不计算在内，要么是作为劣后债权对待。这样，如果要先清偿主债权，利息就难以得到实现。因此，绝大部分国家的民法都作出了这样的规定。

二、合同权利、义务因提存而终止

（一）提存的概念

提存是指在一定条件下，债务人或其他清偿人将有关货币、物品以及有价证券等提交给一

定的机关保存，从而消灭债权债务关系的一种法律制度。

债权人对于债务人的给付负有受领的义务。当债权人无正当理由拒不受领时，虽其负有迟延责任但债务人的债务不能消灭，其时刻处于准备履行的状态，对债务人殊欠公允。法律为对此作出救济，特设提存制度，意在结束这种悬而未决的状态，解除债务人的负担，保护当事人的合法权益。

具有现代意义的提存制度早在罗马法时期便已存在。《优士丁尼法典》的一篇敕令中说："争讼开始后，你向债权人偿还因消费借贷使用的本金和法定利息，如果债权人不接受清偿，你可以将钱封好后放置于某公共场所，从这一刻起停止计算法定利息……债务人也可不对风险承担责任。"罗马法这一极具现代意义的提存规则为现代各国民法所承袭，作为债之消灭的原因。

提存制度在我国出现较晚，发展也较缓慢，甚至在1986年《民法通则》中找不到关于提存的明确规定。只是《最高人民法院关于贯彻执行〈中华人民共和国民法通则〉若干问题的意见（试行）》在第104条中作了概括性的规定，在一定程度上给司法实践提供了法律依据。我国1999年《合同法》第101～104条规定了提存制度，但不够完善，甚至连提存机关也不甚清楚。直到《民法典》颁布，我国的提存制度的配套也不是很完整。《民法典》第570～574条规定了比较完整的提存制度，但如何实行确实也是一个问题。实际的问题用通俗的话来说——好东西谁提存？例如，偿还金钱债务的时候，债权人没有正当理由拒绝接受，这种情况下会有人提存吗？

（二）提存的主体与客体

1. 提存的主体

提存涉及三方面当事人，即三个主体。

（1）提存人。在一般情况下，提存人为债务人，但是，代为清偿的第三人也可为提存人。我国司法部制定的《提存公证规则》第2条规定提存人为"履行清偿义务"的人，自包括此意。

（2）提存受领人。提存受领人一般为债权人。

（3）提存机关。罗马法将提存的场所规定为公共场所，并明确规定公共场所包括神殿或其他由审判机关指定的场所，而不是由提存人任意选定的场所。现代各国一般采取由法律直接规定或由法院在法定范围内指定的方式。例如，《德国民法典》第374条规定，提存应在清偿地的提存所为之；按《瑞士债务法》的规定，应由法官指定提存场所；苏联民法规定，应由公证机关办理提存。根据我国《提存公证规则》第4条第1款的规定，提存由债务履行地的公证机关管辖。我国《民法典》没有规定提存机关。

2. 提存的客体

提存的客体，即提存的标的物，原则上须是依债的内容之规定，应当给付的标的物。如果提存的标的物与债的内容不符，不生消灭债务的效力。各国法律对提存客体的规定并非一致。有的国家，如《德国民法典》仅规定金钱、有价证券、其他证券及有价物得为提存，不动产因可以抛弃占有而免除债务，故为不得提存之物。而日本判例认为，不动产也可提存。根据我国《提存公证规则》第7条的规定，货币，有价证券、票据、提单、权利证书，贵重物品，担保物（金）或其替代物，及其他适宜提存的标的物，均可为提存的标的物。

(三) 提存的构成要件

(1) 提存的主体应当适格。

(2) 提存应在法律规定或有关机关指定的场所为之。

(3) 提存应以物的交付为限。提存物应与债的内容相符合，若交付之物与债的内容不合者，不生清偿的效力。

根据我国《民法典》第 570 条及第 571 条的规定，标的物不适于提存或者提存费用过高的，债务人依法可以拍卖或者变卖标的物，提存所得的价款。债务人将标的物或者将标的物依法拍卖、变卖所得价款交付提存部门时，提存成立。提存成立的，视为债务人在其提存范围内已经交付标的物。

(4) 须有提存原因。根据我国《民法典》第 570 条的规定，提存应当具备下列条件。

1) 债权人无正当理由拒绝受领。

债权人对于已提出的给付无正当理由拒不受领或不能受领时，应负迟延责任，债务人可将给付提存。这一原则为罗马法规定的得为提存的主要原因之一，后为各国民法所继受。

2) 债权人下落不明。

不知债权人为谁而难为给付时，债务人可提存，例如，债权人下落不明。

3) 债权人死亡未确定继承人、遗产管理人，或者丧失民事行为能力未确定监护人等。

4) 法律规定的其他情形。

(四) 提存的方法

根据我国《提存公证规则》的规定，提存的方法如下。

1. 提存人应向提存机关提出申请

提存人应填写申请表并提交有关材料，如提存人的身份证明，债权债务关系的有关证据，提存受领人的姓名、地址等详细情况，提存标的物的种类、质量、数量、价值等情况，以及能证明提存之物确系债之履行的标的物的材料等。

2. 受理与提存

公证处接到申请人的申请后，经审查认为符合法定条件的，应当受理。受理后，经审查符合法定之实质条件的，应当予以提存并对提存人提交之物进行验收并登记。

3. 提存公证书

我国《提存公证规则》第 17 条规定：公证处自提存之日起 3 日内出具提存公证书。提存之债从提存之日起即告清偿。

4. 对提存受领人的通知

提存人应将提存的事实及时通知提存受领人。以清偿为目的的提存或提存人通知有困难的，公证处应自提存之日起 7 日内，以书面形式通知提存受领人，告知其领取提存物的时间、地点、期限及方法。提存受领人不清或不明的，应以公告的方式为之。

(五) 提存的效力

因提存涉及三方面的当事人，故应有三方面的效力。

1. 对于债权人与债务人的效力

(1) 提存与清偿具有相同的效力，自提存之日起债权债务关系归于消灭(《提存公证规则》第 17 条)。日本民法采取与我国相同的原则，但《德国民法典》采不同的规定，即债并非自提存之日起消灭，而是自提存物的取回权消灭时消灭（《德国民法典》第378条、第379条）。

（2）提存物的所有权因提存而移转于债权人，提存物的风险也一并移转于债权人。在提存期间，提存物因不可抗力而毁损、灭失的风险，由债权人负担（我国《民法典》第573条）。

（3）除当事人有特别约定外，提存费用由提存受领人负担，同时，提存物的收益也由提存受领人享有（我国《民法典》第573条、《提存公证规则》第25条第1款、《法国民法典》第1260条、《德国民法典》第381条）。

（4）债务人的通知义务。标的物提存后，债务人应当及时通知债权人或者债权人的继承人、遗产管理人、监护人、财产代管人（我国《民法典》第572条）。

2. 对于提存人与提存机关的效力

通说认为，提存人依法将提存物提存于提存机关后，二者仅发生公法上的法律关系，提存机关依法负有保管提存物的义务。

一个值得注意的问题是，提存人将债的标的物提存后，能否撤回？对此，各国法均持肯定的态度，但大多规定有一定的限制，如《法国民法典》第1261条规定："债务人在债权人未接受提存物之前，得将提存物撤回。"《德国民法典》第376条规定："债务人有取回提存物的权利，但在下列情况下不得取回：（1）债务人向提存所表示抛弃取回权；（2）债权人向提存所表示受领；（3）向提存所提示一份在债权人与债务人之间已宣告提存为合法的确定判决。"我国《提存公证规则》第26条规定："提存人可以凭人民法院生效的判决、裁定或提存之债已经清偿的公证证明取回提存物。提存受领人以书面形式向公证处表示抛弃提存受领权的，提存人得取回提存物……"各国通行的规定是，提存人取回提存物的，视为未提存，因此产生的费用由提存人负担。

3. 对于提存机关与债权人的效力

（1）债权人有权随时要求提存机关交付提存物，并承担必要的费用。但是，根据我国《民法典》第574条的规定，债权人可以随时领取标的物，但是，债权人对债务人负有到期债务的，在债权人未履行债务或者提供担保之前，提存部门根据债务人的要求应当拒绝其领取提存物。另外，债权人未履行对债务人的到期债务，或者债权人向提存部门书面放弃领取提存物权利的，债务人负担提存费用后有权取回提存物。

（2）提存机关有妥善保管提存物的义务，提存物因提存机关的过错而毁损、灭失的，提存机关应负赔偿责任。但若因不可归责于提存机关的原因而毁损、灭失者，提存机关不负责任。

（3）从提存之日起5年内债权人不领取的提存物，其受领权消灭。提存物由提存机关扣除提存费用后，归国家所有（《民法典》第574条）。

（4）对不宜保存的、提存受领人到期不领取或超过保管期限的提存物品，公证处可以拍卖而保存其价款（《提存公证规则》第19条第2款），因此而支出的费用由债权人负担。

三、合同权利、义务因抵销而终止

（一）抵销的概念

抵销，又称"充抵"，是指二人互负债务且给付种类相同时，各得以其对他方的债权充销自己对他方的债务，从而使各自的债务在对等的数额内消灭的意思表示。用作抵销的债，也即抵销人的债权，称为主动债权或抵销债权或反对债权；被抵销的债，即被抵销的对方当事人的债权，称为被动债权或主债权。

抵销有法定抵销与约定抵销之分（我国《民法典》第 568 条及第 569 条规定了这两种抵销）。法定抵销是根据法律规定的条件进行的抵销，而约定抵销是根据契约自由所为的抵销。我们下面所说的仅仅是法定抵销。

（二）抵销的性质

关于抵销的性质，因对抵销的方法见解不一，故有不同的主张。

（1）事件说。该说以《法国民法典》第 1290 条为依据，认为，因存在双方债权的对立而当然抵销或当事人之意思表示仅是其效力发生的条件，故抵销为事件。

（2）非实体法上的法律行为说。该说认为，抵销仅得以依审判上的方式为之，故抵销为非实体法上的法律行为。

（3）单方法律行为说。此说认为，债权的对立不生任何效力，唯依当事人一方的意思表示始生抵销的效力，故抵销为单方法律行为，即抵销是对立的双方债权债务关系消灭的单方法律行为。该说被世界大多数国家和地区所采用。如《德国民法典》（第 388 条）、《瑞士债务法》（第 124 条）、《日本民法典》（第 506 条）。我国学者也多倾向此说，我国《民法典》第 568 条也是采取单方法律行为说。

（三）抵销的社会意义

（1）方便当事人。抵销使当事人本应履行的债务不再履行，从而简便了债权满足的途径，节省了费用。

（2）抵销有保护债权人权利的作用。此点在破产程序中表现得尤为突出。当债务人破产时，债权人可向债务人主张抵销，以避免破产清算的按比例分配给自己带来的不利益，各国破产法均承认这一原则。

（四）抵销的要件

抵销因各国法律规定不同，其条件也有所差异。根据各国立法及我国民事立法的规定，抵销应具备一定的要件。我国《民法典》第 568 条第 1 款规定："当事人互负债务，该债务的标的物种类、品质相同的，任何一方可以将自己的债务与对方的到期债务抵销；但是，根据债务性质、按照当事人约定或者依照法律规定不得抵销的除外。"

1. 双方互负债务互享债权

抵销以按对等额使双方债权消灭为目的，故以双方债权债务的存在为前提，只有债权而无债务或只有债务而无债权时，均不发生抵销的问题。

这里有一个值得注意的问题是：超过诉讼时效期间的债务是否可以抵销？在德国法上，债权的消灭时效不排除抵销①，但根据《合同编通则部分司法解释》第 58 条之规定，当事人互负债务，一方的债权诉讼时效期间已经届满，对方主张抵销的，人民法院应予支持。当事人一方以其诉讼时效期间已经届满的债权通知对方主张抵销，对方提出诉讼时效抗辩的，人民法院对该抗辩应予支持。

最高人民法院的上述规定，鉴于我国长期的理论实践认识来说，是正确的：其没有否认诉

---

① ［德］迪特尔·梅迪库斯：《德国债法总论》，杜景林、卢谌译，209 页，北京，法律出版社，2004。

讼时效期间超过的债权的抵销的可能性，但同时也不能否定对方的诉讼时效抗辩权，否则，无异于强迫对方放弃诉讼时效抗辩权。

2. 须双方债务均届清偿期

可供抵销的债权，原则上是能够请求履行的债权，未届清偿期的债权，债权人尚不能请求履行，故不能主张抵销，否则，无疑是强迫债务人抛弃期限利益而提前履行。但是如果抵销权人以其已届期的主动债权与被抵销权人的未届期的被动债权相抵销，则视为期限利益的放弃，为有效。

因破产法为特别法，破产程序有使所有未届期债权均届期的效力，故在破产程序开始前对破产人负有债务的债权人，不论其债权是否到期，均可主张抵销，但应扣除期限利益。

3. 双方债的标的种类及品质相同

因债的目的在于满足当事人的需要，故债的标的的种类相同，应为抵销的条件。如双方所负债务的标的种类不同，双方各有其经济目的，如允许抵销，则不免使一方或双方当事人的目的难以实现，与债的目的相背。故适于抵销的债务，以金钱与种类物居多。以特定物为标的的债权，原则上不许抵销。但债因履行不能而转化为金钱债务时，可以为抵销。但在破产法上，这一原则不适用。因破产程序的目的在于公平分配债务人的财产，所有债权在申报时，均应以金钱计算，故即使债的标的种类不同，仍得为抵销。

清偿地不同的债权，也可抵销。但主张抵销的人应赔偿他方因此而增加的费用。如《德国民法典》第 391 条第 1 款规定："双方的债权虽清偿地或交付地不同，也得为抵销；但为抵销的人应赔偿他方因抵销而不能在原地点受领或履行给付而生的损害。"

4. 债务依其性质或法律规定得为抵销

依债务的性质非清偿不能达债的目的者，不能抵销，如不作为债务、提供劳务的债务或依双方约定不得抵销的债务；与人身不可分离的债务，如抚恤金、退休金、抚养费等，也不得抵销。依法律规定不得抵销的债务，如禁止强制执行的债务、因侵权行为所生的债务等，均不得为抵销。

根据《合同编通则部分司法解释》第 57 条之规定，因侵害自然人人身权益，或者故意、重大过失侵害他人财产权益产生的损害赔偿债务，侵权人主张抵销的，人民法院不予支持。

通常认为，下列债务也属于性质上不得抵销的债务：(a) 提供劳务的债务；(b) 抚恤金债务；(c) 支付基本养老保险金、失业保险金、最低生活保障金等保障债权人基本生活的债务；(d) 其他根据债务性质不得抵销的债务。

（五）抵销权的行使方法

1. 抵销权人

(1) 有权提出抵销的人，即抵销权人应为主动债权人。主动债权人应以自己的债权而不是他人的债权主张抵销。第三人不得以其对于债权人的债权向债务人主张抵销。

(2) 主债务人对于债权人有债权的，保证人得主张抵销。但保证人对债权人有债权的，主债务人不得主张抵销。

关于连带债务人的抵销问题，各国民法规定不一。根据《法国民法典》第 1294 条第 3 款及《德国民法典》第 422 条第 2 款的规定，连带债务人中的一人对于债权人有债权者，其他债务人不得主张抵销。《日本民法典》第 436 条则有相左的规定。根据该条，连带债务人中的一人对债权人有债权，该债务人援用抵销时，债权为全体债务人的利益而消灭；在上述债权的债务人不援用抵销时，其他债权人，只能就该债务人应负担的部分，援用抵销。在债权让与时，债务人是否得向受让人主张抵销，各国民法规定不一。《法国民法典》第1295条规定：“债务人无保留地同意债权人以债权让与第三人者，其同意前对受让人得主张的抵销不得对受让人再行主张；债务人曾收到债权让与的通知但未同意者，在通知后债务人对让与人所发生的债权不得主张与其债务抵销。”但《德国民法典》第406条有不同的规定：“债务人也得以对原债权人享有的债权向新债权人主张抵销。但在债务人向原债权人取得债权的当时已知债权让与的事由或债务人取得的债权在其知有让与之后，而且取得的债权又在让与的债权之后才到期者，不在此限。”

（3）当事人一方或另一方有数宗债权适于抵销时，抵销权人得指定相互抵销的债权。

2. 抵销的方式

关于抵销的方式，各国民法规定并不相同。有的国家采取当然抵销主义，认为抵销无须当事人的意思表示，只要有双方债权对立的事实，便当然发生抵销。如《法国民法典》第1290条规定：“债务双方虽均无所知，根据法律的效力仍可发生抵销；两个债务自其共同存在起，在同等的数额范围内相互消灭。”

有的国家采取单方法律行为说，认为抵销权的产生系基于债权相互对立的事实，但债之消灭的效果并不当然发生，须有抵销权的行使，即一方当事人的意思表示。如《德国民法典》第388条规定：“抵销应以意思表示向他方当事人为之……”世界上大多数国家的民法典，如《瑞士债务法》《日本民法典》等均采此说。笔者认为，抵销应由主动债权人向被动债权人为抵销的意思表示。抵销权在性质上为形成权，但其抵销的意思表示不得附有期限或条件，否则为无效。抵销为法律行为，适用关于意思表示的规定。此种意思表示一经抵销权人作出即发生法律效力，不须对方当事人同意，也不以诉讼为必要。我国《民法典》第568条第2款规定：“当事人主张抵销的，应当通知对方。通知自到达对方时生效。抵销不得附条件或者附期限。”

（六）抵销权行使的效力

（1）双方互负的债务在对等的范围内消灭。双方债务额相等时，全部债权债务关系归于消灭；双方债务额不等时，债务额较大的一方仍就超出的部分负继续清偿的责任。根据《合同编通则部分司法解释》第55条、第56条之规定，当事人一方依据《民法典》第568条的规定主张抵销，人民法院经审理认为抵销权成立的，应当认定通知到达对方时双方互负的主债务、利息、违约金或者损害赔偿金等债务在同等数额内消灭。

行使抵销权的一方负担的数项债务种类相同，但是享有的债权不足以抵销全部债务，当事人因抵销的顺序发生争议的，人民法院可以参照《民法典》第560条①的规定处理。另外，行使抵销权的一方享有的债权不足以抵销其负担的包括主债务、利息、实现债权的有关费用在内的全部债务，当事人因抵销的顺序发生争议的，人民法院可以参照《民法典》第561条②的规

① 《民法典》第560条规定：（1）债务人对同一债权人负担的数项债务种类相同，债务人的给付不足以清偿全部债务的，除当事人另有约定外，由债务人在清偿时指定其履行的债务。（2）债务人未作指定的，应当优先履行已经到期的债务；数项债务均到期的，优先履行对债权人缺乏担保或者担保最少的债务；均无担保或者担保相等的，优先履行债务人负担较重的债务；负担相同的，按照债务到期的先后顺序履行；到期时间相同的，按照债务比例履行。

② 《民法典》第561条规定：“债务人在履行主债务外还应当支付利息和实现债权的有关费用，其给付不足以清偿全部债务的，除当事人另有约定外，应当按照下列顺序履行：（一）实现债权的有关费用；（二）利息；（三）主债务。”

定处理。

（2）抵销的溯及力。

尽管根据传统民法，当抵销生效时，双方债权的消灭的效力溯及抵销权发生之时。具体表现在：1）自得为抵销之日起，就消灭的债务不再发生支付利息的债务；2）抵销权发生后的迟延责任归于消灭；3）抵销权发生后，一方当事人所生的损害赔偿责任及违约责任因抵销的溯及力而归于消灭。

但是，根据《合同编通则部分司法解释》第 55 条之规定，应当认定通知到达对方时双方互负的主债务、利息、违约金或者损害赔偿金等债务在同等数额内消灭。这就与得为抵销时消灭不同了。

最高法院之配套典型案例八：抵销权纠纷案
——某实业发展公司与某棉纺织品公司委托合同纠纷案

【简要案情】

2012 年 6 月 7 日，某实业发展公司与某棉纺织品公司签订“委托协议”，约定某实业发展公司委托某棉纺织品公司通过某银行向案外人某商贸公司发放贷款 5 000 万元。该笔委托贷款后展期至 2015 年 6 月 9 日。某商贸公司在贷款期间所支付的利息，均已通过某棉纺织品公司支付给某实业发展公司。2015 年 6 月 2 日，某商贸公司将 5 000 万元本金归还某棉纺织品公司，但某棉纺织品公司未将该笔款项返还给某实业发展公司，形成本案诉讼。另，截至 2015 年 12 月 31 日，某实业发展公司欠某棉纺织品公司 8 296 517.52 元。某棉纺织品公司于 2017 年 7 月 20 日向某实业发展公司送达“债务抵销通知书”，提出以其对某实业发展公司享有的 8 296 517.52 元债权抵销案涉 5 000 万元本金债务。某实业发展公司以某棉纺织品公司未及时归还所欠款项为由诉至法院，要求某棉纺织品公司归还本息。在本案一审期间，某棉纺织品公司又以抗辩的形式就该笔债权向一审法院提出抵销，并提起反诉，后主动撤回反诉。

【判决理由】

生效裁判认为，某棉纺织品公司据以行使抵销权的债权不足以抵销其对某实业发展公司负有的全部债务，参照《最高人民法院关于适用〈中华人民共和国合同法〉若干问题的解释（二）》第 21 条的规定，应当按照实现债权的有关费用、利息、主债务的顺序进行抵销，即某棉纺织品公司对某实业发展公司享有的 8 296 517.52 元债权，先用于抵销其对某实业发展公司负有的 5 000 万元债务中的利息，然后再用于抵销本金。某棉纺织品公司有关 8 296 517.52 元先用于抵销 5 000 万元本金的再审申请缺乏事实和法律依据，故不予支持。

【裁判要点】

据以行使抵销权的债权不足以抵销其全部债务，应当按照实现债权的有关费用、利息、主债务的顺序进行抵销。

四、合同权利、义务因免除而终止

（一）免除概述

1. 免除的概念

免除是债权人以债的消灭为目的而抛弃债权的意思表示。债务人因债权人抛弃债权而免除清偿义务，所以免除也是债之消灭的一种原因。

2. 免除的性质

免除为法律行为，当属无疑。但其为合同行为抑或单方法律行为，各国（地区）立法及学理见解不一。《法国民法典》（第1285条、第1287条）、《德国民法典》（第397条）及《瑞士债务法》（第115条）均认为是合同行为。其理由如下：（1）债的关系为债权人与债务人之间的特定权利义务关系，故不能忽视债务人的意思而仅以债权人之单独行为发生债之消灭的结果；（2）债权人免除债务人的债务系一种恩惠的表示，但恩惠不得强施，如债务人不接受时，强使其接受会有损债务人人格的独立性；（3）债权人免除债务人的债务，必有一定的动机，因而不能断定债权人的免除一定不会损害债务人的利益。

《日本民法典》采单方法律行为说。我国《民法典》（第575条）也采单方法律行为说。至于德国学说及法国学说中的那种"恩惠不得强施"，我国法采取"债务人可以在合理期间内拒绝"的方式解决，简单方便。我国《民法典》第575条规定："债权人免除债务人部分或者全部债务的，债权债务部分或者全部终止，但是债务人在合理期限内拒绝的除外。"

3. 免除的法律特征

既然免除为单方行为，它应有以下特征。

（1）免除为无因行为。免除必有一定原因，但此原因无效或不成立时，不影响免除的效力。

（2）免除为无偿行为。

（3）免除为非要式行为。免除的意思表示的方式无须特定，书面或言辞，明示或默示，均无不可。

（4）免除为债权人处分债权的行为，故要求免除人必须是有行为能力人及有权处分债权的人。

（二）免除的方式

（1）免除人须为免除的意思表示，此意思表示适用民法的一般规定。

（2）免除的意思表示应向债务人为之。向任何第三人所为的意思表示对债务人不生效力。

（3）免除的意思表示，一经作出即不得撤回。债权人所作出的意思表示只要符合法定要件即生法律效力，免除人不得撤回。

（三）免除的效力

（1）债的关系绝对归于消灭。债务全部免除时，债权债务关系全部归于消灭；一部免除时，债权债务关系部分归于消灭。

（2）从债务免除。主债务消灭时，从债务当然也归于消灭。但免除人仅免除从债务时，主债务并不消灭。

五、合同权利、义务因混同而终止

（一）混同的概念

混同是指债权与债务归于同一人的事实。债的关系因此而消灭，故混同为债的消灭的原因之一。混同可因债的特定承受或概括承受而发生。《民法典》第576条规定："债权和债务同归于一人的，债权债务终止，但是损害第三人利益的除外。"

（二）混同的性质

混同为一种事实而非法律行为，故无须任何意思表示，仅有债权债务同归于一人的事实，即发生债之消灭的效力。

（三）混同的效力

混同产生债权债务关系及其从债消灭的效力。但是，若债权已作为他人权利的标的，为保护第三人的利益，纵使发生混同的事实，债的关系也不消灭。例如，债权为权利质权的标的时，便是如此。

六、以物抵债合同及其效力

（一）传统民法上的以物抵债

传统民法上是不存在“以物抵债”这一概念的，类似的概念是“代物清偿”，它是指当事人约定由债务人以其他的给付替代原定给付，债权人予以受领，从而使债的关系消灭的一种制度。①

从性质上说，代物清偿属于要物契约（实践合同），即当事人的上述约定并不立即生效并发生消灭债权债务关系的效力，而是债务人或者有权履行的人交付标的物且债权人或者其代理人受领后才发生效力，从而使原来的债权债务关系消灭。这是其与选择之债、债的更改完全不同的关键所在。

在传统民法上，代物清偿的要件如下：（1）必须存在有效的债权；（2）当事人之间必须达成代物清偿的合意——以他种给付替代原来的给付的合意；（3）债权人实际受领了清偿人所为的给付，否则代物清偿的协议不生效力。②

代物清偿与选择之债的关系比较容易混淆：看起来在两种制度下，债务人确实都可以选择履行的标的。但是，两者的区别是很大的：（1）选择之债在债的成立的时候，标的就有两种以上，选择权人可以选择其中之一进行履行。也就是说，在履行之前，选择之债已经变为单一之债。而代物清偿之债的标的只有一种，只不过可以用另外一种标的替代履行。因此，代物清偿之债始终都是单一之债。（2）在选择之债中，不存在一种实践合同，即债的可以选择的几种标的在一个有效合同中于履行前就已经确定。而代物清偿之合同是实践合同，尽管债务人（或者其他清偿人）可以履行原来的标的，也可以履行代物清偿合同中的新的标的，但该合同必须以清偿人实际交付标的为生效条件。（3）在代物清偿中，只有清偿人可以决定究竟是履行原来的债的标的，还是新的标的，不存在犹如选择之债中的选择权转移至对方的问题。

代物清偿与债的更改也不同。债的更改是源于罗马法的一种制度，是指通过要式契约设立新的债的关系借以取代并消除旧的债的关系，也称为债的更新。③ 债的更改有三个要件：（1）必须有有效的旧债存在；（2）必须有当事人以消灭旧债而成立新债的合意；（3）新债必须有效设立。④

代物清偿与债的更改最大的区别在于：（1）新的债并没有有效设立——实践合同，只有实

---

① 参见王利明：《债法总则研究》，576 页，北京，中国人民大学出版社，2018；史尚宽：《债法总论》，814 页，北京，中国政法大学出版社，2000；［日］我妻荣：《新订债权总论》，王燚译，265 页，北京，中国法制出版社，2008。

② 参见王利明：《债法总则研究》，581～583 页，北京，中国人民大学出版社，2018。

③ 参见［意］彼得罗·彭梵得：《罗马法教科书》，黄风译，265 页，北京，中国政法大学出版社，2018；周枏：《罗马法原论》（下），840 页，北京，商务印书馆，1994。

④ 参见周枏：《罗马法原论》（下），840 页，北京，商务印书馆，1994。

际履行才能使新债生效且消灭旧债；（2）代物清偿没有消灭旧债的意思，如果当事人明确以新的合同取代原来的旧债合同，从而使原来的债消灭的，就不再是代物清偿了。

（二）我国司法实践中的以物抵债

实际上，我国司法实践中的以物抵债，从最高人民法院到基层各级法院自《合同法》颁布以来适用的规则极其不统一，最高人民法院的判例也是前后不一。在 2019 年最高法院的《九民会议纪要》第 44 条规定："【履行期届满后达成的以物抵债协议】当事人在债务履行期限届满后达成以物抵债协议，抵债物尚未交付债权人，债权人请求债务人交付的，人民法院要着重审查以物抵债协议是否存在恶意损害第三人合法权益等情形，避免虚假诉讼的发生。经审查，不存在以上情况，且无其他无效事由的，人民法院依法予以支持。当事人在一审程序中因达成以物抵债协议申请撤回起诉的，人民法院可予准许。当事人在二审程序中申请撤回上诉的，人民法院应当告知其申请撤回起诉。当事人申请撤回起诉，经审查不损害国家利益、社会公共利益、他人合法权益的，人民法院可予准许。当事人不申请撤回起诉，请求人民法院出具调解书对以物抵债协议予以确认的，因债务人完全可以立即履行该协议，没有必要由人民法院出具调解书，故人民法院不应准许，同时应当继续对原债权债务关系进行审理。"第 45 条规定："【履行期届满前达成的以物抵债协议】当事人在债务履行期届满前达成以物抵债协议，抵债物尚未交付债权人，债权人请求债务人交付的，因此种情况不同于本纪要第 71 条规定的让与担保，人民法院应当向其释明，其应当根据原债权债务关系提起诉讼。经释明后当事人仍拒绝变更诉讼请求的，应当驳回其诉讼请求，但不影响其根据原债权债务关系另行提起诉讼。"

从上述司法解释开始，我国开启了区分债务履行期届满之前与之后达成的以物抵债合同的效力之门。《合同编通则部分司法解释》也沿袭了这种区分模式。

1. 债务履行期届满之后达成的以物抵债合同的效力

上述解释第 27 条规定："债务人或者第三人与债权人在债务履行期限届满后达成以物抵债协议，不存在影响合同效力情形的，人民法院应当认定该协议自当事人意思表示一致时生效。债务人或者第三人履行以物抵债协议后，人民法院应当认定相应的原债务同时消灭；债务人或者第三人未按照约定履行以物抵债协议，经催告后在合理期限内仍不履行，债权人选择请求履行原债务或者以物抵债协议的，人民法院应予支持，但是法律另有规定或者当事人另有约定的除外。前款规定的以物抵债协议经人民法院确认或者人民法院根据当事人达成的以物抵债协议制作成调解书，债权人主张财产权利自确认书、调解书生效时发生变动或者具有对抗善意第三人效力的，人民法院不予支持。债务人或者第三人以自己不享有所有权或者处分权的财产权利订立以物抵债协议的，依据本解释第十九条的规定处理。"

按照这一规定，只要是在债务履行期届满后达成以物抵债协议的，有以下效力：（1）以物抵债协议不再是要物合同（实践合同）了——该协议自当事人意思表示一致时生效。（2）不仅债务人可以选择履行原债务或者新的债务，债权人也有本权选择请求履行原债务或者以物抵债协议。也就是说，从单一之债变为选择之债了。

2. 债务履行期届满之前达成的以物抵债合同的效力

上述解释第 28 条规定：（1）债务人或者第三人与债权人在债务履行期届满前达成以物抵债协议的，人民法院应当在审理债权债务关系的基础上认定该协议的效力。（2）当事人约定债务人到期没有清偿债务，债权人可以对抵债财产拍卖、变卖、折价以实现债权的，人民法院应当认定该约定有效。当事人约定债务人到期没有清偿债务，抵债财产归债权人所有的，人民法院应当认定该约定无效，但是不影响其他部分的效力；债权人请求对抵债财产拍卖、变卖、折价以实现债权的，人民法院应予支持。（3）当事人订立前述规定的以物抵债协议后，债务人或者第三人未将财产权利移转至债权人名下，债权人主张优先受偿的，人民法院不予支持；债务人或者第三人已将财产权利转移至债权人名下的，依据《最高人民法院关于适用〈中华人民共和国民法典〉有关担保制度的解释》第68条①的规定处理。

根据这一规定，可以作以下理解：（1）债务履行期届满前达成的以物抵债协议不直接产生抵债（消灭债务）的效力，法院应当认定原来的债权债务关系有效，在此基础上再来确定以物抵债协议的具体法律效力——这就是所谓"人民法院应当在审理债权债务关系的基础上认定该协议的效力"。（2）当事人关于流质的约定是无效的——当事人约定债务人到期没有清偿债务，抵债财产归债权人所有的，人民法院应当认定该约定无效。但是，人民法院可以认定为具有担保的性质——当事人约定债务人到期没有清偿债务，债权人可以对抵债财产拍卖、变卖、折价以实现债权的，人民法院应当认定合同有效；当事人约定债务人到期没有清偿债务，抵债财产归债权人所有的，人民法院应当认定该约定无效，但是不影响其他部分的效力；债权人请求对抵债财产拍卖、变卖、折价以实现债权的，人民法院应予支持。（3）当事人订立以物抵债协议后，债务人或者第三人已将财产权利转移至债权人名下的，可以适用关于让与担保的规则；但是，未转移的，债权人不能主张优先受偿权——不发生担保效力。

从上述解释看，我国司法实践实际上彻底否定了传统民法上认为的代物清偿为实践合同的理论和立法，因为按照上述解释第28条之规定，如果在债务履行期届满之前达成以物抵债协议，即使交付标的物给债权人，也应当按照担保来处理而不是以物抵债来消灭债务。笔者认为，这种方式是否合适，值得思考——其实，传统民法中的这种以物抵债合同为要物合同更加合适，无论是债务履行期届满之前还是届满之后都不应该有任何区别，不仅简单而且符合债的一般原理——当两种义务存在的时候，应选择对义务人最轻的方式：债务人在实际履行之前有选择履行原债务或者新债务的实际权利，债务人只有实际履行的时候以物抵债协议才能生效且消灭旧债务，债权人不能选择。

法律适用

1. 合同解除后赔偿的范围如何确定

我国学理与立法一贯坚持的传统观点是，将合同解除与损害赔偿并用。在司法实践中，合同解除后如何确定损害赔偿范围非常重要，而我国《民法典》对此未规定。我国学理通说将损失分为实际损失与可得利益损失。合同解除后，是赔偿实际损失还是可得利益损失，还是二者均应赔偿？从我国目前主流观点来看，可以要求可得利益的赔偿。

2. 如何在实践中区分根本违约与非根本违约

依据不同的标准，可以对违约形态进行不同的分类。根本违约与非根本违约的划分标准是

---

① 该条第1款规定："债务人或者第三人与债权人约定将财产形式上转移至债权人名下，债务人不履行到期债务，债权人有权对财产折价或者以拍卖、变卖该财产所得价款偿还债务的，人民法院应当认定该约定有效。当事人已经完成财产权利变动的公示，债务人不履行到期债务，债权人请求参照民法典关于担保物权的有关规定就该财产优先受偿的，人民法院应予支持。"

违约行为的性质及后果的严重程度。在实践中，被认定为根本违约还是非根本违约，对当事人可以采取的救济措施起着决定性影响。最早规定根本违约制度的法律文件是《联合国国际货物销售合同公约》，依其规定，如果违约方在事实上存在违约行为，并且违约行为实际上剥夺了非违约方根据合同规定有权期待得到的东西，即构成根本违约。我国《民法典》将“当事人一方迟延履行债务或者有其他违约行为致使不能实现合同目的”作为根本违约对待，赋予当事人合同解除权。比较而言，非根本违约就是指那些部分违约或一般的轻微违约，即虽有违约行为，但不足以影响合同目的的实现。现实生活的纷繁复杂使得不便一一列举根本违约与非根本违约的具体表现形态，在实践中处理违约纠纷时，应坚持以“是否达到足以影响合同目的实现的程度”作为区分根本违约与非根本违约的标准。在一方当事人根本违约时，对方当事人有权单方解除合同并要求赔偿损失；而在一方当事人非根本违约时，对方当事人就无权单方解除合同，而只能要求赔偿损失、实际履行或采取其他补救措施。

课后复习

1. 论述合同解除与损害赔偿的关系。
2. 任意抵销与法定抵销有何区别？

第十三章　买卖合同

提　要

买卖合同是日常生活中最常见、最重要的合同，也是所有合同中最典型的合同。合同法中的所有因素只有在买卖合同中体现得最充分，因此，有人称之为合同原型。买卖合同中最重要的问题有二：一是所有权转移的规则；二是风险转移的规则。所有权转移的一般原则是：动产所有权的转移以交付为标志，而不动产所有权的转移以登记为标志。风险转移的规则是：买卖标的物交付前风险由出卖人承担，交付后由买受人承担，当事人另有约定的，从其约定。另外，在买卖合同中，出卖人的瑕疵担保责任、善意第三人的即时取得问题，也是买卖合同中重要的内容。

另外，在认定合同类型的时候，不能只看当事人给合同冠以什么类型。例如，当事人签订的合同名为租赁合同，但从实际内容上看，符合融资租赁合同之当事人的权利义务，那么就应当认定为融资租赁合同而不能认定为租赁合同，并且按照融资租赁合同法律关系来确定当事人之间的权利义务。对此，《合同编通则部分司法解释》第 15 条规定："人民法院认定当事人之间的权利义务关系，不应当拘泥于合同使用的名称，而应当根据合同约定的内容。当事人主张的权利义务关系与根据合同内容认定的权利义务关系不一致的，人民法院应当结合缔约背景、交易目的、交易结构、履行行为以及当事人是否存在虚构交易标的等事实认定当事人之间的实际民事法律关系。"再如，当事人签订的是抵押合同，但从内容上看，需要担保人转移标的物的占有给债权人，那么，应当认定为质权合同而非抵押合同，并按照质权合同来确定双方当事人的权利义务关系。

重点问题

1. 买卖合同标的物所有权转移的基本规则。
2. 买卖合同标的物风险转移的规则。
3. 出卖人的瑕疵担保责任。
4. 善意第三人的保护。

第一节　买卖合同概述

一、买卖合同的概念与特征

（一）买卖合同的概念

买卖合同是当事人双方约定一方负有交付标的物并移转所有权于他方的义务，他方负有受领标的物并支付价款义务的合同。其中，负有支付标的物义务的一方为出卖人，负有支付价款义务的一方为买受人。我国《民法典》第595条规定："买卖合同是出卖人转移标的物的所有权于买受人，买受人支付价款的合同。"

买卖合同是日常生活中最常见、最重要的合同，也是合同法中最典型的合同，合同法中的所有因素只有在买卖合同中体现得最充分，因此，有人称之为合同原型。但是，是否所有财产性交易都属于买卖合同？对于这一问题，存在两种不同的立法体例：一是买卖合同仅仅是指有形财产的交易——物的买卖，而以财产权利为标的的交易不属于买卖合同。二是买卖合同不仅包括有形物的交易，也包括权利交易。英美法系国家多采取第一种立法体例，而大陆法系国家多采第二种立法体例。

从我国目前的立法框架看，采取的是第一种立法体例。因为，我国《民法典》在买卖合同之外，还规定了债权的转移合同、技术转让合同等。因此，在我国，买卖合同仅仅包括有形物的买卖。

这里必须强调的是，买卖合同最基本的核心本质是：钱与物的交易。"货币与货物"才是其区别于其他合同的核心，如果是钱与钱的兑换、物与物的交换属于互易合同。自罗马法开始，这两种合同就有很大的区别。我国《民法典》也是将之作为两种不同的合同对待的，专门于第647条规定了易货交易准用买卖合同的规定。正是因为"债因"不同，才区别为买卖合同、互易合同、租赁合同等。

（二）买卖合同的特征

1. 买卖合同以负担移转所有权义务为最终目的

买卖合同的基本目的是使所有权在不同的人之间发生转移，以解决社会分工所带来的不便。通过买卖合同，买卖双方都失去了自己原来物的所有权，而获得新的对方之物——货币的所有权。

这一特征使之与其他类型的合同区别开来，例如租赁合同、借用合同等，在这些合同中虽然也发生物的交付，但不转移物的所有权。这些合同仅仅是使所有权发挥调剂余缺的作用，而所有权人的所有权并不发生变化。

2. 买卖合同虽然以转移所有权为目的，但与所有权转移是分离的

我国近几年的学理及司法解释最大的一个变化就是：承认了负担行为与处分行为（债权行为与物权行为）的区分，即买卖合同的效力与所有权转移分开。也就是说，双方当事人订立了买卖合同，其直接结果就是一方负担了转移标的物的义务，而另一方负担了支付价款的义务，但所有权并没有直接转移：动产还需要单独的交付，而不动产还要单独的登记。如果动产不交付或者不能交付，不动产不登记或者不能登记，则出卖人要承担违约责任。

我国《民法典》第597条规定："因出卖人未取得处分权致使标的物所有权不能转移的，买受人可以解除合同并请求出卖人承担违约责任。法律、行政法规禁止或者限制转让的标的物，依照其规定。"这其实就是对司法解释的继受——《最高人民法院关于审理买卖合同纠纷案件适用法律问题的解释》第3条（该条已经废止，在修改后该条因为已经被《民法典》第597条吸收而废止）就明确规定："当事人一方以出卖人在缔约时对标的物没有所有权或者处分权为由主张合同无效的，人民法院不予支持。出卖人因未取得所有权或者处分权致使标的物所有权不能转移，买受人要求出卖人承担违约责任或者要求解除合同并主张损害赔偿的，人民

法院应予支持。”

3. 买卖合同是典型的有偿双务合同

买卖合同双方当事人的权利义务互有反对性，即一方的权利是他方的义务，而一方的义务是他方的权利，因而买卖合同是双务合同。任何一方要取得他方的利益必须付出对价，因而买卖合同又是有偿合同。

在此应当特别注意两点。(1) 买卖合同是一方交付实物，而另一方交付金钱的合同。这一点使其与互易合同区别开来。(2) 有偿与义务免除的区别。义务免除是对方权利人以有效的意思表示免除义务人履行义务的行为，义务免除并不因此改变有偿合同的特征。例如，A 向 B 购买生活必需品，由于 A 生活困难，B 免除了 A 的金钱支付义务。这种合同仍然是有偿合同，适用有偿合同的规定。不能认为免除了义务的合同就是无偿合同。

4. 买卖合同是诺成合同

除法律有特别规定或当事人有特别约定外，买卖合同自双方意思表示一致时，即发生法律效力，不以物的交付为成立条件。

二、买卖合同的分类

（一）一般买卖合同与特殊买卖合同

这主要是以合同有无法律特别规定为标准。凡是适用《民法典》合同编对于买卖合同之一般规定的，为一般买卖合同。而合同编对之特别规定规则的买卖合同，为特殊买卖合同。根据我国《民法典》合同编的规定，分期付款的买卖合同、样品买卖合同、试用买卖合同、拍卖合同、招标投标合同等属于特殊买卖合同。

区别一般买卖合同与特殊买卖合同的法律意义在于：在一般买卖合同中，买卖合同有一般规定的，首先适用一般规定；没有一般规定的，适用合同编之通则的规定。而在特殊买卖合同中，首先适用买卖合同对于这种买卖的特殊规定；买卖合同没有特殊规定的，适用买卖合同的一般规定；买卖合同没有一般规定的，适用合同编的通则规定。

（二）动产买卖合同与不动产买卖合同

这主要是以买卖合同的标的是动产还是不动产为标准。以动产为标的的买卖合同，为动产买卖合同；以不动产为标的的买卖合同，为不动产买卖合同。在现实生活中，动产买卖合同占有绝对的数量优势。

动产与不动产买卖的划分是一种基本的分类，这种分类在法律上具有重要意义。首先，所有权转移的公示方式不同：动产为交付，而不动产为登记。其次，法院对争议的管辖不同：对于动产的争议，采取“原告就被告”的原则；而对于不动产争议而言，采取不动产所在地管辖的原则。

（三）对现存物的买卖合同与对未来取得之物的买卖合同

这是以买卖标的物是否现在存在为标准：如果买卖标的物是已经存在的物，则是对现存物的买卖合同；如果买卖标的物是出卖人将来取得的物，则为对未来取得之物的买卖合同。

（四）附条件的买卖合同与不附条件的买卖合同

这是以对买卖合同的效力是否附有条件限制为标准而进行的分类：当事人对买卖合同的效力没有约定任何条件限制的，为不附条件的买卖合同；反之，当事人约定对买卖合同的效力的限制条件的，为附条件的买卖合同。

根据买卖合同所附的条件之性质不同，又可分为附解除条件的买卖合同与附停止条件的买卖合同。在前者，当所附的条件发生时，买卖合同失去效力；在后者，当条件发生时，买卖合同发生效力。

（五）特定物买卖合同与非特定物买卖合同

这是以买卖合同的标的物是特定物还是种类物所为的分类：以特定物为标的的买卖合同为特定物买卖合同；反之，则为非特定物买卖合同。

这种分类在法律上有其特别的意义：(1) 有的国家民法区别特定物与种类物而确定所有权的转移时间：特定物因其品质独特，除当事人另有约定者外，其所有权在买卖合同有效成立时转移；而对于种类物，必须经过特定后才转移所有权于对方。例如，《法国民法典》即有此区别。而我国《民法典》没有这种区别。(2) 在标的物灭失而进行法律救济时，对特定物一般是赔偿损失（在没有免责事由时），而对种类物可以替代履行。

（六）受限制的买卖合同与不受限制的买卖合同

这是以买卖合同的标的物是否属于特定主体经营为标准：一种标的物仅仅可以由特定主体购买或者出卖的，属于受限制的买卖合同。例如，限制流通物只能由国家指定的机关收购而其他人不得收购。目前在我国，外汇对人民币的买卖，就属于这种。如果一种物的买卖主体不受限制，任何人均得买卖者，为不受限制的买卖合同。

三、买卖合同的条款

（一）买卖合同的指导性条款

按照我国《民法典》第 596 条，买卖合同的指导性条款应当包括：（1）标的物的名称；（2）数量和质量；（3）价款；（4）履行期限、履行地点和方式；（5）包装方式；（6）检验标准和方法；（7）结算方式；（8）合同使用的文字及其效力。

（二）对以上条款的说明

以上所谓的指导性条款，并非合同的必备条款，也就是说，并非合同缺乏上述条款就不发生法律效力。任何一个买卖合同中，仅有下列条款为必备条款：当事人条款、标的物条款、数量条款。其他条款都是指导性的。法律为了防止合同当事人仅仅关注重要问题而忽略细节问题，特别规定了一些补充性条款，以备补充。例如，在合同使用的文字及其效力方面，即使当事人在合同中没有约定，我国《民法典》也有补充性条款（第 466 条）：合同文本采用两种以上文字订立并约定具有同等效力的，对各文本使用的词句推定具有相同含义。各文本使用的词句不一致的，应当根据合同的相关条款、性质、目的以及诚信原则等予以解释。再如，如果当事人没有就买卖合同标的物的质量作出约定，则按照国家标准或者行业标准履行；没有国家标准或者行业标准的，按照通常标准或者符合合同目的的特定标准履行。也就是说，除了上面所说的当事人条款、标的物条款、数量条款，其他条款在合同法中都有补充性条款备用（我国《民法典》第 510～511 条）。

四、买卖合同的当事人及标的物

（一）买卖合同的当事人

买卖合同的当事人是指出卖人与买受人，合同当事人应当是具有适法资格的人（适格的当事人）。所谓适格的当事人，在这里有三点含义：（1）在一般流通物的买卖中，几乎任何人都可以成为买受人，但在限制流通物的买卖中，只有法律规定的主体才能成为买受人。例如，在我国，炸药的经营者（出卖人）与买受人都必须具有相应的资格。（2）当事人必须具有相应的行为能力，就自然人来说，无民事行为能力人难以成为买卖合同的主体。（3）由于我国《民法典》明确规定了不以出卖人是否有处分权来决定合同是否具有效力，因此，是否有处分权不是合同当事人资格的一部分。

（二）标的物

首先，要区分流通物、限制流通物和禁止流通物。当事人可以自由买卖的仅仅是流通物，而禁止流通物是不得买卖的。限制流通物只能由特别主体买卖。

其次，要区别有形物买卖与无形财产买卖。我国《民法典》合同编中的买卖合同仅仅是有形财产买卖，而对于诸如知识产权、债权等无形财产买卖有专门法律规定。即使像电力、水、气、热等买卖，我国《民法典》也专门规定了有名合同来规范，所以，它们也不属于买卖合同的标的物。

正确区分标的物，对于适用我国《民法典》中的合同规则具有重大意义。

第二节　买卖合同的法律效力

一、买卖合同对于出卖人的法律效力

在买卖合同中，出卖人的义务主要有两项：一是交付标的物并转移标的物的所有权；二是瑕疵担保责任。

（一）交付标的物并转移所有权的义务

其实，交付标的物与转移所有权，可以是两个不同的行为。有时，交付标的物并不一定意味着转移所有权，假如买卖合同约定所有权的转移是附条件的，则买卖合同标的物虽然已经交付，但所有权并不一定发生转移。双方当事人也可以约定买卖标的物的交付与所有权的转移时间之不同步性，例如，所有权保留的买卖合同。但一般情况下的买卖合同，交付标的物与转移所有权是一致的。

除此之外，在现实生活中，还有一种标的物交付的特殊情况——交付提取标的物的单证，也与实际交付标的物具有相同的效力，例如，交付提单或者仓单等。因此，我国《民法典》第598条规定："出卖人应当履行向买受人交付标的物或者交付提取标的物的单证，并转移标的物所有权的义务。"

1. 交付标的物的义务

（1）标的物交付的方式。

所谓标的物的交付，就是转移标的物的占有。而这种占有的转移可能是法律占有的转移，也可能是法律占有与事实占有的转移。当然，买卖合同最为关注的当然应是法律占有的转移。

从各个国家的标的物交付的立法与判例看，交付可能有四种情况：

1）现实交付。现实交付是指出卖人将标的物置于买受人的实际控制之下。现实生活中的大部分动产买卖属于这种情况。而其直接体现就是"交货"。

2）简易交付。简易交付是指买卖合同订立前，买受人已经现实地占有标的物，合同生效

就视为标的物交付。例如，我国《民法典》第226条就规定了这种交付方式：标的物在订立合同之前已为买受人占有的，合同生效的时间为交付时间。

3）占有改定。占有改定即是转移法律占有。例如，A有电脑一台，因缺乏资金，卖给B，但因A还需要这台电脑，故同时与B约定，再租赁回来。结果，电脑在A处未发生事实控制的转移，但所有权已经发生了变动，A由所有权人的占有，变成了承租人的占有（《民法典》第228条）。

4）指示交付。指示交付实际上是所有权返还请求权的转移。这种情况多发生在出卖人出卖出租物的情况。《民法典》第227条规定：动产物权设立和转让前，第三人占有该动产的，负有交付义务的人可以通过转让请求第三人返还原物的权利代替交付。

（2）标的物交付的时间。

出卖人应当按照合同约定的时间交付标的物，否则，将构成违约行为而承担相应的责任。至于交付时间问题，应当按照下列规则确定。

1）当事人在合同中有约定的，依照约定的时间交付。如果约定的时间不是具体时间，而是一种期间，出卖人在该约定期间的任何时间交付，都是适当的交付。但是，应当在交付前通知买受人。

2）出卖人在约定时间前交付标的物的，应当取得买受人的同意，否则买受人有权拒绝。

3）当事人双方对买卖标的物的交付时间没有约定或者约定不明确的，当事人可以事后以协议补充。当事人不能就交付时间达成协议的，应当按照合同有关条款或者交易习惯确定。依此仍然不能确定的，债务人可以随时履行，债权人也可以随时要求履行，但应当给对方必要的准备时间。

（3）标的物交付的地点。

出卖人也应当按照合同约定的地点交付标的物，否则，也构成违约。由于合同的履行地点与履行利益、费用及风险，甚至履行价格有关，所以，合同当事人应当在合同中约定。双方当事人没有约定或者约定不明确的，应当按照下列规则确定。

1）当事人可以事后达成协议补充。

2）不能达成协议的，依照合同有关条款或者交易习惯确定。

3）按照第2项规则仍然不能确定的，根据《民法典》第603条的规定，按照下列规则履行交付义务：标的物需要运输的，出卖人应当将标的物交付给第一承运人以运交给买受人。标的物不需要运输，出卖人和买受人订立合同时知道标的物在某一地点的，出卖人应当在该地点交付标的物；不知道标的物在某一地点的，应当在出卖人订立合同时的营业地交付标的物。

（4）交付的标的物的数量。

出卖人应当按照合同约定的数量交付标的物。前面已经提到，合同的数量条款是合同的必备条款。如果合同没有数量条款，则法律无法予以补充，因而，也会引起合同不能生效。

出卖人多交或者少交合同约定的标的物的，按照《民法典》第629条的规定处理：出卖人多交标的物的，买受人可以接收或者拒绝接收多交的部分。买受人接收多交部分的，按照约定的价格支付价款；买受人拒绝接收多交部分的，应当及时通知出卖人。

（5）交付的标的物的质量。

出卖人应当按照合同约定的质量交付标的物，否则也将构成违约。合同对标的物质量没有约定或者约定不明确的，当事人可以事后协议确定；协议不成的，按照合同有关条款或者交易习惯确定；仍然不能确定的，质量要求不明确的，按照国家标准、行业标准履行；没有国家标准、行业标准的，按照通常标准或者符合合同目的的特定标准履行。

（6）出卖人应按照合同约定的包装方式交付标的物。

《民法典》第619条规定："出卖人应当按照约定的包装方式交付标的物。对包装方式没有约定或者约定不明确，依据本法第五百一十条的规定仍不能确定的，应当按照通用的方式包装；没有通用方式的，应当采取足以保护标的物且有利于节约资源、保护生态环境的包装方式。"

（7）孳息的归属。

根据《民法典》第630条的规定，除当事人另有约定的以外，标的物在交付之前产生的孳息，归出卖人所有；交付之后产生的孳息，归买受人所有。

按照《最高人民法院关于审理买卖合同纠纷案件适用法律问题的解释》（2021年1月1日施行）第5条的规定，出卖人仅以增值税专用发票及税款抵扣资料证明其已履行交付标的物义务，买受人不认可的，出卖人应当提供其他证据证明交付标的物的事实。但是，合同约定或者当事人之间习惯以普通发票作为付款凭证，买受人以普通发票证明已经履行付款义务的，人民法院应予支持，但有相反证据足以推翻的除外。

2. 转移所有权

（1）一般动产所有权转移的方式。

在一般动产中，其所有权自标的物交付时起转移。但当事人也可以约定所有权转移的时间。例如，当事人可以约定所有权保留。

（2）不动产所有权转移的方式。

在我国，尽管在不动产物权上采取的是"登记生效"与"登记对抗"的二元制，但在不动产所有权转移方面，自登记之日起转移。

（3）特殊动产所有权转移的方式。

所谓的特殊动产，就是指有些动产虽然从外观上看，属于动产，但价值较大且具有登记能力，可以通过登记使其具有可识别性，例如，车辆、航空器和船舶等。对于这一类动产，其所有权是自交付起转移还是自登记起转移，存在不同意见。我国《民法典》第225条规定，这种特殊动产的所有权自交付时起转移，但未依法办理登记的，所有权的转移不具有对抗善意第三人的效力。

但如果交付与登记发生冲突，是登记优先还是交付优先？例如，A将自己的汽车出卖给B签订了买卖合同，又以该车为标的出卖给C，也签订了买卖合同。A将车交付给B，却给C办理了过户登记。那么，最后谁能取得车的所有权呢？按照《民法典》第225条的规定（2007年《物权法》第24条就是这样规定的），C应该取得汽车所有权。但是，最高人民法院的司法解释给出了相反的结论——《最高人民法院关于审理买卖合同纠纷案件适用法律问题的解释》（2021年1月1日施行）第7条规定，出卖人就同一船舶、航空器、机动车等特殊动产订立多重买卖合同，在买卖合同均有效的情况下，买受人均要求实际履行合同的，出卖人将标的物交付给买受人之一，又为其他买受人办理所有权转移登记，已受领交付的买受人请求将标的物所有权登记在自己名下的，人民法院应予支持。

由此可见，在特殊动产方面，《民法典》第225条的规定在司法实践中是不被承认的。

(4) 具有知识产权的出卖物的所有权转移。

如果出卖之物属于具有知识产权的标的物，那么，仅仅是标的物之物质性所有权转移于买受人，而标的物的知识产权不属于也不转移于买受人。按照我国《民法典》第600条的规定，出卖具有知识产权的标的物的，除法律另有规定或者当事人另有约定外，该标的物的知识产权不属于买受人。也就是说，买受人使用与占有买卖标的物均属于合法，但如果复制属于侵犯知识产权行为。

（二）瑕疵担保责任

瑕疵担保责任是出卖人对于标的物的品质与处分权完整性的担保义务，是买卖合同中的一个重要问题。我国《民法典》对此有明确规定，但其与违约责任的关系是一个较大的问题。对于这一问题，我们将在下面专门阐述。

（三）从义务的履行

出卖人在履行主义务的同时，也应履行从义务，例如，交付房屋使用说明书等。因此，《民法典》第599条规定，出卖人应当按照约定或者交易习惯向买受人交付提取标的物单证以外的有关单证和资料。《最高人民法院关于审理买卖合同纠纷案件适用法律问题的解释》(2021年1月1日施行）第4条规定："民法典第五百九十九条规定的'提取标的物单证以外的有关单证和资料'，主要应当包括保险单、保修单、普通发票、增值税专用发票、产品合格证、质量保证书、质量鉴定书、品质检验证书、产品进出口检疫书、原产地证明书、使用说明书、装箱单等。"

（四）对标的物的回收义务

在现代社会中，随着科技的发展，有些标的物使用年限到期后，非专业人士无法处理，或者会造成人员伤害，或者会污染环境，例如，电动车的电池。这时候，根据《民法典》第625条的规定，如果法律规定或者当事人在买卖合同中约定出卖人有回收义务，出卖人负有自行或者委托他人对标的物予以回收的义务。

（五）其他义务

出卖人除了上面讲的基本义务，还应当承担诚实信用原则所要求的义务。这里所谓的诚实信用原则所要求的义务，就是债法中所谓的因诚实信用原则所产生的附随性义务，违反这种义务后，对方虽然不能单独诉请，但却可以请求承担赔偿责任。

二、买受人的主要义务

（一）支付价款

支付价款是合同买受人的主要义务，但在合同履行过程中，支付价款的义务往往会涉及下列问题。

1. 支付的数额和方式

买受人应当按照约定的数额和支付方式支付价款。对价款的数额和支付方式没有约定或者约定不明确的，可以协议补充；不能达成补充协议的，按照合同有关条款、合同性质、合同目的或者交易习惯确定。仍不能确定的，价款或者报酬不明确的，按照订立合同时履行地的市场价格履行；依法应当执行政府定价或者政府指导价的，依照规定履行。履行方式不明确的，按照有利于实现合同目的的方式履行。

当事人可以在合同中约定价款的支付方式，但这种约定以不违反国家金融法律法规为限。

2. 依法应当执行政府定价或者政府指导价而遇政府调整价格或者当事人违约时，如何履行

执行政府定价或者政府指导价的，在合同约定的交付期限内政府价格调整时，按照交付时的价格计价。逾期交付标的物的，遇价格上涨时，按照原价格执行；价格下降时，按照新价格执行。逾期提取标的物或者逾期付款的，遇价格上涨时，按照新价格执行；价格下降时，按照原价格执行。

3. 价款支付的时间

当事人可以在合同中约定价款支付的时间，买受人应当按照约定的时间支付价款。如果对支付时间没有约定或者约定不明确，双方当事人可以协议补充；不能达成补充协议的，按照合同有关条款或者交易习惯确定；仍然不能确定的，买受人应当在收到标的物或者提取标的物单证的同时支付。

4. 价款支付的地点

买受人应当按照约定的地点支付价款。对支付地点没有约定或者约定不明确的，双方当事人可以协议补充；不能达成补充协议的，按照合同有关条款或者交易习惯确定；仍不能确定的，买受人应当在出卖人的营业地支付，但约定支付价款以交付标的物或者交付提取标的物单证为条件的，在交付标的物或者交付提取标的物单证的所在地支付。

（二）受领标的物

受领标的物究竟是买受人的权利还是义务，学说上存在争议。但从出卖人的角度看，如果买受人不按约定受领标的物，其履行将不能顺利完成，因此，应当理解为义务为妥。

当然，买受人受领标的物应当以出卖人交付的标的物符合合同约定为条件。如果出卖人交付的标的物不符合合同约定，买受人将有权拒绝接受，不构成义务违反。另外，买受人无正当理由拒绝受领标的物的，出卖人可以用提存的方式交付。

（三）检验义务

1. 概述

出卖人交付的标的物的数量、质量、品种、包装等是合同的重要条款，关系到买受人的利益与出卖人的主要义务，出卖人如果交付的标的物不合合同约定，将构成违约或者承担瑕疵担保责任。因此，买受人应对于出卖人交付的标的物之上述方面是否符合约定或者法定标准作出肯定或者否定。并且，应当有一个检验期限。

依据我国《民法典》第620条的规定，买受人收到标的物时应当在约定的检验期限内检验。没有约定检验期限的，应当及时检验。

2. 当事人约定检验期限时的检验义务

当事人约定检验期限的，买受人应当在检验期限内将标的物的数量或者质量不符合约定的情形通知出卖人。买受人怠于通知的，视为标的物的数量或者质量符合约定，但出卖人知道或者应当知道提供的标的物不符合约定的除外。

根据《民法典》第622条的规定，当事人约定的检验期限过短，根据标的物的性质和交易习惯，买受人在检验期限内难以完成全面检验的，该期限仅视为买受人对标的物的外观瑕疵提出异议的期限。

另外，约定的检验期间或者质量保证期间短于法律、行政法规规定的检验期间或者质量保证期间的，人民法院应当以法律、行政法规规定的检验期间或者质量保证期间为准。

3. 当事人没有约定检验期间时的检验义务

当事人没有约定检验期间的，依据《民法典》第 621 条的规定，买受人应当在发现或者应当发现标的物的数量或者质量不符合约定的合理期限内通知出卖人。买受人在合理期限内未通知或者自收到标的物之日起二年内未通知出卖人的，视为标的物的数量或者质量符合约定；但是，对标的物有质量保证期的，适用质量保证期，不适用该二年的规定。出卖人知道或者应当知道提供的标的物不符合约定的，不在此限。

那么，该合理期间如何确定呢？按照《最高人民法院关于审理买卖合同纠纷案件适用法律问题的解释》（2021 年 1 月 1 日起施行）第 12 条第 1 款的规定，人民法院具体认定《民法典》第 621 条第 2 款规定的“合理期限”时，应当综合当事人之间的交易性质、交易目的、交易方式、交易习惯、标的物的种类、数量、性质、安装和使用情况、瑕疵的性质、买受人应尽的合理注意义务、检验方法和难易程度、买受人或者检验人所处的具体环境、自身技能以及其他合理因素，依据诚实信用原则进行判断。

根据上述解释第 12 条第 2 款的规定，《民法典》第 621 条第 2 款规定的“二年”是最长的合理期限。该期限为不变期间，不适用诉讼时效中止、中断或者延长的规定。

同时，依据《民法典》第 623 条的规定，当事人对检验期限未作约定，买受人签收的送货单、确认单等载明标的物数量、型号、规格的，推定买受人已经对数量和外观瑕疵进行检验，但是有相关证据足以推翻的除外。

4. 出卖人与买受人之间约定的检验标准同出卖人与第三人约定的检验标准不同时的处理

根据《民法典》第 624 条的规定，出卖人依照买受人的指示向第三人交付标的物，出卖人和买受人约定的检验标准与买受人和第三人约定的检验标准不一致的，以出卖人和买受人约定的检验标准为准。

应当特别指出，由于我国《民法典》是民法的一般法，其他法律，如《消费者权益保护法》《产品质量法》等有特别规定的，应当适用特别规定。

（四）其他义务

买受人除了上述主要义务，还应当承担依据诚实信用原则产生的法定附随义务，如通知、协助、照顾等义务。

第三节　风险负担

一、风险负担的一般理论

（一）风险负担的制度价值

社会的分工协作产生了人们相互依赖的基础，而这种依赖通过彼此的交换体现出来。人们缔约的目的无非交换，而在交换过程中，双方所交换之物可能会因当事人意志之外的原因而毁损、灭失。这种情形在原始的交易中是不可想象的，因为原始的交易是在瞬间完成的，而契约的形式以口约为主，故不发生抽象的所有权转移与实际交付相互分离的状态。所以，在此情况下研究风险的负担就是多余的了。

但是，在现代社会中，由于商品的交换以多种形式表现出来。“一手交钱、一手交货”的买卖形式已沦为小额的日常行为，在社会交易中已不占有主要地位。大量的交易双方义务的完成是不同步的，抽象的所有权转移与实际交付的分离使人们认识到货物灭失风险的现实性。从缔约到交付往往经过许多环节，尤其是在有承运人的情况下更为复杂。在此情况下，风险究竟由出卖人抑或买受人承担，就直接关涉双方当事人的利益。在长期的交易中，当事人之间在此问题上的纠纷不断，为避免纠纷，当事人可以事先作出风险负担的明确约定。但是，如果当事人没有此类约定，法律就应对这种不利益作出合理的分配。这就是风险负担制度的价值所在。有人甚至认为，全部合同法特别是买卖合同法的主要目的，就是对基于合同关系所生的各种损失的风险在当事人之间进行分配。①

风险负担所涉及的主要问题有二：一是风险转移的时间；二是违约对风险负担的影响。

（二）风险转移的时间

1. 关于风险负担转移时间的主要立法例

风险转移的时间是指风险从何时由卖方转移于买方，这是风险负担的核心问题。但是，正如英国学者施米托夫所言，从优士丁尼到拉贝尔，风险转移一直是买卖合同中一个有争议的问题。学者们将其视为自己的特殊领域，其论著无论优劣，都在影响着立法与实践。他们提出了三种理论，三者都把对特定物的风险转移与买卖交易中的不同事件结合在一起，即把风险转移或者与买卖合同的订立，或者与买卖货物所有权的转移，或者与交货结合起来。② 施米托夫所指出的实际上是具有代表性的三种立法例。

（1）以合同成立的时间为风险转移的时间。

这是罗马法和《瑞士债务法》所采用的立法例，如《瑞士债务法》第185条规定：除当事人另有约定外，已特定化的货物的风险于合同成立时转移于买方。

（2）以所有权转移的时间为风险转移的时间。

英国法与法国法均采取这一立法原则。如《英国货物买卖法》第20条规定，除当事人另有约定外，在货物所有权移转于买方之前，货物的风险应由卖方承担。但所有权一旦转移于买方，不管货物是否已经交付，其风险均由买方负担。《法国民法典》第1138条也作了相似的规定。

英国法与法国法所体现出来的这种立法原则，是把风险与所有权联系起来，但是，并不排除风险转移与所有权转移相分离的情形，因为合同法的基本精神为契约自由，当事人可以用事先约定来排除这种联结而使二者分离，就如施米托夫所言，风险转移规则的任意性，正是体现在那些把风险与所有权联结在一起的国家的国内法上的重要特征。③

（3）以交货时间为风险转移的时间。

这是当代大多数英美法系和大陆法系国家所采取的立法原则，许多国际条约也采用之。如《美国统一商法典》第2-509条规定：在货物交付不涉及运输时，如果卖方是商人，则货物风险在买方收货时转移于买方；如果卖方不是商人，则货物在卖方交货时转移给买方。

《德国民法典》第446条规定：从卖方交付买卖标的物之时起，意外灭失或损害的风险转

① 参见冯大同主编：《国际货物买卖法》，132页，北京，对外贸易教育出版社，1993。
② 参见［英］施米托夫：《国际贸易法文选》，赵秀文等译，321页，北京，中国大百科全书出版社，1993。
③ 参见［英］施米托夫：《国际贸易法文选》，赵秀文等译，329页，北京，中国大百科全书出版社，1993。

移于买方。

《联合国国际货物销售合同公约》对货物风险的转移采取以下立场：1）当事人可以在合同中约定货物风险转移的时间与条件；2）基本上以交货时间作为风险转移的时间，而不涉及所有权的转移问题；3）在货物特定化之前，其风险不能转移于买方。①

以交货时间作为风险转移的时间的理论基础有二。

其一是，所有权转移与风险转移的可分性。在现代社会中，所有权的转移与物的实际交付的不同步性是经常的，例如，分期付款的买卖，物已转移，但所有权并未转移，这时就可以使所有权的转移与风险的转移分离开来。正如拉贝尔所言，风险与所有权是两种不同的法律制度，它们服务于不同的利益。所有权转移的时间主要涉及当事人中债权人的利益，而风险转移决定买方在何时无条件支付价金。②

其二是，风险控制的有效激励制度。建立有效的风险控制激励制度的一个关键，是将风险分配给能以最廉价的方式控制风险的一方。正如有的学者所指出的，这是一个简单的风险分配问题。在无协议或其他相反规定的情况下，风险应由能够对货物提供最安全保障的一方当事人承担，而占有或控制货物的一方当事人通常处于最能有效地保护货物免受损失的地位。③

我国《民法典》采取的就是“交付转移风险”的基本原则，《民法典》第604条规定：“标的物毁损、灭失的风险，在标的物交付之前由出卖人承担，交付之后由买受人承担，但是法律另有规定或者当事人另有约定的除外。”

2. 特殊情况下的风险负担

（1）在有承运人的情况下的风险转移。

在现代社会中，商事主体之间的大量交易，往往不是由出卖人直接交货或买受人直接提货，而是通过承运人来完成的。这就使货物的交付更加复杂化了，风险转移也就有了特别的规则，而且，这个问题又往往与运输方式、价格条件联系在一起。

例如，在国防货物买卖中，FOB与CIF价格条件就不一样，风险负担也不同。

（2）运输途中的货物风险负担。

由于现代社会交易的快捷，往往货物尚在运输途中就可以以交付单证的方式进行买卖。这种情形往往发生在两种情况：一种是在CIF价格条件下，买方取得卖方的单证后出卖货物；另一种是卖方先把货物装上开往某目的地的船舶，然后再寻找买主。对此情形，《联合国国际货物销售合同公约》规定了三项基本原则。

1）对于在运输途中出售的货物，原则上从订立合同时起，风险就转移给买方承担；

2）如果情况有特别需要，则从货物交付给签发载有运输合同单据的承运人时起，风险就由买方负担；

3）如果卖方在订立合同时已经知道或理应知道货物已经发生灭失或损害，而他又隐瞒这一事实不告知买方，则这种风险应由卖方承担。④

---

① 参见冯大同主编：《国际货物买卖法》，139页，北京，对外贸易教育出版社，1993。

② 转引自［英］施米托夫：《国际贸易法文选》，赵秀文等译，329页，北京，中国大百科全书出版社，1993。

③ 参见［英］施米托夫：《国际贸易法文选》，赵秀文等译，347页，北京，中国大百科全书出版社，1993。

④ 参见冯大同主编：《国际货物买卖法》，144页，北京，对外贸易教育出版社，1993。

（三）违约对风险负担的影响

上面所讲的是正常情况下的风险负担问题，但如果一方违约，风险负担可能会发生变化。按照大多数国家的立法，风险自交付之日起转移给买方。但如果买方违约，在应当接受交付时没有接受，风险应从其应当接受时起转移给买方。如果卖方违约，即交付的货物不合合同规定，从而构成买方拒绝接受的情况，即使卖方将货物交付给买方，风险并不转移于买方。如《美国统一商法典》第 2－510 条规定：当提示交付或交付的货物不合合同规定，致使买方有权拒绝接收时，在卖方作出补救或买方接受货物前，风险仍由卖方承担；如果买方在交付前违约……则应在商业合理的时间内承担风险。《联合国国际货物销售合同公约》第 69 条也作了类似的规定。

二、我国法对风险负担问题的规定

（一）关于风险的转移时间

1. 一般原则

如前所述，我国《民法典》采取的是“交付转移风险”的原则，以交付作为风险转移的时间界限，标的物灭失、损害的风险在交付前由卖方承担，交付后由买方承担。但当事人可以约定不同的风险转移时间。

2. 在有承运人的情况下的风险负担问题

（1）出卖人按照约定将标的物运送至买受人指定地点并交付给承运人后，标的物毁损、灭失的风险由买受人承担，但是当事人另有约定的除外。

（2）当事人没有约定交付地点或者约定不明确，标的物需要运输的，出卖人将标的物交付给第一承运人后，标的物毁损、灭失的风险由买受人承担。

按照《最高人民法院关于审理买卖合同纠纷案件适用法律问题的解释》（2021 年 1 月 1 日起施行）第 8 条的规定，“标的物需要运输的”，是指标的物由出卖人负责办理托运，承运人系独立于买卖合同当事人之外的运输业者的情形。

3. 运输途中的货物风险负担问题

出卖人出卖运输途中的货物，除当事人另有约定外，风险自合同生效时起转移于买受人。

但是，出卖人出卖交由承运人运输的在途标的物，在合同成立时知道或者应当知道标的物已经毁损、灭失却未告知买受人，买受人主张出卖人负担标的物毁损、灭失风险的，人民法院应予支持［《最高人民法院关于审理买卖合同纠纷案件适用法律问题的解释》（2021 年 1 月 1 日起施行）第 10 条］。

（二）违约对风险负担的影响

1. 买方违约对风险负担的影响

依据我国《民法典》第 605 条、第 608 条的规定，因买受人的原因致使标的物不能按照约定的期限交付的，买受人应当承担自约定交付之日到实际交付标的物之日这段时间内的风险；出卖人将标的物按约定置于交付地点，买受人违反约定没有收取的，标的物毁损、灭失的风险自违反约定之日起转移给买受人。

2. 出卖人违约对风险负担的影响

依据《民法典》第 609 条的规定，出卖人按照约定未交付有关标的物的单证和资料的，不影响标的物风险向买受人的转移。也就是说，这种违约情形不影响风险转移。但是，这种违约可能会给买受人造成经济损失，例如，机器交付后未交付有关安装或使用说明书以及有关操作资料，致使买受人无法使用。依据我国《民法典》第611条的规定，在此情况下，买受人可以以出卖人违约为由而获得法律救济，要求出卖人承担违约责任。

但是，如果出卖人所交付的标的物本身不合合同质量要求，则会影响标的物毁损、灭失之风险的转移。我国《民法典》第610条规定：因标的物不符合质量要求，致使不能实现合同目的的，买受人可以拒绝接受标的物或者解除合同。买受人拒绝接受标的物或者解除合同的，标的物毁损、灭失的风险由出卖人承担。

这里有一个特别应予以注意的问题：如果出卖人所交付的标的物之质量不合合同约定，而买受人当时并未表示拒绝接受标的物，也没有请求解除合同，那么在异议主张期间内发生标的物毁损、灭失的，该风险应由何人承担？

按照许多国家的法律及国际公约（如《美国统一商法典》第2-510条、《联合国国际货物销售合同公约》第69条）的规定，在卖方交付的标的物不合合同约定，从而使买方可向对方主张违约的情况下，即使卖方将货物交付给买方，风险并不转移。

对待这一问题，我国《民法典》采取了不同原则，于第610条规定，出卖人所交付的标的物质量不合合同约定而使对方可以拒绝接受或解除合同的，只要买受人有拒绝接受标的物或者解除合同的行为，标的物毁损、灭失之风险就应由出卖人承担。在这种情况下，有两点值得注意：(1) 风险由出卖人承担，并不影响买受人追究其违约责任；(2) 买受人虽然提出拒绝接受标的物，但他仍然有妥善保管的义务（在有的情况下），没有尽到保管义务而造成标的物损失的，不免除赔偿责任。

第四节 瑕疵担保责任

一、传统的瑕疵担保理论

按照大陆法系传统的民法理论，契约责任的根据大致有：缔约过失、违约、瑕疵担保、积极侵害债权。这些制度形成一个网络以保护债权人的利益。但是，这些制度发挥作用的领域各异，其中瑕疵担保责任主要限于买卖契约。

传统的瑕疵担保理论中所谓的瑕疵包括两种：一种是权利瑕疵，另外一种是物之瑕疵。权利瑕疵担保是指卖方应保证其对所出售的货物享有合法的权利，该出售不会侵犯任何第三人的权利而使第三人就该项货物向买主主张任何权利。权利瑕疵担保起源于罗马法上的追夺担保制度。罗马法上的追夺担保是指第三人基于所有权、用益权或抵押权，将买卖标的物从买受人手中追夺时，出卖人即应负担保责任。但是，罗马法并没有强加于出卖人使买受人取得完全权利的义务，只是令出卖人赔偿损失。近代许多国家在继受罗马法时，发展了这一制度。《意大利民法典》强加于出卖人防御义务，《德国民法典》表现为使买受人取得权利的义务，而《法国民法典》规定出卖人有防止追夺的义务。[1] 一般说来，构成权利瑕疵担保责任须有以下要件：(1) 权利瑕疵必须在契约成立时已经存在；(2) 该瑕疵在契约履行时仍然存在；(3) 买受人必

---

[1] 参见梁慧星主编：《民商法论丛》，第2卷，364页，北京，法律出版社，1994。

须为善意。

物之瑕疵担保通常是指出卖人应保证标的物具有通常的品质或特别保证的品质。大陆法系所谓的物之瑕疵担保责任，发端于罗马法。在认识传统民法上的物的瑕疵担保责任时，应特别注意以下几点：(1) 物的瑕疵担保责任是一个具有罗马法“基因”的特定概念，并非所有的处理买卖标的物不符合要求时的法律责任均能够被套上“物的瑕疵担保责任”。(2) 近现代以来物的瑕疵担保责任是民法典针对买卖合同等规定的特别的制度，独立于一般的债务不履行责任，其独特之处只有以一般的债务不履行责任为参照才能体现出来。此类责任属于担保责任，不同于一般的债务不履行责任，不以过错为要件。(3) 物的瑕疵担保责任的内容包括：减少价款、解除合同（物之瑕疵的一般效力）以及特定情形下的损害赔偿责任或者另行交付无瑕疵的物（物之瑕疵的特别效力）。①

根据笔者的理解，这里所谓的罗马法“基因”，应当从两个方面理解：一方面是罗马法以来的一种关于“合同义务来源”的观念，另一方面是自罗马法以来遗留下来的债务不履行的规范制度与物之瑕疵的规范制度之间的关系。而这两方面是相互联系的，以致后世的许多国家，特别是以德国为代表的许多大陆法系国家继受了这一在今天看来不甚合理的制度。

首先，我们来看法律观念方面的原因。在一般的观念中，如果买卖交易的双方没有就标的物作出明确的约定，而出卖人交付了不能符合应有用途性能的标的物，应当如何处理呢？德国学者迪特尔·梅迪库斯指出，人们很可能会认为，出卖人应当以符合合同规定的性能的方式负担标的物，如果不存在这样的性能，出卖人应当负有履行的义务，也就是应当有义务通过修复来回复欠缺的品质。如果出卖人没有能力回复，则会产生损害赔偿义务。但是，法律对物的瑕疵责任作出了完全两样的规定：以修复为内容的履行请求权通常是被排除的，取而代之的是独特的、与过错无关的、使买卖溯及既往地归于消灭的请求权，就是瑕疵解除或者是减少价金的请求权。② 而这种做法完全出自一个这样的观念：卖方并没有交付无瑕疵标的物的义务。特定物买卖的卖方仅负有交付特定物的义务，即使如果后来发现标的物有瑕疵，那么，这并不属于债务不履行，而是按照法定担保承担责任。③

其次，是制度层面的问题，其实也是法律渊源的问题。在关于瑕疵担保责任的制度渊源方面，不得不提的是罗马社会中存在的对瑕疵救济的“二元制”体系：一个是作为罗马市民法救济的“买主之诉”，另外一个是作为非市民法救济的市政官救济。在罗马法的买卖中，鉴于卖方的行为，如果不使其承担责任将有悖诚信时，那么无论标的物的种类如何，皆可适用“买主之诉”。有两类案件属于此类：其一，如果卖方欺诈隐瞒自己知悉的货物缺陷；其二，在签订合同中，卖方向买方作出了特别保证，声称该货物毫无瑕疵或者具有特定性能。除了这两种情形，买方就不能依据市民法获得救济。但是，在市民法之外，市政官对此提供了公允而衡平的救济方法。只要具备下列条件，买方就可以获得减价之诉或者解约返还之诉：(1) 在公开市场定期销售；(2) 普遍知道其易存在缺陷，但即使警觉的买方也无法一下看出；(3) 出卖人的信誉不佳。第一种救济方式（减价之诉）必须在1年内提起，后者（解约返还之诉）则需要在6个月内提起。另外，无论卖方对于货物质量瑕疵是否有过错或者是否曾经作出具体保证，卖方

---

① 参见韩世远：《出卖人的物的瑕疵担保责任与我国合同法（上）》，载《中国法学》，2007 (3)。

② 参见［德］迪特尔·梅迪库斯：《德国债法分论》，杜景林、卢谌译，35～36页，北京，法律出版社，2007。

③ 参见［德］莱因哈德·齐默曼：《德国新债法》，韩光明译，147～148页，北京，法律出版社，2012。

皆需承担责任。[①] 也就是说，对于货物的隐蔽瑕疵，在罗马法上一直存在两套不同的救济方式：罗马法市民法救济与市政官救济。根据前者，卖方只对自己的声明承担瑕疵担保责任，也就是说，即使买卖标的物存在隐蔽瑕疵，但由于卖方没有针对该瑕疵作出声明或者保证，因此，不承担债务不履行责任。而根据后者，卖方即使没有声明且是善意的也应对隐蔽瑕疵承担责任，责任方式就是市政官救济方式（减价之诉和解约返还之诉）。[②] 按照德国学者梅迪库斯的解释，罗马市政官之所以在市民法之外，创设一套不同于债务不履行的瑕疵担保制度，是因为由于当时的奴隶贩子和牲畜贩子常常坑蒙拐骗，因此，这些最高级别的官员开始建立维护市场秩序的警察力量。奴隶和牲畜贩子有义务自行申报出卖物的瑕疵。这主要是指疾病，在奴隶的情形中，也包括品格缺陷。也就是说，所涉及的都是一些通常无法消除的瑕疵。单就这些来看，履行请求权或者损害赔偿请求权就已经离我们很远了。故此，这些高官必须得发展其他的法律后果：这就是现在的瑕疵解除和减价。[③]

从制度性根源看，从罗马法直到改革前的德国法，都认为契约义务必须来自明确的意思表示，否则，就不构成义务。从而，不履行这种义务，不属于债务不履行的问题。因此，在罗马法上发展出市民法之外的救济。在起草《德国民法典》时，普遍认为源于罗马法的统一的瑕疵责任制度已经趋于完善，且经受了检验，因此，这一制度也得以在《德国民法典》中延续。[④] 但是，一旦这种制度性的根源发生变化，那么，制度也就失去存在的根基。学者其实早在改革之前的很长时间，就对契约义务观提出反思：卖方的允诺是什么呢？有学者主张，卖方以默示的方式允诺将会交付具有一般属性或者质量的标的物，或者至少满足于当事人双方所设想之用途或者通常用途的标的物。那么，这就意味着，如果在非特定物买卖中，卖方最终交付了瑕疵标的物，他就违反了自己的合同义务。结果很明显，他将如其他未履行的情形一样，承担债务不履行责任。由此，另外一种以法定担保为基础的责任制度不仅多余，而且是不恰当和不充分的，因为该制度并没有使买方有权请求交付符合一般属性和质量要求的标的物，而是要求买方保有该瑕疵标的物，然后可以提起减价之诉。[⑤] 这其实是对自罗马法以来的关于瑕疵担保责任的法律观念的反思和否定，并得到了拉贝尔、胡博以及其他法学家的大力宣传，成为隐蔽瑕疵责任的理论基础：卖方不仅有义务交付标的物和转移标的物的所有权，而且应保证标的物不存在质量和权利瑕疵。[⑥]

大陆法系各国民法典对瑕疵担保责任制度均有规定，如《德国民法典》第434条、第435条，《法国民法典》第六编第四章第三节详细规定了权利担保与物之瑕疵担保责任。

至于对权利瑕疵及物之瑕疵的救济措施，各国规定也不尽相同，大致有解除契约、损害赔偿、减价、更换等。

二、对瑕疵担保制度存在的必要性的讨论

瑕疵担保制度主要是解决买卖合同中的出卖人对所交付之物所存在的两种缺陷的问题：一

---

① 参见［德］莱因哈德·齐默曼：《德国新债法》，韩光明译，121～122页，北京，法律出版社，2012。

② 参见［德］莱因哈德·齐默曼：《德国新债法》，韩光明译，124页下注，北京，法律出版社，2012。

③ 参见［德］迪特尔·梅迪库斯：《德国债法分论》，杜景林、卢谌译，36页，北京，法律出版社，2007。

④ 参见［德］莱因哈德·齐默曼：《德国新债法》，韩光明译，126页，北京，法律出版社，2012。

⑤ 参见［德］莱因哈德·齐默曼：《德国新债法》，韩光明译，132页，北京，法律出版社，2012。

⑥ 参见［德］莱因哈德·齐默曼：《德国新债法》，韩光明译，148页，北京，法律出版社，2012。

为无权处分，二为交付之物不合当事人的约定或通常品质的要求。如果这些问题在民法典的其他制度中能够得到妥善救济，则瑕疵担保制度存在的必要性就值得怀疑。

有的学者认为：关于权利瑕疵担保，如果从物权法的角度看，权利瑕疵属于无权处分；而从契约法的角度看，是履行不当的问题，属于广义的义务违反。至于物的瑕疵担保，实际上属于一般的违约。如果因物的瑕疵造成了买受人固有利益的损害，则属于积极侵害债权的范畴。而这些制度在各国民法中均有规定，或为判例所认可。并且，在关于瑕疵担保责任的理论基础问题上，传统学理的主流观点也认为是债务不履行的责任。特别是在对契约责任实行严格责任的国家中，瑕疵担保责任与违约责任的区别就十分微小。而且，对瑕疵担保责任的救济，也都是从违反履行义务的一般原则中派生出来的。① 所以，瑕疵担保责任存在的必要性和合理性就引起了人们的思考。这种对瑕疵担保责任存在合理性和必要性的否定性评价，在最近一次《德国民法典》债务法的修改中，体现得最为明显。德国法学家认为，有必要修改买卖法中的瑕疵担保责任制度，其理由是：对于物的瑕疵问题，民法典继受罗马法以来的传统，在买卖法设立了与一般给付障碍法无关的并存的独立规律。这两种规律之间缺乏协调，自民法典实施以来，成了无尽争论的原因。对因此所发生的问题，判例在多数判决中都必须处理。今天，只有专家才对这些判例看一看，而且有时就是专家也看不下去。因此，发生了很大的不确定性，有时出现难以理解的判决。总之，这种结果不仅受到学说的激烈批评，也受到财界若干团体的强烈非难。所以修改委员会建议，应当废止现行法所规定的独立的瑕疵担保制度，而将买主的请求权并入一般给付障碍法。②

有学者认为，瑕疵担保责任制度与债务不履行制度并行，使其与其他制度之间不协调，有时对合同对方当事人也不公平。首先，“补充履行”的权利被剥夺了。买卖合同中隐蔽瑕疵责任制度的传统模式在《德国民法典》中得到延续，但法典生效后，人们很快就清楚地看到：这一责任模式对卖方是非常不利的。在出售技术非常复杂的设备时，如果标的物瑕疵能够轻易地通过更换或者修理瑕疵部分而得到矫正，那么解约返还将成为一种非常严厉的惩罚性措施。同样的情形在日常交易中也存在：一个人在商店购买了一件有瑕疵的物品，那么他很合理地希望更换为另一件合格的商品。有时，买方的合理期待利益是要求对标的物的缺陷进行修理，而不是被迫采取减价救济或者相互返还。但是，法律没有赋予买方此类权利，人们普遍认为这是旧《德国民法典》的不足。③ 其次，瑕疵担保责任制度与其他制度之间也存在适用上的冲突，例如，与积极侵害债权、附随义务等。④

但问题是，2002 年德国债法改革后，究竟还有没有物的瑕疵担保制度？德国人看法不同：有学者认为，德国 2002 年 1 月 1 日生效的修改后的民法典（第 434 条、第 435 条）仍然保留了权利瑕疵担保与物的瑕疵担保。⑤ 也有学者认为，在德国 1978 年首次提出的债法全面改革建议中，给付障碍法与买卖和承揽合同中的隐蔽瑕疵责任以及消灭时效规则，成为改革的首选

---

① 参见［德］罗伯特·霍恩等：《德国民商法导论》，楚建译，135 页，北京，中国大百科全书出版社，1996。

② 参见梁慧星：《民法学说判例与立法研究》，313、326 页，北京，中国政法大学出版社，1993。

③ 参见［德］莱因哈德·齐默曼：《德国新债法》，韩光明译，136～137 页，北京，法律出版社，2012。

④ 参见［德］莱因哈德·齐默曼：《德国新债法》，韩光明译，138～143 页，北京，法律出版社，2012。

⑤ 参见［德］克里斯蒂阿妮·文德浩：《德意志联邦共和国的新债法》，载《德国债法现代化法》，邵建东等译，9、69～70 页，北京，中国政法大学出版社，2002。

项。德国买卖法改革的两个主要特征之一就是，尽可能地将隐蔽瑕疵责任整合到修订后的德国债法统一的给付障碍法中，而统一的给付障碍制度主要是受到了《联合国国际货物销售合同公约》的影响。① 众所周知，大陆法系传统民法上的债务不履行及瑕疵责任，包括后果等，在《联合国国际货物销售合同公约》中都属于违约及救济的范畴。德国债法中的隐蔽瑕疵责任问题，被统一到债务不履行中去，具体救济措施有：（1）修理或者更换；（2）解除合同；（3）请求损害赔偿；（4）请求因期待履行而支出的任何费用；（5）减少价款。②

从德国债法改革后的民法典表面条文看，其第434条、第435条仍然保留了这一制度。但其基本观念已经发生变化：首先，交付无瑕疵之物是出卖人的合同义务，交付的物有瑕疵，属于违约（债务不履行问题）；其次，它不再是一种担保责任，而是一种债务不履行问题；最后，它不再适用无过错归责，而是适用过错推定。

三、我国法上的瑕疵担保制度

从我国学理看，我国学理历来承认瑕疵担保制度。但1999年《合同法》颁布后，争议就主要集中在这样一个法解释学的问题上：在我国法上，传统民法的瑕疵担保制度是否被违约责任所涵盖？也就是说，我国法上是否存在独立的瑕疵担保责任？

对此存在两种观点：一为统一说，二为差别说。统一说认为：我国法上，关于买卖标的物不符合质量要求的法律效果，总体上是适用1999年《合同法》总则的一般规定，而不是与之有别、另行一套。换言之，传统民法上物的瑕疵担保义务之违反，在我国法上就是作为合同义务的违反，相应地发生违约责任，除此之外，并不发生其他的特别的法律责任。也正是在这一意义上，可以说我国合同法实现了传统的瑕疵担保责任与违约责任的统合。对于1999年《合同法》的这一立场，如果我们考虑到该法一方面尽可能地保持1986年《民法通则》的既有规定和立场，另一方面，在买卖法部分又大量地借鉴了联合国公约等的规定，我们就可以发现，我国法于买卖法中不设独立的物的瑕疵担保责任制度，而将它统一于违约责任等规则中，在逻辑上是多么的顺理成章了。③ 差别说认为：物的瑕疵担保责任与违约责任是两种不同的责任，其不同表现为以下几点：（1）是否履行通知义务不同。物的瑕疵担保责任以买受人履行通知义务为要件，买受人如果未依法向出卖人发出瑕疵通知，则不能依瑕疵担保责任提出请求；而违约责任一般没有这种要求。（2）受到期限的限制不同。物的瑕疵担保责任受到检验期间的限制，而违约责任要受到诉讼时效的限制。（3）救济方式不同。违约责任在我国法上为继续履行、赔偿损失、支付违约金等，而物的瑕疵担保责任的方式更多。（4）构成要件不同。物的瑕疵担保责任的成立必须是买受人在质量异议期间主张买卖标的物存在瑕疵，逾此期间，买受人主张与否，物的瑕疵担保责任都不成立。而违约责任无此要求。因此，将物的瑕疵担保责任纳入违约责任，除非大幅度修改违约责任的概念，否则难以符合逻辑。④

对此，笔者认为有几点需要思考：（1）在我国法上，交付无瑕疵的物是否属于出卖人的责任？对此，应该说，绝大多数学者没有异议。如果是肯定的，则交付无瑕疵的物就是契约义

---

① 参见［德］莱因哈德·齐默曼：《德国新债法》，韩光明译，145～146页，北京，法律出版社，2012。
② 参见［德］莱因哈德·齐默曼：《德国新债法》，韩光明译，155～158页，北京，法律出版社，2012。
③ 参见韩世远：《出卖人的物的瑕疵担保责任与我国合同法（上）》，载《中国法学》，2007（3）。
④ 参见崔建远主编：《合同法》，340～341页，北京，法律出版社，2003。

务，违反这一义务实际上就是违约。没有必要在违约责任外再规定一套制度。（2）违约责任的归责原则是什么？德国历史上之所以有并行的两套制度，其中一个重要因素就是归责原则不同：违约责任属于过错推定责任，而瑕疵担保责任属于无过错责任。而在我国，通说认为是以“严格责任”为归责原则的[①]，所以，这种区分的实质意义也就不大。（3）对违约责任这一概念要进行规范。其实，学者之间争议的起源就是违约责任这一本土化概念及内涵与外延。违约责任的内涵除了继续履行、损害赔偿和支付违约金，还应包含着修理、更换、重作、减价等内容。也就是前述学者提到的要修改违约责任的概念。

另外，从我国《民法典》的规定，也可以看出如同德国人修订债法的犹豫和争议。仅仅用几个条文规定了权利瑕疵担保制度，而将物之瑕疵并入一般的违约责任中。具体来说，根据我国《民法典》第612条及第613条的规定，出卖人就交付的标的物，负有保证第三人不得向买受人主张任何权利的义务，但是法律另有规定的除外。缔约时，买受人明知或应当知道第三人对标的物享有权利的，出卖人不负责任。第617条规定，出卖人交付的标的物不符合质量要求的，买受人可以依照《民法典》有关规定请求承担违约责任。

由此可见，我国《民法典》对瑕疵担保制度采取了折中主义态度，即没有完全否定传统的瑕疵担保制度，但又仅仅规定了权利瑕疵担保，而将物之瑕疵担保制度放到一般违约制度中。

第五节 特殊买卖合同

一、试用买卖合同

（一）试用买卖合同的概念

试用买卖合同是指合同成立时，出卖人将标的物交付买受人在一定期限内试用，于期限届满前决定是否购买的合同。在试用买卖中，试用人没有必须购买的义务。试用期届满后，试用人可以购买，也可以不购买。

在试用买卖中，买受人无必须认可的义务，即使标的物与合同的规定相符，当事人也可以拒绝。

（二）试用买卖的认定

根据《最高人民法院关于审理买卖合同纠纷案件适用法律问题的解释》（2021年1月1日起施行）第30条的规定，买卖合同存在下列约定内容之一的，不属于试用买卖：（1）约定标的物经过试用或者检验符合一定要求时，买受人应当购买标的物；（2）约定第三人经试验对标的物认可时，买受人应当购买标的物；（3）约定买受人在一定期间内可以调换标的物；（4）约定买受人在一定期间内可以退还标的物。

（三）试用人购买意愿的认定

（1）试用买卖的买受人在试用期内可以购买标的物，也可以拒绝购买。试用期限届满，买受人对是否购买标的物未作表示的，视为购买。

---

① 参见梁慧星：《从过错责任到严格责任——关于合同法草案征求意见稿第76条第1款》，载梁慧星主编：《民商法论丛》，第8卷，2页，北京，法律出版社，1997；易军：《慎思我国合同法上违约损害赔偿责任的归责原则》，载王洪亮等主编：《中德私法研究》，3～28页，北京，北京大学出版社，2012；戴孟勇：《违约责任归责原则的解释论》，载王洪亮等主编：《中德私法研究》，29～45页，北京，北京大学出版社，2012。

(2) 试用买卖的买受人在试用期内已经支付部分价款或者对标的物实施出卖、出租、设立担保物权等行为的，视为同意购买。

(四) 试用期间

试用买卖的当事人可以约定标的物的试用期限。对试用期限没有约定或者约定不明确，依据《民法典》第510条的规定仍不能确定的，由出卖人确定。

(五) 关于使用人使用费的支付义务及风险负担

依据《民法典》第639条的规定，试用买卖的当事人没有约定使用费或者约定不明确，出卖人不得向买受人主张支付使用费。第640条规定：标的物在试用期内毁损、灭失的风险由出卖人承担。

二、样品买卖合同

样品买卖与一般买卖并无区别，只是在合同订立时，当事人双方约定以特定样品作为将来交付标的物的标准。样品买卖之所以需要，主要是因为在现实生活中，有些买卖标的物的质量是难以用语言来描绘或者表达的，只能靠样品为现实的活的标准来验证将来出卖人交付的标的物是否符合约定，例如，雕塑艺术品、手工雕刻品等。

样品买卖意味着出卖人已作出保证，保证将来交付的标的物与样品具有同一的品质。出卖人将来交付的标的物与样品不符的，应负不完全履行的责任。

在样品买卖中特别容易发生争议的问题是：

(1) 如果样品本身具有隐蔽的瑕疵而双方当事人在订立合同时都不知道，将来出卖人交付的样品与样品完全一致，也具有隐蔽的瑕疵，买受人是否能以此为理由拒绝接受标的物，或者说，出卖人能否主张自己交付的标的物与样品完全一致而合乎合同要求？对此，我国《民法典》第636条规定：凭样品买卖的买受人不知道样品有隐蔽瑕疵的，即使交付的标的物与样品相同，出卖人交付的标的物的质量仍然应当符合同种物的通常标准。

(2) 我国《民法典》第635条规定，“凭样品买卖的当事人应当封存样品，并可以对样品质量予以说明。出卖人交付的标的物应当与样品及其说明的质量相同。”样品品质与文字说明不一致时如何处理？对此，《最高人民法院关于审理买卖合同纠纷案件适用法律问题的解释》(2021年1月1日起施行) 第29条规定：“合同约定的样品质量与文字说明不一致且发生纠纷时当事人不能达成合意，样品封存后外观和内在品质没有发生变化的，人民法院应当以样品为准；外观和内在品质发生变化，或者当事人对是否发生变化有争议而又无法查明的，人民法院应当以文字说明为准。”

三、分期付款买卖合同

(一) 概念

分期付款买卖是指买受人将应付给出卖人的价款分期支付的一种买卖方式。分期付款买卖与一般买卖也无质的区别，只是买受人将其应付的价款总额按照约定的期限分期支付的买卖。分期付款的买卖方式在我国已经成为一种越来越普遍的消费方式。

按照《最高人民法院关于审理买卖合同纠纷案件适用法律问题的解释》(2021年1月1日起施行) 第27条第1款的规定，《民法典》第634条第1款规定的“分期付款”，系指买受人将应付的总价款在一定期限内至少分三次向出卖人支付。

（二）分期付款买卖合同的解除

分期付款买卖有一个不同于一般买卖合同的特点，即合同解除的条件。我国《民法典》第634条规定：分期付款的买受人未支付到期价款的数额达到全部价款的1/5，经催告后在合理期限内仍未支付到期价款的，出卖人可以请求买受人支付全部价款或者解除合同。

按照《最高人民法院关于审理买卖合同纠纷案件适用法律问题的解释》（2021年1月1日起施行）第27条第2款的规定，分期付款买卖合同的约定违反《民法典》第634条第1款的规定，损害买受人利益，买受人主张该约定无效的，人民法院应予支持。由此可见，“全部价款的五分之一”的规定属于强行性规定。

出卖人解除合同的，可以向买受人要求支付该标的物的使用费。该费用的标准如何？

按照《最高人民法院关于审理买卖合同纠纷案件适用法律问题的解释》（2021年1月1日起施行）第28条的规定，分期付款买卖合同约定出卖人在解除合同时可以扣留已受领价金，出卖人扣留的金额超过标的物使用费以及标的物受损赔偿额，买受人请求返还超过部分的，人民法院应予支持。当事人对标的物的使用费没有约定的，人民法院可以参照当地同类标的物的租金标准确定。

（三）所有权保留

1. 所有权保留的概念

所谓所有权保留是指在买卖合同中，出卖人与买受人可以约定，买受人未完成特定条件或者义务时，所有权并不因标的物的交付而转移，而仍然属于出卖人所有。在分期付款买卖中，当事人可以约定标的物移转的时间。出卖人可以与买受人作保留所有权的约定。当事人未约定的，自标的物交付之日起，所有权移转于买受人。我国《民法典》第641条第1款规定：“当事人可以在买卖合同中约定买受人未履行支付价款或者其他义务的，标的物的所有权属于出卖人。”

2. 作用、适用对象和性质

（1）作用。

所有权保留的作用在于担保买受人支付价款义务的履行。如果买受人未达到约定的条件，则所有权不转移。特别是在买受人破产时，出卖人可以行使物权取回权。

（2）适用对象。

按照《最高人民法院关于审理买卖合同纠纷案件适用法律问题的解释》（2021年1月1日起施行）第25条的规定，所有权保留合同不适用于不动产。

（3）性质。

所有权保留的买卖合同从性质上来说，仍然是买卖合同，仅仅是在转移所有权上面“附有条件”。因此，德国学者认为这是物权行为附条件，而债权行为不附条件。① 我们必须清楚的是：它的作用相当于担保，但它不是担保。

但是，我国《民法典》关于所有权保留的规定（第641～643条），俨然将其作为了真正的担保，甚至在第641条第2款规定：“出卖人对标的物保留的所有权，未经登记，不得对抗善

① 参见［德］曼弗雷德·沃尔夫：《物权法》，吴越、李大雪译，333页，北京，法律出版社，2002。

意第三人。”在此，令我们不解的是：如何登记？出卖人本来即为买卖合同标的物的所有权人，他为何要登记？他以什么名义登记？出卖人本来就是所有权人，标的物为买受人所占有，不诚实的买受人可能要处分，只能按照占有的公示公信原则来解决，出卖人只能接受这种后果，法律没有必要为他另外设定安全保障——这是你自己的选择，就好像出租动产一样，被承租人出卖给第三人，那也只能按照善意取得和违约来处理。因此，笔者认为，我国《民法典》在这一点的处理上过犹不及。

3. 出卖人标的物取回权的行使

（1）行使的条件。

按照《民法典》第 642 条第 1 款的规定，当事人约定所有权保留，在标的物所有权转移前，买受人有下列情形之一，对出卖人造成损害的，除当事人另有约定外，出卖人有权取回标的物：1）未按照约定支付价款，经催告后在合理期限内仍未支付；2）未按照约定完成特定条件；3）将标的物出卖、出质或者作出其他不当处分。

至于取回的程序，按照《民法典》第 642 条第 2 款的规定，出卖人可以与买受人协商取回标的物；协商不成的，可以参照适用担保物权的实现程序。取回的标的物价值显著减少的，出卖人有权要求买受人赔偿损失。

（2）标的物的回赎期。

按照《民法典》第 643 条的规定，出卖人取回标的物后，买受人在双方约定或者出卖人指定的合理回赎期限内，消除出卖人取回标的物的事由的，可以请求回赎标的物。买受人在回赎期限内没有回赎标的物，出卖人可以以合理价格出卖标的物，出卖所得价款扣除原买受人未支付的价款及必要费用后仍有剩余的，应当返还原买受人；不足部分由原买受人清偿。

四、分批交货的买卖合同与标的物为数物的买卖合同

分批交货的买卖合同是指买卖合同的标的物为种类物，而且双方当事人约定在不同的时间交付标的物的部分的合同。而标的物为数物的买卖合同是指买卖合同的标的物为数个相互联系或者彼此独立的物。分批交货的买卖合同与标的物为数物的买卖合同不同于一般买卖合同之处在于合同的解除。

（一）分批交货的买卖合同的解除

（1）出卖人分批交付标的物的，出卖人对其中一批标的物不交付或者交付不符合约定，致使该批标的物不能实现合同目的而不影响其他批次或者不影响合同总目的的，买受人可以就该批标的物解除。

（2）出卖人不交付其中一批标的物或者交付不符合约定，致使今后其他各批标的物的交付不能实现合同目的的，买受人可以就该批以及今后其他各批标的物解除。

（3）买受人如果就其中一批标的物解除，该批标的物与其他各批标的物相互依存的，可以就已经交付和未交付的各批标的物解除。

（二）标的物为数物的买卖合同的解除

标的物为数物，其中一物不符合约定的，买受人可以就该物解除合同，但该物与他物分离使标的物的价值显受损害的，当事人可以就数物解除合同。

五、互易合同

所谓互易合同，是指合同当事人约定相互转移金钱外的财产所有权的合同。互易合同与一般买卖合同的不同在于其标的物方面：在一般买卖合同中，一方当事人交付财产，而另一方当事人支付金钱。而在互易合同中，双方当事人的义务都在于转移财产所有权，以所谓的古老的“以货易货”的买卖方式。

对于互易合同有两点值得注意：（1）互易合同是诺成合同，而非实践合同。（2）互易人对于交付的财产相互负瑕疵担保责任。在我国合同法上，一方如果交付的财产具有物的瑕疵，则应当向对方承担违约责任。

第六节　关于“一物数卖”的说明

一、“一物数卖”的概念

所谓“一物数卖”，是指出卖人将一个标的物出卖给多个买受人而与其订立买卖合同的情形。

这种情况，在市场经济国家中，不是一个偶然的问题，似乎是一个很普遍的问题。甚至，经济分析法学家波斯纳还公然主张“效率违约”，鼓动“一物数卖”。在以德国为代表的承认物权行为与债权行为、负担行为与处分行为分离的国家，这一问题显然是不需要讨论的：在负担行为方面，即合同效力方面当然是没有问题的，合同有效；在物权变动的意义上，出卖人实际上只能履行一个合同，其他的合同应按照违约来处理。

我国《民法典》第597条已经明确规定了如同德国法的原则：因出卖人未取得处分权致使标的物所有权不能转移的，买受人可以解除合同并请求出卖人承担违约责任。法律、行政法规禁止或者限制转让的标的物，依照其规定。

二、我国最高人民法院的司法解释对“一物数卖”的处理规则

（一）《最高人民法院关于审理买卖合同纠纷案件适用法律问题的解释》（2021年1月1日起施行）对“一物数卖”的处理规则

该解释对这一问题的规定有两条。

（1）第6条规定：出卖人就同一普通动产订立多重买卖合同，在买卖合同均有效的情况下，买受人均要求实际履行合同的，应当按照以下情形分别处理。

1）先行受领交付的买受人请求确认所有权已经转移的，人民法院应予支持。

2）均未受领交付，先行支付价款的买受人请求出卖人履行交付标的物等合同义务的，人民法院应予支持。

3）均未受领交付，也未支付价款，依法成立在先合同的买受人请求出卖人履行交付标的物等合同义务的，人民法院应予支持。

（2）第7条规定：出卖人就同一船舶、航空器、机动车等特殊动产订立多重买卖合同，在买卖合同均有效的情况下，买受人均要求实际履行合同的，应当按照以下情形分别处理。

1）先行受领交付的买受人请求出卖人履行办理所有权转移登记手续等合同义务的，人民

法院应予支持。

2）均未受领交付，先行办理所有权转移登记手续的买受人请求出卖人履行交付标的物等合同义务的，人民法院应予支持。

3）均未受领交付，也未办理所有权转移登记手续，依法成立在先合同的买受人请求出卖人履行交付标的物和办理所有权转移登记手续等合同义务的，人民法院应予支持。

4）出卖人将标的物交付给买受人之一，又为其他买受人办理所有权转移登记，已受领交付的买受人请求将标的物所有权登记在自己名下的，人民法院应予支持。

（二）《最高人民法院关于审理城镇房屋租赁合同纠纷案件具体应用法律若干问题的解释》(2009 年 6 月 22 日由最高人民法院审判委员会第 1469 次会议通过，根据 2020 年 12 月 23 日最高人民法院审判委员会第 1823 次会议通过的《最高人民法院关于修改〈最高人民法院关于在民事审判工作中适用《中华人民共和国工会法》若干问题的解释〉等二十七件民事类司法解释的决定》修正，2021 年 1 月 1 日起施行）对“一物数卖”的处理规则

该解释第 5 条规定，出租人就同一房屋订立数份租赁合同，在合同均有效的情况下，承租人均主张履行合同的，人民法院按照下列顺序确定履行合同的承租人：(1）已经合法占有租赁房屋的；(2）已经办理登记备案手续的；(3）合同成立在先的。不能取得租赁房屋的承租人请求解除合同、赔偿损失的，依照《民法典》的有关规定处理。

法律适用

1. 如何在实践中区分责任与风险

在买卖合同中，风险是买卖合同订立后，标的物非因合同当事人的原因发生了毁损、灭失的不利益；而责任是合同当事人由于违反了应履行的义务所应承担的否定性的法律评价。风险与责任是两种不同的制度与范畴。原则上，风险的负担应该由当事人约定，在当事人没有约定时，就应该由法律承担起合理分配不利益的重任。依据法律规定，一方面，在双方当事人都正常履约的情况下，通常以交付作为风险转移的时间界限，卖方承担交付前标的物毁损、灭失的风险，买方承担交付后的风险；如果合同规定由卖方运输，在卖方将货物交付给第一承运人后，风险转移给买方承担；如果卖方出卖运输途中的货物，风险自合同生效时起由买方承担。另一方面，在当事人一方或双方违约的情况下，责任对风险的负担有很大影响。当买方违约，使标的物不能按期交付或者其没有按期接受标的物时，其不仅要承担违约责任，还要承担自其违反约定之日起标的物毁损、灭失的风险。在卖方违约时，如果卖方未按照约定交付标的物的有关单证和资料，风险由买方承担，但对于由此给买方造成的损失，买方有权要求卖方承担违约责任；如果卖方交付的标的物存在质量瑕疵，买方可以拒绝接受标的物或者解除合同，此时标的物毁损、灭失的风险由卖方承担。为公平起见，如果买方没有尽到注意义务导致标的物毁损、灭失，则风险由买方承担。

2. 动产交付与不动产交付的区别

在司法实践中，人们常常认为无论是动产还是不动产，只要转移占有就意味着完成交付。实际上，动产与不动产的区分是财产的一种重要分类，二者对权利人的意义不同，因此，对动产交付与不动产交付的法律要求也有所不同。为保证交易的安全和顺利，必须有一系列的制度规范交付行为的有效性，以便买受人能切实得到标的物的所有权。依据学理、判例及我国相关

法律、法规的规定，由于动产具有可移动性，通常以占有作为交付的标志，转移占有即意味着交付完成；由于不动产的价值及不可移动性，其不是以占有作为交付的标志，而是以登记的变更作为交付的标志，进行变更登记后就意味着交付完成。对动产与不动产的交付采取不同的规则，是考虑到二者的不同性质，为突出其权利变动的公示性和公信力而进行的制度设计。

课后复习

1. 试论当事人违约对风险转移的影响。
2. 试论无权处分的法律效力。
3. 试论试用买卖合同中当事人的权利、义务。

第十四章　赠与合同

提　要

赠与合同是指双方当事人约定一方将自己的财产所有权无偿转移给对方，而对方接受的合同。在赠与合同中，因为赠与合同一般为无偿合同，即没有对价的合同，即使负有负担的赠与合同，也是无偿的。由于赠与合同的无偿性，赠与人的义务就不应当等同于买卖合同中出卖人的义务，故有的国家的法律赋予赠与人任意撤销权与法定撤销权，有的国家则采取要物合同的形式。另外，赠与人对赠与物的瑕疵担保责任也不同于出卖人的瑕疵担保责任。

重点问题

1. 赠与人对赠与物的瑕疵担保责任的减免。
2. 赠与合同的效力。
3. 赠与人的违约责任与损害赔偿责任。

第一节　赠与合同概述

一、赠与合同的概念

赠与合同是指双方当事人约定一方将自己的财产所有权无偿转移给对方，而对方接受的合同。其中，转移财产的一方为赠与人，接受财产转移的一方为受赠人。赠与合同作为财产所有权人依法处分自己财产的一种法律形式，属于转移财产所有权合同的一种。根据赠与合同，赠与人应将财产所有权转移给受赠人。

赠与究竟为合同还是单方法律行为，是存在争议的。一种观点认为：将赠与视为合同行为，并非不存在逻辑说明上的困难。因为，既然是合同，就要求合同双方当事人具有相应的行为能力，因此，无民事行为能力人与限制民事行为能力人是不能缔结赠与合同的。因此，将赠与视为合同行为，并非总是与合同、赠与本身的宗旨契合。而将赠与视为单方法律行为，不存在这样的问题：法律只要求赠与人具有行为能力，而不要求受赠人具有行为能力。另一种观点则认为，赠与为合同。大陆法系国家，一般都把赠与作为合同对待。

赠与不仅是一种给付物的行为，也包含赠与的意思。罗马法上就有“接受我的赠与物的同时，就接受了我的意思”之说，因此，单方法律行为说可能会有强迫受赠人接受的嫌疑。因此，现代民法的主流学说还是合同说而非单方法律行为说。我国民法自 1999 年《合同法》开始，同大多数国家合同法一样，将赠与视为合同行为。我国《民法典》将赠与作为合同来对待。

当然了，无民事行为能力人签订赠与合同，必须由其法定代理人代理签订方为有效。如果是无民事行为能力人自己签订，赠与合同就属于无效合同，而非可以追认的合同。还有，我国《民法典》第16条规定了胎儿有接受赠与的行为能力，那么，胎儿因为没有出生，当然也应该理解为由其法定代理人代理签订。谁是其法定代理人呢？只能准用无民事行为能力人的规定。

二、赠与合同的性质之立法模式考察

关于赠与合同的性质，究竟为诺成合同、要式合同抑或要物合同，学理与立法上是存在争议的。从立法史的纵向考察，可能有三种模式。

（一）"要式合同＋法定撤销权"模式

要式作为合同的模式，是有相当长的历史的，其最直接的意义是给予合同当事人以谨慎的思考和审慎的斟酌，避免草率行事。对于赠与合同这种无偿行为，要求其采取要式，在于给予赠与人再一次重新和谨慎考虑的机会。因此，许多国家的立法采取这一种方式，例如，《德国民法典》第518条规定："为使以赠与的方式约定履行给付的合同有效，约定须经公证人公证。……"《法国民法典》第931条规定："载明生前赠与的任何证书，均应按契约的通常形式在公证人前作成，证书的原本应留在公证人处，否则，赠与合同无效。"《意大利民法典》第782条也规定了这一意思。而根据《瑞士债务法》第243条的规定，在动产赠与，要采取书面形式才有效，而在不动产赠与合同，必须采取公证才能生效。

但是，赠与毕竟是一种带有道德与恩惠性的无偿行为，虽然赠与经过公证或者书面生效，但是，对于许多辜负赠与人赠与目的的行为，例如，忘恩负义的行为，如不允许撤销，将有违赠与行为的意义。因此，绝大多数国家，在承认赠与以要式生效的同时，辅以法定撤销权。欧陆国家普遍采取这种方式。

（二）"诺成合同＋任意撤销权＋法定撤销权"模式

这一模式的立法起源于日本，我国1999年《合同法》沿用之。我国《民法典》延续了这种模式。

日本之所以采取这种立法模式，是由于日本的公证制度不似西欧国家那样发达，如果完全仿效德国立法，以公证方式作为赠与合同的生效要件，既脱离国情又失之过苛。因而，从本国的国情与民俗出发，在规定赠与合同为诺成且不要式的同时，设计了赠与人的任意撤销权来辅助实现赠与人与受赠人的利益平衡。① 同时，再加上法定撤销权，使诺成合同这种对赠与人本来不利的合同，变成赠与人在赠与财产转移前可以任意反悔的合同。即使在赠与后不能通过任意撤销权反悔，还可以利用法定撤销权有效取消赠与。

我国《民法典》实际上就是采取这一立法模式。《民法典》第657条规定了赠与合同的诺成性质，在第658条规定了任意撤销权，第663条又规定了法定撤销权。

（三）"要物合同＋法定撤销权"模式

20世纪90年代以前，以苏联为代表的社会主义国家，在赠与合同的性质问题上，普遍采取"要物合同＋法定撤销权"模式。如《苏俄民法典》第256条规定："赠与合同在交付赠与

---

① 参见张悦：《赠与人任意撤销权初探》，5页，中国政法大学硕士学位论文，2002。

财产时才被认为签订。”1988 年我国《最高人民法院关于贯彻执行〈中华人民共和国民法通则〉若干问题的意见（试行）》（已经废止）第 128 条规定：公民之间赠与关系的成立，以赠与物的交付为准。赠与房屋，如根据书面赠与合同办理了过户手续的，应当认定赠与关系成立；未办理过户手续，但赠与人根据书面赠与合同已将产权证书交与受赠人，受赠人根据赠与合同已经占有、使用该房屋的，可以认定赠与有效，但应令其补办过户手续。大部分学者认为，该条确定了赠与合同为要物合同的性质。

这种立法模式设计的主要理由是：鉴于赠与合同是无偿合同，以物的交付作为合同的成立要件，能使赠与人在物的交付之前有再次斟酌的机会，以最大限度地保护赠与人利益。即使在赠与后，如果出现法定事由，赠与人仍然可以行使法定撤销权以取消赠与而取回赠与物。

从罗马法开始，赠与合同就始终没有被包括在要物合同的范围之内。因此，现代各国民法也几乎没有将赠与合同视为要物合同，罗马法如此，《法国民法典》如此，《德国民法典》也是如此。所以，即使是具有这种要物合同传统的俄罗斯民法典（苏联解体后）也已经不采取要物主义而采要式主义。我国民法自 1999 年《合同法》始也抛弃了要物主义原则，《民法典》从之。

三、赠与合同的特征

（一）赠与合同为诺成性的非要式法律行为

根据我国《民法典》的规定，赠与合同是诺成性的，即只要双方当事人就无偿转移标的物所有权与接受转移达成协议，就可以生效，而不需要以赠与物的实际交付作为要件。但是，为防止这种特征对赠与人的过度束缚，《民法典》第 658 条特别赋予赠与人以任意撤销权，即在赠与财产的所有权转移前可以任意撤销赠与。

从我国《民法典》第 657 条的规定，可以认定我国合同法是采取非要式合同的模式。即使第 659 条规定，“赠与的财产依法需要办理登记或者其他手续的，应当办理有关手续”，这也不是对合同生效的条件性规定，只是对财产转移的规定。

（二）赠与合同是双方法律行为

民法上，典型的合同是双方法律行为，赠与合同就是这样的合同。作为双方法律行为的赠与合同，其有效成立要求必须有双方当事人的意思表示一致，故仅仅有无偿转移财产所有权的外观但无双方意思表示一致的内在，则不是赠与合同。这也是赠与合同与遗赠的主要区别，在遗赠中，虽然也有无偿转移财产所有权的行为，但不需要双方意思表示一致，它仅仅是单方法律行为。

（三）赠与合同是无偿性、单务性的法律行为

赠与合同是无偿合同，只有赠与人一方负有转移承诺的赠与物的所有权的义务，而对方不需要承担任何义务。即使是附有负担的赠与，也不是赠与人履行义务的对价，仅仅是一种条件。因此，赠与合同是单务合同。赠与合同这种无偿与单务的特征，使它在许多方面有别于有偿合同，如瑕疵担保责任、不能履行的免除、任意撤销权、穷困抗辩权等。

四、赠与合同的种类

（一）附负担的赠与合同与不附负担的赠与合同

这是以赠与是否负有负担为标准所进行的分类。所谓附负担的赠与，是指赠与财产所有

权的有效转移以受赠人履行某种赠与人设定的义务为条件。如果受赠人不履行设定的义务，则赠与人可以撤销赠与。而所谓不附负担的赠与，是指赠与财产的转移不以任何义务为前提。

前面已经指出，附负担赠与中的所谓义务，并非赠与合同的对价。即使是负负担的赠与，也不能改变赠与合同的无偿性特征。因此，赠与人不能以受赠人不履行所负的负担作为不履行赠与义务的抗辩。

需要特别指出的是，附负担的赠与同附条件赠与是不同的。在附条件赠与中，条件直接关系到赠与合同的效力问题，而附负担的赠与合同中的负担与赠与合同的效力无关。

另外，在现实生活中，还有一种类似的赠与合同——目的赠与合同。目的赠与同附负担的赠与的区别在于：目的赠与的赠与人不得向受赠与人请求结果的实现，仅仅在目的不达时，得请求返还利益。例如，男女以结婚为明确目的而互相赠与财物，在目的不达时，仅可以请求返还财物。这种不属于附负担的赠与。

最后，附负担的赠与之负担必须是合法的，并且是受赠人客观上能够履行的。受赠人法律上与客观上能够履行而拒不履行的，赠与人可以撤销赠与。但是，如果受赠人在法律上或者客观上不能履行，则赠与人不得撤销赠与。

（二）一般赠与合同与特殊赠与合同

这种区分的标准是赠与是否具有公益性、道德性和经过公证程序。赠与合同如果具有救灾、扶贫、助残等公益、道德义务性质，或者经过公证，则为特殊赠与合同。其他的赠与为一般赠与。

区别一般赠与合同与特殊赠与合同在我国合同法上的意义在于：一般赠与合同的赠与人不仅具有法定撤销赠与的权利，而且具有任意撤销赠与的权利，而特殊赠与合同的赠与人仅具有法定撤销赠与的权利。

第二节　赠与合同的法律效力

由于赠与合同是无偿与单务合同，因此，在这里我们仅仅讨论赠与合同中赠与人的权利义务。

一、赠与人的撤销权

（一）赠与人的任意撤销权

1. 任意撤销权的概念与历史沿革

所谓任意撤销权，是指赠与合同生效后赠与财产转移前，赠与人依其意思表示自由撤销赠与的权利。由于任意撤销权与合同的效力显然有悖，因此，即使有些国家承认这种权利，也多有限制。

前面提到，任意撤销权制度起源于日本，《日本民法典》第550条规定："不依书面所为的赠与，各当事人可撤销。但已履行的部分不在此限。"由此可见，《日本民法典》上的赠与制度，有以下显著的特点：(1) 以书面形式所进行的赠与，不得任意撤销；(2) 合同双方当事人均有撤销权；(3) 已经履行的赠与不能任意撤销。

我国《民法典》第658条规定了任意撤销权，该条规定："赠与人在赠与财产的权利转移之前可以撤销赠与。经过公证的赠与合同或者依法不得撤销的具有救灾、扶贫、助残等公益、道德义务性质的赠与合同，不适用前款规定。”

该条规定了两个要点：（1）赠与人的任意撤销权——只要在赠与的财产权利转移前。（2）不适用任意撤销权的情形：1）经过公证的赠与合同；2）依法不得撤销的具有救灾、扶贫、助残等公益、道德义务性质的赠与合同。在这里的疑问是：有没有“依法得撤销的具有救灾、扶贫、助残等公益、道德义务性质的赠与合同”？从该条的文义和逻辑解释，应该是有的。而如果对比 1999 年《合同法》第 186 条，《民法典》第 658 条的这一变化就非常明确。前者规定：“赠与人在赠与财产的权利转移之前可以撤销赠与。具有救灾、扶贫等社会公益、道德义务性质的赠与合同或者经过公证的赠与合同，不适用前款规定。”通过对比就可以发现，《民法典》的规定发生了变化——只有那些“依法不得撤销”的具有救灾、扶贫、助残等公益、道德义务性质的赠与合同，才不适用任意撤销的规定。

由此可见，在立法模式上，这一规定同日本并无原则差别。

2. 对任意撤销权的质疑

（1）从逻辑上看，违背合同的一般概念。

从合同的性质看，契约一经成立，便在当事人之间产生法律效力，即契约虽然是当事人意思合意的产物，但意思合意一经形成，便会脱离主观的范畴而进入一个“无意志”的客观地带，当事人的任何一方应遵守这个曾是自己意志的产物而无权任意变更或取消之。这是各国契约法及学理一致承认的事实。但为什么赠与合同的赠与人就可以任意撤销合同？如果合同可以被一方当事人任意撤销，那还是合同吗？从逻辑上看，这无论如何都令人费解。

（2）从效果上看，与立法者的初衷相反。

有人认为，将赠与合同从要物合同变为诺成合同，其最大的优点就是避免赠与人说了不算，拯救社会面临的道德与信用危机。但这种规定真的起到了立法者所想象的作用了吗？笔者认为，大概恰恰相反，它正好破坏了合同的严肃性。赠与合同经双方当事人意思表示一致就可以生效，但这种效力是如此脆弱，以至于赠与人可以任意撤销，它真的能够避免赠与人说了不算吗？这种“诺成性＋任意撤销权”的模式，对于一般赠与合同来说，效果上相当于要物合同：只要赠与财产的所有权不转移，就可以任意撤销；只有转移了财产所有权，任意撤销权才随之不存在。这不就是要物合同吗？

其实，赠与合同一方面要平衡当事人之间的利益关系，另一方面还要照顾公益与道德风尚。笔者认为，对于赠与合同，应当这样规定可能会更好：“赠与合同自赠与财产所有权转移时生效；但是，具有救灾、扶贫、助残等社会公益、道德义务性质的赠与合同及经过公证的赠与合同不受此限。”这样，一方面保持了合同的严肃性，另一方面将具有公益性、道德性的赠与合同及经公证的赠与合同作为例外处理，照顾了其特殊效力。即使是财产所有权转移之后，赠与人还可以行使法定撤销权。

（二）法定撤销权

1. 法定撤销权的概念与行使条件

法定撤销权是指依据法律规定的事由撤销赠与的权利。与任意撤销权不同，即使是具有救灾、扶贫、助残等公益、道德义务性质的赠与合同及经过公证的赠与合同，赠与人也可以行使法定撤销权。这种法定撤销权，在大部分国家未赋予赠与人任意撤销权的情况下，对于赠与人十分重要。例如，在德国和法国，因赠与合同只有经过公证才有效，一旦公证则赠与人必须履行合同义务，因此，赋予赠与人法定撤销权就是必要的救济。从这些国家的立法来看，撤销条件不尽相同。《德国民法典》主要限于“忘恩负义”行为。《德国民法典》第 530 条规定：“(1) 受赠人对于赠与人或者其近亲属有重大侵害行为或者重大忘恩负义的行为时，赠与人可以撤销赠与。(2) 赠与人的继承人仅在受赠人因故意和违法行为致赠与人死亡或者阻碍撤销赠与时，才有权撤销赠与。”特别应当指出的是，《德国民法典》并没有将不履行负担作为撤销赠与合同的事由，该法典第 527 条第 1 款规定：“受赠人不履行负担的，在应将赠与物用于履行负担的范围内，赠与人可以根据关于不当得利的规定，要求依双务合同规定的解除权，返还赠与物。”

而根据《法国民法典》第 953 条的规定，生前赠与仅得因不履行原定的赠与条件、受赠人有忘恩负义的行为，以及赠与人事后生有子女而撤销。而根据该法典第 955 条的规定，忘恩负义的行为主要是指：(1) 受赠人谋害赠与人的生命；(2) 受赠人对于赠与人犯有虐待罪、轻罪或者侮辱罪；(3) 受赠人拒绝扶养赠与人。

由于我国《民法典》对于赠与采取的是“诺成合同＋任意撤销权＋法定撤销权”模式，而在这种模式下，法定撤销权的意义显然不能同其在德国法和法国法上的作用相比。在适用范围上，因为已经有了任意撤销权，所以，法定撤销权主要在下面两种情况下才有意义：(1) 具有救灾、扶贫、助残等公益、道德义务性质的赠与合同及经过公证的赠与合同；(2) 一般赠与合同的赠与财产所有权已经转移。从《民法典》第 663 条的规定看，法定撤销权适用的条件是：(1) 严重侵害赠与人或者赠与人近亲属的合法权益；(2) 对赠与人有扶养义务而不履行；(3) 不履行赠与合同约定的义务。

2. 撤销权的行使

(1) 行使的主体。

撤销权行使的主体可以是赠与人本人，在特定情况下，也可以是赠与人的继承人或者法定代理人。根据我国《民法典》第 664 条第 1 款的规定，因受赠人的违法行为致使赠与人死亡或者丧失民事行为能力的，赠与人的继承人或者法定代理人可以撤销赠与。

(2) 撤销权行使的期间。

赠与人如果行使撤销权，则应当在自知道或者应当知道撤销原因之日起 1 年内行使；若是在《民法典》第 664 条规定的情况下，即因受赠人的违法行为致使赠与人死亡或者丧失民事行为能力的，赠与人的继承人或者法定代理人行使撤销权的，应在自知道或者应当知道撤销原因之日起 6 个月内行使。以上期间为除斥期间。

3. 法定撤销权与任意撤销权的区别

(1) 立法目的不同。

任意撤销权是基于赠与合同之无偿性，为赠与人提供一种反悔的机会；而法定撤销权是基于社会道德和伦理的考虑，对受赠人的忘恩负义行为的一种惩罚，否定其保有赠与物权利的制度。

(2) 撤销的对象不尽相同。

任意撤销权主要针对已经生效但赠与物尚未转移的赠与合同，而法定撤销既包括已经生效但赠与物尚未转移的赠与合同，也包括已经生效且赠与物已经转移的赠与合同。在我国，任意撤销权仅仅针对一般赠与合同，而法定撤销权针对一般赠与合同与具有救灾、扶贫、助残等公益、道德义务性质的赠与合同及经过公证的赠与合同。

（3）行使条件不同。

任意撤销权没有任何法定条件限制，而法定撤销权必须根据法律规定的事由。任意撤销权只要在赠与物的财产所有权转移前都可以行使，而法定撤销权有除斥期间的限制。

（4）行使后果不同。

任意撤销权行使的后果是使赠与人的义务得以免除，而法定撤销权除了义务免除，在已经履行了赠与义务后，有返还赠与物的后果。

二、赠与人的瑕疵担保责任

由于赠与合同为无偿合同，因此，赠与合同的一般原则是：赠与人不承担瑕疵担保责任。我国《民法典》第662条肯认了这一原则。但是，同时规定了一种例外：附义务的赠与之赠与的财产有瑕疵的，赠与人在附义务的限度内承担与出卖人相同的责任。同时，《民法典》第662条还规定，赠与人故意不告知瑕疵或者保证无瑕疵，造成受赠人损失的，应当承担损害赔偿责任。由于我国《民法典》在瑕疵担保责任制度上采取的是仅仅承认权利瑕疵担保而将物的瑕疵担保责任放在违约责任中解决，因此，该条就有许多需要讨论的问题：（1）赠与合同中的瑕疵担保责任是指什么责任？（2）赠与人不知道赠与物有隐蔽的瑕疵，从而赠与物造成他人损害的，是否负担赔偿责任？（3）赔偿责任的范围是什么？

（一）赠与合同中的瑕疵担保责任的种类

由于《德国民法典》及大陆法系的许多国家民法典采取的是权利瑕疵担保与物的品质瑕疵担保责任并举的制度，因此，《德国民法典》关于赠与合同中的瑕疵担保责任也是双重的，既包括权利瑕疵担保责任，也包括物的品质瑕疵担保责任。该法典第523条第1款规定："赠与人故意隐瞒权利瑕疵的，对受赠人因此而产生的损害负赔偿责任。"第524条第1款规定："赠与人故意隐瞒其赠与物的瑕疵的，对受赠人因此而造成的损害负赔偿义务。"第526条规定："因权利瑕疵或者物的瑕疵使赠与的价值明显不足以抵偿履行负担所需要的费用的，在因瑕疵而产生的不足部分得到补偿之前，受赠人有权拒绝履行负担。受赠人不知有瑕疵而履行负担的，在受赠人因履行负担而支出的费用超过有瑕疵的赠与物的价值时，受赠人可以要求赠与人偿还其费用。"但在我国《民法典》中，赠与合同的瑕疵种类有哪些？

我们先来看看《民法典》第662条第1款的规定："赠与的财产有瑕疵的，赠与人不承担责任。附义务的赠与，赠与的财产有瑕疵的，赠与人在附义务的限度内承担与出卖人相同的责任。"这里的"瑕疵"应该包括品质瑕疵与权利瑕疵。

（二）赠与人不知道赠与物有隐蔽的瑕疵，从而赠与物造成他人损害的，是否负担赔偿责任

从上述《德国民法典》第523条及第524条的规定看，德国民法强调在"赠与人故意隐瞒权利瑕疵"或者"赠与人故意隐瞒其赠与物的瑕疵"时，赠与人对受赠人因此而产生的损害负赔偿责任，由此推知，如果造成受赠人损失的瑕疵对于赠与人来说，是他确实不知道而且按照当时的情况他不应当知道的，则赠与人无赔偿义务。

我们再来看看我国《民法典》第662条第2款的规定："赠与人故意不告知瑕疵或者保证

无瑕疵，造成受赠人损失的，应当承担赔偿责任。”这里所谓的“造成受赠人损失”，是指加害给付中的损失，还是包括可得利益的损失，即赠与后受赠人可以获得的利益？笔者认为，从赠与合同的无偿性来看，应解释为不应当包括可得利益的损失为宜，否则，对赠与人的负担太重。

（三）赔偿的范围

有人认为，赔偿损失的范围包括履行利益的损失与履行利益以外的其他损失。① 这是对赠与合同的巨大误解，包括我国在内的各国民法典都没有把履行利益作为赠与合同赔偿的范围。这是对赠与合同之无偿性的必然回应。《德国民法典》及我国《民法典》仅仅对于附负担的赠与合同，要求赠与人在所负义务的范围内承担与出卖人相同的责任，即对于附负担的赠与，只要交付的标的物本身的价值不低于所附的义务即可，不能要求所交付的标的物本身应具有应有的价值或者品质。而对于非附负担的赠与，即使交付的标的物一文不值，也不能要求其承担责任。只有当这种赠与物的瑕疵造成他人损害，并且是赠与人知道赠与物有瑕疵而故意不告知受赠人，或者保证赠与物没有瑕疵而造成受赠人损害时，赠与人才负损害赔偿责任。而这种赔偿责任的范围仅仅是信赖利益。

三、穷困抗辩权

穷困抗辩权是指赠与合同订立后，赠与人的经济状况显著恶化，严重影响其生产经营或者家庭生活的，可以拒绝履行赠与义务。

对于穷困抗辩权，许多国家的法律都有规定，例如，《德国民法典》第 519 条规定：赠与人因考虑到其所负担的其他义务，如不损害与自己身份相当的生计或者法律规定负担的抚养义务，即无能力履行约定的，可以拒绝履行赠与的约定。我国《民法典》第 666 条也规定了这种抗辩权：赠与人的经济状况显著恶化，严重影响其生产经营或者家庭生活的，可以不再履行赠与义务。

从我国《民法典》第 666 条的规定看，似乎可以得出这样的结论：我国民法上的穷困抗辩权必须具备两个条件：(1) 赠与人的经济状况显著恶化，严重影响其生产经营或者家庭生活；(2) 穷困抗辩权必须是在赠与义务履行前的抗辩。那么，赠与义务履行后，赠与人的经济状况显著恶化，严重影响其生产经营或者家庭生活的，赠与人是否可以要求返还？

《德国民法典》第 528 条规定：“赠与人在履行赠与后不能维持与自己的身份相当的生计，或者对其亲属、配偶或者前配偶不能履行法定抚养义务的，赠与人可以根据关于不当得利的规定，要求受赠人返还赠与物。受赠人可以支付抚养所必需的金额以免除返还。”这显然是一种相当于法定撤销权的理由，因为，如不先撤销赠与合同，显然不能根据不当得利请求返还。该法典第 529 条规定：赠与人故意或者因重大过失招致贫困，或者自给付赠与标的物至发生贫困之时已经超过十年的，返还赠与物的请求权消灭。受赠人因考虑自己的其他义务，认为返还赠与物必然妨碍维持与自己身份相当的生计，或者影响履行法律规定的抚养义务的，亦同。我国《民法典》显然没有这样的规定或者立法精神。

---

① 参见胡元琼等：《赠与合同若干问题研究》，载梁慧星主编：《民商法论丛》，第 25 卷，396 页，香港，金桥文化出版公司，2002。

穷困抗辩权实际上建立在两个基础之上：一是无偿性。赠与合同本来就是一种无偿性合同，是赠与人对受赠人的一种恩惠行为。如果施恩人都不能维持生计，再让其履行恩惠行为，显然有失公允。二是合同基础丧失理论（情事变更理论）。赠与合同是建立在赠与人能够体面生活和维持与自己的身份相当的生计基础之上的，当这种基础已经根本动摇，再维持这种合同效力会失去公平时，可以允许变更或者解除合同。

但是，应当特别指出，赠与合同是附负担的，而受赠人已经履行了负担的，赠与人如果拒绝履行赠与义务，则应当返还受赠人已经履行的利益。

四、赠与人的违约责任

违约责任是契约当事人不履行合同义务而应当承担的责任。事实上，由于我国《民法典》规定了赠与合同的任意撤销权，违约责任的适用变得十分狭窄。严格地说，仅仅能够在第 658 条第 2 款规定的情况下，即具有救灾、扶贫、助残等公益、道德义务性质的赠与合同或者经过公证的赠与合同中能够适用。因为对于这种合同不能行使任意撤销权，所以，《民法典》在第 660 条中规定：具有救灾、扶贫、助残等公益、道德义务性质的赠与合同或者经过公证的赠与合同，赠与人不交付赠与财产的，受赠人可以请求交付。

在上述所说的合同之外的一般赠与合同中，也有可能具有违约责任的情况。但是，如果受赠人追究违约责任时，赠与人立刻行使任意撤销权，即无合同责任可言，也就无违约责任。

五、赠与人故意或者重大过失损害赠与物的赔偿责任

我国《民法典》第 660 条第 2 款规定，因赠与人故意或者重大过失致使赠与的财产毁损、灭失的，赠与人应当承担损害赔偿责任。笔者始终很难理解这种立法的理由，因为：无论是一般赠与合同还是具有救灾、扶贫、助残等公益、道德义务性质的赠与合同或者经过公证的赠与合同，在赠与财产转移前，财产的所有权都属于赠与人所有，他故意或者因重大过失毁坏财产，是事实处分自己的财产，为什么要承担赔偿责任？即使在具有救灾、扶贫、助残等公益、道德义务性质的赠与合同或者经过公证的赠与合同中，他充其量承担违约责任，而违约责任就一定是赔偿责任吗？有人认为这一规定来源于《德国民法典》第 521 条："赠与人仅就故意或者重大过失负其责任。"但要知道，德国法上的所谓"责任"并非指故意或者过失毁坏赠与物的赔偿责任，而是指因故意或者过失不能履行赠与义务的违约责任。《意大利民法典》第 789 条也是在违约责任的意义上使用的。

在一般赠与合同中，因为有任意撤销权，一般难以追究赠与人的违约责任或者赔偿责任。

法律适用

赠与人的任意撤销权和赠与人的违约责任如何确定

在司法实践中，有人认为赠与人行使任意撤销权后，要承担违约责任。从法律对赠与人的任意撤销权的规定可以看出这种认识的不准确性。我国《民法典》对赠与人的任意撤销权的规定有：撤销权的主体仅限于赠与人；撤销必须发生在财产权转移之前；撤销的范围是除公益、道德义务性质的赠与或者经过公证的赠与以外的口头或书面的一般实践性赠与；撤销的后果是导致赠与合同不成立，因为实践性赠与以赠与人的交付作为合同成立的前提。众所周知，违约

责任的承担以合法、有效合同的存在为前提，赠与人任意撤销的只是赠与的意思表示而已，其撤销的并不是赠与合同，由此决定了受赠人不得要求赠与人承担违约责任，而只能以赠与人行使任意撤销权导致合同不成立为由，主张赠与人承担缔约过失责任。

课后复习

1. 试论赠与人对赠与物的瑕疵担保责任。
2. 试评我国《民法典》赠与合同中赠与人的任意撤销权。

第十五章　借款合同[①]

提　要

借款合同是指双方当事人约定一方向他方提供借款，他方当事人到期返还借款并支付利息的合同。关于借款合同有四点值得注意：一是在我国，借款合同分为以金融机构为合同一方当事人的借款合同与自然人之间的借款合同，这种差别导致了合同的不同特征。二是由于借款合同标的物——货币本身的特殊性，即消耗物的特性，即使是借款，也转移其所有权，这与出借其他物不同，如果出借其他物，该物的所有权并不转移。因此，借款与出借其他物相比，出借人的风险更大。三是借款合同以信用为基础，信用是借款合同的根本所在，因此，在签订借款合同时，贷款人十分注重借款人的信用。另外，作为借款人还款的保障，贷款人往往要求借款人提供担保。四是商事借贷合同为要式非要物合同，而民间借贷合同为非要式要物合同。

重点问题

1. 以金融机构为一方当事人的借款合同与自然人之间的借款合同的区别。
2. 借款合同的效力。

第一节　借款合同概述

一、借款合同的概念

借款合同是指双方当事人约定一方向他方提供借款，他方当事人到期返还借款并支付利息的合同。其中，提供借款的一方称为贷款人，接受借款的人称为借款人。我国《民法典》第667条规定：“借款合同是借款人向贷款人借款，到期返还借款并支付利息的合同。”

借款合同有四点值得注意：一是区分了商事借贷和民间借贷，即在我国《民法典》上，借款合同分为以金融机构为合同一方当事人的借款合同与自然人之间的借款合同，这种差别导致了合同的不同特征。二是由于借款合同标的物——货币本身的特殊性，即消耗物的特性，即使是借款，也转移其所有权，这与出借其他物不同，如果出借其他物，该物的所有权并不转移。因此，借款与出借其他物相比，出借人的风险更大。三是借款合同以信用为基础，信用是借款合同的根本所在，因此，在签订借款合同时，贷款人十分注重借款人的信用。另外，作为借款人还款的保障，贷款人往往要求借款人提供担保。四是商事借贷合同为要式非要物合同，而民

① 本章中，“借款合同”与“借贷合同”同义，二者交替使用。

间借贷合同为非要式要物合同。

在我国，按照《民法典》和《最高人民法院关于审理民间借贷案件适用法律若干问题的规定》（根据2020年12月23日最高人民法院审判委员会第1823次会议通过的《最高人民法院关于修改〈最高人民法院关于在民事审判工作中适用《中华人民共和国工会法》若干问题的解释〉等二十七件民事类司法解释的决定》第二次修正，2021年1月1日起施行），我国的借款合同可以分为：金融机构的借贷合同与非金融机构的借贷合同；在非金融机构的借贷合同中，又可以分为自然人之间的借贷合同与非自然人之间的借贷合同。

金融机构的借贷合同是指以金融机构为一方当事人的借贷合同，例如，银行与企业之间的借贷合同、银行与自然人之间的借贷合同等；非金融机构的借贷合同主要是指合同双方当事人都不是金融机构的借贷合同，最高人民法院将这种借贷称为“民间借贷”。《最高人民法院关于审理民间借贷案件适用法律若干问题的规定》（2021年1月1日起施行）第1条规定：“本规定所称的民间借贷，是指自然人、法人和非法人组织之间进行资金融通的行为。经金融监管部门批准设立的从事贷款业务的金融机构及其分支机构，因发放贷款等相关金融业务引发的纠纷，不适用本规定。”自然人之间的借贷合同是指借贷双方都是自然人的借贷合同。这种区分在我国法上是有重大意义的，适用的规则是有重大不同的，例如，在合同的成立、利息的确定等方面。

二、借款合同的特征

（一）一方为金融机构的借款合同的特征

1. 借款合同为有偿合同

依照我国《民法典》合同编的规定，以金融机构为一方当事人的借款合同为有偿合同，这种有偿性体现在借款人支付利息。我国《民法典》第680条第2、3款规定：借款合同对支付利息没有约定的，视为没有利息。借款合同对支付利息约定不明确，当事人不能达成补充协议的，按照当地或者当事人的交易方式、交易习惯、市场利率等因素确定利息；自然人之间借款的，视为没有利息。

从这一规定，可以看出金融机构的商事借贷与自然人之间的民间借贷不同：（1）在商事借贷中，没有约定利息的，视为没有利息。但约定不明确的就视为有利息，只不过要按照许多因素来确定。（2）对于自然人间的借贷来说，无论是没有约定，还是约定不明，都视为没有利息。

2. 借款合同为要式合同

按照我国《民法典》第668条的规定，借款合同应当采用书面形式，但是自然人之间借款另有约定的除外。借款合同的内容一般包括借款种类、币种、用途、数额、利率、期限和还款方式等条款。在我国现实生活中，以金融机构为一方当事人的借款合同一般都是格式合同，即由金融机构一方事先起草好的且不与对方协商，也不允许对方修改的合同。

3. 借款合同为双务合同

借款合同的双务性体现在：贷款人应当交付约定数额的借款，而借款人应当按照约定期限还款并支付利息。

4. 借款合同为诺成合同

依照我国《民法典》合同编的规定，以金融机构为一方当事人的借款合同自当事人达成书面协议起即具有法律约束力，不需要以实际交付金钱为要件，所以为诺成合同。这与自然人之间的借款合同不同。

（二）自然人之间的借款合同的特征

1. 自然人之间的借款合同为实践合同

按照我国《民法典》第 679 条的规定，自然人之间的借款合同，自贷款人提供借款时成立。由此可见，我国自然人之间的借款合同为实践合同。这种规定符合我国实际情况，因为在现在，虽然自然人之间的借款合同也有商业性的，但相当一部分借款是为了调剂余缺，带有相互之间帮助的道德性因素。所以，如果将自然人之间的借款合同定为诺成合同而带有强制执行的特点，与这种道德性因素不合。

既然是实践合同，那么，合同的成立就必须以出借人实际交付货币为成立标志。按照《最高人民法院关于审理民间借贷案件适用法律若干问题的规定》（2021 年 1 月 1 日起施行）第 9 条的规定，自然人之间的借款合同具有下列情形之一的，可以视为合同成立：（1）以现金支付的，自借款人收到借款时；（2）以银行转账、网上电子汇款等形式支付的，自资金到达借款人账户时；（3）以票据交付的，自借款人依法取得票据权利时；（4）出借人将特定资金账户支配权授权给借款人的，自借款人取得对该账户实际支配权时；（5）出借人以与借款人约定的其他方式提供借款并实际履行完成时。

2. 自然人之间的借款合同可以是无偿的也可以是有偿的

在现实生活中，对于自然人之间的借款当事人可以约定利息，也可以不约定利息。在对是否约定产生疑问时，视为不支付利息。根据我国《民法典》第 680 条的规定，自然人之间的借款合同对支付利息没有约定或者约定不明确的，视为不支付利息。也就是说，当事人不约定或者约定不明，即视为无偿的，只有特别约定才视为有偿的。

另外，自然人之间的借款虽然可以约定利息，但不得约定超出我国法律法规规定的利息限度而形成高利贷。我国《民法典》第 680 条第 1、2 款规定：禁止高利放贷，借款的利率不得违反国家有关规定。借款合同对支付利息没有约定的，视为没有利息。

关于借款利率的具体限制，在我国《民法典》中并无直接规定，但最高人民法院的司法解释有明确规定。2015 年最高人民法院关于民间借贷的司法解释①中关于民间借贷利率的核心条文主要是第 26 条、第 30 条及第 31 条。第 26 条规定："借贷双方约定的利率未超过年利率 24%，出借人请求借款人按照约定的利率支付利息的，人民法院应予支持。借贷双方约定的利率超过年利率 36%，超过部分的利息约定无效。借款人请求出借人返还已支付的超过年利率 36%部分的利息的，人民法院应予支持。"第 30 条规定："出借人与借款人既约定了逾期利率，又约定了违约金或者其他费用，出借人可以选择主张逾期利息、违约金或者其他费用，也可以一并主张，但总计超过年利率 24%的部分，人民法院不予支持。"第 31 条规定："没有约定利息但借款人自愿支付，或者超过约定的利率自愿支付利息或违约金，且没有损害国家、集体和第三人利益，借款人又以不当得利为由要求出借人返还的，人民法院不予支持，但借款人要求返还超过年利率 36%部分的利息除外。"

---

① 具体是指《最高人民法院关于审理民间借贷案件适用法律若干问题的规定》（2015 年 6 月 23 日最高人民法院审判委员会第 1655 次会议通过，2015 年 9 月 1 日起施行）。

综上所述，我国最高人民法院根据目前的社会具体现实，对于民间借贷利率由原来的“两段论”改变为“三段论”，即由原来以年利率24％为标准分为有效并受到保护和无效而不受保护的“两段论”，变为以年利率24％和36％为标准的“三段论”：不超过24％的年利率约定不仅有效，而且受到法律保护；超过36％的约定无效且不受法律保护；24％与36％之间的利率约定有效但保护较弱，即出借人请求借款人履行的，法院不支持，但是，借款人履行完毕后请求返还的，法院也不支持。

但最高人民法院的这一规定受到了很多人的批评，认为将借贷利率定为24％过高，不符合中国的现实情况。而且，自从最高人民法院这一司法解释出台后，自然人之间的借贷利率基本上都在24％，从结果上推高了利率。因此，2020年12月29日最高人民法院又重新出台了《最高人民法院关于审理民间借贷案件适用法律若干问题的规定》（2021年1月1日起施行），其第25条规定：出借人请求借款人按照合同约定利率支付利息的，人民法院应予支持，但是双方约定的利率超过合同成立时一年期贷款市场报价利率4倍的除外。这里所称“一年期贷款市场报价利率”，是指中国人民银行授权全国银行间同业拆借中心自2019年8月20日起每月发布的一年期贷款市场报价利率。即以中国人民银行授权全国银行间同业拆借中心每月20日发布的一年期贷款市场报价利率的4倍为标准确定民间借贷利率的司法保护上限，取代2015年司法解释中以年利率24％和36％为标准的“三段论”，大幅度降低民间借贷利率的司法保护上限，以适应当前的经济发展的需要。以2020年7月20日发布的一年期贷款市场报价利率3.85％的4倍计算为例，民间借贷利率的司法保护上限为15.4％。

3. 自然人之间的借款合同一般为不要式合同

我国《民法典》第668条第1款规定：借款合同应当采用书面形式，但是自然人之间借款另有约定的除外。如何理解该条？从客观解释角度看，其含义应当是：自然人之间的借款合同一般为书面合同，当事人另有约定的，从其约定。在产生疑问时，应以书面合同为原则。但我们同时应当注意的是，《民法典》第679条关于实践性的规定，不能简单地认为，自然人之间的借款合同没有采取书面形式，而当事人又没有约定采取非书面形式的，借款合同就无效。当事人没有采取书面形式，但贷款人实际交付借款的，应当认为合同有效；即使有书面合同，但实际交付的金钱数额与合同约定的数额不同的，也应当以实际交付的数额为准。

（三）自然人之间借款合同以外的民间借贷合同的特征

这里所谓的自然人之间借款合同以外的民间借贷合同，是指在民间借贷中，除自然人之间的借贷合同之外的借款合同，可以是法人与法人之间、法人与自然人之间、法人与非法人组织之间、自然人与非法人组织之间的借款合同。这种借款合同，有的与自然人间的借款合同相似，有的则不同。具体来说有以下特征。

1. 这种合同为要式合同

依照我国民法典的规定，除了自然人之间的借款合同为不要式合同，其他的民间借贷合同为书面合同。

2. 这种合同为诺成合同

尽管是民间借贷，但是，除了自然人之间的借款合同，我国法律规定这种合同为诺成合同。

3. 这种合同可以为有偿合同也可以是无偿合同

按照《最高人民法院关于审理民间借贷案件适用法律若干问题的规定》（2021年1月1日

起施行）第24条的规定，借贷双方没有约定利息，出借人主张支付利息的，人民法院不予支持。由此可见，其与金融机构的借款合同显然不同。

第二节　借款合同的效力

一、贷款人的权利、义务

（一）要求提供担保的权利

前面已经提到，借款合同较其他物的出借具有更大的风险，特别是在我国目前商业信用基础欠缺的情况下，更是如此。因此，我国目前的金融机构贷款实践中，金融机构要求提供担保的占绝对多数。

（二）解除合同并提前收回贷款的权利

我国《民法典》第673条规定：借款人未按照约定的借款用途使用借款的，贷款人可以停止发放借款、提前收回借款或者解除合同。

该条规定了贷款人解除合同的法定理由，但有一点是可以质疑的：如果不解除合同如何提前收回借款？因为，如果不解除合同，合同约定的借款与还款时间就仍然有效，如何提前收回？"停止发放贷款"，我们可以理解为一种抗辩权，但提前收回借款如何理解？所以，提前收回借款必须以解除合同为前提。

（三）对借款使用的检查监督权

我国《民法典》第672条规定：贷款人按照约定可以检查、监督借款的使用情况。借款人应当按照约定向贷款人定期提供有关财务会计报表或者其他资料。贷款人发现借款人未按照约定的借款用途使用借款的，贷款人可以停止发放借款、提前收回借款或者解除合同。但是，在实践中，如果借款人提供了足够的担保，在一般情况下的商业贷款中，贷款人是否有此权利，颇有疑问。

（四）按照约定提供贷款的义务

贷款人应当按照借款合同的约定向借款人提供贷款，否则，给借款人造成损失的，应当负担赔偿责任。我国《民法典》第671条规定：贷款人未按照约定的日期、数额提供借款，造成借款人损失的，应当赔偿损失。

（五）不得提前扣除利息的义务

中国目前现实存在的情况是，有些贷款人，特别是在民间借贷（包括小额贷款公司的实际业务）中，存在一种严重损害借款人利益的做法——先从借款总额中预先扣除利息。《民法典》第670条规定：借款的利息不得预先在本金中扣除。利息预先从本金中扣除的，应当按照实际借款数额返还借款并计算利息。

（六）利率确定权

我国金融法规允许各个金融机构在一定范围内自行确定利率，不同的贷款种类、不同的借款人有不同的风险，因此，利率也就不同。办理贷款业务的金融机构贷款的利率，应当按照中国人民银行规定的贷款利率的上下限确定。

（七）其他诚信义务

贷款人除了遵守上述义务，还应当遵守根据诚实信用原则所产生的义务，如为借款人保密的义务等。

二、借款人的义务

（一）按照合同约定收取借款的义务

如同其他合同一样，借款人应当按照合同约定接受履行，即按照合同约定收取借款，否则要负担违约责任。我国《民法典》第 671 条第 2 款规定："借款人未按照约定的日期、数额收取借款的，应当按照约定的日期、数额支付利息。"

（二）按照约定还款义务

1. 还款的数额

还款的数额，一般是本金加上约定的利息。如果是逾期还款，还要加上罚息。

至于民间借贷，按照《最高人民法院关于审理民间借贷案件适用法律若干问题的规定》（2021 年 1 月 1 日起施行）第 27 条的规定，借贷双方对前期借款本息结算后将利息计入后期借款本金并重新出具债权凭证，如果前期利率没有超过合同成立时一年期贷款市场报价利率四倍，重新出具的债权凭证载明的金额可认定为后期借款本金。超过部分的利息，不应认定为后期借款本金。按上述计算方式，借款人在借款期间届满后应当支付的本息之和，超过以最初借款本金与以最初借款本金为基数、以合同成立时一年期贷款市场报价利率 4 倍计算的整个借款期间的利息之和的，人民法院不予支持。

至于民间借贷逾期还款的，按照上述解释第 28、29 条的规定，借贷双方对逾期利率有约定的，从其约定，但是以不超过合同成立时一年期贷款市场报价利率 4 倍为限。未约定逾期利率或者约定不明的，人民法院可以区分不同情况处理：（1）既未约定借期内利率，也未约定逾期利率，出借人主张借款人自逾期还款之日起参照当时一年期贷款市场报价利率标准计算的利息承担逾期还款违约责任的，人民法院应予支持；（2）约定了借期内利率但是未约定逾期利率，出借人主张借款人自逾期还款之日起按照借期内利率支付资金占用期间利息的，人民法院应予支持（第 28 条）。出借人与借款人既约定了逾期利率，又约定了违约金或者其他费用，出借人可以选择主张逾期利息、违约金或者其他费用，也可以一并主张，但是总计超过合同成立时一年期贷款市场报价利率 4 倍的部分，人民法院不予支持（第 29 条）。

2. 还款的日期

依据我国《民法典》第 675～677 条的规定，借款人应当按照约定的期限返还借款。对借款期限没有约定或者约定不明确，依据《民法典》第 510 条确定，即当事人可以协议补充；不能达成补充协议的，按照合同有关条款或者交易习惯确定。仍不能确定的，借款人可以随时返还；贷款人可以催告借款人在合理期限内返还。借款人未按照约定的期限返还借款的，应当按照约定或者国家有关规定支付逾期利息。借款人提前偿还借款的，除当事人另有约定的以外，应当按照实际借款的期间计算利息。

3. 申请延展还款期的权利

当事人可以就还款日期达成延展协议。《民法典》第 678 条规定：借款人可以在还款期限届满前向贷款人申请展期；贷款人同意的，可以展期。

（三）利息支付义务

利息支付也是借款人的基本义务之一，是借款合同有偿性的具体体现。我国《民法典》第

674 条规定："借款人应当按照约定的期限支付利息。对支付利息的期限没有约定或者约定不明确，依据本法第五百一十条的规定仍不能确定，借款期间不满一年的，应当在返还借款时一并支付；借款期间一年以上的，应当在每届满一年时支付，剩余期间不满一年的，应当在返还借款时一并支付。"

按照《最高人民法院关于审理民间借贷案件适用法律若干问题的规定》(2021 年 1 月 1 日起施行) 第 24 条的规定，借贷双方没有约定利息，出借人主张支付利息的，人民法院不予支持。自然人之间借贷对利息约定不明，出借人主张支付利息的，人民法院不予支持。除自然人之间借贷的外，借贷双方对借贷利息约定不明，出借人主张利息的，人民法院应当结合民间借贷合同的内容，并根据当地或者当事人的交易方式、交易习惯、市场报价利率等因素确定利息。

（四）按照合同约定的贷款用途使用贷款的义务

如果借款合同明确约定了贷款的用途，借款人应当按照约定用途使用借款，否则，将承担被解除合同、收回借款或者停止发放借款的后果。

（五）如实说明的义务

依据《民法典》第 669 条之规定，订立借款合同，借款人应当按照贷款人的要求提供与借款有关的业务活动和财务状况的真实情况。如果借款人未履行这一忠实的说明义务，将构成欺诈，贷款人可以以此为理由而解除合同。合同解除的法律后果是：贷款人已经按照约定提供借款的，有权收回借款，另有损失的，借款人应当赔偿贷款人的损失；合同没有履行的，解除后合同不需履行，借款人应赔偿贷款人因此而遭受的损失。

法律适用

正常借款与高利贷的关系的区别

在司法实践中，被认定是正常借款还是高利贷，对于借款法律关系是否有效有着决定意义，因此，应当对二者加以区分。我国《民法典》规定的借款合同包括银行借款合同和民间借贷合同。在银行借款关系中，金融机构的利率是根据中国人民银行规定的贷款利率的上下限确定的，是法定利率，不会出现高利贷违法现象。而在民间借贷关系中，非常有可能出现高利贷。高利贷以借贷为基础，放贷人以较高利息从中获取暴利。高利贷的利息比法定利率高几倍甚至十几倍，其以双方当事人形式上的平等、自愿掩盖了实质上的不平等，且高利贷的使用人通常处于资金紧缺而又急需资金的不利境况，因此，高利贷的存在必然会扰乱正常的市场金融秩序，应当对其进行限制和打击。总之，实践中处理民间借贷纠纷时，对于约定利率适当高于银行利率的正常借款关系，应给予其保护；而对于约定利率高出银行利率过多的高利贷或"驴打滚"式借贷，应确认其无效，并可追究相关当事人的责任。

课后复习

论述金融机构为一方当事人的借款合同与自然人之间的借款合同的区别。

第十六章　保证合同

提　要

保证是一种生活中常见的担保形式，通常被称为人的担保。此次《民法典》与以前的民事立法不同的是：在保证责任的认定方面，如果当事人是连带保证责任还是一般保证责任没有约定或者约定不清楚，认定为一般保证责任。一般保证责任的保证人对于债权人有先诉抗辩权，但在有法律特别规定的情况下，先诉抗辩权消灭。债务人对债权人的抗辩，保证人可以主张，即使债务人放弃抗辩，保证人仍然可以抗辩。

重点问题

1. 债权转让对保证的影响。
2. 保证的形式。
3. 保证期间与诉讼时效期间。

第一节　保证合同概述

一、保证合同的概念与特征

保证合同是为保障债权的实现，保证人和债权人约定，当债务人不履行到期债务或者发生当事人约定的情形时，保证人履行债务或者承担责任的合同。

保证合同涉及三方当事人，即债权人、债务人及保证人。其中，债务人因其债务被保证，故也称为被保证人。保证合同具有以下特征。

1. 保证合同的目的在于担保债务的履行

如果没有这样的目的，即如果没有担保的目的，就不能成立保证合同，可能成立其他种类的合同。

2. 保证合同具有单务性

保证合同实际上是保证人与债权人签订的以担保债务人履行债务为目的的合同，就这种合同关系来说，保证人对债权人的义务是单向的，债权人并不因此对保证人负担对价。当然，至于保证人为什么替债务人担保，那可能有多重原因。

3. 保证合同具有从属性

既然保证合同的存在目的是保障债务的履行，那一般来说，它是以主债权债务合同的存在为基础的。故我国《民法典》第 682 条第 1 款规定：“保证合同是主债权债务合同的从合同。

主债权债务合同无效的，保证合同无效，但是法律另有规定的除外。”

实事求是地说，不具有“从属性”的保证在很多国家也是存在的，在我国实践中也例外地存在（例如，金融机构的独立保函），但是，我国司法实践一般不承认独立保证。《最高人民法院关于适用〈中华人民共和国民法典〉有关担保制度的解释》第 2 条规定：当事人在担保合同中约定担保合同的效力独立于主合同，或者约定担保人对主合同无效的法律后果承担担保责任，该有关担保独立性的约定无效。主合同有效的，有关担保独立性的约定无效不影响担保合同的效力；主合同无效的，人民法院应当认定担保合同无效，但是法律另有规定的除外。因金融机构开立的独立保函发生的纠纷，适用《最高人民法院关于审理独立保函纠纷案件若干问题的规定》。①

必须指出，其他主体订立的独立担保合同中关于独立性的约定无效，但该无效不是指担保合同整体无效，仅仅是指关于独立性的约定无效。

二、保证合同在我国《民法典》体系下的结构

应该说，保证合同与保证制度根本不是一回事：保证合同仅仅是保证制度中的一环。在 1995 年的《担保法》中，保证是作为一种制度规定的。但是，由于我国《民法典》现在没有了“债法总则”，保证制度也就无处安身了。正是因为找不到安身的地方，我们在编纂《民法典》的时候，就把保证制度缩影到“保证合同”中了。

因此，我们在理解《民法典》合同编中的“保证合同”的时候，一定要将其理解为保证制度。

三、保证的性质

（一）债权性

保证是从属于主债的一种债，债权人在出现保证原因时，只能请求保证人履行而不能直接处分保证人的财产，故保证的性质为债权。

（二）随附性

从债的关系上讲，被保证的债为主债，保证为从债，故其效力受主债的影响，因主债的存在而存在，随主债的消灭而消灭（一般情况下是这样的）。一般地说，我国民法典上的保证具有随附性是正确的，我国司法实践一般不承认保证的独立性。《民法典》第 682 条第 1 款就明确规定了这一性质，但也规定了例外。

（三）诺成性

保证合同为诺成合同。所谓诺成合同，是指保证合同只需保证人与债权人之间就保证合同

---

① 根据《最高人民法院关于审理独立保函纠纷案件若干问题的规定》（2016 年 7 月 11 日最高人民法院审判委员会第 1688 次会议通过，根据 2020 年 12 月 23 日最高人民法院审判委员会第 1823 次会议通过的《最高人民法院关于修改〈最高人民法院关于破产企业国有划拨土地使用权应否列入破产财产等问题的批复〉等二十九件商事类司法解释的决定》修正，法释〔2020〕18 号，2021 年 1 月 1 日起施行）第 1 条的规定，所谓的独立保函，是指银行或非银行金融机构作为开立人，以书面形式向受益人出具的，同意在受益人请求付款并提交符合保函要求的单据时，向其支付特定款项或在保函最高金额内付款的承诺。前述所称的单据，是指独立保函载明的受益人应提交的付款请求书、违约声明、第三方签发的文件、法院判决、仲裁裁决、汇票、发票等表明发生付款到期事件的书面文件。独立保函可以依保函申请人的申请而开立，也可以依另一金融机构的指示而开立。开立人依指示开立独立保函的，可以要求指示人向其开立用以保障追偿权的独立保函。

的内容达成一致协议，即告成立，不存在物之交付问题。

四、保证的分类、种类的认定规则

（一）分类

按照不同的标准，保证可以分为不同的种类。按照我国《民法典》合同编的规范（第686～690条），保证可以分为一般保证、连带责任保证与最高额保证。

一般保证——当事人在保证合同中约定，债务人不能履行债务时，由保证人承担保证责任的，为一般保证。一般保证的保证人在就债务人的财产依法强制执行仍不能履行债务前，除了法律有特别规定的，有权拒绝承担保证责任。

在一般保证中，保证具有补充性，即只有在债务人不履行主债务时，保证人才履行保证责任。换言之，一般保证系以主债务不履行为停止条件的债务。

连带责任保证——当事人在保证合同中约定保证人和债务人对债务承担连带责任的，为连带责任保证。连带责任保证的债务人不履行到期债务或者发生当事人约定的情形时，债权人可以请求债务人履行债务，也可以请求保证人在其保证范围内承担保证责任。

在连带责任保证中，保证人的责任不是补充性的，只要有债务不履行的事实，债权人即可向保证人主张履行。

最高额保证——保证人与债权人在最高债权额限度内，就一定期间连续发生的债权订立的保证合同。

（二）保证种类的认定规则

1. 在当事人就保证的种类没有约定或者约定不明时认定为一般保证

当事人就保证的种类没有约定或者约定不明时如何确定是哪一种保证从而实现保证责任呢？首先，如果当事人没有特别约定，肯定不能成立最高额保证。其次，当事人在保证合同中对保证方式没有约定或者约定不明确的，按照一般保证承担保证责任。这是我国《民法典》对之前的立法和司法的一个重大改变——《民法典》之前的立法和司法与此相反：当事人在保证合同中对保证方式没有约定或者约定不明确的，按照连带责任保证承担保证责任。

2. 根据约定内容来认定保证的种类

当事人在保证合同中约定了保证人在债务人不能履行债务或者无力偿还债务时才承担保证责任等类似内容，具有债务人应当先承担责任的意思表示的，人民法院应当将其认定为一般保证（《最高人民法院关于适用〈中华人民共和国民法典〉有关担保制度的解释》第25条第1款）。

当事人在保证合同中约定了保证人在债务人不履行债务或者未偿还债务时即承担保证责任、无条件承担保证责任等类似内容，不具有债务人应当先承担责任的意思表示的，人民法院应当将其认定为连带责任保证（《最高人民法院关于适用〈中华人民共和国民法典〉有关担保制度的解释》第25条第2款）。

第二节　保证的成立

一、保证合同当事人应当适格

关于保证人的资格，各国民法均有规定。如《法国民法典》第2018条规定，保证人应有缔约能力，有担保债务的充分的财产并在国王法院（上诉法院）管辖区内有住所。《日本民法典》第 450 条规定："保证人应有民事能力与清偿资力。"

依据我国《民法典》第 683 条的规定，保证合同的当事人应当具有行为能力。但是，下列主体不可以作为保证人：机关法人不得为保证人，但是经国务院批准为使用外国政府或者国际经济组织贷款进行转贷的除外。以公益为目的的非营利法人、非法人组织不得为保证人。

根据《最高人民法院关于适用〈中华人民共和国民法典〉有关担保制度的解释》第 5 条第 2 款及第 6 条的规定，居民委员会、村民委员会提供担保的，人民法院应当认定担保合同无效，但是依法代行村集体经济组织职能的村民委员会，依照《村民委员会组织法》规定的讨论决定程序对外提供担保的除外。以公益为目的的非营利性学校、幼儿园、医疗机构、养老机构等提供担保的，人民法院应当认定担保合同无效，但是，登记为营利法人的学校、幼儿园、医疗机构、养老机构等提供担保，当事人以其不具有担保资格为由主张担保合同无效的，人民法院不予支持。

另外，上述解释第 7～11 条规定：（1）公司的法定代表人违反《公司法》关于公司对外担保决议程序的规定，超越权限代表公司与相对人订立担保合同，人民法院应当依照《民法典》第 61 条和第 504 条等规定处理：1）相对人善意的，担保合同对公司发生效力；相对人请求公司承担担保责任的，人民法院应予支持。2）相对人非善意的，担保合同对公司不发生效力；相对人请求公司承担赔偿责任的，参照适用本解释第 17 条的有关规定。法定代表人超越权限提供担保造成公司损失，公司请求法定代表人承担赔偿责任的，人民法院应予支持。这里所称善意，是指相对人在订立担保合同时不知道且不应当知道法定代表人超越权限。相对人有证据证明已对公司决议进行了合理审查，人民法院应当认定其构成善意，但是公司有证据证明相对人知道或者应当知道决议系伪造、变造的除外。

（2）有下列情形之一，公司以其未依照《公司法》关于公司对外担保的规定作出决议为由主张不承担担保责任的，人民法院不予支持：1）金融机构开立保函或者担保公司提供担保；2）公司为其全资子公司开展经营活动提供担保；3）担保合同系由单独或者共同持有公司 2/3 以上对担保事项有表决权的股东签字同意。上市公司对外提供担保，不适用第 2 项、第 3 项的规定。

（3）相对人根据上市公司公开披露的关于担保事项已经董事会或者股东大会决议通过的信息，与上市公司订立担保合同，相对人主张担保合同对上市公司发生效力，并由上市公司承担担保责任的，人民法院应予支持。

相对人未根据上市公司公开披露的关于担保事项已经董事会或者股东大会决议通过的信息，与上市公司订立担保合同，上市公司主张担保合同对其不发生效力，且不承担担保责任或者赔偿责任的，人民法院应予支持。

（4）一人有限责任公司为其股东提供担保，公司以违反《公司法》关于公司对外担保决议程序的规定为由主张不承担担保责任的，人民法院不予支持。公司因承担担保责任导致无法清偿其他债务，提供担保时的股东不能证明公司财产独立于自己的财产，其他债权人请求该股东承担连带责任的，人民法院应予支持。

（5）公司的分支机构未经公司股东（大）会或者董事会决议以自己的名义对外提供担保，相对人请求公司或者其分支机构承担担保责任的，人民法院不予支持，但是相对人不知道且不应当知道分支机构对外提供担保未经公司决议程序的除外。

金融机构的分支机构在其营业执照记载的经营范围内开立保函，或者经有权从事担保业务的上级机构授权开立保函，金融机构或者其分支机构以违反《公司法》关于公司对外担保决议程序的规定为由主张不承担担保责任的，人民法院不予支持。金融机构的分支机构未经金融机构授权提供保函之外的担保，金融机构或者其分支机构主张不承担担保责任的，人民法院应予支持，但是相对人不知道且不应当知道分支机构对外提供担保未经金融机构授权的除外。

担保公司的分支机构未经担保公司授权对外提供担保，担保公司或者其分支机构主张不承担担保责任的，人民法院应予支持，但是相对人不知道且不应当知道分支机构对外提供担保未经担保公司授权的除外。

二、保证合同的成立

（一）保证成立的方式

依据我国《民法典》第685条的规定，保证一般以合同的方式成立。就具体方式来看，保证合同可以是单独订立的书面合同，也可以是主债权债务合同中的保证条款。

单方法律行为是否可以构成保证？大陆法系国家的民法典一般都否定单方法律行为可以成立债务，当然包括保证。但我国《民法典》继受我国多年的学理和司法实践，在第685条第2款规定：第三人单方以书面形式向债权人作出保证，债权人接收且未提出异议的，保证合同成立。

从该规定来看，尽管其表面上看是单方法律行为，但从“债权人接收且未提出异议”的限制来看，已经构成“合意”了。因此，符合这种条件的，保证合同也成立。

另外，根据《最高人民法院关于适用〈中华人民共和国民法典〉有关担保制度的解释》第12条、第36条的规定，法定代表人依照《民法典》第552条的规定以公司名义加入债务的，人民法院在认定该行为的效力时，可以认定为公司为他人提供保证。

《最高人民法院关于适用〈中华人民共和国民法典〉有关担保制度的解释》第36条规定：(1) 第三人向债权人提供差额补足、流动性支持等类似承诺文件作为增信措施，具有提供担保的意思表示，债权人请求第三人承担保证责任的，人民法院应当依照保证的有关规定处理。(2) 第三人向债权人提供的承诺文件，具有加入债务或者与债务人共同承担债务等意思表示的，人民法院应当认定为《民法典》第552条规定的债务加入。(3) 前述规定中第三人提供的承诺文件难以确定是保证还是债务加入的，人民法院应当将其认定为保证。(4) 第三人向债权人提供的承诺文件不符合前述规定的情形，债权人请求第三人承担保证责任或者连带责任的，人民法院不予支持，但是不影响其依据承诺文件请求第三人履行约定的义务或者承担相应的民事责任。

（二）保证合同的一般性条款（提示性条款）

按照契约自由原则，保证合同的内容和条款由当事人自由约定。但为了给人们以提示，《民法典》第684条规定，保证合同的内容一般包括被保证的主债权的种类、数额，债务人履行债务的期限，保证的方式、范围和期间等条款。

但这些条件仅仅是提示性条款，实际签订合同的时候不见得一定会按照这些条款为之，增多或者减少，都不会影响保证合同的效力。在实际生活中，很多保证合同的条款要比这个详细得多，当然也有简略的。

第三节　保证合同的效力

一、保证的范围

（1）保证的范围是指保证所保证的债务责任的范围。保证债务的范围一般由当事人自由约定。保证债务的范围原则上应与主债务的范围相同，但也可以小于主债务。当事人对保证范围没有约定或约定不明确的，应推定为保证范围及于全部债务。我国《民法典》第 691 条、《德国民法典》第 767 条、《日本民法典》第 448 条、《法国民法典》第 2013 条等都作了类似的规定。

（2）由保证的随附性所决定，保证的范围随主债务的减少而减少，但当主债务增加时，非经保证人同意，保证的范围并不增加。

（3）关于保证的具体范围，各国法律均有明确规定，例如，我国《民法典》第 691 条规定："保证的范围包括主债权及其利息、违约金、损害赔偿金和实现债权的费用。当事人另有约定的，按照其约定。"《日本民法典》第 447 条规定了相同的内容。

这里需要提出的问题是：保证合同如果规定了违约责任，是否有效？这是我国最高人民法院针对我国司法实践提出的问题。因为，保证人尽管是为债务人担保，但保证合同是保证人与债权人签订的。那么，如果债权人与保证人在保证合同中签订有违约责任条款，那么，保证人承担的责任可能大于债务人对债权人的义务。在这种情况下效力如何呢？对此，《最高人民法院关于适用〈中华人民共和国民法典〉有关担保制度的解释》第 3 条规定：当事人对担保责任的承担约定专门的违约责任，或者约定的担保责任范围超出债务人应当承担的责任范围，担保人主张仅在债务人应当承担的责任范围内承担责任的，人民法院应予支持。担保人承担的责任超出债务人应当承担的责任范围，担保人向债务人追偿，债务人主张仅在其应当承担的责任范围内承担责任的，人民法院应予支持；担保人请求债权人返还超出部分的，人民法院依法予以支持。

二、保证期间

（一）保证期间的概念及作用

保证期间是指债权人可以请求保证人履行保证义务的有效期间。如果债权人未在该期间内依法请求保证人承担保证义务，保证责任消灭。《民法典》第 693 条规定：一般保证的债权人未在保证期间对债务人提起诉讼或者申请仲裁的，保证人不再承担保证责任。连带责任保证的债权人未在保证期间请求保证人承担保证责任的，保证人不再承担保证责任。

（二）保证期间的性质

依据《民法典》第 692 条的规定，保证期间是确定保证人承担保证责任的期间，不发生中止、中断和延长。保证期间实际上属于除斥期间。

（三）保证期间的产生及限制

债权人与保证人可以约定保证期间，但是约定的保证期间早于主债务履行期限或者与主债务履行期限同时届满的，视为没有约定；没有约定或者约定不明确的，保证期间为主债务履行期限届满之日起 6 个月。

债权人与债务人对主债务履行期限没有约定或者约定不明确的，保证期间自债权人请求债务人履行债务的宽限期届满之日起计算。

（四）保证期间与诉讼时效期间的关系

简单来说，保证期间仅仅是债权人向保证人提出请求的有效期间：如果在这一期间内行使请求权，则保证人的保证责任（债务履行责任）就确定了，保证期间就没有意义了。从确定之日起按照债权债务的规则计算诉讼时效期间。这个诉讼时效期间是可变的：会中断、中止，还有可能延长。

因此，我国《民法典》第 694 条规定：(1) 一般保证的债权人在保证期间届满前对债务人提起诉讼或者申请仲裁的，从保证人拒绝承担保证责任的权利消灭之日起，开始计算保证债务的诉讼时效。(2) 连带责任保证的债权人在保证期间届满前请求保证人承担保证责任的，从债权人请求保证人承担保证责任之日起，开始计算保证债务的诉讼时效。

（五）保证期间的计算起点

(1) 一般原则：一般是以主债务履行期限届满为起算点。

(2) 主合同对保证期间没有约定或者约定不明确的如何计算？

依据《民法典》第 692 条第 3 款的规定，主合同对主债务履行期限没有约定或者约定不明的，保证期间自债权人请求债务人履行义务的宽限期届满之日起计算。

(3) 司法解释中关于保证期间与诉讼时效期间的补充规则。

1) 债权人依据生效法律文书对债务人的财产依法申请强制执行的情形下，一般保证的诉讼时效计算规则。

根据《最高人民法院关于适用〈中华人民共和国民法典〉有关担保制度的解释》第 28 条第 1 款的规定，一般保证中，债权人依据生效法律文书对债务人的财产依法申请强制执行，保证债务诉讼时效的起算时间按照下列规则确定：1) 人民法院作出终结本次执行程序裁定，或者依照《民事诉讼法》第 268 条第 3 项、第 5 项的规定作出终结执行裁定的，自裁定送达债权人之日起开始计算；2) 人民法院自收到申请执行书之日起一年内未作出前项裁定的，自人民法院收到申请执行书满一年之日起开始计算，但是保证人有证据证明债务人仍有财产可供执行的除外。①

2)《民法典》第 687 条第 2 款但书对一般保证之诉讼时效计算的影响。

一般保证的债权人在保证期间届满前对债务人提起诉讼或者申请仲裁，债权人举证证明存在《民法典》第 687 条第 2 款但书规定情形的，保证债务的诉讼时效自债权人知道或者应当知道该情形之日起开始计算（第 28 条）。

3) 最高额保证合同对保证期间的计算方式、起算时间。

最高额保证合同对保证期间的计算方式、起算时间等有约定的，按照其约定。最高额保证合同对保证期间的计算方式、起算时间等没有约定或者约定不明，被担保债权的履行期限均已届满的，保证期间自债权确定之日起开始计算；被担保债权的履行期限尚未届满的，保证期间自最后到期债权的履行期限届满之日起开始计算。这里的“债权确定之日”，依照《民法典》

---

① 但是，令人费解的是：保证人为什么要举证证明债务人仍有财产可供执行从而不开始诉讼时效期间的计算呢？因为，开始计算诉讼时效期间对债权人不利，但对保证人有利。因此，笔者一直不理解保证人这样做的动机是什么。

第423条的规定认定。

（六）保证人对已经超过诉讼时效期间的债务承担保证责任或者提供保证的效力

保证人对已经超过诉讼时效期间的债务承担保证责任或者提供保证的，不得以超过诉讼时效为由进行抗辩。但是，《最高人民法院关于适用〈中华人民共和国民法典〉有关担保制度的解释》第35条规定："保证人知道或者应当知道主债权诉讼时效期间届满仍然提供保证或者承担保证责任，又以诉讼时效期间届满为由拒绝承担保证责任或者请求返还财产的，人民法院不予支持；保证人承担保证责任后向债务人追偿的，人民法院不予支持，但是债务人放弃诉讼时效抗辩的除外。"该条值得商榷：这里是否需要"保证人知道或者应当知道主债权诉讼时效期间届满仍然提供保证或者承担保证责任"作为条件？笔者认为，不需要。

三、债权让与、债务承担或者债的变更对保证的影响

（一）债权转让对保证的影响

债权人将全部或者部分债权转让给第三人，通知保证人后，保证人对受让人承担相应的保证责任。未经通知，该转让对保证人不发生效力。

保证人与债权人约定仅对特定的债权人承担保证责任或者禁止债权转让，债权人未经保证人书面同意转让全部或者部分债权的，保证人就受让人的债权不再承担保证责任。

（二）债务承担对于保证人责任的影响

债权人未经保证人书面同意，允许债务人转移全部或者部分债务，保证人对未经其同意转移的债务不再承担保证责任，债权人和保证人另有约定的除外。但是，第三人加入债务承担的，保证人的保证责任不受影响。

（三）债的变更对保证人的影响

债权人和债务人未经保证人书面同意，协商变更主债权债务合同内容，减轻债务的，保证人仍对变更后的债务承担保证责任；加重债务的，保证人对加重的部分不承担保证责任。

债权人与债务人对主债权债务合同履行期限作了变更，未经保证人书面同意的，保证期间不受影响。

四、保证在当事人之间的具体效力

（一）在保证人与债权人之间的效力

（1）在一般保证中，当主债务履行期限届至而债务人不能履行时，债权人可请求保证人履行保证责任；在连带责任保证中，当主债务履行期限届至时，债权人可直接向保证人主张保证责任。

（2）保证人的各种抗辩权。

1）保证人享有债务人对债权人的各种抗辩权。所谓抗辩权，是指债权人行使权利时，债务人根据法定事由对抗债权人行使请求权的权利。债务人抛弃抗辩权的行为，对保证人不生效力，即债务人虽已抛弃抗辩权，保证人仍得主张之。例如，我国《民法典》第701条就规定："保证人可以主张债务人对债权人的抗辩。债务人放弃抗辩的，保证人仍有权向债权人主张抗辩。"《德国民法典》第768条规定："保证人得主张主债务人的所有抗辩权。……保证人不因主债务人抛弃其抗辩权而丧失抗辩权。"

2）债务人对于产生其债务的法律行为有撤销权时，保证人对债权人有拒绝履行保证责任的抗辩权。我国《民法典》第 702 条规定：“债务人对债权人享有抵销权或者撤销权的，保证人可以在相应范围内拒绝承担保证责任。”《德国民法典》第 770 条规定了相同的内容。

3）先诉抗辩权及其例外。先诉抗辩权，又称检索抗辩权，是指保证人在债权人未就债务人的财产申请强制执行或执行担保物权而未果前，得拒绝债权人之请求的权利。这是由保证的从属性所决定的，我国《民法典》第 687 条第 2 款的规定即为先诉抗辩权。但也有例外，这些例外主要是：第一，债务人下落不明，且无财产可供执行；第二，人民法院已经受理债务人破产案件；第三，债权人有证据证明债务人的财产不足以履行全部债务或者丧失履行债务能力；第四，保证人书面表示放弃第 2 款规定的权利。

4）保证人提供债务人的财产信息被债权人忽视的免责效力。我国《民法典》在总结司法实践经验的基础上，于第 698 条规定了保证人免责的另外一种情形：一般保证的保证人在主债务履行期限届满后，向债权人提供债务人可供执行财产的真实情况，债权人放弃或者怠于行使权利致使该财产不能被执行的，保证人在其提供可供执行财产的价值范围内不再承担保证责任。

（二）在保证人与债务人之间的效力

1. 保证人履行保证义务后取得对债务人的追偿权

保证对保证人与债务人之间的效力，主要表现在保证人履行了保证义务后，其在履行了保证义务的范围内取得了债权人对债务人的债权，有权向债务人追偿；如保证人受到损害时，对债务人可请求损害赔偿。

2. 求偿的具体情形

（1）同一债务若有数个债务人负连带债务时，为全体债务人担保的保证人，对于各连带债务人有请求其所支付的全部金额的权利。

（2）数保证人对同一债务人负连带保证责任时，已清偿债务的保证人有权直接向债务人追偿，也可以向其他保证人按各自应承担的部分请求偿还，各保证人均有权向债务人追偿。

（3）同一债务有两个以上保证人的，保证人应当按照保证合同约定的保证份额，承担保证责任。这时候，如果保证人超出自己份额履行了保证责任，如何？有两种解决方法：一是直接向债务人求偿；二是按照无因管理或者不当得利向其他保证人求偿。

没有约定保证份额的，债权人可以请求任何一个保证人承担保证责任，该履行了保证义务的保证人能否向其他免除责任的保证人求偿呢？从理论上说，笔者是支持能够求偿的。但我国立法和学理最近的通说采取否定说。《民法典》第 699 条大概就是这个意思：同一债务有两个以上保证人的，保证人应当按照保证合同约定的保证份额，承担保证责任；没有约定保证份额的，债权人可以请求任何一个保证人在其保证范围内承担保证责任。这与《民法典》第 392 条在确定“物权担保与保证并存的时候”的规则是一样的。

如果说《民法典》对于这一问题还有讨论和解释的空间的话，那么，最高人民法院的司法解释几乎明确地采用了“否定说”。根据《最高人民法院关于适用〈中华人民共和国民法典〉有关担保制度的解释》第 13 条的规定，（1）同一债务有两个以上第三人提供担保，担保人之间约定相互追偿及分担份额，承担了担保责任的担保人请求其他担保人按照约定分担份额的，人民法院应予支持；担保人之间约定承担连带共同担保，或者约定相互追偿但是未约定分担份额的，各担保人按照比例分担向债务人不能追偿的部分。（2）同一债务有两个以上第三人提供担保，担保人之间未对相互追偿作出约定且未约定承担连带共同担保，但是各担保人在同一份合同书上签字、盖章或者按指印，承担了担保责任的担保人请求其他担保人按照比例分担向债务人不能追偿部分的，人民法院应予支持。(3) 除前述规定的情形外，承担了担保责任的担保人请求其他担保人分担向债务人不能追偿部分的，人民法院不予支持。

不仅如此，最高人民法院对于下列情形也否认了求偿权：同一债务有两个以上第三人提供担保，担保人受让债权的，人民法院应当认定该行为系承担担保责任。受让债权的担保人作为债权人请求其他担保人承担担保责任的，人民法院不予支持；该担保人请求其他担保人分担相应份额的，依照上述解释中的第 13 条的规定处理（《最高人民法院关于适用〈中华人民共和国民法典〉有关担保制度的解释》第 14 条）。

五、保证与物权担保并存的追偿规则

依据《民法典》第 392 条规定，被担保的债权既有物的担保又有人的担保的，债务人不履行到期债务或者发生当事人约定的实现担保物权的情形，债权人应当按照约定实现债权；没有约定或者约定不明确，债务人自己提供物的担保的，债权人应当先就该物的担保实现债权；第三人提供物的担保的，债权人可以就物的担保实现债权，也可以请求保证人承担保证责任。提供担保的第三人承担担保责任后，有权向债务人追偿。

从这一规定看，实际上就是否定了“客观上获益”的担保人的义务，即一个债权之上有第三人提供的抵押，也有第三人保证，都没有约定应该承担多少份额，这时如果债权人选择其中之一的担保方式行使，则另外一种担保就免责了。从学理上讲，被免责的人应该被追偿 50％的责任，但按照我国《民法典》的这一规定，债权人选择谁，谁就只能自认倒霉了：谁让债权人选择了自己呢？因为如果没有对方的担保的话，任何提供担保的第三人也是全额承担。

六、新贷还旧贷对保证的影响

在实践中，存在大量的以借新贷还旧贷的情形，而在这种情形中，往往会出现各种各样的损害保证人的情形。为此，最高人民法院专门规定了对这种情形的规制。《最高人民法院关于适用〈中华人民共和国民法典〉有关担保制度的解释》第 16 条第 1 款规定：(1) 主合同当事人协议以新贷偿还旧贷，债权人请求旧贷的担保人承担担保责任的，人民法院不予支持。(2) 债权人请求新贷的担保人承担担保责任的，按照下列情形处理：1）新贷与旧贷的担保人相同的，人民法院应予支持；2）新贷与旧贷的担保人不同，或者旧贷无担保新贷有担保的，人民法院不予支持，但是债权人有证据证明新贷的担保人提供担保时对以新贷偿还旧贷的事实知道或者应当知道的除外。

七、债务人破产对保证的影响

（一）概述

严格地来说，当主债务人破产的时候，债权人既可以按照破产程序申报债权，也可以不申报债权而按照民法上的保证要求保证人承担保证责任。在实践中，有些实务部门对此有错误的认识，甚至有的法院认为，债权人申报债权后，就不能再向担保人主张权利。因此，针对这些问题，《民法典》及《最高人民法院关于适用〈中华人民共和国民法典〉有关担保制度的解释》

作出了一系列规则，来理顺这些问题。

（二）具体规则

1. 预先追偿权

在通常情况下，保证人的求偿权仅得于履行了保证义务之后始向债务人行使，但在债务人被宣告破产而债权人又未将其债权全额作为破产债权申报时，保证人得以其将来的求偿权作为破产债权向债务人行使权利。对此，我国《企业破产法》第51条明确规定："债务人的保证人或者其他连带债务人已经代替债务人清偿债务的，以其对债务人的求偿权申报债权。债务人的保证人或者其他连带债务人尚未代替债务人清偿债务的，以其对债务人的将来求偿权申报债权。但是，债权人已经向管理人申报全部债权的除外。"

2. 债权人的通知义务

债权人知道或者应当知道债务人破产，既未申报债权也未通知担保人，致使担保人不能预先行使追偿权的，担保人就该债权在破产程序中可能受偿的范围内免除担保责任，但是担保人因自身过错未行使追偿权的除外（《最高人民法院关于适用〈中华人民共和国民法典〉有关担保制度的解释》第24条）。

3. 破产程序与民事诉讼程序中的保证人责任的关系

（1）法院受理债务人破产案件，债权人在破产程序中申报债权后又向人民法院提起诉讼，请求担保人承担担保责任的，人民法院依法予以支持。

（2）担保人清偿债权人的全部债权后，可以代替债权人在破产程序中受偿；在债权人的债权未获全部清偿前，担保人不得代替债权人在破产程序中受偿，但是有权就债权人通过破产分配和实现担保债权等方式获得清偿总额中超出债权的部分，在其承担担保责任的范围内请求债权人返还。

（3）债权人在债务人破产程序中未获全部清偿，请求担保人继续承担担保责任的，人民法院应予支持；担保人承担担保责任后，向和解协议或者重整计划执行完毕后的债务人追偿的，人民法院不予支持。

4. 债权人对保证人的权利是否受到破产程序的影响

对此，最高人民法院上述解释第22条规定："人民法院受理债务人破产案件后，债权人请求担保人承担担保责任，担保人主张担保债务自人民法院受理破产申请之日起停止计息的，人民法院对担保人的主张应予支持。"

笔者认为，最高人民法院的这一规则是错误的——破产程序开始后，如果债权人按照破产程序来申报债权并按照破产程序接受清偿的话，其债权当然停止计息，否则与其他债权人就不平等。但是，如果债权人不按照破产程序申报债权，而是要求保证人履行民法上的保证责任，就不应该将其债权停止计息。因为民法上的保证责任属于个别清偿，不存在与其他债权人公平受偿的问题。

八、主合同与担保合同的效力关系

（一）主合同有效而第三人提供的担保合同无效时的责任分担

主合同有效而第三人提供的担保合同无效，人民法院应当区分不同情形确定担保人的赔偿责任：（1）债权人与担保人均有过错的，担保人承担的赔偿责任不应超过债务人不能清偿部分的 1/2；(2) 担保人有过错而债权人无过错的，担保人对债务人不能清偿的部分承担赔偿责任；(3) 债权人有过错而担保人无过错的，担保人不承担赔偿责任（《最高人民法院关于适用〈中华人民共和国民法典〉有关担保制度的解释》第 17 条第 1 款）。

（二）主合同无效导致第三人提供的担保合同无效时的责任分担

保证合同被确认无效后，债务人、保证人、债权人有过错的，应当根据其过错各自承担相应的民事责任。主合同无效导致第三人提供的担保合同无效，担保人无过错的，不承担赔偿责任；担保人有过错的，其承担的赔偿责任不应超过债务人不能清偿部分的 1/3（《民法典》第 682 条、《最高人民法院关于适用〈中华人民共和国民法典〉有关担保制度的解释》第 17 条第 2 款）。

（三）担保责任与反担保的关系

担保合同无效，承担了赔偿责任的担保人按照反担保合同的约定，在其承担赔偿责任的范围内请求反担保人承担担保责任的，人民法院应予支持。反担保合同无效的，依照本解释第 17 条的有关规定处理。当事人仅以担保合同无效为由主张反担保合同无效的，人民法院不予支持（《最高人民法院关于适用〈中华人民共和国民法典〉有关担保制度的解释》第 19 条）。

（四）保证合同无效后保证期间对保证人赔偿责任的影响

保证合同无效，债权人未在约定或者法定的保证期间内依法行使权利，保证人主张不承担赔偿责任的，人民法院应予支持（《最高人民法院关于适用〈中华人民共和国民法典〉有关担保制度的解释》第 33 条）。

第四节 保证的其他实践规则——主要根据是《最高人民法院关于适用〈中华人民共和国民法典〉有关担保制度的解释》

一、诉讼规则

(1) 在一般保证中，债权人以债务人为被告提起诉讼的，人民法院应予受理。债权人未就主合同纠纷提起诉讼或者申请仲裁，仅起诉一般保证人的，人民法院应当驳回起诉。

(2) 在一般保证中，债权人一并起诉债务人和保证人的，人民法院可以受理，但是在作出判决时，除有《民法典》第 687 条第 2 款但书规定的情形外，应当在判决书主文中明确，保证人仅对债务人财产依法强制执行后仍不能履行的部分承担保证责任。

(3) 债权人未对债务人的财产申请保全，或者保全的债务人的财产足以清偿债务，债权人申请对一般保证人的财产进行保全的，人民法院不予准许。

二、具有强制执行力的公证债权文书与保证责任的关系

一般保证的债权人取得对债务人赋予强制执行效力的公证债权文书后，在保证期间内向人民法院申请强制执行，保证人以债权人未在保证期间内对债务人提起诉讼或者申请仲裁为由主张不承担保证责任的，人民法院不予支持。

三、债权人对多个保证人的权利行使规则

(1) 同一债务有两个以上保证人，债权人以其已经在保证期间内依法向部分保证人行使权

利为由，主张已经在保证期间内向其他保证人行使权利的，人民法院不予支持。

（2）同一债务有两个以上保证人，保证人之间相互有追偿权，债权人未在保证期间内依法向部分保证人行使权利，导致其他保证人在承担保证责任后丧失追偿权，其他保证人主张在其不能追偿的范围内免除保证责任的，人民法院应予支持。

四、撤回诉讼或者仲裁申请对保证责任的影响

一般保证的债权人在保证期间内对债务人提起诉讼或者申请仲裁后，又撤回起诉或者仲裁申请，债权人在保证期间届满前未再行提起诉讼或者申请仲裁，保证人主张不再承担保证责任的，人民法院应予支持。

连带责任保证的债权人在保证期间内对保证人提起诉讼或者申请仲裁后，又撤回起诉或者仲裁申请，起诉状副本或者仲裁申请书副本已经送达保证人的，人民法院应当认定债权人已经在保证期间内向保证人行使了权利。

五、保证期间届满后保证人的责任

债权人在保证期间内未依法行使权利的，保证责任消灭。保证责任消灭后，债权人书面通知保证人要求承担保证责任，保证人在通知书上签字、盖章或者按指印，债权人请求保证人继续承担保证责任的，人民法院不予支持，但是债权人有证据证明成立了新的保证合同的除外。

法律适用

1. 保证期间与诉讼时效期间的区别

保证期间是指债权人可以请求保证人履行保证义务的有效期间。如果债权人未在该期间内依法请求保证人承担保证义务，保证责任消灭。《民法典》第 693 条规定：一般保证的债权人未在保证期间对债务人提起诉讼或者申请仲裁的，保证人不再承担保证责任。连带责任保证的债权人未在保证期间请求保证人承担保证责任的，保证人不再承担保证责任。

简单地说，保证期间仅仅是债权人向保证人提出请求的有效期间：如果在这一期间内要求保证人承担责任，保证人的保证责任（债务履行责任）就确定了，保证期间就没有意义了。从确定之日起按照债权债务的规则计算诉讼时效期间。这个诉讼时效期间是可变的：会中断、中止，还有可能延长。

2. 一般保证人的先诉抗辩权

先诉抗辩权，又称检索抗辩权，是指保证人在债权人未就债务人的财产申请强制执行或执行担保物权而未果前，得拒绝债权人之请求的权利。这是由保证的从属性所决定的，我国《民法典》第 687 条第 2 款的规定即为先诉抗辩权。但也有例外，这些例外主要是：（1）债务人下落不明，且无财产可供执行；（2）人民法院已经受理债务人破产案件；（3）债权人有证据证明债务人的财产不足以履行全部债务或者丧失履行债务能力；（4）保证人书面放弃先诉抗辩权。

课后复习

1. 试述一般保证与连带责任保证的区别。
2. 试述保证期间与诉讼时效期间的关系。

第十七章　租赁合同

提　要

租赁合同是指双方约定由一方将物交付他方使用、收益，而由他方支付租金的合同，其属于有偿、双务合同，期限不得超过 20 年。租赁合同从严格意义上说，应当是债权性合同，但是，在某些特殊情况下，租赁债权具有对抗第三人的特性，即有所谓的“买卖不破租赁”的特征，学者将这种特征称为“债权的物权化特征”，主要表现在，当租赁物的所有权移转时，租赁合同对于新的所有权人仍然有效。另外，承租人在出租人出卖标的物时还享有在同等条件下优先购买的权利。另外，我国《民法典》还专门规定了不动产承租人的优先承租权，以适应当今社会的需求。

重点问题

1. 租赁合同的物权化特征。
2. 租赁合同的法律效力。

第一节　租赁合同概述

一、租赁合同的概念与特征

租赁合同是指双方约定由一方将物（动产或者不动产）交付他方使用、收益，而由他方支付租金的合同。提供物的一方为出租人，使用出租物并支付租金的一方为承租人。租赁合同是一种自罗马法就有的古老的典型合同。不仅如此，租赁合同也是各个国家人们日常生活和经济活动中普遍使用的一种合同。法律之所以将其作为一种有名合同规定，是因为它是以移转使用权为特征的最具有代表性的合同。因此，从“债因”上讲，自罗马法以来，租赁合同就是一种与买卖合同不同的合同。我国《民法典》第 703 条规定：“租赁合同是出租人将租赁物交付承租人使用、收益，承租人支付租金的合同。”它具有以下特征。

（一）租赁合同为有偿、双务合同

承租人使用出租物以支付租金为代价，因而租赁合同是有偿合同；出租人有交付出租物的义务，而承租人有支付租金的义务，故租赁合同为双务合同。但是，租赁合同的这一特征，并不排除出租人免除承租人租金支付义务的权利，即使是免除，租赁合同仍然是有偿、双务合同。这一特征就使出租人对承租人承担瑕疵担保责任，具有了坚实的基础。

（二）租赁合同是诺成合同

租赁合同一经双方达成协议即发生法律效力，不以交付实物为成立要件，故为诺成合同。

这也是租赁合同与借用合同的重大区别之一。

（三）租赁合同是移转财产使用权的合同

这是其与买卖、赠与、互易等其他移转财产所有权合同的区别。从形式上虽然租赁合同也将财产移转于他方，但是，只是将使用权移转，而未移转所有权。出租人仍然是出租财产的法律上的占有人，而承租人是直接的事实上的占有人。这种方式是所有权人实现自己债权的重要方式之一，如果法律不创造法律上占有与事实上的占有的区别，所有权人的权利实现将受到极大限制。

（四）租赁合同的标的物必须是有体物、特定物、非消耗物

因租赁合同并不移转所有权，待合同期满，承租人必须返还出租物，故只有有体物、特定物、非消耗物才能达到此目的。例如，货币不能成为租赁合同的标的物。

（五）租赁合同为自动延展合同

根据我国《民法典》第 734 条的规定，租赁期限届满，承租人继续使用租赁物，出租人没有提出异议的，原租赁合同继续有效，但租赁期限为不定期。

（六）租赁合同为非要式合同

根据我国《民法典》第 707 条的规定，租赁期限在 6 个月以上的租赁合同应当采用书面形式，但当事人未采用书面形式的，并不引起租赁合同无效，仅仅视为不定期租赁合同，因此，租赁合同为非要式合同。特别是，第 706 条规定：“当事人未依照法律、行政法规规定办理租赁合同登记备案手续的，不影响合同的效力。”

（七）租赁合同是一种能够对抗第三人的合同

一般来说，合同具有相对性，不具有对抗第三人的特征。这是物权与债权的基本区别。

但租赁合同具有对抗第三人的效力。不仅我国《民法典》承认这种效力，大部分大陆法系国家的民法都承认这一效力。我国《民法典》第 725 条规定：“租赁物在承租人按照租赁合同占有期限内发生所有权变动的，不影响租赁合同的效力。”

（八）租赁合同是法律明确规定有期限限制的合同

对于租赁合同，我国《民法典》对其规定有明确的期限限制。《民法典》第 705 条规定：（1）租赁期限不得超过 20 年。超过 20 年的，超过部分无效。（2）租赁期限届满，当事人可以续订租赁合同；但是，约定的租赁期限自续订之日起不得超过 20 年。

二、租赁合同的性质

租赁合同从性质上来说，应当是债权性合同，但是，在某些特殊情况下，租赁债权具有了对抗第三人的特性，我国《民法典》第 725 条的规定，体现的就是所谓的“买卖不破租赁”的特征，学者将这种特征称为“债权的物权化特征”。租赁债权的物权性主要表现在当租赁物的所有权移转时，租赁合同的效力对新的所有权人仍然有效，即新的所有权人不能以所有权移转的事实而主张不受租赁合同的拘束。

但是，租赁债权的物权化特征并不能改变其债权的性质，它仍然是债权。这种所谓的物权化特征仅仅是法律基于价值判断而给予租赁债权的一种对抗力而已，从根本上说它并不是物权。因此，从许多国家的立法体例上看，租赁合同仍然被放在合同之债中。另外，从制度设计上也可以看出其与物权的明显差异：如果在土地上设定用益物权，则根据《农村土地承包法》，

期限为30年，而土地租赁最长期限为20年。

三、租赁合同的种类

根据不同的标准，可以将租赁合同分为不同的种类。

（一）动产租赁合同与不动产租赁合同

这是以租赁合同的标的物为标准进行的分类。这种分类的意义在于，有许多国家对于动产租赁与不动产租赁有不同的法律要求：动产租赁一般不需要登记，甚至可以是非书面的；而对于不动产租赁不仅要求书面形式，而且要求进行登记。

（二）定期租赁合同与不定期租赁合同

这是以合同是否具有具体的期限为标准而进行的分类。定期租赁合同是指租赁合同约定具体期限，而不定期租赁合同是指租赁合同没有约定具体期限或者根据法律规定为没有具体期限的合同，例如，我国《民法典》第707条规定："租赁期限六个月以上的，应当采用书面形式。当事人未采用书面形式，无法确定租赁期限的，视为不定期租赁。"这种区分的法律意义主要是在不定期租赁合同中，双方当事人可以随时解除合同。

第二节 租赁合同的法律效力

一、出租人的权利、义务

（一）租赁物的交付义务

这是出租人的基本义务，我国《民法典》第708条规定："出租人应当按照约定将租赁物交付承租人，并在租赁期限内保持租赁物符合约定的用途。"出租人未按合同约定或者法律的规定交付租赁物，或者交付的租赁物不合合同约定或者在合同无约定时不合应有的用途，致使承租人不能使用租赁物的，应当承担违约责任或者其他责任。例如，承租人可以要求出租人另外交付租赁物，并可要求减免租金，另有损失的，还可以要求赔偿损失。

（二）出卖租赁物的通知义务

在房屋租赁合同中，法律赋予承租人一项特别的权利，即对所承租的房屋于出租人出卖时享有优先购买权，因此，为实现承租人的这一权利，法律规定出租人在出卖房屋时，应当首先通知承租人。我国《民法典》第726～728条规定了出租人的这一义务。出租人出卖租赁房屋的，应当在出卖之前的合理期限内通知承租人，承租人享有以同等条件优先购买的权利（其他关于通知的情形将在下面有关"承租人的优先购买权"的部分详细论述）。这里要注意的是，这种所谓的优先购买权仅仅限于房屋租赁，而对于其他租赁物不适用。《德国民法典》也是如此。

但是，承租房屋的购买人是出租人的亲属或者家庭成员时，承租人是否还具有优先购买权？这种优先购买权是否可以转移？《德国民法典》第570b条有详细规定：（1）出租的房屋，在交付于承租人后又设定或者将要设定住房所有权的，在出卖给第三人时，承租人有优先购买权。出租人将住房出卖给其家庭成员或者家属的，不适用上述规定。（2）出卖人或者第三人关于买卖合同内容的通知应附有向承租人指明其先买权的内容。（3）承租人死亡的，其先买权转让于与其有共同生活关系之人。

我国《民法典》第 726 条规定，出租人将房屋出卖给共有人或者近亲属的，包括配偶、父母、子女、兄弟姐妹、祖父母、外祖父母、孙子女、外孙子女的，承租人不得主张优先购买权。

至于这种优先购买权是否可以转移，《民法典》合同编及相关司法解释并没有规定，但笔者认为，应当解释为可以。

（三）租赁物的瑕疵担保义务

由于我国《民法典》合同编仅仅规定了权利瑕疵担保，因此，因第三人主张权利，致使承租人不能对租赁物使用、收益的，承租人可以请求减少租金或者不支付租金。但第三人主张权利的，承租人应当及时通知出租人。在此，承租人是否具有解除合同并要求赔偿的权利？笔者认为应当有此权利。

租赁物的品质瑕疵造成承租人人身或者财产损失的，承租人有何权利？对此，承租人可以按照《民法典》第 186 条主张权利，也可以按照"产品责任"主张权利。

在实践中，出租人同承租人在合同中已经约定免除出租人因物的品质瑕疵而造成承租人的损失的赔偿责任的，该约定是否有效？笔者认为，应当适用《民法典》第 506 条的规定，即合同中的下列免责条款无效：（1）造成对方人身损害的；（2）因故意或者重大过失造成对方财产损失的。

如果租赁物本身有瑕疵该如何？出租人应按照《民法典》第 708 条的规定，承担保证承租人在租赁期内正常使用的义务。租赁物如有瑕疵，出租人应承担维修义务或违约责任。

（四）对出租物的修缮义务

在一般情况下，对出租物的修缮应由出租人承担。我国《民法典》第 712 条、第 713 条第 1 款规定：出租人应当履行租赁物的维修义务，但是当事人另有约定的除外。承租人在租赁物需要维修时可以请求出租人在合理期限内维修。出租人未履行维修义务的，承租人可以自行维修，维修费用由出租人负担。因维修租赁物影响承租人使用的，应当相应减少租金或者延长租期。

但是，如果出租物需要修缮的事项是由于承租人的原因引起的，应如何处理？根据我国《民法典》第 713 条第 2 款的规定，因承租人的过错致使租赁物需要维修的，出租人不承担维修义务及上述责任。

当然，双方当事人对于维修的义务与责任可以有另外的约定。

（五）收取租金的权利

这是出租人的基本权利，也是承租人的基本义务。如果承租人不履行此项义务，属于根本违约，出租人经催告后可以解除合同。

（六）合同解除权

我国《民法典》规定了出租人解除租赁合同的四种情况：（1）承租人无正当理由不支付租金的。我国《民法典》第 722 条规定：承租人无正当理由未支付或者迟延支付租金的，出租人可以请求承租人在合理期限内支付；承租人逾期不支付的，出租人可以解除合同。（2）不定期租赁合同。《民法典》第 730 条规定：当事人对租赁期限没有约定或者约定不明确，按照《民法典》第 510 条的规定仍不能确定的，视为不定期租赁；当事人可以随时解除合同，但是应当在合理期限之前通知对方。（3）承租人未经出租人同意而任意转租的。《民法典》第 716 条第 2

款规定：承租人未经出租人同意转租的，出租人可以解除合同。(4) 承租人未按约定使用租赁物的。我国《民法典》第711条规定：承租人未按照约定的方法或者未根据租赁物的性质使用租赁物，致使租赁物受到损失的，出租人可以解除合同并请求赔偿损失。

(七) 改善同意权

承租人欲对租赁物进行修缮的，应当征得出租人同意，否则，应承担相应的法律后果。《民法典》第715条规定：承租人经出租人同意，可以对租赁物进行改善或者增设他物。承租人未经出租人同意，对租赁物进行改善或者增设他物的，出租人可以请求承租人恢复原状或者赔偿损失。

(八) 转租同意权

承租人欲转租承租物的，必须取得出租人的同意，否则，出租人可以解除合同。我国《民法典》第716条第1款规定：承租人经出租人同意，可以将租赁物转租给第三人。承租人转租的，承租人与出租人之间的租赁合同继续有效；第三人造成租赁物损失的，承租人应当赔偿损失。

承租人未经出租人同意转租的，出租人可以解除合同。但是，租赁合同中已经有承租人任意转让租赁物条款的，不必再经出租人同意。另外，按照我国《民法典》第718条的规定，出租人知道或者应当知道承租人转租，但在6个月内未提出异议，不得以承租人未经同意为由请求解除合同或者认定转租合同无效。

二、承租人的权利、义务

(一) 依约使用租赁物的义务

按照合同约定使用租赁物，是承租人的基本义务，因为对租赁物的使用不仅关系到出租人的利益，也关系到承租人的利益。承租人如果按照约定使用出租物，即使有损耗，也不负赔偿责任；如果没有按照约定使用租赁物，则对不正常使用所造成的损耗负赔偿责任。

按照我国《民法典》合同编的规定，承租人应当按照约定的方法使用租赁物。对租赁物的使用方法没有约定或者约定不明确，可以协议补充，不能达成补充协议的，依照习惯使用；没有习惯的，应当按照租赁物的性质使用(《民法典》第709条)。承租人未按照约定的方法或者未根据租赁物的性质使用租赁物，致使租赁物受到损失的，出租人可以解除合同并请求赔偿损失(《民法典》第711条)。承租人按照约定的方法或者根据租赁物的性质使用租赁物，致使租赁物受到损耗的，不承担损害赔偿责任(《民法典》第710条)。

(二) 支付租金的义务

这是承租人的最重要最基本的义务，如果承租人没有正当理由拒绝支付租金，将导致出租人有权解除合同。《民法典》第722条规定：承租人无正当理由未支付或者迟延支付租金的，出租人可以请求承租人在合理期限内支付；承租人逾期不支付的，出租人可以解除合同。另外，关于租金的支付期限，《民法典》第721条规定：承租人应当按照约定的期限支付租金。对支付期限没有约定或者约定不明确，依照《民法典》第510条的规定仍不能确定，租赁期间不满一年的，应当在租赁期间届满时支付；租赁期间一年以上的，应当在每届满一年时支付，剩余期间不满一年的，应当在租赁期间届满时支付。

(三) 使用、收益权

一般来说，租赁对于承租人来讲，主要是使用、收益，这也是承租人支付租金的真正目的。出租人应当交付并在整个租赁期间保证出租物适于使用、收益。因此，《民法典》第 720 条规定：在租赁期限内因占有、使用租赁物获得的收益，归承租人所有，但当事人另有约定的除外。

（四）对抗新所有权人的权利

根据《民法典》第 725 条的规定，租赁物在租赁期限内发生所有权变动的，不影响租赁合同的效力。另外，根据《最高人民法院关于审理城镇房屋租赁合同纠纷案件具体应用法律若干问题的解释》（2021 年 1 月 1 日起施行）① 第 14 条的规定，租赁房屋在承租人按照租赁合同占有期限内发生所有权变动，承租人请求房屋受让人继续履行原租赁合同的，人民法院应予支持。但租赁房屋具有下列情形或者当事人另有约定的除外：（1）房屋在出租前已设立抵押权，因抵押权人实现抵押权发生所有权变动的；（2）房屋在出租前已被人民法院依法查封的。

（五）优先购买权

我国《民法典》在总结自 1999 年《合同法》实行后的学理和司法审判经验的基础上，对于承租人的优先购买权作了比较详细的规定。出租人出卖租赁房屋的，应当在出卖之前的合理期限内通知承租人，承租人享有以同等条件优先购买的权利。

但这种优先购买权有许多限制和例外，另外，《民法典》的规定中有理论和规范方面的错误。关于这一点，我们将在下面详细分析。

（六）减少租金权

承租人请求减少租金的权利有以下几种情况：（1）因不可归责于承租人的事由，致使租赁物部分或者全部毁损、灭失的，承租人可以要求减少租金或者不支付租金。（2）因第三人主张权利，致使承租人不能对租赁物使用、收益的，承租人可以要求减少租金或者不支付租金。（3）出租人提供的出租物不合合同约定或者妨碍承租人使用、收益的。（4）因维修出租物而影响承租人使用、收益的。但因承租人自身的原因引起的妨碍其使用、收益的，承租人不得要求减免租金。

（七）解除合同的权利

《民法典》合同编中关于承租人解除合同的规定大约有以下几种情况：（1）租赁合同未约定租赁期限的，承租人可以解除合同；（2）租赁物危及承租人的安全或者健康的，即使承租人订立合同时明知该租赁物质量不合格，承租人仍然可以随时解除合同；（3）因不可归责于承租人的事由，致使租赁物部分或者全部毁损、灭失，致使不能实现合同目的的，承租人可以解除合同。

另外，《民法典》第 724 条还规定，有下列情形之一，非因承租人原因致使租赁物无法使用的，承租人可以解除合同：（1）租赁物被司法机关或者行政机关依法查封、扣押；（2）租赁

---

① 该解释是根据 2020 年 12 月 23 日最高人民法院审判委员会第 1823 次会议通过的《最高人民法院关于修改〈最高人民法院关于在民事审判工作中适用《中华人民共和国工会法》若干问题的解释〉等二十七件民事类司法解释的决定》修正后的司法解释。值得注意的是，它并非适用于所有的不动产租赁，其第 1 条规定：（1）本解释所称城镇房屋，是指城市、镇规划区内的房屋。（2）乡、村庄规划区内的房屋租赁合同纠纷案件，可以参照本解释处理。但法律另有规定的，适用其规定。（3）当事人依照国家福利政策租赁公有住房、廉租住房、经济适用住房产生的纠纷案件，不适用本解释。

物权属有争议；(3) 租赁物具有违反法律、行政法规关于使用条件强制性规定情形。

（八）返还租赁物的义务

根据《民法典》第 733 条的规定，租赁期间届满，承租人应当返还租赁物。返还的租赁物应当符合按照约定或者根据租赁物的性质使用后的状态。

（九）共同居住人的承继权

根据《民法典》第 732 条的规定，承租人在房屋租赁期限内死亡的，与其生前共同居住的人或者共同经营人可以按照原租赁合同租赁该房屋。

（十）房屋承租人的优先承租权

这是我国《民法典》第 734 条第 2 款的一项特别规定，即使租赁期限届满，房屋承租人享有以同等条件优先承租的权利。笔者觉得这里对于房屋应当作扩大解释——应当解释为不动产。这种做法的意义是：(1) 方便和保护承租人，使其有比较稳定和固定的法律保障。特别是，在我国城市居住小区中的车位、车库的出租中，如果出租人不愿意再出租车位或者将车库出租给他人，像在北京、上海这样的城市，将造成业主特别大的麻烦——车往哪里放？(2) 不损害出租人权利，同等条件下承租人才具有优先承租权。

（十一）经出租人同意的转租权（《民法典》第 716～719 条）

1. 承租人转租必须经过出租人同意

承租人经出租人同意，可以将租赁物转租给第三人。承租人未经出租人同意转租的，出租人可以解除合同。承租人转租的，承租人与出租人之间的租赁合同继续有效；第三人造成租赁物损失的，承租人应当赔偿损失。出租人知道或者应当知道承租人转租，但是在 6 个月内未提出异议的，视为出租人同意转租。

2. 转租的期限

承租人经出租人同意将租赁物转租给第三人，转租期限超过承租人剩余租赁期限的，超过部分的约定对出租人不具有法律约束力，但是出租人与承租人另有约定的除外。

3. 次承租人的代为履行权

承租人拖欠租金的，次承租人可以代承租人支付其欠付的租金和违约金，但是转租合同对出租人不具有法律约束力的除外。

次承租人代为支付的租金和违约金，可以充抵次承租人应当向承租人支付的租金；超出其应付的租金数额的，可以向承租人追偿。

（十二）妥善保管租赁物的义务

承租人应当妥善保管租赁物，因保管不善造成租赁物毁损、灭失的，应当承担赔偿责任。

三、标的物毁损、灭失的风险负担

标的物虽然在承租人控制之下，但如果标的物的毁损、灭失不是因为承租人的故意或者过失，即因不可归责于承租人的事由，致使租赁物部分或者全部毁损、灭失的，承租人不承担该风险，由出租人承担。不仅如此，承租人还可以请求减少租金或者不支付租金。租赁物部分或者全部毁损、灭失致使不能实现合同目的的，承租人可以解除合同（《民法典》第 729 条）。

第三节　房屋租赁合同的特别问题

一、承租人的优先购买权

我国《民法典》第726条规定："出租人出卖租赁房屋的，应当在出卖之前的合理期限内通知承租人，承租人享有以同等条件优先购买的权利；但是，房屋按份共有人行使优先购买权或者出租人将房屋出卖给近亲属的除外。出租人履行通知义务后，承租人在十五日内未明确表示购买的，视为承租人放弃优先购买权。"

《民法典》第727条规定："出租人委托拍卖人拍卖租赁房屋的，应当在拍卖五日前通知承租人。承租人未参加拍卖的，视为放弃优先购买权。"

《民法典》第728条规定："出租人未通知承租人或者有其他妨害承租人行使优先购买权情形的，承租人可以请求出租人承担赔偿责任。但是，出租人与第三人订立的房屋买卖合同的效力不受影响。"

针对《民法典》的上述规定，在承租人的优先购买权的问题上，有以下几个问题需要特别厘清。

（一）适用对象

按照我国《民法典》第726条的规定，只有租赁的标的物为房屋时，承租人对标的物才享有优先购买权，租赁动产的承租人在出租人出卖标的物时无此权利。

但有疑问的是：如果租赁物为其他不动产，例如，车库，在出租人出卖时，承租人是否享有优先购买权呢？笔者认为，应推定适用《民法典》第726条的规定。

（二）出租人的出卖通知义务

我国《民法典》第726规定，出租人出卖租赁房屋的，应当在出卖之前的合理期限内通知承租人，以便承租人能够及时行使优先购买权。

另外，依据《民法典》第727条及我国《最高人民法院关于审理城镇房屋租赁合同纠纷案件具体应用法律若干问题的解释》（2021年1月1日起施行）第15条的规定，在下列情况下，出租人也应通知承租人：（1）出租人与抵押权人协议折价、变卖租赁房屋偿还债务，应当在合理期限内通知承租人，以便承租人能够及时行使优先购买权。（2）出租人委托拍卖人拍卖租赁房屋，应当在拍卖5日前通知承租人。承租人未参加拍卖的，人民法院应当认定承租人放弃优先购买权。

（三）承租人的优先购买权与善意第三人的保护

虽然说承租人对于出租人出卖标的物具有优先购买权，但在有的时候，出租人根本不通知承租人标的物出卖的情形，而且不告诉购买人有承租的情形，这时，就会发生承租人的优先购买权与善意第三人的保护之间的矛盾。如何解决这种矛盾呢？《民法典》对此已经有规定：出租人与第三人订立的房屋买卖合同的效力不受影响。也就是说，出租人与第三人签订的合同不是无效，但因承租人行使优先购买权导致第三人无法取得房屋，出租人应当对第三人承担违约责任。

（四）如何确定优先购买权的前提——"在同等条件下"

（1）优先购买权为形成权，当出租人与第三人订立买卖合同时，承租人可以行使形成权，直接与出租人（出卖人）形成买卖关系而按照出租人与第三人签订的买卖合同成立权利义务关系，无须出租人同意或者再签订买卖合同。

优先购买权的性质，有“债权说”与“形成权说”。我国最高人民法院从事审判及理论研究的法官在解释最高人民法院关于房屋租赁合同纠纷的司法解释时就指出：从立法创设优先权的旨意出发，承租人的优先购买权性质应确定为债权，归入附强制缔约义务的请求权范畴。强制缔约，是指个人或者企业应负有应相对人之请求，与其订立合同的义务，即对相对人的要约，非有正当理由不得拒绝承诺。在强制缔约制度中，由于受要约人负有强制缔约义务，必须作出承诺。因此，其缔约自由受到了相当的限制。当负有缔约义务的一方不接受他方的要约时，要约人得诉请公权力介入，强制受要约人为承诺的意思表示。承租人的优先购买权可以划入直接的强制缔约之中。因此，依照附强制缔约义务的请求权说，将承租人的优先购买权视为直接强制缔约的一种，在出租人违反此义务将租赁物出卖给第三人的时候，承租人可以请求公权力介入，强迫出租人对其作出承诺的意思表示。①

对这一观点的疑问是：通过审判程序强制一个人作出同意的意思表示，何以做到？即使是强制缔约义务的实现，也不是通过强制承诺来实现的。这种方式远不如形成权对优先购买权人的保护周到。因此，王泽鉴教授在批评这种观点时指出：依契约订立请求权之理论，买卖契约之成立，尚须义务人之同意，论其实质，无异于要约，因此义务人得予拒绝，与一般买卖契约的成立并无区别，不能合理地说明优先承买权的性质。优先承买权无论法定或约定，论其性质，系属形成权，即优先承买权人得以一方之意思，形成以义务人出卖与第三人同样条件为内容的契约，无须义务人（出卖人）之承诺。② 形成权的典型特征是赋予权利主体以单方面干预他人之法律关系的法律权利，即赋予权利人一种单方面的形成权利，这意味着对债法上的合同原则的偏离，因为形成权相对人的法律地位被变更了，但他自己并没有通过法律行为参与这种变更。形成权利的另一方面，是形成权相对人的“受约束”或者“受制约”，即形成权相对人必须接受他人作出的决定。形成权的行使有两项基本的原则：一是行使形成权通常不得附带条件和附带期限；二是形成权的行使不得撤回。③ 既然是形成权，优先购买权人就可以单方形成与出卖人的权利义务关系，这种权利义务关系在买卖合同的层面形成债权性法律关系。

（2）优先购买权的行使前提是出租人出卖房屋。因此，如果出租人与第三人签订的房屋买卖合同被认定无效，这一前提也就不存在了。

大部分国家私法上的优先购买权，都是在义务人出卖标的物时，才能产生并行使。对此，德国学者指出：先买权并不赋予先买权人得到土地的绝对性担保。因为，先买权行使的前提条件是土地的出卖。若土地根本就不出卖，或者虽然发生所有权人的变更，却是因为赠与或者互易而导致，只要不存在规避法律的行为，就不产生先买权问题。④ 在我国台湾地区，有人称优先购买权为“附条件的形成权”：优先承买权之主要内容，乃赋予先买权人以附条件之形成权，由先买权人以附有条件之形成权来行使。⑤ 这里所谓的“附条件的形成权”，不是指形成权的

---

① 参见最高人民法院民事审判一庭编著：《〈最高人民法院关于审理城镇房屋租赁合同纠纷案件具体应用法律若干问题的解释〉的理解与适用》，286～287 页，北京，人民法院出版社，2009。

② 参见王泽鉴：《民法学说与判例研究》，第 1 册，507 页，北京，中国政法大学出版社，1998。

③ 参见［德］迪特尔·梅迪库斯：《德国债法分论》，杜景林、卢谌译，75～79 页，北京，法律出版社，2007。

④ 参见［德］鲍尔、施蒂尔纳：《德国物权法》（上册），张双根译，465 页，北京，法律出版社，2004。

⑤ 参见王泽鉴：《民法学说与判例研究》，第 1 册，506 页，北京，中国政法大学出版社，1998。

行使附带条件，而是说其产生附带条件。这一核心要素对于形成权的产生和行使具有现实意义，特别是在出卖人与第三人签订的买卖合同被法院认定无效后，优先购买权人是否还能够以被认定无效的合同内容与出卖人形成合同关系？在《最高人民法院关于贯彻执行〈中华人民共和国民法通则〉若干问题的意见（试行）》出台后，由于其直接规定了优先购买权人可以要求宣告出卖人与第三人签订的买卖合同无效，因此，各地法院几乎都如此办理（个别例外的情况也存在）。但问题是，宣告出卖人与第三人签订的买卖合同无效后，会产生什么样的后果呢？法院通常的做法是宣告出卖人与第三人签订的买卖合同无效，确认优先购买权人的优先权。法院也基本上到此为止，不直接确认优先购买权人以被认定无效的合同内容与出卖人形成合同关系。① 这里其实有两点是值得思考的：第一，未把优先购买权作为形成权对待，对优先购买权人的保护不利，几乎使其无法行使这一权利，也就使这一权利在中国长期作为纸面上的权利而无法落实。第二，如果宣告买卖合同无效，优先购买权人的“优先权”是否还真正存在？如果买卖合同被宣告无效后，“出卖就无从谈起”，何来优先权呢？自从最高人民法院关于房屋租赁合同纠纷的司法解释出台以来，法院就不再坚持宣告出卖人与第三人签订的买卖合同无效，从而让优先购买权人的优先权有了存在的基础。而且，判例也表明：如果出卖人与第三人签订的买卖合同因法律规定的事由被宣告无效，优先购买权就消灭，即坚持优先购买权的附条件产生——出卖人出卖标的物。《民法典》第 728 条也明确规定了不否定出租人与第三人签订的房屋买卖合同的效力。从司法判例看，最高人民法院（2013）民申字第 1301 号民事裁定书就认定：优先购买权人的优先购买权以协议书有效为前提，现在协议书已经被认定无效，其优先购买权存在的基础已不存在，其主张优先购买权，不能成立。黑龙江省高级人民法院在（2010）黑商终字第 70 号民事判决书中也阐明了相同的规则：在本案中，虽然被告曾向他人转让过争议标的物，但该行为已经法院另案判决无效，而被告明确表示不再转让，现也无证据证明被告有另外转让的情况。因此，原告要求行使优先购买权的前提并不存在，其请求以被告与他人曾经约定的价格购买标的物，缺乏事实和法律依据。

（五）承租人的优先购买权的例外

我国《民法典》第 726 条规定了阻却承租人优先购买权的两种例外：房屋按份共有人行使优先购买权或者出租人的近亲属购买。

我们的质疑是：房屋共有人的优先购买权与承租人的优先购买权是指向一个标的吗？两者冲突吗？下面我们将专门讨论。

（六）对《民法典》关于房屋按份共有人与承租人优先购买权规定的质疑

房屋按份共有人的优先购买权与承租人的优先购买权是指向一个标的吗？两者冲突吗？对于这一问题，学理上存在争议。一种观点是肯定说，即承租人的优先购买权与共有人的优先购买权存在冲突。② 另外一种观点是否定说，认为共有人的优先购买权与承租人的优先购买权不会发生冲突，在共有人转让份额时，只能由其他按份共有人行使优先购买权，而在出租人转让

---

① 参见江苏省高级人民法院民一庭：《关于房地产交易中优先购买权问题的调研报告》，载最高人民法院民一庭编：《民事审判指导与参考》，189 页，北京，法律出版社，2003。

② 参见冉克平：《论房屋承租人的优先购买权》，载《法学评论》，2010（4）；戴孟勇：《原共同共有人优先购买权的解释适用及其存废》，载《政治与法律》，2012（3）；曹艳芝：《共有人优先购买权与承租人优先购买权之权利冲突及解决》，载《行政与法》，2004（3），101～102 页。

租赁物时，只有承租人才能行使优先购买权。按份共有人之优先购买权的客体是共有权的份额而不是共有物，承租人的优先购买权的客体是具体的物，份额与实物非属同一，故这两种优先购买权无法发生冲突。[①]《民法典》显然采取了肯定说的观点。但是，如果仅仅从实证法的角度看，是否会发生冲突呢?

笔者同意否定说的观点，即这两种优先购买权根本就不会发生冲突。我们看看我国实证法是如何规定的，就能得出结论。我国《民法典》第305条规定：“按份共有人可以转让其享有的共有的不动产或者动产份额。其他共有人在同等条件下享有优先购买的权利。”第306条规定：“按份共有人转让其享有的共有的不动产或者动产份额的，应当将转让条件及时通知其他共有人。其他共有人应当在合理期限内行使优先购买权。两个以上其他共有人主张行使优先购买权的，协商确定各自的购买比例；协商不成的，按照转让时各自的共有份额比例行使优先购买权。”这里明确规定共有人对“份额”具有优先购买权，无论是该条还是整个《民法典》物权编都没有规定共有人在共有物整体出卖时享有优先购买权；《民法典》第726条也仅仅规定了承租人对租赁物出卖时的优先购买权，没有规定其对租赁物共有人份额的优先购买权。

因此，即使共有人按照《民法典》第301条的规定决定出卖房屋，而其中一个共有人表示愿意购买，而这一房屋正在出租，这时出租人表示购买时，共有人也只能服从《民法典》第726条的规定，因为共有人并无优先购买的权利。但是，可能有这样的情形：多个共有人将共有份额转让给其中一个共有人，使共有变为单独所有。在这种情况下，因无房屋出售的事实，仅仅是因份额的转让导致了单独所有，承租人无行使优先购买权的余地，也不发生冲突。

（七）出租人出卖房屋不通知承租人从而使其无法行使优先购买权的后果

按照《民法典》第728条的规定，出租人未通知承租人或者有其他妨害承租人行使优先购买权情形的，承租人可以请求出租人承担损害赔偿责任。但是，出租人与第三人订立的房屋买卖合同的效力不受影响。

二、装饰装修的费用负担

承租人在承租期间内对租赁房屋进行了装饰或者装修，在合同解除、合同期限届满或者合同无效后，费用如何承担？这些问题，在司法实践中常常发生，而且各地法院与仲裁机构的处理不尽相同。对此，我国《最高人民法院关于审理城镇房屋租赁合同纠纷案件具体应用法律若干问题的解释》（2021年1月1日起施行）专门作了规定。

（一）未经出租人同意的装饰装修

承租人未经出租人同意装饰装修或者扩建发生的费用，由承租人负担。出租人有权请求承租人恢复原状；造成损失的，有权请求承租人赔偿损失。

（二）经出租人同意的装饰装修

（1）承租人经出租人同意装饰装修，租赁合同无效时，未形成附合的装饰装修物，出租人同意利用的，可折价归出租人所有；不同意利用的，可由承租人拆除。因拆除造成房屋毁损的，承租人应当恢复原状。

已形成附合的装饰装修物，出租人同意利用的，可折价归出租人所有；不同意利用的，由

---

① 参见张驰：《权利优先行使辨析》，载《法学》，1996（4），34～35页。

双方各自按照导致合同无效的过错分担现值损失。

（2）承租人经出租人同意装饰装修，租赁期间届满或者合同解除时，除当事人另有约定外，未形成附合的装饰装修物，可由承租人拆除。因拆除造成房屋毁损的，承租人应当恢复原状。

（3）承租人经出租人同意装饰装修，合同解除时，双方对已形成附合的装饰装修物的处理没有约定的，人民法院按照下列情形分别处理：

1）因出租人违约导致合同解除，承租人请求出租人赔偿剩余租赁期内装饰装修残值损失的，应予支持。

2）因承租人违约导致合同解除，承租人请求出租人赔偿剩余租赁期内装饰装修残值损失的，不予支持。但出租人同意利用的，应在利用价值范围内予以适当补偿。

3）因双方违约导致合同解除，剩余租赁期内的装饰装修残值损失，由双方根据各自的过错承担相应的责任。

4）因不可归责于双方的事由导致合同解除的，剩余租赁期内的装饰装修残值损失，由双方按照公平原则分担。法律另有规定的，适用其规定。

（4）承租人经出租人同意装饰装修，租赁期间届满时，承租人无权请求出租人补偿附合装饰装修费用，但当事人另有约定的除外。

三、房屋扩建的费用分担规则

《最高人民法院关于审理城镇房屋租赁合同纠纷案件具体应用法律若干问题的解释》（2021年1月1日起施行）第11～12条规定：（1）承租人未经出租人同意装饰装修或者扩建发生的费用，由承租人负担。出租人请求承租人恢复原状或者赔偿损失的，人民法院应予支持。（2）承租人经出租人同意扩建，但双方对扩建费用的处理没有约定的，人民法院按照下列情形分别处理：1）办理合法建设手续的，扩建造价费用由出租人负担；2）未办理合法建设手续的，扩建造价费用由双方按照过错分担。

四、一物数租的问题

如果出租人将一个标的物与数人订立数份租赁合同，效力如何？从债法的一般原理看，数份租赁合同都具有法律效力，而且效力平等，并无顺序或者优劣区分。如果数承租人都主张履行承租合同，该如何处理？

我国《最高人民法院关于审理城镇房屋租赁合同纠纷案件具体应用法律若干问题的解释》（2021年1月1日起施行）第5条第1款对此作了规定：出租人就同一房屋订立数份租赁合同，在合同均有效的情况下，承租人均主张履行合同的，人民法院按照下列顺序确定履行合同的承租人：（1）已经合法占有租赁房屋的；（2）已经办理登记备案手续的；（3）合同成立在先的。

笔者认为，最高人民法院的上述解释虽然从解决实际问题的角度指出了解决的方法，但却破坏了债权效力平等的原则。正常情况下，法院完全可以根据自己的自由裁量，来决定履行哪份合同，然后让出租人对其他未得到实际履行的承租人承担违约责任，其效果是一样的。

五、房屋出租合同无效的特殊原因及后果

（一）无效的特殊原因

按照《最高人民法院关于审理城镇房屋租赁合同纠纷案件具体应用法律若干问题的解释》（2021 年 1 月 1 日起施行）第 2、3 条的规定，房屋租赁合同无效的特殊原因如下。

（1）出租人就未取得建设工程规划许可证或者未按照建设工程规划许可证的规定建设的房屋，与承租人订立的租赁合同无效。但在一审法庭辩论终结前取得建设工程规划许可证或者经主管部门批准建设的，人民法院应当认定有效。

（2）出租人就未经批准或者未按照批准内容建设的临时建筑，与承租人订立的租赁合同无效。但在一审法庭辩论终结前经主管部门批准建设的，人民法院应当认定有效。

（3）租赁期限超过临时建筑的使用期限，超过部分无效。但在一审法庭辩论终结前经主管部门批准延长使用期限的，人民法院应当认定延长使用期限内的租赁期间有效。

（二）无效的后果

房屋租赁合同无效，当事人请求参照合同约定的租金标准支付房屋占有使用费的，人民法院一般应予支持。

当事人请求赔偿因合同无效受到的损失，人民法院依照《民法典》第 157 条和本解释第 7 条、第 11 条、第 12 条的规定处理。

法律适用

1. 租赁合同中承租人的优先购买权与按份共有人的优先购买权如何解决

司法实践通常认为，房屋租赁合同的出租人出卖房屋时，承租人享有法定的同等条件下的优先购买权；而如果房屋为共有财产，在出租人出卖房屋时，其他共有人也享有法定的同等条件下的优先购买权，此种情形下，两个优先购买权会发生冲突。基于此，《民法典》第 726 条明确将房屋共有人行使优先购买权作为承租人不得主张优先购买权的情形。但是，房屋共有人的优先购买权针对的只是其他共有人的份额出售，与承租人的优先购买权仅仅在整个房屋出售时才会发生有所不同，两种优先购买权根本就不会发生冲突。此外，也应注意，优先购买权并不限制其他购买人的存在，所谓的优先只能是同等条件下的优先，即优先购买人所接受的买卖标的和价格条件与其他购买人的相同或一致。

2. 一物数租情形下，数份租赁合同的效力以及房屋使用权的归属

实践中经常会出现出租人就一个标的物与数人订立租赁合同的情形，此时，数份租赁合同如果均是双方当事人真实意思表示一致的结果，且不具有合同无效的情形，就都是合法有效的。数份租赁合同的效力是平等的，并无顺序或优劣之分。即使如此，仍需要确定房屋使用权的最后归属，按照《最高人民法院关于审理城镇房屋租赁合同纠纷案件具体应用法律若干问题的解释》（2021 年 1 月 1 日起施行）第 5 条第 1 款的规定，数承租人均主张履行合同的，应首先由已经合法占有租赁房屋的承租人取得房屋使用权；若数人均未合法占有房屋，应由已经办理登记备案手续的承租人获得履行；若根据以上两个条件均无法确定履行顺序，则依合同成立的先后确定房屋使用权的归属。但值得注意的是，确定了履行合同的承租人并不意味着其他承租人无法获得法律的保护，按照《最高人民法院关于审理城镇房屋租赁合同纠纷案件具体应用

法律若干问题的解释》第5条第2款的规定，不能取得租赁房屋的承租人可以依《民法典》的有关规定，请求解除合同、赔偿损失。

课后复习

1. 试述租赁合同与借用合同的区别。
2. 试述“买卖不破租赁”的含义。
3. 试述承租人的优先购买权。

第十八章　融资租赁合同

提　要

融资租赁合同是指当事人约定由出租人按承租人的要求，出资向第三人购买租赁物供承租人使用、收益，承租人支付租金的合同。“融资租赁”之称谓非常贴切，因为，融资租赁合同从融资租赁的形式上看确实是租赁，但从实质上看是融资。在实践中，融资租赁公司一般没有承租人要租赁的标的物，它所拥有的仅仅是金钱，融资租赁公司在与承租人签订合同后，一般是出钱购买承租人想要租赁的标的物。因此，其名为租赁，实为“借钱”。融资租赁合同的特点是：合同涉及三方当事人；出租人一般不对租赁物的瑕疵承担担保责任，承租人直接对出卖人有追索权；双方当事人可以协商合同期限届满时租赁物所有权的归属。

重点问题

1. 融资租赁合同的实质概念与实践意义。
2. 融资租赁合同和租赁合同的区别与联系。

第一节　融资租赁合同概述

一、融资租赁合同的概念

融资租赁合同是指当事人约定由出租人按承租人的要求，出资向第三人购买租赁物供承租人使用、收益，承租人支付租金的合同。我国《民法典》第 735 条规定：融资租赁合同是出租人根据承租人对出卖人、租赁物的选择，向出卖人购买租赁物，提供给承租人使用，承租人支付租金的合同。

“融资租赁”之称谓非常贴切，因为，融资租赁合同从融资租赁的形式上看确实是租赁，但从实质上看是融资。在实践中，融资租赁公司一般没有承租人要租赁的标的物，它所拥有的仅仅是金钱，融资租赁公司在与承租人签订合同后，一般是出钱购买承租人想要租赁的标的物。因此，其名为租赁，实为“借钱”。那为什么承租人不直接向出租人借钱？因为金融法规不允许企业之间的金钱借贷，于是，融资租赁就产生了。

根据学者的考证，融资租赁最早产生于美国。20 世纪 50 年代，因生产技术的进步，企业规模不断扩大，美国政府为了防止经济过热，采取金融紧缩政策，使企业的资金需要无法得到满足。在这种背景下，融资租赁作为一种新型的信贷方式应运而生。这种通过租赁进行的融资方式，颇受当事人各方的青睐：就承租人来说，可以通过融资租赁，用较少的资金解决生产所需；对于出租人来说，既可以获得丰厚的利润，又有较为可靠的债权保障。正是由于融资租赁这种交易的方式既灵活又方便，能够适应企业界的实际需要，提供了一种中长期贷款所不能提供的独特的便利，因此，融资租赁的方式不仅在美国，而且在许多发达国家都得到了飞速的发展。除此之外，融资租赁还有税收方面的优惠：如果企业以购买的方式取得机器设备，只能以折旧的方式扣减税金，但通过融资租赁方式取得机器设备，其按月支付的租金可以作为费用扣减税金。①

应该说，我国的融资租赁经营，是在改革开放后从国外引进的产物。我国融资租赁经营和模式的选择均围绕着一个基本的目标：利用外资。我国首次融资租赁的成功尝试，是 20 世纪 80 年代我国民航总局与美国汉诺威尔制造租赁公司和美国劳埃德银行合作，首次利用融资租赁方式从美国租进了第一架波音 747SP 飞机。② 此后，我国融资租赁发展迅速，已经成为我国经济建设中融资和利用外资的一种重要方式。

二、融资租赁合同的特征

（一）融资租赁涉及三方当事人

融资租赁往往涉及三方当事人，即出租人、承租人和出卖人。因为，在融资租赁合同中，经常的情况是承租人选择需要承租的标的物和出卖人，与出租人协商由出租人出资购买而由出卖人直接交付给承租人。因此，在融资租赁合同中，出租人不同于一般租赁合同的出租人，出租人对出租物的瑕疵一般不负责任而由出卖人对此承担责任。也正是因为这种情况，许多学者认为，融资租赁合同是由买卖合同与租赁合同两个合同组成的。这种说法是否准确有待商榷，但融资租赁合同确实涉及出卖人。

但在实践中，还有一种特殊的融资租赁形式——回租，回租是融资租赁的特殊形式，它是指承租人可以将自己的物卖与出租人，然后再与出租人订立融资租赁合同，将该物取回。它的特点是租赁合同的承租人与买卖合同的出卖人为一人。承租人将其自有物出卖给出租人，再通过融资租赁合同将租赁物从出租人处租回的，承租人和出卖人系同一人不影响融资租赁合同的成立。按照《最高人民法院关于审理融资租赁合同纠纷案件适用法律问题的解释》（2013 年 11 月 25 日最高人民法院审判委员会第 1597 次会议通过，根据 2020 年 12 月 23 日最高人民法院审判委员会第 1823 次会议通过的《最高人民法院关于修改〈最高人民法院关于在民事审判工作中适用《中华人民共和国工会法》若干问题的解释〉等二十七件民事类司法解释的决定》修正，2021 年 1 月 1 日起施行）第 2 条的规定，承租人将其自有物出卖给出租人，再通过融资租赁合同将租赁物从出租人处租回的，人民法院不应仅以承租人和出卖人系同一人为由认定不构成融资租赁法律关系。这实际上就是指的回租的情形。

（二）融资租赁合同是要式合同

因为融资租赁合同一般属于商事合同，所以，必须采用书面形式。因此，我国《民法典》第 736 条第 2 款规定：融资租赁合同应当采用书面形式。

（三）实践中融资租赁合同一般约定出租物的所有权归承租人

我国《民法典》合同编规定，合同当事人可以约定租赁物的所有权归属，但在实践中，融

① 参见崔建远主编：《合同法》，378 页，北京，法律出版社，2003。

② 参见史燕平：《我国融资租赁发展回望》，载《金融时报》，2002－11－28。

资租赁合同一般约定租赁合同期满后出租物归承租人所有。因为，租赁物的购买是根据承租人的选择甚至是特别需要，如果归出租人所有则可能造成出租人的不便，甚至损失。因此，融资租赁公司一般不保留实物，除非承租人经营不善而无法支付租金或者有其他严重违约。因此，实践中的做法一般是约定融资租赁合同期满后出租物归承租人所有，否则，融资租赁公司长此以往就会变为一般的租赁公司了。

（四）融资租赁合同属于商事合同

由于融资租赁的特殊性，融资租赁合同在实践中一般属于商事合同，个人之间很少使用。因此，融资租赁合同属于有偿、双务的商事合同。

三、融资租赁合同与租赁合同的区别

租赁合同与融资租赁合同是两种有名合同，其差别主要有以下几点。

（一）目的不用

租赁合同一方的目的是通过转移标的物的使用权来收取租金，另一方当事人是通过支付租金的有偿行为获得对标的物的使用。但融资租赁合同的基本目的是承租人通过租赁来融资，名为租赁而实为“借钱”。

（二）当事人不同

一般的租赁合同是双方当事人——出租人与承租人，而融资租赁合同一般为三方当事人——出租人、承租人和出卖人。只有在“回租”这种方式中，承租人与出卖人才为一人。

（三）合同期满后租赁物的归属不同

一般的租赁合同期满后，出租人要收回出租物。而融资租赁合同的出租人一般不收回出租物，出租物归属承租人所有。

四、融资租赁合同的成立

融资租赁合同的成立，除了适用《民法典》总则编及合同编通则规定的规则，《民法典》合同编典型合同“融资租赁合同”一章中还有以下规定。

（一）内容和形式有特别要求

融资租赁合同的内容一般包括租赁物的名称、数量、规格、技术性能、检验方法，租赁期限，租金构成及其支付期限和方式、币种，租赁期限届满租赁物的归属等条款。

融资租赁合同应当采用书面形式。

（二）行政许可不影响合同效力

依照法律、行政法规的规定，承租人对于租赁物的经营使用应当取得行政许可的，出租人未取得行政许可不影响融资租赁合同的效力。

（三）租金有特殊确定规则

融资租赁实际上完全不同于租赁，应该叫“租买”，是分期付款和租赁的结合。因此，租金一般要高于普通租赁合同。对于租金，双方当事人可以约定。没有约定或者约定不明确的，按照《民法典》第746条的规定，融资租赁合同的租金，除当事人另有约定外，应当根据购买租赁物的大部分或者全部成本以及出租人的合理利润确定。

（四）以虚构租赁物方式订立的融资租赁合同无效

当事人以虚构租赁物方式订立的融资租赁合同无效。

另外，按照《最高人民法院关于审理融资租赁合同纠纷案件适用法律问题的解释》第1条的规定，人民法院应当根据《民法典》第735条的规定，结合标的物的性质、价值、租金的构成以及当事人的合同权利和义务，对是否构成融资租赁法律关系作出认定。对名为融资租赁合同，但实际不构成融资租赁法律关系的，人民法院应按照其实际构成的法律关系处理。

第二节　融资租赁合同的法律效力

一、出租人的权利、义务

（一）收取租金并对出租物具有所有权

收取租金是出租人的主要权利，《民法典》第752条规定了出租人的此项权利。如果承租人违反此义务，出租人经催告后，可以解除合同。

融资租赁合同的双方当事人可以约定融资租赁合同期满后，出租物的所有权归承租人所有，但在融资租赁期间，出租物的所有权归出租人所有。但是，我国《民法典》第745条规定的登记对抗第三人实在令人匪夷所思："出租人对租赁物享有的所有权，未经登记，不得对抗善意第三人。"一个人具有所有权，可以通过合同等法律行为让他人占有。如果是动产占有的话，当然，占有人在占有动产的时候，就有可能与第三人交易。如果第三人为善意当然可以取得，否则就不能取得。出租人享有所有权，从所有权自身的逻辑上看，本身就可以对抗第三人，为什么要登记后才能对抗第三人？这是什么逻辑？也就是说，立法者想突破第三人善意取得规则。实际上，我国《民法典》的立法者始终是把融资租赁中的所有权与所有权保留买卖中的所有权，当成担保来对待——当成动产担保来对待。笔者认为，这种做法是没有道理的。本来所有权的善意取得就能够解决这些问题，立法者不必叠床架屋地独创规则，这实际上严重破坏了本来的物权规则体系。

让出租人享有所有权，本身也是融资租赁合同的一个核心内容，否则融资租赁合同就成了买卖合同。当然，次要的是它具有某些担保功能，特别当承租人破产的时候，可以将该财产从承租人的财产中别除出来。因此，可以说，我国1999年《合同法》比《民法典》规定合理：1999年《合同法》第242条规定："出租人享有租赁物的所有权。承租人破产的，租赁物不属于破产财产。"这实际上是对出租人租金请求权的一种保障。

除此之外，出租人和承租人可以约定租赁期间届满租赁物的归属。对租赁物的归属没有约定或者约定不明确，依据《民法典》第510条的规定仍不能确定的，租赁物的所有权归出租人。

（二）不得任意变更买卖合同内容的义务

出租人根据承租人对出卖人、租赁物的选择订立的买卖合同，未经承租人同意，出租人不得变更与承租人有关的合同内容。

（三）保证承租人对租赁物的占有和使用的义务

出租人应当保证承租人对租赁物的占有和使用，这是出租人的基本义务。我国《民法典》第748条规定："出租人应当保证承租人对租赁物的占有和使用。出租人有下列情形之一的，承租人有权请求其赔偿损失：（一）无正当理由收回租赁物；（二）无正当理由妨碍、干扰承租人对租赁物的占有和使用；（三）因出租人的原因致使第三人对租赁物主张权利；（四）不当影响承租人对租赁物占有和使用的其他情形。”

（四）出租人瑕疵担保责任的免除

我国《民法典》第 747 条、第 749 条规定：租赁物不符合约定或者不符合使用目的的，出租人不承担责任，但是承租人依赖出租人的技能确定租赁物或者出租人干预选择租赁物的除外。承租人占有租赁物期间，租赁物造成第三人人身损害或者财产损失的，出租人不承担责任。这是融资租赁合同不同于一般租赁合同的特点之一，那么，这种责任由谁承担？

《民法典》第 739 条规定：出租人根据承租人对出卖人、租赁物的选择订立的买卖合同，出卖人应当按照约定向承租人交付标的物，承租人享有与受领标的物有关的买受人的权利。由此可见，这种责任应当由出卖人承担。

《民法典》第 749 条还规定，承租人占有租赁物期间，租赁物造成第三人人身损害或者财产损失的，出租人不承担责任。那么，这种责任由谁来承担呢？如果是产品责任，那么，由产品的生产者与经营者承担责任；如果是由承租人的原因导致的第三人伤害，则承租人承担责任。

（五）向出卖人的索赔权

按照约定或者没有约定的时候，由出租人向出卖人行使索赔权的，出租人应积极行使。出租人怠于行使只能由其对出卖人行使的索赔权利，造成承租人损失的，承租人有权请求出租人承担赔偿责任。

（六）协助承租人向出卖人索赔的义务

《民法典》第 741 条及第 743 条都规定了出租人的此项义务及违反此项义务的法律后果。

二、承租人的权利、义务

（一）租金支付义务

这是承租人的主要义务，承租人应当按照约定支付租金。承租人经催告后在合理期限内仍不支付租金的，出租人可以要求支付全部租金；也可以解除合同，收回租赁物。

当事人约定租赁期限届满租赁物归承租人所有，承租人已经支付大部分租金，但是无力支付剩余租金，出租人因此解除合同收回租赁物，收回的租赁物的价值超过承租人欠付的租金以及其他费用的，承租人可以请求部分返还。

当事人约定租赁期限届满租赁物归出租人所有，因租赁物毁损、灭失或者附合、混合于他物致使承租人不能返还的，出租人有权请求承租人给予合理补偿。

依据《民法典》第 742 条之规定，承租人对出卖人行使索赔权利，不影响其履行支付租金的义务。但是，承租人依赖出租人的技能确定租赁物或者出租人干预选择租赁物的，承租人可以请求减免相应租金。根据《最高人民法院关于审理融资租赁合同纠纷案件适用法律问题的解释》第 8 条第 1 款之规定，租赁物不符合融资租赁合同的约定且出租人实施了下列行为之一，承租人依照《民法典》第 744 条、第 747 条的规定，要求出租人承担相应责任的，人民法院应予支持：(1) 出租人在承租人选择出卖人、租赁物时，对租赁物的选定起决定作用的；(2) 出租人干预或者要求承租人按照出租人意愿选择出卖人或者租赁物的；(3) 出租人擅自变更承租人已经选定的出卖人或者租赁物的。

（二）向出卖人的索赔权

依据《民法典》第741条的规定，出租人、出卖人、承租人可以约定，出卖人不履行买卖合同义务的，由承租人行使索赔的权利。承租人行使索赔权利的，出租人应当协助。

但是，如果出租人、出卖人、承租人没有这样的约定，出卖人不履行买卖合同义务的，由何人索赔？笔者认为，应当由出租人行使索赔权。

出租人有下列情形之一，致使承租人对出卖人行使索赔权利失败的，承租人有权请求出租人承担相应的责任：（1）明知租赁物有质量瑕疵而不告知承租人；（2）承租人行使索赔权利时，未及时提供必要协助。

（三）在出卖人违约时拒绝受领标的物的权利

出卖人违反向承租人交付标的物的义务，有下列情形之一的，承租人可以拒绝受领出卖人向其交付的标的物：（1）标的物严重不符合约定；（2）未按照约定交付标的物，经承租人或者出租人催告后在合理期限内仍未交付。

承租人拒绝受领标的物的，应当及时通知出租人。

（四）对租赁物的合理使用与保管义务

承租人应当妥善保管、使用租赁物，承租人因为保管不善造成租赁物损失的，应当负赔偿责任。但是，如果损害是由不可抗力造成的，承租人不负赔偿责任。

（五）对租赁物的维修义务

当事人可以约定租赁物的维修义务的归属，但没有约定或者约定不明确的，承租人应当履行占有租赁物期间的维修义务。

第三节　融资租赁合同的终止及后果

一、融资租赁合同因解除而终止

（一）融资租赁合同解除的原因概述

1. 一般原因

融资租赁合同除了自身的特殊原因，也可能因为具备《民法典》第562～563条规定的一般合同解除的原因而解除。当然，规定在“融资租赁合同”这一章中的原因，也并非全部是特殊原因，也有一般原因，例如，第753条规定：“承租人未经出租人同意，将租赁物转让、抵押、质押、投资入股或者以其他方式处分的，出租人可以解除融资租赁合同。”按照这种原因解除的，适用《民法典》第565～567条规定的方式处理。

2. 融资租赁合同解除的特殊原因

（1）出租人和承租人都可以请求解除合同的原因。

依据我国《民法典》第754条的规定，有下列情形之一的，出租人或者承租人可以解除融资租赁合同：1）出租人与出卖人订立的买卖合同解除、被确认无效或者被撤销，且未能重新订立买卖合同；2）租赁物因不可归责于当事人的原因毁损、灭失，且不能修复或者确定替代物；3）因出卖人的原因致使融资租赁合同的目的不能实现。

（2）出租人可以解除合同的原因。

第一，承租人未经出租人同意，将租赁物转让、抵押、质押、投资入股或者以其他方式处分的。

第二，按照《民法典》第752条的规定，承租人应当按照约定支付租金。承租人经催告后在合理期限内仍不支付租金的，出租人可以请求支付全部租金；也可以解除合同，收回租赁物。

《最高人民法院关于审理融资租赁合同纠纷案件适用法律问题的解释》第5条规定得更加详细：1）承租人未按照合同约定的期限和数额支付租金，符合合同约定的解除条件，经出租人催告后在合理期限内仍不支付的；2）合同对于欠付租金解除合同的情形没有明确约定，但承租人欠付租金达到两期以上，或者数额达到全部租金15%以上，经出租人催告后在合理期限内仍不支付的；3）承租人违反合同约定，致使合同目的不能实现的其他情形。

（3）承租人可以解除合同的原因。

《最高人民法院关于审理融资租赁合同纠纷案件适用法律问题的解释》第6条规定，因出租人的原因致使承租人无法占有、使用租赁物，承租人请求解除融资租赁合同的，人民法院应予支持。但是，《民法典》第748条规定的事项是否可以作为承租人解除合同的事由呢？该条规定："出租人应当保证承租人对租赁物的占有和使用。出租人有下列情形之一的，承租人有权请求其赔偿损失：（一）无正当理由收回租赁物；（二）无正当理由妨碍、干扰承租人对租赁物的占有和使用；（三）因出租人的原因致使第三人对租赁物主张权利；（四）不当影响承租人对租赁物占有和使用的其他情形。"《民法典》没有规定是否能够解除合同，最高人民法院的司法解释仅仅规定了对于第2项可以解除合同。但是，从《民法典》合同编关于合同解除的一般事由来看，这四种情形都可以作为承租人解除合同的事由。

（二）*法律后果*

我们在这里所说的合同解除的后果，是指融资租赁合同自己特殊原因导致的合同无效的法律后果。

（1）融资租赁合同因买卖合同解除、被确认无效或者被撤销而解除，出卖人及租赁物系由承租人选择的，出租人有权请求承租人赔偿相应损失。但是，因出租人原因致使买卖合同解除、被确认无效或者被撤销的除外。

出租人的损失已经在买卖合同解除、被确认无效或者被撤销时获得赔偿的，承租人不再承担相应的赔偿责任。

（2）融资租赁合同因租赁物交付承租人后意外毁损、灭失等不可归责于当事人的原因解除的，出租人可以请求承租人按照租赁物折旧情况给予补偿。

二、合同终止后的租赁物归属

按照正常的融资租赁合同，出租人、出卖人和承租人各自履行完毕自己应该负担的义务，租赁物的所有权当然归属承租人。但在有的情况下，融资租赁合同因特殊原因而终止的时候，租赁物的归属如何解决呢？我国《民法典》第757～760条作出了规定。

（1）出租人和承租人可以约定租赁期间届满租赁物的归属。对租赁物的归属没有约定或者约定不明确，依据《民法典》第510条的规定仍不能确定的，租赁物的所有权归出租人。

（2）当事人约定租赁期间届满租赁物归承租人所有，承租人已经支付大部分租金，但是无力支付剩余租金，出租人因此解除合同收回租赁物，收回的租赁物的价值超过承租人欠付的租金以及其他费用的，承租人可以请求相应返还。

当事人约定租赁期间届满租赁物归出租人所有，因租赁物毁损、灭失或者附合、混合于他物致使承租人不能返还的，出租人有权请求承租人给予合理补偿。

（3）当事人约定租赁期间届满，承租人仅需向出租人支付象征性价款的，视为约定的租金义务履行完毕后租赁物的所有权归承租人。

（4）融资租赁合同无效，当事人就该情形下租赁物的归属有约定的，按照其约定；没有约定或者约定不明确的，租赁物应当返还出租人。但是，因承租人原因致使合同无效，出租人不请求返还或者返还后会显著降低租赁物效用的，租赁物的所有权归承租人，由承租人给予出租人合理补偿。

法律适用

如何区分出卖人的责任与出租人的责任

责任是未履行法定或约定义务而应承担的不利后果。区分出卖人与出租人的责任，应从二者应负担的义务入手。出卖人应负担的义务：在融资租赁合同中，出卖人负有依约定向承租人直接交付标的物的义务。当出卖人不履行买卖合同的义务时，本应由出租人向出卖人主张违约责任并就因此造成的损失索赔，但各国法一般都认可承租人对出卖人有直接索赔权。我国实践中合同文本中一般都有融资租赁公司将购买合同中对卖主的索赔权转让给用户的规定。应当注意的是，即使承租人取得了直接索赔权，出租人也负有协助索赔的法定义务。出租人应负担的义务包括：出租人负有交付租赁物的义务，在实践中，该义务是由出卖人作为履行辅助人来完成的；出租人还负有不得随意变更买卖合同相关条款的法定不作为义务；出租人有保证承租人对租赁物的占有和使用的义务。违反上述义务，出卖人与出租人要承担相应的责任。

课后复习

试述融资租赁合同与租赁合同的区别。

第十九章　保理合同

提　要

依据我国《民法典》第761条的规定，保理合同是应收账款债权人将现有的或者将有的应收账款转让给保理人，保理人提供资金融通、应收账款管理或者催收、应收账款债务人付款担保等服务的合同。保理合同分为有追索权的保理合同与无追索权的保理合同，这是以保理人对债权人是否具有追索权为标准进行的分类。有追索权的保理是指保理合同约定的权利实现期限到来时，保理人可以向应收账款债权人主张返还保理融资款本息或者回购应收账款债权，也可以向应收账款债务人主张应收账款债权。我国《民法典》第766条规定的就是这种保理。无追索权的保理，是指保理人只能向债务人主张应收账款，而不能向债权人主张，也就是保理人"买断"应收账款。我国《民法典》第767条规定的就是这种保理。保理合同的根本问题实际上就是保理与债权转让的关系问题。

重点问题

1. 保理合同的基本分类。
2. 保理合同与债权转让的关系。

第一节　保理合同概述

一、保理合同的概念

依据我国《民法典》第761条的规定，保理合同是应收账款债权人将现有的或者将有的应收账款转让给保理人，保理人提供资金融通、应收账款管理或者催收、应收账款债务人付款担保等服务的合同。

保理合同实际上是一种债权转让与其他服务附合在一起的混合合同，如资金融通、应收账款管理或者催收、应收账款债务人付款担保等。但问题是：在债权转让之外附加几种服务才算是附合成功而成为保理合同呢？国际统一私法协会1988年《国际保理公约》要求须有其中至少两项（第1条第2款）。但从我国《民法典》上述规定看，法律对此并没有要求。因此，有学者认为，保理合同中，只要债权让与和融资、债权管理、债权催收、付款担保中至少一项服务结合足矣。① 笔者持有相同的观点。

---

① 参见李宇：《保理合同立法论》，载《法学》，2019（12），1页。

二、保理合同的价值

保理这种形式，在我国经济生活中具有很重要的意义。我国保理业发展迅速，保理早已成为当今中小企业融资的最有效手段之一。据国际保理商联合会 2018 年数据统计，我国保理业务总量居世界首位，占 20.3%。保理合同纠纷在司法实践中亦处于增长态势。保理合同在实务上的重要性，自然容易催生出特别立法的呼声。①

其实，在我国《民法典》编纂的过程中，关于是否规定保理合同有很大的争议，一个很重要的原因就是：保理合同的所有问题是否可以通过《民法典》中的“债权转让制度”及其他合同类型解决？

有学者正确地指出，保理合同的本质体现为债权让与和以上任一偶素的组合（“须有组合，但可以任意组合”），由此区别于他种合同。究其性质，可归为混合契约中的并向结合契约。如仅有债权让与，则非保理；如无债权让与，则或为借款，或为委托（收取债权、管理债权），或为担保，均非保理。债权让与系债法一般制度。保理合同的各项偶素在现行法上均有相对应的有名合同类型提供的规则可以利用。保理合同所附债权让与以外的内容，当事人对相关权利义务有约定时，从其约定；无约定时，可准用借款、委托、担保等最相类似有名合同的规定。由此可见，正因保理合同各组成部分已有债法一般制度或对应的有名合同规定可资适用，保理合同有名化的必要性并不显著。在大陆法系民商法中，保理合同有名化并非普遍现象。保理业兴盛的国家和地区的民商法，如荷兰、魁北克、巴西新民法典等具有典范意义的新一代民法典以及大幅翻新的德国、法国、日本新债法，均未特别规定保理合同。例外者主要是俄罗斯、乌克兰、匈牙利等的民法典（与其同区域的格鲁吉亚、土库曼斯坦等的民法典则未规定保理合同），但究其内容，大多是债权让与一般规范或其他合同法规范的重复。我国澳门特别行政区商法典亦然。英美法系固然并无民法典的立法传统，但因有债权让与一般规范，亦无专门制定保理法的必要。尤具说明价值者，在欧洲保理业务四大国中，除英国并无民商法典外，法国、德国、意大利三国民商法典均未规定保理合同。而作为现代保理业起源地的美国，从普通法、各州各行其是的应收款融资制定法至《美国统一商法典》，亦未为保理合同定制规则。由此足见保理业之发达与保理合同有名化无关。② 这一理由，其实足以否定我国《民法典》规定保理合同的必要性。更为重要的是，我国《民法典》的保理合同的特别规则，并没有提供比现存的人民法院判例规则和实务规则更有意义的、更详细的规则，仅仅是对现实存在的规则的整理和总结。

在笔者看来，确实，所谓的保理，无非就是在债权转让的基础上，由当事人再约定几项服务，这并不违反契约自由原则，本来也是允许的。因此，保理合同作为有名合同是没有必要的。从实际的条文看，其也并没有什么特别的规则。另外，一个国家的保理业务发达与不发达，以及其对经济的促进作用，与民法典是否规定保理合同没有直接的因果关系。

三、保理与债权转让的关系

保理实际上就是一种债权转让，尤其是“没有追索权”的保理，就是纯粹的债权转让：由

---

① 参见李宇：《保理合同立法论》，载《法学》，2019（12），1 页。

② 参见李宇：《保理合同立法论》，载《法学》，2019（12），3 页。

保理商买断债权，不就是纯粹的债权买卖吗？我国《民法典》中把这种类型的债权转让也作为保理对待，其实是有很大的争议的。

即使是有追索权的保理合同，也仅仅是在债权转让之外加上了一项或者几项服务，根本没有必要独立为有名合同。如果对我国《民法典》中的"债权转让"制度，稍微作一下改动，就完全可以为保理提供所有的规则。即使在保理合同作为有名合同的情况下，《民法典》第769条也规定，在保理合同没有规定的情况下，适用债权转让的规定。

四、保理合同的特征

（一）保理合同属于有偿、双务合同

保理合同是为了融资设立的，即债权人（让与人）的目的就是从保理人那里获得融资从而转让债权。因此，保理合同应当属于有偿、双务合同。

（二）保理合同属于要式合同

按照我国《民法典》第762条第2款的规定，保理合同应当采取书面合同的形式。

（三）保理合同一般属于商事合同

从《民法典》第761条规定的概念看，"保理人提供资金融通、应收账款管理或者催收、应收账款债务人付款担保等服务"中之保理人，一般是商事主体。实务中存在的也都是商事主体。

五、保理合同的分类

（一）有追索权的保理合同与无追索权的保理合同

这是以保理人对债权人是否具有追索权为标准进行的分类。有追索权的保理是指保理合同约定的权利实现期限到来时，保理人可以向应收账款债权人主张返还保理融资款本息或者回购应收账款债权，也可以向应收账款债务人主张应收账款债权。我国《民法典》第766条规定的就是这种保理。

无追索权的保理，是指保理人只能向债务人主张应收账款，而不能向债权人主张，也就是保理人"买断"应收账款。我国《民法典》第767条规定的就是这种保理。

（二）明保理合同和暗保理合同

这是以保理人与债权人之间的保理合同是否让债务人知道为标准所作的分类。明保理是指债权让与通知债务人的保理，又称公开保理、通知保理；暗保理是指债权让与不通知债务人的保理，又称隐蔽保理、不通知保理。在暗保理的情形中，仍由让与人或保理商以让与人名义继续收取债权，另以保理商控制收款账户等方式确保保理商对给付利益的控制，以对让与人设定违约责任等方式吓阻让与人另行收取债权。此种交易方式固然存在债务人另行向让与人给付的风险，但同时具有便于应收账款管理与催收、利于维系让与人与债务人的合作关系等优势，故在实务中常有应用。暗保理对法律制度的需求是，只要法律不将通知债务人设计为强制性要件，不对让与通知赋予超出债务人保护范围的额外功能，即无碍于暗保理的开展。①

我国《民法典》虽然没有规定这种形式的保理，但实际上，在契约自由和债权转让规则存

① 参见李宇：《保理合同立法论》，载《法学》，2019（12），18～19页。

在的情况下，不妨碍这种保理分类的实际存在和运行。

（三）其他分类

依据不同标准，保理还可以分为其他不同的种类。例如，以涉及的业务不同，可以分为国际保理与国内保理；依据涉及的保理机构的个数，可以分为单保理和双保理或者共同保理；依据保理商所提供的服务不同，还可以分为融资性保理与非融资性保理等。

在我国《民法典》合同编中，最有法律意义的分类应该是有追索权的保理与无追索权的保理。我国《民法典》中的保理合同的规则是以此种分类展开的。

第二节　保理合同的基本效力

一、保理人与债权人的法律关系

按照我国《民法典》第766条及第767条的规定，当事人约定有追索权的保理，保理人可以向应收账款债权人主张返还保理融资款本息或者回购应收账款债权，也可以向应收账款债务人主张应收账款债权。保理人向应收账款债务人主张应收账款债权，在扣除保理融资款本息和相关费用后有剩余的，剩余部分应当返还给应收账款债权人。当事人约定无追索权的保理，保理人无权向债权人主张返还保理融资款本息或者回购应收账款债权，只能向债务人主张债权。

但是，如果债权人对债务人的债权自始至终都不存在，如何？无追索权的保理人能否向债权人主张权利瑕疵担保？我国《民法典》并没有刻意区分商事与民事合同，故笔者认为可以。如果当事人在合同中约定免责，保理人能否适用《民法典》第506条的规定而主张免责条款无效？笔者认为可以主张免责无效。

二、保理人与债务人的关系

（一）保理人对债务人的关系上，有追索权的保理与无追索权的保理不同

前者既可以向债权人主张权利，也可以向债务人主张权利。而后者只能向债务人主张。按照我国《民法典》第767条的规定，无追索权的保理人在债务人处取得超过保理融资款本息和相关费用的部分，无须向应收账款债权人返还。

（二）债权人与债务人虚构的债权不得对抗保理人

我国《民法典》第763条规定："应收账款债权人与债务人虚构应收账款作为转让标的，与保理人订立保理合同的，应收账款债务人不得以应收账款不存在为由对抗保理人，但是保理人明知虚构的除外。"应该说，这一规定与债权转让的规则不同，也与《民法典》关于虚假法律行为的规则不同：在一般债权转让中，如果转让的债权不存在，债务人当然可以以此对抗受让债权的第三人；《民法典》第146条明确规定虚假合同无效。在保理合同中，除非保理人明知虚构，否则债务人不得拒绝保理人的权利主张。

笔者认为，这一规定不合理：《民法典》在这里并没有对债务人的责任作出限制性规定。如果保理合同签订后，债务人并不知道保理合同，也不知道保理人或者任何第三人利益，债务人如何就必须对保理人这种债权的受让人负责呢？笔者觉得，应该有一个条件限制——债务人知道或者应当知道其与债权人虚构的债权作为保理合同标的而仍然为之的，不得对抗保理人，即应参照《德国民法典》第405条的规定，给予债务人以抗辩的机会。所以，在实践中，对于

债务人的责任应当限缩解释。

（三）债权多重让与下的保理

《民法典》第 768 条规定了此种情况下的规则：“应收账款债权人就同一应收账款订立多个保理合同，致使多个保理人主张权利的，已经登记的先于未登记的取得应收账款；均已经登记的，按照登记时间的先后顺序取得应收账款；均未登记的，由最先到达应收账款债务人的转让通知中载明的保理人取得应收账款；既未登记也未通知的，按照保理融资款或者服务报酬的比例取得应收账款。”这种规则是我国法院在处理类似问题时常用的办法，但是否符合债的平等性，实值考虑——一个《民法典》能否直接搬用法院的便宜的司法规则的问题。

（四）对债务人的通知及其效力

1. 通知的效力

按照债权转让的一般规则，债权转让的事实通知债务人的，债权转让对债务人生效。同时，按照我国《民法典》第 765 条的规定，应收账款债务人接到应收账款转让通知后，应收账款债权人与债务人无正当理由协商变更或者终止基础交易合同，对保理人产生不利影响的，对保理人不发生效力。

2. 通知人

按照《民法典》第 764 条的规定，保理人向应收账款债务人发出应收账款转让通知的，应当表明保理人身份并附有必要凭证。这里显然改变了“债权人通知”的一般原则。为了让债务人相信债权转让的真实性，还要求“应当表明保理人身份并附有必要凭证”。

三、法律规则的适用

《民法典》第 769 条规定：“本章没有规定的，适用本编第六章债权转让的有关规定。”这是正确的——本来保理合同就是债权转让的特殊形式。问题在于：除了适用债权转让的规则，还应适用《民法典》的其他规则，例如，诚信原则、法律行为规则、合同编之通则中的规则等。

法律适用

保理合同实际上是一种债权转让与其他服务附合在一起的混合合同，如资金融通、应收账款管理或者催收、应收账款债务人付款担保等。但问题是：在债权转让之外附加几种服务才算是附合成功而成为保理合同？国际统一私法协会 1988 年《国际保理公约》要求须有其中至少两项（第 1 条第 2 款）。但从我国《民法典》第 761 条的规定看，法律对此并没有要求。因此，有学者认为，保理合同中，只要债权让与和融资、债权管理、债权催收、付款担保中至少一项服务结合足矣。但是，如果这样的话，保理合同与债权转让制度就难以区分：债权转让合同中再通过约定加上一项或者几项服务也符合契约自由原则。

课后复习

1. 试述有追索权的保理合同的基本特征。
2. 试述债权转让与保理的关系。

第二十章　承揽合同

| 提　要 |

承揽合同，是指承揽人按照定作人的要求完成工作，交付工作成果，定作人支付报酬的合同。定作合同有不同的种类。承揽人的主要义务是按照约定完成工作，而定作人的主要义务是按照约定支付报酬。同时，承揽合同中的定作人有任意解除合同的权利。

| 重点问题 |

1. 承揽合同的种类。
2. 承揽合同双方当事人的主要权利与义务。

第一节　承揽合同概述

一、承揽合同的概念

承揽合同是指承揽人按照定作人的要求完成工作，交付工作成果，定作人给付报酬的合同。其中，完成工作并将成果交给他方的一方称为承揽人，接受工作成果并向对方支付报酬的一方称为定作人；完成的工作成果称为定作物。承揽合同是社会经济生活中广泛应用的一种合同。

二、承揽合同的特征

（一）承揽合同是交付工作成果的合同

承揽合同的承揽人须依照定作人的要求完成一定的工作，从这一点来看，它与劳务类合同相似。但在承揽合同中，定作人所需要的并非承揽人完成工作的过程，而是承揽人提供的劳动成果。虽然承揽人进行工作须提供劳务，但这种劳务只有与一定的工作成果相结合，亦即必须完成一定工作成果，才能满足定作人的需要。因此，理论上将承揽合同划为交付工作成果的合同。

（二）承揽人的工作具有独立性

承揽人以自己的设备、技术和劳动独立完成工作，承揽人有权按照自己的生产条件，独立地制订生产计划，确定工作方法和步骤。定作人虽有权对承揽人的工作进行必要的监督检验，但不得妨碍承揽人独立完成工作。

（三）承揽人在工作中独立承担风险

承揽人在独立完成工作过程中，对工作成果的完成应负全部责任。承揽人完成的工作成果在交付定作人之前毁损、灭失的风险，由承揽人承担。如果该风险是由不可抗力引起的，承揽人可以免除承担违约责任，但承揽人不能以为完成定作人交付的工作为由，要求定作人给付报酬或赔偿损失。

（四）承揽合同是诺成、双务、有偿合同

承揽合同经双方当事人意思表示一致即可成立生效，故为诺成合同；合同成立后，双方当事人均负有一定义务，双方的义务具有对应性，故为双务合同；定作人取得承揽人完成的工作成果须支付报酬，任何一方从另一方取得利益均应支付对价，故为有偿合同。

（五）承揽合同为非要式合同

我国《民法典》没有对承揽合同的形式作出特别的要求，当事人可以采取书面形式，也可以采取非书面形式。

三、承揽合同的种类

承揽合同是有着悠久历史的一类合同，实际上它是一大类合同的总称。随着社会的进步与发展，承揽合同的种类也不断发展与完善，目前，常见的承揽合同有以下几种。

1. 加工合同

加工合同是定作人为承揽人提供原料，由承揽人以自己的技术加工成成品，定作人接受成品并给付报酬的合同。如用定作人提供的半成品加工成成品，用定作人提供的衣料、木料等加工成服装、家具等。

2. 定作合同

定作合同是承揽人根据定作人的要求，用自己的材料和技术为定作人制作成品，定作人接受成品并支付报酬的合同。定作合同与加工合同的根本区别在于，定作合同由承揽人自备原材料，而不是由定作人提供原材料。

3. 修理合同

修理合同是指承揽人为定作人修复损坏的物品，由定作人为此支付报酬的合同。在修理合同中，需要更换的配件可以由定作人提供，也可以由承揽人提供。修理合同既可以针对动产，也可以针对房屋等不动产。

4. 印刷合同

印刷合同是指承揽人按照定作人的要求，将定作人交付的文稿打印、印刷成定作人需要的形式，定作人接受印制的成果并支付报酬的合同。在签订印刷合同时，除应遵守有关承揽合同方面的规定外，还应遵守我国印刷品管理的有关法规。

5. 复制合同

复制合同是指承揽人根据定作人提供的样品，重新制作类似成品，定作人接受复制品并支付报酬的合同。

6. 测绘、测试合同

测绘、测试合同是指承揽人利用自己的技术和设备，为定作人完成某项工程的测绘、测试任务，定作人接受测绘、测试成果并支付报酬的合同。

7. 检验、鉴定合同

检验、鉴定合同是指承揽人以自己的技术和仪器、设备等，对定作人提出的特定事物的性能、问题等进行检验、鉴定，定作人接受检验、鉴定成果并支付报酬的合同。

以上仅是承揽合同的几种典型形式，现实生活中承揽合同的种类不止这些。

第二节 承揽合同的法律效力

一、承揽人的主要权利与义务

（一）按照合同的要求亲自完成约定工作的义务

由于承揽合同是以定作人对承揽人的信任为基础的，因此，承揽人应当以自己的设备、技术和劳力，完成主要工作。未经定作人同意，承揽人不得将其承揽的主要工作交由第三人完成，否则，定作人可以解除合同。除当事人另有约定外，承揽人可以将其承揽的辅助工作交由第三人完成，但承揽人应就该第三人完成的工作成果向定作人负责。

我国《民法典》第772条、第773条规定：承揽人应当以自己的设备、技术和劳力，完成主要工作，但是当事人另有约定的除外。承揽人将其承揽的主要工作交由第三人完成的，应当就该第三人完成的工作成果向定作人负责；未经定作人同意的，定作人也可以解除合同。承揽人可以将其承揽的辅助工作交由第三人完成。承揽人将其承揽的辅助工作交由第三人完成的，应当就该第三人完成的工作成果向定作人负责。

（二）交付定作物并转移定作物的所有权的义务

定作人定作的目的是要取得定作物的所有权，因此交付定作物并将定作物的所有权转移给定作人，是承揽合同订立的基本经济目的。在承揽合同履行过程中，不论原材料由谁提供，事实上首先存在着承揽人对定作物的占有关系。在原材料完全由承揽人提供时，承揽人对定作物享有所有权，故承揽人在交付定作物时，应当一并将定作物的所有权移转于定作人。此外，承揽人在交付定作物的同时，还应交付定作物的附属物，如定作物必须具备的备件、配件、图纸、资料等。

（三）接受检验与监督的义务

根据我国《民法典》第774条与第779条的规定，承揽人提供材料的，承揽人应当按照约定选用材料，并接受定作人检验。承揽人在工作期间，应当接受定作人必要的监督检验。但定作人不得因监督检验妨碍承揽人的正常工作。

（四）通知义务

定作人提供材料的，应当按照约定提供材料。承揽人对定作人提供的材料，应当及时检验，发现不符合约定时，应当及时通知定作人更换、补齐或者采取其他补救措施。

承揽人发现定作人提供的图纸或者技术要求不合理的，应当及时通知定作人。因定作人怠于答复等原因造成承揽人损失的，应当赔偿损失。

（五）违约责任

承揽人交付的工作成果不符合质量要求的，定作人可以要求承揽人承担修理、重作、减少报酬、赔偿损失等违约责任。承揽人为两人或者两人以上者，应当对定作人承担连带责任，但当事人另有约定的除外。

（六）善意保管、保密的义务

承揽人的善意保管义务指的是，承揽人有义务对定作人提供的原材料、零配件、图纸、技术资料等进行妥善保管，以防止自然受损或灭失。如因承揽人过错造成原材料毁损、灭失，承揽人应负赔偿责任。承揽人对定作人提供的材料不得擅自更换，不得更换不需要修理的零部件。在工作完成后，承揽人还有义务对尚未交付的定作物妥善保管并承担风险责任。

承揽人的保密义务是指定作人对承揽的工作提出保密要求的，承揽人有义务为其保密。工作完成后，承揽人还应将涉密的图纸和技术资料等一并返还定作人。我国《民法典》第785条规定：承揽人应当按照定作人的要求保守秘密，未经定作人许可，不得留存复制品或者技术资料。

（七）定作物的瑕疵担保义务

承揽人对定作物有瑕疵担保义务，其所完成的工作成果不符合合同约定的质量标准和要求，或使定作物的价值减少，或不符合通常效用的，承揽人应负瑕疵担保责任。承揽人完成工作后，应当由定作人检验，以确定定作物的品质。承揽人在定作人验收定作物前，应当提交必要的技术资料和有关质量证明，定作人应当按照约定验收该工作成果。定作物有瑕疵的，一般采取以下补救措施：（1）定作人同意利用的，可以按质论价，请求减少相应的报酬；（2）定作人不同意利用的，承揽人应当负责修理、调换或重作，并承担逾期交付的违约责任；（3）承揽人拒绝修补或调换或者经修补、调换后定作物仍不符合合同要求的，定作人有权拒收，可要求解除合同并请求赔偿损失。

（八）承揽人的报酬请求权与留置权或者拒绝交付工作成果的权利

作为工作的回报，承揽人有权请求定作人支付报酬。在承揽人取得报酬前，承揽人具有拒绝交付工作成果的权利。

承揽人的留置权是指承揽人享有的依法对定作物的留置，作为取得工作报酬的担保的权利。承揽人的这一权利，是法律对承揽人所付出劳动的特别保护。如果是承揽人自己提供材料完成的工作成果，承揽人具有拒绝交付的权利。

二、定作人的主要权利与义务

（一）向承揽人支付报酬

定作人应按合同规定的期限、方式向承揽人支付报酬。报酬的标准，合同中有约定的，按照约定的报酬支付；没有约定的，按当时当地同种类工作一般报酬标准支付。定作人应当按照约定的期限支付报酬。对支付报酬的期限没有约定或者约定不明确的，定作人应当在承揽人交付工作成果的同时支付；工作成果部分交付的，定作人应当相应支付。定作人超过规定期限支付报酬的，应当承担逾期支付的利息；拒付报酬的，承揽人有权留置定作物。

（二）协助承揽人完成工作的义务

根据承揽工作的性质，需要定作人协助的，定作人有协助的义务。在承揽合同中，当事人双方约定由定作人提供原材料、零配件或设计图纸、技术资料的，定作人有义务依照合同按时提供；对于需要修理、修缮、改造、改建的，定作人还必须按时提供需要修理、修缮、改造、改建的物品。定作人不履行协助义务致使承揽工作不能完成的，承揽人可以催告定作人在合理期限内履行义务，并可以顺延履行期限；定作人逾期不履行的，承揽人可以解除合同。

（三）受领定作物的义务

定作人有受领承揽人所完成的定作物的义务。对于符合合同约定的定作物，定作人应及时接受。超过规定期限领取的，应支付违约金并承担承揽人实际支出的保管、保养费；无故拒收的，应支付违约金并赔偿承揽人所受的损失。

（四）任意解除合同的权利

按照有的国家的民法典之规定，定作人有任意解除定作合同的权利。例如，《德国民法典》第649条规定："在完成工作前，定作人可以随时对合同发出预告解约的通知。定作人发出预告解约通知的，承揽人有权要求约定的报酬；但承揽人因解除合同而节约的费用或者因转向他处提供劳动而取得的或者出于恶意怠于取得的价值必须予以扣除。"我国《民法典》第787条也规定："定作人在承揽人完成工作前可以随时解除合同，造成承揽人损失的，应当赔偿损失。"

但是，值得注意的是，我国法对承揽人的保护与《德国民法典》有较大区别：德国法是保护"约定的报酬"，即履行利益或者期待利益，而我国仅仅是赔偿损失，是否包括可得利益？笔者认为，德国法的规定比我国法合理，法律既然赋予定作人如此大的权利——任意解除权，就应当对承揽人作出更周全的保护。因此，在解释上，应认为包括可得利益。

三、承揽合同中的风险负担

承揽合同中的风险负担是指，在承揽工作完成过程中，工作成果或原材料因不可归责于当事人任何一方的事由而毁损、灭失时，应由何方承担损失的问题。承揽工作中的风险负担一般分为两种情况。

（一）工作成果的风险负担

工作成果须实际支付的，在工作成果交付前发生风险的，由承揽人负担，定作人无须向承揽人支付报酬；交付后发生风险的，由定作人负担，定作人应支付报酬。但工作成果的毁损、灭失发生于定作人受领迟延后的，由定作人负担。

（二）原材料的风险负担

在承揽合同中原材料的风险负担，应当区分两种不同情况：如果原材料由承揽人提供，在其将工作成果交付并转移所有权之前，与定作人无关，当然由承揽人承担风险。如果原材料由定作人提供，则按照交付转移风险的一般规则，也应当由承揽人承担。因为依照成本理论，谁实际控制标的物，谁就有能力以最小的成本控制风险的发生。

法律适用

如何区分承揽合同中的加工与物权法中的加工

在司法实践中，承揽合同中的加工行为与物权法中的加工行为对当事人的权利、义务产生不同的影响，应对其加以区分。加工合同是典型的承揽合同之一，加工合同是由定作人提供原材料或半成品，承揽人按其要求加工成成品，定作人接受成品并支付加工费的合同。而物权法中的加工是对属于他人的动产进行改造，使之变成新物，从而变动物权归属的事实行为。可以看出，这两类加工的区别主要有：第一，对象不同。承揽合同中加工的对象仅限于原材料或半成品，而物权法中加工的对象不仅包括原材料或半成品，还包括成品。第二，加工后成果的归属不完全相同。承揽合同中加工后的成品归属于定作人，并且定作人需要向承揽人支付加工费；而物权法中加工后的物是归属于材料所有人还是加工人，通常需要结合经济价值标准来衡量。第三，性质不同。承揽合同中的加工行为是一种双方明确约定的行为，承揽人依据其与定作人的约定进行加工；而物权法中的加工是一种事实行为，而非约定的行为。

课后复习

试论定作人任意解除权的必要性。

第二十一章　建设工程合同

｜提　要｜

所谓建设工程合同，是指承包人进行工程建设，发包人支付价款的合同。从我国现行《民法典》的规定看，建设工程合同包括建设工程勘察、设计、施工合同。为了保证建设工程的质量，并结合我国的实践，《民法典》要求承包人应具有相应的资质，禁止承包人将工程分包给不具备相应资质条件的单位。禁止分包单位将其承包的工程再分包。建设工程主体结构的施工必须由承包人自行完成。另外，承包人不得将其承包的全部建设工程转包给第三人或者将其承包的全部建设工程支解以后以分包的名义分别转包给第三人。同时，结合我国《招标投标法》的规定，有些建设工程合同必须经过招标投标的方式签订。为了保证承包人能够获得工程价款，防止发包人恶意拖欠工程款，《民法典》特别规定了承包人的优先受偿权。

｜重点问题｜

1. 承包人的优先受偿权。
2. 承包人的优先受偿权与商品房买卖中买受人房屋交付请求权的冲突。

第一节　建设工程合同概述

一、建设工程合同的概念

所谓建设工程合同，是承包人进行工程建设，发包人支付价款的合同。从我国《民法典》的规定看，建设工程合同包括建设工程勘察、设计、施工合同。《民法典》第791条第1款规定："发包人可以与总承包人订立建设工程合同，也可以分别与勘察人、设计人、施工人订立勘察、设计、施工承包合同。发包人不得将应当由一个承包人完成的建设工程支解成若干部分发包给数个承包人。"由此可见，一个建设项目的承包人可能是一个总承包人负责建设工程勘察、设计、施工任务，也可能是几个承包人分别负责建设工程勘察、设计、施工任务。

二、建设工程合同的特征

（一）建设工程合同为要式合同

依据我国《民法典》第789条、第792条的规定，建设工程合同应当采用书面形式，而且国家重大建设工程合同，应当按照国家规定的程序和国家批准的投资计划、可行性研究报告等文件订立。

另外，根据我国《招标投标法》第3条的规定，在中华人民共和国境内进行下列工程建设项目包括项目的勘察、设计、施工、监理以及与工程建设有关的重要设备、材料等的采购，必须进行招标：(1) 大型基础设施、公用事业等关系社会公共利益、公众安全的项目；(2) 全部或者部分使用国有资金投资或者国家融资的项目；(3) 使用国际组织或者外国政府贷款、援助资金的项目。

（二）建设工程合同为有偿、诺成、双务合同

建设工程合同的一方当事人进行建设，而另一方当事人支付价款，因此为有偿合同；由于建设工程合同不以交付任何标的物为生效条件，因此为诺成合同；建设工程合同的双方当事人都承担合同义务，因此为双务合同。

（三）承包人应具有相应的资质

因为建设工程合同的标的一般规模大，技术要求较高，为保证工程质量，应当由法人承包为宜，建设工程合同的承包人必须是具有相应资质的法人。有的学者认为，建设工程合同的双方当事人必须是法人。① 笔者认为，承包人为法人，但发包人不一定是法人，自然人、合伙企业、个人独资企业也可以。因为法律没有必要限制发包人的资格。

三、建设工程合同的种类

（一）建设工程勘察合同、建设工程设计合同、建设工程施工合同与建设工程监理合同

建设工程勘察合同是指承包人与发包人之间订立的，由承包人就建设地点的地理、地貌、水文地质状况进行勘察，以便确定该地点是否适合建设工程，而发包人为此支付报酬的合同。

建设工程设计合同是指发包人与承包人订立的，由承包人按照发包人的要求对工程提供设计方案和施工图纸，由发包人支付报酬的合同。按照我国《民法典》合同编的规定，勘察、设计合同的内容一般包括提交有关基础资料和概预算等文件的期限、质量要求、费用以及其他协作条件等条款。

建设工程施工合同是指发包人与承包人订立的，由承包人对商定工程建筑施工，而由发包人支付报酬的合同。施工合同的内容一般包括工程范围、建设工期、中间交工工程的开工和竣工时间、工程质量、工程造价、技术资料交付时间、材料和设备供应责任、拨款和结算、竣工验收、质量保修范围和质量保证期、相互协作等条款。

建设工程监理合同是指发包人与监理人订立的，由监理人对工程承包人在施工质量、建设资金使用等方面进行监督，而由发包人支付报酬的合同。我国《民法典》第796条规定："建设工程实行监理的，发包人应当与监理人采用书面形式订立委托监理合同。发包人与监理人的权利和义务以及法律责任，应当依照本编委托合同以及其他有关法律、行政法规的规定。"因此，严格地说，建设工程监理合同属于委托合同。

（二）总承包合同、分包合同与转包合同

总承包合同是指发包人与承包人签订的包括工程勘察、设计、施工整个工程的承包合同。

分包合同是指工程的承包人经发包人同意，将其承包的建设工程的一部分交给第三人完成而与第三人签订的合同。按照我国《民法典》第791条的规定，总承包人或者勘察、设计、施

---

① 参见崔建远主编：《合同法》，396页，北京，法律出版社，2003。

工承包人经发包人同意，可以将自己承包的部分工作交由第三人完成。第三人就其完成的工作成果与总承包人或者勘察、设计、施工承包人向发包人承担连带责任。同时，禁止承包人将工程分包给不具备相应资质条件的单位。禁止分包单位将其承包的工程再分包。建设工程主体结构的施工必须由承包人自行完成。

转包合同是指承包人以营利为目的，将承包的工程之全部权利、义务转让给第三人，而自己退出与发包人的合同关系而与第三人订立的合同。我国《民法典》第 791 条明确规定，承包人不得将其承包的全部建设工程转包给第三人或者将其承包的全部建设工程支解以后以分包的名义分别转包给第三人。我国《建筑法》第 28 条也有相同的规定。

第二节　建设工程合同的法律效力

一、承包人的权利、义务

（一）亲自完成工作的义务

依据我国《民法典》第 791 条规定的基本精神，承包人原则上应当自己完成承包工程。未经发包人同意，不得将工程的部分分包给第三人，更不允许将整个工程转包给第三人，或者将其承包的全部建设工程支解以后以分包的名义分别转包给第三人。

即使经发包人同意，承包人可以将自己承包的部分工作交由第三人完成，承包人也要与第三人就其完成的工作成果或者勘察、设计、施工向发包人承担连带责任。

（二）隐蔽工程隐蔽前的通知义务

隐蔽工程在隐蔽以前，承包人应当通知发包人检查。因为，许多隐蔽工程可能需要在整体工程开工前完成，例如，地下管线等，如果不先对这些地下工程进行提前验收，一旦就地下工程发生争议，则纠纷解决成本将会很高，因此，需要对隐蔽工程隐蔽前进行验收。为了让发包人能够及时验收，在隐蔽工程完成而隐蔽前，承包人应当通知发包人。

（三）承包人（包括勘察、设计、施工人）的赔偿责任

勘察、设计的质量不符合要求或者未按照期限提交勘察、设计文件拖延工期，造成发包人损失的，勘察人、设计人应当继续完善勘察、设计，减收或者免收勘察、设计费并赔偿损失。

因施工人的原因致使建设工程质量不符合约定的，发包人有权要求施工人在合理期限内无偿修理或者返工、改建。经过修理或者返工、改建后，造成逾期交付的，施工人应当承担违约责任。

因承包人的原因致使建设工程在合理使用期限内造成人身和财产损害的，承包人应当承担损害赔偿责任。

（四）工程价款优先受偿权

我国《民法典》为保护建设工程承包人的价款确实得到支付，特别于第 807 条规定：发包人未按照约定支付价款的，承包人可以催告发包人在合理期限内支付价款。发包人逾期不支付的，除根据建设工程的性质不宜折价、拍卖外，承包人可以与发包人协议将该工程折价，也可以请求人民法院将该工程依法拍卖。建设工程的价款就该工程折价或者拍卖的价款优先受偿。

但是，关于这一优先受偿权的规定，学者之间有不同见解，最高人民法院也颁布了司法解释。关于这些见解及司法解释我们将在下面专门讨论。

（五）承包人不得将工程转包或者违法分包

承包人将建设工程转包、违法分包的，发包人可以解除合同。

二、发包人的权利、义务

（一）检查的权利

为了保障建设工程的质量，《民法典》第797条规定，发包人在不妨碍承包人正常作业的情况下，可以随时对作业进度、质量进行检查。

（二）及时验收义务

1. 对隐蔽工程的验收义务

隐蔽工程在隐蔽以前，承包人应当通知发包人检查。发包人没有及时检查的，承包人可以顺延工程日期，并有权请求赔偿停工、窝工等损失。

2. 对主体工程的验收义务

根据《民法典》第799条的规定，建设工程竣工经验收合格后，方可交付使用；未经验收或者验收不合格的，不得交付使用。因此，建设工程竣工后，发包人应当根据施工图纸及说明书、国家颁发的施工验收规范和质量检验标准及时进行验收。验收合格的，发包人应当按照约定支付价款，并接收该建设工程。

（三）赔偿义务

1. 因发包人的原因致使工程中途停建、缓建的赔偿义务

因发包人的原因致使工程中途停建、缓建的，发包人应当采取措施弥补或者减少损失，赔偿承包人因此造成的停工、窝工、倒运、机械设备调迁、材料和构件积压等损失和实际费用。

2. 因发包人变更计划的费用增补义务

因发包人变更计划，提供的资料不准确，或者未按照期限提供必需的勘察、设计工作条件而造成勘察、设计的返工、停工或者修改设计，发包人应当按照勘察人、设计人实际消耗的工作量增付费用。

（四）支付价款的义务

支付建设工程价款是发包人的基本义务，如果发包人未及时按照合同约定支付工程价款，承包人可以催告其在合理期限内支付。经过催告后，发包人仍然逾期不支付的，承包人可以行使《民法典》第807条规定的优先受偿权。

（五）按照约定或者需要提供合格建材的义务

发包人提供的主要建筑材料、建筑构配件和设备不符合强制性标准或者不履行协助义务，致使承包人无法施工，且在催告的合理期限内仍未履行相应义务的，承包人可以解除合同。

合同解除后，已经完成的建设工程质量合格的，发包人应当按照约定支付相应的工程价款；已经完成的建设工程质量不合格的，参照《民法典》第793条的规定处理。

三、建设工程合同无效的特殊原因

根据《最高人民法院关于审理建设工程施工合同纠纷案件适用法律问题的解释（一）》（法释〔2020〕25号，2021年1月1日起施行）第1条、第3条之规定，建设工程施工合同具有下列情形之一的，应当依据《民法典》第153条第1款的规定，认定无效：（1）承包人未取得建

筑业企业资质或者超越资质等级的；（2）没有资质的实际施工人借用有资质的建筑施工企业名义的；（3）建设工程必须进行招标而未招标或者中标无效的；（4）承包人因转包、违法分包建设工程与他人签订的建设工程施工合同，应当依据《民法典》第 153 条第 1 款及第 791 条第 2 款、第 3 款的规定，认定无效；（5）当事人以发包人未取得建设工程规划许可证等规划审批手续为由，请求确认建设工程施工合同无效的，人民法院应予支持，但发包人在起诉前取得建设工程规划许可证等规划审批手续的除外。

根据上述司法解释第 6 条、第 24 条之规定：（1）建设工程施工合同无效，一方当事人请求对方赔偿损失的，应当就对方过错、损失大小、过错与损失之间的因果关系承担举证责任。损失大小无法确定，一方当事人请求参照合同约定的质量标准、建设工期、工程价款支付时间等内容确定损失大小的，人民法院可以结合双方过错程度、过错与损失之间的因果关系等因素作出裁判。（2）当事人就同一建设工程订立的数份建设工程施工合同均无效，但建设工程质量合格，一方当事人请求参照实际履行的合同关于工程价款的约定折价补偿承包人的，人民法院应予支持。实际履行的合同难以确定，当事人请求参照最后签订的合同关于工程价款的约定折价补偿承包人的，人民法院应予支持。

第三节　建设工程合同的其他问题

一、承包人的优先受偿权

（一）《民法典》第 807 条优先受偿权的性质

我国 1999 年《合同法》第 286 条虽然规定了承包人就工程价款对建设工程的法定优先权，但这种优先权究竟是什么性质，学者之间一直存在争议，大致有三种观点：第一种观点认为，它是一种留置权，即在不动产上的留置权。第二种观点认为，它是一种优先权或者优先受偿权。这种观点指出：建设工程承包人的优先受偿权既不是留置权，也不是抵押权，因为留置权的对象是动产，而建设工程是不动产。不动产的抵押权必须办理抵押物登记才有效，而承包人的优先受偿权不需要登记。第三种观点认为，它是一种法定抵押权。这种观点认为，我国《民法典》第 807 条规定的权利是一种法定抵押权，其理由主要是：（1）将这种权利解释为留置权是错误的，因为我国 1995 年《担保法》第 82 条明确规定了留置权的对象仅仅限于动产，而建设工程为不动产；（2）从立法背景看，《民法典》第 807 条（1999 年《合同法》第 286 条）从设计、起草讨论、修改、审议直到正式通过，始终是指法定抵押权，没有任何人对此提出异议，也没有人提出过规定承包人的优先权的建议。因此，有人说该条是采取了优先权的说法是不符合事实的臆测。①

笔者也同意法定抵押权（法定优先权）的观点，但是从对该条文本身的客观解释得出这样的结论，而不是从所谓立法过程或者背景来解释。因为，实际上对法律的解释以客观解释为主，如果立法者想规定某种意思，而实际的条文意思与立法者的出发意思不同，就应以客观表示的意思解释，即法律解释中重要的不是立法者想表达什么，而是他实际表达了什么。从优先权的性质看，民法上有的优先权可能是在动产上的，有的可能是在不动产上的。在动产上的，

① 参见梁慧星：《为中国民法典而斗争》，241～242 页，北京，法律出版社，2002。

有的可能是质权，有的可能是留置权，要根据具体情况来确定。而在不动产上的优先权，根据我国《民法典》的规定，一般不能解释为留置权或者质权，只能解释为抵押权。而抵押权在我国《民法典》上仅仅有约定抵押权，我们可以将这种优先权视为特别法上的法定优先权。这种优先权不仅在《民法典》合同编上存在，在我国《海商法》上也存在。

另外，根据《最高人民法院关于审理建设工程施工合同纠纷案件适用法律问题的解释(一)》(2021年1月1日起施行）第36条的规定，这种法定优先权的效力优先于抵押权。

（二）法定抵押权的制度价值

规定建设工程承包人的法定抵押权，是针对恶意拖欠建设工程承包费所作出的对策。从20世纪80年代中期开始的拖欠承包费的问题逐渐成为严重的社会问题，有可能威胁到建筑业的存在与发展。考虑到在建设工程合同的签订与履行中承包人显然处于弱势地位，甚至与加工承揽合同的承揽人比较，承包人的地位还不如承揽人地位有保障。因为，加工承揽合同的标的物为动产，处于承揽人的占有和控制之下，无论法律上是否规定其对加工物的留置权，他都能够有效扣留加工物从而迫使定作人支付报酬。而在建设工程合同中，标的物为不动产，虽然工程交付前处于承包人的实际控制之下，但并不妨碍发包人对其处分，或者设定抵押权，或者出卖。例如，在商品房建设中，发包人早在工程竣工前就已经进行了按揭销售，因此在未建成的房屋上设立了银行的担保权和购房人的期待权。发包人已经通过这些方式收回了投资，一旦赖账，不支付承包费，承包人的地位将非常不利。如果承包费的问题不能解决，承包人的劳动者工资不能发放，分包人的费用不能支付，材料供应人的材料费不能支付，不仅不能进行技术改造和扩大再生产，就连简单的再生产都发生困难，进而威胁整个建筑业的生存与发展。基于这种考虑，当时的《合同法》借鉴发达国家经验，规定了承包人的法定抵押权。① 因此，1999年《合同法》针对我国的实际情况规定的这种法定优先权，是非常必要的。我国《民法典》继受了这一规定。

但是，由于这种法定抵押权的适用条件与范围，法律没有作出具体规定，因此，在司法实践中，法定抵押权的制度价值没有充分体现出来。

（三）《民法典》第807条的具体适用

1. 适用条件

有学者指出，法定抵押权适用应当具备下列条件：(1) 法定抵押权担保的债权必须是根据建设工程承包合同产生的债权，这里所谓的建设工程合同仅仅是指施工合同；(2) 须建设工程已经竣工；(3) 其债权为依建设工程合同应支付的价款，即依据建设工程合同，发包人应当支付给承包人的承包费；(4) 法定抵押权的标的物为施工人施工所完成的、属于发包人所享有的建设工程及土地使用权；(5) 须不属于“不宜折价、拍卖的”建设工程。②

对于这种观点笔者有一点质疑：为什么必须是建设工程已经竣工才能产生法定抵押权？实际上，法定抵押权不以是否竣工为要件，只要工程有价值，就可以抵押。所以，像我国有些地方出现的所谓大量的“烂尾楼”，如果不能建成是因为发包人的原因造成的，不能认为承包人的承包费在这些“烂尾楼”上没有法定抵押权。因此，《最高人民法院关于审理建设工程施工

① 参见梁慧星：《为中国民法典而斗争》，243页，北京，法律出版社，2002。
② 参见梁慧星：《为中国民法典而斗争》，244页，北京，法律出版社，2002。

合同纠纷案件适用法律问题的解释（一）》（2021年1月1日起施行）第39条规定："未竣工的建设工程质量合格，承包人请求其承建工程的价款就其承建工程部分折价或者拍卖的价款优先受偿的，人民法院应予支持。"

关于工程价款优先受偿权，上述司法解释第35～38、42条规定了下列规则：（1）与发包人订立建设工程施工合同的承包人，依据《民法典》第807条的规定请求其承建工程的价款就工程折价或者拍卖的价款优先受偿的，人民法院应予支持。（2）承包人根据《民法典》第807条规定享有的建设工程价款优先受偿权优于抵押权和其他债权。（3）装饰装修工程具备折价或者拍卖条件，装饰装修工程的承包人请求工程价款就该装饰装修工程折价或者拍卖的价款优先受偿的，人民法院应予支持。（4）建设工程质量合格，承包人请求其承建工程的价款就工程折价或者拍卖的价款优先受偿的，人民法院应予支持。（5）发包人与承包人约定放弃或者限制建设工程价款优先受偿权，损害建筑工人利益，发包人根据该约定主张承包人不享有建设工程价款优先受偿权的，人民法院不予支持。

至于优先受偿权担保的工程价款的范围，上述司法解释第40条仅仅规定："承包人建设工程价款优先受偿的范围依照国务院有关行政主管部门关于建设工程价款范围的规定确定。承包人就逾期支付建设工程价款的利息、违约金、损害赔偿金等主张优先受偿的，人民法院不予支持。"

至于债权为依建设工程合同应支付的价款，即依据建设工程合同，发包人应当支付给承包人的承包费，已经与最高人民法院的司法解释矛盾，最高人民法院的司法解释，即《最高人民法院关于建设工程价款优先受偿权问题的批复》（已失效）明确指出：建筑工程价款包括承包人为建设工程应当支付的工作人员报酬、材料款等实际支出的费用，不包括承包人因发包人违约所造成的损失。由此可见，工程价款实际上仅仅包括信赖利益而不是履行利益。

基于这样的分析，笔者认为，建设工程承包人于建筑物上的法定抵押权的适用条件是：（1）法定抵押权担保的债权必须是根据建设工程合同产生的债权，这里所谓的建设工程合同仅仅是指施工合同。而这里所谓的债权的数额也仅仅是承包人为建设工程应当支付的工作人员报酬、材料款等实际支出的费用，不包括承包人因发包人违约所造成的损失。（2）法定抵押权的标的物为施工人施工所完成的、属于发包人所享有的建设工程及土地使用权。（3）法定抵押权的标的物须不属于"不宜折价、拍卖的"建设工程。这里所谓的"不宜折价、拍卖的"工程，主要是指法律禁止流通物。（4）这种法定抵押权根据法律规定产生，不需要办理抵押登记，也不需要当事人订立抵押合同。

2. 法定抵押权与其他权利的冲突

（1）法定抵押权与约定抵押权的冲突。

按照我国民事立法，在建工程也可以抵押，因此，许多发包人为筹集资金将在建工程向银行或者其他债权人抵押，在这种情况下，就会发生承包人的法定抵押权与约定抵押权的冲突。在这种情况下，承包人的法定抵押权优先于约定抵押权。对此，《最高人民法院关于审理建设工程施工合同纠纷案件适用法律问题的解释（一）》（2021年1月1日起施行）第36条明确规定，建筑工程的承包人的优先受偿权优于抵押权和其他债权。

（2）承包人的法定抵押权与商品房购买人的期待权。

在目前我国许多城市的商品房买卖中，大多数情况是：消费者购买期房，即在房屋建成前已经自己全部支付或者通过银行贷款向发包人支付了价款，如果发包人卷款逃走，不仅损害承包人利益，而且损害购买人利益。如何平衡这种利益冲突？我国在《民法典》颁布之前的最高人民法院的判例规则为：消费者交付购买商品房的全部或者大部分款项后，承包人就该商品房享有的工程价款优先受偿权不得对抗买受人。

这种规则显然受到了学者的批评，批评主要集中在：1）承包人的法定抵押权为物权性的权利，而购买人的房屋所有权交付请求权为债权，物权为何不能对抗债权？2）如果从保护社会弱者的价值出发，为何仅仅保护购买人的利益？可能还有其他弱势债权人的利益需要保护。3）承包人的法定抵押权都不能对抗交付购买商品房的全部或者大部分款项后的消费者，则一般抵押权就更不能对抗之，因此，这种方式可能会损害发包人的融资途径。

笔者认为，最高人民法院这种以保护消费者利益为中心的出发点是正确的，它不是从逻辑出发的产物，而是价值判断的结果。但是，应当与预告登记制度联系起来，才能从体系结构上完善该制度。

3. 承包人优先受偿权的行使期限

上述最高人民法院的司法解释第41条明确规定，承包人应当在合理期限内行使建设工程价款优先受偿权，但最长不得超过18个月，自发包人应当给付建设工程价款之日起算。

应该说，这一期间为除斥期间，不能变更、延长，也不能中断或者中止。

二、建设工程施工合同无效的后果

我国《民法典》参照司法实践中法院的做法，于第793条规定了建设工程施工合同无效的后果。

（1）建设工程施工合同无效，但是建设工程经验收合格的，可以参照合同关于工程价款的约定折价补偿承包人。

（2）建设工程施工合同无效，且建设工程经验收不合格的，按照以下情形处理。

1）修复后的建设工程经验收合格的，发包人可以请求承包人承担修复费用。

2）修复后的建设工程经验收不合格的，承包人无权请求参照合同关于工程价款的约定折价补偿。

发包人对因建设工程不合格造成的损失有过错的，应当承担相应的责任。

三、招标投标方式订立的建设工程合同的特别规则

根据《最高人民法院关于审理建设工程施工合同纠纷案件适用法律问题的解释（一）》（2021年1月1日起施行），以招标投标的方式订立的建设工程合同应遵守下列规则。

（1）招标人和中标人另行签订的建设工程施工合同约定的工程范围、建设工期、工程质量、工程价款等实质性内容，与中标合同不一致，一方当事人请求按照中标合同确定权利义务的，人民法院应予支持。

招标人和中标人在中标合同之外就明显高于市场价格购买承建房产、无偿建设住房配套设施、让利、向建设单位捐赠财物等另行签订合同，变相降低工程价款，一方当事人以该合同背离中标合同实质性内容为由请求确认无效的，人民法院应予支持（第2条）。

（2）当事人签订的建设工程施工合同与招标文件、投标文件、中标通知书载明的工程范

围、建设工期、工程质量、工程价款不一致，一方当事人请求将招标文件、投标文件、中标通知书作为结算工程价款的依据的，人民法院应予支持（第22条）。

（3）发包人将依法不属于必须招标的建设工程进行招标后，与承包人另行订立的建设工程施工合同背离中标合同的实质性内容，当事人请求以中标合同作为结算建设工程价款依据的，人民法院应予支持，但发包人与承包人因客观情况发生了在招标投标时难以预见的变化而另行订立建设工程施工合同的除外（第23条）。

法律适用

1. 分包与转包如何区分

建设工程合同的标的是建设工程。建筑产品体积庞大，人力、物力、财力消耗大，一次性投资数额大，建设周期长的特点，决定了实践中分包与转包是非常必需而又普遍的现象。分包是相对于总包而言的，是建设工程施工合同的承包方将其承包的施工任务之一部分发包给另一施工单位承包的行为。转包是建筑施工单位以营利为目的，将承包的工程转包给其他的施工单位，而不对工程承担任何技术、质量、经济法律责任的行为。相关法律、法规对分包与转包的规定比较笼统、模糊，实践中可以从下列几个方面对二者进行区分：第一，只有具有总包资格的建筑企业，才能依法进行分包；而法律明令禁止任何建筑企业进行转包行为。第二，建筑企业欲进行分包必须经过建设单位的同意，取得建设单位的同意是分包的法定条件；而无论是否经过建设单位的同意，都不得转包。第三，在分包合同依法成立后，总包单位依总包合同的约定对建设单位负责，分包单位按分包合同的约定对总包单位负责，二者共同就分包工程对建设单位承担连带责任；而转包合同依法无效，发包方应向建设单位承担违约责任，造成建设单位经济损失的，由转包合同的发包方与承包方承担连带赔偿责任。另外，转包合同的发包方还要承担行政法律责任。

2. 什么样的工程必须以招标投标的方式进行

在我国，实践中长期用行政手段分配建设任务，企业拥有的关系而不是企业的资质和经营管理水平决定着企业能否接到施工任务，建筑市场秩序非常混乱，这严重束缚了建筑业的发展。为改善建筑市场上的不正常现象，必须依招标投标制度进行工程建设，因为该制度能够促使建设单位和建筑安装施工企业进入市场公平交易、平等竞争，确保工程质量和减少工程造价，提高经济效益。实践中，勘察合同、设计合同的订立，一般可以由发包人与勘察人或设计人协议订立，不实行招标投标制度。但对于建设工程的施工合同，除特殊工程外，必须通过招标投标的方式签订承包合同。

3. 在实践中如何掌握《民法典》第807条的具体适用条件

承包人就工程价款对建设工程享有法定优先权，但这种优先权究竟是什么性质，学者之间一直存在争议，大致有三种观点：第一种观点认为，它是一种留置权，即在不动产上的留置权。第二种观点认为，它是一种优先权或者优先受偿权。这种观点指出，建设工程承包人的优先受偿权既不是留置权，也不是抵押权，因为留置权的对象是动产，而建设工程是不动产。而不动产的抵押权必须办理抵物登记才有效，而承包人的优先受偿权不需要登记。第三种观点认为，它是一种法定抵押权。笔者同意第三种观点。

笔者认为，建设工程承包人于建筑物上的法定抵押权的适用条件是：（1）法定抵押权担保的债权必须是根据建设工程承包合同产生的债权，这里所谓的建设工程合同仅仅是指施工合同。而这里所谓的债权的数额也仅仅是承包人为建设工程应当支付的工作人员报酬、材料款等实际支出的费用，不包括承包人因发包人违约所造成的损失。(2) 法定抵押权的标的物为施工人施工所完成的、属于发包人所享有的建设工程及土地使用权。(3) 法定抵押权的标的物须不属于“不宜折价、拍卖的”建设工程。这里所谓的“不宜折价、拍卖的”工程，主要是指法律禁止流通物。(4) 这种法定抵押权根据法律规定产生，不需要办理抵押登记，也不需要当事人订立抵押合同。

课后复习

1. 论承包人的优先受偿权的性质与制度价值。
2. 论承包人的优先受偿权与商品房买卖中买受人房屋交付请求权的冲突及解决方案。

第二十二章　运输合同

提　要

所谓运输合同，是指承运人将旅客或者货物从起运地点运输到约定地点，旅客、托运人或者收货人支付票款或者运输费用的合同。运输合同一般为格式合同、双务合同、有偿合同、诺成合同。运输合同中，双方的权利、义务，特别是承运人的违约责任及赔偿责任是值得关注的问题。

重点问题

1. 旅客运输合同中对契约自由的限制。
2. 承运人的违约责任。
3. 运输合同签订的特殊性。

第一节　运输合同概述

一、运输合同的概念与特征

所谓运输合同，是承运人将旅客或者货物从起运地点运输到约定地点，旅客、托运人或者收货人支付票款或者运输费用的合同。运输合同具有以下特征。

（一）运输合同一般为格式合同

运输合同的承运人为从事客货运输业务的人，运输合同的条件一般由承运人事先拟定，当事人的基本权利、义务和责任有专门的运输法规调整，客票、货运单、提单统一印制。因此，运输合同通常为格式合同。对于这种合同，适用《民法典》合同编关于格式合同的规定。

（二）运输合同为双务、有偿合同

运输合同一经订立，当事人双方均负有义务，承运人须将旅客或货物运送到约定的地点，旅客或托运人须向承运人支付票款或运费，双方的义务具有对价性。因此，运输合同为双务合同。运输合同的承运人从事的运输业是一种经营活动，以收取票款或运费为营利手段。因此，运输合同是有偿合同。

（三）运输合同为诺成合同

关于运输合同的性质，学者中有不同的看法。一般认为，无论是货物运输合同还是旅客运输合同，除法律另有规定之外，都应为诺成合同。在实践中，运输合同中以托运单、提单代替书面运输合同的，因承运人往往需要收取货物并核查后，才能签发提单或者在运单上盖章，这类合同是否应理解为实践合同？在现实生活中，的确有这样一种现象：当事人没有签订合同，直接在交付运输货物后签发提单或者运单，因此，这类合同确实像实践合同。但笔者认为，从总体上说，运输合同应当为诺成合同更为合理。因为：一是我国法没有明确规定运输合同的成立必须以“交付运输标的物”为要件；二是运输合同与提单或者运单是两个概念，提单是领取货物的凭证，而合同是双方权利义务的协议。即使在签订了运输合同后，承运人也应当签发提单。这种“在实践中运输合同中以托运单、提单代替书面运输合同的”情况，应理解为格式合同的一种形式，并且按照行业习惯，把货物交付和验货这种本来是签订合同后应该履行的行为“两步并作一步”操作。其实，现在的快递也是如此。

另外，我国《民法典》第814条规定：“客运合同自承运人向旅客出具客票时成立，但是当事人另有约定或者另有交易习惯的除外。”这是否可以理解为是实践合同呢？当然不能！因为，实践合同是以是否交付标的物为标准来定义的：旅客运输合同的标的物是金钱或者运输行为，客票是旅客运输合同的凭证，交付客票实际上应该是旅客运输合同运输人的从义务。旅客支付客票款、运输人运送旅客到约定目的地，才是合同的主义务。

二、运输合同的种类

（1）以运输的对象为标准，运输合同可以分为旅客运输合同与货物运输合同。

所谓旅客运输合同，是承运人与旅客签订的，关于承运人将旅客及其行李安全运送到目的地，旅客为此支付费用的协议。

旅客运输合同采用客票形式，即车票、船票、机票等。客票既是旅客运输合同的书面形式，又是旅客乘坐运输工具的凭证，同时也是旅客意外伤害的保险凭证。在旅客运输合同中，国家一般实行强制保险，因意外事故使旅客遭受意外伤害的，由保险公司负责赔偿。旅客运输合同为诺成合同，自承运人将客票售给旅客时成立，自承运人检票时生效，只有在旅客先乘坐运输工具后补票的特殊情况下，旅客运输合同才自旅客乘坐运输工具时成立、生效。

货物运输合同，简称货运合同，是承运人将托运人交付运输的货物运送到指定地点，托运人为此支付运费的协议。货物运输合同除具有运输合同的一般特征外，还具有以下法律特征：1）货物运输合同往往涉及第三人。货物运输合同虽然是承运人与托运人签订的，但往往有第三人参加。货物运输合同的收货人，既可以是托运人本人，也可以是托运人以外的第三人。当收货人与托运人不一致时，该运输合同就是为第三人的利益订立的合同。此时，收货人虽不是合同当事人，但在合同中也享有一定权利，承担一定义务。2）货物运输合同的全面履行以货物交付收货人为标志。货物运输合同与旅客运输合同一样，都以承运人的运输行为为标的。但在旅客运输合同中，承运人将旅客运送到目的地，合同即履行完毕；而在货物运输合同中，承运人将货物运送到目的地，合同并未履行完毕，只有将货物交付给收货人后，其义务的履行才完结。

（2）以运输工具为标准，运输合同可以分为公路运输合同、水路运输合同，铁路运输合同、航空运输合同。

（3）以承运人的人数与运输方式是否为多数为标准，运输合同分为单一运输合同和联合运输合同。

所谓单一运输合同，是指一个承运人以一种运输方式将货物运送到目的地的合同。

所谓多式联运合同，是指以至少两种或者两种以上不同的运输方式，由多式联运经营人将货物运送到目的地，由托运人或者收货人支付运费的合同。多式联运合同的特点可以概括为“一人、一票、一个费率、多方式”。所谓“一人”，是指多式联运经营人为一人。在传统的单一运输方式下，由具体承运人或者其代理人与托运人签订运输合同，若要涉及多程运输，还要由托运人或其代理人或者前程承运人以托运人的身份再次向后一承运人托运。这样一来既手续繁杂，且费用高。而多式联运由一个经营多式联运的人来经营。多式联运经营人对全程运输承担义务。所谓“一票”，是指托运人只需与多式联运经营人订立一份合同即可。所谓“一个费率”，是指签订多式联运合同时，多式联运经营人向托运人报出一个全程费率，结算非常方便。所谓“多方式”，是指多式联运包括两种或者两种以上的运输方式。①

第二节　运输合同的法律效力

一、运输合同的一般效力

（一）承运人的一般义务

1. 不得拒载的义务

从事公共运输的承运人不得拒绝旅客、托运人通常、合理的运输要求。

2. 按约定运输义务

首先，承运人应当在约定期间或者合理期间内将旅客、货物安全运输到约定地点。其次，承运人应当按照约定的或者通常的运输路线将旅客、货物运输到约定地点。承运人未按照约定路线或者通常路线运输增加票款或者运输费用的，旅客、托运人或者收货人可以拒绝支付增加部分的票款或者运输费用。

（二）旅客或者托运人的一般义务

1. 支付价款的义务

支付价款是旅客或者托运人的基本义务，因此，我国《民法典》第 813 条规定：旅客、托运人或者收货人应当支付票款或者运输费用。

2. 遵守运输法规的义务

为了确保运输安全，我国制定了许多关于运输安全的法律法规，如旅客不得携带危险物品乘车的规定等，旅客应当遵守这些规定。

二、旅客运输合同的效力

（一）承运人的义务

1. 按约定运送的义务

承运人应当按照有效客票记载的时间、班次和座位号运输旅客。承运人迟延运输的，应当履行告知和提醒义务，并根据旅客的要求安排改乘其他班次或者退票；由此造成旅客损失的，承运人应当承担赔偿责任，但是不可归责于承运人的除外。

承运人擅自降低服务标准的，应当根据旅客的请求退票或者减收票款；提高服务标准的，

---

① 参见陈小君主编：《合同法学》，288 页，北京，中国政法大学出版社，2002。

不得加收票款。

2. 安全运输义务

承运人应当严格履行安全运输义务，及时告知旅客安全运输应当注意的事项。旅客对承运人为安全运输所作的合理安排应当积极协助和配合。

遇有不能正常运输的特殊情形和重要事由，承运人应当及时告知旅客并采取必要的安置措施。

3. 救助义务

承运人在运输过程中，应当尽力救助患有急病、分娩、遇险的旅客。这不仅是我国《民法典》第 822 条明确规定的承运人的义务，绝大部分国家的法律对承运人都有如此的要求。而在各国的实践中，这种义务也非常普遍且履行良好。

4. 损害赔偿义务

承运人应当对运输过程中旅客（包括按照规定免票、持优待票或者经承运人许可搭乘的无票旅客）的伤亡承担损害赔偿责任，但伤亡是旅客自身健康原因造成的或者承运人证明伤亡是旅客故意、重大过失造成的除外。

在运输过程中旅客自带物品毁损、灭失，承运人有过错的，应当承担损害赔偿责任。旅客托运的行李毁损、灭失的，承运人只有对此具有过错的时候，才承担责任。

5. 承运人的违约责任的特别说明

承运人违反旅客运输合同约定者，应当承担违约责任。由于旅客运输合同的特殊性，以及我国近年来运输业的高速发展，特别是民用航空、铁路、公路运输的长足发展，为人们的出行和货物运输提供了便利。但是，纠纷也逐年增长，特别是在民用航空方面，纠纷不断，飞机不能按时起飞的情况已经不是个别现象，而如果让民航公司承担违约责任十分困难。所以，在现实生活中，绝大多数乘客不得不忍气吞声。笔者认为，如果飞机误点是因为不可抗力或者突发事件，民航公司可以免责。但如果是因为民航部门自己的原因造成飞机误点的，应当按照《民法典》第 820 条承担违约责任，如飞机机械故障原因，就应当是承担违约责任的原因。

如果是因为不可抗力造成飞机或者其他运输工具不能按时运输的，旅客有权解除合同，要求退还票款。这种退还不能按照通常的规定扣除手续费或者其他费用，而是应当 100% 退还。

（二）旅客的义务

1. 持有效票证按照车次、座位号乘坐的义务

(1) 旅客应当按照有效客票记载的时间、班次和座位号乘坐。旅客无票乘坐、超程乘坐、越级乘坐或者持不符合减价条件的优惠客票乘坐的，应当补交票款，承运人可以按照规定加收票款；旅客不支付票款的，承运人可以拒绝运输。

(2) 实名制客运合同的旅客丢失客票的，可以请求承运人挂失补办，承运人不得再次收取票款和其他不合理费用。

其实，在今天由于电子客票及网络的普及和发达，丢失客票的问题，很容易不通过挂失、补办来解决。通过“无形方式”查验票证已经很容易了。因此，《民法典》的这一规定已经过时。

(3) 旅客因自己的原因不能按照客票记载的时间乘坐的，应当在约定的时间内办理退票或

者变更手续。逾期办理的，承运人可以不退票款，并不再承担运输义务。

2. 按规定携带行李的义务

旅客携带行李应当符合约定的限量和品类要求；超过限量或者违反品类要求携带行李的，应当办理托运手续。

3. 不携带危险品的义务

旅客不得随身携带或者在行李中夹带易燃、易爆、有毒、有腐蚀性、有放射性以及有可能危及运输工具上人身和财产安全的危险物品或者违禁物品。旅客违反这一义务的，承运人可以将违禁物品卸下、销毁或者送交有关部门。旅客坚持携带或者夹带危险物品或者违禁物品的，承运人应当拒绝运输。

三、货物运输合同的效力

（一）承运人的权利、义务

1. 运费请求权与对运送货物的留置权

承运人对托运人或者收货人享有请求支付运费、保管费及其他合法费用的权利。除当事人另有约定以外，托运人或者收货人不支付运费、保管费以及其他运输费用的，承运人对相应的运输货物享有留置权。

2. 提存权

收货人不明或者收货人无正当理由拒绝受领货物的，承运人可以依法定程序提存货物。

3. 安全运送到目的地的义务

按照合同约定的时间和要求配备运输工具，依合同规定的时间将货物运到指定地点。承运人错发到货地点或错交收货人的，应当无偿运至合同规定的到货地点或收货人。承运人未在规定的时间内将货物运到指定地点的，应当承担违约责任。

4. 通知义务

货物运输到达后，承运人知道收货人的，应当及时通知收货人，收货人应当及时提货。收货人逾期提货的，应当向承运人支付保管费等费用。

5. 货物毁损的赔偿义务

承运人对运输过程中货物的毁损、灭失承担损害赔偿责任，但承运人证明货物的毁损、灭失是因不可抗力、货物本身的自然性质或者合理损耗以及托运人、收货人的过错造成的，不承担损害赔偿责任。

应当特别指出，如果货物在运输过程中因不可抗力灭失，承运人对此不负赔偿责任，但未收取运费的，承运人不得要求支付运费；已收取运费的，托运人可以要求返还。

关于货物的毁损、灭失的赔偿额，当事人有约定的，按照其约定；没有约定或者约定不明确的，当事人可以协议补充。不能达成补充协议的，按照交易习惯确定。按照交易习惯仍然不能确定的，依交付或者应当交付时货物到达地的市场价格计算。法律、行政法规对赔偿额的计算方法和赔偿限额另有规定的，依照其规定。

两个以上承运人以同一运输方式联运的，与托运人订立合同的承运人应当对全程运输承担责任。损失发生在某一运输区段的，与托运人订立合同的承运人和该区段的承运人承担连带责任。

（二）托运人的权利、义务

1. 如实申报与说明义务

托运人办理货物运输，应当向承运人准确表明收货人的名称或者姓名或者凭指示的收货人，货物的名称、性质、重量、数量，收货地点等有关货物运输的必要情况。因托运人申报不实或者遗漏重要情况，造成承运人损失的，托运人应当承担损害赔偿责任。

2. 任意解约权与变更权

我国《民法典》第 829 条规定：在承运人将货物交付收货人之前，托运人可以要求承运人中止运输、返还货物、变更到达地或者将货物交给其他收货人，但是应当赔偿承运人因此受到的损失。

3. 依约包装义务

托运人对托运的货物应当按照约定的方法包装。对货物的包装没有约定或者约定不明确的，当事人可以协议补充。不能达成协议的，应当按照通用的方式包装，没有通用方式的，应当采取足以保护标的物的包装方式。托运人不按规定包装货物的，承运人可拒绝运输。

4. 办理审批、检验手续的义务

货物运输需要办理审批、检验等手续的，托运人应当将办理完有关手续的文件提交承运人。

5. 危险品的特别包装与标识义务

托运人托运易燃、易爆、有毒、有腐蚀性、有放射性等危险物品的，应当按照国家有关危险物品运输的规定对危险物品妥善包装，做出危险物标志和标签，并将有关危险物品的名称、性质和防范措施的书面材料提交承运人。

托运人违反这一义务的，承运人可以拒绝运输，也可以采取相应措施以避免损失的发生，因此产生的费用由托运人承担。

6. 费用支付义务

合同约定由托运人支付运输费用及其他约定费用的，托运人应当履行此义务。

（三）收货人的权利、义务

（1）按照约定的期限检验货物并接收货物。收货人提货时应当按照约定的期限检验货物，对检验货物的期限没有约定或者约定不明确，依据《民法典》第 510 条的规定仍不能确定的，应当在合理期限内检验货物。收货人在约定的期限或者合理期限内对货物的数量、毁损等未提出异议的，视为承运人已经按照运输单证的记载交付的初步证据。

在验收货物时，如果发现货物毁损、短少等与承运凭证不符的情况，有权要求承运人赔偿或拒收货物。

（2）在接到提货通知后，收货人应在规定的时间内提取货物，逾期提货的，应当向承运人支付保管费。

（3）在接收货物时，收货人应会同承运人对货物进行验收。收货人提货时，应当按照约定的期限或合理的期限检验货物，否则，视为承运人已经按照运输单证记载交付的初步证据。

（4）支付托运人未交或少交以及其他应由收货人支付的费用。

（5）收货人提货时，应当将提单或者其他提货凭证交还承运人。

四、多式联运合同的效力

（一）法律适用

依据我国《民法典》第842条的规定，货物的毁损、灭失发生于多式联运的某一运输区段的，多式联运经营人的赔偿责任和责任限额，适用调整该区段运输方式的有关法律规定。货物毁损、灭失发生的运输区段不能确定的，依照《民法典》合同编关于一般货物运输合同的规定承担赔偿责任。

（二）多式联运经营人的权利、义务

1. 享有全程运输的权利并承担全程运输的义务

多式联运经营人负责履行或者组织履行多式联运合同，对全程运输享有承运人的权利，承担承运人的义务。

2. 多式联运经营人可以与参加联运的承运人约定责任的权利

多式联运经营人可以与参加多式联运的各区段承运人就多式联运合同的各区段运输约定相互之间的责任，但该约定不影响多式联运经营人对全程运输承担的义务。但是，这种约定仅仅能够在多式联运经营人与参加多式联运的各区段承运人之间产生效力，不能对抗托运人，托运人仍然可以对多式联运经营人要求承担全部责任。

3. 签发多式联运单据的义务

多式联运经营人收到托运人交付的货物时，应当签发多式联运单据。按照托运人的要求，多式联运单据可以是可转让单据，也可以是不可转让单据。

（三）托运人的权利、义务

1. 请求多式联运经营人赔偿的权利

托运人的货物在联运过程中毁损、灭失的，有权要求多式联运经营人承担赔偿责任。但多式联运经营人可以按照法律规定的理由要求免责。

2. 赔偿他人损失的义务

因托运人托运货物时的过错造成多式联运经营人损失的，即使托运人已经转让多式联运单据，托运人仍然应当承担损害赔偿责任。

法律适用

1. 运输合同是否可以适用《民法典》关于格式合同的规定

在司法实践中，运输合同涉及的范围比较广，按照运输方式可以将其分为铁路运输合同、公路运输合同、水路运输合同、海上运输合同和航空运输合同五大类。运输法律关系时刻在发生，为简化手续，运输合同一般采用格式合同的形式订立。通常由承运人一方提供具有合同全部内容和条件的格式，旅客、托运人或者收货人予以确认后合同即成立，尤其是旅客运输合同，通过出售、购买客票来完成合同的订立过程。运输合同中承运人以外的另一方当事人没有讨价还价的余地，其合法权益很可能受到侵害。因此，法律对格式合同的制定者——承运人一方规定了严格的义务，如从事公共运输的承运人之强制缔约义务，只要旅客、托运人的要求通常、合理，从事公共运输的承运人就不得拒绝。公共运输业是事关国计民生的行业，规定承运人强制缔约义务可以预防格式合同的危害。

2. 民航运输中飞机误点，航空公司是否应当负违约责任

在司法实践中，民航的航班正常率逐年下滑，航班延误后除不能及时改乘其他航班外，信息告知和服务工作也较差。我国《民法典》明确规定，承运人应当按照有效客票记载的时间、班次和座位号运输旅客。承运人迟延运输的，应当根据旅客的要求安排改乘其他班次或者退票。该规定仅指出了两种解决迟延运输的措施，即改乘其他班次或退票，而没有关于损失赔偿的规定。依据合同法原理，合同当事人未按约定的时间履行自己的义务，即构成迟延履行，应承担违约责任，违约责任的形式有实际履行、赔偿损失和违约金。可以肯定地说，发生民航运输中的飞机误点时，民航公司作为承运人应当承担违约责任。

课后复习

1. 试论运输合同中契约自由限制的必要性。
2. 简述旅客运输合同中承运人迟延履行的责任及免责条件。

第二十三章　技术合同

提　要

所谓技术合同，是指当事人就技术开发、转让、许可、咨询或者服务订立的，确立相互之间权利和义务的合同。技术合同为非要式合同、双务合同、有偿合同，并以技术成果为客体。技术合同中，风险负担问题及合同履行过程中新的技术成果的归属是特别值得关注的问题。

重点问题

1. 技术合同中双方的权利、义务。
2. 技术合同中新的智力成果的归属。

第一节　技术合同概述

一、技术合同的概念与特征

科学技术是生产力的观念早已深入人心，而技术作为一种商品早已被世界各国所认同。既是商品，就要在其创造者或所有者与消费者之间进行交换。这种科技成果的商品化导致了一种新型合同——技术合同的产生。所谓技术合同，是指当事人就技术开发、转让、许可、咨询或者服务订立的确立相互之间权利和义务的合同。技术合同具有以下特征。

（一）技术合同为非要式合同

我国《民法典》合同编在关于技术合同的一般规定中，并没有要求技术合同采取什么形式签订，仅仅对“技术开发合同”“技术转让合同”“技术许可合同”要求以书面形式签订。因此，可以认为，除法律有特别规定外，技术合同为非要式合同。

（二）技术合同为双务、有偿合同

技术合同的双方当事人互享权利、互负义务，因此技术合同为双务合同；任何一方当事人在享有权利同时，也承担一定的义务，即在取得权利时，付出相当的代价，因此技术合同为有偿合同。

（三）技术合同以智力成果为对象

应该说，所有的技术合同，无论是技术开发合同、技术转让合同、技术许可合同、技术服务合同，还是技术咨询合同，都围绕着智力成果展开。不同的是，技术开发合同、技术转让合同、技术许可合同直接以智力成果为标的，而技术服务合同与技术咨询合同虽然不直接以智力成果为标的，但也是围绕着智力成果展开，以智力成果为服务对象。

二、技术合同的种类

技术合同是技术开发、技术转让、技术许可、技术咨询与技术服务合同的总称。普遍认为，技术合同制度起源于19世纪初英国的大学实验室与工业界合作实施专利技术的实践。那时，“专利实施许可合同”是技术合同的主要形式，后来技术合同的内容扩展到技术开发。20世纪50年代，随着工业界与科技界合作领域的不断扩大，科技界为工业界完成某些技术性工作所提供的劳务也被纳入技术合同调整的范围，于是，技术合同与技术咨询就出现了。①

（一）技术开发合同

技术开发合同是指当事人之间就新技术、新产品、新工艺或者新材料及其系统的研究开发所订立的合同。技术开发合同包括委托开发合同和合作开发合同。

（二）技术转让合同

技术转让合同包括专利权转让、专利申请权转让、技术秘密转让合同。

（三）技术许可合同

技术许可合同是合法拥有技术的权利人，将现有特定的专利、技术秘密的相关权利许可他人实施、使用所订立的合同。

（四）技术咨询合同

技术咨询合同包括就特定技术项目提供可行性论证、技术预测、专题技术调查、分析评价报告等合同。

（五）技术服务合同

技术服务合同是指当事人一方以技术知识为另一方解决特定技术问题所订立的合同，不包括建设工程合同和承揽合同。

三、技术合同的订立

（一）技术合同订立的程序与原则

技术合同的订立与一般合同的订立的程序应当是相同的，应当遵循合同订立的一般原则，如诚实信用原则、契约自由原则等。但是，技术合同还应当遵循“有利于技术进步与技术成果转化、推广原则”。这是因为，任何对智力成果的保护会产生两方面效应：一是正面效应，即保护技术成果所有人的权益，使其付出有所回报，从而鼓励人们从事科学研究；二是负面效应，即容易造成对技术成果的垄断而不利于智力成果的转化与推广。因此，任何国家的法律制度力图在两者之间找出一个平衡点。我国《知识产权法》与《民法典》也是如此，在保护智力成果的前提下，《民法典》第844条与第850条分别规定：（1）订立技术合同，应当有利于知识产权的保护和科学技术的进步，促进科学技术成果的研发、转化、应用和推广；（2）非法垄断技术或者侵害他人技术成果的技术合同无效。

（二）技术合同的内容

1. 自由约定

技术合同的内容由当事人约定。也就是说，在不违反法律强行性规定的前提下，当事人可

---

① 参见王家福主编：《民法债权》，765页，北京，法律出版社，1991。

以根据契约自由原则对合同内容进行约定。

2. 技术合同的提示性条款

我国《民法典》在尊重契约自由原则的前提下，也规定了提示性条款。技术合同一般包括以下条款：(1) 项目的名称；(2) 标的的内容、范围和要求；(3) 履行的计划、地点和方式；(4) 技术信息和资料的保密；(5) 技术成果的归属和收益的分配办法；(6) 验收标准和方法；(7) 名词和术语的解释。

3. 技术合同的其他组成部分

(1) 与履行合同有关的技术背景资料、可行性论证和技术评价报告、项目任务书和计划书、技术标准、技术规范、原始设计和工艺文件，以及其他技术文档，按照当事人的约定可以作为合同的组成部分。

技术合同涉及专利的，应当注明发明创造的名称、专利申请人和专利权人、申请日期、申请号、专利号以及专利权的有效期限。

(2) 技术合同价款、报酬或者使用费的支付方式由当事人约定，可以采取一次总算、一次总付或者一次总算、分期支付，也可以采取提成支付或者提成支付附加预付入门费的方式。约定提成支付的，可以按照产品价格、实施专利和使用技术秘密后新增的产值、利润或者产品销售额的一定比例提成，也可以按照约定的其他方式计算。提成支付的比例可以采取固定比例、逐年递增比例或者逐年递减比例。约定提成支付的，当事人可以约定查阅有关会计账目的办法。

第二节　技术开发合同

一、委托开发合同

(一) 委托开发合同的概念

所谓委托开发合同，是指当事人一方按照另一方的要求完成研究开发工作，另一方当事人接受研究开发成果并支付报酬的协议。① 其中，接受成果并支付报酬的一方当事人称为委托人，而接受报酬并从事开发研究的一方称为研究开发人。

按照我国《民法典》第851条第3款的规定，技术开发合同应当采用书面形式。

(二) 委托开发合同的法律效力

1. 委托人的主要义务

委托开发合同的委托人应当：(1) 按照约定支付研究开发经费和报酬；(2) 提供技术资料、原始数据；(3) 提出研究开发要求；(4) 完成协作事项；(5) 接受研究开发成果；(6) 承担违约责任。委托人违反约定造成研究开发工作停滞、延误或者失败的，应当承担违约责任。

2. 研究开发人的主要义务

委托开发合同的研究开发人应当：(1) 按照约定制定和实施研究开发计划；(2) 合理使用研究开发经费；(3) 按期完成研究开发工作，交付研究开发成果，提供有关的技术资料和必要

---

① 参见陈小君主编：《合同法学》，334页，北京，中国政法大学出版社，2002。

的技术指导，帮助委托人掌握研究开发成果；(4) 承担违约责任。研究开发人违反约定造成研究开发工作停滞、延误或者失败的，应当承担违约责任。

二、合作开发合同

（一）合作开发合同的概念

合作开发合同是双方或多方当事人就共同合作开发研究事宜所达成的协议。合作开发与委托开发不同，各方当事人共同投资，共担风险，共享成果。

（二）各方当事人的主要权利、义务

(1) 合作开发合同的当事人应当按照约定进行投资，包括以技术进行投资；(2) 分工参与研究开发工作；(3) 协作配合研究开发工作；(4) 合作开发合同的当事人违反约定造成研究开发工作停滞、延误或者失败的，应当承担违约责任；(5) 因作为技术开发合同标的的技术已经由他人公开，致使技术开发合同的履行没有意义的，当事人可以解除合同。

三、技术开发合同的风险负担

（一）风险负担的一般规则

在技术开发合同中，无论是委托开发合同还是合作开发合同，都有可能因为不可归责于任何一方当事人的原因而导致技术开发的失败，而这种情况在科学研究中是经常发生的。对此，双方当事人在订立合同时，可以明确约定风险的负担。没有约定或者约定不明确的，事后也可以协议确定。不能达成协议的，按照合同有关条款或者交易习惯确定。仍然不能确定的，由当事人合理分担。

（二）当事人的通知与减少损失的义务

当事人一方发现有可能致使研究开发失败或者部分失败的情形时，应当及时通知另一方并采取适当措施减少损失。没有及时通知并采取适当措施，致使损失扩大的，应当就扩大的损失承担责任。

四、技术开发合同中专利申请权的归属

在技术开发合同中，就完成的发明创造的专利申请权的归属，当事人可以约定。如果没有约定，则适用下列规则确定。

(1) 委托开发完成的发明创造，除法律另有规定或当事人另有约定的以外，申请专利的权利属于研究开发人。研究开发人取得专利权的，委托人可以依法实施该专利。研究开发人转让专利申请权的，委托人享有以同等条件优先受让的权利。

(2) 合作开发完成的发明创造，除当事人另有约定外，申请专利的权利属于合作开发的当事人共有。当事人一方转让其共有的专利申请权的，其他各方享有以同等条件优先受让的权利。

合作开发的当事人一方声明放弃其共有的专利申请权的，除当事人另有约定外，可以由另一方单独申请或者由其他各方共同申请。申请人取得专利权的，放弃专利申请权的一方可以免费实施该专利。

合作开发的当事人一方不同意申请专利的，另一方或者其他各方不得申请专利。

五、技术秘密权利归属及利益分配

委托开发或者合作开发完成的技术秘密成果的使用权、转让权以及利益的分配办法，由当事人约定；没有约定或者约定不明确，依据《民法典》第510条的规定仍不能确定的，在没有相同技术方案被授予专利前，当事人均有使用和转让的权利。但是，委托开发的研究开发人不得在向委托人交付研究开发成果之前，将研究开发成果转让给第三人。

第三节 技术转让合同与技术许可合同

一、技术转让合同与技术许可合同的概念

技术转让合同是合法拥有技术的权利人，将现有特定的专利、专利申请、技术秘密的相关权利让与他人所订立的合同。技术转让合同包括专利权转让、专利申请权转让、技术秘密转让等合同。

技术许可合同是合法拥有技术的权利人，将现有特定的专利、技术秘密的相关权利许可他人实施、使用所订立的合同。技术许可合同包括专利实施许可、技术秘密使用许可等合同。

技术转让合同和技术许可合同中关于提供实施技术的专用设备、原材料或者提供有关的技术咨询、技术服务的约定，属于合同的组成部分。

在技术转让合同与技术许可合同中，应当特别注意两点：(1) 技术转让合同和技术许可合同应当采用书面形式；(2) 当事人在技术转让合同和技术许可合同中约定实施专利或者使用技术秘密的范围时，不得限制技术竞争和技术发展。

二、技术转让合同的效力

（一）让与人的义务

1. 保证自己是所提供技术的合法拥有者的义务

这一义务要求技术转让合同的让与人应当保证自己是所提供的技术的合法拥有者。

(1) 职务技术成果的合法拥有者。

所谓职务技术成果，是执行法人或者非法人组织的工作任务，或者主要是利用法人或者非法人组织的物质技术条件所完成的技术成果。

职务技术成果的使用权、转让权属于法人或者非法人组织的，法人或者非法人组织可以就该项职务技术成果订立技术合同。法人或者非法人组织应当从使用和转让该项职务技术成果所取得的收益中提取一定比例，对完成该项职务技术成果的个人给予奖励或者报酬。法人或者非法人组织订立技术合同转让职务技术成果时，职务技术成果的完成人享有以同等条件优先受让的权利。

(2) 非职务技术成果的合同拥有者。

非职务技术成果的使用权、转让权属于完成技术成果的个人，完成技术成果的个人可以就该项非职务技术成果订立技术合同。

2. 保证所提供的技术符合合同目的性

技术合同的让与人应保证所提供的技术完整、无误、有效，能够达到约定的目标，否则应

当承担违约责任。

3. 违约责任

让与人未按照约定转让技术的，应当返还部分或者全部使用费，并应当承担违约责任；实施专利或者使用技术秘密超越约定的范围的，违反约定擅自许可第三人实施该项专利或者使用该项技术秘密的，应当停止违约行为，承担违约责任；违反约定的保密义务的，应当承担违约责任。

4. 权利瑕疵担保责任

技术转让合同的让与人应当保证所提供的技术不受第三人追究，受让人按照约定实施专利、使用技术秘密侵害他人合法权益的，由让与人承担责任，但当事人另有约定的除外。

5. 按照约定提供技术资料和进行指导的义务

技术转让合同的让与人应当按照约定提供技术资料，进行技术指导，保证技术的实用性、可靠性。

除了上述义务，让与人还承担依诚实信用原则产生的义务。

（二）受让人的义务

1. 费用支付义务

受让人未按照约定支付使用费的，应当补交使用费并按照约定支付违约金；不补交使用费或者支付违约金的，应当停止实施专利或者使用技术秘密，交还技术资料，承担违约责任。

2. 不得超越约定范围实施或者使用的义务

受让人应当按照约定的范围实施专利或者使用技术秘密，未经让与人同意不得擅自许可第三人实施该专利或者使用该技术秘密。实施专利或者使用技术秘密超越约定的范围或者未经让与人同意擅自许可第三人实施该专利或者使用该技术秘密的，应当停止违约行为，承担违约责任。

3. 保密义务

技术转让合同的受让人应当按照约定的范围和期限，对让与人提供的技术中尚未公开的秘密部分，承担保密义务。依据我国《民法典》的规定，即使在技术合同终止后，这种保密义务也是存在的。

三、技术许可合同的效力

1. 许可人的义务

（1）仅在专利权有效期限内转让的义务。

专利实施许可合同只在该专利权的存续期间内有效。专利权有效期限届满或者专利权被宣布无效的，专利权人不得就该专利与他人订立专利实施许可合同。

（2）专利实施许可合同的许可人应当按照约定许可被许可人实施专利，交付实施专利有关的技术资料，提供必要的技术指导。

（3）提供必要的技术指导的义务。

技术秘密使用许可合同的许可人应当按照约定提供技术资料，进行技术指导，保证技术的实用性、可靠性，承担保密义务。该保密义务，不限制许可人申请专利，但是当事人另有约定的除外。

（4）违约责任。

许可人未按照约定许可技术的，应当返还部分或者全部使用费，并应当承担违约责任；实施专利或者使用技术秘密超越约定的范围的，违反约定擅自许可第三人实施该项专利或者使用该项技术秘密的，应当停止违约行为，承担违约责任；违反约定的保密义务的，应当承担违约责任。

2. 被许可人的义务

（1）专利实施许可合同的被许可人的主要义务是应按照合同约定的范围等实施专利，不得许可约定以外的第三人实施该专利。

（2）技术秘密使用许可合同的被许可人应当按照约定使用技术，支付使用费，承担保密义务。

（3）被许可人未按照约定支付使用费的，应当补交使用费并按照约定支付违约金；不补交使用费或者支付违约金的，应当停止实施专利或者使用技术秘密，交还技术资料，承担违约责任；实施专利或者使用技术秘密超越约定的范围的，未经许可人同意擅自许可第三人实施该专利或者使用该技术秘密的，应当停止违约行为，承担违约责任；违反约定的保密义务的，应当承担违约责任。

四、后续技术改进成果的归属

当事人可以按照互利的原则，在合同中约定实施专利、使用技术秘密后续改进的技术成果的分享办法。没有约定或者约定不明确的，事后可以补充约定；不能达成补充协议的，依照合同有关条款或者交易习惯确定；依据合同有关条款或者交易习惯仍然不能确定的，一方后续改进的技术成果，其他各方无权分享。

第四节　技术咨询合同与技术服务合同

一、技术咨询合同与技术服务合同的概念

（一）技术咨询合同

所谓技术咨询合同，是当事人一方以技术知识为对方就特定技术项目提供可行性论证、技术预测、专题技术调查、分析评价报告等，而另一方为此支付报酬的合同。

这种合同的特点是受托人仅就合同要求提供意见，而不完成技术项目，否则就不是技术咨询合同。

（二）技术服务合同

技术服务合同是指当事人一方以技术知识为另一方解决特定技术问题，而另一方当事人支付报酬的合同。技术服务合同不包括建设工程合同和承揽合同。

二、技术咨询合同的效力

（一）委托人的主要义务

1. 说明与提供资料的义务

技术咨询合同的委托人应当按照约定阐明咨询的问题，提供技术背景材料及有关技术资

料、数据。技术咨询合同的委托人未按照约定提供必要的资料和数据，影响工作进度和质量的，支付的报酬不得追回，未支付的报酬应当支付。

2. 接受受托人的工作成果的义务

委托人应当按照合同的约定接受工作成果，不接受或者逾期接受工作成果的，支付的报酬不得追回，未支付的报酬应当支付。

3. 支付报酬的义务

这是委托人的主要义务，关于支付的方式与数额，参照本章第一节的论述。

（二）受托人的主要义务

（1）技术咨询合同的受托人应当按照约定的期限完成咨询报告或者解答问题，否则应当承担违约责任，即技术咨询合同的受托人未按期提出咨询报告的，应当承担减收或者免收报酬等违约责任。

（2）提出的咨询报告应当达到约定的要求，否则，应当承担违约责任，即技术咨询合同的受托人提出的咨询报告不符合约定的，应当承担减收或者免收报酬等违约责任。反之，技术咨询合同的委托人按照受托人符合约定要求的咨询报告和意见作出决策所造成的损失，由委托人承担，但当事人另有约定的除外。

三、技术服务合同的效力

（一）委托人的主要义务

1. 提供工作条件及配合义务

技术服务合同的委托人应当按照约定提供工作条件，完成配合事项。技术服务合同的委托人不履行合同义务或者履行合同义务不符合约定，影响工作进度和质量的，支付的报酬不得追回，未支付的报酬应当支付。

2. 接受工作成果的义务

技术服务合同的委托人不接受或者逾期接受工作成果的，支付的报酬不得追回，未支付的报酬应当支付。

3. 支付报酬的义务

技术服务合同的委托人应当按照合同的约定向受托人支付报酬，否则，应当承担违约责任。

（二）受托人的主要义务

技术服务合同的受托人应当按照约定完成服务项目，解决技术问题，保证工作质量，并传授解决技术问题的知识。

技术服务合同的受托人未按照合同约定完成服务工作的，应当承担免收报酬等违约责任。

四、合同履行过程中新技术成果的归属

当事人在订立技术服务合同或者技术咨询合同时，可以约定合同履行过程中受托人利用委托人提供的技术资料和工作条件完成的新技术成果的归属。没有约定或者约定不明确的，受托人利用委托人提供的技术资料和工作条件完成的新的技术成果，属于受托人。委托人利用受托人的工作成果完成的新的技术成果，属于委托人。

五、正常工作费用没有约定或者约定不明确的分担规则

技术咨询合同和技术服务合同对受托人正常开展工作所需费用的负担没有约定或者约定不明确的，由受托人负担。

法律适用

如何理解技术合同中的瑕疵担保责任

技术合同依其标的不同可以分为技术开发合同、技术转让合同、技术许可合同、技术咨询合同和技术服务合同。按照大陆法系传统的民法理论，瑕疵担保责任主要是在买卖合同中发挥其保障债权人利益的作用。具体到技术合同领域，技术开发、许可、咨询和服务合同中不发生技术权利的转移，因此，瑕疵担保责任主要发生在技术转让合同中。在司法实践中，理解技术合同中的瑕疵担保责任，应从以下两个角度入手：第一，技术转让合同中的权利瑕疵担保责任。技术转让合同的转让方应保证其对所转让的技术享有合法的权利，该转让行为不会侵犯任何第三人的权利，同时，第三人不会就该项技术向受让方主张任何权利。但如果受让方在合同成立时已知权利瑕疵的存在而仍然接受，则转让方的权利瑕疵担保责任免除。第二，技术转让合同中的技术瑕疵担保责任。技术转让合同的转让方应保证作为合同标的物的技术具有通常的品质或者特别约定的品质。是否具有通常的品质应当采取客观为主、主观为辅的判断标准。如果出现了技术瑕疵，则受让方可以请求转让方承担违约责任。

课后复习

1. 试论技术开发合同中风险负担的一般原则。
2. 试论我国《民法典》技术合同中新的智力成果的归属的一般原则。

第二十四章　保管合同

提　要

保管合同又称为寄托合同，是指保管人保管寄存人交付的保管物，并按约定返还该物的合同。保管合同为要物合同，保管合同自保管物交付时成立，但当事人另有约定的除外。保管合同的保管人应当妥善保管寄存物，如因保管不善造成寄存物毁损、灭失的，保管人应当承担损害赔偿责任，但若保管是无偿的，保管人证明自己没有重大过失的，不承担损害赔偿责任。按照合同约定寄存人应当支付保管费用的，如不按照约定支付，保管人享有留置权。

重点问题

1. 保管合同双方当事人的主要权利、义务。
2. 保管人的留置权。

第一节　保管合同概述

一、保管合同的概念

保管合同又称为寄托合同，是指保管人保管寄存人交付的保管物，并按约定返还该物的合同。其中，对他人之物进行保管的人称为受寄托人或保管人，将物交于保管人保管的人为寄托人或寄存人。按照我国《民法典》第 888 条第 2 款的规定，寄存人到保管人处从事购物、就餐、住宿等活动，将物品存放在指定场所的，视为保管，但是当事人另有约定或者另有交易习惯的除外。

罗马法上就已经出现了寄托契约，分为一般寄托与特殊寄托。一般寄托是一种不完全的实物契约，根据它，债务人（受寄托人）有义务随时根据债权人（寄托人）的要求向其返还为照管而接受的动产。在这种契约中，将物交付保管作为返还义务的实物依据，只使受寄托人成为物的持有者，因而，寄托人不一定是物的所有主，小偷也可以将赃物寄托而成为债权人；受寄托人只能保管标的物而不能使用，否则就被认为犯有“窃用罪”；受寄托人对物的损害的赔偿责任一般限于重大过失，特殊情况下才涉及轻过失；如果约定了费用，则即使寄托人不支付费用，受寄托人也不得行使留置权。①

而特殊寄托包括必要寄托与非常寄托。必要寄托被法学家们称为“不幸寄托”，是指在

---

① 参见［意］彼德罗·彭梵得：《罗马法教科书》，黄风译，367～368 页，北京，中国政法大学出版社，1992。

出现灾难（如火灾、坍塌等）情形下发生的寄托。由于在这种情形中对受寄托人的选择是仓促和不自由的，而且对类似事件缺乏同情心是严重的不诚信的表现，因而，对不诚信的受寄托人的处罚是加倍的。非常寄托是指对钱款或者其他可替代物的寄托。人们在这种寄托中达成协议只归还同类物，因而暗含地或者明确地允许使用寄托物，这使寄托具有消费借贷的作用。①

《法国民法典》几乎完全继承了罗马法的传统，将寄托分为通常寄托与对争讼物的寄托（该法典第 1916 条）。通常寄托又分为自愿寄托与必然寄托（该法典第 1920 条）。自愿寄托由寄托人与受寄托人双方同意而成立（该法典第 1921 条），相当于罗马法上的一般寄托；必然寄托是因火灾、房屋坍塌、抢劫、船舶灾难或者其他不可预见的事故而不得不作的寄托（该法典第 1949 条）。对争讼物的寄托是指一人或者数人将争讼物存放于第三人，在争讼结束后，第三人应将此物品返还于应取得该物的人的寄托（该法典第 1956 条）。

从我国《民法典》的规定看，我国法仅仅规定了一般寄托（保管）合同这一有名合同。

二、保管合同的特征

（一）寄托合同为要物合同

对于寄托合同为诺成合同抑或实践合同，各国立法及学理上并不一致。法国、德国、日本等大陆法系国家承袭罗马法的传统，将寄托合同定为实践合同，即要物合同；《瑞士债务法》则将之定为诺成合同。在我国民法学界，关于寄托合同的性质，有三种观点：一为要物合同说；二为诺成合同说；三为折中说，即认为以要物为原则，以诺成为例外。

我国《民法典》采德国与法国立法例，即采要物合同说。根据我国《民法典》第 890 条的规定，除非当事人有特别约定，保管合同自保管物交付时成立。

（二）寄托合同以保管行为为标的，以物品的保管为目的

寄托合同虽涉及寄存人交付的物品，但物品本身不是寄托合同的标的，受托人的保管行为为合同的标的。寄托合同的目的在于保管物品，故不得对物进行利用或改造。

（三）寄托合同一般为无偿合同

寄托合同的有偿或者无偿，应由当事人自由约定。当事人没有约定的，推定为无偿合同。《法国民法典》第 1917 条规定："通常寄托，本质上为无偿契约。"我国《民法典》采法国立法例，于第 889 条第 2 款规定："当事人对保管费没有约定或者约定不明确，依据本法第五百一十条的规定仍不能确定的，视为无偿保管。"

（四）寄托合同为非要式合同

我国《民法典》没有规定保管合同的特定形式，当事人可以自由约定合同形式。

（五）寄托物应为动产

《法国民法典》第 1918 条明确规定寄托物仅仅限于动产，我国《民法典》虽然没有明确规定为动产，但从第 888 条的规定看，应限于动产。另外，不动产也不适合于保管合同中所说的寄托。

---

① 参见［意］彼德罗·彭梵得：《罗马法教科书》，黄风译，368 页，北京，中国政法大学出版社，1992。罗马法上还有一种类似寄托，但又不是真正寄托的关系，有人称为"争讼寄托"，但彼德罗·彭梵得认为近似"扣押而非寄托"。

第二节 保管合同的法律效力

一、保管人的权利、义务

(一) 给付保管凭证的义务

我国《民法典》第 891 条规定：寄存人向保管人交付保管物的，保管人应当出具保管凭证，但是另有交易习惯的除外。应当特别指出，保管合同与保管凭证是不同的，即使有保管合同，在寄存人交付寄存物时，保管人也应当出具保管凭证。

但是，当寄存人交付寄存物时，是否应当出示其为合法所有权人的证明呢?《法国民法典》第 1938 条规定："受寄人不得要求寄存人证明其为寄存物的所有权人。但如果受寄人发现寄存物为盗窃的赃物，并知道该物的真正所有权人为何人时，应将其接受寄存之事实通知真正所有人，并催告真正所有权人在规定的足够期限内请求返还寄存物。如被通知人怠于请求返还寄存物的，受寄存人得将该物交付于原寄存人而免除责任。"我国《民法典》没有对此作出明确规定，但从第 896 条规定看，保管人也不得要求寄存人证明其为合法所有权人。

(二) 妥善保管的义务

毫无疑问，保管人应当妥善保管寄存物，我国《民法典》第 892 条对此作了明确的规定。但其注意义务为何? 对此，《法国民法典》第 1927 条规定："受寄人应以与保管自己的物品同样的注意保管寄存物。"而《德国民法典》第 690 条规定："无偿接受保管的，保管人应与处理自己的事务一样尽到相同的注意。"这两种规定并不矛盾：《法国民法典》第 1917 条已经规定，保管契约本质上是无偿契约，因而，与德国法一样。由此可见，如果保管合同是有偿的，则保管人应当尽善良管理人的注意，而为无偿时，应尽与自己的事务相同的注意义务。也就是说，有偿的保管合同的注意义务要高于无偿的保管合同的注意义务。

我国《民法典》第 892 条规定的注意义务应区分有偿与无偿保管而决定。

(三) 不得擅自改变保管场所的义务

保管人应当按照合同约定的保管场所或者方法保管标的物，除紧急情况或者为了维护寄存人利益的以外，不得擅自改变保管场所或者方法，否则，对此引起的损失负赔偿责任。即使在不改变场所的情况下不应负责任的损失，保管人改变保管场所的，也应当负责。

(四) 不得将保管物转让保管的义务

根据我国《民法典》第 894 条的规定，除当事人另有约定外，保管人不得将保管物转交第三人保管，保管人违反此义务而将保管物转交第三人保管，造成保管物的损失的，应当承担损害赔偿责任。《德国民法典》第 691 条也有相同的规定。

(五) 不得使用寄存物的义务

依我国《民法典》第 895 条规定，保管人不得使用或者许可第三人使用保管物，但当事人另有约定的除外。《法国民法典》第 1930 条也有相同的规定。

(六) 第三人主张权利时的返还通知义务

第三人对保管物主张权利的，除依法对保管物采取保全或者执行措施外，保管人应当履行向寄存人返还保管物的义务。第三人对保管人提起诉讼或者对保管物申请扣押的，保管人应当及时通知寄存人。

（七）赔偿义务

依据我国《民法典》第897条的规定，保管期内，因保管人保管不善造成保管物毁损、灭失的，保管人应当承担赔偿责任，但是，无偿保管人证明自己没有故意或者重大过失的，不承担赔偿责任。《法国民法典》第1929条规定：无论在任何情况下，受寄托人对于因不可抗力造成的事变，不负责任，但受寄托人如迟延返还寄存物的除外。法国法的这一规定实际上就是对迟延履行的风险负担的规定——迟延履行的风险负担自然转移给违约方。

（八）返还原物与孳息的义务

如果当事人没有特别约定，保管物的孳息归寄存人所有。因此，在保管人返还原物时，应一并返还孳息。如果保管的是货币或者其他替代物，则应当返还同类货币。我国《民法典》第901条规定：保管人保管货币的，可以返还相同种类、数量的货币；保管其他可替代物的，可以按照约定返还相同种类、品质、数量的物品。约定有利息的，应当支付利息。

寄存物因不可归责于保管人的原因而毁损、灭失的，保管人自然不负赔偿责任，但是否应当返还已经收取的保管费用呢？《法国民法典》第1934条有肯定的规定。而我国《民法典》于承揽合同中有相关的规定，但在保管合同中没有规定。笔者认为，应当准用关于承揽合同的规定。

（九）留置权

寄存人未按照约定支付保管费或者其他费用的，保管人对保管物享有留置权，但是当事人另有约定的除外。

二、寄存人的权利、义务

（一）保管费的支付义务

合同当事人约定保管合同为有偿的，寄存人应当按照约定的期限向保管人支付保管费。当事人对支付期限没有约定或者约定不明确的，可以协议补充；不能达成补充协议的，按照合同有关条款或者交易习惯确定。仍不能确定的，应当在领取保管物的同时支付。寄存人未按照约定支付保管费或者其他费用的，保管人对保管物享有留置权。

（二）如实说明义务

寄存人交付的保管物有瑕疵或者按照保管物的性质需要采取特殊保管措施的，寄存人应当将有关情况告知保管人。寄存人未告知，致使保管物受损失的，保管人不承担赔偿责任；保管人因此受损失的，除保管人知道或者应当知道并且未采取补救措施的以外，寄存人应当承担赔偿责任。

寄存人寄存货币、有价证券或者其他贵重物品的，应当向保管人声明，由保管人验收或者封存。寄存人未声明的，该物品毁损、灭失后，保管人可以按照一般物品予以赔偿。

（三）随时领取权

寄存人可以随时领取保管物。当事人对保管期间没有约定或者约定不明确的，保管人可以随时要求寄存人领取保管物；约定保管期间的，保管人无特别事由，不得要求寄存人提前领取保管物。

（四）原物及其孳息返还请求权

保管期限届满或者寄存人提前领取保管物的，保管人应当将原物及其孳息归还寄存人。

法律适用

在实践中如何把握保管人的注意义务

保管合同是提供服务的合同，其标的是提供服务而不是物的交付。保管人负有在保管期限届满时返还保管物及其孳息给寄存人的义务，为此，保管人应当妥善保管保管物，履行必要的注意义务。无论是在学理研究、法律规定中，还是在司法实践中，保管合同都可以是有偿或者无偿的。为体现社会成员的互助，我国《民法典》还明确规定了保管合同的无偿推定制度，即当事人未约定支付保管费并且依据相关法律规定也不能确定的，推定为无偿保管。为体现权利、义务相一致原则，对于有偿保管的保管人与无偿保管的保管人之注意义务的要求应该有所区别：第一，在有偿保管合同中，保管人以取得保管费为对价提供保管服务，因此，其必须尽到善良管理人的注意义务。如果由于其过失导致保管物毁损、灭失，其当然应当承担赔偿责任。如果保管物的毁损、灭失是由于不可抗力等非保管人的过失所致，则保管人不承担赔偿责任。第二，在无偿保管合同中，保管人提供保管服务并未取得任何代价，因此，法律对其注意义务的要求也比较低，只要不存在故意或重大过失，保管人就不必承担赔偿责任。但毕竟保管物在保管期间为保管人所控制，为平衡双方利益，不存在故意或重大过失的举证责任由保管人承担。

课后复习

试论有偿保管合同与无偿保管合同的区别。

第二十五章　仓储合同

提　要

所谓仓储合同，是指一方当事人为对方储存货物，对方当事人支付价款的合同。仓储合同是一种诺成合同、双务合同、有偿合同、非要式合同。

重点问题

仓储合同双方当事人的主要权利、义务。

第一节　仓储合同概述

一、仓储合同的概念

所谓仓储合同，是指一方当事人为对方储存货物，对方当事人支付价款的协议。其中，为他方储存货物的一方为仓储保管人，支付价款的一方称为存货人。

仓库营业是专为他人保管货物的一种商业营业活动，从实质上说，仓储合同也属于保管合同的一种，但仓库营业的性质，使仓储合同具有了一些不同于一般保管合同的特征。仓储作为一种商业活动，发端于中世纪西方的一些沿海城市，随着国际海商和地区贸易的不断发展，仓库营业的作用日趋重要。仓库营业是现代社会化大生产和国际国内商品流转中一个不可或缺的环节。① 所以，我国《民法典》也将仓储合同作为一种独立于保管合同的有名合同而规定。

二、仓储合同的特征

（一）仓储合同是一种诺成合同

我国《民法典》第905条明确规定："仓储合同自保管人和存货人意思表示一致时成立。"这种规定似乎特别强调了其诺成性特征，以与保管合同区别。但这种规定又似乎多余，只要没有特别规定或者约定，什么合同不是从成立时生效？

（二）仓储合同为双务、有偿合同

仓储合同的双方当事人都负有义务：仓储保管人有仓储保管的义务，而存货人有支付价款的义务。仓储的营业性特点，决定了仓储合同必然为有偿合同。即使仓储保管人免除了存货人的付款义务，也不能改变其有偿合同的特征。

---

① 参见王家福主编：《民法债权》，718页，北京，法律出版社，1991。

（三）仓储合同为非要式合同

仓储合同究竟是要式合同还是非要式合同，存在不同的看法：有的认为仓储合同为要式合同，应当采用书面形式；有的认为是非要式合同。笔者同意第二种观点，我国《民法典》并没有要求订立仓储合同的特别形式。至于仓储保管人开出的仓单，则不能认为是合同。另外，在实践中，仓储合同多为格式合同。

第二节 仓储合同的法律效力

一、保管人的权利、义务

（一）验货并出具仓单、入库单等凭证的义务

依据我国《民法典》第907～910条的规定，在存货人交付仓储物时，保管人应当按照约定对入库仓储物进行验收。保管人验收时发现入库仓储物与约定不符合的，应当及时通知存货人。保管人验收后，发生仓储物的品种、数量、质量不符合约定的，保管人应当承担赔偿责任。

存货人交付仓储物并经过验货后，保管人应当出具仓单、入库单等凭证。

仓单是提取仓储物的凭证，实际上是一种有价证券。存货人或者仓单持有人在仓单上背书并经保管人签字或者盖章的，可以转让提取仓储物的权利。

保管人应当在仓单上签字或者盖章。仓单包括下列事项：（1）存货人的姓名或者名称和住所；（2）仓储物的品种、数量、质量、包装及其件数和标记；（3）仓储物的损耗标准；（4）储存场所；（5）储存期间；（6）仓储费；（7）仓储物已经办理保险的，其保险金额、期间以及保险人的名称；（8）填发人、填发地和填发日期。

（二）通知义务

保管人发现入库仓储物有变质或者其他损坏的，应当及时通知存货人或者仓单持有人。

（三）紧急处置权

保管人对入库仓储物发现有变质或者其他损坏，危及其他仓储物的安全和正常保管的，应当催告存货人或者仓单持有人作出必要的处置。因情况紧急，保管人可以作出必要的处置，但事后应当将该情况及时通知存货人或者仓单持有人。

（四）因保管不善的赔偿义务

储存期间，因保管不善造成仓储物毁损、灭失的，保管人应当承担赔偿责任。因仓储物本身的自然性质、包装不符合约定或者超过有效储存期造成仓储物变质、损坏的，保管人不承担赔偿责任。

二、存货人的权利、义务

（一）如实说明义务

储存易燃、易爆、有毒、有腐蚀性、有放射性等危险物品或者易变质物品的，存货人应当说明该物品的性质，提供有关资料。存货人违反该义务的，保管人可以拒收仓储物，也可以采取相应措施以避免损失的发生，因此产生的费用由存货人承担。

因为储存易燃、易爆、有毒、有腐蚀性、有放射性等危险物品对人类及环境有重大危险，

所以，法律要求保管人应当具备相应的保管条件。所以，存货人应当如实说明情况。

（二）检验及提取样品的权利

存货人或者仓单持有人有权向保管人要求检查仓储物或者提取样品，保管人应当同意。

（三）按时提取存货的义务

储存期间届满，存货人或者仓单持有人应当凭仓单、入库单等提取仓储物。存货人或者仓单持有人提前提取的，不减收仓储费；逾期提取的，应当加收仓储费，同时，货物的风险自逾期之日起转移于存货人或者仓单持有人。

关于提货的时间，当事人没有约定或者约定不明确的，存货人或者仓单持有人可以随时提取仓储物，保管人也可以随时要求存货人或者仓单持有人提取仓储物，但应当给予必要的准备时间。

另外，储存期间届满，存货人或者仓单持有人不提取仓储物的，保管人可以催告其在合理期限内提取，逾期不提取的，保管人可以提存仓储物。

法律适用

在实践中如何区分仓储合同与保管合同

我国《民法典》将保管合同与仓储合同作为两类有名合同明确规定。在司法实践中，应当对二者加以区分。二者的区别主要表现在下列几个方面：第一，二者的性质不同。仓储合同在性质上是诺成合同，在仓储保管人与存货人达成一致意思表示时，合同即成立；而保管合同通常是实践合同，只有寄存人将保管物交给保管人时，合同才成立。第二，主体的要求不同。提供仓储服务的保管人一般都是专门从事仓储保管业务的企业，并且一般都要求配备仓储设备；而对于提供保管服务的保管人资格没有特别要求，自然人、法人、非法人组织皆可，也没有必须配备保管设备的要求。第三，当事人的权利、义务不完全相同。仓储合同是双务、有偿合同，仓储合同的保管人以营利为目的，以收取存货人的保管费为对价提供保管服务；而保管合同可以是有偿的，也可以是无偿的，有偿与否取决于当事人的约定。第四，提取保管物的依据不完全相同：仓储合同的存货人必须以仓单、入库单等凭证作为要求返还寄存物的依据；而有些保管合同可以没有保管凭证，依据交易习惯即可要求返还保管物。

课后复习

试述仓储合同与保管合同的主要区别。

第二十六章　委托合同

提　要

委托合同又称委任合同，是指依双方当事人约定，一方为他方处理事务的合同。委托合同既可以是有偿的，也可以是无偿的。委托合同与代理、承揽、雇佣合同有显著的不同。

重点问题

1. 委托与代理的关系。
2. 直接代理与间接代理的关系。
3. 委托合同双方当事人的主要权利与义务。

第一节　委托合同概述

一、委托合同的概念与特征

（一）委托合同的概念

委托合同又称委任合同，是指依双方当事人约定，一方为他方处理事务的合同。在委托合同中，委托他人为自己处理事务的人为委托人，接受委托的人为受托人。

委托合同是一种比较古老的合同类型，古巴比伦《汉穆拉比法典》中对委托合同即有专门规定。委托合同是委托代理发生的基础，在现代社会中，委托合同适用范围相当广泛，委托合同扩大了民事主体的活动空间和范围。

（二）委托合同的特征

1. 委托合同的标的是事务的处理行为

委托合同的标的是事务的处理行为，该行为既可以是法律行为（委托进行买卖、租赁等行为），也可以是具有经济意义的行为（清理财产、整理账簿等行为），还可以是单纯的事实行为（代为将信件投入信箱，探望退休人员等行为）。但并非一切事务的处理行为都可以成为委托合同的标的，委托合同不适用于具有人身性质的行为，如结婚行为、离婚行为、收养行为等，也不适用于履行人身性质的债务的行为。

2. 委托合同的订立以双方当事人相互信任为基础

委托人选定受托人为其处理事务，是以他对受托人的办事能力和信誉的了解，相信受托人能够处理好委托的事务为基础的。受托人接受委托也是基于对委托人的了解和信任。没有当事人双方相互信任和自愿，委托合同关系不可能建立。所以，委托合同成立后，任何一方如果对另一方产生了不信任，都可以随时解除委托合同。而且，我国《民法典》规定，受托人原则上应当亲自处理委托事务。

3. 受托人以委托人的费用办理委托事务

委托合同是典型的提供劳务合同，委托合同订立后，受托人在委托人的授权范围内为委托人办理事务。因而办理事务所需要的费用要由委托人承担。至于受托人是否以委托人的名义办理委托事务，理论上有不同的观点。一种观点认为受托人应当以委托人的名义办理委托事务；另一种观点认为受托人可以以委托人的名义活动，也可以以自己的名义活动。笔者认为委托合同的主要特征是受托人按委托人的要求处理委托的事务，处理事务中是否以委托人的名义在非所问。然而，如果受托人以委托人的名义在委托权限范围内与第三人进行民事法律行为，后果直接由委托人负责。如果受托人以自己的名义在委托权限范围内与第三人进行民事法律行为，当受托人因第三人的原因对委托人无法履行义务时，受托人应当向委托人披露第三人，委托人因此可以行使受托人对第三人的权利。而当受托人因委托人的原因对第三人无法履行义务时，受托人应当向第三人披露委托人，第三人因此可以选择受托人或者委托人作为相对人主张权利，第三人一经选定相对人则不得变更。

4. 委托合同是诺成合同、不要式合同

委托合同当事人意思表示一致时，合同即告成立，无须以物的交付或当事人的履行行为作为合同成立的要件。因此，委托合同为诺成合同，需要指出的是，委托合同不同于代理关系中的授权行为。委托合同必须受托人承诺才能成立，而授权行为仅有被代理人的单方行为即可成立，不能将二者混同。委托合同原则上为不要式合同，当事人可以根据实际情况选择适当的形式，但法律规定应当采用书面形式的除外。

5. 委托合同可以有偿，也可无偿

委托合同是否有偿，应依法律规定或当事人之间的约定来确定。在现实生活中，商事主体之间订立的委托合同，大多是有偿合同；而公民之间基于互助关系而建立的委托合同，大多数为无偿合同。当事人就有偿或者无偿没有约定或者约定不明确的，可以事后补充协议来约定，协议不成的，按照我国《民法典》第 919 条、第 928 条的规定，应当视为无偿。

二、委托合同与类似概念的区别

（一）委托合同与代理

委托与代理的区别，是近代法学上的一个重大的发现。罗马法将委托与代理视为同一，认为委托契约必定有代理权的授予，反之亦然。《法国民法典》承袭了罗马法的立法体例。自从德国学者拉班德（Laband）发表《代理权授予及其基础关系的区别》一文后，委托与代理的不同法律关系才被提出。《德国民法典》吸收了这一理论，将委托与代理区别规定。我国 1986 年《民法通则》将代理划分为三种类型：委托代理、法定代理、指定代理。而委托合同是委托代理之代理权授予的基础关系。①

代理是指代理人在代理权限内以被代理人的名义实施民事法律行为，其行为后果直接对被代理人发生效力的制度。代理既然是由代理人为意思表示或受领意思表示，它与受托人为委托

① 参见张俊浩主编：《民法学原理》，819 页，北京，中国政法大学出版社，2000。

人处理事务同属为他人服务，这是两者的相似之处。但委托合同与代理是不同的。区别主要有以下几点：第一，代理人的代理行为不包括事实行为，而受托人接受委托的行为包括事实行为。第二，代理属于对外（本人与代理人以外的第三人）的关系，不对外也就无所谓代理；而委托合同属于对内关系，且其存在于委托人与受托人之间。第三，被代理人授予代理人代理权属于单方法律行为；而委托合同为双方法律行为，委托合同的成立应有受托人承诺，若受托人不承诺，则合同不能成立。

必须注意的是：委托不一定产生代理，因为：委托人让他人处理事务，有多种方式，可以是受托人以自己的名义与第三人交易，然后将结果交给委托人；也可以委托人的名义与第三人交易，结果直接归属委托人。只有在第二种情况下，才需要授予代理权从而出现代理问题。例如，A委托B为自己买一部手机，那么B可以：以B自己的名义与经销商C订立买卖合同，然后将手机交给A；也可以直接以A的名义与C订立买卖合同，直接由C交给A或者B拿到后转交给A。只有后一种情况才发生代理。

（二）委托合同与承揽合同

承揽合同的承揽人按照定作人的要求完成一定工作，这与委托合同中的受托人按照委托人的要求处理一定事务相似。但二者也有显著的区别：第一，承揽合同的承揽人是以自己的名义和费用，按照定作人的要求完成一定的工作，自己独立承担风险，而委托合同的受托人是以委托人的名义和费用，按照委托人的要求完成一定工作，自己并不承担完成工作任务的风险。第二，承揽合同的承揽人在完成定作人交付的工作任务过程中，一般不涉及与第三人进行民事活动；而委托合同的受托人在完成委托交办的事务时，一般会涉及与第三人进行民事活动。第三，承揽合同为有偿合同，而委托合同一般是无偿的，只有在双方当事人约定报酬时，受托人才可就其已处理事务部分请求相应的报酬。

（三）委托合同与雇佣合同

雇佣合同是当事人一方为他方提供劳务，他方为此给付报酬的合同。在雇佣合同中，由于受雇人须为雇用人提供劳务，从这一点看，二者有相似之处。但委托合同与雇佣合同是不同的，二者的主要区别是：第一，雇佣合同的订立目的在于由受雇人向雇用人提供劳务；而委托合同订立的目的在于由受托人为委托人办理事务，受托人提供劳务不过是满足这一目的的手段。第二，受雇人依据雇佣合同提供劳务，必须绝对服从雇用人的指示，自己一般并不享有独立的酌情裁量的权利；而委托合同中的受托人，虽然须依委托人的指示处理事务，但一般享有一定的独立裁量的权利。第三，雇佣合同必为有偿合同，而委托合同可以是有偿的也可以是无偿的。

第二节 委托合同的效力

一、受托人的主要权利、义务

（一）依委托人的指示亲自处理事务的义务

受托人应当按照委托人的指示处理委托事务。需要变更委托人指示的，应当经委托人同意；因情况紧急，难以和委托人取得联系的，受托人应当妥善处理委托事务，但事后应当将该情况及时报告委托人。

另外，受托人应当亲自处理委托事务。经委托人同意，受托人可以转委托。转委托经同意或者追认的，委托人可以就委托事务直接指示转委托的第三人，受托人仅就第三人的选任及其对第三人的指示承担责任。转委托未经同意或者追认的，受托人应当对转委托的第三人的行为承担责任，但在紧急情况下受托人为维护委托人的利益需要转委托第三人的除外。

（二）报告义务

受托人应当按照委托人的要求，报告委托事务的处理情况。委托合同终止时，受托人应当报告委托事务的结果。

（三）移转利益和权利的义务

受托人以委托人的名义及费用办理委托事务，因此，受托人在办理委托事务中所得到的一切利益，包括金钱、物品、所得收益及权利等都应及时转交给委托人。

（四）披露义务

我国《民法典》第926条规定：(1) 受托人以自己的名义与第三人订立合同时，第三人不知道受托人与委托人之间的代理关系的，受托人因第三人的原因对委托人不履行义务，受托人应当向委托人披露第三人，委托人因此可以行使受托人对第三人的权利，但是第三人与受托人订立合同时如果知道该委托人就不会订立合同的除外。(2) 受托人因委托人的原因对第三人不履行义务，受托人应当向第三人披露委托人，第三人因此可以选择受托人或者委托人作为相对人主张其权利，但是第三人不得变更选定的相对人。(3) 委托人行使受托人对第三人的权利的，第三人可以向委托人主张其对受托人的抗辩。第三人选定委托人作为其相对人的，委托人可以向第三人主张其对受托人的抗辩以及受托人对第三人的抗辩。

（五）赔偿义务

有偿的委托合同，因受托人的过错造成委托人损失的，委托人可以请求赔偿损失。无偿的委托合同，因受托人故意或重大过失给委托人造成损失的，委托人可以请求赔偿损失。受托人超越权限或不及时报告有关情况，给委托人造成损失的，应当赔偿损失。

（六）请求赔偿的权利

受托人处理委托事务时，因不可归责于自己的事由受到损失的，可以向委托人请求赔偿损失。

（七）任意解约权

委托人或者受托人可以随时解除委托合同。因解除合同给对方造成损失的，除不可归责于该当事人的事由以外，应当赔偿损失。

二、委托人的主要权利、义务

（一）预付费用的义务

委托人应当预付处理委托事务的费用。受托人为处理委托事务垫付的必要费用，委托人应当偿还该费用并支付利息。

（二）报酬支付的义务

受托人完成委托事务的，委托人应当按照合同约定向其支付报酬。因不可归责于受托人的事由，委托合同解除或者委托事务不能完成的，委托人应当向受托人支付相应的报酬。当事人另有约定的，按照其约定。

（三）赔偿义务

委托人经受托人同意，可以在受托人之外委托第三人处理委托事务。因此给受托人造成损失的，受托人可以向委托人请求赔偿损失。

（四）任意解约权

委托人或者受托人可以随时解除委托合同。因解除合同给对方造成损失的，除不可归责于该当事人的事由以外，应当赔偿损失。

第三节 委托合同的终止

委托合同的终止分为一般原因终止和特殊原因终止两种情况。委托合同终止的一般原因是指一般合同所通存的终止原因。它包括委托事务处理完毕，委托合同履行已不可能，委托合同中约定的存续期间届满，合同约定的解除条件成就，等等。而委托合同终止的特殊原因是指导致委托合同终止特有的原因，主要包括以下几种情况。

（一）当事人一方任意终止合同

在委托合同中，当事人双方均享有任意终止权，可任意终止合同，但因终止委托合同而给对方造成的损失，除不可归责于该当事人的事由外，应当赔偿损失。

（二）委托人死亡或者丧失民事行为能力

委托人死亡或丧失民事行为能力，从而导致委托合同终止。但因此将损害委托人利益的，受托人在委托人的继承人或者法定代理人承受委托事务之前，应当继续处理委托事务。

（三）受托人死亡或者丧失民事行为能力

受托人死亡或者丧失民事行为能力，也会导致委托合同终止。但因此将损害委托人利益的，在委托人作出善后处理之前，受托人的继承人或者法定代理人应当采取必要措施。

（四）作为委托人或受托人的法人终止

所谓委托合同因作为委托人或受托人的法人终止而终止，是指委托合同当事人一方为法人的，在该法人终止时，因委托合同缺少当事人一方从而导致委托合同终止。

以上这些终止的特殊原因也有例外，若当事人双方另有约定或者根据委托事务的性质不宜终止委托合同，则委托合同仍继续存在、有效。

第四节 委托合同与代理

一、委托合同与代理权授予的相互独立性

在代理关系中，本人与代理人之间的关系称为内部关系，本人与代理人对第三人的关系称为外部关系。在法律意义上，如何处理内部与外部关系是一个重要的问题。一般来说，委托合同是规定本人与代理人之间权利义务关系的协议，但这种协议由于仅仅在本人与代理人之间生效，甚至第三人无从知道其内容，因此不能对抗第三人。因为典型的代理是代理人以本人的名义与第三人为法律行为（签订合同等），所以，对于第三人来说，重要的是本人有没有对之授权以使其能够以本人的名义与第三人进行法律行为，因此，律师代理案件时他只需向法院出示被代理人的授权书而不需出示他与被代理人之间的委托合同。正因为如此，大陆法系国家的代理理论普遍认为，委托合同与授权行为是有区别的。委托合同是本人与代理人之间的内部关

系，而授权行为是委托合同的对外关系，是本人同第三人关系的法律依据。按照德国法的解释，授权行为与委托合同是相互独立、互不牵连的。即使委托关系被宣告无效或者撤销，授权行为仍然存在，代理人同第三人订立的合同仍然有效，本人仍然应当对此负责。法国也接受这种观点。

但是，英美法系国家没有这种概念。在英美法上，除了明示授权的代理，还有默示的授权，即只要本人的行为使人认为某人是他的代理人，并与代理人订立了合同，则该合同就对本人具有拘束力。①

在委托合同与代理权授予的相互独立关系问题上，我国学理采取的是与大陆法系国家相同的观点。

二、本人、代理人与第三人的关系——直接代理与间接代理

代理关系一般涉及三方当事人：本人、代理人与第三人，因此，对于第三人来说，最重要的问题是他必须清楚他究竟是与代理人还是同本人签订了合同？即他所签订的合同的另一方当事人究竟是本人还是代理人？这种情况在我国对外贸易实践中非常普遍：外贸企业在同外商订立合同时，是以自己的名义与外商签订合同，并没有出示授权书，也没有说明其是代理他人进行贸易活动，但在合同履行时，特别是在出现履行问题时，往往出现一个“被代理人”。对此，被代理人在法律上是什么地位？即他是否应当被认为是代理关系中合法的被代理人？对此，大陆法系与英美法系国家有不同的法律规则。

（一）大陆法系国家的规则

大陆法系国家在确定第三人究竟是与代理人还是同本人签订了合同的问题上，采取的标准通常是看代理人是以代理人的身份同第三人订立合同，还是以他自己个人的身份同第三人订立合同。如果代理人是以代理人的身份同第三人订立合同，这个合同就是第三人同本人之间的合同，合同的双方当事人就是第三人与本人，合同的权利义务直接归属本人，由本人直接对第三人负责。在这种情况下，代理人在同第三人订立合同时，可以指明本人的姓名，也可以不指出本人的姓名，而仅仅声明他是受他人的委托进行交易，但无论如何代理人必须表示他作为代理人订约的意思，或者缔约时的环境可以表明这一点，否则，就将认为是代理人自己同第三人订立合同，代理人就应当对合同负责。反之，如果代理人是以他个人的名义同第三人订立合同，则无论代理人是否得到本人的授权，这种合同都将被认为是代理人与第三人之间的合同，代理人自己承担法律后果。② 这样做的目的有三：一是保护本人的利益，避免代理人将自己行为的不利后果归属本人。代理人具有双重角色：一为代理人的角色，二为自己的民事主体角色。这两种角色必须明确区分。二是维护合同的相对性。三是维护逻辑上的一致性：既然代理人没有以被代理人的名义签订合同，就没有将这种法律后果归属于本人（被代理人）的法律依据。

基于这种标准，大陆法系区分直接代理与间接代理。直接代理是指代理人在本人的代理权限内，以被代理人的名义同第三人订立合同，其效力直接及于本人的代理；而间接代理是指代理人以自己的名义但为了本人的利益计算与第三人订立合同，再将取得的权利义务转移给本人

① 参见沈达明等编：《国际商法》（上），284 页，北京，对外贸易教育出版社，1982。
② 参见沈达明等编：《国际商法》（上），299 页，北京，对外贸易教育出版社，1982。

的代理。在大陆法系的德国与法国，间接代理称为行纪。行纪人虽然是受本人的委托并为本人的利益计算而与第三人订立的合同，但在订立合同时不是以本人的名义而是以代理人自己的名义缔约，因此这个合同的双方当事人是代理人与第三人，而不是本人与第三人。本人不能仅仅凭借这个合同直接对第三人主张权利，只有在代理人把他从这个合同中所取得的权利转让给本人之后，本人才能对第三人主张权利。①

（二）英美法系国家的规则

与大陆法系国家不同，英美法系国家没有直接代理与间接代理的区别，对于第三人究竟是同代理人还是同本人订立合同的问题，其所采取的标准是究竟谁应当对第三人承担合同义务，即采取所谓义务标准。英美法系国家区分三种不同情况。

（1）代理人在缔约时已经指出本人的姓名。代理人在同第三人缔约时已经表明他是代表本人缔约的，在这种情况下，这个合同就是本人与第三人之间的合同，本人应当对合同负责，代理人不享有和承担合同权利与义务。

（2）代理人在缔约时表示有代理关系存在但没有指出本人的姓名。在这种情况下，这个合同仍然认为是本人与第三人之间的合同，应由本人对合同负责。

（3）代理人在缔约时根本不披露有代理关系的存在。如果代理人虽然得到了本人的授权，但他在同第三人订立合同时根本不披露有代理关系，既不披露有本人的存在，更不指出本人是谁，在这种情况下未经披露的本人能否直接根据这个合同取得权利并承担义务？英美法认为，未经披露的本人原则上可以直接取得这个合同的权利并承担义务。具体来说，通过两种方式：1）未经披露的本人有权介入合同并直接对第三人行使请求权或者在必要时对第三人起诉。他如果行使了介入权，就承担了对第三人的义务。2）第三人发现了本人之后，就享有选择权：他可以要求本人承担合同义务，也可以要求代理人承担合同义务；可以向本人起诉，也可以向代理人起诉。但是，第三人一旦选定要求本人或者代理人承担合同义务，就不能改变。②

（三）我国《民法典》的规则

从我国《民法典》第 925 条、第 926 条的规定看，合同编显然采取的是英美法系的立法体例。该法第 925 条规定："受托人以自己的名义，在委托人的授权范围内与第三人订立的合同，第三人在订立合同时知道受托人与委托人之间的代理关系的，该合同直接约束委托人和第三人；但是，有确切证据证明该合同只约束受托人和第三人的除外。"第 926 条规定："受托人以自己的名义与第三人订立合同时，第三人不知道受托人与委托人之间的代理关系的，受托人因第三人的原因对委托人不履行义务，受托人应当向委托人披露第三人，委托人因此可以行使受托人对第三人的权利。但是，第三人与受托人订立合同时如果知道该委托人就不会订立合同的除外。受托人因委托人的原因对第三人不履行义务，受托人应当向第三人披露委托人，第三人因此可以选择受托人或者委托人作为相对人主张其权利，但是第三人不得变更选定的相对人。委托人行使受托人对第三人的权利的，第三人可以向委托人主张其对受托人的抗辩。第三人选定委托人作为其相对人的，委托人可以向第三人主张其对受托人的抗辩以及受托人对第三人的抗辩。"

由此可见，我国《民法典》（实际上自从 1999 年《合同法》开始）借鉴英美法规则，规定

① 参见沈达明等编：《国际商法》（上），300 页，北京，对外贸易教育出版社，1982。

② 参见沈达明等编：《国际商法》（上），302 页，北京，对外贸易教育出版社，1982。

了完全不同于大陆法系国家的代理制度，即间接代理制度。但是，我们必须明白的是，间接代理根本就不是真正的代理。因此，《民法典》总则编中的“代理”不包括这种间接代理。

法律适用

1. 如何在实践中区分代理与委托合同

委托代理中代理人的代理权通常是以委托合同为基础产生的，受托人常以代理人的身份从事活动，因而，在司法实践中，代理与委托合同非常容易混淆，应从以下几方面对二者进行区分：第一，当事人不同。代理关系的当事人有三方，分别是被代理人、代理人和相对人；而委托合同的当事人只有两方，是委托人和受托人。第二，性质不同。代理关系是单方行为，只需要被代理人的单方授权就可成立代理关系，其在性质上是对外关系，是代理人或被代理人与第三人的关系；而委托合同关系是双方行为，只有经过受托人承诺，才能成立委托关系，其在性质上是内部关系，是委托人与受托人的关系。第三，法律地位不同。代理以形成基础为标准可以分为委托代理、指定代理和法定代理，委托合同仅是形成委托代理的基础。第四，主体实施行为的性质和名义不同。代理关系中，代理人只能以被代理人的名义实施法律行为。而委托合同关系中，受托人实施行为可以以委托人的名义，也可以以自己的名义；可以实施法律行为，也可以实施事实行为。可见，在实践中必须对代理与委托合同认真加以区分，以正确适用不同的法律规则。

2. 直接代理与间接代理如何区分

以代理行为的后果是否直接归属于被代理人为标准，代理可以分为直接代理与间接代理。在司法实践中，应当区分直接代理与间接代理，以更好地平衡和保护各方当事人的利益。在我国，直接代理通常是指狭义的代理，代理人向第三人作出的意思表示的后果、第三人向代理人作出的意思表示的后果都直接归属于被代理人，就像被代理人自己发出或受领了意思表示。也就是说，代理的效力直接对被代理人发生，而无须再通过任何特别的行为转移代理行为的效果。而间接代理是指除狭义代理行为以外的代理，其产生历史远远早于直接代理的历史。间接代理的行为后果首先由代理人承担，然后再通过权利、义务的移转，将法律后果转移给他人承担，如行纪合同中行纪人的代理行为、运输合同中承运人的代理行为，以及委托合同中受托人以自己的名义从事的代理行为。总之，直接代理与间接代理的最基本区别是：直接代理中的直接代理人以被代理人的名义从事行为，其本身不是第三人的合同当事人，代理的效力直接对被代理人发生；而间接代理中的间接代理人以自己的名义从事行为，其是第三人的合同当事人，代理效力不直接对被代理人发生。

课后复习

1. 试论直接代理与间接代理。
2. 试论委托与代理的关系。

第二十七章　物业服务合同

| 提　要 |

物业服务合同是物业服务人（物业服务人包括物业服务企业和其他物业管理人）在物业服务区域内，为业主提供建筑物及其附属设施的维修养护、环境卫生和相关秩序的管理维护等物业服务，业主支付物业费的合同。从理论上说，它确实具有特殊性：合同的签订人并不是所有承担义务、享有权利的人。在我国实践中的物业服务合同实际上包括两种：一是前期物业服务合同，它是建设单位与物业服务人签订的；二是业主大会与业主委员会成立后签订的物业服务合同。无论是哪种合同，特点都是一样的：业主是实际支付物业服务费的一方义务人，但业主不是合同的签订人。这是所有其他合同所不能包含的，非常特殊。

| 重点问题 |

1. 物业服务合同的特殊性。
2. 物业服务合同作为有名合同的原因。

第一节　物业服务合同概述

一、物业服务合同的概念

物业服务合同是物业服务人（物业服务人包括物业服务企业和其他物业管理人）在物业服务区域内，为业主提供建筑物及其附属设施的维修养护、环境卫生和相关秩序的管理维护等物业服务，业主支付物业费的合同。

因物业的承租人、借用人或者其他物业使用人实施违反物业服务合同，以及法律、法规或者管理规约的行为引起的物业服务纠纷，可以参照关于业主的规定处理［《最高人民法院关于审理物业服务纠纷案件适用法律若干问题的解释》（2021 年 1 月 1 日起施行）第 4 条］。

物业服务合同的内容一般包括服务事项、服务质量、服务费用的标准和收取办法、维修资金的使用、服务用房的管理和使用、服务期限、服务交接等条款。另外，根据我国《民法典》第 938 条的规定，物业服务人公开作出的有利于业主的服务承诺，为物业服务合同的组成部分。

二、物业服务合同成为我国《民法典》上有名合同的原因

物业服务合同是此次《民法典》编纂新增加的一种有名合同，《民法典》之所以将其作为一种有名合同规定进来，大概有以下几个方面的原因。

（一）特殊性

从理论上说，它确实具有特殊性：合同的签订人并不是承担义务、享有权利的人。在我国实践中的物业服务合同实际上包括两种：一是前期物业服务合同，二是业主大会与业主委员会成立后签订的物业服务合同。无论是哪种合同，特点都是一样的：业主是实际支付物业服务费的一方义务人，但却不是签订合同的一方。前期物业服务合同是建设单位与物业服务人签订的，另一种物业服务合同是业主委员会代表业主大会与物业服务人签订的，但都对业主有约束力，且缴费的都是业主。因此，这是所有其他合同所不能包含的，具有非常的特殊性。

（二）重要性

物业合同涉及每一个中国城镇居民，而且在生活中产生了很多纠纷。特别是业主与物业服务企业、业主与业主委员会、业主委员会与物业服务企业纠纷不断。最大的问题在于：每个业主是实际交付物业费的人，但他自己觉得物业服务人的服务不好，是没有意义的——他不能因此拒绝交付或者主张少交付。必须由业主大会表决过半数的人都认为，物业服务不好、不合约定，才能算物业服务人违约。

但问题是：一个业主如何去获得这些人的支持呢？召开业主大会表决？在哪里开？什么时候开？因此，通过开会表决是不可能的。就只好通过签字的方式。但要每家每户去签字，如果是一个商业小区的话，这是超级大的工作量。因此，在实践中，物业服务公司起诉业主大多数都能够胜诉，而业主即使有证据证明物业服务人服务不好，也难以胜诉。因此，业主明知不能胜诉又觉得物业服务人服务不好，只能采取过激方式来维权。因此，将物业服务合同作为有名合同纳入《民法典》中来，是有现实意义的，并且与《民法典》物权编中的“区分共有”相连接。

三、物业服务合同的特征

（一）物业服务合同为双务、有偿合同

从我国《民法典》第937条的规定看，我国法上的物业服务合同是一方提供物业服务，另一方支付物业费的合同。因此，它是有偿的双务合同。

（二）物业服务合同是要式合同

我国《民法典》第938条要求物业服务合同必须采用书面形式，因而是要式合同。

（三）物业服务合同是集体合同

物业服务合同是建设单位或者业主委员会代表业主大会与物业服务人签订的合同，业主虽然不是合同的签订者，但物业服务合同对全体业主具有约束力。

至于业主的法律地位，2018年修订前的《物业管理条例》规定不明确，但自从2018年《物业管理条例》修订以后，业主委员会的地位很清楚：业主委员会是业主大会的执行机构，履行下列职责：(1) 召集业主大会会议，报告物业管理的实施情况；(2) 代表业主与业主大会选聘的物业服务企业签订物业服务合同；(3) 及时了解业主、物业使用人的意见和建议，监督和协助物业服务企业履行物业服务合同；(4) 监督管理规约的实施；(5) 业主大会赋予的其他职责（2018年《物业管理条例》第15条）。

业主大会是小区的最高权力机关，下列事项由业主共同决定：(1) 制定和修改业主大会议事规则；(2) 制定和修改管理规约；(3) 选举业主委员会或者更换业主委员会成员；(4) 选聘和解聘物业服务企业；（5）筹集和使用专项维修资金；（6）改建、重建建筑物及其附属设施；（7）有关共有和共同管理权利的其他重大事项（2018 年《物业管理条例》第 11 条）。

四、前期物业服务合同

（一）前期物业服务合同的签订

在商品房开发销售的过程中，业主陆续购买、装修并入住，这时需要物业服务，但业主大会和业主委员会还无法成立。这时候，建设单位与物业服务人签订的物业服务合同，称为前期物业服务合同。按照我国《民法典》第 939 条及国务院《物业管理条例》第三章的规定：

（1）在业主、业主大会选聘物业服务企业之前，建设单位选聘物业服务企业的，应当签订书面的前期物业服务合同。该合同对于全体业主具有约束力。

（2）国家提倡建设单位按照房地产开发与物业管理相分离的原则，通过招投标的方式选聘物业服务企业。

住宅物业的建设单位，应当通过招投标的方式选聘物业服务企业；投标人少于 3 个或者住宅规模较小的，经物业所在地的区、县人民政府房地产行政主管部门批准，可以采用协议方式选聘物业服务企业。

（二）前期物业服务合同的终止

前期物业服务合同可以约定期限，期限届满前期物业服务合同终止。但是，期限未满、业主委员会与物业服务企业签订的物业服务合同生效的，前期物业服务合同终止。

（三）建设单位与物业服务人交接的义务

在办理物业承接验收手续时，建设单位应当向物业服务企业移交下列资料：（1）竣工总平面图，单体建筑、结构、设备竣工图，配套设施、地下管网工程竣工图等竣工验收资料；（2）设施设备的安装、使用和维护保养等技术资料；（3）物业质量保修文件和物业使用说明文件；（4）物业管理所必需的其他资料。

物业服务企业应当在前期物业服务合同终止时将上述资料移交给业主委员会。

第二节　物业服务合同的效力

一、合同对物业服务人的效力

（一）对业主人身安全的保障义务

物业服务人应当维护物业服务区域内的基本秩序，采取合理措施保护业主的人身、财产安全。对物业服务区域内违反有关治安、环保、消防等法律法规的行为，物业服务人应当及时采取合理措施制止、向有关行政主管部门报告并协助处理。

（二）维护和保护小区内的区分所有权人的共有部分

物业服务人应当按照约定和物业的使用性质，妥善维修、养护、清洁、绿化和经营管理物业服务区域内的业主共有部分。

（三）公开与报告义务

物业服务人应当定期将服务的事项、负责人员、质量要求、收费项目、收费标准、履行情况，以及维修资金使用情况、业主共有部分的经营与收益情况等以合理方式向业主公开并向业主大会、业主委员会报告。

二、业主的权利、义务

（一）按约定支付物业费

业主应当按照约定向物业服务人支付物业费。物业服务人已经按照约定和有关规定提供服务的，业主不得以未接受或者无须接受相关物业服务为由拒绝支付物业费。

业主违反约定逾期不支付物业费的，物业服务人可以催告其在合理期限内支付；逾期仍不支付的，物业服务人可以提起诉讼或者申请仲裁。

（二）报告有关情况的义务

业主装饰装修房屋的，应当事先告知物业服务人，遵守物业服务人提示的合理注意事项，并配合其进行必要的现场检查。

业主转让、出租物业专有部分、设立居住权或者依法改变共有部分用途的，应当及时将相关情况告知物业服务人。

第三节　物业服务合同的终止和物业服务人的解聘

应该说，在我国住宅小区的物业服务人解聘过程中，出现了很多纠纷，最具有戏剧性的场面是：新的物业公司进来了，被解聘的物业服务人仍然以各种各样的理由不走，于是出现了“双服务”的场景。像北京市出现了很多这样的纠纷，大部分都是由区政府出面调解的。针对这种情况，《民法典》第946～950条等对此专门作出了规定。

（1）业主依照法定程序共同决定解聘物业服务人的，可以解除物业服务合同。决定解聘的，应当提前60日书面通知物业服务人，但是合同对通知期限另有约定的除外。因解除合同造成物业服务人损失的，除不可归责于业主的事由外，业主应当赔偿损失。

（2）物业服务期限届满前，物业服务人不同意续聘的，应当在合同期限届满前90日书面通知业主或者业主委员会，但是合同对通知期限另有约定的除外。

（3）物业服务期限届满后，业主没有依法作出续聘或者另聘物业服务人的决定，物业服务人继续提供物业服务的，原物业服务合同继续有效，但是服务期限为不定期。对于这种不定期物业服务合同，当事人可以随时解除，但是应当提前60日书面通知对方。

（4）物业服务合同终止的，原物业服务人应当在约定期限或者合理期限内退出物业服务区域，将物业服务用房、相关设施、物业服务所必需的相关资料等交还给业主委员会、决定自行管理的业主或者其指定的人，配合新物业服务人做好交接工作，并如实告知物业的使用和管理状况。

原物业服务人违反上述义务，不得请求业主支付物业服务合同终止后的物业费；造成业主损失的，应当赔偿损失。

（5）物业服务合同终止后，在业主或者业主大会选聘的新物业服务人或者决定自行管理的业主接管之前，原物业服务人应当继续处理物业服务事项，并可以请求业主支付该期间的物业费。

（6）物业服务合同的权利义务终止后，业主有权请求物业服务人退还已经预收但尚未提供物业服务期间的物业费［《最高人民法院关于审理物业服务纠纷案件适用法律若干问题的解释》

(2021年1月1日起施行)第3条]。

法律适用

物业服务合同对全体业主的法律约束力来源

物业服务合同实际上包括两种：一是前期物业服务合同，二是业主大会与业主委员会成立后签订的物业服务合同。无论是哪种合同，特点都是一样的：业主是实际支付物业服务费的一方义务人，但却不是签订合同的一方。前期物业服务合同是建设单位与物业服务人员签订的，另一种物业服务合同是业主委员会代表业主大会与物业服务人签订的，但都对业主有约束力，且缴费的都是业主。也就是说，业主根本没有签订合同，其意思表示在这里根本不重要。那么，这种合同对业主的约束力来源于哪里？

以前期物业服务合同为例，在商品房开发、销售的过程中，业主陆续购买、装修并入住，这时需要物业服务，但主业大会和业主委员会还无法成立。这时候，建设单位与物业服务人签订的物业服务合同，称为前期物业服务合同。那么，这种合同为什么对业主具有效力？业主不同意这种合同如何？因此，只能用集体合同来说明其效力来源。

课后复习

试论物业服务合同的特殊性。

第二十八章　行纪合同与中介合同（居间合同）

提　要

行纪合同，是指当事人约定一方接受他方的委托，以自己的名义为他方从事贸易活动，他方给付一定报酬的协议。而中介合同又称居间合同，是指居间人向委托人报告订立合同的机会或者提供订立合同的媒介服务，委托人支付报酬的合同。在行纪合同与居间合同中，行纪人与居间人的主要权利与义务，以及行纪与居间、行纪与委托、行纪与代理、行纪与信托的关系是重要的内容。

重点问题

1. 行纪与委托的主要区别。
2. 行纪与中介的区别。
3. 行纪人与居间人的主要权利与义务。

第一节　行纪合同

一、行纪合同概述

（一）行纪合同的概念

行纪合同，是指当事人约定一方接受他方的委托，以自己的名义为他方从事贸易活动，他方给付一定报酬的协议。在行纪合同中，以自己名义办理业务的一方当事人是行纪人，给付报酬的另一方当事人为委托人。

行纪制度，在罗马法时代尚未产生，罗马法上所谓的行纪契约只是委托的一种，而非后来真正意义上的行纪合同。行纪合同是随着信托业务的发展，出现了独立从事行纪业务的行纪组织而产生的。在欧洲中世纪，由于国际贸易的兴起，出现了专门从事受他人的委托以办理商品购入、贩卖或者其他交易事务并收取一定佣金的经纪人，行纪制度已较为发达。因为当时商人委派代理人前往国外经营商业时，代理人往往滥用其信用，使商人处于遭受损害的危险中，而且，不管业务的繁简，商人都要派代理人，费用太高，因而行纪制度就有了发展的可能。现代各国大都有关于行纪的法律规定。[①] 新中国的行纪制度发展较晚，虽然这种业务在生活中一直存在，但作为法律制度，直到 1999 年《合同法》的颁布，才有了明确的规定。《民法典》继受

---

① 参见崔建远主编：《合同法》，465 页，北京，法律出版社，2003。

之，仍然将之作为有名合同规定。

（二）行纪与信托的区别

信托合同是基于信任，为达到经济上、社会上的某种目的而转移信托人的财产，由受托人为了他人利益而加以管理或处分的财产关系。① 信托关系大致有委托人（信托人）、受托人和受益人三方主体，信托权利义务关系是围绕着信托财产的管理和分配而展开的。

应当说，近代信托制度起源于英国。但最早在英国，信托制度是作为规避契约的相对性原则而出现的。因为，英国虽然实行严格的合同相对性原则，但按照英国传统的分类，信托制度属于财产法的领域而非合同法领域，而在财产法中这一原则是不适用的，例如，1925 年的《英国财产法》第 56 条规定：一个人虽然不是某项财产转让协议或其他契约的当事人，但他可以就该协议或该契约所涉及的土地或其他财产享受利益、行使占有权以及就该权益与他人订立协议。据此，第三人利益契约中的受益人虽然不是该契约的当事人，但也可以申请法院强制执行该契约。这样，将属于财产法领域的信托制度引入合同法，就间接地改变了合同相对性原则。正如阿狄亚所指出的，在 19 世纪末叶，当人们在使用合同相对性原则感到不便时，就产生了一种使用信托手段规避该原则的想法。因此，慢慢地就提出了这样一种观点，即如果合同是为了给第三方以权利而订立的，那么第三方就有权主张这是为他的利益而建立的信托。所以，如果他不能以合同形式来行使其权利的话，他可以信托形式来行使其权利。这种规避方法被证明是非常成功的。② 英国的上诉法院不止一次地确立了这样的观念：合同利益可以构成信托财产。据此，衡平法院通常运用信托来放宽普通法对于第三人利益契约中对第三人利益的严格限制。具体做法是：在适当情况下，承认第三人利益契约中债权人所允诺给予第三人的利益可以作为“权利上的财产”而以信托方式持有。如果债务人明确表示将为了第三人利益而以受托人身份与债权人订立契约，则该第三人利益契约被认为是设定了有效的信托。在此情况下，如果债权人没有履行契约，那么债务人可以以受托人身份为了第三人的利益对之提起诉讼。如果受托人没有提起诉讼，第三人可把受托人和债权人列为共同被告而提起诉讼。③ 但是，纯粹为第三人设定的合同与信托法上对第三人利益的保护毕竟不同：（1）在一般契约法上，如果契约还未履行，债权人和债务人作为合同当事人可以不经第三人的同意而决定取消第三人取得的利益；而在信托法上，除非委托人在信托文件中保留了撤回权，否则委托人和受托人均无权擅自取消信托。（2）在契约法上，如果债权人或债务人违约，第三人一般不能依照普通法对之提起诉讼，因为根据合同相对性原则，第三人不是合同的一方当事人；而在信托法，假如受托人违反了信托义务，受益人有权诉请其承担违约责任。④ 但是，在英国，以规避法律规定的合同相对性原则为直接目的而以信托的方式给予第三人利益的行为，随着合同相对性原则的松弛，及商业信托的发展而使委托人与受益人合二为一的现象增多，变得越来越没有意义。就像阿狄亚所言：“在本世纪一个时期以来，司法对信托的态度越来越冷漠，甚至几乎要把它全盘否定了。当然，现在不是作为建立信托的一方仍然可以行使真正的信托财产所有权，但要援用一个

① 参见江平：《西方国家民商法概要》，75 页，北京，法律出版社，1984。

② 参见［英］阿蒂亚：《合同法概论》，程正康等译，274 页，北京，法律出版社，1982。

③ 参见周小明：《信托制度比较法研究》，23 页，北京，法律出版社，1996。

④ 参见周小明：《信托制度比较法研究》，22～23 页，北京，法律出版社，1996。

虚构的信托作为能使第三人行使合同权利的唯一手段，现在已是不可能的了。”①

在大陆法系，由于有严格的法律体系，故信托制度并不属于物权法中的一种制度，而是兼有物权和债权特性的一种特别制度，大陆法系国家一般将其列入商法典中。大陆法系虽然也有自己的信托制度，但其与第三人利益契约十分相似，而且远远不如英美法上的信托制度发达，其主要原因是：(1) 大陆法系历来对契约相对性原则所持的态度较为宽松，不像英国法那样严格，故不存在利用信托制度规避法律的问题。(2) 大陆法系的法典化传统是阻碍信托制度发展的一大屏障，因为信托制度与各国民法典中的虚假法律行为存在矛盾。的确，在许多情况下，当事人可以利用信托制度规避法律，就如虚假法律行为一样。但是，大陆法系也承认信托制度。

行纪与信托是两种不同的制度，主要区别是：(1) 性质不同。信托具有物权性特征，而行纪则具有债权性。(2) 当事人不同。信托关系的当事人为三方：信托人、受托人与受益人（当然，有时受益人就是信托人)。而行纪合同只有委托人与行纪人两方。(3) 成立要件不同。信托合同以财产交付为成立要件，而行纪合同不以交付财产为成立要件。

（三）行纪合同的特征

1. 行纪人以自己的名义为委托人实施一定的法律行为

在行纪合同中，行纪人以自己的名义办理行纪事务。行纪人与第三人进行法律行为，其法律后果直接由行纪人承担，委托人与第三人之间不存在直接的权利义务关系，这是行纪合同与委托合同的主要区别。另外，行纪合同中行纪人所办理的委托事务，一般只限于购、销和其他商业上的贸易活动等法律行为，而委托合同中委托人所办理的委托事务，既包括法律行为又包括事实行为。

2. 行纪人为委托人的利益办理事务

行纪人虽然与第三人直接发生法律关系，但其与第三人发生的权利、义务最终应归属于委托人。因此，行纪人与第三人实施法律行为时，应考虑委托人的利益，并将其结果归属于委托人。

3. 行纪合同为诺成、双务、有偿合同

行纪合同只需双方当事人意思表示一致即可成立，无须实际履行，也无须履行特别的方式，故为诺成合同；行纪人负有为委托人办理购、销或其他商事交易的义务，而委托人负有给付报酬的义务，双方互享权利、互负义务，故行纪合同为双务合同；行纪人完成事务，应从委托人处收取法定或约定的报酬，双方的利益具有对价关系，故行纪合同又是有偿合同。

二、行纪合同的法律效力

（一）行纪人的主要权利、义务

1. 报酬请求权

行纪人完成或部分完成委托事务，有权依有关法律规定或者当事人的约定，要求得到相应的报酬。

2. 介入权

行纪人接受委托出卖或者买入有价证券或者其他有公示价格的物品时，有权以自己的名义

① ［英］阿蒂亚：《合同法概论》，程正康等译，274 页，北京，法律出版社，1982。

充当出卖人或买受人。这就是行纪人的介入权。由于介入权的行使对双方当事人尤其是委托人的利益有重大影响，所以只有在委托人委托行纪人出卖或者买入有价证券或者其他有公示价格的物品，且行纪合同无相反的约定时，行纪人才可以行使介入权。在这种情况下，行纪人仍可向委托人请求报酬。

3. 留置权①

委托人逾期不支付报酬的，行纪人对委托物享有留置权，但当事人另有约定的除外。

4. 依委托人的要求办理行纪事务的义务

行纪人为委托人进行交易时，应依照委托人的指示。行纪人低于委托人指定的价格卖出或者高于委托人指定的价格买入的，应当经委托人同意，否则，委托人可以不承认该买卖对其发生效力。但若行纪人愿意补偿其差额，则该买卖对委托人发生效力。当委托人指定了最低的卖价或最高的买价时，行纪人高于委托人指定的价格卖出或者低于委托人指定的价格买入的，可以按照约定增加报酬。没有约定或者约定不明确，依据《民法典》第510条的规定仍不能确定的，该交易利益属于委托人。因为依据行纪合同，行纪合同与第三人所为的法律行为，其后果直接归属于委托人。但委托人对价格有特别指示的，行纪人不得违背。

5. 妥善保管、认真检验委托物的义务

行纪人占有委托物的，应当对委托物妥善保管。行纪人发现委托物交付时有瑕疵或者容易腐烂、变质的，应当及时通知委托人。经委托人同意，可以处分该物。不能与委托人及时取得联系的，行纪人可以合理处分。行纪人因保管不善或疏于检验造成委托物损失的，应负赔偿责任。

6. 负担行纪费用的义务

由于行纪人的活动为营业活动，其支出的费用应当由自己负担，除当事人有特别约定外，不得在报酬外另外向委托人要求费用补偿。为此，我国《民法典》第952条规定：行纪人处理委托事务支出的费用，由行纪人负担，但是当事人另有约定的除外。

7. 赔偿义务

由于行纪合同与委托合同不同，行纪人是以自己的名义与第三人缔约，自己享有合同权利并承担合同义务，因此，第三人不履行义务致使委托人受到损害的，行纪人应当承担损害赔偿责任，但行纪人与委托人另有约定的除外。

（二）委托人的主要义务

1. 支付报酬的义务

支付报酬是委托人的主要义务，委托人应当按照约定的数额给付行纪人报酬。行纪人部分完成委托事务的，委托人应当向其支付相应的报酬。委托人逾期不支付报酬的，除当事人另有约定的以外，行纪人对委托物享有留置权。

2. 接受行纪人处理行纪业务后果的义务

委托人应及时接受行纪人所完成的行纪事务，对按约定购进的委托物应及时验收，否则，行纪人对该物品的瑕疵不承担责任。委托人无故拒绝接受委托物的，行纪人经催告，可以将委

---

① 是否属于留置权值得怀疑，至少从形式上看，行纪人直接取得标的物所有权，如何能够自己留置自己的财产？正确理解应该为拒绝交付。

托物提存。

第二节　中介合同（居间合同）

一、中介合同的概念和特征

（一）中介合同的概念

中介合同又称居间合同，是指中介人向委托人报告订立合同的机会或者提供订立合同的媒介服务，委托人支付报酬的合同。

在我国以前的民法理论及立法中，一般将这种合同称为“居间合同”，《民法典》为了通俗起见，将居间改为了中介。在我看来，改后的名称虽然通俗了不少，但同时也庸俗了不少，其实大可不必。中国人对“居间”并不陌生，中国古代就有。《东周列国志》第五十七回就有这样的描述：“今首新佐中军，而与郑大夫皇戌素相交厚，其必借郑皇戌居间，使讲解于楚，而以王子及襄老之尸，交易荀罃。”明叶宪祖之《鸾媲记·仗侠》中也有这样的说法：还须厚赂居间，免使临期露机。因此，为什么要把居间改为中介？从《民法典》合同编第26章的内容看，实际上就是在1999年《合同法》“居间合同”的全部内容的基础上加上了一个“跳单”条款。

正因为如此，笔者下面的论述中，仍然把中介称为“居间”。

居间是一种古老的商业现象，在简单商品经济形态的古希腊、古罗马帝国时代，就存在居间制度。[①] 后为大陆法系许多国家民法典所继受。我国古代称居间人为“互郎”，是指促进双方成交而从中取酬的中间人。随着社会商品经济的发展，居间业发展壮大起来，居间人牵线搭桥，对沟通商品流通渠道，促进贸易发展起到了积极作用。因此，我国《民法典》合同编专门规定了这一合同，作为有名合同。

（二）居间合同的特征

1. 居间人是为委托人报告订约机会或充任订约媒介的人

在居间合同中，居间人是为委托人提供服务的人，但这种服务不是为委托人订立合同，而是为委托人报告订约机会或充任订约媒介。比如，接受委托人的委托，为其寻觅订立合同的相对人，或介绍双方当事人订立合同，协助委托人达成交易。尽管居间人是为委托人作成交易服务的，但其在交易中仅是一个居间人，不是订立合同的当事人，也不作为任何一方的代理人以委托人的名义订立合同。

2. 委托人一方给付报酬以与第三人达成交易为条件

在居间合同中，仅有居间人的居间活动，并不能作为委托人给付报酬的依据。只有居间活动达到目的，即委托人与第三人之间的交易成功后，委托人才负给付报酬的义务。这与一般有偿合同当事人一方履行义务即可取得相应报酬有明显不同。

3. 居间合同为有偿、诺成、不要式合同

居间人促成合同成立后，委托人需向居间人给付报酬，作为对居间人活动的报偿，因而居间合同为有偿合同。居间合同只要委托人与居间人双方意思表示一致，即告成立，无须以物的

---

① 参见张俊浩主编：《民法学原理》，834页，北京，中国政法大学出版社，2000。

交付作为合同成立的条件，故居间合同为诺成合同。居间合同的成立不需要采用特定的形式，既可采用口头形式又可采用书面形式，故为不要式合同。

二、居间合同与委托合同、行纪合同的区别

居间合同与委托合同、行纪合同都是一方受他方委托办理一定事务的合同，都属于提供服务的合同，但三者有着明显的不同，主要表现为以下几点。

第一，居间人仅向委托人报告订约机会，或充任订约媒介，并不参与委托人与第三人实际订立合同。而在委托合同中，受托人以委托人的名义或自己的名义，代委托人与第三人订立合同，参与并可决定委托人与第三人之间的关系内容。在行纪合同中，行纪人是以自己的名义为委托人办理事务，与第三人发生直接的权利和义务关系。

第二，居间人为委托人提供订约机会或充任订约媒介的行为本身，在居间人与第三人订立的合同中不具有法律意义。而委托合同中，受托人处理的事务一般是有法律意义的事务。行纪合同的行纪人受托的事务只能是法律行为，当然具有法律意义。

第三，居间合同为有偿合同，但居间人仅有居间活动还不能请求委托人给付报酬，只有有居间结果时才得请求报酬。并且居间人若同时接受订约双方的委托，还可从双方取得报酬。而委托合同既可以是无偿合同又可以是有偿合同。行纪合同为有偿合同，只要行纪人依委托人的指示办理了行纪事务，即可从委托人一方取得报酬。

三、居间合同的法律效力

（一）居间人的主要义务

1. 如实报告和诚信义务

居间人应将其所知道的有关订立合同的情况或商业信息如实告知委托人。对委托人与第三人的订约不得任意加以阻挠，对缔约条件不得施加不利影响。居间人故意提供虚假情况、阻碍委托人缔约，损害委托人利益的，不得请求支付报酬并应当承担赔偿责任。

2. 保密义务

当委托人要求居间人不得将自己的姓名、名称、商号告知相对人时，居间人负有不告知的义务。居间人违反保密义务，致使委托人受到损害的，居间人应承担赔偿责任。

3. 尽力义务

居间人接受委托后应从维护委托人的利益出发，尽力提供有关成交机会和商业信息，促使合同订立，而不得随意地消极对待其接受的居间事务。

（二）委托人的主要义务

1. 支付报酬的义务

委托人的主要义务是给付报酬，居间人促成合同成立后，委托人应当支付约定的报酬。当事人未约定居间报酬或者约定居间报酬不明确，依据《民法典》第 510 条的规定仍不能确定的，应根据居间人的劳务合理确定，并由该合同的当事人平均负担。

2. 居间人未促成合同成立时支付居间活动费用的义务

居间人未促成合同成立时，不得要求支付报酬，但可以要求委托人支付从事居间活动支出的必要费用。但居间人促成合同成立的居间活动费用，由居间人负担。

（三）委托人“跳单”的后果

这是《民法典》与1999年《合同法》相比，在这一章中增加的新内容。所谓“跳单”，就是委托人利用了居间人提供的缔约信息，但却绕开了居间人直接与相对方交易。这种情况在我国的房屋居间实践中时有发生。为了保护居间人的利益，《民法典》第965条特别规定：“委托人在接受中介人的服务后，利用中介人提供的交易机会或者媒介服务，绕开中介人直接订立合同的，应当向中介人支付报酬。”

法律适用

1. 在实践中如何区分行纪人与代理人

行纪人与代理人有很多相似之处：都是为委托人或被代理人的利益服务，最终的行为后果都由委托人或被代理人承担。在司法实践中，极易混淆这两者。但二者的区分是非常明显的，主要体现在下列几个方面：第一，所受资格限制不同。行纪人必须是以从事行纪活动为业务的经营主体；而代理人不受此限，自然人、法人、非法人组织均可成为代理人。第二，可从事的行为的性质不同。行纪人可以从事的只能是贸易活动中的法律行为，而代理人可以从事的法律行为的范围要广泛得多。第三，行为是否有偿不同。行纪人从事的行纪行为都是有偿的，行纪人因活动的成功可以收取报酬；而代理人的代理行为可以是有偿的，也可以是无偿的。第四，从事行为所需费用的负担主体不同。行纪人处理委托事务的相关费用通常由行纪人负担，而代理人处理代理事务的费用一般由被代理人承担。第五，从事活动的名义不同。行纪人从事行纪行为以自己的名义，而代理人的代理行为要以被代理人的名义。

2. 居间成功的标志及法律后果是什么

居间合同的目的是以居间人的行为提供订约机会或者以其为媒介来促成其他主体间合同的订立。鉴于居间合同的上述目的，居间成功的标志有二：一是居间人向委托人提供了订立合同的机会；二是居间人提供了订立合同的媒介服务而促成了合同的成立。居间成功的法律后果主要有：第一，于居间人单纯提供订约机会的场合，委托人应当按照约定向居间人支付报酬。在约定不明或者没有约定时，应当依照《民法典》，由委托人与居间人双方进行协商，协商不成时由法官依据合同解释或者交易习惯确定；如果还不能确定，则委托人应当根据居间人的劳务向其支付合理的报酬。第二，在居间人提供媒介服务而促成合同成立的场合，由于合同双方均得益于居间人的媒介服务，所以，居间人的报酬，应当由已成立合同的双方当事人平均负担。这符合法理精神。第三，居间人促成合同成立的，其居间活动期间的费用是其营业费用的一部分，应当由其自己承担。居间费用主要表现为为中间介绍服务、信息咨询服务支出的必要费用。在司法实践中，要区分不同的居间类型而采用不同的规则，尤其要注意区分居间费用与居间报酬，因为二者的承担主体完全不同。在居间成功时，居间人只有权要求支付居间报酬，而无权要求支付居间费用；只有居间不成功时，居间人才可以要求委托人支付居间费用。

课后复习

1. 试论行纪与委托的主要区别。
2. 试论行纪与信托的关系。

第二十九章　合伙合同

提　要

合伙合同是两个以上合伙人为了共同的事业目的，订立的共享利益、共担风险的协议。民事合伙是一种纯粹的契约关系（但基于契约关系会发生共同共有财产），但民事合伙的这种契约关系具有不同于一般契约的特殊性，不能适用《民法典》合同编的许多抗辩权，如同时履行抗辩权、不安抗辩权等。双重优先原则在我国法律体系下，不具备适用的基础和前提。合伙合同与合伙企业不同，它不是一个组织。

重点问题

1. 合伙合同与合伙企业有何不同？

2. 民事合伙的合伙人的对外承担连带责任，究竟是源于其团体性还是源于主体性抑或是源于其共同共有的身份？

第一节　合伙合同概述

一、合伙合同的概念

在我国《民法典》的编纂中，增加了合伙合同这一有名合同，应该说这是对我国 1999 年《合同法》及 1986 年《民法通则》的重要补充，也是《民法典》编纂体系化过程中很重要的举措。因为，如果没有合伙合同，商事合伙就失去了基础，所有与合同有关的规则就无法落实，尤其是一些特别法就无法准用。例如，公司成立过程中的发起协议，在公司不能成立时应准用合伙合同的规定，而不能适用《合伙企业法》的规定。这种情况下，在我国法律体系中实际上是没有可以准用的法律规范的。故在我国《民法典》编纂中增加合伙合同是十分重要和必要的。但在民事立法和理论上，对于民事合伙（合伙合同）当事人之间的关系有不同解读，争议很大，主要有下列问题：（1）民事合伙（合伙合同）是否存在组织性和团体性问题？是否能够成为主体？对于上述问题，我国理论界有争议，例如，王利明教授发表了题为《论合伙协议与合伙组织体的相互关系》一文，认为合伙具有双重属性——组织属性和契约属性。[①] 房绍坤教授则提出了不同的观点。[②] 我国《民法典》对合伙合同的规定则游移不定。[③] 这些问题在德国

---

① 参见王利明：《论合伙协议与合伙组织体的相互关系》，载《当代法学》，2013（4），59～68 页。

② 参见房绍坤、张旭昕：《民法典制定下的合伙立法》，载《吉林大学社会科学学报》，2016（1），86～93 页。

③ 参见 2018 年 8 月 27 日《全国人民代表大会常务委员会委员长会议关于提请审议〈民法典各分编（草案）〉的议案》中的《民法典各分编（草案）》第 751～762 条。本书下面提到的民法典（草案）就是指这一草案。

民法理论及判例上都有巨大争议，有“否定说”与“肯定说”，特别法（破产法）还有特别规定。甚至有的德国学者认为民事合伙具有主体资格或者部分“权利能力”。我国《民法典》的合伙部分也有这种模糊的概念。（2）无权利能力的社团、商事合伙与民事合伙之间究竟有什么区别？（3）民事合伙的合伙人对外承担的连带责任，究竟是源于其团体性还是源于主体性抑或是源于其共同共有的身份？（4）当合伙人的个人债权人与民事合伙经营中的债权人利益冲突的时候，是否适用双重优先原则？在我国法律规范中是否能够解释出这种原则的适用余地？（5）合伙是一种合同（契约），契约当事人如何能够对外承担连带责任？这种契约的特性是什么？它适用《民法典》合同编通则的一般规定吗？（6）民事合伙需要清算吗？尽管我国《民法典》没有规定，但在德国和日本等国家民法典之债编的合伙部分都有关于清算的规定，如何理解？

这些问题都需要很好的思考，但在本书中，这些问题不见得都能写清楚，仅仅是提出来供大家思考。

合伙合同是两个以上合伙人为了共同的事业目的，订立的共享利益、共担风险的协议。

二、合伙合同的特征

（一）合伙合同的性质为合同而非组织体

大陆法系国家的合伙及连带责任制度大都有罗马法的渊源，在罗马古典法的合伙合同是指两个人或者多人的联合，旨在通过共同手段实现共同目的。

这是我们要时刻牢记的。我们看看我国《民法典》的规定，显然不是作为合同来规定的，而是作为组织体来规定的——第 969 条规定：“合伙人的出资、因合伙事务依法取得的收益和其他财产，属于合伙财产。合伙合同终止前，合伙人不得请求分割合伙财产。”这里的财产应该是属于合同当事人的共有财产。

（二）双务合同中的抗辩权在合伙中不能行使

民事合伙是一种纯粹的契约关系（但基于契约关系会发生共同共有财产），但民事合伙的这种契约关系具有不同于一般契约的特殊性，不能适用《民法典》合同编的许多抗辩权，如同时履行抗辩权、不安抗辩权等。双重优先原则在我国法律体系下，不具备适用的基础和前提。

（三）合伙人之间的事务的执行为代理而非代表

由于没有组织体的存在，因此，任何一个合伙人为全体合伙人利益为行为，只能适用代理而不能用代表。

（四）合伙合同终止时不需要清算

合伙合同终止的时候不需要外部清算，更不存在所谓的“先诉抗辩权”问题——先用合伙财产清偿，不足的由各个合伙人承担连带责任。合伙人主动清偿债务的时候，可以先用合伙的共同共有财产清偿，不足的由各个合伙人承担。但是，债权人主张的时候，可以直接向合伙人主张，甚至只能向合伙人个人主张——因为合伙合同不是组织体。

第二节　合伙合同的内部与外部关系

一、合伙合同当事人的出资义务

合伙人应当按照约定的出资方式、数额和缴付期限，履行出资义务。一个或者数个合伙人不履行出资义务的，其他合伙人不能因此拒绝出资。

二、合伙事务的执行

（1）合伙事务由全体合伙人共同执行。合伙人就合伙事务作出决定的，除合伙合同另有约定外，应当经全体合伙人一致同意。

（2）按照合伙合同的约定或者全体合伙人的决定，可以委托一个或者数个合伙人执行合伙事务；其他合伙人不再执行合伙事务，但是有权监督执行情况。

（3）合伙人分别执行合伙事务的，执行事务合伙人可以对其他合伙人执行的事务提出异议；提出异议后，其他合伙人应当暂停该项事务的执行。

（4）如果合同合伙没有约定，合伙人不得因执行合伙事务而请求支付报酬。但是，合伙合同签订后，合伙合同当事人也可以通过补充协议的方式约定。通常情况来说，如果一个或者几个合伙人常常执行职务而无偿的话，该合伙大概也不会长久。

三、利润分配和亏损负担

合伙的利润分配和亏损分担，按照合伙合同的约定办理；合伙合同没有约定或者约定不明确的，由合伙人协商决定；协商不成的，由合伙人按照实缴出资比例分配、分担；无法确定出资比例的，由合伙人平均分配、分担。

四、对第三人的债务责任

合伙人对合伙债务承担连带责任，清偿合伙债务超过自己应当承担份额的合伙人，有权向其他合伙人追偿。

五、共有财产的份额转让

除合伙合同另有约定外，合伙人向合伙人以外的人转让其全部或者部分财产份额的，须经其他合伙人一致同意。

六、合伙合同的期限

合伙人对合伙期限没有约定或者约定不明确，依据《民法典》第510条的规定仍不能确定的，视为不定期合伙。

合伙期限届满，合伙人继续执行合伙事务，其他合伙人没有提出异议的，原合伙合同继续有效，但是合伙期限为不定期。合伙人可以随时解除不定期合伙合同，但是应当在合理期限之前通知其他合伙人。

七、合伙合同的终止和财产分割

（1）合伙合同终止前，合伙人不得请求分割合伙财产。

（2）合伙合同终止的原因。合伙合同终止的原因很多，例如，全体合同当事人协议决定解除合同，合伙人死亡、丧失民事行为能力或者终止的，合伙合同终止（合伙合同另有约定或者根据合伙事务的性质不宜终止的除外）。

合伙合同终止后，合伙财产在支付因终止而产生的费用以及清偿合伙债务后有剩余的，有约定的按照约定分配；没有约定的，按照出资比例进行分配；无法确定出资比例的，由合伙人平均分配。

法律适用

合伙合同与合伙企业的区别

大陆法系国家的合伙及连带责任制度大都有罗马法的渊源，罗马古典法中的合伙合同是指两个人或者多人的联合，旨在通过共同手段实现共同目的。民事合伙是一种纯粹的契约关系（但基于契约关系会发生共同共有财产），没有组织体的存在，因此，任何一个合伙人为全体合伙人利益为行为，只能适用代理而不能用代表。

民事合伙的这种契约关系具有不同于一般契约的特殊性，不能适用《民法典》合同编的许多抗辩权，如同时履行抗辩权、不安抗辩权等。双重优先原则在我国法律体系下，不具备适用的基础和前提。

课后复习

1. 试述合伙合同的特征。
2. 试述合伙合同与非法人组织的关系。

第三十章　准合同

提　要

没有约定或者法定的义务而为他人利益管理他人事务的行为，构成无因管理，阻却违法。无因管理并不以意思表示为要件，也不要求管理人以设立某种民事法律关系为目的而进行管理。但是，管理人必须有“替他人管理事务的意思”。这里所说的“意思”当然不是法律行为中“意思表示”中的“意思”——它是指管理人有意识地为他人管理事务。无因管理既然是一种事实行为，就不要求管理人须有民事行为能力。故民法关于行为能力的规定，于无因管理不适用。但是，无因管理具有为避免他人利益受损失的特征，因此管理人应具有认识能力。也就是说，管理人至少是限制行为能力人，无行为能力人不得主张成立无因管理。但发生了“管理的事实”，可以主张成立不当得利或者侵权行为。

无因管理分为真正无因管理与不真正无因管理。凡是在客观上管理的是他人的事务，而主观上有为他人管理事务的意图的，就是真正无因管理；反之，违反其中一个要件，或者客观上管理的不是他人的事务，或者虽然在客观上管理的是他人事务但在主观上没有为他人管理意图的，为不真正无因管理，日本称这种行为为“准无因管理”，例如，明知是他人的事务但却当成自己的事务进行管理、误把自己的事务当成他人的事务进行管理。

不当得利是指没有法律根据使他人受损而自己获益的行为。正是因为受益人的收益和他人的损失没有法律依据，故受益人的利益难以受到法律保护，应当返还给受损人（受害人）；受损人对其有请求返还的权利。这种不当得利返还的权利义务关系，就是不当得利之债。其中，获得不当得利的人为受益人，也是不当得利之债的债务人；受损失的人称为受害人，是不当得利的债权人。

重点问题

1. 真正的适法的无因管理的构成。
2. 无因管理与不当得利的区别。
3. 无因管理与侵权行为的区别。
4. 不当得利与侵权行为的区别。

第一节　无因管理

一、无因管理的概念

因为无因管理有不同种类，而每一种的差别也很大，所以，只能用一个更抽象，但外延更宽的视角对其下一个定义：没有法定或者约定的义务，或者没有法定或者约定的权限，有意管理他人事务的行为。不符合这一内涵要求的，便不是无因管理。

我国《民法典》第979条规定的无因管理的概念，实际上是无因管理中最典型的一种，但没有概括全部无因管理，第980条规定的情形，在传统民法理论上，也属于无因管理的一种。

无因管理制度起源于罗马法，但在罗马法中，无因管理被视为准契约。《法国民法典》沿袭罗马法的做法，仍将无因管理作为准契约形式加以规定（见《法国民法典》第三卷第四编第一章第1371～1372条）。《德国民法典》舍弃了罗马法的体系，而将无因管理作为独立的制度加以规定，但在编排体例上，将无因管理放在委任之后，视为未受委任而管理事务（见《德国民法典》第二编第七章第十一节）。《日本民法典》将无因管理与契约、不当得利、侵权行为并列为债的发生原因（见《日本民法典》第三编第三章）。

我国《民法典》总则编（第118条）将无因管理作为债的发生原因加以规定，并以“准合同”的称谓在合同编的最后作了规定。

二、无因管理的性质

关于无因管理的性质，通说认为，无因管理属于事实行为而非法律行为。法律行为以意思表示为基本特征，行为人须以发生一定民事法律后果为目的。而无因管理并不以意思表示为要件，也不要求管理人以设立某种民事法律关系为目的而进行管理。但是，管理人必须有“替他人管理事务的意思”，这里所说的“意思”当然不是法律行为中“意思表示”中的“意思”——它是指管理人有意识地为他人管理事务。

管理人为他人管理事务的意思也无须表示出来，无论管理人有无发生民事法律后果的目的，只要有此类管理行为的事实，就可以产生无因管理之债的后果。

无因管理既然是一种事实行为，就不要求管理人须有民事行为能力。故民法关于行为能力的规定，于无因管理不适用。但是，无因管理具有为避免他人利益受损失的特征，因此管理人应具有认识能力。也就是说，管理人至少是限制行为能力人，无行为能力人不得主张成立无因管理。但发生了“管理的事实”，可以主张成立不当得利或者侵权行为。

三、无因管理的分类

（一）真正无因管理与不真正无因管理

这主要是以对事务的管理是否符合自罗马法以来就要求具备的两个基本要件——客观要件（是否为他人事务）＋主观要件（是否有为他人事务管理的意思）为标准所作分类。对此，意大利学者指出：在古典法中，直接诉讼与反诉讼均要求客观要件（管理他人事务）和主观要件（经管人的意图）。如果经管人不具备管理他人事务的意图，而是怀着为自己获益的意图实施活动，那么，由于他同无因管理没有关系或者由于他怀有不诚实的意图，因而不产生“无因管理之诉”①。

凡是符合上述两个要件的，即在客观上管理的是他人的事务，而主观上有为他人管理事务

① ［意］彼得罗·彭梵得：《罗马法教科书》，黄风译，325页，北京，中国政法大学出版社，1992；［德］迪特尔·梅迪库斯：《德国债法分论》，林景林、卢谌译，503～510页，北京，法律出版社，2007。

的意图的，就是真正无因管理；反之，违反其中一个要件，或者客观上管理的不是他人的事务，或者虽然在客观上是他人事务但在主观上没有为他人管理意图的，为不真正无因管理，日本称这种行为为“准无因管理”①。

《德国民法典》第687规定了两种不真正无因管理类型：(1) 误信管理。管理人错误地把他人的事务当作自己的事务进行管理。这种管理缺乏无因管理成立所需要的主观要件，因此，不成立无因管理，但可能成立不当得利或者侵权行为。(2) 不法管理。明知是他人的事务，却为了自己的利益而为自己进行管理。这种管理因缺乏主观要件，也不成立无因管理。但如何对待后果，各国立法和理论有不同看法。但可以肯定的是：要么构成不当得利，要么构成侵权行为。除了这两种，学者还认为有第三种——幻想管理，管理人误将自己的事务作为他人的事务进行管理。因缺乏客观要件，故这种管理也不成立无因管理。② 从法律结果来看，如同误信管理一样，不成立无因管理，但可能成立不当得利或者侵权行为。

（二）适法（正当）的无因管理与不适法（非正当）的无因管理

这是对真正无因管理的再分类。这种分类主要是依三个标准：(1) 客观标准；(2) 管理人的主观意思（主观标准）；(3) 管理事务是否利于本人（被管理人）并符合本人的意思（明知或者可推知），或者虽然违反但有法定事由（如公共利益等）。

为什么在正当的无因管理中加入了一个要件“管理事务是否利于本人（被管理人）并符合本人的意思（明知或者可推知）”？因为，毕竟无因管理是未受委托而“管闲事”，如果他人没有委托管理人，而管理人主动去为他人做事，正常情况下不仅后果有利于该他人，而且该他人愿意别人替他这样做，才是正常的。例如，A的房子准备拆掉了，下雨时B花钱为A修缮。这不仅与A的意思相反，而且对其不利。如果是这样的无因管理，实在不应该鼓励，更不是法律设计这种制度的原型。因此，加上这一要件就是正常的无因管理，其实也就是立法所设计的无因管理的原型。

我国《民法典》第979条第1款实际上规定的就是这种正当（适法）的无因管理：“管理人没有法定的或者约定的义务，为避免他人利益受损失而管理他人事务的，可以请求受益人偿还因管理事务而支出的必要费用；管理人因管理事务受到损失的，可以请求受益人给予适当补偿。”《德国民法典》第677条规定的也是这种类型的无因管理。

下面我们在分析构成要件的时候，就首先以“真正无因管理”为原型来分析说明。准无因管理（不真正无因管理）就不再阐述其构成要件了。

四、真正无因管理的特征

(1) 无因管理是债发生的法定原因。

无论是根据我国学理，还是根据《民法典》第118条的规定，无因管理都补充了债发生的法定原因，即只要具备了无因管理成立要件，就在管理人与本人之间产生债权债务关系。至于产生什么样的债权债务关系，会因为不同类型的无因管理而有不同。

(2) 无因管理实际上应该属于“管闲事”的行为，管理人既没有法定或者约定的义务，也

---

① ［日］我妻荣：《债法各论》（下卷一），冷罗生等译，35页，北京，中国法制出版社，2008。

② 参见林诚二：《民法债编总论》，121页，北京，中国人民大学出版社，2003。

没有权限去管理他人事务。因此，其成立要件就必须严格而且法定。

(3) 无因管理是介于委托合同与侵权行为之间的一种独立的债类型。

罗马人早就发现，在合同与侵权之间有一个“中间地带”：它没有合同的约定，也就是管理人并没有接受委托也没有被授权，因此，它不是合同更不是代理；因为管理人主观上不具备侵害的过错，所以，无因管理也不构成侵权，而是一种独立的债的类型。我们今天对无因管理地位的认识也是如此。

五、真正无因管理的社会价值

（一）真正无因管理的价值

在市民社会中，个人的事务应由自己处理，他人不得干涉，这是法律的基本原则。违反此原则而任意干预他人的事务，通常构成侵权行为。但是，人类社会的共同生活要求人们危难相助，见义勇为，在他人利益或社会利益受到损害时，应挺身而出。这种行为已被传统道德所赞许。故在某些情况下，有容许干预他人事务的必要。就如日本学者所言，就个人本位的立场来看，每个人的事务，应该是每个人依据自己的兴趣、性格来独自处理，不应该受到他人的干涉。没有法定权限，也没有法定义务的人管理了他人事务，就应该成立侵权行为。但若从社会共同生活的理念来考察，生活在社会中的人，也应当尊重和提倡相互提携、相互扶助的社会理念。因此，如果行为人实施为他人利益管理事务的行为，就没有必要视之为非法行为，应当给予鼓励。① 民法上无因管理制度的基本任务，就在于平衡、规范上述两种相互冲突而又有其存在之合理性的利益。换言之，创设一定的限制条件，恰当规范当事人间的权利义务关系。这就是这一制度的价值所在。

为此，无因管理制度就必须规范下列问题：(1) 具备了什么要件才构成无因管理？(2) 管理人应该在管理中尽到什么义务？如何管理？(3) 被管理人对管理人应负担什么义务？支付报酬还是费用？(4) 不构成无因管理的后果是什么？

（二）无因管理能否被其他制度所替代

1. 不当得利制度能否替代真正无因管理

实事求是地说，无因管理制度并非放之四海而皆准的制度，英美法系国家就没有这一制度。因为它确实与侵权不好区分。因此，英美法系国家就只有不当得利制度而没有无因管理制度。

两者是否可以相互替代？笔者觉得因以下区别两者应该不具有可替代性：(1) 制度理念不同。无因管理是基于社会共同体相互帮助的思想，而不当得利就纯粹是“交易思想”——你因为帮助我失去了多少，我就应该从得到的里面返还给你。(2) 从制度后果看，无因管理确实能够使被管理人得到“更多”实惠——因为不支付对价，而是仅仅支付管理人因此支出的实际费用。其确实能够实现制度目的。而不当得利就不能实现这种价值。

总之，笔者认为，在我们国家还是应该承认这一制度，这样将更具有促进和谐社会的意义。

2. 能否通过规定强制性公法义务来替代无因管理

也就是说，我们可不可以通过法律强制性规定“每个人见到他人有危难需要帮助就有帮助

---

① 参见［日］我妻荣：《债法各论》（下卷一），冷罗生等译，16 页，北京，中国法制出版社，2008。

的义务”这种方式来替代无因管理？

这种方式至少在私法上是不可取的，因为：(1) 没有效率。这种公法上的义务往往不能起到鼓励人们行为的效果，例如，我们的法律规定“人人有保护环境的义务”“人人有作证的义务”等，但实际效果如何呢？私法上的手段——无因管理制度，有鼓励措施，并且给予你帮助与不帮助的自由选择，其实更能够鼓励人们进行这种行为。(2) 如果采取强制性规定，可能就会适得其反：假如人们预测到某个地方经常发生危险，那干脆就不到这个地方去。如果真的有人在这里发生了危险，就不会有人经过施救。(3) 无因管理涉及方方面面，如果都规定为强制性义务，就会极大地限制人们的自由。

因此，无因管理制度，在现代民法上的价值是不好替代的，至少没有找出更好的替代方法。

六、真正无因管理的构成要件

德国学者指出，对于无因管理最主要的分类系将其区分为真正无因管理（见《德国民法典》第677～686条）和不真正无因管理（见《德国民法典》第687条）。而这两者的共同点在于：(1) 管理人实施了管理事务的行为；(2) 所管理的事务是他人的事务，换言之，所管理的事务是所谓本人的事务；(3) 管理人既没有通过委托合同也没有通过其他方式被赋予管理事务的权利。① 我们以此为基础，来分析真正无因管理的构成要件。

（一）客观要件

1. 必须管理的是他人的事务

这是成立无因管理的第一个本质性要件，如果不是他人的事务，而是自己的事务，根本就不成立无因管理。因此，幻想管理之所以不是真正无因管理，原因就在于此。

那么，如何判定是他人事务还是自己的事务呢？德国学者将其分为客观标准与主观标准。②

所谓客观标准，是指有些事务从本身就可以看出是属于他人事务，例如，替他人修缮房屋、照看小孩、照顾老人等。这些事务从管理事务的对象就可以分辨出是属于他人的事务。

所谓主观标准，就是指有些事务本身属于中性事务，事务从性质上不当然与特定人相联系而直观地能够判断出究竟是属于他人（本人）还是属于管理人。这时候要判定该事务究竟属于管理人自身还是属于被管理人，就要从管理人的各种行为或者可以识别的意思来判定。例如，购买无记名球赛门票，究竟为自己还是为他人，就不好马上判断出来。

对于如何识别这种中性事务中管理人的意思，学者有不同看法。有学者正确地指出，中性事务在实务上是纯粹的举证问题，乃是因为主观上存在为他人管理的意思，但仍需以客观的方法证明。若能证明系他人事务，仍然成立无因管理。③ 如果管理人不能证明系他人事务，则不成立无因管理。

那么，有疑问的是：管理他人事务使自己受益，或者管理的事务中不仅有他人事务，也有自己的事务——混合事务管理是否成立无因管理？在理解“为他人利益或者他人事务”时，应

---

① Manfred Wandt. Geseztliche Schuldverhältnisse. 9. Auflage. München. Verlag Franz Vahlen. 2019：14.

② 参见［德］迪特尔·梅迪库斯：《德国债法分论》，杜景林、卢谌译，503页，北京，法律出版社，2007。

③ 参见林诚二：《民法债编总论》，111页，北京，中国人民大学出版社，2003。

当注意的是：第一，即使管理他人的事务使管理人自己受益的，也成立无因管理。例如，修理邻居家的快倒塌的房屋，即使同时也有防止由于邻居家的房屋倒塌造成自己家损失的目的，也仍然可以视为管理他人事物、为他人利益而成立无因管理。[①] 第二，如果自己的事务与他人事务“混合”时，也成立无因管理。例如，管理人为连带债务人，主动地将全部债务向债权人履行，自己因此免责，其他人也因此免责。这时候也成立无因管理。[②] 浙江省宁波市中级人民法院在宁波市鄞州××服饰有限责任公司与郑某华返还垫付款纠纷上诉案中就正确地适用了这一规则：管理人须有为本人（被管理人）利益管理的意思，这是构成无因管理的主观要件，但这并不意味着管理人只能为本人利益而不能同时为管理人自己的利益，也就是说，管理人同时为自己利益和本人利益管理同样符合无因管理的主观要件。本案中，缴纳税款、滞纳金及罚款是宁波市鄞州××服饰有限责任公司应履行的义务，郑某华代为缴纳使宁波市鄞州××服饰有限责任公司直接获益，同时也可能减轻郑某华之妻陆某敏的刑罚，郑某华对此是明知的，故其缴款行为系既为自己利益也为本人利益，符合无因管理的主观要件。[③]

2. 必须有对事务的管理行为

（1）事务的概念。

德国学者认为，此处所谓的“管理事务”应与“委任”中的一样，要予以宽泛的理解，亦即管理事务包括每一种行为，无论是不是法律行为。即使是短暂的行为，如转动方向盘，也可以是管理事务。[④]

日本学者也指出，使无因管理得以成立的事务是指生活中所必需的一切工作，它不问是法律行为还是事实行为，不问是连续性行为还是一时性行为，也不问是精神性行为还是财产性行为，更不问是高科技行为还是机械性行为，是保存行为还是处分行为。[⑤] 例如，为了修理邻居家漏水的房屋，与第三人签订承揽合同，或者签订雇佣合同等，为法律行为、连续性行为；也可以自己直接动手修缮，就是非法律行为。

但是，有学者指出，下列行为不能包括在事务中：1）单纯的不作为；2）违法行为；3）违反公序良俗的行为。[⑥] 此种观点值得赞同。

（2）对本人的身份发生误解不影响无因管理的成立。

按照《德国民法典》第 686 条的规定，对于本人的身份发生误解并不重要，真正的本人因事务的管理享有权利并承担义务，而不是被误解的人承担后果。例如，如果某人相信，着火的房屋是其朋友的，并意欲为朋友救火。但其朋友已经把房屋出卖给他人。这不妨碍其与现在的房屋所有权人之间成立无因管理。[⑦] 日本学者也持有相同的观点。[⑧] 笔者同意这一观点：只要管理的是他人事务并为他人之利益计算，该他人就与管理人成立无因管理。对象的误解，仅仅

---

① 参见［日］我妻荣：《债法各论》（下卷一），冷罗生等译，12 页，北京，中国法制出版社，2008。

② 参见［台］林诚二：《民法债编总论》，112 页，北京，中国人民大学出版社，2003。

③ 参见浙江宁波中级人民法院（2009）浙甬商终字第 1054 号民事判决书；李永军：《论我国民法典中无因管理的规范空间》，载《中国法学》，2020（6），40 页。

④ 参见［德］迪特尔·梅迪库斯：《德国债法分论》，杜景林、卢谌译，503 页，北京，法律出版社，2007。

⑤ 参见［日］我妻荣：《债法各论》（下卷一），冷罗生等译，10 页，北京，中国法制出版社，2008。

⑥ 参见林诚二：《民法债编总论》，111 页，北京，中国人民大学出版社，2003。

⑦ 参见［德］迪特尔·梅迪库斯：《德国债法分论》，杜景林、卢谌译，504 页，北京，法律出版社，2007。

⑧ 参见［日］我妻荣：《债法各论》（下卷一），冷罗生等译，12 页，北京，中国法制出版社，2008。

是债务人发生变化。

（二）主观要件——管理人必须有为他人管理事务的意思

在这里需要强调的是：这里是指管理人知道是别人的事务，而且在主观上当成别人的事务来管理。但要注意的是：

（1）这里的为他人管理事务的意思不是指法律行为中的效果意思，因为无因管理并不是法律行为，该意思也显然不能适用《民法典》总则编中意思表示的规则，例如，意思表示的生效、发出、到达、撤回、无效或者可撤销、行为能力等，都不能在无因管理中适用。

这里需要注意的是：如前所述，既然管理的事务具有“混合”性质的时候，也不影响无因管理的成立，那么，在具有为他人管理事务的意思中，如果混有也为自己的事务进行管理的意思，也不影响成立无因管理。

（2）该管理的意思不一定表达出来，但必须能够证明它的存在，否则，就不能成立无因管理。因为极有可能管理人把他人的事务误认为或者故意当成自己的事务而进行管理。例如，看到别人家的宠物“狸猫”，抱回家想据为己有而饲养。所以，即使是他人之物，也不能当然地认为就有为他人管理的意思。对中性事务就更需要证明管理人为他人管理的意思。

（三）没有法定或者约定的义务

依据我国《民法典》第 979 条的规定，管理人没有法定的或者约定的义务而替他人管理事务的行为，才能构成无因管理，否则，不能构成无因管理。

七、适法的无因管理及其构成要件

（一）适法的无因管理的含义

前面已经说过，无因管理可以分为真正无因管理与不真正无因管理，真正无因管理中又可以分为适法的无因管理与不适法的无因管理。真正无因管理具有三个要件即可以成立，但适法的无因管理还需要具备第四个要件：不违背被管理人的真实意思并利于被管理人。不具备这一要件的真正无因管理就是不适法的无因管理。

我国《民法典》第 979 条第 1 款规定的就是这种适法的无因管理。

（二）构成要件

上面刚刚讲到，适法的无因管理必须具备四个要件，即主观要件＋客观要件＋没有法定或者约定的义务与权限＋不违背被管理人的真实意思并利于被管理人。由于前三个要件已经进行了详细的分析说明。那么，我们就重点来分析第四个要件。

1. 第四个要件的例外

《德国民法典》第 679 条对于第四个要件有一个例外的规定——本人（被管理人）的某项义务的履行关乎公共利益的，如不管理事务就不能适时地履行该项义务或者本人的法定扶养义务，则不考虑本人的与事务管理相抵触的意思。其实，我国《民法典》第 979 条第 2 款大概也是这个意思——当本人的意思违背公序良俗的时候例外。但从法解释的视角看，我国法可以作更广泛的解释。

救助自杀的人属于我国《民法典》第 979 条第 2 款规定的情形而成立无因管理吗？在德国对该问题争议很大。有学者认为，自杀违背社会的善良风俗，即使自杀的人可以辨知的意思是自杀，但因其违背社会的善良风俗而无效，故应认为符合其利益，适用无因管理的规定。但也有人认为，自杀并不违法，也不违背社会的善良风俗或者社会公共利益。[①] 笔者认为：应构成无因管理，这确实涉及“被管理人的真实意思违反善良风俗”。

2. 如果管理行为符合被管理人的真实意思却不利于被管理人，是否成立适法的无因管理

有的时候，尽管管理事务的行为符合被管理人的意思（无论是明知的还是可以推知的），结果却对被管理人不利，这时候成立真正无因管理当然没有问题，但是否成立适法的无因管理呢？也就是说，符合被管理人的意思占主导地位还是结果有利于被管理人更重要？或者必须同时具备？

对此，有“单要素说”与“双要素说”。笔者倾向于“双要素说”，即管理行为不仅要符合被管理人的真实意思，还要有利于被管理人，否则，不符合无因管理制度的宗旨。

3. 不符合被管理人的真实意思，但结果对被管理人有利，是否成立适法的无因管理

如果能够确定管理人的管理违反被管理人的真实意思，肯定不能成立适法无因管理，只能成立真正无因管理。后果如何呢？依据我国《民法典》第 980 条的规定，管理人管理事务不属于第 979 条规定的情形，但是受益人享有管理利益的，受益人应当在其获得的利益范围内向管理人承担第 979 条第 1 款规定的责任。也就是说，尽管不成立适法的无因管理，但被管理人实际上得到利益的，应该在受益的范围内返还不当得利。如果造成损失，当然管理人要承担侵权责任。

八、无因管理的法律后果[②]

（一）真正无因管理对管理人的法律效力

1. 以有利于本人的方法进行管理

这是我国《民法典》第 981 条规定的效力——管理人管理他人事务，应当采取有利于受益人的方法。这是管理人的主要义务。管理人应依本人明示或可推知的意思，以有利于本人的方法为事务的管理。

2. 通知义务

管理人开始管理事务时，在可能的情况下，应通知本人。如果本人已知管理开始的事实，则不必为通知。如果管理人不知本人是谁，或虽知道谁为本人但其地址或下落不明而无法通知，则免除通知义务。如果管理的事务不属于紧急情况，管理人在发出通知后应中止管理行为，听候本人的指示（《民法典》第 982 条）。

但是，依据我国《民法典》第 981 条的规定，中断管理对受益人不利的，无正当理由不得中断。

管理人因过错而违反上述义务时，应承担相应的民事责任。

3. 计算义务

管理人的计算义务包括三项内容：首先，管理人应将管理事务进行的状况，报告本人。其次，管理事务应按照最符合被管理人利益的方式为之。最后，管理人应将因管理事务所得的利

---

① 参见［德］迪特尔·梅迪库斯：《德国债法分论》，杜景林、卢谌译，508 页，北京，法律出版社，2007。

② 在此，仅仅就真正无因管理（具体就是指适法的无因管理与不适法的无因管理）的法律后果进行阐述。从逻辑上，本书首先就真正无因管理对于管理人的效力进行阐述，之后再具体区分适法的与不适法的无因管理的法律后果进行阐述。

益交付本人（《民法典》第 983 条）。

4. 管理人的责任

管理人在管理事务过程中，应尽善良管理人的注意。管理人违反此注意而给本人造成损害的，应负赔偿责任。

管理人在管理事务中，因采取措施不当而给本人造成损害的，是否应负责任？各国立法对此规定并不一致。《瑞士债务法》第 420 条规定："无因管理人就各种过失均应负责。"《德国民法典》第 680 条规定："以免除本人的急迫危险为目的而为事务的管理者，管理人仅在有故意或重大过失时，始负责任。"《法国民法典》第 1374 条作了类似的规定。笔者认为，后一种制度较为合理。例如，为救落水之人而将其衣服损坏或擦伤其皮肤时，救治人不应负赔偿责任，因为情况紧急，难顾周全，对管理人的注意程度应予降低，否则，不利于鼓励人们为无因管理行为。

管理人在管理事务过程中，因故意或重大过失而侵害本人的人身或财产权利时，是否构成侵权行为？对此一问题，学说上有两种截然不同的观点：一种观点认为，无因管理本身具有阻却违法的效果，为合法行为，故不构成侵权行为，否则，不成立无因管理。另一种观点认为，无因管理成立后，在管理过程中，因过错而不法侵害了本人的权利时，仍然可成立侵权行为。笔者赞同后一种观点。

5. 管理人的权利

一般情况下，管理人有必要费用的偿还请求权、负债偿还请求权、损害赔偿请求权。对此，可以参照适法的无因管理中管理人的权利。

需要特别指出的是，不真正无因管理（准无因管理）是指对他人的事务并非为他人的利益而为的管理或者把自己的事务当成他人事务进行管理。其后果前面已经讲过，在此不再赘述。

（二）适法的无因管理的法律后果

1. 阻却违法

阻却违法行为，主要是指阻却这种管理行为构成侵权行为。日本学者指出，无因管理即使是给他人造成了损害，也被视为没有违法的行为。虽然民法对此没有明文规定，但是，从保护他人利益的目的和社会共同生活中相互扶助的理念来看，民法肯定无因管理，并赋予了它作为债权发生的原因之一的法律地位。基于此，民法的立法意图非常明显，即排除无因管理的违法性。即使成立无因管理，由于管理方法给他人造成了损失时，管理人也必须承担责任，这并非管理行为招致了违法行为，而是视为管理人不履行债务所致。①

上述观点值得赞同，主要是鼓励更多的人互帮互助，如果动辄获咎，就不会有人愿意冒着巨大的风险去帮助他人。当然，这不仅仅是适法的无因管理具备的效力，也是真正无因管理都应具有的效力——阻却违法。

2. 费用偿还请求权

《民法典》第 979 条规定：管理人没有法定的或者约定的义务，为避免他人利益受损失而管理他人事务的，可以请求受益人偿还因管理事务而支出的必要费用。

---

① 参见［日］我妻荣：《债法各论》（下卷一），冷罗生等译，25 页，北京，中国法制出版社，2008。

但必须注意的是，管理人没有权利请求报酬。因为，无因管理的利益关系与委任有所不同，未受委任的管理人并没有与本人订立支付报酬的合同。① 日本学者也指出，民法对此不予承认。不过，对于拾得遗失物并交还给主人的人、打捞漂流物或者沉没物并交还主人的人、海难救助人等，像这一类特殊的无因管理人，特别法承认其拥有报酬请求权。如果对于一般的无因管理人承认其报酬请求权，会带来不利的制度后果。② 如果承认管理人的报酬请求权，确实就与其制度宗旨相违背了。

3. 损害赔偿请求权

依据我国《民法典》第979条之规定，管理人没有法定的或者约定的义务，为避免他人利益受损失而管理他人事务，并且符合受益人真实意思的，除了可以请求受益人偿还因管理事务而支出的必要费用，管理人因管理事务受到损失的，还可以请求受益人给予适当补偿。

这里应该认真地批评和反思我国民事立法中的适当补偿这种用语：究竟是什么意思？适当补偿是指“不多不少”吗？还是指“多少根据情况给一点儿”？如果是前者，就是正确的；如果是后者就不是一种法律专业术语，是应该放弃的。尤其是在这种权利、义务的规定上，不能如此不准确。

4. 债务负担转移

管理人管理事务负担债务的，被管理人应该有偿付的义务。但是，我国《民法典》对于债务承担有自己特定的规则，应该依照《民法典》关于债务承担的规则处理。

以上这些债务的清偿，应在被管理人所受利益范围内，否则，就可以断定“不利于被管理人”。

5. 被管理人追认后的效果

依据《民法典》第984条的规定，管理人管理事务经受益人事后追认的，从管理事务开始时起，适用委托合同的有关规定，但是管理人另有意思表示的除外。当然，无因管理本来就是未受委托的事务管理行为，如果被管理人追认，自然适用委托合同的规则来确定本人与管理人之间的关系，即变成了委托人与受托人之间的合同权利义务关系。

（三）不适法的无因管理的法律后果

不适法的无因管理是指违反本人的明示或可推知的意思而又无客观适法事由的无因管理（见我国《民法典》第979条第2款）。它除了阻却违法，其他效力与适法的无因管理肯定不同。

（1）不当得利的返还。

本人必须依不当得利向管理人返还因其管理事务所取得的一切。而本人之所以负担返还义务，是因为本人根本不负担任何费用，也不能获得任意利益。当然，如果他没有因管理人的管理事务的行为获得任何利益，也就没有任何返还义务。③

（2）管理人给被管理人造成损失的，应该负担债务不履行的赔偿责任，由于不适法的无因管理具有阻却违法的效力，故这里不成立侵权责任。

（3）由阻却违法向违法的转换。

在成立了真正无因管理后，具有阻却违法的效力，故不成立侵权行为。但是，如果成立真正无因管理后，又具有了侵害他人的故意，自从该故意产生后，当然也就成立了侵权行为。

---

① 参见［德］迪特尔·梅迪库斯：《德国债法分论》，杜景林、卢谌译，511页，北京，法律出版社，2007。

② 参见［日］我妻荣：《债法各论》（下卷一），冷罗生等译，25页，北京，中国法制出版社，2008。

③ 参见［德］迪特尔·梅迪库斯：《德国民法总论》，杜景林、卢谌译，510页，北京，法律出版社，2007。

（4）本人追认的后果。

耐人寻味的是，我国《民法典》在第984条（“无因管理”一章的最后一个条文）规定了本人的追认。那我们的问题是：被管理人对于适法的无因管理的追认与不适法的无因管理的追认是不是一个后果？

当然，由于适法的无因管理仅仅是“差一个委托合同”，故被管理人的追认，自然就是弥补了这个委托合同，从而成立委托关系。

但不适法的无因管理差的是：“符合被管理人的意思或者利于他”＋委托合同。那么，被管理人对于这种不适法的管理行为的追认是弥补前一个缺陷，还是前后两个缺陷？笔者认为，如果被管理人没有明确地表示追认什么，只能认为，其追认弥补的是两个要素，也适用委托合同关系。但是，如果被管理人明确追认意思内容的除外，例如，管理人管理事务的行为符合被管理人的意思，但却不利于被管理人。被管理人追认时，明确说认可这种不利了，那就只能是不适法的无因管理因追认转化成了适法的无因管理，但仍然不是委托合同关系。

第二节 不当得利

一、不当得利概述

（一）概念

依据我国《民法典》第985条的规定，不当得利是指没有法律根据使他人受损而自己获益的行为。正是因为受益人的受益和他人的损失没有法律依据，故受益人的利益难以受到法律保护，应当返还给受损人；受损人对其有请求返还的权利。这种不当得利返还的权利义务关系，就是不当得利之债。其中，获得不当得利的人为受益人，也是不当得利之债的债务人；受损失的人称为受害人（受损人），是不当得利的债权人。

我国《民法典》的这一规定与《德国民法典》（第812条）、《日本民法典》（第703条）基本相似，例如，《德国民法典》第812条第1款对不当得利的规定是：“无法律上的原因，因他人的给付或者以其他方式使他人蒙受损失而自己取得利益的人，有义务向他人返还取得的利益。即使法律上的原因后来消失，或依法律行为的内容而为的给付所欲达到的结果并未出现，该项义务也存在。”

（二）简单的制度发展史及类型区分

应该说，不当得利制度起源于罗马法。在罗马法上，建立在不正当的原因或者不正当的法律关系上的财产的增加叫作不当得利。人们允许受害者为另一方不当获得的财产增加部分的返还而提起诉讼。对不当得利提起的诉讼一般被称为“无债因请求返还之诉”①。但罗马法中的不当得利是诉讼形式的名称，规定了各种引起诉讼的具体原因，例如，因非债清偿引起的不当得利诉讼、因标的物灭失引起的不当得利诉讼、因标的物未实现引起的不当得利诉讼、因不法原因引起的不当得利诉讼等。但没有形成关于不当得利的统一的基础理论。② 这种状况对后世民法典立法和关于不当得利的理论的发展产生了很大的影响，可以说是“区分说”的源头。

---

① ［意］彼得罗·彭梵得：《罗马法教科书》，黄风译，327页，北京，中国政法大学出版社，2019。

② 参见［日］我妻荣：《债法各论》（下卷一），冷罗生等译，39页，北京，中国法制出版社，2008。

将不当得利发展成为统一理论，是19世纪自然法学派的功劳。这个学派根据“损人利己违反了自然正义”这一理论，确立了不当得利的普遍基础，并将“任何人没有正当理由，不可损人而受益”这一法则确定为常规。①

及至1804年的《法国民法典》，关于不当得利的规定却没有继承自然法学派的统一理论，而是将不当得利分别规定（第1377～1381条）。

1900年的《德国民法典》，在继受自然法学派的不当得利统一理论的基础之上，又区分了两种不同的类型。这一点，从其法典第812条的规定就可以看出来。其所统一的关于不当得利的理论基础是“缺乏法律上的原因”。也就是说，一个社会中的财产利益归属状态发生变化，即特定的人的财产利益转移时必须有正当原因。如果缺乏这种正当原因，就可以说是不当得利。② 但德国立法和学理中的争议在于：能否用统一的事实构成来涵盖所有类型的不当得利？就如德国学者所言，在过去几十年里，关于不当得利学说的争议远远超出了民法的其他部分。争议的主要焦点不在其结果（结果基本上意见一致），争议在于产生结果的理由，即是否可以用统一的不当得利事实构成涵盖所有类型的案例，或者对其区别对待是必要的抑或适当的。其实就是对《德国民法典》第812条第1款第一句话的不同理解，产生了所谓的“统一说”与“区分说”。在德国，“区分说”是主流观点，因为不当得利涉及的不同的产生原因的事实构成具有完全不同的外在表现，而一个能够涵盖这一切的表述应当具有高度的抽象性（实际上就是难以适用）。因此，为避免发生这种情况，依通说，仅为此目的就应该对不同不当得利的类型进行分类。分类尤其有利于对“缺乏法律原因”的查证。③ 这两种类型就是：基于给付的原因产生的不当得利与非给付不当得利。

《日本民法典》尽管规定了“无法律上的原因”，但却没有指出两种类型。但是，日本民法的解释，毋庸置疑是有必要区分这两种类型的，不管是普遍的学说还是判例，都承认这两种类型的区分。④

如果对比我国《民法典》上的不当得利制度，可以说，其与《日本民法典》上的不当得利制度十分相似。我国《民法典》也没有仿照《德国民法典》区分两种类型，但学者在论述不当得利的时候，也是区分两种类型的。

从上面的历史发展可以看出，自从自然法学派创建不当得利的一般基础理论之后，其实各国的民事理论和立法是承认不当得利统一理论基础的——受益人与受损人的财产变化缺乏法律原因。但在具体制度构成要件方面，建立统一的构成要件是十分困难的，因为各种原因相差太多。因此，区分是必要的。这里所谓的“统一说”与“区分说”是在构成要件上，而不是在关于不当得利的理论上。

（三）制度价值

1. 平衡非正常的利益得失

从实质而非形式上来平衡受益人与受损人之间的利益变化——没有法律原因或者根据的历史变动必须回归。

---

① 参见［日］我妻荣：《债法各论》（下卷一），冷罗生等译，40页，北京，中国法制出版社，2008。

② 参见［日］我妻荣：《债法各论》（下卷一），冷罗生等译，42页，北京，中国法制出版社，2008。

③ 参见［德］迪特尔·梅迪库斯：《德国债法分论》，杜景林、卢谌译，521页，北京，法律出版社，2007。

④ 参见［日］我妻荣：《债法各论》（下卷一），冷罗生等译，50页，北京，中国法制出版社，2008。

2. 不当得利与其他请求权是不同的

例如，与侵权损害赔偿请求权不同——当受益不再存在或者他人受损而自己没有获益时，不成立不当得利。德国学者认为，这就是不当得利的原本特质，它构成了与合同解除责任的区别：如果不存在加重责任的理由，受益人一般返还或者补偿的利益仅仅为其财产中增加的部分。这也构成了其与侵权损害赔偿请求权的差别：损害赔偿赔偿的是债权人丧失的利益，而不是债务人增加的利益。①

对此，日本学者也指出，不当得利属于补充性制度，这是因为，在财产的价值转移方面，如果存在其他法律手段可以来调和普遍的、形式化的标准与相对性、实质性的矛盾，就可以启动该制度。当然，基于所有权的返还请求权与不当得利返还请求权②是不可以同时存在的。③但是，侵权损害赔偿请求权与不当得利返还请求权是可以同时存在的，不过，由于侵权损害赔偿请求权与不当得利返还请求权目的和功能不同，如果发生竞合的话，当然当事人会选择侵权损害赔偿请求权——能够得到更多的赔偿。但有时也可以同时主张。

（四）不当得利的法律性质

1. 不当得利属于非法律行为

不当得利注重的是“没有法律依据或者原因”而发生的财产或者利益变化，并不注重当事人的意思或者意志，与意思表示或者意思自治无关。

2. 能够产生债权债务关系

如果具备了不当得利的构成要件，就在受益人与受损人之间产生请求返还的债权债务关系，不当得利是债的一种发生原因。

3. 不当得利是广泛存在于《民法典》各个部分的债的发生原因

不当得利实际上是一种应用非常广泛的制度，几乎涉及每一种财产关系。例如，在合同编、物权编、继承编、侵权责任编等都有适用。具体来说，合同无效后的返还就可能涉及不当得利制度；物权编的“添附”中，必须有不当得利（法定）的平衡；继承编中对继承人代偿债务不当或者多继承的人都可以适用不当得利；侵权责任编中也有侵害型不当得利等问题。除此之外，还涉及第三人的不当得利问题。

二、不当得利的一般构成要件

（一）必须是一方受到利益

这是不当得利的关键要件——在不当得利中，如果他人没有获得利益，就不存在不当得利的问题——连“利”都没有，哪里来的“不当得利”？这是这一制度的核心和关键，也是其与侵权或者无因管理的区别。

当然，这里所谓的利益包括积极利益和消极利益。积极利益是指现有财产的增加，而消极利益是指现有财产应该减少而未减少。

（二）必须是他方受到损害

因为不当得利属于债的一种，要发生债权请求权，如果没有损害，就不发生债的关系，也

---

① 参见［德］迪特尔·梅迪库斯：《德国债法分论》，杜景林、卢谌译，553页，北京，法律出版社，2007。

② 本书中“不当得利返还请求权”同“不当得利请求权”，二者交替使用。

③ 参见［日］我妻荣：《债法各论》（下卷一），冷罗生等译，51页，北京，中国法制出版社，2008。

就没有不当得利之债的产生。

当然，这种损害也分为积极损害与消极损害：积极损害是指现有财产的减少，消极损害是指应该增加的没有增加。在计算“受到损害”的时候，有两种不同的理论：一是“财产利益差额说”，一是“权益归属侵害说”。

“财产利益差额说”认为，一定事实的发生，致使他人的财产总额较未发生此事实之前有所减少，包括所受到的损害与所失去的利益。“权益归属侵害说”则认为，一定事实的发生致使他人权益归属受到侵害，就成立不当得利。① 这两种学说的差别是什么呢？举一例说明：A有房屋，不准备出租而是准备将来居住。B擅自打开A所属的房屋，径自居住。居住期间B对房屋保持得很好，没有任何损害。这时，两种学说的差异就显现出来了：如果利用“财产利益差额说”，则A没有失去什么，因为他不打算出租赚取租金，也就不成立不当得利。但依据“权益归属侵害说”就不同了：无论A是否打算出租，只要有任何利益可以归属于A，A就被视为受到损失，从而成立不当得利。因此，“权益归属侵害说”比较合理。

（三）一方的受损与对方受益之间存在因果关系

因果关系向来是比较复杂的问题。于不当得利成立中的因果关系理论，有“直接关系说”和“牵连关系说”。

“直接关系说”认为，受有利益与受到损害之间有无因果关系，应看受到利益的原因与受到损失的原因是否属于同一事实：如果非同一事实，即使两者之间具有牵连关系，也无因果关系。②

“牵连关系说”认为，受到利益和受到损害之间是否具有因果关系，应当依社会观念来判定，只要社会观念上认为受益与受损之间具有牵连关系且受益是受损的原因，就应该认定具有因果关系，不一定必须产生于同一事实。③

应该认为，“牵连关系说”更加合理，尤其是在认定因果关系方面，灵活的认定方式更加符合多变的社会。

（四）必须没有法律上的根据或者原因

这是不当得利之“不当”的来源，也是不当得利能够建成统一理论的根源所在。如果受益有根据或者原因且正当，就不会发生不当得利返还问题。但什么叫作“没有法律上的原因”？前面我们所说的“统一说”与“区分说”就是在解释什么叫作“没有法律上的原因”。

笔者主张“区分说”，即要根据不同的发生原因来解释和说明“没有法律上的原因”，例如，因为给付发生的不当得利与因为添附发生的不当得利在构成要件上差别实在太大。

三、给付不当得利请求权

（一）概念

这种不当得利是因他人给付取得利益，但无法律上的依据。返还这种利益的不当得利请求权被称为给付不当得利请求权。

这种请求权的反义词是“所有物的返还所有权”④。不当得利的规定是对丧失所有权后的救济，如果所有权还没有丧失，不适用这种救济制度。这一点，恰恰就是德国法与日本法的区

---

①② 参见林诚二：《民法债编总论》，125页，北京，中国人民大学出版社，2003。

③ 参见［日］我妻荣：《债法各论》（下卷一），冷罗生等译，83页，北京，中国法制出版社，2008。

④ ［德］迪特尔·梅迪库斯：《德国债法分论》，杜景林、卢谌译，522页，北京，法律出版社，2007。

别，与法律行为的无因性有关。

（二）构成要件

1. 不当得利的债务人必须取得利益

这里的“利益”必须作宽泛的理解，可以是金钱性利益，也可以是非金钱利益，如提供劳务或者服务。

2. 取得利益必须是因不当得利之债权人的给付①

这其实属于因果关系的规定——债权人的给付是使债务人受益的原因。

因给付发生的不当得利请求权的核心是“给付”，因此，关于构成要件中的“给付”，在一般情况下，被理解为有意识、有目的地增加他人的财产。具体含义是：

（1）增加他人财产不仅是一种有金钱利益的给予，财产在此处不能简单地理解为“以金钱衡量的物”，而且，借助于不当得利制度，还可以请求返还非以金钱衡量的物，如情书，也可以是单纯的占有。

（2）这种给予必须是有意识的，如某人误信他物归自己所有而支出费用的情况，不适用因给付发生的不当得利请求权，而是非因给付而发生的不当得利请求权。因为，给予人不是有意识地增加了他人财产。也就是说，属于不当得利，但不属于因给付发生的不当得利。

（3）给付具有一定的目的。这里的“目的”是指交易目的，而不是指“增加他人财产的目的”。例如，交付金钱的目的是取得房屋所有权或者承租使用权。如果实现了该目的，则没有理由请求返还，反之，则有不当得利的情形，即下面所说的“目的不达”。

3. 给付必须是没有法律原因或者丧失法律原因

如果没有法律原因，则会产生不当得利的问题。在因给付产生的不当得利请求权中，目的不达可以有多种原因。

（1）作为债的发生基础的合同无效、被撤销或者没有债的发生的其他基础，或者债权债务关系根本不存在于给付人与被给付人之间，或者债权的内容与给付的内容完全不符合等，给付人都有权要求返还。

（2）履行的债务原来存在而后来丧失。虽然履行达到了债的目的，但事后丧失了原因，如合同解除等。

（3）目的不达。例如，A对B的支付的目的是获得标的物，但负担行为中B交付标的物的义务消灭，从而使A的支付失去原因，进而不能达到目的，则B的获益就是不当得利。

（三）因给付发生的不当得利请求权的排除

依据我国《民法典》第985条的规定，有三种可以排除因给付发生的不当得利请求权的情形：（1）为履行道德义务进行的给付；（2）债务到期之前的清偿；（3）明知无给付义务而进行的债务清偿。

但是，根据比较法的规定及理论，排除因给付发生的不当得利请求权的情形还应当包括不法原因的给付（我国《民法典》上是否如此值得怀疑）、无预期效果的给付或者恶意阻止效果发生的给付。下面分别说明之。

1. 明知无债务而给付

以债务清偿为目的的给付，在给付时已知不存在债务的，不得请求返还（我国《民法典》第985条、《德国民法典》第814条、《日本民法典》第705条）。

---

① 参见［德］迪特尔·梅迪库斯：《德国债法分论》，杜景林、卢谌译，523页，北京，法律出版社，2007。

非债清偿，构成不当得利，本应返还。但是，民法对明知无债务而为清偿者，定有例外，即债务人明知无债务而为清偿，视为赠与，债务人不得请求返还。

2. 期前清偿

债务人在履行期限到来前给付的，不得请求返还，甚至包括期限利益。但是，债务人是因错误而给付的，债权人应当返还取得的期限利益（我国《民法典》第985条、《德国民法典》第813条、《日本民法典》第706条）。

3. 给付系为履行道德上的义务

若当事人的给付系为履行道德上的义务，不得以受益人为不当得利为由而主张返还。例如，对于无扶养义务的亲属为扶养（例如对姑姑的赡养），则不得请求受扶养人返还。至于是否为履行道德上的义务，应以一般的社会观念加以判断。比如，在上例中，若被扶养的人非为亲属，则认为扶养人有返还请求权（我国《民法典》第985条、《德国民法典》第814条）。但在这种情况下，有可能构成无因管理。

4. 不法原因的给付

因不法原因而为的给付，给付人不得以对方不当得利为由而请求返还，为各国民法之通则。《日本民法典》第708条规定："因不法原因实行给付者，不得请求返还。但是，不法原因仅存在于受益人一方时，不在此限。"《德国民法典》第817条规定："给付目的是以受益人的受领违反法定禁止或者善良风俗的方式确定的，受益人即负返还义务。履行给付的人同样实施了这种违反法定禁止或者善良风俗的行为的，返还请求权即被排除。为履行此种债务而给付的一切，不得请求返还。"我国《民法典》对此并没有规定，但解释上应当作同样的解释。

但是，需要指出的是，只有不法原因为给付人单独或与受领人共同具有时，才适用不得请求返还的规定，例如，对赌债的偿付。但是，如果受领原因仅存在于受领人一方，给付人仍有权请求返还，例如，回赎绑票，给付金钱以阻止犯罪等。

法律对因"不法原因的给付"排除返还请求权的规定，旨在避免使"不法"合法化。例如，对公务员的贿赂若不达目的，仍使行贿人保留贿赂物的返还请求权，岂不承认法律保护行贿？但是，行贿的人无权请求返还贿赂物，则贿赂物属谁？若允许公务员享有，岂不又在客观上使"不法"合法化了？对此，大多数国家的民法没有规定救济措施。如果公法对此有规定者，当然应当适用公法的规定，例如，罚没等。

在民法上如何解决呢？例如，A与B订立了一个房屋买卖合同，房屋已经登记在B的名下。后来合同因违法或者违反善良风俗而无效，后果如何？当然，在德国这样的承认"物权行为无因性"的国家与日本这样的不承认"物权行为无因性"的国家理论上应该不同。在不违法的情况下合同无效或者被撤销，在德国法上显然是B取得了所有权，即使合同因违法而无效，B仍然享有所有权。A仅仅能够享有不当得利返还请求权，但是，由于合同因为违法而无效，A、B都被排除了不当得利返还请求权，各自只能保持自己所有权获得的状态（公法上罚没是另外的事情）。《日本民法典》虽然不承认无因性，但这种情况下，也是让得利者获得不动产所有权，日本的判例和理论都持有这样的观点：A（已婚）与B婚外同居，A为B购买了房屋。赠与因违反善良风俗无效，A请求返还被拒绝，B请求登记被法院支持。[①] 这种观点，从私法

① 参见［日］我妻荣：《债法各论》（下卷一），冷罗生等译，262～263页，北京，中国法制出版社，2008。

的视角看，值得赞同。当然，A与B协商返还的，当然有效。

但必须指出的是，按照我国《民法典》关于法律行为无效的规定，似乎违法的合同双方当事人都有返还义务（《民法典》第143条、第157条）。

5. 无预期效果的给付或者恶意阻止效果发生的给付

《德国民法典》第815条规定："以产生结果为目的而为的给付，如果结果的产生自始为不能而给付人明知其不能者，或者给付人违反诚实信用原因而妨碍产生结果者，不得请求返还。"如赠送礼物时，就知道双方不可能结婚，或者送礼者恶意阻止结婚登记的，不得要求返还礼物。

（四）返还请求权的范围

这一范围因为善意受益人与恶意受益人而有不同。

1. 善意受益人的返还范围

确定受益人返还范围的原则有以下几点。

（1）以现存利益为限。

我国《民法典》第986条规定："得利人不知道且不应当知道取得的利益没有法律根据，取得的利益已经不存在的，不承担返还该利益的义务。"《德国民法典》第818条、《日本民法典》第703条也有相同的规定。如果不当得利人的受益已经不存在了，那么，不当得利人就不负担返还责任了。例如，取得的货物被盗窃、动物死亡、房屋因地震而倒塌又没有保险等。

如何来理解现存利益？例如，购买的食品已经被吃掉了，是否就可以认为是"利益不存在了"呢？不能如此认为！因为，如果你将某食品消耗了，就节省了其他的食品的消耗，节省了"财产"，此时财产属于消极增加。因此，现存利益也被视为存在。

（2）"受益大于损失的，以损失为限；损失大于受益的，以受益为限。"

（3）但因受领利益所支出的各种必要费用，或者因所得利益的瑕疵给自己造成的损害，可以从其中扣除。

2. 具体范围

（1）受领的利益。

不当得利之利益，是指原利益，包括物或者权利。返还请求权的本意就是首先要归还这种利益。不当得利制度的目的就是要借助于不当得利请求权返还因没有法律上的原因而取得的利益。只有在不能返还的时候，才利用其他方式。①

（2）收益。

它包括利息及其他孳息。但是，有学者也提出了不同的看法，认为，如果是所有权返还，当然应该包括孳息。但是，如果是非所有权的返还，则不应如此，例如，善意占有人就不返还。② 当然，如果没有孳息，就不存在这种义务。

（3）不能返还时应赔偿价额——价值补偿。

受益人在两种情况下必须补偿价值：1）因为取得物的性质不可能返还的，例如，服务、

---

① 参见［德］迪特尔·梅迪库斯：《德国债法分论》，杜景林、卢谌译，549页，北京，法律出版社，2007；［日］我妻荣：《债法各论》（下卷一），冷罗生等译，174页，北京，中国法制出版社，2008。

② 参见［日］我妻荣：《债法各论》（下卷一），冷罗生等译，174页，北京，中国法制出版社，2008。

使用等方式的给付；2）因其他原因不能返还的，例如，食品已经消费等。这时应该进行价值补偿。①

该价值如何计算呢？在德国民法上，有客观说与主观说两种不同的理论。客观说认为，应该按照市场价值客观确定“所获得的利益的价值”；主观说则认为，应该按照对于受益人的个人是否有价值来确定，例如，如果单一授课时教授的驾驶课对于接受训练的人来说，有多少价值？德国通说认为是客观说。② 笔者认为，客观说更合理公平。

以什么时间作为计算的时间点呢？是在受益的时候，还是在提出请求的时候？应该说，在受益的时候更合理。

3. 恶意受益人的返还范围

我国《民法典》第 987 条规定：“得利人知道或者应当知道取得的利益没有法律根据的，受损失的人可以请求得利人返还其取得的利益并依法赔偿损失。”根据此规定，可以说：

（1）恶意受益人的返还范围不以现存利益为限。

受益已经不存在，当然返还原利益是不可能了，只能价值补偿。即使是不可抗力也不能免除责任，要承担赔偿责任。

（2）损失大于受益的，以损失为限。

（3）因受领利益所支出的各种必要费用是否可以在其中扣除？应该允许扣除。

四、第三人的返还责任

法律应本着公平与保护第三人利益的原则，处理受损人与第三人的利益关系问题。依据我国《民法典》第 988 条及其他法条的规定，笔者认为，受益人将其所得的利益让与第三人时，应按下列情况处理。

（1）当受让人为善意且支付了相当的代价时，受损人无权请求受让的第三人返还受让利益，只能请求相对人返还替代利益。例如，A 与 B 签订买卖合同，合同履行后，购买人 B 已经将标的物转让给善意的且支付了对价的 C 时，C 善意取得。B 属于不能返还的情形，A 只能请求 B 进行价值补偿。

反之，若第三人为恶意时，无论其是否已支付了代价，受损人均得请求返还。

（2）若受让的第三人为无偿取得该利益时，无论善意恶意，都有义务返还。

五、非给付不当得利请求权

（一）原因

1. 因受益人的行为而产生的不当得利

这是指受益人基于自身的行为取得利益，使他人受损失。受益人的行为既可以是民事法律行为，也可以是事实行为。例如，将他人的饲料喂养自家的羊群等。

2. 因受损人的行为而产生的不当得利

这主要是指基于受损人的行为使他人得利而自己受损。但这种情况只限于受损人本身并无使他人受益的意思，其行为是一种事实行为，例如误将他人的牲畜认作自己的而喂养，误认他

---

①② 参见［德］迪特尔·梅迪库斯：《德国债法分论》，杜景林、卢谌译，551 页，北京，法律出版社，2007。

人的事务为自己的而为管理。

3. 基于第三人的行为而产生的不当得利

这是指受益人因第三人的行为而取得应归于他人的利益所成立的不当得利。例如，第三人以受损人的饲料喂养受益人的家禽，受损人得向受益人请求返还该不当得利。

4. 基于法律规定而产生的不当得利

这里所指的基于法律规定而生的不当得利，是指法律为谋求一般社会利益或保存物的使用价值与技术上谋取的方便，在形式上使某项权利归于某人，但实质上并不使之最终属于该某人的情形。例如，添附，原物的所有人取得新物的所有权，但仅是形式上的，另一方的利益并不因此而丧失，可请求取得人给予不当得利补偿。

5. 基于事件造成的不当得利

有时一些事件也能够造成不当得利的事实后果，受益人也有不当得利的返还义务。

（二）返还请求权的范围

与因给付发生的不当得利一样，区分善意与恶意而定返还的范围。

六、不当得利返还请求权与其他请求权的关系

（一）不当得利返还请求权与侵权损害赔偿请求权的关系

这两种请求权之成立的要件及目的均不相同，前者以取消受益人的不当得利为目的，而后者以补偿受害人的损害为目的。但有时二者发生交叉现象，因此，如果二者的条件同时具备，则构成两个请求权的竞合，可由受损人根据情况择其有利者行使。

（二）不当得利返还请求权与物上返还请求权的关系

尽管我国有的学者主张不当得利返还请求权与物上返还请求权可以竞合，但实际上，物上返还请求权与不当得利返还请求权相互排斥：两者不太可能发生竞合。以下例子就不合适，甲之鸡进入他人鸡舍，鸡的所有人既可据所有权请求返还，也可据不当得利请求返还。因为，当鸡进入他人鸡舍的时候，鸡的主人有没有失去对鸡的所有权？如果没有失去，就是物上返还请求权；如果失去了所有权，就是不当得利返还请求权。因此，自罗马法以来，就有“所有权与不当得利请求权不能两立”的法谚。

（三）不当得利与占有的关系

不当得利人如果同时是占有人的话，他就有对占有物进行妥善保管的义务。如果违反了这一妥善保管义务，不当得利人对此要承担赔偿责任。占有的保护及义务与不当得利同时并存。

法律适用

1. 适法的无因管理与不适法的无因管理的区别

无因管理可以分为真正无因管理与不真正无因管理，在真正无因管理中又可以分为适法的无因管理与不适法的无因管理。真正无因管理具有三个要件即可以成立：（1）客观要件——管理的必须是他人的事务；（2）主观要件——有为他人利益管理事务的意思；（3）没有法定或者约定的义务。但适法的无因管理还要具备第四个要件：不违背被管理人的真实意思并利于被管理人。不具备这一要件的真正无因管理就是不适法的无因管理。

我国《民法典》第 979 条第 1 款规定的就是这种适法的无因管理：“管理人没有法定的或

者约定的义务，为避免他人利益受损失而管理他人事务的，可以请求受益人偿还因管理事务而支出的必要费用；管理人因管理事务受到损失的，可以请求受益人给予适当补偿。”

对于适法的无因管理，管理人可以按照无因管理的规定向被管理人依无因管理之债的规定主张权利；对于但不适法的无因管理只能以不当得利或者侵权行为与“被管理人”形成债的关系。

2. 不当得利与侵权行为的关系

不当得利是指没有法律根据使他人受损而自己获益的行为。正是因为受益人的收益和他人的损失没有法律依据，故受益人的利益难以受到法律保护，应当返还给受损人；受损人对其有请求返还的权利。这种不当得利返还的权利义务关系，就是不当得利之债。其中，获得不当得利的人为受益人，也是不当得利之债的债务人；受损失的人称为受害人（受损人），是不当得利的债权人。

不当得利返还请求权与侵权损害赔偿请求权之成立的要件及目的均不相同，前者以取消受益人的不当得利为目的，而后者以补偿受害人的损害为目的；侵权责任的归责原则一般为过错责任，而不当得利与过错无关，仅仅是一个事实问题。但有时二者发生交叉现象，因此，如果二者的条件同时具备，则构成两个请求权的竞合，可由受损人根据情况择其有利者行使。

课后复习

1. 试述适法的无因管理的构成要件。
2. 试述无因管理与不当得利的区别。
3. 试述善意不当得利人与恶意不当得利人的区别。
4. 试述不当得利请求权的排除情形。

图书在版编目（CIP）数据

合同法/李永军著. --7版. --北京：中国人民大学出版社，2024.5
21世纪高等院校法学系列精品教材
ISBN 978-7-300-32804-1

Ⅰ.①合… Ⅱ.①李… Ⅲ.①合同法—中国—高等学校—教材 Ⅳ.①D923.6

中国国家版本馆CIP数据核字（2024）第094070号

普通高等教育“十一五”国家级规划教材
21世纪高等院校法学系列精品教材
合同法（第七版）
李永军 著
Hetong Fa

出版发行	中国人民大学出版社		
社　　址	北京中关村大街31号	**邮政编码**	100080
电　　话	010－62511242（总编室）		010－62511770（质管部）
	010－82501766（邮购部）		010－62514148（门市部）
	010－62515195（发行公司）		010－62515275（盗版举报）
网　　址	http://www.crup.com.cn		
经　　销	新华书店		
印　　刷	北京昌联印刷有限公司	**版　　次**	2005年3月第1版
开　　本	787 mm×1092 mm　1/16		2024年5月第7版
印　　张	32.5 插页2	**印　　次**	2024年12月第2次印刷
字　　数	802 000	**定　　价**	85.00元

《　　　　　　》※任课教师调查问卷

为了能更好地为您提供优秀的教材及良好的服务，也为了进一步提高我社法学教材出版的质量，希望您能协助我们完成本次小问卷，完成后您可以在我社网站中选择与您教学相关的 1 本教材作为今后的备选教材，我们会及时为您邮寄送达！如果您不方便邮寄，也可以申请加入我社的**法学教师 QQ 群：83961183（申请时请注明法学教师）**，然后下载本问卷填写，并发往我们指定的邮箱（cruplaw@163.com）。

邮寄地址：北京市海淀区中关村大街 31 号中国人民大学出版社 1202 室收

邮　　编：100080

再次感谢您在百忙中抽出时间为我们填写这份调查问卷，您的举手之劳，将使我们获益匪浅！

基本信息及联系方式：※

姓名：＿＿＿＿＿＿＿　性别：＿＿＿＿＿＿＿　课程：＿＿＿＿＿＿＿＿＿＿＿＿＿＿

任教学校：＿＿＿＿＿＿＿＿＿＿＿＿＿＿＿＿　院系（所）：＿＿＿＿＿＿＿＿＿＿＿

邮寄地址：＿＿＿＿＿＿＿＿＿＿＿＿＿＿＿＿　邮编：＿＿＿＿＿＿＿＿＿＿＿＿＿＿

电话（办公）：＿＿＿＿＿＿＿　手机：＿＿＿＿＿＿＿　电子邮件：＿＿＿＿＿＿＿＿

调查问卷：※

1. 您认为图书的哪类特性对您使用教材最有影响力？（　　）（可多选，按重要性排序）

   A. 各级规划教材、获奖教材　　B. 知名作者教材

   C. 完善的配套资源　　D. 自编教材

   E. 行政命令

2. 在教材配套资源中，您最需要哪些？（　　）（可多选，按重要性排序）

   A. 电子教案　　B. 教学案例

   C. 教学视频　　D. 配套习题、模拟试卷

3. 您对于本书的评价如何？（　　）

   A. 该书目前仍符合教学要求，表现不错将继续采用。

   B. 该书的配套资源需要改进，才会继续使用。

   C. 该书需要在内容或实例更新再版后才能满足我的教学，才会继续使用。

   D. 该书与同类教材差距很大，不准备继续采用了。

4. 从您的教学出发，谈谈对本书的改进建议：＿＿＿＿＿＿＿＿＿＿＿＿＿＿＿＿＿＿

＿＿

＿＿

选题征集：如果您有好的选题或出版需求，欢迎您联系我们：

联系人：黄　强　联系电话：010-62515955

索取样书：书名：＿＿＿＿＿＿＿＿＿＿＿＿＿＿＿＿＿＿＿＿＿＿＿＿＿＿＿＿＿＿

书号：＿＿＿＿＿＿＿＿＿＿＿＿＿＿＿＿＿＿＿＿＿＿＿＿＿＿＿＿＿＿＿＿＿＿＿

备注：※ 为必填项。